俄 国 史 译 丛 · 文 化

Серия переводов книг по истории России

Россия

Очерки русской культуры. Конец XIX
—начало XX века. Т.2:Власть. Общество. Культура.

权力·社会·文化：
19 世纪末 20 世纪初俄国文化发展概论

（上册）

〔俄〕利季娅·瓦西里耶夫娜·科什曼
Лидия Васильевна Кошман

/ 主编

〔俄〕柳德米拉·德米特里耶娃·杰尔加乔娃
Людмила Дмитриевна Дергачева

张广翔 高腾 / 译

社会科学文献出版社
SOCIAL SCIENCES ACADEMIC PRESS (CHINA)

УДК 93/99

ББК 63.3(2)

О95 Очерки русской культуры. Конец XIX

—начало XX века. Т.2:Власть. Общество. Культура.

—М.: Издательство Московского университета,2012. —740с.,ил.

本书根据莫斯科大学出版社 2012 年版本译出

本书获得教育部人文社会科学重点研究基地
吉林大学东北亚研究中心资助出版

俄国史译丛编委会

编者简介

利季娅·瓦西里耶夫娜·科什曼 (Лидия Васильевна Кощман)　毕业于莫斯科大学历史系，历史学博士，莫斯科大学历史系教授、文化史实验室主任、俄罗斯历史系学位委员会委员，主要研究方向是俄国文化史。出版或发表学术著作、论文等 80 余部（篇），在俄国国内外享有颇高声望。代表作有《19 世纪上半叶的俄国工厂学校》（莫斯科，1976 年）、《莫斯科大学 225 年的出版活动》（莫斯科，1981 年）、《俄罗斯纺织工厂的生产文化》（莫斯科，1995 年）、《19 世纪末 20 世纪初白银时代的艺术文化》（莫斯科，2002 年）、《莫斯科大学纪事》（莫斯科，2009 年）等。

柳德米拉·德米特里耶娃·杰尔加乔娃 (Людмила Дмитриевна Дергачева)毕业于莫斯科大学历史系，历史学副博士，莫斯科大学历史系教授。主要研究方向是 19～20 世纪俄国文化史、19～20 世纪俄国期刊资料史，曾发表、出版诸多论文、学术著作，是研究领域内公认的权威专家。代表作有《苏联史料学》（莫斯科，1981 年）、《期刊的信息潜力评价》（圣彼得堡，2009 年）等。

译者简介

张广翔　历史学博士，吉林大学东北亚研究院和东北亚研究中心教授，博士生导师。

高　腾　吉林大学东北亚研究院和东北亚研究中心博士研究生。

总　序

我们之所以组织翻译这套"俄国史译丛"，一是由于我们长期从事俄国史研究，深感国内俄国史方面的研究严重滞后，远远满足不了国内学界的需要，而且国内学者翻译俄罗斯史学家的相关著述过少，不利于我们了解、吸纳和借鉴俄罗斯学者有代表性的成果。有选择地翻译数十册俄国史方面的著作，既是我们深入学习和理解俄国史的过程，也是鞭策我们不断进取的过程，培养人才和锻炼队伍的过程，还是为国内俄国史研究添砖加瓦的过程。

二是由于吉林大学俄国史研究团队（以下简称我们团队）与俄罗斯史学家的交往十分密切，团队成员都有赴俄进修或攻读学位的机会，每年都有多人次赴俄参加学术会议，每年请 2 ~ 3 位俄罗斯史学家来校讲学。我们与莫斯科大学历史系、俄罗斯科学院俄国史研究所和世界史所、俄罗斯科学院圣彼得堡历史所、俄罗斯科学院乌拉尔分院历史与考古所等单位学术联系频繁，有能力、有机会与俄学者交流译书之事，能最大限度地得到俄同行的理解和支持。以前我们翻译鲍里斯·尼古拉耶维奇·米罗诺夫的著作时就得到了其真诚帮助，此次又得到了莫大历史系的大力支持，而这是我们顺利无偿取得系列书的外文版权的重要条件。舍此，"俄国史译丛"工作无从谈起。

三是由于我们团队得到了吉林大学校长李元元、党委书记杨振斌、学校职能部门和东北亚研究院的鼎力支持和帮助。2015 年 5 月 5 日李元元校长访问莫大期间，与莫大校长萨多夫尼奇（B. A. Садовничий）院士，俄罗斯科学院院士、莫大历史系主任卡尔波夫教授，莫大历史系副主任鲍罗德金教授等就加强两校学术合作与交流达成重要共识，李元元校长明确表示吉林大学将大力扶植俄国史研究，为我方翻译莫大学者的著作提供充足的经费支持。萨多夫尼奇校长非常欣赏吉林大学的举措，责成莫大历史系全力配合我方的相关工作。吉林大学主管文科科研的副校长吴振武教授、社科处霍志刚处长非常重视我们团队与莫大历史系的合作，2015 年尽管经费很紧张，还是为我们提供了一定的科研经费。2016 年又为我们提供了一定经费。这一经费支持将持续若干年。

我们团队所在的东北亚研究院建院伊始，就尽一切可能扶持我们团队的发展。现任院长于潇教授上任以来 3 年时间里，一直关怀、鼓励和帮助我们团队，一直鼓励我们不仅要立足国内，而且要不断与俄罗斯同行开展各种合作与交流，不断扩大我们团队在国内外的影响。在 2015 年我们团队与莫大历史系新一轮合作中，于潇院长积极帮助我们协调校内有关职能部门，与我们一起起草吉林大学东北亚研究院与莫斯科大学历史系合作方案（2015～2020 年），获得了学校的支持。2015 年 11 月 16 日，于潇院长与来访的莫大历史系主任卡尔波夫院士签署了《吉林大学东北亚研究院与莫斯科大学历史系合作方案（2015～2020 年）》，两校学术合作与交流进入了新阶段，其中，我们团队拟 4 年内翻译莫大学者 30 种左右学术著作的工作正式启动。学校职能部门和东北亚研究院的大力支持是我们团队翻译出版"俄国史译丛"的根本保障。于潇院长为我们团队补充人员和提供一定的经费使我们更有信心完成上述任务。

2016 年 7 月 5 日，吉林大学党委书记杨振斌教授率团参加在莫斯科大学举办的中俄大学校长峰会，于潇院长和张广翔等随团参加，会议期间，杨振斌书记与莫大校长萨多夫尼奇院士签署了吉林大学与莫大共建历史学中心的协议。会后莫大历史系学术委员会主任卡尔波夫院士、莫大历史系主任杜奇科夫（И. И. Тучков）教授（2015 年 11 月底任莫大历史系主任）、莫大历史系副主任鲍罗德金教授陪同杨振斌书记一行拜访了莫大校长萨多夫尼奇院士，双方围绕共建历史学中心进行了深入的探讨，有力地助推了我们团队翻译莫大历史系学者学术著作一事。

四是由于我们团队同莫大历史系长期的学术联系。我们团队与莫大历史系交往渊源很深，李春隆教授、崔志宏副教授于莫大历史系攻读了副博士学位，张广翔教授、雷丽平教授和杨翠红教授在莫大历史系进修，其中张广翔教授三度在该系进修。与该系鲍维金教授、费多罗夫教授、卡尔波夫院士、米洛夫院士、库库什金院士、鲍罗德金教授、谢伦斯卡雅教授、伊兹梅斯杰耶娃教授、戈里科夫教授、科什曼教授等结下了深厚的友谊。莫大历史系为我们团队的成长倾注了大量的心血。卡尔波夫院士、米洛夫院士、鲍罗德金教授、谢伦斯卡雅教授、伊兹梅斯杰耶娃教授、科什曼教授和戈尔斯科娃副教授前来我校讲授俄国史专题，开拓了我们团队及俄国史方向硕士生和博士生的视野。卡尔波夫院士、米洛夫院士和鲍罗德金教授被我校聘为名誉教授，他们经常为我们团队的发展献计献策。莫大历史系的学者还经常向我们馈赠俄国史方面的著作。正是由于双方有这样的合作基础，在选择翻译的书目方面，很容易沟通。尤其是双方商定拟翻译的 30 种左右的莫大历史系学者著作，需要无偿转让版权，在这方面，莫大历史系从系主任到所涉及的作者，克服一切困难帮助我们解决关键问题。

五是由于我们团队有一支年富力强的队伍，既懂俄语，又有俄国史方面的基础，进取心强，甘于坐冷板凳。学校层面和学院层面一直重视俄国史研究团队的建设，一直注意及时吸纳新生力量，使我们团队人员年龄结构合理，后备有人，有效避免了俄国史研究队伍青黄不接、后继无人的问题。我们在培养后备人才方面颇有心得，严格要求俄国史方向硕士生和博士生，以阅读和翻译俄国史专业书籍为必修课，硕士学位论文和博士学位论文必须以使用俄文文献为主，研究生从一入学就加强这方面的训练，效果很好：培养了一批俄语非常好，专业基础扎实，后劲足，崭露头角的好苗子。我们在组织力量翻译米罗诺夫所著的《俄国社会史》《帝俄时代生活史》方面，以及在中文刊物上发表的 70 多篇俄罗斯学者论文的译文，都为我们承担"俄国史译丛"的翻译工作积累了宝贵的经验，锻炼了队伍。

译者队伍长期共事，彼此熟悉，容易合作，便于商量和沟通。我们深知高质量地翻译这些著作绝非易事，需要认真再认真，反复斟酌，不得有半点的马虎和粗心大意。我们翻译的这些俄国史著作，既有俄国经济史、社会史、城市史、政治史，还有文化史和史学理论，以专题研究为主，覆盖的问题方方面面，有很多我们不懂的问题，需要潜心翻译。我们的翻译团队将定期碰头，利用群体的智慧解决共同面对的问题，单个人所无法解决的问题，以及人名、地名、术语统一的问题。更为重要的是，译者将分别与相关作者直接联系，经常就各自遇到的问题用电子邮件向作者请教，我们还将根据翻译进度，有计划地邀请部分作者来我校共商译书过程中遇到的各种问题，尽可能地减少遗憾。

我们翻译"俄国史译丛"能够顺利进行，离不开吉林大学校领导、社科处和国际合作与交流处、东北亚研究院领导的坚定支持和可靠后援；莫大历史系上下共襄此举，化解了很多合作路上的难题，将此举视为我们共同的事业；社会科学文献出版社的恽薇、高雁等相关人员将此举视为我们共同的任务，尽可能地替我们着想，我们之间的合作将更为愉快、更有成效。我们唯有竭尽全力将"俄国史译丛"视为学术生命，像爱护眼睛一样呵护它、珍惜它，这项工作才有可能做好，才无愧于各方的信任和期待，才能为中国的俄国史研究的进步添砖加瓦。

上述所言与诸位译者共勉。

吉林大学东北亚研究院和东北亚研究中心

张广翔

2016 年 7 月 22 日

目　录

前　言

社会思潮的涌动犹如一触即发的火药。

——A. A. 别斯图热夫

首先需向读者指出，本书为《19世纪末20世纪初俄国文化发展概论》系列书第二卷（第一卷《社会文化环境——19世纪末20世纪初俄国文化发展概论》，俄文版已于2011年刊出），共分上下两册。

本书作者及编委将文化视作一个完整的体系，考察了其重要组成部分——法制文化与政治文化的关系、权力与文化的关系、文化运动的公众参与形式。这些内容与社会精神道德面貌息息相关，而社会精神道德面貌则决定社会文化环境的广度、深度，也决定文化的社会功能。本书即围绕这些问题展开。

尽管文化生活的公众参与形式问题重要性提升，但本书的研究重点仍是权力与文化的关系。

本书首先做了关于俄国政治制度——专制政体现状及其演变的概论。19世纪末20世纪初，俄国社会政治环境剧烈动荡，政治制度几经变迁。社会政治力量（包括沙皇、政府高层以及公众）都曾尝试对俄国政体进行改革，然而与1917年的十月革命相比，这些改革都浅尝辄止，并未动摇俄国专制政体的根基。

社会文化状态决定公民认知水平。本书首次对作为社会文化重要组成部分的政治文化进行了研究。19世纪末20世纪初，在社会文化现代化的背景下，俄国政体特点、政党与国家权力关系、国家杜马中的政党活动，这都是在社会与权力新对话机制形成的过程中不可忽视的重要问题。

法制文化与政治文化均为法治国家与公民社会的重要组成部分，二者的发展可以促进公民社会制度的完善。

沙皇政府与社会的关系，体现于沙皇政府与地方自治机构、城市公共管理机构的关系（A. A. 基泽韦捷尔）。二者关系在相当大的程度上会影响到地方自治制度的发展前景。诸多进步的社会活动家认为，地方自治制度是新的公民意识萌生的政治根基。地方自治制度和城市公共管理机构是培养公民意识的有利土壤，但在研究时期，权力借助于经济制约了社会公众的主动性。

若要全面了解 20 世纪初的俄国文化进程，则必须考察革命前夕及革命过程中俄国的经济及社会状态；这必然要求我们对政治文化及其表现形式、俄国地方自治制度的发展前景等诸多问题加以注意，并将其纳入整个文化进程加以分析。20 世纪初，公众文化生活（千差万别）、权力结构状况、社会活动及社会精神状态都是影响俄国社会、政治变革的重要因素。

19 世纪末 20 世纪初，社会认知较以往更为复杂和矛盾。世俗界、宗教界的保守主义、自由主义、激进主义以及宗教"异端"都从不同层面反映了当时的社会政治环境；从另一角度来看，这也是俄国公众及知识分子在探索真理、寻求国家发展道路上的伟大创举。

19 世纪末 20 世纪初，俄国文化进程中还有一个重要现象——公众的宗教生活日益丰富，例如，宗教界开始使用大众词语。与此同时，宗教界与知识分子就重要的社会政治问题展开了激烈的争论，论战"场所"也逐渐扩大（政论、期刊、宗教哲学会议等）。

社会公众还通过科学、文艺资助活动及慈善事业参与文化生活。19 世纪末 20 世纪初，此类社会文化事业规模庞大，甚至席卷了众多落后地区。商人、企业家盖过了贵族的风头，在资助活动和慈善事业中独领风骚，而贵族却止步不前，逐渐没落。

＊　　　＊　　　＊

承蒙莫斯科大学历史系文化史研究所及莫斯科一众学术机构的鼎力相助，本书才得以出版。我们要向以下机构致以极大的谢意：莫斯科大学历史系、俄罗斯国立人文大学、俄罗斯国家社会政治史档案馆、全俄文献档案科研研究院、俄罗斯文化学学院、劳动与社会关系研究院、国家管理大学和新年代记出版社。

我们还要向对本书原稿进行过认真校订及筹备工作的各研究所的诸位学界同人致以谢意；此外，也需向为本书搜集插图资料的诸位同志——E. B. 达尔基、B. B. 波诺马廖娃、И. E. 特里史甘，以及目录编订者——A. A. 亚历山德罗娃、Н. Г. 克尼亚济科娃、E. K. 瑟索耶娃、И. E. 特里史甘，表达诚挚的感激之情。

Л. B.　科什曼

国家体制：从君主专制走向苏维埃

Н. И. 钦巴耶夫

20世纪，俄国是欧洲列强中为数不多的实行专制统治的国家。

1832年，俄国出台的国家基本法中含有一项最重要的条款：俄国沙皇是专制君主，权力不受限制。沙皇的权力神圣不可侵犯，臣民应绝对服从。①

少数进步的知识分子认为，宗教权力理论是陈规陋俗，与当时的社会环境格格不入。但是俄国沙皇及皇室成员、高官显宦不以为然，他们认为宗教制裁及历史传统是维护专制权力基础牢不可破的必要手段；接受涂油礼的沙皇会受到上帝的庇佑，他是俄国绝大多数人民（尤其是农民等级）的守护神。他们表示，古老的俄国不适合查理·路易·孟德斯鸠倡导的三权分立原则。俄国的原则是权力不可分

---

① Свод законов Российской империи. Т. 1 Ч. 1. СПб. : Рус. Кн. Товарищество "Деятель". , 1892. Ст. 1.

割，立法权、行政权、司法权要紧密结合，甚至要高度融合，最高权力属于沙皇。①

沙皇与国家议会共享最高立法权。国家议会成员由沙皇从有军事或政治功绩的名门显贵中任命，且大多为世袭贵族，各部大臣也在其中担任职务。1890 年，国家议会成员为 60 人，1903 年增至 83 人。最初，沙皇亚历山大三世充任常务主席，1905 年，这一职务由米哈伊尔·尼古拉维奇大公担任。国家议会的主要职责是讨论重要的法律条款，讨论通过后，由沙皇签署生效。

大臣委员会是俄国最高行政机关，各大臣协同合作，监督各地总督的工作，解决的问题也多种多样，不限于自身职权范围。实际上，大臣委员会的领导作用甚微；俄国的大臣之间甚至不能互相协作，更遑论一个统一合作的政府。不过，大臣上呈给沙皇的报告对于众多基本问题的解决意义非凡。大臣报告是沙皇意志的呈现，获准后会获得法律效力。沙皇与大臣的会面程序及频率并无任何明文规定，主要取决于双方的私人关系。从沙皇亚历山大二世时期至 19 世纪末，俄国各部数目基本未变，日常政务处理程序因循守旧，执政者政务水平堪忧。中央及地方各部官僚队伍持续壮大；至20 世纪初，俄国官僚达到 38.5 万人。

沙皇亚历山大三世——画家 B. A. 谢罗夫绘于 1900 年

① Подробнее см. *Цимбаев Н. И.* Разделение властей：исторический опыт Российской империи//Разделение властей/Отв. ред. М. Н. Марченко. 2 - е изд. М.：Издательство МГУ.，2004. C. 300 - 304.

沙皇亚历山大二世组建的大臣委员会旨在统一政府行动，在主席的领导下商讨沙皇决策。至沙皇亚历山大三世时期，大臣委员会业已荒废，在诉讼事务处理中，参议院（隶属于政府）实际起到了最高法院的作用。值得注意的是，东正教院事务部大臣领导的至圣主教公会是俄国教会的最高机构。

1881 年 3 月 1 日，沙皇亚历山大二世遇刺，事件平息后俄国国内局势趋稳，沙皇亚历山大三世执政掌权。亚历山大三世雷厉风行，加强了沙皇威信。他坚信，其主要任务是保护国民，提高国家公共福利。因此，他对内务部、财政部格外看重。

20 多年间，H. X. 本格、И. A. 维什涅格拉茨基、C. Ю. 维特相继担任了财政部大臣。他们希望制定全方位推动国家工业发展的政策，期望推动国家工业化并以此实现经济现代化。因此，一些问题的解决迫在眉睫：农业改革、废除农村残存的农奴制、变革社会等级结构。但是，经济现代化最终必会引起政治现代化，因此俄国的君主专制制度也成为日后的革新对象。

我们还需注意俄国的历史传统和客观条件：俄国幅员辽阔，对消息传播方式、传播手段采用奏效的国家监管十分必要；区域经济发展极其不平衡；人口分布不均；资本主义经济发展薄弱，政府必须积累资本、实行再分配。因此，俄国的经济现代化道路、国企关系与典型的工业资本主义国家千差万别。由此可见，财政部在俄国经济现代化过程中的作用尤为重要。

实际上，财政部可以监管俄国经济大环境，职权范围颇大：制定财政及税率政策、对某些工业领域及区域实行政府监管、保障私有资本（包括外国资本）、协调劳资关系、促进国企（拥有最新科技能力兼具非市场残留因素的企业）发展。不过，俄国财政部——H. X. 本格、И. A. 维什涅格拉茨基、C. Ю. 维特——并未认识到，国家作为经济推动者与其作为自由贸易唯一保障者之间的矛盾，仅仅依靠个人倡议，影响范围极其有限。

同时，在经济发展和私人生活中，国家干预过度且经验不足。本格对一些"危险观念"闻之色变，十分赞同一种理念——"国家理应指导耕地、播种、收割，也应促进报刊刊行，还应推动文艺及科学发展"①。

财政部的政策取得了丰硕的成果，俄国工业得以空前发展。19世纪末，在不足七年的时间里，俄国工业规模扩大了一倍多。根据基本结构评价标准及总指标，俄国在世界工业强国中居第四或第五位。俄国在世界经济体系中的地位不断提升，更加符合其政治实力、军事实力。在经济发展的同时，俄国的城市化也在加速。1897年，俄国城市人口占总人口的13%，属于典型的农业国；后来，大量农村人口涌入大型工业中心，城市化水平大幅提升。最初，老工业中心（乌拉尔工业区、中部工业区、西北工业区）发展势头良好、竞争激烈，后来，新兴工业区（顿涅茨克工业区、华沙—罗兹工业区、巴库工业区）逐渐取代了它们。

俄国经济现代化收效显著，但并未涉及农业领域。维什涅格拉茨基与维特为俄国农村打开了出口市场，提高了农产品的商品率，但值得注意的是，商品率的提高主要仰赖新辟土地的周转价格。由此可见，财政部对农村社会的投入不足，影响力有限。此外，领地贵族势力强大，中央政府难以将其影响深入农村，因此俄国最重要的农业问题未能得到解决。农民与地主之间早已存在的矛盾被进一步激化。

随着工业化进程加快，俄国的政治与社会矛盾进一步激化。俄国的工业化确实获得了成功，但这并不是自由竞争和自由市场关系发展的结果，因此，私营企业未能加速发展。与此同时，俄国为鼓励民族工业发展，政府提供本国资本家垄断权，因此俄国市场并非自由竞争的市场。

劳资关系格外引人注目。俄国工业资本家依靠政府部门，通过剥削劳工获得超额利润。除国有军工厂外，俄国劳工比其他工业发达国家的劳工收入都低。资本家并未意识到，现代化进程同样促进了工人运动的发展、完善。

鉴于俄国资本主义的发展特征，俄国资产阶级对于社会改良主义及折中

---

① Власть и реформы. От самодержавной к советской России. СПб.: Изд-во "Дмитрий Буланин"., 1996. С.388；см. Также：*Бунге Н. Х.* Загробные заметки.//Река времен. кн. 1. М.：ЭЛЛИС ЛАК., 1995. С.206 – 248.

主义持否定态度，如此一来，他们与无产阶级的矛盾持续激化；但是在资产阶级与专制制度持续对立的背景下，工人阶级的政治经济需求不断得到满足。与此同时，资产阶级在工业化进程中并未意识到协调社会矛盾的重要性，这就使得他们与工业无产阶级的矛盾持续激化，甚至达到了白热化的状态。

1899 年末，工业领域首先出现了一些危机征兆，至 1900 年，世界经济都陷入了危机。这场危机在俄国格外持久、严重。最初，欧洲货币危机波及俄国国有银行；随后，地方银行提高了贴现利率，希望借此缓解自己在企业中的信用崩盘危机；后来，通货紧缩，大批中小企业倒闭。企业家面临大幅下调工资或倒闭的两难选择。在某些地区和工业领域，失业率在 40% ~ 50%，这必然激化社会矛盾。

1900 年的俄国工业危机表明，俄国资本主义生产业已成熟且已融入了世界经济体系，不过也表明了俄国现代化推动者（包括本格、维什涅格拉茨基和维特）的方针、政策存在缺陷。俄国的社会改革并未与工业生产发展及其结构变动同时进行；政府也忽略了群众需求，未能及时解决这些不可避免的社会问题，没有意识到因此产生的严重后果。公众希望国家实行代议制，继续亚历山大二世的伟大改革，实现自由主义，但并未受到重视。对于盘踞在国内政权各处的领地贵族而言，经济现代化及其催生的社会政治变动完全不必要且十分危险。值得注意的是，现代化最重要的一步是改革社会关系，通过公民自由、政治自由取代君主专制制度。

但是，沙皇政府并未对此做好准备。无所作为、缺乏创新的专制制度必定使国民经济陷入危机，将国家引向毁灭的深渊。政府高层因循守旧、停滞不前，即使颇有影响力的财政部也显得捉襟见肘、力有不逮。本格、维什涅格拉茨基和维特也未能战胜政府中保守、无能且优柔寡断之人，然而，正是这批人决定了 19 世纪末 20 世纪初俄国的历史命运。①

20 世纪初，俄国的专制危机引发了国家制度危机。无疑，社会公众起

---

① 19 世纪末 20 世纪初俄国经济现代化详情参见 см.：*Цимбаев Н. И. История. России XIX—начала XX в. 3 - е изд. М.：ACT，*，2010. C. 297 - 308。

了颇大的作用。不过，专制的沙皇政府显然不愿冷静面对危机现实，也不能够缓解社会紧张局势、压制社会极端主义。因此，俄国国内革命在所难免。

＊　　　＊　　　＊

沙皇亚历山大三世于 1894 年 10 月逝世，新任沙皇是他 26 岁的儿子尼古拉二世。俄国人民对新沙皇不甚了解，不过年轻稳重、镇静、修养良好的新沙皇博得了人民的信任，人民也对他寄予了无限的希望。尼古拉二世登基之初，便收到了众多请愿书，呼吁国家立宪，但他坚决反对。亚历山大三世生前禁止尼古拉二世参政，不过却给他灌输了一种神秘主义信念："上帝不会让专制制度垮台，否则俄国将与其一同覆灭。"

亚历山大三世是 K. Π. 波别多诺斯采夫和著名史学家 C. M. 索洛维约夫的忠实信徒；他们坚信，俄国独具一格，其政权的巩固有赖于"国家专制"。亚历山大三世坚信，沙皇与人民的联系牢不可破，他也因"农民沙皇"的外号而欣喜万分。亚历山大三世勤于政务，将俄国视作罗曼诺夫家族的世袭领地，颇为重要的内政问题仰赖其时有创新的决策。亚历山大三世善于用人才且全权委托，例如，即使维特难以相处，亚历山大三世依旧对他高度评价且加以重用。[①]

尼古拉二世并不像他父亲一样刚毅果决。随着年龄增长，他愈加固执，显得颇有城府且言不由衷。他多疑、孤僻，大力压制维特，公报私仇，对于普列维与斯托雷平的忠诚也深表疑虑。他对身边的人及其地位的控制到了无以复加的地步，简直成为丧心病狂的"俄国管家"。此外，1897 年，他又开展了全俄范围的人口普查，这成为"俄国管家"的又一佐证。

尼古拉二世登基后，长时间内都深感自卑。他在日记中写道："我并未做好成为沙皇的准备，我没有能力掌控整个帝俄，我甚至不知该如何与大臣

---

① Подробнее см.：*Цимбаев Н. И.* История. России XIX—начала XX в. 3 - е изд. М.：ACT.，2010. C. 270 - 273.

们交谈。"①

尼古拉二世在国家事务上也十分不幸。1896年5月，新任沙皇在莫斯科霍登广场上举行加冕典礼，因相关部门疏忽，发生了严重的踩踏事件，据官方资料统计，这次事件致使1500人死亡，大量的人伤残。这起事件被认为是对沙皇登基的一个诅咒。

尼古拉二世亲自参与了一些重大问题的决策，为国家酿成了悲剧。例如，他希望提高俄国在太平洋区域的地位，脱离现实，完全支持日俄战争。1904年10月，俄国于波罗的海编成太平洋第二舰队，绕过非洲开赴远东。З. П. 罗热斯特文斯基任舰队总指挥，舰队混有破旧船只和最新建造的装甲舰。舰队因迁就低速船行进缓慢，军事训练水平也亟待提高。亚速港陷落的消息传来后，罗热斯特文斯基向沙皇报告："鉴于形势变化，我军未能获得制海权，目前只有少数突破口使部分船舰开赴远东。"不过沙皇在回函中明确指出："占领日本海。"

次年5月，第二舰队驶入对马海峡，与日本主力舰队展开激战。在沙皇尼古拉二世加冕一周年之际的5月14日，日俄双方发生了激烈的海战。尽管海军将士英勇作战，傍晚时分，第二舰队几乎全军覆没，仅有六艘船舰突出重围，最终只有三艘抵达了符拉迪沃斯托克（海参崴）。次日，被围船舰投降。

俄国对马海战的失败致使举国震惊。对马海战后，日俄双方在朴次茅斯（葡萄牙在美洲的殖民地）开启了和谈。俄国代表团的团长由维特担任。维特并未靠其出身获得官位升迁，他以喜爱民主刊物著称；此外，他善于利用自己丰富的人生阅历，他在与会途中与火车机车组友好交谈，表达了自己关于火车事务的观点。他获得了美洲社会的一致好评，使得美洲在战时与和谈期间的对日方针始终贯彻如一。

和谈的焦点在于军费索赔及萨哈林岛（库页岛）归属问题。维特认为，领土问题不容谈判，但是最后得到尼古拉二世的直接授意，割让萨哈林岛

---

① 关于沙皇尼古拉二世的个性问题参见 см.：Воронкова С. В.，Цимбаев Н. И. История России. 1801 – 1917. М.：Аспект Пресс.，С. 293 – 298。

俄日和平协议的签订者在葡萄牙——照片摄于 1905 年

（库页岛）北纬50度以南的领土给日本。俄国社会公众将《朴次茅斯和约》的耻辱归罪于维特，他也被戏称为"半萨哈林岛伯爵"。实际上，战争及其失败、屈辱性合约的始作俑者即沙皇尼古拉二世。[①]

尼古拉二世的亲人，尤其是皇室成员对其影响深远。据统计，尼古拉二世时期，共有50位皇室成员担任政府要职。他的叔父谢尔盖·亚历山大维奇大公是莫斯科总督，思想极为反动。另一位叔父阿列克谢·亚历山大维奇大公是俄国舰队海军上将，在对马海战的失败中负有不可推卸的责任。兄长弗拉基米尔·亚历山大维奇是禁卫军统领，控制着圣彼得堡军区。1905年1月9日，他们接到了在圣彼得堡"戡乱"的命令。即使是虔诚的君主制拥护者，对大公们的恶劣行径也时有抱怨。

尼古拉二世统治之初，时常听从母亲玛丽亚·费奥多罗芙娜的建议。她利用宫廷及政府阴谋，沉迷于权力而不能自拔，然而最终未能如愿。

尼古拉二世最信任他的妻子亚历山德拉·费奥多罗芙娜。她滥用权势，

---

① 关于尼古拉二世在俄国太平洋政策失败上的责任参见 см.：*Цимбаев Н. И.* История. России XIX—начала XX в. 3 - е изд. М.：АСТ., 2010. С. 323 – 328。

是极度狂热的东正教徒。她完全不了解俄国社会，喜好神秘主义，最终将罗曼诺夫王朝及君主制国家引向覆灭。尼古拉二世在位期间尤其是最后十年，对其妻子言听计从，尽管她的建议随心所欲并且毫无章法可循。当 П. А. 斯托雷平坚持将妖僧拉斯普京逐出首都时，拉斯普京用其所谓的奇异经历再次虏获了沙皇一家，为此，尼古拉二世答复道："彼得·阿尔卡季耶维奇（П. А. 斯托雷平），我同意您的观点，不过十个拉斯普京也好过一个歇斯底里的皇后（亚历山德拉·费奥多罗芙娜）。"①

显而易见，亲人对尼古拉二世的统治尤其是在最后十年影响深远。这些反动者与不负责任者被自由社会称为"佞臣奸党"。斯托雷平声称："人们错误地认为，俄国内阁在当时享有权力，而实际上不过是权力的体现。我们需要知道，内阁是在众多压力与影响下工作的。"② 外务部的 А. П. 伊兹沃利斯基的观点与斯托雷平迥异，他在回忆录中写道："尼古拉二世受到反动派头目的牵制，他因与其无法抗衡的势力做斗争而殒命。俄国君主制衰落的根本原因在于 20 世纪一些党派贸然追求复辟并巩固……落后的专制主义政权。"③

尼古拉二世登基以来，至圣主教公会东正教院事务部大臣波别多诺斯采夫的影响与日俱增。他是狂热的东正教徒，不能容忍西方进步观念，也不清楚俄国社会变迁状况。社会上一些关于波别多诺斯采夫的传言谈道：他清楚何事不可为，却不清楚何事可为。波别多诺斯采夫担任事务部大臣一职时最大的谎言便是否定制定宪法，他认为，即使是革命和造反也比制定宪法好：革命和造反能够快速平息，重建秩序；而制定宪法对于俄国的国家体制无异于饮鸩止渴。他用残酷的谎言毒害了俄国的民族精神。在波别多诺斯采夫管理至圣主教公会时期，俄国政权完全从属于教会，不过他也引起了整个东正教社会的反感。

---

① Подробнее см.: *Цимбаев Н. И.* История. России XIX—начала XX в. 3 - е изд. М.: АСТ., 2010. С. 311 – 312.

② Цит. по: *Черменский Е. Д.* Вторая российская революция. Февраль 1917. М.: Просвещение., 1986. С. 13.

③ *Извольский А. П.* Воспоминания Пг.: Изд-во "Петроград"., 1924. С. 185.

尼古拉二世在狩猎小屋——照片由 K. 布尔摄于 20 世纪初

1895 年 1 月，波别多诺斯采夫在上呈给年轻沙皇的报告中指出，专制政权"是俄国必不可少的，不仅可以维系稳定的国内政局，也是实现国家统一、团结与政治强盛的重要条件"。他警告尼古拉二世，亚历山大三世期间形成的国家管理体系不容变更。①

尼古拉二世采用了波别多诺斯采夫的意见。1895 年 1 月，他在首次公开演讲中指出，必须抛弃自由主义改革的希望，同时表明了自己对父亲遗嘱的忠诚。他宣称："我清楚，最近地方自治会议希望参与内政的呼声日盛，这是毫无意义的空想。我希望大家明白，我会为全体国民的福祉拼尽全力，也会像先父那般，坚定不移地贯彻专制制度。"② 尼古拉二世关于无意义空想的政治声明表明，俄国政治制度改革已无路可走。

---

① Подробнее см.: *Соловев Ю. Б.* Начало царствования Николая Ⅱ и роль Победоносцева в определении политического курса самодержавия//Археографический ежегодник за 1972 год. М.: «Наука»., 1974. C. 316 – 317.

② Полное собрание речей императора Николая Ⅱ. 1894 – 1906. СПб.: Книгоиздательство «Другъ Народа»., 1906. C. 7.

*　　　*　　　*

农业问题是俄国面临的主要问题。19世纪末20世纪初，农村赤贫，贵族亦艰难度日，当局称其为"俄国中央陷落"。但是，国家税收的2/3已经投入农业生产，这与农村的赤贫状况显然相互矛盾。此外，农业收入占俄国经济总量的比重颇大，俄国显然是一个典型的农业国。

政府及领地贵族大肆兼并农民土地，致使耕地不足；农民群情激愤，威胁了国家的安全稳定。波别多诺斯采夫曾警告尼古拉二世："现在的情势与四五十年前已截然不同。百姓自古以来处于赤贫、无知的状态，最终悄无声息死亡……然而当今信息流通途径繁多，百姓的状态再也不复当初，多数人的赤贫与少数人的富足、奢侈形成鲜明的对比。民众义愤填膺，他们不禁要问：我们为何受苦却一无所得，他人却用我们的血汗致富？既然权力机关在千年间未能减轻我们一丝苦楚，那它为谁服务？横征暴敛却用统治者和司法制度禁锢我们的政府为何而生？国家及其所有的权力机构到底为何存在？"①

1897年，在高官И.Н.杜尔诺夫的主持下，贵族召开了有关贫困问题的特别会议。然而政府却抛开农业问题，将贵族需求摆在首位。会议的任务是"调查保障俄国优越性、亦是自古以来决定国家命运的等级"。与会者坚持，需采取一揽子计划坚持地主土地所有制，某些与会者甚至希望将其推广至西伯利亚及俄国边疆地区。还有人倡议，恢复之前贵族的所有特权，这是表达忠诚的独特方式。刚毅果决的专制主义追随者、智慧与才干超群的俄国卫道士В.К.普列维十分赞同上述观点。他坚信，贵族等级掌控着俄国未来，可使俄国免于"资本主义的剥削及资产阶级的压迫"②。

1902年，内务大臣Д.С.西皮亚金被革命恐怖主义分子杀害，普列维便

---

① Цит. по: *Воронкова С. В.* , *Цимбаев Н. И.* История России. 1801 – 1917. М. : Аспект Пресс. , С. 321.

② См. *Соловьев Ю. Б.* Самодержавие и дворянство в конце XIX века. Л. : Наука. , 1973. С. 293 – 295.

担任了这一职务。普列维沿用了西皮亚金开创的对农民的惩罚措施，在俄国边疆强制推行大俄罗斯化的政策，他坚信"国家专制"必定有其积极作用。普列维声称："沙皇政府在人民中的威望颇高，且拥有一支忠实的武装力量。"他认为，国内动乱的根源在于知识分子，"所有追求立宪的戏码都应彻底根除"①。

普列维表示，改革应以促进俄国发展为目标，但是"唯有历史演化而成的专制主义可以胜任这一工作"。不过同时他也意识到，俄国的"制度发展落后于社会发展，需重新调整当前新型的社会关系"，并且俄国"行政方式极度落后，需进行大范围的调整、改良"。②

在普列维的努力下，政府充分意识到工人问题的重要性。普列维与国防部长期保持联系，他声称，一味镇压此起彼伏的工人运动收效甚微。他坚持采取让步政策，但是引起了工厂主的不满。1903 年，工人可以选举其领袖，同工厂主和政府协商，以此捍卫工人权益，同时规定了工厂主对于工伤事故负有责任。普列维认为家长式的政治保护措施是最好的选择，不过也衍生出"警察式社会主义"。"警察式社会主义"的出现与莫斯科警卫处首长 C. B. 祖巴托夫有关。祖巴托夫拥护"国家专制制度"，他坚信工人问题应该靠沙皇及其政府解决。他坚决反对社会主义以及在工人间进行革命宣传，支持工会发展，希望设立合法的工人组织，通过警察局对其加以监督。

祖巴托夫因与普列维意见相左被迫下台，但是牧师 Г. A. 加邦继续了他的事业。加邦于 1903 年末创立了"圣彼得堡俄国工人会议"，因考虑到祖巴托夫及其追随者的失败，他倡议"工人会议"应脱离警察局及城市政权，成为一个独立的组织。③

尽管政府已采取行动，但是俄国形势依旧动荡不安。农民与工人运动动

---

① Отрывки из воспоминаний Д. И. Любимова（1902 - 1904）//Исторический архив. 1962. №6. C. 83.

② Переписка В. К. Плеве//Красный архив. 1926. Т. 5（18）. C. 201 - 203.

③ См. : *Корелин А. П.* Русский "полицейский социализм" //Вопросы истории. 1968. №10; *Шевырин В. М.* Священник Гапон и рабочие Петербурга в 1904 - 1905 гг. //Рабочий класс капиталистической России. Л. : Лениздат. , 1992.

В. К. 普列维：国务秘书（1894～1902 年）、内务
部大臣（1902 年 4 月 4 日至 1904 年 7 月 5 日）——画
家 И. Е. 列宾绘于 1902 年

摇了专制制度的根基，而政府采取的维持国内稳定的措施也未能奏效。

此时，俄国国内政治还有一次失误，即在芬兰分离主义倾向的问题上处理不善。芬兰总督 Н. И. 博布里科夫在普列维的支持下，裁撤了芬兰特别军，任命俄国人担任芬兰公国的高等职位，给予他们特权与芬兰的分离主义倾向做斗争。这些措施与俄国一贯的地方自治原则相背，招致了芬兰社会的抗议。1904 年，博布里科夫在芬兰参政院被恐怖分子杀害。用博布里科夫的话来讲，民族问题不亚于土地和工人问题，这也是俄国政治及社会现代化进程中悬而未决的问题。

П. Д. 斯维亚托波尔克－米尔斯基对于运用政治手段防止俄国革命进行了最后一搏。1904 年 7 月，普列维被社会革命党的恐怖分子杀害，斯维亚托波尔克－米尔斯基接任内务部大臣一职。斯维亚托波尔克－米尔斯基认为，俄国"已成为一个火药库"。他认为，不必抑制地方自由主义者对于立宪的渴求，在革命爆发之前，只能给他们"需要的宪法"[1]，报刊宣称"信

---

[1] Россия в начале XX века. М.：Новый Хронограф.，2002. С. 357.

任时代"已经来临。

12 月初，斯维亚托波尔克－米尔斯基将从地方自治议会中选举国家议会代表的草案呈送给尼古拉二世。在大臣及高官的一次特别会议上，与会者认为，原有政治模式已不再适用俄国社会的新形势，而且会"导致国家倾覆"，只有波别多诺斯采夫反对斯维亚托波尔克－米尔斯基的提案。尼古拉二世踌躇不定，最终决定聘请五位大公召开另一次会议，斯维亚托波尔克－米尔斯基的提案最终被否决。

尼古拉二世对于上述状况亦是十分不情愿，拟议的改革是走向代议制的第一步，最终目的是实现立宪制。尼古拉二世坚定地向维特指出："我从未同意实行代议制，因为这会辜负上帝把人民托付给我的期望。"[1]

尼古拉二世坚信，"只有专制制度可以挽救俄国"，他在一些清议中指出："这些乡巴佬并不会得到宪法，除非捆住我的手脚，那时候我就向他们道贺！"[2]

1904 年 12 月 12 日，沙皇发布了一道诏书，其中指出"俄国的法律基础不可动摇"，维护法制被视作沙皇"在专制国家内的头等大事"。与此同时，国家也筹划实行宗教宽容政策，扩大地方及城市自治权，给予工人国家保障，授予农民与其他等级平等权利等。至此，"信任时代"宣告结束。

*　　　*　　　*

俄国第一次革命始于圣彼得堡的"流血星期日"事件。

1904 年 12 月中旬，俄国政府迫使工人会议解雇了 4 名普梯洛夫的工人，他们亦是加邦会议的成员。"……市长宣称，俄国劳资关系已不正常。"1905 年 1 月 3 日，普梯洛夫工厂工人举行罢工。罢工者要求，给 4 名解雇的工人复职，引入 8 小时工作制，废除加班制。普季姆采夫支持奥布霍姆斯

---

[1]　*Витте С. Ю.* Воспоминания. Т. 2. М. : Соцэкгиз. ，1960. С. 334.

[2]　Первая революция в России. Взгряд через столетие. М. : Памятники исторической мысли. ，2005. С. 147 – 148.

П. Д. 斯维亚托波尔克 – 米尔斯基公爵：内务部大臣（1904 年 8 月 26 日~1905 年 1 月 18 日）

基工厂、涅瓦造船厂、弹药厂及其他国有工厂的工人进行罢工。1 月 7 日罢工达到高潮，11 万人参与其中。加邦建议工人前往冬宫游行，向沙皇递交请愿书。工人十分信任尼古拉二世，因此采纳了加邦的建议。

加邦建议工人在游行中表达自己赤贫、难忍的处境，要求沙皇必须采取措施改变俄国人民无知无权的状况，反对"资产阶级压迫劳工"。他们的要求包括：实行 8 小时工作制；言论、出版、集会、结社自由；通过全体无记名投票召开会议。此外，工人们还向尼古拉二世陈情："您的臣民向您宣誓，您赋予俄国伟大与荣光，您的名字将永远留在我们及我们子孙的心中，您不会威吓我们，拒绝我们的哀求，我们愿意为此毙命，死在您的宫殿前。"①

然而，俄国政府未能倾听工人合理的解释，其反应未如工人所料。在海陆军忍受持续徒劳的战役、亚速港陷落导致国家震动的局势下，政府决定"给工人一个教训"。圣彼得堡中集结了部队，警察局、哥萨克骑兵与军人共同拟定了军事行动计划，医院也奉命预备接收大批伤员。

此外，政府对加邦的反间行动获得了成功。民主知识分子也未能及时阻止向沙皇呼吁的工人遭受迫害。斯维亚托波尔克 – 米尔斯基拒不接见以马克西姆·高尔基为首的代表团。最终政府决议枪杀和平游行的工人，认为这是政治犯罪行为；随后，当事人都拒不为此决议负责。这也从侧面反映了政府高层的深层危机。

---

① Государство Российское: власть и общество: Сб. док. М.: Изд-во Моск. ун-та., 1996. С. 251 – 254.

1905 年 1 月 9 日星期日，工人携妻带子，手拿战旗、圣像和沙皇肖像，高唱国歌由郊区向市中心行进。他们在各处遭遇士兵围堵，这些士兵拒不让路，动辄以机枪射击。哥萨克骑兵也残忍攻击手无寸铁的工人。中午时分，军队向冬宫广场上的人群扫射，据某些资料统计，伤亡人数达到 5000 人，而政府只宣称 96 人遇害。晚间，圣彼得堡架起了防护栅栏。工人对尼古拉二世的希望破灭了，"善良的沙皇"不复存在。

"流血星期日"是工人革命的导火索。1905 年 1 月，罢工人数高达 44 万人，超过之前十年罢工人数的总和。2 月，工人、学生举行了大规模的罢工、罢课活动，无能为力的政府也意识到了问题的严重性，一位大公在日记中写道："我们仿佛陷入了无政府状态。"[1]

"流血星期日"之后，宫廷及政府都建议尼古拉二世妥协。1905 年 1 月 11 日，沙皇指派圣彼得堡总督 Д. Ф. 特列波夫全权处理此事，他向沙皇进言："我们要恢复俄国原有的严厉的制度，不过同时也应逐渐采取自由主义措施，确定立宪程序。"[2]

为安抚工人，政府设立了以 H. B. 希德洛夫斯基为首的委员会，

1905 年 1 月 9 日，工人列队来到士兵关卡处——佚名画家绘于 1905 年的明信片插图

调查"流血星期日"惨案背后的原因，但是并未获得任何进展。尼古拉二世最终同意"从人民中选举最值得信任的代表"参与拟成立的国家杜马的

---

① 　Из дневника К. Романова//Красный архив. 1931. Т. 1（44）. С. 127.

② 　Цит. по: *Мосолов А. А.* При дворе императора. СПб. : «Наука». , 1992. С. 37.

法案讨论；2 月 18 日，尼古拉二世以内务大臣 A. Г. 布雷金的名义发表了正式公告。该公告获得通过，有效期维持了数月之久。

1905 年 8 月 6 日，关于国家杜马及其选举法案的最高诏书颁布。诏书介绍了法案研讨的机构、预算申请及法案初步研讨的相关情况，其中特别指出："俄国的专制政体神圣不可侵犯，我们以人民的权益为宗旨组建国家杜马"。①

25 岁以上、具有一定财产资格的男性才具有选举权；妇女、军人、学生无权参与选举；农民在选举中被分为四级，其余选民被分为二级。总之，参与选举的仍是少数人。布雷金主持的国家杜马不接受社会民主工党、农民及工会代表，最后甚至因成员太少而无法召开。

拟议中的国家杜马不可避免地涉及国家体制中高等机构的革新问题。时任大臣委员会主席 C. Ю. 维特提出了委员会的改革提案，其中涉及了建立联合政府的提议。维特可为沙皇推荐大臣候选人，有权提交报告，同时在筹划设立新的大臣委员会。

然而，相较于停滞不前的改革，人民更倾向于参与群众运动。1905 年 5 月，经社会民主工党长期准备，伊万诺沃－沃兹涅先斯克的纺织工人举行大罢工，人数达 7 万人之多。圣彼得堡、莫斯科、雅罗斯拉夫尔等其他城市的工人给予了经济支援。罢工期间，俄国第一次产生了全市工人代表苏维埃，其成员全由工人组成，成为实际权力机构。工人代表苏维埃持续注意伊万诺沃－沃兹涅先斯克的局势，与工厂主及政府进行谈判，要求禁止提高产品价格，工人必须搬出集体宿舍。酒馆被勒令关闭，但是赌博问题仍未得到解决。伊万诺沃－沃兹涅先斯克大罢工于 6 月底宣告结束。工人获得了前所未有的成功，虽然在经济上做了稍许让步，但是展示了自己良好的组织性，表明工人运动业已成熟。工人代表苏维埃这种组织形式在全俄工人间迅速推广

① Российское самодержавие в начале XX века：от абсолютной к думской монархии：Сборник документов и материалов о реформах государственного строя России в 1905－1907гг. М. ：Социальные и гуманитарные науки. ，1998. С. 74.

开来。①

苏维埃成为新政权的雏形，为新的国家体制奠定了基础。社会民主工党（尤其是布尔什维克的领袖）十分清楚苏维埃的重要作用。同时，苏维埃亦是公民社会形成的重要推动力量，它既可以完成俄国第一次革命遗留的任务，又可以在之后的政务处理上发挥重大作用。

1905 年，俄国爆发了革命。苏维埃的建立表明工人运动肩负了重要的社会责任且已走向成熟，也证明了人民群众拥有自发创建组织的能力。大部分普通工人代表认为，苏维埃的主要任务是捍卫工人的经济利益、维持城市及工人街区的日常生活状况。工人代表苏维埃在最初阶段并不拒绝与政府对话，其极端化源于内部某些党派影响增强，他们几乎不与固执的中央和地方政府对话，也不与不愿合作的工人代表、不清楚合作重要性和必要性的普通工人进行交流。②

1905 年 5 月，农民代表大会于莫斯科召开，会议决定成立全俄农民联盟，并将其建设成合法的群众性社会政治组织，该联盟也将在全俄农民的各处聚居地设立分部。联盟在莫斯科的成立大会是秘密举行的，最终于1905 年 8 月 1 日终止运行。大会表示了对政府的怀疑态度，并希望召集立宪会议，但是布尔什维克建立民主共和国的提案被否决。联盟希望废除国家、皇室与修道院的土地私有制，将土地无偿分配给农民，地主会得到部分补偿。联盟也要创建省、县、乡、村各级委员会，全俄农民联盟与工人苏维埃在不同地区的影响差距巨大，二者的研究要在俄国公民社会的形成过程中进行。

1901 年，在 Г. А. 格尔顺的倡议下，社会革命党成立了武装组织，与俄国中央集权政府的专制统治分庭抗礼。武装组织不受党的领导，实行自治，社会革命党中央委员会只负责任命其领导人，然后组织暗杀行动。1903 年起，武装组织的领导人由 Е. Ф. 阿泽夫担任，他在学生时代就以告密者的身

---

① Всеобщая стачка иваново-вознесенских рабочих в 1905г. Иваново, 1955.

② 工人运动作用详情参见 см. Робочий класс в первой российской революции 1905 – 1907гг. М. : Наука. , 1981。

份向警察局效力，并成为警察局最重要的代理人——负责从国外走私党的重要资料、制造炸弹、决定恐怖活动的参与者、分配党内经费并将部分据为己有。同时，他也熟知武装组织尤其是警察局的计划，阿泽夫亦是普列维谋杀活动的策划者。1905 年阿泽夫在武装组织及党内的地位被大公谢尔盖·亚历山大维奇取代。多由暗探局策划、大规模的恐怖主义活动表明，俄国国家体制已经陷入了深层危机。

1905 年秋，俄国各地充斥着革命的危机。对于愈演愈烈的罢工运动、农民夺取地主土地的活动，政府无能为力，也未采用极端保守派"军事镇压"的建议。10 月 6 日，喀山铁路的工长于莫斯科进行罢工；10 月 7 日，全俄铁路联盟向各地铁路工人发送了"全面罢工"的电报；10 月 8 日，除尼古拉铁路线以外，全俄各地开往莫斯科的火车停止运行；10 月 10 日，莫斯科工人大罢工，这次罢工带有政治性。10 月 11 日，圣彼得堡 5000 名工人集会，听从了布尔什维克的建议，着手准备罢工。

从 10 月 15 日开始，政治性罢工席卷全俄，超过 200 万工人参与其中，此外还包括：国有与私营企业员工、大学生、高年级中学生。商店、剧院、学校、国家与私有机构关闭，邮局、电报局、电话厅与铁路勘测局也停止运行。城市中的供水系统、照明设备、报刊发行机构通通瘫痪。在此期间，伊万诺沃－沃兹涅先斯克举行了一次特别会议，全俄工业中心成立了工人代表苏维埃。全俄各地都在"废除专制制度"的口号下进行集会和游行。罢工的主要目的在于实现 8 小时工作制、民主自由，召开立宪会议。政府在此局势下彻底瘫痪。①

危机关头，火车与轮船都已停运，迫于无奈，尼古拉二世只得接受 И. Л. 戈列梅金的建议，选择颠簸之旅，乘坐马车由圣彼得堡逃往彼得科夫。戈列梅金劝说沙皇"顽强抵抗"，"浇灭群众的怒火"。尽管圣彼得堡的

---

① Всероссийская политическая стачка в октябре 1905г. Ч. 1 – 2. М. : Изд-во Акад. наук СССР. , 1955.

大街上已经传遍了下达给军队"勿要单射，切莫吝惜子弹"① 的命令，全权负责掌控、恢复圣彼得堡局势的特列波夫依旧采用了戈列梅金的冒险建议。但是，上层社会抵抗的意志被摧毁了。尼古拉·尼古拉耶维奇大公表示，若他为沙皇，则自杀了事。

10 月 13 日晚间，尼古拉二世委托维特与各大臣协商，着手"恢复各地秩序"。根据沙皇的指示，维特及其同僚开始潜心研究、制定诏书，向人民传达立宪信号。在此期间，圣彼得堡的国家印刷厂与国家银行仍在罢工。维特从彼得科夫乘快艇秘密返回精心保护的彼得罗巴甫洛夫斯基要塞。当地总督在与维特的座谈中指出，若战败走海运撤退，沙皇子女颇多，转移十分困难。

维特与其同僚及戈列梅金均参与了不同版本的诏书制定工作，尼古拉二世对此踌躇不定。沙皇问询特列波夫，是否可以在不做较大让步的情况下恢复秩序，特列波夫对此缄口不言，但他认为，出版、言论、集会及结社自由都已经势在必行。维特表示，若沙皇不签署诏书，他便卸任首相之职，尼古拉二世只得听从。特列波夫在日记中写道："俄国即将立宪，我们曾经的努力都已付诸东流，在与立宪者的角逐中，我们孤立无援，终日遭人厌弃，最终徒劳无功。即便如此，我依旧发自内心地希望与之战斗，而非逐渐妥协，最终依然走向立宪之路。"②

10 月 17 日，д. М. 索利斯基以国家议会主席的身份向国民发布了公告，沙皇彻底妥协。公告提出："俄国经历了历史上前所未有的变局，多数国民对当前的体制十分不满，对实施改革的措施亦多有怨言。"③

10 月 17 日下午 5 时，尼古拉二世签署了《关于改善国内局势》的诏书。亚历山大·米哈伊尔维奇大公阐释了沙皇面临的选择：要么满足革命者的要求，要么选择残酷的战争。"满足革命者要求，俄国必将走上社会主义

① Всероссийская политическая стачка в октябре 1905 г. Ч. 1. М.：Изд-во Акад. наук СССР.，1955. С. 354.

② *Черменский Е. Д.* Буржуазия и царизм в Первой русской революции. М.：Мысль.，1970. С. 144.

③ Власть и реформы. От самодержавной к советской России. СПб.：Изд-во "Дмитрий Буланин".，1996. С. 505.

维特与尼古拉二世在起草《关于改善国内局势》的诏书——绘于1905年的讽刺性明信片

道路，因为历史上并不存在革命半途而废的先例。选择战争，政府会重获威望。因此有两条出路：举白旗投降或获得沙皇级别的胜利。"不过，10月17日，尼古拉二世最终采纳了维特的建议，走上了另一条道路。亚历山大·米哈伊尔维奇大公对此做了如下评述："尼古拉二世并未满足革命中两支力量——工人和农民的要求，尽管在莫斯科乌斯品斯基教堂的加冕典礼上，他宣誓要虔诚遵循祖制，但最终放弃了专制制度。后来，俄国沙皇成为同英国国王一样的跳梁小丑，大宪章的魔掌就要伸向帝俄的边疆。尼古拉二世同阴谋家、政治犯及警察局走狗分食了权力。这便是结局！一个王朝的终结，一个帝国的覆灭！"[1]

10月17日诏书指明，"当前的动乱是人民及国家团结、统一的严重威胁"，"政府高层必须协调行动"才能执行国家的坚强意志。尼古拉二世允诺国民"真正的公民自由：人身、言论、出版、集会、结社自由"。他也承诺"现在没有选举权的国民"都将参与国家杜马的选举。诏书的本质在于："确定一条牢不可破的规则，任何法律都不可阻碍国家杜马的召开。"尼古拉二世号召："俄国的虔诚子民要牢记自己的职责，平息叛乱并共同……集中力量恢复国内的和平局势。"[2]

10月17日诏书一经发布，国民欣喜若狂。陌生人在街头巷尾互相拥

---

[1] Вел. кн. Александр Михайлович: Книга воспоминаний//Государственные деятели России глазами современников: Николай II. Воспоминания. Дневники. СПб.: Пушкинский фонд., 1994. С. 342.

[2] Российское самодержавие в начале XX века. С. 92 – 93.

抱，彼此祝贺"自由的来临"。诏书还指出要实行政治大赦，政党活动自此合法化，城市出现了大量的游行队伍，沙皇肖像与翻飞的红旗夹杂其间。"自由战士"与反对"叛乱"的保守派也进行了交流。

1905 年 10 月 17 日诏书颁布后的场景——画家 И. Е. 列宾绘于 1907～1911 年

就 10 月 17 日诏书中国家权力的相关规定来看，俄国已经成为君主立宪制国家，不再实行专制统治。但是，法律规范与实际遗留的独断统治水火不容，因此，俄国的立宪制受到了世人诟病。从 1905 年 10 月 17 日诏书生效至 1917 年 2 月沙皇退位，尼古拉二世的议会君主制被当时的人称为"没有宪法约束的君主立宪制"。

10 月 19 日，大臣委员会宣布改革，С. Ю. 维特任主席。维特与自由主义代表商谈了关于他们参加政府的事宜，但是 Д. Н. 希波夫与 А. И. 古奇科夫要求过高——自由党人希望得到司法部、内务部与农业部的职位，要求召开立宪会议。时任内务部大臣 П. Н. 杜尔诺夫坚决反对自由党人的要求，他在拍给总督的电报中指出："请与革命做最大的斗争，不要有任何保留，请记住，我会负全责。"他命令："歼灭武装叛乱，捣毁他们的老巢。"①

---

① Цит. по： *Бородин А. П.* П. Н. Дурново： портрет царского сановника//Отечественная история. 2000. №3. С. 53.

为恢复铁路运行，政府建立了讨伐队。全俄几乎都处于军事或者临时警卫队监控的紧张状态。维特稳定局势的临时政策也具有明显的二重性。10月的全面政治罢工并不意味着革命的终结，10月17日诏书的颁布也未能有效缓解俄国的紧张局势。

10月政治罢工中出现的工人代表苏维埃并未解散，后来完全确立了下来。圣彼得堡的工人代表苏维埃成为全俄中心，由社会民主工党掌控。苏维埃是革命自治组织，圣彼得堡苏维埃将8小时工作制秘密引入了工厂，引起了处于困境中的工厂主的抗议。苏维埃认为，工人难以与政府、资本家抗衡，因此于11月放弃了8小时工作制的"革命道路"。

后来，杜尔诺夫取缔了全俄邮电联盟，逮捕了其领导人。圣彼得堡苏维埃认为政府侵犯了人民自由。因此，圣彼得堡工人代表苏维埃与全俄农民联盟的领导人于12月2日共同发表声明，表示对政府进行经济抵制。他们号召国民拒绝交税，在合同中要求以黄金结算工资，从储蓄所及国有银行中取出所有存款。后来，这项声明通告了政府。结果，刊行声明的报刊被查封，12月3日，圣彼得堡苏维埃的全部成员遭到逮捕。

消息一经传出，12月4日，莫斯科工人代表苏维埃决定发动政治罢工。翌日，莫斯科的布尔什维克表示赞同，建议12月7日正午12时发动全面政治罢工，继而转变为武装起义。12月6日，莫斯科工人代表苏维埃同意了上述建议。12月7日，莫斯科大多企业发动了罢工，工厂、交通部、国有及私有机关、商店、印刷厂都暂停营业。只有《莫斯科工人代表苏维埃消息报》正常刊行，号召武装起义、推翻专制统治。武装起义于12月9日爆发，激烈的军事冲突持续了十日之久。[①]

*　　　*　　　*

С. Ю. 维特担任大臣委员会主席之时，革命达到了高峰。俄国国家体制改革初期，维特领导政府，行政迅速、高效，虽然并未实现10月17日诏书

---

① Высший подъем революции 1905 – 1907гг. Ч. 1 – 2. М. : Академия наук. , 1955.

承诺的"联合"，但当时也确实不是苛求此事的时机。内务部在杜尔诺夫的领导下对革命采取了强硬措施，首相屡次出面请求其减轻镇压力度。同时，改革也在如火如荼地进行。1905 年 12 月 11 日，在莫斯科起义最为紧张的时刻，维特颁布了关于选举国家杜马成员的选举法。政府以宽容的方式处理了革命暴动，这至少遵循了 10 月 17 日诏书的书面规定。

在选举法的筹备阶段，政府对中间自由主义团体坚持的全民普选的问题产生了激烈的争论。11 月 19 日，Д. Н. 希波夫在大臣委员会上表明："普选能够平息当前的骚乱"，况且，10 月 17 日诏书也已预先决定了普选权的实施。维特引用了 8 月 6 日的诏书，强烈反对希波夫的意见。

12 月 5 日、7 日和 9 日，在革命最为激烈的时刻，尼古拉二世以主席身份召开了特别会议，会上最终确定了新的选举法。沙皇坚决反对普选权，他指出，直至 10 月 17 日，他对选举问题并不在意，因此"完全不了解"。但是目前，他的"直觉"提醒他，俄国绝不能实现普选权："不能一步走太远。现在实行全民表决，不久就要成立民主共和国。这是盲目且不能容忍的。"①

维特认为，忽略"劳动者的权利"极其危险。因此，会议最终采用了工人选民组的建议，选举法的起草人将目光聚焦在农民选民组的身上，鉴于选举法本身特点，维特希望杜马成员主要从农民选民组中产生，这就会产生一个"乡巴佬杜马"。维特十分赞成亚历山大三世时期关于"人民专制"的观点，也意识到了农民是君主制的支柱。维特宣称："杜马或许智谋不足，但也不会有偏见。"②

12 月 11 日的选举法规定，选举分多级进行，保留原有的城乡分类选举体系传统，成立了新的工人选民组。选举并非直接、平等和全民性的。因选民类别体系的规定，候选人是在社会财产多寡的基础上产生的。在 4 个选民组中，工人选民组为 9 万人推举 1 个候选人，农民组为 3 万人推举 1 人，城

---

① Протоколы Особого совещания по вопросу о расширении избирательного права в Государственную думу//Российское самодержавие в начале XX века. С. 128.

② Протоколы Особого совещания по вопросу о расширении избирательного права в Государственную думу//Российское самодержавие в начале XX века. С. 123.

市为 7000 人推举 1 人，地主为 2000 人推举 1 人。因此，一个地主的选举权分别相当于 3 个城市资产阶级、15 个农民、45 个工人。

国家杜马也被赋予了立法权，这就要求国家议会进行改革。根据 1906 年 2 月 20 日的指示，国家议会高等立法院成立了法案研讨机构，与国家杜马一起参与立法。国家议会的半数成员由沙皇直接任命，剩余席位从等级组织及小型机构中选举产生，主要包括：俄国东正教会、省自治会议、市场委员会、大学科研院及省贵族会议。焕然一新的国家议会成为阻挠杜马立法活动的必要保障。

"国家杜马机构"的诞生，意味着五年内拥有全权，但也面临被沙皇提前解散的风险，其成员也有向大臣进行质询的权力。

国家议会改革后，它便成为仅次于杜马的立法机构；因此，10 月 17 日诏书宣称的国家杜马是唯一立法机构的规定便丧失了意义。与此同时，2 月 20 日发布的指令也并未意识到需要重新审视俄国君主立宪制的基础，法律汇编者甚至只是根据西欧法律范本做了稍许改动。

参加国家议会重大会议的 С. Ю. 维特——画家 И. Е. 列宾绘于 1903 年

在国家议会改革的讨论过程中，维特妖言惑众，这使得沙皇与农民间产生了"隔阂"。他认为："沙皇不能给予任何形式的宪法，因为这并不会有任何保证，这不过是一种立法与统治形式，即使目前被认为是最好的，也会经常变更。"В. Н. 科科夫佐夫对此持有异议，他认为，维特希望"实行一言堂"，希望所有人都成为"极端派"。维特坚持自己的观点："我知道 В. Н. 科科夫佐夫希望实现立宪政体，但我反对。"讨论期间，维特表示："我同意你们的论据，但是不应只限制沙皇的权力。"

亚历山大二世的司法部大臣——K. И. 帕连伯爵严厉批判维特的观点，他指出"何为宪法？维特认为，10 月 17 日诏书也并未包含关于宪法的任何内容。但是，俄国自然是要根据宪法形式进行治理"。维特强烈反对他的观点，援引人民对沙皇的信仰加以反驳："忽略社会大众尤其是农民的心理去评论事态是徒劳的，所有人都知道——沙皇和上帝！"①

会议的中场休息间隙，帕连向尼古拉二世表示，采纳维特的建议便意味着"君主制原则的覆灭"。帕连直言不讳："若您不允诺制定宪法，这便是对维特曲意逢迎。您一定要制定宪法，并将其延续下去。"②

摆在维特政府前的首要任务便是潜心研究帝俄新的基本法。政府也考虑到了，10 月 17 日诏书对国家制度及统治形式所做规定已经发生了改变。维特及其同僚力图使杜马丧失立法作用，希望在极短的时间内完成这项任务。

1906 年 4 月，一些特别会议上讨论了基本法问题，其中有关帝俄权力的界定及范围问题引起了争论。尼古拉二世表明"这是所有问题的症结所在"，他阐明了有关 10 月 17 日诏书对法律影响的见解，也表明了对建立君主立宪制的态度："我甘愿签署 10 月 17 日的决议，也必将坚定维护决议的要求。但我认为，否认专制权力实非必要……可以这么讲，这有悖于 10 月 17 日诏书的精神，当然，我对此清楚也予以理解。但是你们要清楚，谁为罪魁，自然是无产者与第三等级。但我坚信，80% 的俄国人民将会与我站在一起。"③

K. И. 帕连与司法部大臣 M. Г. 阿基莫夫反问尼古拉二世，无人表示他们不赞同 10 月 17 日诏书，不过他坚持沙皇拥有无限权力的观点则极其危险。最终，与会者一致同意 A. C. 斯季申斯基的观点："不搞一言堂，同时

---

① Протоколы Особого совещания по выработке учреждений Государственной думы и государственного совета//Российское самодержавие в начале XX века. C. 149 – 164.

② Из дневника А. А. Половцова//Красный архив. 1923. №4. C. 91 – 92.

③ Протоколы Особого совещания о пересмотре основных законов//Российское самодержавие в начале XX века. C. 205 – 206.

保留沙皇的权力。"①

1906 年 4 月 23 日，尼古拉二世批准了国家基本法，该法效力为期四年直至国家杜马召开。立宪君主制基本法卷首写道："俄语为全国通用语，军队、舰队及其所有国家和社会组织的正式条例要用俄文书写。"

最高权力的确定具有原则性意义："俄国沙皇拥有最高的专制权力，权力由上帝赋予，受制于国家及自身良知。"沙皇权力不再不受限制。②

沙皇与国家议会、国家杜马分享立法权。沙皇拥有立法倡议及立法核准的权力："可以根据国家基本法，要求国家议会及国家杜马修改制定的法律。"未经沙皇批准的"任何法律都不具备法律效力"。

沙皇在俄国境内的权力"延伸至边边角角"："沙皇直接管理最高政权；政务处理也在一定程度上依赖沙皇批准的法律，法律制定的人选也根据沙皇的诏令产生。"

沙皇也统领对外关系，有权发动战争及媾和。沙皇亦是军队的最高指挥官，对大臣委员会主席、大臣及其他公务人员有任免权。不过，大臣并不隶属于大臣委员会主席管辖，因为他们由沙皇任命，因此要以沙皇的意志和命令为先。

国家基本法的第 87 项条款规定，当国家杜马休会时，"若遇紧急情况，有必要临时召集杜马"；此外，沙皇也有权颁布法律。俄国的君主立宪制在形成之初便具备了鲜明的特点。③

尼古拉二世大张旗鼓地号召国民遵循 10 月 17 日诏书与国家基本法的内容及精神。他的政务观及法律观都源自专制主义传统；但是，这与 19 世纪的状况（尼古拉时期的重要官员 Д. Н. 布卢多夫对此进行了说明：沙皇有权颁布任何法律，但他自己也要遵守）相互矛盾。亚历山大三世时期也存在

---

① Протоколы Особого совещания о пересмотре основных законов//Российское самодержавие в начале XX века. С. 196 - 236.

② 关于最高权力表述的不同文本参见 见. см. *Кололева Н. Г.* Первая российская революция и цализм. Совет министров России в 1905 - 1907гг. М. : Наука. , 1982. С. 77。

③ 国家基本法问题参见 цит. по：Российское самодерживие в начале XX века. С. 237 - 246。

同样的状况。

1913 年，尼古拉二世在写给 H. A. 马克拉科夫的信中，阐明了他更为激进的手段。他建议马克拉科夫大臣"立即"着手在大臣委员会上讨论"之前提出的关于变更国家杜马规章中条款的建议。在我们国家还未制定宪法的情况下，那些认为杜马不同意与国家议会合作，法律草案就将作废的想法，纯属无稽之谈。阁下定要统筹多数派及少数派关于选举与立法的意见，兼顾俄国精神，使之恢复以往正常稳定的立法程序"[1]。

第一届国家杜马选举于 1906 年 2 月至 3 月举行，其中共 499 个席位。立宪民主党以 199 个席位成为杜马多数派，第二位是获得 100 多个席位的劳动党。劳动党主要代表农民的利益，且大多数党员本身就是农民，俄国边陲地区也选出了较多成员。[2]

第一届国家杜马召开前夕，维特突然被免职，与此同时，内务部大臣杜尔诺夫也遭此横祸。尼古拉二世辞退了在困难时期少数主张保留其权力的忠臣，这是因为他们的刚毅、独立的行事作风让尼古拉二世心生忌惮。经验丰富的 И. Л. 戈列梅金被任命为大臣委员会主席，内务部大臣由 П. А. 斯托雷平担任。斯托雷平是俄国当时最年轻的总督，他掌管的萨拉托夫是农民暴动中心，但他毫无迟疑地动用军队，坚决镇压了暴动。

国家基本法确立后不久，1906 年 4 月 27 日，尼古拉二世于冬宫隆重接见了国家杜马与国家议会的成员。尼古拉二世称他们为"俄国之良人"，同时承诺赐予人民的法规牢不可破。之后，成员前往国家杜马会议所在地——塔夫里达宫。立宪民主党的领袖 C. A. 穆罗姆采夫被选为国家杜马主席。

国家杜马在政府屡次刁难中举步维艰，只能通过大臣质询与之抗衡。立宪民主党与劳动党坚持国家各部应对杜马负责，应对普选及政治大赦负责。它们认为，国家杜马是俄国第一议会，政府强烈反对。最终，政府与第一届

① *Семеникова В. П.* Монархия перед крушением. 1914 – 1917. Бумаги Николая II и другие документы. М. : Гос. изд-во. , Л. : тип. Печатный двор. , 1927. С. 91 – 92.

② 关于 1~4 届国家杜马的选举程序及其党团组成状况参见 см. : *Демин В. А.* Государственная дума России（1906 – 1917）: механизм функционирования. М. : РОССПЭН. , 1996。

第一届国家杜马会议侧厅——照片摄于 1906 年

国家杜马也未能协调好它们之间的工作。

7月8日，第一届国家杜马被迫解散。

为了对国家杜马解散表示抗议，立宪民主党与劳动党的杜马成员及其亲友聚集于维堡，商讨向人民请愿。超过 200 名成员在维堡的请愿书上签字，号召人民消极抵抗，拒绝服兵役、拒绝交税、不承认政府债务。维堡请愿并未获得如期效果，签名的成员被送入法庭审判并丧失了选举资格。不过，维堡请愿也从一个侧面表明签字的成员极不负责，他们目的在于实现政治野心，而非国家利益。

国家杜马解散与维堡请愿只是 7 月爆发的严重政治危机的冰山一角。因戈列梅金缺乏政治热情，不能妥善处理当时事宜，尼古拉二世将其辞退，由 П. А. 斯托雷平领导政府。斯托雷平上任前夕，与中间自由主义团体的代表就其参与政府一事进行了磋商。这些代表是 П. А. 海登、Д. Н. 希波夫与 Н. Н. 利沃夫，他们倡议，十二月党与立宪民主党应组成和平改革党。斯托雷平拒绝接受他们的建议，并表明，若政府被迫接受这种规划则意味着投降，另一个强有力的政权将在俄国崛起。

为应对革命运动，政府根据尼古拉二世的指示，在陆军与海军中成立了战争裁判机构。战争裁判机构直至 1907 年 4 月仍在发挥作用，其间共处死了1102 人。斯托雷平在该机构也发挥了重要作用，他声称："先稳定，后改革！"

1907 年初，第二届国家杜马选举开始。据构成人员看，左派与激进派较第一届国家杜马明显增多。左派社会主义政党及团体掌控了过半议席。劳动党居于主导地位，其余的还有社会民主工党、社会革命党及民间社会主义人士。发动维堡请愿的立宪民主党丧失了席位。立宪民主党号召民间反抗，这又招致了中间选民的反感，他们被迫放弃了"政府各部向杜马负责"的言论，提出了"保留原有杜马"的口号。

1907 年 3 月 6 日，斯托雷平对成员发表了施政演讲。他认为，立法是"俄国新的国家秩序的坚实基础"，是俄国必由之路。他强调，"国家处于改革初期，因此存在骚乱"，立法活动也应适应这种状况。斯托雷平首相阐明了政府的农民改革施政大纲，并向成员保证给予他们一个"稳定清廉的俄国政府"，并承担起自己的责任——"保留俄国政治遗风，恢复俄国社会秩序"。[1]

斯托雷平表达了政府希望与杜马合作的愿望，但前提是杜马不能抨击政府。虽然杜马能够使政府陷入瘫痪，简而言之为"投降"，但是"诸位，政府亦会镇定自若地给予否定答复"[2]。

杜马的主要议题是农业问题。左派多数与政府意见一致。1907 年 6 月 1日，在杜马闭门会议上，斯托雷平宣称，社会民主工党成员存在反政府的政治阴谋。根据该项声明，最终确定间谍来自警卫处。杜马组建委员会紧急处理，6 月 3 日晚间，社会民主工党间谍成员被捕，他们随后被交付法院，最终认罪。

---

[1] *Столыпин П. А.* Нам нужна Великая России：Полн. собр. речей в Государственной думе и Государственном свете. 1906 – 1911. М. ：Молодая Гвардия. ，1991. С. 50 – 62.

[2] *Столыпин П. А.* Нам нужна Великая России：Полн. собр. речей в Государственной думе и Государственном свете. 1906 – 1911. М. ：Молодая Гвардия. ，1991. С. 63 – 64.

6月3日，第二届国家杜马被迫解散，这是由于尼古拉二世发布的一道新诏书。尼古拉二世指出，选举法权力基础变更，"唯有政府有颁布选举法的特权"，同时颁布了新的选举法。这直接破坏了10月17日诏书原则，并与1906年4月23日颁布的国家基本法冲突。6月3日的选举法在未经国家杜马讨论通过的前提下就颁布实施了。

俄国政治环境自此发生了重大转折。虽然君主立宪制的基础未变，但选举系统发生了重大变化，政府可以不顾杜马的反对声浪，施行自己的政治方针。

6月3日发生了一系列君主制复辟事件，这被视作俄国再次转向存在已久的专制制度的一次尝试。著名的新斯拉夫主义者 A. A. 基列耶夫就此向尼古拉二世做了一些报告，获得了沙皇的赞赏。他在日记中写道："如何看待6月3日的事件？若仅将其视为对10月17日诏书的侵犯，将其视作一段插曲，那么我们还是继续向议会制努力；若将其视作一种典范，那我们将能继续沿用古代俄国的政体，换言之，不仅可以为最终决议献计献策，也有权向沙皇提建议。所以，最关键的是如何看待这个问题。"[1]

*   *   *

1907年6月3日选举法的实质在于，无论选民做出何种选择，选举结果早已预先出炉。经过斟酌，尼古拉二世在不同的法律版本中选择了被其编纂者称为"无耻"的一版，C. E. 克雷让诺夫斯基表示："这种趋势彰显无疑——所有的选举都是财富的筛选。"[2] 原有选举法中，农民获得很多席位，这种形势迅速发生了改变。6月3日选举法确保了贵族地主在地方选举会议上获得优势，农民候选人的席位缩小了近半数。城市选民组也按选民财产资格一分为二，第一组选民的一票相当于第二组的8票，而民主知识分子被划入第二组中。波兰及高加索能够参与直选的城市数目也呈缩减趋势。中亚行省完全丧失了选举权。

---

① Цит. по: *Черменский Е. Д.* IV Государственная дума и свержение царизма в России. М.: Мысль. 1976. С. 38.

② *Крыжановский С. Е.* Воспоминания. Берлин, 1929. С. 111.

据俄国内务部核算，多级体系的选民数量将近3500万人，略高于总人口的3%。同以往一样，军人、妇女与众多雇佣劳动者并无选举权。1907年，全俄仅有18万人（总人口中的极少数）拥有完全财产资格，可以直接参与国家杜马选举。

农民代表占选民的8%，农民代表最多可参与省级选举会议，而领地贵族则可以进行政治宣传，可以进入国家杜马。值得注意的是，唯有城市直接选举的选前竞争具有政党性。财产资格、文化程度与等级出身决定了6月3日选举体系中选出的杜马代表的特点。国家杜马经过选举资格和党派限制，领地贵族成为其中的代表性群体，他们代表贵族等级，并不为人民大众的利益筹谋。

同时，国家杜马亦是君主立宪制的重要机构。国家杜马中的争论发泄了社会不满，其立法活动也在一定程度上限制了政府常态化的肆意妄为行径。此外，国家杜马还有权监管各部活动、有权进行任命，但也需要接受质询。

第三届国家杜马选举体系——讽刺画

对斯托雷平而言，国家杜马是进行预定改革的巧妙手段。然而，政府与国家杜马的关系时有冲突。克雷让诺夫斯基谈道："召集400名哥萨克士兵，任命他们进入立法机构，他们马上就会反对你。"[1] 但是立宪民主党党首 П. Н. 米留可夫表示："俄国目前的立法机构可以监管预算，反对的是与陛下对立之徒，而非反对陛下本身。"[2]

十月党人在第三届国家杜马选举中

① Падение царского режима. Т. 5. М. ; Л. Госиздат, 1926. С. 384 – 385.

② Цит. по: Черменский Е. Д. IV Государственная дума и свержение царизма в России. С. 26.

获胜，紧随其后的是第三等级，右翼和民族主义者的席位略少。立宪民主党代表降至 53 人，但与十月党人结为同盟，因此依旧属于多数派。十月党人在杜马中占有最多的席位，为了获得更为有利的表决结果，倒向右翼党派或立宪民主党，最终形成了右翼十月党人联盟或十月立宪民主党联盟，被称为"杜马摇摆不定之徒"。右翼曾屡次拒绝斯托雷平政府的改革提案，而斯托雷平经常用国家基本法第 87 项条款进行反击。

第三届国家杜马召集之初，斯托雷平对众成员发表了一段演讲，声称"杜马需要给政府提供清晰且确定的施政大纲"，他指出，成员有义务提供前期杜马列出的法律草案，但是他也认为，当前形势发生了变化，必须致力于解决"暴乱、极左政党、社会上的明抢行为以及扰乱社会治安的犯罪活动，这些行为有损劳动者的诚信，对年轻一代造成了恶劣影响"，他表明"杜马是对抗这些行为的唯一力量"。

与此同时，斯托雷平颁布了俄国改革与社会现代化的施政大纲。沙皇政府认为农业问题是俄国国家性质所在，因此大纲核心就聚焦于农业改革：土地分配要有序进行，严厉打击暴乱，承认私有财产不可侵犯。因此，公社中便产生了一些私有土地；土地所有制问题得到了改善。

斯托雷平的施政大纲包括：无等级原则基础上的地方管理改革；地方司法改革；劳动等级的国家保障；实现预算平衡；普及初等教育；改编军队，使之与"俄国的荣誉与威严"称号相符合；将地方自治制度推广至边疆地区；对占主导地位的教会及宗教界的利益进行统筹。在不损害君主立宪制基础、君主专制权力不容亵渎的前提下，斯托雷平也制定了社会改革大纲，并希望能够逐渐形成"符合俄国人民自觉性的法治社会"①。

6 月 3 日选举法出炉后，第三届国家杜马是唯一在法定期限内修订好章程的杜马。"杜马摇摆不定之徒"解决了第二等级选民的要求，如期完成了所谓的"立法琐事"。农业立法是杜马立法的重要议题，最终促使政府在海

① *Столыпин П. А.* Нам нужна Великая России: Полн. собр. речей в Государственной думе и Государственном свете. 1906 – 1911. М. : Молодая Гвардия. 1991. С. 98 – 108.

军经费的名义下通过信任借贷的形式为农业拨款 50 亿卢布。

斯托雷平是位行事公允的改革家，他坚信农业改革与遏制革命是俄国社会现代化的必备条件。他认为，缓慢的演化最终会促成社会现代化，但是也难免会使俄国传统社会发生变迁。

斯托雷平在农业改革的过程中，坚决不对贵族地产进行任何限制。他采纳了自由主义政党的建议，认为赎买贵族的私有土地将破坏政府与贵族的关系，侵犯私有财产权，这对于政府和国家而言也是不容接受的，由此开启了所谓"法律秩序"之风气。

斯托雷平强烈反对平均分配土地。他嘲讽社会主义者的观念，认为份地应由"社会民主工党的办公地"提供。他认为，在此形势下"土地很快便唾手可得。虽然土地的使用更加广泛，但是若要提高土地及其附加劳动力的使用效率，必须促使劳动力转化为不同形式，而这项任务从未有人成功。总之，这种能够提高劳动效率的推动力并非长久之计，最终会导致国家整体水平下降"[1]。

地方管理与地方自治制度也是斯托雷平改革的重点内容。他十分清楚，基于等级原则设置的地方管理制度已陈腐过时，与俄国的社会现代化进程相悖。1906 年末，内务部深入研究了地方改革的有关项目，并探讨了"不切实际"的俄国社会结构的相关议题。斯托雷平认为，代表农民等级利益的乡将转变为服务全民等级，全民等级将进一步演变成规模较小的选民单位。在进行县级地方自治机构选举时，等级原则将会弃之不用转而按照财产资格划分选民组；按照等级原则分配行政职务的传统也将被废除。古老的农民乡与土地公社制度一样，丧失了政府的信任。土地改革也需要当地地主加入乡的统治管理工作，与此同时，随着贵族的没落，他们获选县长的概率也逐渐下降。

若要县级地方自治制度稳固，必须改变地方自治选举制度。保存贵族选

---

[1] *Столыпин П. А.* Нам нужна Великая России: Полн. собр. речей в Государственной думе и Государственном свете. 1906 – 1911. М. : Молодая Гвардия. 1991. С. 86 – 96.

民组已经彻底失去意义。1906～1907年，34个实行地方自治制度的省份进行选举，贵族选民组总人数仅7000多人，共有10名贵族候选人，最终有7人成为地方自治的成员。地方改革规划引起了贵族的强烈反对，他们在贵族代表大会上表示，地方改革与君主制原则相悖。斯托雷平无法压制右派，只能退让，等级原则在地方管理体制中得以保留。

省级与县级行政体系改革也未能成功，行政体系改革预计裁撤省级与县级中形形色色的各级组织，创建由总督或省长领导的统一行政机构，遵循严格的法律规定，这将为俄国走上法制化道路奠定坚实的基础。斯托雷平"地方管理的合法性"是实现社会现代化最重要的条件，但是，根据斯托雷平的主张进行深入研究的所有改革项目都未获得实质性进展，主要反对者是领地贵族，他们通过国家杜马及国家议会上的右派传达了自己的观点。斯托雷平经常抨击沙皇亲信中无能与不负责任的官员，据说因为他憎恶贵族，竟贬低君主专制政权的威严。斯托雷平对俄国的稳定与改革贡献良多，不过他无法理解俄国的官僚体系，也不善评价。

斯托雷平改革未能获得如期效果，在很大程度上是由于缺乏社会大众的支持。他为农民争取了利益，却未考虑到统治等级上层理应重视"壮大的"农民等级的观念。除此之外，改革体系与农民的直接利益无关。斯托雷平对工商业领域漠不关心，而企业家对他引导的农业改革也嗤之以鼻，大部分企业家目光短浅，不能预见到改革所带来的社会政治前景。斯托雷平只能任用对俄国官僚政治习以为常的改革家，他们绝非自由化的改革家，而且寄希望于早已丧失创造性的上层政权。斯托雷平建议，在社会现代化初期就应将领地贵族纳入基础改革中，但是改革并不否认等级特权，也承认贵族在地方政府、地方自治机构中占据重要地位。贵族土地所有制地位一落千丈，但并未影响到贵族的政治地位，他们依靠上层政权的支持，维护了自己的地位。在与领地贵族的斗争中，斯托雷平惨遭失败，然而在贵族获胜的同时，也敲响了俄国帝国覆灭的丧钟。

1910年5月，国家杜马通过了政府在西部六个省份推行地方自治的法案，并且根据民族划分选民组，波兰、乌克兰与白俄罗斯的农民也可通过这些选民组参与投票。事实上，波兰地主需要服从地方自治成员的决议，而这些成员大多是农民出身。外界对于按照民族与宗教原则划分选民组的做法意见颇深。因此，1911 年 3 月，国家杜马与代表右翼贵族利益的国家议会出现了意见分歧，沙皇尼古拉二世秘密解决了该争议，表示拒绝实施杜马通过的法案。

沙皇尼古拉二世并未支持改革，斯托雷平认清了沙皇的真面目。斯托雷平向尼古拉二世递交了辞呈并宣称，右翼正将俄国引向覆亡。尼古拉二世认为大臣无权根据自己的意愿请辞，因此斯托雷平并未成功辞职。除此之外，尼古拉二世也希

П. А. 斯托雷平：大臣委员会主席——照片摄于 1908 年

望压制大公的权势，同时他的母亲玛丽亚·费奥多罗芙娜极其看重斯托雷平，认为他将带领俄国走向"光明的未来"。沙皇同意三日内解散国家议会与国家杜马，法案成为国家基本法第 87 款并加以推行。

然而，尼古拉二世并未宽恕大臣委员会主席斯托雷平的固执。辞职之事再次提上议事日程。1911 年 8 月，斯托雷平在自己的庄园中休养，却突然中断了假期前往基辅，参加亚历山大二世伟大改革的纪念仪式。在庆祝会上，斯托雷平在沙皇及其随从人员的车队中并未找到自己的预留位置，也未配有官方马车，只能自己去租用。1911 年 9 月 1 日，沙皇及其家人与亲信一起观看了基辅歌剧院的戏剧表演。幕间休息时，在乐队表演区伫立的斯托雷平被社会革命党及无政府秘密组织支持的基辅保密局的间谍枪杀。对于这场悲剧，皇后亚历山德拉·费奥多罗芙娜于 9 月 1 日指出："不应如此惋惜某人的离去，若他不在了，那便是完成了自

己的任务，理应消失。"①

斯托雷平被刺后，财政部大臣 B. H. 科科夫佐夫兼任了大臣委员会主席一职。与斯托雷平不同，他优先发展工业，建议用国外资本投资代替发行国债。科科夫佐夫遵循预算平衡原则，十分警惕"财政政策中不切实际的空想与冒险主义"。在这种政策的指引下，国家财政收入增加，科科夫佐夫领导财政部的 8 年时间里，俄国黄金储备增加了近一倍。

И. Л. 戈列梅金：内务部大臣（1895 ~ 1899 年）、大臣委员会主席（1906 年，1914 ~ 1916 年）

科科夫佐夫希望调节政府与"人民代表机构"之间的关系，呼吁"在沙皇公告（1905 年 12 月 17 日）确定的严格的法律基础上，探寻国家与社会生活全面改善的新道路"。政府宣言纳入了相关指示，首相科科夫佐夫也在此状况下开始了第四届国家杜马的筹备工作。②

第四届国家杜马的组建与往届国家杜马无异。十月党人占据了多数席位，但其党团缩减了。右翼、立宪民主党和十月党人中间位置的进步人士的席位大幅增加。在第四届国家杜马中，十月党人与立宪民主党席位比第三届国家杜马要更常出现过半现象，十月党人主席 M. B. 罗江科在第四届国家杜马中起了重要作用。1913 年至 1914 年初，杜马成员通过了立宪民主党关于人民出版、结社、联盟自由的法案，但因未被国家议会通过，因此未能生效。

一战前，沙皇对政府方针制定与执行的直接影响明显增强。罗曼诺夫家

---

① *Коковцов В. Н.* Из моего прошлого：Воспоминания 1903 - 1919гг. Т. 2. М. ，1992. С. 8.

② 精干富有经验的金融家科科夫佐夫对于沙俄帝国的国家制度演化并没有清晰的认识，在其任财政部大臣一职时，他在第三届国家杜马的演讲中指出："我们的议会进展并不顺利。"众所周知，他有众多直言不讳的反对者。在科科夫佐夫任首相时，他也并不认为必须修订完整的政府规划（см.：*Черменский Е. Д.* IV Государственная дума и свержение царизма в России. С. 42 - 43）。

族执掌俄国 300 周年纪念大会的筹备时期，右翼策动人民向沙皇表示忠心，并大谈俄国传统；尼古拉二世身边增加了许多"君主专制狂热分子"，朝臣与贵族将其视为俄国即将重回绝对君主制道路的预兆。即使革命震荡的阴影仍然笼罩着俄国，尼古拉二世还是相信科科夫佐夫所述的"伟大沙皇的个人魅力，要相信人民对其无限的忠诚，他是受到上帝登极涂油仪式的君主，所有的人民都会像信仰上帝一般信仰他"。尼古拉二世认为"人民会追随他，因为人民与他同在"①。最终，国家体制由杜马立宪制倒退到"人民君主专制"，6 月 3 日选举法确定的君主制彻底宣告终结。

B. H. 科科夫佐夫：财政部大臣、大臣委员会主席（1911~1914 年）

科科夫佐夫对企业主的保护政策引起了领地贵族的不满。右翼指责科科夫佐夫不愿协助尼古拉二世，以紊乱国家财政的借口拒绝限制人民酗酒；为此，组织了对科科夫佐夫的刺杀行动。首相科科夫佐夫指出，地下造酒业与黑市销售对人民的健康有重大隐患。1914 年 1 月，科科夫佐夫被迫辞职，戈列梅金重新被任用为大臣委员会主席。

*　　　*　　　*

当时的人认为，俄国参加一战的直接原因是对德国侵略的反击，这引起了俄国国内民众爱国主义浪潮的高涨。城市到处进行着示威游行，人民高呼"一切为了战争"的口号，报刊呼吁沙皇与人民团结一致"一切为了胜利"。沙皇的宫廷近臣 H. B. 萨维奇指出："所有现象表明，整个社会的爱国主义

---

① *Коковцов В. Н.* Из моего прошлого: Воспоминания 1903 – 1919гг. Т. 2. М. 1992. С. 156.

影响了沙皇，这让他比任何时候都更加确信，君主专制牢不可破。"沙皇与大臣们似乎忘记了第一次俄国革命事件，H. A. 马克拉科夫大臣表明："目前，没有杜马、没有党派，这并不可怕，国家即将重回君主制。"① 从国家法制的观点看，H. A. 马克拉科夫大臣的声明没有意义，但是这完全符合了俄国战时的实际需求。

在7月6日的杜马会议上，除弃权的社会民主工党成员，所有成员一致投票同意通过军事借贷，团结在"沙皇周围，带领俄国与斯拉夫民族的敌人英勇作战"。立宪民主党主席米留可夫表示反对，他声称要"以坚强的意志抵制暴徒"，强调这样做是为了"保持国家统一与不可分裂"。团结沙皇与人民成员的游行示威之后，国家杜马被迫解散，半年内不得召开。

因对德宣战，国家杜马主席罗江科与杜马办公室职员高喊"乌拉"——照片摄于1914年

---

① Черменский Е. Д. IV Государственная дума и свержение царизма в России. С. 68 – 70.

战争初期，俄国东部战线失利。俄国当局对于突破僵局、获取胜利也束手无策；国家管理体制越来越紊乱。战争期间，最高统帅指挥部队，在后方拥有颇大的权力。战争也影响了公民事务管理，大臣委员会与各部门都未能接管相关事宜。整个俄国好似分裂为互相独立管理的两部分。①

1915 年夏，俄国军队屡次战败，尼古拉二世决定亲自进入最高统帅部进行指挥，大臣委员会除主席外，所有成员大力反对。А. В. 克里沃舍因断言："这对于罗曼诺夫王朝的命运以及皇位问题、君主专制制度都是一个重击，人民对于俄国的国家实力与前景都会心存疑虑。从霍登惨剧和日俄战争时期起，人民早已认定新任沙皇尼古拉二世时运不济。"② 宫廷事务部大臣 В. Б. 弗雷德里克斯向沙皇劝谏："您获得的胜利顷刻间即会化为乌有。"③ 尼古拉二世依旧坚持自己的观点，不为所动。

1916 年夏，阿列克谢耶夫将军向沙皇汇报战况时，提出希望设置最高国防部大臣一职，统辖各部并领导前线和后方。他还谈到了实行战时独裁制度，管控国民经济，支援战争直至胜利。阿列克谢耶夫的计划将会限制沙皇的权力，因而未被采纳，但是因其建议，俄国召开了一次会议，探讨统一所有政策供应陆海军、协调后方的计策。首相与内务部大臣 Б. В. 施蒂默尔全权负责，这引起了其他大臣的不满。会议通过的解决机制最终未能实行，俄国政权已在覆灭的单行道上渐行渐远。

1916 年 1 月，皇后任命施蒂默尔接替戈列梅金担任首相，这次任命相当失败。有德国血统、著名亲德派的新任首相在政府界毫无威望，也未赢得社会大众的信仕。施蒂默尔被怀疑与德国缔结了单方面和约，与皇后的"黑暗力量"暗中勾结。新任首相向尼古拉二世建议，当前是战争最紧张的时刻，首要任务是征兵。国家议会的极右派成员 А. П. 斯季申斯基表示：

---

① Подробнее см.：*Флоринский М. Ф.* Кризис государственного управления в России в годы Первой мировой войны. Л.，1988. С. 154 – 160.

② *Яхонтов А. Н.* Тяжелые дни//Архив русской революции. Т. ХⅧ. Берлин，1926. С. 40 – 56.

③ Цит. по：Клейнмихель М. Из потонувшего мира. Берлин，［б. г.］. С. 209 – 210.

"提出如此建议之人，不是叛徒就是傻子。"①

"黑暗力量"主要来自沙皇家族及其亲信，格里戈里·拉斯普京对其影响逐渐增长。崇拜神秘主义、迷信而又歇斯底里的皇后相信"长老"拉斯普京具有大神通，是"上帝派出的使者"。战争伊始，"长老"拉斯普京就干涉政务，黑市诈骗犯与金融投机分子积极拥护他无知的建议，沙皇根据他的建议任命大臣，处置杜马成员，他的反对者尼古拉·尼古拉耶维奇被解职。皇后发表声明："我们朋友的敌人便是我们的敌人。"拉斯普京的影响不仅深入宫廷与政府，也成为战争前线与后方的谈论焦点。拉斯普京摆脱了忠仆的身份，使得沙皇家族与世隔绝，损害了君主制的威信。

大公 Ф. Ф 尤苏波夫（最终除掉了拉斯普京）在一次清议上对 A. Ф. 特列波夫谈道："难道没人意识到我们已经处于最可怕革命的前夕了吗？若沙皇无法从着魔中抽身，他本人，沙皇家族以及我们所有人都将被人民革命的巨浪吞噬。"②

政权危机始于"大臣的频繁变动"——最高官员频繁更换。战争期间，大臣委员会主席、至圣主教公会东正教院事务部大臣，陆军部、司法部与农业部的长官换了四任；外务部、人民教育部与国家监察部的长官换了三任；内务部竟换了六任大臣。同大臣一样，总督或省长的变动也"相当频繁"，国家政权体系的完备性受到了损害。尼古拉二世向拉斯普京寻求建议，任命了仅见过一面的 A. Д. 普罗托波波夫为内务部大臣，以此解决该问题。普罗托波波夫原为彼得格勒银行家，是个喜怒无常的人，同事们认为他是个精神失常的疯子。当杜马成员在斯德哥尔摩同德国外交官会晤，当面谴责单方面和约问题时，他们与普罗托波波夫偶然见面并任用了他。

沙皇及其亲信的行为引起了社会的普遍不满，沙皇家族惊慌失措，他们建议尼古拉二世向自由主义者妥协，同意创立"责任内阁制"。然而，沙皇家族的尝试无疾而终，使其与国家的关系更为疏离。11 月，施秋梅尔被迫

---

① Власть и реформы. От самодержавной к советской России. СПб.：Изд-во "Дмитрий Буланин"., 1996. С. 627.

② *Юсупов Ф. Ф.* Конец Распутина：Воспоминания. Париж，1937. С. 224.

辞职，但是上层社会的总体局势并未变化。米留可夫证实："拉斯普京及其神秘组织铺天盖地、肆无忌惮，以往从未出现过这种现象。"[1]

12 月，大公德米特里·巴甫洛维奇、显贵 Ф. Ф 尤苏波夫与极右派代表 B. M. 普里什克维奇密谋杀死了拉斯普京。他们声称，将沙皇及其家人从"黑暗力量"的魔掌中解救出来。君主制的拥护者以及人民教育部大臣 П. Н. 伊格纳季耶夫均表示支持，伊格纳季耶夫直言不讳地向沙皇表明，这是"上帝仁爱之心显灵"[2]。拉斯普京不在了，避免王朝倾覆的希望却升起了。

君主制的威信已丧失殆尽；但是，这并不意味着自由主义社会的到来。1915 年夏，立宪民主党同意与十月党人、进步人士和右翼进行谈判。在国家杜马大会上，进步主义联盟提出一个纲要，要求成立"社会信任部"，该部不仅要对沙皇负责，还要对杜马负责。在前线失利、后方溃退的局势下，战争初期国内大团结的现象已经不复存在，进步主义团体认为自己的任务是"保持国内和平，消除民族与等级矛盾"。报刊发表了有关"社会信任部"人员构成的预想，极右派就此攻击杜马"削弱沙皇权力"。为了对进步主义联盟进行反击，尼古拉二世遣散了杜马大会。

1916 年 11 月 1 日，新的国家杜马大会召开。与会者米留可夫做了纲领性发言，他控诉政府与"黑暗力量"在部队后方紊乱、贪污公款、与德国秘密接触等事件上负有不可推卸的责任。每一个控诉中都有一个问题：一派胡言还是背信弃义？米留可夫得到了西方主义者舒立金和进步主义团体的声援。米留可夫表示："国家已被政府捆绑"，理应"同这种势力斗争，直至胜利"。最终，杜马采纳了进步主义团体的理念——必须消除"黑暗力量"的影响[3]，国家议会也做出了类似的决议，人们如愿以偿。

为了纪念"流血星期日"，1917 年 1 月开始了大规模的罢工和游行示威

---

[1] Власть и реформы. От самодержавной к советской России. СПб. : Изд-во "Дмитрий Буланин". , 1996. C. 637.

[2] Власть и реформы. От самодержавной к советской России. СПб. : Изд-во "Дмитрий Буланин". , 1996. C. 637.

[3] Подробнее см. : Черменский Е. Д. Ⅳ Государственная дума и свержение царизма в России. C. 204 - 214.

活动。在彼得格勒、莫斯科、哈尔科夫、顿河畔罗斯托夫、图拉、巴库叶卡捷林诺斯拉夫等地，工人发表了演讲。彼得格勒警察局指出，如同 1915 年大罢工一样，他们的目的是获得关注。2 月 18 日，普梯洛夫工厂工人进行罢工，主管人员解雇了罢工工人。2 月 22 日，工厂关闭。2 月 23 日，彼得格勒大罢工人数多达 12.8 万人。值得注意的是，国际妇女节期间（2 月 23 日至 3 月 8 日）罢工的人潮中涌现了众多女工。①

2 月 25 日周六，彼得格勒 80% 的工人参与了罢工。维堡的罢工遭到警察镇压；在莫斯科火车站广场上，群众自发携带政治标语聚集在一起进行抗议。入夜，彼得格勒陆军统帅部将军 C. C. 哈巴罗夫得到了尼古拉二世的诏令"明日务必恢复首都秩序"，随后，社会主义党派的活动家遭到逮捕。哈巴罗夫指示部队首领：使用武器对抗游行示威者。翌日，罢工遭到遏制。工人怒不可遏，更多的人加入这个队伍，彼得格勒爆发了革命。

2 月 26 日晚间，国家议会主席 M. B. 罗江科给沙皇拍了一封电报："形势严峻，首都混乱，政府瘫痪。街上枪声不断，军人自相残杀。"罗江科请求尼古拉二世选用值得信赖的人来领导政府，督促沙皇："刻不容缓，拖延意味着灭亡。"② 沙皇下令杜马冻结至 4 月，然而危机并未得到解决。

历史悠久的杜马大会向沙皇的命令低了头。因而，杜马成员只召开局部会议且丧失了立法功能；2 月 27 日，国家杜马临时委员会宣告成立，这是杜马大会的转折点。当晚，首相 H. Д. 戈利岑向 M. B. 罗江科宣布政府集体辞职。

与此同时，彼得格勒工兵代表苏维埃在塔夫里达宫召开了第一次代表大会，选举了孟什维克的杜马成员 H. C. 齐赫泽为主席。众多社会主义政党代表在大会的执行委员会中供职，这表明苏维埃成为"民主革命团结一致的中心"，此外，苏维埃拥有"监督权力但其本身没有权力"。

2 月 28 日，工兵占领了冬宫、彼得格勒要塞与军火库。经过谈判，海

---

① 有关彼得格勒革命前大罢工事件的详细分析参见 см.：*Поликарпов В. В.* От Цусимы к Февралю. Царизм и военная промышленность в начале X X века. М.，2008. C. 487 – 509。

② Красный архив. 1927. №2 (21). C. 6 – 7.

国家杜马临时委员会成员。从左到右就座者依次为：
Г. Е. 李沃夫、**В. А.** 勒热夫斯基、**С. И.** 希特罗夫斯基、**М. В.**
罗江科；从左到右站立者依次为：**В. В.** 舒利金、**И. И.** 德米
特留科夫、**Б. А.** 恩格尔哈特、**А. Ф.** 克伦斯基、**М. А.** 卡拉乌
罗夫——1917 年 2 月

军部向他们投降，诸多大臣与将军被逮捕。3 月 1 日，基里尔·弗拉基米尔
罗维奇大公率领格瓦尔杰伊斯克禁卫军攻占了塔夫里达宫，革命最终失败。

　　革命期间，靠着众多士兵与武装工人的保护，彼得格勒工兵代表苏维埃
与国家杜马临时委员会都在此工作，塔夫里达宫成为权力中心。后来，舒立
金回忆道："我们需要机枪。因为这是驱赶暴民的唯一方法。这些暴民曾是
陛下的良民……对，我们确实需要机枪！"[1]

　　2 月 28 日晚，国家杜马大会临时委员会号召俄国人民"恢复国家与社会
秩序"。为了临时管理，一些杜马委员被任命为大臣和管理人员。3 月 1 日，
中央军事工业委员会要求国家杜马临时委员会"立即确定政权体制"，英法大
使向罗江科保证，承认国家杜马临时委员会为"俄国唯一合法的临时政府"[2]。

---

① *Шульгин В. В.* Годы. Дни. 1920 год. М.，1990. С. 445.
② *Дякин В. С.* Русская буржуазия и царизм в годы Первой мировой войны（1914 – 1917）.
Л.，1967. С. 342.

3月1日，彼得格勒大会颁布了《一号指令：彼得格勒周边各兵种士兵保卫城市，彼得格勒工人积极搜集情报》。指令正式确定了选举士兵委员会，规定士兵应服从工兵代表苏维埃及其所属委员会。指令表示，武器应在士兵代表的监控下使用。除在前线战斗的军官，废除其他军官一切特权。一号指令废除了沙皇军队体制，军官与士兵之间的固有矛盾得到缓解；该体制也迅速推广至部队前线。临时政府的陆军部大臣 А. И. 韦尔霍夫斯基在3月7日的日记中写道："一号指令如同毒气弹一样落在我们身边，现今普通士兵甚至也有发言权。"警备队也开始自发选举士兵长。3月5日，二号指令废止，陆军及海军部大臣古奇科夫重申了一号指令的基本要求。[①]

3月1日至3月2日晚，国家杜马临时委员会与彼得格勒苏维埃执行委员会之间完成了政权组织形式的谈判。3月2日国家杜马临时委员会成为临时政府，次日公布了全体成员。临时政府不是从俄国帝国政府中接受的权力，因此政权不具法律效力。

国家杜马临时委员会努力使其政权享有继承的法律效力，因此就寄希望于尼古拉二世的退位诏。В. В. 舒立金起草了宣言，同 А. И. 古奇科夫秘密赶到普斯科夫，在北部战线总指挥司令部找到了尼古拉二世。他们宣称，退位有利于尼古拉二世的皇太子阿列克谢。司令部的首领 М. В. 阿列克谢耶夫与 Н. В. 鲁斯基给在波罗的海与黑海前线指挥作战的司令们（尼古拉·尼古拉耶维奇大公、В. В. 萨哈罗夫将军、А. А. 布鲁西洛夫将军、А. Е. 埃韦尔特将军与海军上将 А. И. 涅别宁、А. В. 高尔察克）拍电报，询问他们的意见。他们一致认为，沙皇退位十分必要，这是"将俄国从可怕的混乱中解救出来，结束革命"的唯一方式。М. В. 阿列克谢耶夫与 Н. В. 鲁斯基也表示同意。第四届国家杜马主席 М. В. 罗江科坚决要求，沙皇应在退位诏中允诺与包括至圣主教公会在内的俄国东正教会的成员脱离关系。[②]

---

① Подробнее см.: *Черменский Е. Д.* IV Государственная дума и свержение царизма в России. С. 291 – 297.

② Отречение Николай II. Воспоминания очевидцев, документы. Л., 1927. С. 237 – 242.

尼古拉二世认为，"人心不古，周围充斥着怯懦与欺骗"①。尼古拉二世起初同意了国家杜马临时委员会的建议，但与古奇科夫和舒立金进行一番清议后，表示为了自己、儿子及兄弟米哈伊尔·阿列克桑德拉维奇，他拒绝退位。同时，尼古拉二世任命 Г. Е. 李沃夫为大臣委员会主席，尼古拉·尼古拉耶维奇大公为总司令。他认为这样保障了政权的合法继承性。

1917 年 3 月 2 日 15 时，退位诏签署，政权已经进行了合法转交。尼古拉二世宣布："在同敌人斗争的三年岁月中，祖国的人民饱经磨难。现今，上帝愿意赐予俄国新的道路。国内人民动乱，对今后的战局不利。但是，俄国的命运、军队英雄的荣誉、人民的福祉都需要为之战斗，只有如此，才不至使祖国堕入不幸的深渊。"为了"团结人民的一切力量，在最短的时间内争取胜利"，尼古拉二世"不忍同任何一个儿子分离"，因此愿意"离开俄国帝位的御座"，"将皇位传给大公米哈伊尔·亚历山德罗维奇"。

退位诏公告给予人民希望，新任沙皇将会"根据就任誓言，依法团结人民代表，管理国家事务"②。换言之，米哈伊尔·亚历山德罗维奇的政权已被宪法限制。

实际上，退位诏违反了俄国帝国的国家基本法，与帝位继承制相悖。尼古拉二世无权放弃原有继承人，将皇位传给米哈伊尔。尼古拉二世的退位诏证明，他根本不在乎法律规范，因为在俄国，沙皇就是最高法律。

3 月 3 日米哈伊尔即发布了退位诏，不过这不具法律效力。他在诏书中宣布："只有在新的政体形式和俄国新的法律基础上，全体人民在成立大会上通过代表投票表决通过，我才能接受最高权力。"至此，君主制在俄国不复存在，特权社会被民主选举制取代。

米哈伊尔的退位诏要求公民"接受临时政府的领导，因为国家杜马已将全权授予临时政府"③，这是权力继承的又一例证。

3 月 4 日出台的新文件要求召开立宪大会，这打破了虔诚的君主主义者

---

① Дневник Николай Ⅱ. М., 1991. С. 625.

② Государство Российское: власть и общество. С. 277 – 278.

③ Сборник указов и постановлений Временного правительства. Вып. 1. Пг., 1917. С. Ⅶ.

《彼得格勒工兵代表苏维埃消息报》附刊中有关尼古拉二世和米哈伊尔·亚历山德罗维奇退位诏的消息

的期望，临时政府的存在拥有了法律基础。

俄国帝国彻底瓦解。

*　　　*　　　*

1917 年的一系列事变说明俄国帝国的国家体制已与 20 世纪的现实状况严重脱节。1905 年至 1907 年改革、二月革命以及尼古拉二世逊位于米哈伊尔·亚历山德罗维奇大公（与俄国法律相违背），这些事件都是俄国帝国覆灭的前兆，经数个世纪形成的俄国国家体制不复存在。二月革命后，若无共和国之宣言、十月革命、俄国人权宣言，俄国并不会产生实质性的新变化。

最值得注意的是，面对二月革命，俄国的社会主义与自由主义团体并未急于消灭俄国原有的国家体制，而是首先使国家摆脱君主专制的藩篱。在革命胜利欣喜之余，在不了解俄国民族运动的复杂性与困难性的情况下，他们已经准备重建新的国家体制。

因为二月革命建立的政权没有法律继承性，立宪民主党主席米留可夫在临时政府组建时指出："没有人选择我们，是俄国革命选择了我们。"①

临时政府拒绝将其权力依法转交给国家议会与国家杜马，在 3 月 3 日的声明中，临时政府也未表明自己在新的国家体制中的地位。国家议会不再召开，至 5 月份，大多成员被开除。最终，1917 年 12 月，国家议会被苏维埃政权取缔。临时政府同国家杜马的关系要更为复杂。4 月 27 日，新上任的

---

① Великие дни Российской революции 1917 г. Пг.，1917. C. 45.

首相 Г. Е. 李沃夫为纪念 1906 年第一届国家杜马召开，筹备了一场盛大的杜马大会。会议邀请了四届国家杜马的所有成员，大会实际上成为一场纪念活动，并无任何立法作用。数月来，杜马只召开局部会议，并不为临时政府发声。10 月 6 日，第四届国家杜马被迫解散，国家议会成员也被通知任期结束。克伦斯基的临时政府彻底终结了杜马君主制。

1917 年 3 月临时政府宣传画

关于俄国未来的国家体制，临时政府与大多政党、社会与民族团体希望通过尽快举行立宪大会进行商讨。《关于第一届公共内阁部长任命与其施政大纲》宣言规定，人们有言论、出版、结社、集会及罢工的自由，宣布取消所有的等级、宗教以及民族限制，大赦政治犯与宗教犯；地方自治机构的选举应实行无记名直接普选；临时政府的主要任务是筹备立宪大会。临时政府在整饬原有国家体系时，保留了一些最高国家机构——参议院、主教公会以及一些特殊机关。

参议院第一厅规定：临时政府体现人民的意志，实行专政直至立宪大会召开。①

临时政府在解决真正的国家议题方面表现得相当不成熟。在某些情况下，临时政府在使用"人民意志"赋予的权力时也肆无忌惮。9月1日，临时政府篡夺了立宪大会的权力，并为科尔尼洛夫叛乱的失败寻找借口，克伦斯基临时政府宣称："临时政府认为，必须将国家体制的外部不确定因素摆在首位，铭记莫斯科会议中一致通过且好评如潮的共和国提议。临时政府确定，共和国是适合俄国国家的管理体制，宣布成立俄罗斯共和国。"②

大部分政党首推共和国体制。早在3月，立宪民主党第七届代表大会和体现资产阶级意志的全俄工商业代表大会已经探讨过共和国议题，会议指出："共和国体制是最为符合国家与人民利益、工商业发展的国家制度，可以确保俄国团结统一，发展地方自治制度，理应因地制宜推广至整个俄国。"③

社会民主工党人克伦斯基在临时政府中起了主导作用。他无力反对甚至鼓励芬兰、波兰、拉脱维亚和乌克兰的民族分离主义活动。地方上成立了民族政权机构、民族军团，甚至在前线成立了"乌克兰化"的军队，各地颁布了民族文化纲领。1917年二月革命后，民族运动的高潮席卷了俄国各民族且大多带有分离主义倾向。

俄国影响力较大的党派中，只有人民自由党反对俄国实行联邦制，因为他们认为这必然导致国家分裂，至少也是不稳固的联盟。人民自由党的领袖之一，法学家 Ф. Ф. 科科施金在其著作《自治权与联邦》中，选用经典案例，对各邦主体进行比较。他指出，根据民族划分联邦十分不合理；实际上，因为各民族人数、居住的地区差异极大，如此划分也是不可能的。科科施金认为，不可能同时满足多数民族与少数民族的要求，这就意味着不能严格确定各邦的管辖范围。根据民族划分各邦必然导致分歧、争论乃至武装冲

① *Малянтович П. Н.* Революция и правосудие. М. , 1918. С. 12.

② Власть и реформы. С. 651.

③ Власть и реформы. С. 648 - 649.

突。对于政党纲领中提出的地方自治权，他认为仅适用于波兰和芬兰。①

科科施金的观点并未赢得支持，甚至立宪民主党中非俄裔代表也不赞同。这些代表认为，联邦体制会为乌克拉、白俄罗斯、立陶宛以及其他边疆民族地区提供地方自治权。在此条件下，二月革命后倾向实行联邦体制的自由党派和社会团体联合起来，宣称他们并不认为未来俄国的民族各邦属于主权独立的国家。

1917 年 9 月，基辅召开了俄国民族代表大会。除波兰与芬兰外，代表俄国主要民族的 93 个代表团出席了大会。与会者一致表决通过俄国成为民主联邦共和国。临时政府首相克伦斯基表示，自由的俄国理应是非集权的，也就是联邦制，但他又宣称临时政府有权召开立宪会议。②

一战期间，在民族平等的原则下自发形成了一些带有民主气息的盟邦，因为他们反对临时政府提出的保持俄国"绝对统一与不可分裂"的说法，因此开始探讨重组俄国的可能性。

1917 年 3 月，《芬兰大公国宪法条例》颁布并划定了适用范围，同时波兰也被允许独立建国。6 月，俄国发生了反对临时政府政治舞弊及其忽略俄国国家体制基本原则的游行示威，临时政府承认乌克兰中央代表大会与其秘书处为乌克兰的官方代表机构。这在俄国历史上是中央政府首次将权力下放到民族机构，而且将民族原则作为国家行政管理体制的基础。对于立宪民主党而言，这些是不可接受的，因此从临时政府中撤回了自己的代表。同时，"二月革命民主政府"还提出了有关拉脱维亚、爱沙尼亚及立陶宛（被德国侵占）的自治问题，认为他们应享有民族自治权力直至独立。上述活动破坏了俄国完整性（俄国历史存在的主要基础），从而影响了俄国社会代表制度的构建。

社会革命党最为推崇联邦制原则，早在第一次俄国革命时期就已将联邦制设置为自己的规划方针。И. 奥库刊登在社会革命党报刊《人民事务》中

---

① См.: *Кокошкин Ф. Ф.* Автономия и федерация. Пг. 1917.

② Несостоявшийся юбилей. М., 1992. С. 7 – 9.

的文章《俄国——地区联盟》，很好地阐述了社会革命党的思想主张。奥库认为，未来的立宪大会应将俄国变为一个"地区联盟"——乌克兰、格鲁吉亚、西伯利亚、哈萨克斯坦等。换言之，俄国理应成为联邦制国家，美国就是最好的范例。各邦在统一的武装力量、对外政策、货币体系及最高司法权的管理下，保有独立的政治环境，在内部享有最高统治权。严格意义上来说，奥库并未建议成立人民联邦，而是将其划分为"地区"，而且理所当然地忽略了欧俄地区，使其规划中民族联邦制的意味更为凸显。①

奥库的提议引起了 И. В. 斯大林的关注。1917 年 3 月 28 日，斯大林在布尔什维克的《真理报》上刊登了《反对联邦主义》的文章。斯大林认为，世界大势朝向集权制发展，将俄国发展为联邦制无异于开历史倒车，这将破坏几个世纪以来各地区之间形成的经济、政治联系。斯大林还表示，美国联邦制的各邦是按地理原则划分的，俄国与其不同，联邦制只适用于解决民族问题。他总结道，当前，联邦制不符合国家民族发展需求，要将国家引向一元集权制，并在此框架下允许"民族构成明显不同和原有民族国家的地区"② 享有政治自治权。

实际上，斯大林就代表了布尔什维克的主张，他们并不认为国家体制可以任意选择。1913 年，布尔什维克中央委员会在波罗宁（波兰城市）举办了主题为"俄国国内各民族自治权"的第二次代表大会，与会者认为："考虑到本地居民的经济生活条件、民族构成等，确定地区自治范围，使地方享有广泛、充分的民主自治权是十分必要的。"③

1913 年 12 月 6 日，列宁在给 С. Г. 邵武勉的信中陈述了其中利害："我们必须实行民主集中制……我们反对联邦制，因为它会削弱各地经济联系，不适用于俄国。若各自为政，必将断送经济联系，最终将会走向独立……我

---

① Подробнее см.: *Цимбаев Н. И.* Революционная России—путь к федерации//Цимбаев Н. И. Историософия на развалинах империи. М., 2007. С. 518－532.

② Сталин И. В. Соч. Т. 3. М., 1951. С. 23－28.

③ КПСС в резолюциях и решениях съездов, конференций и пленумов ЦК. Т. 1. М., 1983. С. 63.

们国家民主制度可以允许自治，但我们绝不允许分裂。但若欧俄的俄国民族反动分子破坏民族共存现状，迫害少数民族使其唯有独立才能获得更多权力，我们便支持独立！在民主集中制的前提下允许部分地区实行自治，但是并非走向独立。"①

二月革命后，布尔什维克表示支持民主集中制，否认俄国实行联邦制的可能。列宁认为"联邦制会使各邦形成独立的国家政治体系"，并指出，联邦制与社会主义革命相矛盾，国家最终会变成各邦之间松散的政治联盟。

5月，列宁客观评价了大量人民群众希望建立人民联邦的观念。他写道："欧俄倡导兄弟盟邦在遵循民族平等的基础上建立共同国家"，并指出欧俄应将权力交给各个民族，让其决定"独立或成立联邦"②。

1917 年 7 月 18 日，彼得格勒的示威游行——照片由 K. 布尔拍摄

科尔尼洛夫叛乱的失败招致了人民的不满，临时政府声誉大损；与此同时，苏维埃巩固了地位，布尔什维克队伍壮大。10 月 12 日，在彼得格勒大

① Ленин В. И. Полн. собр. соч. Т. 48. С. 234.
② Ленин В. И. Полн. собр. соч. Т. 32. С. 40 – 41.

会上成立了军事革命委员会，其任务就是准备武装起义。从 10 月 25 日夜间至 26 日，起义队伍攻入冬宫，逮捕了临时政府首相，攻破了彼得罗巴甫洛夫要塞。革命最终获得了胜利。

权力转入了全俄苏维埃代表大会，10 月 25 日召开了第二次代表大会。大会的第一份文件是列宁发出的《工农兵联合起来!》的宣言，其中"体现了大量工人、士兵及农民的意志，宣布彼得格勒工人与警备队武装起义成功，代表大会掌握了政权。苏维埃政权将立即带给各民族民主和平，命令各战线停战，保障士兵的权利，促进军队实行完全民主化，安排工人监督生产，确保按时召开立宪会议。为农村提供必要的生产工具，为城市供应粮食。保障俄国各民族在平等自愿的基础上实行自治"，后来又增补了一项规定"地方权力转交给工农兵代表苏维埃"。① 苏维埃政权在俄国确立了下来。

大会成立了由列宁领导的权力执行机构——工农临时政府。临时政府的称号是因为虽然革命胜利了，但是还未召开立宪会议。

苏维埃的政权建设是在激烈的等级斗争（最为严重时发展为内战）中进行的，显然，布尔什维克在这场斗争中取得了胜利。上述内容已超出本文内容，不过需要强调的是，1917 年 10 月，苏维埃政权确实获得了胜利，被人民群众理解、接受。

苏维埃在民族与国家关系中的政权建设表现得尤为明显。布尔什维克认为，自己要比其他社会主义和自由主义党派更适合掌握政权；他们郑重承诺俄国各民族享有平等权利，继而承认各民族享有实际自治权。这种观点得到社会革命党左派的支持。俄国人权宣言（1917 年 11 月）宣布，每个民族都享有自治权直至成立独立国家，因而这便成为新的国家体制（例如联邦制）的先决条件。1918 年 1 月，《劳动者与被剥削等级人民宣言》承认联邦制为国家过渡阶段的制度，1918 年俄罗斯苏维埃联邦社会主义共和国宪法作为第一部苏维埃宪法完全收录了《劳动者与被剥削等级人民宣言》的内容。

十月革命后，政权被布尔什维克和社会革命党左派掌握。他们宣称，当

---

① Государство Российское: власть и общество. С. 288 – 289.

1917 年 11 月 28 日，国家银行的职员为声援立宪大会而举行的示威游行

前最重要的任务是重建社会关系，与德国、奥匈帝国、奥斯曼帝国进行军事政治斗争，这导致了国家的崩溃。1918 年夏，波兰、立陶宛、乌克兰、爱沙尼亚、拉脱维亚、白俄罗斯大部分、芬兰、比萨拉比亚、格鲁吉亚、亚美尼亚、阿塞拜疆纷纷脱离俄国，此外，哥萨克地区、北高加索、西伯利亚和中亚，独立与民族运动已经酝酿良久，局势不容乐观。1918 年 5 月，列宁表示："除了欧俄，俄国所剩无几。"①

与此同时，俄国开始了内战。内战中的事件明显表明，俄国帝国所有移民几乎都不承认 А. И. 邓尼金与白色运动所宣称的伟大的俄国不可分裂的原则。譬如在乌克兰，白军不仅要与红军作战，甚至要与所有乌克兰独立的拥护者作战。邓尼金在莫斯科也进展不顺，П. Н. 弗兰格尔男爵就与哥萨克独立活动"库班叛乱"有直接关系。②

---

① *Ленин В. И. Полн. собр. соч.* Т. 36. С. 341.

② См.：*Врангель П. Н. Воспоминания.* Ч. 1. М.，1992. С. 369 – 421.

在民族、民主的国家体制（资本主义）与苏维埃国家体制（社会主义）的斗争中，出现了新的国家政权组织形式。立宪会议的召开暂时缓解了资产阶级政党与社会主义政党间的矛盾，提出了"创建全俄民主联合政府"的构想。在同布尔什维克的斗争中，民族运动的活动者希望借助于土耳其和德国的军事援助获得国家独立。

布列斯特和约签署后，列宁立即宣布，联邦制是内战获胜的条件，也是俄国建立多民族统一国家的手段。因此，列宁重塑了布尔什维克对联邦制的观点："集权制的反对者经常拿自治、联邦制来与集权制的突发事件类比，实际上，民主集中制并不排除自治，甚至要建立在自治基础上。即使是联邦制，若其经济观念合理，在国家管理中认真对待民族差异，如此一来，联邦制与民主集中制并不矛盾。"①

第三次全俄苏维埃代表大会通过了《创建俄罗斯联邦共和国》的决议，其中指出，新的国家要在民族自愿的原则基础上，联合成立"苏维埃联邦共和国"。1918 年春，开始筹备立宪。1918 年 1 月，俄罗斯苏维埃联邦社会主义共和国颁布了宪法。在此期间，苏维埃联邦制原则并无实际意义。

1918 年 7 月在第五次全俄苏维埃代表大会上，俄国第一部苏维埃宪法诞生了。这部宪法确定了苏维埃联邦制的特点，体现了民族联邦的观念。宪法规定，俄罗斯共和国为"全俄劳动等级的、自由的社会主义社会"，第 11 条规定，"生活习惯与民族构成迥异的地区，其苏维埃可以形成自治联盟，归地区苏维埃大会及其执行机构领导。此外，这些自治地区的组建都应遵循俄罗斯苏维埃联邦社会主义共和国的联邦制原则"②。宪法中并未准确描述这些自治共和国的法律地位，也未确定其施政大纲。

俄罗斯共和国诞生的环境颇为险恶：在国内，社会、政治斗争异常激烈，原有军队与国家机构瓦解；在国外，战争败北，大量领土被侵占，签署了屈辱的布列斯特和约，国家处于崩溃的边缘。苏维埃联邦制成为俄国人民

---

① *Ленин В. И.* Полн. собр. соч. Т. 36. С. 151.

② Государство Российское: власть и общество. С. 302.

处理国家惨剧、改革俄国帝国国家体制、推翻无能统治等级，以及打倒无为"二月革命民主制度"的良方。国家惨剧的问题未被解决，但是毫无疑问，1917 年二月革命后，国家走向联邦制已是大势所趋。白军在内战中失败，这也说明了俄国在"二月革命民主制度"之路上已走到尽头。

此外，布尔什维克在联邦制上做了原则性的让步。他们经常强调联邦制的暂时性，也承认他们的目标是从苏维埃联邦制转向社会主义民主集中制。布尔什维克之所以选择联邦制，是因为其在工人运动、殖民地或半殖民地被压迫民族中广受好评。联邦制也有助于世界无产阶级革命的成功，这在 1922 年秋苏联成立期间已经有所体现。斯大林表示："我们的联盟共和国成立了，从此我们便有了反抗世界资本主义制度的坚实支柱，新的联盟共和国将大大有助于我们联合全世界无产阶级，最终建立一个统一的社会主义苏维埃共和国。"[1]

民族联邦制在新的政治与社会体系中起了十分重要的作用。布尔什维克善于利用民族运动，最终在内战中获得了胜利。最为重要的是，联邦制最终要走向集中制，因而所有布尔什维克党派都应被统一。

1922 年 12 月 30 日，第一届苏维埃联合大会召开。俄国、乌克兰、白俄罗斯、外高加索四个苏维埃社会主义共和国宣布组成苏维埃社会主义共和国联盟。联盟条约确定了苏联的管理对象、最高权力机关，规定了苏联人民委员会对加盟共和国的义务。条约第 26 条规定，每个加盟共和国"可以自愿退出苏联"。新成立的苏联形式上为联邦制，四个加盟共和国中的两个本身也是联邦制。1924 年宪法确立了苏联的政权体制，破坏了加盟共和国的主权完整，因为联邦制本身就与社会主义集权制相矛盾。

俄国、乌克兰、白俄罗斯与外高加索四个共和国合并为苏联，表面上恢复了战争期间的国家体制，但实际上，在十年间，一元制国家体制得到巩固，但这种一元制与俄国的君主专制没有任何共同点。

---

[1] *Сталин И. В. Соч. Т. 5. С. 394.*

政治文化

K. A. 索洛维约夫

18 世纪初，И. Г. 赫尔德引入了"政治文化"这一相对现代的概念，之后得到广泛使用，[①] 但是直至 20 世纪 50 年代，Г. 阿尔蒙特与 C. 韦伯才将其引入政治学范畴。

根据巴塔洛夫的观点，"政治文化"这一术语的出现就证明了西欧与北美的政治生活发生了根本变化。

随着殖民体系瓦解，亚洲和非洲出现了不同政体的独立国家，要分析这些国家的政治制度，必须将其文化独特性纳入考量。[②] 1988 年，政治学家 C. 休斯谈道，"政治文化"这一术语广为流传。

约翰·希尔比指出，"政治文化"一词广泛传播，但对其含义的把握却十分模糊，这颇为不合理。[③] Р. П. 弗尔米扎纳将"政治文化"这一概念归入

---

① Категории политической науки. М. 2002. С. 482 – 483.
② См. : *Баталов Э.* Политическая культура России сквозь призму civicculture// Proetcontra. Т. 7. №3. 2002. С. 8.
③ См. : *Формизано Р. П.* Понятие политической культуры// Proetcontra. Т. 7. №3. 2002. С. 111.

"陷阱词"一类，因为它不能被清晰地定义："如同用钉子将凝胶砸进墙中。"① 这也与概念本身有关，Л. 派伊是第一批研究政治文化的学者，他认为，"政治文化这一术语本身就容易让人望文生义，认为它并无深层次的含义，继而便大胆使用"，但是他提出警示，"若不借助于政治分析而贸然使用，那便会误入歧途"。② 要严格定义"政治文化"，首要问题是探讨其实质，但是政治学中对这一问题尚未达成共识。

本文采用美国社会学家 Г. 阿尔蒙特与 C. 韦伯的经典定义。政治文化即在实际政治领域中，社会大众对于政治环境与政治行为认识的总体倾向。③ Л. 派伊基本上也认同这种定义，他强调，政治文化是一种政治体系的主要标准和典范。④ 如此一来，政治文化便不包括思想意识，那么就产生了一个"亘古不变"的议题：人的意识与行为有何关系？C. 怀特解答了这个问题，他认为政治文化是社会上占优势的政治行为的总和。⑤

而 И. 沙皮罗、П. 沙兰和 У. 罗森巴乌姆认为，政治文化是主要的政治行为类型。⑥ 波兰社会学家 E. 维亚特勒赞同这些广义的解释，支持不能将政治文化研究引向心理学或思想体系领域，因为二者有其独立的具体体现形式。因而，只有深入研究政治文化，才能全面理解权力的制度形式。⑦

19 世纪末至 20 世纪初俄国的文献史料十分适合按照 E. 维亚特勒的观点展开研究。一方面，俄国的政治思想体系是由知识分子构建的因而具有"智力"性。社会中流传的传说常会影响官僚及社会活动家的行为，但是这

---

① См.：*Формизано Р. П.* Понятие политической культуры// Proetcontra. T. 7. №3. 2002. C. 112.

② См.：*Формизано Р. П.* Понятие политической культуры// Proetcontra. T. 7. №3. 2002. C. 112.

③ Категории политической науки. M.，2002. C. 487.

④ См.：*Баталов Э.* Политическая культура России сквозь призму civicculture// Proetcontra. T. 7. №3. 2002. C. 9.

⑤ Категории политической науки. M.，2002. C. 487.

⑥ Категории политической науки. M.，2002. C. 488 – 490.

⑦ См.：*Баталов Э.* Политическая культура России сквозь призму civicculture// Proetcontra. T. 7. №3. 2002. C. 9.

种影响是负面的。政权组织形式符合其政治文化逻辑（最鲜明的例子便是俄国独特的官僚文化）。知识分子构筑的理论体系与俄国传统造就了 20 世纪初俄国独特的政治文化。

一 俄国现代化道路上的政治文化

（一）20世纪初俄国政治空间：旧传统与新形势

君主制国家有其自身的发展逻辑，这是由其本身特点决定的。C. M. 索洛维约夫用简明的方式转述了 A. C. 霍米亚科夫备受推崇的历史理论，"彼得大帝崩逝后，俄国的状况与在位沙皇的能力背道而驰"[①]。19 世纪末，俄国社会对沙皇信仰虔诚，亚历山大三世即位初期，在新的政体形势下，人民感受到了些许自由，然而，1895 年 1 月之后，所有的愿望都化为泡影。

1895 年 1 月 17 日，年轻的尼古拉二世在冬宫坐上了沙皇御座，他在贵族、地方机关及城市代表面前宣称，一些活动家妄图参与国家决议过程、积极策划地方自治，这是"毫无意义的空想"[②]。之前 9 个省的活动家曾向沙皇请愿，要求限制官员权力，扫清沙皇与人民之间的"障碍"，使民声直达御座。[③] 新沙皇即位，人民的期望最终却变成了"毫无意义的空想"，并未得到任何保障。A. B. 波格丹诺维奇在日记中写道："沙皇的发言引起了圣彼得堡人民的极大不满，人民愤恨奔走，几乎再也无人支持他；现今，所有听到沙皇演讲的人都指责他是一位暴君。"[④] 知名历史学家、伟大的自由主义运动的代表 A. A. 基泽韦捷尔从 1890 年的事件中吸取了经验，他认为，既然向沙皇所求不得，便考虑从自身出发迫使沙皇让步。尼古拉二世"毫无意义的空想"的演讲违背了社会意愿，导致国内民怨沸腾、群情激愤。

---

① *Соловьев С. М.* Избранные труды. Записки. М., 1983. С. 335.

② Правительственный вестник. 1895. №14. С. 1.

③ См.: *Пирумова Н. М.* Земское либеральное движение. М., 1977. С. 158 – 161.

④ *Богданович А. В.* Три последних самодержца. М., 1990. С. 199.

"从那时起，人民为了获得地方自治权准备发动政治事变，最终不再寄希望于政府同意人民前沿的社会追求。"①

1895 年 1 月 17 日，政权不再有革新的可能。这段时期，激进分子的怨言和人民的流言蜚语充斥着社会各个角落。根据戈洛温的回忆，1896 年 5 月沙皇加冕典礼时期，权贵子弟、尼古拉二世的幼时玩伴、俄国右翼保守联盟创始人舍列梅捷夫谈道，"关于地方自治的斗争，起先矛头指向官僚，并不涉及沙皇本人。但是他的演讲使得民怨沸腾，他要求我建立一个叫作'清议'的秘密组织"②，甚至保守派中间都发生了动荡。1900 年，俄国会议成立，这是俄国君主立宪制党派的前身，③ 创立之初便被认作反对联盟。《新时代》的政论家考察了其起因，认为俄国会议壮大了中间保守派队伍，有利于扩大地方自治机构的权力，限制官僚专断。④ 俄国会议早期阶段虽然处于地下状态，但解决了众多问题，⑤ 不过《新时代》政论家 C. H. 瑟罗米亚特尼科夫及其同事所倡导的改革却并未实现。俄国会议创立不久就被保守派中的极右翼把持，创立者纷纷被挤出会议。⑥

这种状况引起了极大的不满。君主专制制度的"卫道士" B. K. 普列维也因此遭受了亲友的非难，他表示，必须进行彻底改革。1904 年 4 月 2 日，普列维在同 A. A. 基列耶维的座谈中谈道，必须进行大规模的改革，只有如此，政府的政治决议才能真正影响社会。⑦ 1904 年至 1905 年之交，国家改

① *Кизеветтер А. А.* На рубеже двух веков: Воспоминания, 1881 - 1914. М., 1997. С. 145.

② Государственные деятели России глазами современников. Николай Ⅱ. Воспоминания, дневник. СПб., 1994. С. 82.

③ Политические партии России: Энциклопедия. М., 1996. С. 534 - 536.

④ См.: *Лукоянов И. В.* Русское собрание// Россия в XIX XX вв. СПб., 1998. С. 165 - 166.

⑤ См.: *Энгельгардт Н. А.* Эпизоды моей жизни// Минувшее. Т. 24. СПб., 1998. С. 37.

⑥ См.: *Лукоянов И. В.* Русское собрание// Россия в XIX XX вв. СПб., 1998. С. 169.

⑦ A. A. 基列耶维同意 B. K. 普列维的观点，认为必须注意大臣的报告：国家事务必须在沙皇政府机关——"贵族杜马"（国家议会）中齐心协力完成，通过选举地方行政人员维护地方权益，全国问题（首先是财政问题）应由"杜马"讨论决定（ОРРГБ. Ф. 126. К. 13 Л. 313 - 314）。改革大纲由普列维制定，但因其是利益既得者，所以并非如此重要。关于改革构思，大臣对基列耶维谈道：斯拉夫主义的大纲已经用于土地改革，普列维应积极引导社会，敦促立法活动、反对官僚政治。

革初露曙光，众多高级官员也表示支持。1905 年 4 月，"国家联盟"宣告成立，大力抨击现存国家体制。联盟成为拥护国家制度改革的大本营，其中不乏贵族和高官，包括 41 位贵族领袖（8 位来自省级，33 位来自县级）。[①]"国家联盟"的成员很多是国家官员：内务部大臣 В. И. 古尔科（国家联盟的创始人）、[②] 内务部办公厅厅长 Д. Н. 柳比莫夫、[③] 贵族事务办公厅厅长 Н. Л. 莫尔德维诺夫、[④] 内务部人事厅厅长 А. И. 布克斯盖维金、[⑤] 前内务部大臣 А. С. 斯季申斯基。[⑥] 在不超过 400 人组成的"国家联盟"中，有 8 位参议院议员，[⑦] 15 位部队将军。[⑧]

19 世纪末至 20 世纪初，俄国政治文化具有很大的矛盾性。即使是高官也将自己与权力等量齐观，因此，将权力等同于自己的职责。更为严重的是，沙皇支持带有保守性质的反改革运动，以此表现他们对现存制度的忠诚，因此国家制度改革的速度十分缓慢。虽然改革最终确实获得了成功，但是改革后任职的官员仍旧是原班人马。

19 世纪末，新的政治合作形式已是大势所趋。一方面，社会变迁，信息充斥，创新精神大量涌现。10 年间，知识分子数量大幅增加，[⑨] 俄国期刊品种数量增长了近一倍（1882 年刊行期刊 554 种，1888 年是 637 种。之后

---

① РГАДА. Ф. 1412. Оп. 2. Д. 276. Л. 12，22，27，31，34 – 36，49，50，53 – 55，58，66，69，72，74，94，105 – 109，114，117 – 118，122，124 – 125，127 – 128，131，133，139，143，154，166，168，197，205，262.

② ОР РГБ. Ф. 126. К. 14. Л. 38 об. : *Гурко В. И.* Черты и силуэты прошлого: Правительство и общественность в царствование Николая Ⅱ в изображении современника. М. , С. 450 – 452.

③ РГАДА. Ф. 1412. Оп. 2. Д. 276. Л. 11.

④ РГАДА. Ф. 1412. Оп. 2. Д. 276. Л. 2.

⑤ РГАДА. Ф. 1412. Оп. 2. Д. 276. Л. 51.

⑥ РГАДА. Ф. 1412. Оп. 2. Д. 277. Л. 360.

⑦ РГАДА. Ф. 1412. Оп. 2. Д. 276. Л. 8，14 – 15，17，84，113，300；Д. 277. Л. 305，355.

⑧ РГАДА. Ф. 1412. Оп. 2. Д. 276. Л. 9，29，37 – 38，61，67 – 68，82，96，120，127，153，256；Д. 277. Л. 304.

⑨ *Пирумова Н. М.* Земская интеллигенция и ее роль в общественной борьбе. М. , 1986. С. 118.

增长更为迅猛，1895 年是 841 种，1900 年是 1002 种）。① 警察局关于开办社会组织的公文处理件数，是社会组织急速发展的有力佐证：1890 年收到的公文共有 182 件，1891 年共有 218 件，1892 年共有 260 件，1893 年共有 318 件，1895 年共有 374 件，1896 年共有 475 件。②

另一方面，即使对于最虔诚的社会活动家而言，政府推出的惩罚措施也是相当轻率。1889 年，根据司法部大臣 H. A. 马纳谢因的建议，庞杂的司法体系中摒除了宣誓一项。③ 继任司法部大臣 H. B. 穆拉维约夫于 1894 年春倡议创建诉讼条例审查委员会。④ П. A. 宰翁奇科夫斯基认为，书刊检查制度在 1889 年相对宽松，之后却愈加严格。⑤ 政府希望改善人民的受教育状况，1890 年 5 月 15 日，政府推出了无计划读书规章。⑥ 1894 年初，政府要求书刊检查机构"按照最严格的要求选择书刊供人民阅读"。⑦ 19 世纪 90 年代初，人民教育部推行了《大学行为导航条例》，加强了对教授和大学生的行政监控。⑧ 政府对参与 1894 年暴动的学生进行了极其严厉的惩罚（42 名学生被逐出莫斯科），大学中风声鹤唳、草木皆兵。一位大学的学生会负责人写道："大学领导的政策过于严厉，警察频频出现，现在学生还能忍受

---

① См.: *Лейкина-Свирская В. Я.* Интеллингенция в России во второй половине XIX века. М., 1971. С. 216.

② См.: Степанский А. Д. Самодержавие и общественные организация России на рубеже XIX XX вв. М., 1980. С. 27.

③ См.: *Зайончкрвский П. А.* Российское самодержавие в конце XIX столетия. М., 1970. С. 256.

④ См.: *Зайончкрвский П. А.* Российское самодержавие в конце XIX столетия. М., 1970. С. 258.

⑤ См.: *Зайончкрвский П. А.* Российское самодержавие в конце XIX столетия. М., 1970. С. 295.

⑥ См.: *Зайончкрвский П. А.* Российское самодержавие в конце XIX столетия. М., 1970. С. 306.

⑦ См.: *Зайончкрвский П. А.* Российское самодержавие в конце XIX столетия. М., 1970. С. 305 – 306.

⑧ См.: *Зайончкрвский П. А.* Российское самодержавие в конце XIX столетия. М., 1970. С. 336 – 339.

怒火，不过此种规定若继续执行，必将导致悲惨的结局。"① 据当时的人回忆，杀戮学生成为司空见惯之事。检察官因错杀了一名"阔少爷大学生"，右派大学生重新在餐厅聚集起来进行反抗。在切秋林教授遭难过程中，他之前的学生、当地市长冯·瓦里亚宽慰他："这不是您应受的。"②

莫斯科大学的学生为反对向士兵交出 183 名基辅学生而举行的示威游行——照片摄于 1901 年

在千钧一发的艰难时刻，政府又将魔掌伸向了社会组织。1896 年，基础教育委员会实际上已被撤销：基础教育协会被迫改组，归人民教育部管辖，从而失去了社会组织的性质。③ 1899 年，莫斯科法律协会也被关闭。④

但是，专制政体中新出现的社会组织依旧带有古代的某些特点。这些组织不过是家庭沙龙或朋友聚会的另一种形式，他们将彼此相熟的人联合

---

① *Мельгунов С. П.* Московский университет в 1894 году // Голос минувшего. 1913. №5. С. 188.

② Цит. по: *Могилянский Н.* Из воспоминаний о Петербурге конца XIX и начала XX века // Голос минувшего на чужой стороне. Париж, 1926. № 4. С. 107 – 108.

③ *Кизеветтер А. А.* На рубеже двух веков: Воспоминания, 1881 – 1914. М., 1997. С. 165 – 167.

④ *Кизеветтер А. А.* На рубеже двух веков: Воспоминания, 1881 – 1914. М., 1997. С. 173 – 174.

在一起。另外，这些组织的产生相对复杂，他们是作为"日常联盟"、亲友联盟出现的，在这种情况下并不会考虑组织及思想意识的整体性、一致性。例如，"清议"（1899～1905 年）的创办人员，后来相继创立了不同的社会组织，比如立宪民主党、"10 月 17 日同盟"、和平改革党、俄国人民联盟和"全俄民族联盟"。① 俄国社会主义知识分子代表加入了"解放联盟"（例如 В. Я. 博古恰尔斯基、В. В. 沃多沃佐夫、Е. Д. 库斯科娃）。另一方面，Н. Н. 李沃夫加入了地方自治自由党，但就其表现来看，他无疑是个"专横首领"。②

这些社会组织体制松散，也无严格的纪律约束其成员，也一直没有明确的行动纲领。这些组织中的代表十分习惯于这种社会活动形式，习惯互相妥协，最终订立组织协议。因此，基于此种含糊不清、模棱两可的状况，形成了新的政治语言。例如，关于即将召开的代表会议，"清议"并未确定其性质为立法活动还是单纯的法案讨论活动。③ 而出现这种状况是因为立宪主义者与所谓的新斯拉夫主义者之间进行了妥协。"解放联盟"也不例外，考虑到俄国进行的大规模政治与社会改革，俄国自由主义者与党外社会主义者达成了妥协，形成了融洽的氛围。④

不过，社会组织最终形成了统一的观点、章程和议事日程，形成了比联盟本身更趋稳定的"政治语言"。1905 年，政党规定出炉之后，政治思维、意识形态便逐渐定型。

后来，社会上屡次提及第一次俄国革命期间政党组织突发事件的问题。如"10 月 17 日同盟"或立宪民主党解散，关于创建"真正的民主党派"

---

① РО ИРЛИ. Ф. 332 Д. 651. Л. 25.

② См.: Корнилов А. А. Воспоминания // Вопросы истории. 1994. № 4. С. 137.（Про свои убеждение Н. Н. Львов дословно говорил так: Quec'estl'invasiondesideesliberalsdansunetete feodale. ）

③ См.: Соловьев К. А. Кружок «Беседа». В поисках новой политической реальности. М., 2009.

④ См.: Шаховской Д. И. «Союз освобождения» // Либеральное движение в России, 1902 – 1905 гг. М., 2001. С. 557, 584 – 585, 591.

或"真正的立宪党派"的问题在社会上掀起了新一波的讨论。[①] 但是这些设想最终未能实现。随着时间推移，组织内固有的思想意识依旧未能达成共识。例如，"清议"的成员就未达成共识，首先是关于未来国家体制就意见不一，其余分歧可以归结为三点内容：立法机构、公民权利的法律保障、地方自治权扩大。[②] "10月17日同盟"的纲领便是基于"清议"形成的，实际上，"10月17日同盟"纲领中就有诸多的妥协内容。[③]

1906年3月21日，Д. А. 奥苏费耶夫在"10月17日同盟"会议上指出："左派希望将俄国政体改为温和的立宪制，而右派则希望使君主专制在原有基础上缓慢演进。但是有一点，所有党派必须清楚，1906年2月20日关于'国家体制进行重大变革'的宣言是不切实际的。"[④] 十月党人（即"10月17日同盟"）本身独具多元性，А. И. 古奇科夫断定君主专制命不久矣，[⑤] 而 Д. А. 奥苏费耶夫则认为君主专制坚不可摧。[⑥] 总之，十月党人的决议均是含糊其词，满足不同观点人群的需要。例如，1909年4月16日，"10月17日同盟"宣告："中央委员会确信，实行君主立宪制，必须真正、一贯听从和顺应沙皇的领导，维持杜马的运行，遵循政府的政策，如此既可以满足当下的需要，又可以在未来获得强大的实力，最终我们国家会有一位伟大的沙皇及其庇佑下的自由的人民。"[⑦]

第一次俄国革命期间，随着社会变迁加之现代化任务的重压，政权本身产生了矛盾。在政治危机加深的局势下，政府转而采取了影响深远的代表

---

① Партии демократических реформ, мирного обновления, прогрессистов: Документы и материалы, 1906 – 1916 гг. М. , 2002. С. 251 – 253, 264 – 266.

② См. : Соловьев К. А. Кружок «Беседа». В поисках новой политической реальности. М. , 2009. С. 63 – 79.

③ Неслучайно 10 членов ЦК. «Союза 17 октября до образования партии входили в кружок Беседа» (Политические партии России: Энциклопедия. М. , 1996. С. 746 – 755.)

④ ОПИ ГИМ. Ф. 164. Оп. 1. Д. 54. Л. 32 об.

⑤ Партия «Союз 17 октября»: Протоколы съездом и заседаний ЦК, 1905 – 1907 ГГ. : В 2 т. 1. М. , 1996. С. 241.

⑥ ГРАФ. Ф. Р – 5881. Оп. 1. Д. 43. Л. 12об.

⑦ Партия «Союз 17 октября»: Протоколы Ⅲ съезда, конференций и заседаний ЦК, 1907 – 1915 ГГ. : В 2. Т 2. М. , 2000. С. 41.

制。早在 1881 年 4 月，众大臣（А. А. 阿巴扎、М. Т. 洛里斯 - 梅利科夫、Д. А. 米柳京）就相聚为宪法举杯，同时庆祝 М. Т. 洛里斯 - 梅利科夫改革方案顺利完成。① 那时便有人提出，代表制可以协调政府与社会之间的关系。不过，沙皇最终同意了反对者的要求，同意改变国家制度。② 新任内务部大臣 Н. П. 伊格纳季耶夫，预计将于沙皇亚历山大三世的加冕典礼期间召开地方自治会议。但是他的想法使得沙皇亲信反目，最终伊格纳季耶夫被迫解职。③ 1904 年 12 月，该问题再次得到关注，М. Т. 洛里斯 - 梅利科夫的改革方案又被提上议事日程但最终被否决。1905 年 2 月，政府迫于压力再次将目光转向伊格纳季耶夫，政府在他提议中拟定出自己的方案，即召开所谓的布雷金杜马（也称法案研讨杜马）。④ 但是，政府对此毫无新意、消极对待、步步拖延。在此状况下，1905 年起，政治改革本应顺利开展、推进，却在当年 10 月 17 日以宣布成立立宪代表大会为标志而终结。

1906 年 4 月 23 日的国家基本法有其鲜明的历史沿革。首先，国家基本法保留了原有法律体系的诸多封建残余：立法决议在诸多情况下保留了官僚制度，与新的代表制冲突的原有机构继续存在（国家议会、国防部、海军委员会等）。⑤ 其次，1906 年 2 月 20 日创建的国家杜马及国家议会、1906 年 4 月 23 日国家基本法都延续了 1905 年 8 月 6 日规章（也称布雷金杜马）的精神，这主要表现在代表机构成员首倡精神的有限性和立法的独特性。⑥ 最后，沙皇"赐予"的国家基本法通过，其大肆夺取了国家杜马及国家议会成员的席位，保留了社会上层的特权。参与国家基本法制定的 П. П. 门捷列

---

① ОР РГБ. Ф. 178. № 9803. Д. 6. Л. 23об.

② См.: *Зайончковский П. А.* Кризис самодержавие на рубеже 1870 – 1880 годов. М., 1964. С. 300 – 378.

③ См.: *Зайончковский П. А.* Кризис самодержавие на рубеже 1870 – 1880 годов. М., 1964. С. 451 – 472.

④ Кризис самодержавия, 1895 – 1917. Л., 1984. С. 189 – 214.

⑤ См.: *Лазаревский Н. И.* Лекции по русскому государственному праву: В 2 т. Т. 1. СПб., 1908. С. 168 – 243, 490 – 494.

⑥ См.: Струве П. Б. К вопросу о нашем бюджетном праве // Вопросы государственного хозяйство и бюджетного права. СПб., 1907. С. 314.

国家杜马选举中，选举委员会门前聚集的宣传者，门边的是监察员，他正请求宣传者散去——照片由 H. M. 夏波夫摄于 1906 年 3 月 23 日的莫斯科

夫谈道："首相维特包揽了大小事宜，他只有一个目标：尽可能保留沙皇特权……所有涉及沙皇在陆军、海军、外交方面权力以及皇室与封建领主管理的附加条件、条款都未列在部门的讨论范围，而是由谢尔盖·尤里耶维奇·维特本人决定。他强烈要求限制立法机构的权力，以此保住沙皇特权。"①因此，社会混乱状态下形成的"政治游戏"规则并非一个完整的体系。

（二）20世纪初俄国社会政治

对于俄国帝国改革的法律基础，仁者见仁。实际上，这种法律基础是在政府决定了"游戏规则"的前提下，不同政治力量综合作用的结果。官僚体制中存在形形色色的见解，然而在"权力金字塔顶端"仍旧是传统观念稳居上风。为了迎合传统观念，君主专制拥护者追溯俄国历史渊源，认为君主专制不仅是俄国的政治传统，也是大部分国民的东正教价值导向。在这种

---

① ГАРФ. Ф. Р–5971. Оп. 1. Д. 109. Л. 60.

观念的指引下，君主专制成为社会上最受青睐的政体形式。世袭统治使得这种制度超越等级，具有了全民性；在此助力下，政府的政策才能以最小的代价求得人民最大的利益；同时，沙皇的个人品行也十分重要。1907 年 6 月 1 日，П. Б. 曼苏罗夫在给 Ф. Д. 萨马林的信中写道："若沙皇能力卓越，那么君主专制追随者不必忍受人民的批评。在我看来，如果沙皇能够克制自己的行为，也就是能够克制自己自私自利的动机，用自己的良心便可统领一方百姓。"①

根据这种观点，俄国无法像其他国家一样，通过对抗上层社会的利益来推行改革，最典型的例子便是农民改革困难重重。因此，俄国君主专制的要领不在于法律范畴，而在于宗教领域，因为它追求的并非私人利益而是道德准则；但是，由于沙皇对于臣民参与政治生活享有生杀大权，因此又与君主专制的追求相冲突。Д. А. 霍米亚科夫表示："君主专制政体或许只适合一类人，他们不追求权威，不了解政治体系，不求自由，政体不过是他们求取利益的手段……既然政体服从他们的目标，那么他们就丢掉自由，不求真理，只取所需。"②

俄国君主专制政体的"超法律"特点与西欧专制政体存在本质差异。1909 年 9 月 24 日，Д. А. 霍米亚科夫在写给 К. Н. 帕斯霍洛夫的信中表示："俄国的君主专制与西欧君主专制存在本质差异，俄国君主专制是'民族文化发言人'，而西欧君主专制仅是'知识分子代言人'。"③

然而，即使是君主专制的追随者也不得不承认，19 世纪的俄国并未找到君主专制的理想统治形式，反而发现了它与西欧君主专制的诸多相似之处。俄国君主专制的历史使命是调节国内社会关系，理应找到与社会沟通的最佳方式。这种体制应在"上层权力"与人民之间设置一些寻常的"障碍"——官僚机构，例如法案研讨的地方自治会议、书刊检查机构。新斯

---

① ОР РГБ. Ф. 265. К. 193. Д. 12. Л. 158 об. – 159.

② *Хомяков* Д. А. Самодержавие: Опыт схематического построения этого понятия // Православие, самодержавие, народность. М. , 1993. С. 136 – 137.

③ ГАРФ. Ф. 102. Оп. 265. Д. 402. Л. 5.

拉夫主义者的任务是找到合法的方式实现其关于政权的构想。第一次俄国革命前夕，新斯拉夫主义者（А. А. 基列耶夫、Ф. Д. 萨马林、С. Ф. 沙拉波夫、Д. Н. 希波夫等）找到了替代方案，他们建议，俄国政治制度体系改革要坚定不移地走君主专制道路：通过地方自治机构改革、国家部门管理体制改革，取代向沙皇呈递报告的方式。根据他们的观点，若必须采用代议制，也不能在俄国推行立宪主义。俄国未来的法律机构理应遵循俄国历史传统，而非追随西欧国家的脚步。[1]

俄国政体并未在各种风行的观点中找到合适的方案。1905 年 10 月 17 日诏书是俄国历史的分水岭，一切政治力量都要与新的政治现实相适应，就本文观察，至少有三种途径。

君主立宪制思潮在 1905 年之后就停留在难以容忍的宪法上，相应的选择也只剩两个：要么否认新的代议制政体，要么将其归入斯拉夫主义范畴重新考量。А. А. 基列耶夫、Л. А. 吉霍米尔诺夫、Д. А. 霍米亚科夫等人拒绝承认 1906 年 4 月 23 日国家基本法，要求尽快对国家管理体系进行改革。他们认为，杜马应成为巩固君主专制制度的法案研讨机构。1905 年的事件并无实际意义，用 Ф. Д. 萨马林的话来说，这是沙皇政权"屈辱的投降"。[2] 1905 年 9 月，С. Ф. 沙拉波夫与 А. Г. 谢尔巴托夫倡议召开地方自治会议，恢复被践踏的君主专制秩序。[3] 这种途径的追随者 А. А. 基列耶夫希望，杜马自毁前程，迫使沙皇政权不得不改变国家体制。[4] 此外，权力上层也会考虑这种可能性。1907 年 2 月 8 日，И. Л. 戈列梅金深入研究了地方自治会议大纲，表示坚决抵制代议制，Л. А. 吉霍米尔诺夫在日记中也表示赞同。[5] 1907 年 8 月 9 日，在 Д. А. 奥苏费耶夫伯爵与 Л. А. 吉霍米尔诺夫的劝说

---

[1] См.: *Соловьев К. А.* Политическая концепция неославянофилов: политика без политиков//Российская политика XIX века: Неполитический потенциал политического. М., 2009. С. 271 – 286.

[2] ОР РГБ. Ф. 265. К. 153. Д. 3. Л. 13об.

[3] ОР РГБ. Ф. 265. К. 153. Д. 3. Л. 17об.

[4] ГАРФ. Ф. 102. Оп. 265. Д. 214. Л. 22.

[5] Из дневника Л. А. Тихомирова // Красный архив. 1933. № 6. С. 90.

下，斯托雷平重新召开法律研讨会议。① Π. A. 斯托雷平的内兄 A. Б. 涅伊格勒特也表示支持。②

然而，并非所有保守派代表都反对新的国家体制。国家杜马中也有诸多右翼成员认为不能将制度与宪法混为一谈。B. M. 普里什克维奇表示："我们并未涉及任何一部宪法，我们的宪法不过是亲吻十字架的另一个象征。沙皇亲吻十字架表明要在上帝和自己良知的监督下约束自己的言行，人民亲吻十字架表明要效忠沙皇，我们要的宪法也是如此。"③ 根据右翼的观点，俄国历史形成的君主专制可以赢得人民的信任。成员由人民推举（实际意义上），辅佐沙皇管理国家事务。因此，杜马并非一个"自给自足"的权力机构，还需要帮助沙皇起草法律。不少人同 A. C. 维亚金一样，认为杜马是"法律起草机构"，而非立法机构。如此一来，沙皇不得任意改变其权限，可以重视权力代表机构的意见，权力代表机构也有其存在的实质意义。④

1905 年 10 月 17 日诏书号召沙皇对人民负责。可以这么说，真正的君主专制拥护者并不会忽视国家杜马、国家议会的存在，因为这些机构可以将沙皇最忠实的臣子召集起来，否认国家杜马、国家议会也就表示否认沙皇的权威。1908 年 5 月 23 日，国家杜马召开了关于海军预算的全体会议，H. E. 马尔科夫在会上表示："我们应该凭良心讲出自己的观点，正如我们对于海军事务的看法。若沙皇并不在意我们是否同意建造装甲舰，那么他就不会让政府将海军预算的事宜交给我们讨论。既然陛下已将此事交给我们研讨，那么我们每个人都应努力研究出这项预算，否则就是叛徒。"⑤

右翼成员否认杜马是立法机构，并且提供了对于人民选举代表的另一种独特解释。1914 年 4 月 26 日，右翼代表 Γ. A. 谢奇科夫在杜马常规会议上讲道："我并不认为自己是人民代表，我们成员不过是党派推举并非由人民

---

① ГАРФ. Ф. 634. Оп. 1. Д. 101. Л. 117a.

② ОР РГБ. Ф. 265. К. 195. Д. 8. Л. 1.

③ Правые партии: Документы и материалы. Т. 2. М., 1998. С. 316.

④ В Парламентских кругах: Впечатления // Речь. 1911. № 70. С. 5.

⑤ Государственная дума: Стенографические отчеты. Созыв Ⅲ. Сессия Ⅰ. Ч. 1. СПб., 1908. Стб. 1345.

选举产生的，我只不过是人民生活的目击者而已。"会议大厅响起了笑声，他继续谈道，"这比当人民代表高尚得多，巴龙・缅因多勒夫因为我的话笑了起来，我更喜欢他的反应，而非像其他人一样木讷地保留意见"。①

塔夫里达宫侧厅中的立宪民主党领袖。就座者从左起第二位依次为：E. H. 特鲁别茨科伊——来自和平改革党，M. M. 科瓦列夫斯基——来自民主改革党，M. A. 斯塔霍维奇——来自"10 月 17 日同盟"；站立者左起第一位为：И. B. 盖森——《言论》报主编；站立者左起第二位为：П. H. 米留克夫——宪法民主党领袖；站立者右起第二位为：A. A. 科尔尼洛夫——宪法民主党中央委员会秘书。——照片由 K. 布尔摄于 1905 年 5 月 4 日

对于自由主义政党而言，1905 年 10 月 17 日是一个新时代的开端。当时，对于国家基本法中规定的国家制度问题还存在各种解释。俄国自由主义右翼的代表——十月党人坚定认为，国家基本法中宣布的原则证实了政治体系改革目前处于一种新的演进过程，因为新的管理体制还保留了原有君主专制的某些特点。"10 月 17 日同盟"的第一次代表大会上，Ф. H. 普列瓦科

---

① Государственная дума: Стенографические отчеты. Созыв Ⅳ. Сессия Ⅱ. Ч. 3. СПб., 1914. Стб. 1178.

在一片掌声中宣布："我们是可以接受沙皇制度的，但是正如左派所言，沙皇制度不能成为胡作非为、自私自利、逃避义务的遮羞布，我们珍视俄国的历史传统，加强对君主专制的信心，大声疾呼：捍卫俄国神圣的君主专制制度。"[1] 十月党人认同君主专制政体属于俄国历史传统，具有超越等级和民族的特性，有其独特的历史意义。十月党人首领 A. И. 古奇科夫谈道："君主专制制度最初起了重要且良好的作用。它缓和了国内激烈的利益冲突，调解了社会矛盾，捍卫了国家的公平正义原则。"[2] 换言之，沙皇是国家团结统一的具体体现，维护沙皇是上层政权的关键任务。政党只不过是部分人的团体，终日陷于利益纷争，无法参透君主专制的运行机理。Л. A. 卡莫罗夫斯基也持有这种观点，他表示："俄国绝不适合代议制。俄国地域广袤、民族众多且矛盾复杂，等级矛盾纷繁，况且在东西方强劲帝国的夹缝中生存，唯有君主专制制度可以保证我们建设一个稳固、独立的俄国。"[3]

　　十月党人认为，沙皇绝不能只因其象征意义存在，因为俄帝国的国家制度（其中也包括国家杜马）是建立在沙皇威望基础之上的。1905 年 10 月 17日，政府倡议社会各界进行合作。在这种情况下，社会代表（成员）就成为行政的监督者，运用法律捍卫选民的权益。无论是作为一种政治体系，还是作为一种社会制度，代议制程序本身都发生了原则性的变化；它形成了完整的社会法律体系，明显增加了公民数量，积极研究人民自组织的方式。俄国长期存在的代表机构已经习惯对政府和社会负责，也符合俄国的政治传统。用 A. И 古奇科夫的话来讲，"要在极为艰难的状况下，改变俄国的条件，打造全新的法律。我们坚信，新的政体会逐渐演化而来，宪法也将走入日常生活"。[4]

---

[1]　Партия «Союз 17 октября»: Протоколы III съезда, конференций и заседаний ЦК, 1907 –1915 гг. : В 2 т. Т 1. М. , 2000. С. 153.

[2]　Партия «Союз 17 октября»: Протоколы III съезда, конференций и заседаний ЦК, 1907 –1915 гг. : В 2 т. Т 1. М. , 2000. С. 241.

[3]　Камаровский Л. А. О парламентаризме // Голос Москвы. 1906. № 2. С. 2.

[4]　Партия «Союз 17 октября»: Протоколы съезда и заседаний ЦК, 1905 – 1907 гг. : В 2 т. Т 2. М. , 2000. С. 85.

立宪民主党（俄国自由主义左翼）的重要理论就是所谓的宪法革命。20 世纪初，君主专制政体已与俄国社会的法治意识严重脱节，因此，君主专制必然会加速走向灭亡。立宪民主党认为，法律不仅是一种书面形式，它也代表了社会生活中的公平正义，是一种社会理想。君主专制已无用武之地，必然垮台。我们必须清楚，真正的革命是人类智力的角逐，而战场很快便会转向政治领域。沙皇政权以一己之力对抗社会上的反对思潮，最终必会油尽灯枯，不得不做出巨大让步。反对派相信，沙皇政权最终就连镇压机构也会优势尽失。立宪民主党将 1905 年事件作为自己观点的有力证据；他们认为，政府当时所做的让步与其说是迫于反对派的压力，不如说是源于自身的虚伪。按照这种观点，政府之后也必然会让步。立宪民主党在第一届国家杜马中所有的策略、所做的努力都是为了尽快设立代议制，组建负责任的政府。值得注意的是，1906 年 4 月 26 日，弗拉基米尔省的立宪民主党成员 М. Г. 科夫萨罗夫在给 Н. М. 基什金的信中给出了一些建议，希望他不要将注意力转向不久之前颁布的国家基本法，他写道：“我认为基本法没有任何意义。如同 10 月 17 日诏书一样，尽管看起来郑重其事，但是并未赋予我们实际的自由，而且国家基本法并不涉及官僚体系，若沙皇政府的政治指向不在官僚方面，那么一定会指向人民代表。”[1] 换言之，国家杜马应该成为立宪会议。1906 年 1 月 6 日，Ф. Ф. 科科什金在立宪民主党的第二次代表大会上指出：“当前摆在国家面前的只有一项任务——在更加广泛的意义、更为全面的生活领域上，推行彻底的改革。”[2]

1906 年维堡号召失败后，立宪民主党党内弥漫着悲观主义情绪，他们在原有基础上重新修订了规划。立宪民主党不得不转向“围攻”政府的策略，第二届国家杜马解散之后，他们又开始了“暗中破坏”。总之，这些策略理应会有效果，因为立宪民主党并不怀疑自己的历史使命。立宪民主党认为，因为自己积极促进法律、政治与社会进步，因此会得到社会认

---

[1]　ГАРФ. Ф. 102. Оп. 265. Д. 140. Л. 4.

[2]　ГАРФ. Ф. 102. Оп. 265. Д. 140. Л. 4. С. 74.

可，理应在国家生活中占据主要地位。Н. И. 卡列耶夫写道："立宪民主党坚信，俄国未来编纂的宪法必定会审视政党的历史与其意义，而且最终会发现：各个政党无论其历史功绩大小，只有立宪民主党有能力平息俄国的动荡。"①

左翼的公共政策对于政治体系的影响微乎其微。他们认为所有的社会政治关系都将垮台，其中也包括国家管理模式。他们的优点是不妄加改变局势，并能找出所有社会政治关系的缺陷。他们也对国家杜马进行了大力抨击。1906 年 1 月，В. И. 列宁写道："布尔什维克和孟什维克一致认为，当前的杜马不过是人民代表制的廉价仿制品，我们应该反对这个骗局，应该发动武装起义，由全体人民自由选择代表，召开立宪会议。"② 1906 年 5 月，社会革命党领袖 Г. А. 格尔舒尼也发表了类似的观点："我们不妨直言：一方面，我们难以想出比当今杜马更为畸形的机构；另一方面，当今杜马完全忽略人民的要求与利益。政府的目的一目了然：为了实现'人民选举'不惜创造出人民代议制的假象，而实际上不过是遵照旧例。"③ 但是，鉴于杜马的宣传目的，格尔舒尼谈道："杜马作为国家立法机构，本应制定出合乎客观情况的法律，但是当前的杜马却毫无价值。正如社会上的观点——杜马不过是威力十足'杰出人物'的集会。"④ 不过，从另一个角度而言，若非杜马体制如此不堪，社会主义政党也无法公然发表起义政见，从而加速了起义的进程。"1906 年 Ф. И. 唐恩在俄国社会民主工党第四次代表大会上提出了一个问题：杜马的选举与活动难道不应对人民群众运动起到巨大的影响吗？杜马应该是温和适中的，能够解决所有实际与理论问题。重要的是，提出的问题要反映人民群众的需求⋯⋯难道杜马不清楚运用何种手段才能使既

---

① *Кареев Н. И.* К вопросу об учредительных функциях Государственной думы // Вестник Партии народной свободы. 1906. № 3. Стб. 148.

② *Ленин В. И.* Соч. Т. 9. С. 8.

③ Партия социалистов-революционеров: Документы и материалы, 1900 – 1907 гг. : В 3 т. Т. 1. М. , 1996. С. 195.

④ Партия социалистов-революционеров: Документы и материалы, 1900 – 1907 гг. : В 3 т. Т. 1. М. , 1996. С. 196.

成事实的起义能够同时进行，统一并有良好的组织性和全民性？人民群众革命越广泛、稳固，作为政治焦点的杜马就应起到越重要的作用。"①

第一届国家杜马中的劳动党成员：А. Ф. 阿拉金、
И. В. 日尔津、С. В. 阿尼金——1906 年春摄于塔夫里达花园

第一届国家杜马还未解散时，劳动党认为自己很快便能领导人民群众。劳动党的领导人 П. Н. 米柳科夫表示："不必担心，我们掌握了群众，他们会听从我们的领导，左派政党作用不大，而我们的影响则与之迥异……"② 劳动党的另一位领导人 С. В. 阿尼金在杜马大会的休息室中谈道："请问我们要走向何方？自然是革命。若立宪民主党掌握了政权，国家会全面发展；若是如同现在，继而走到社会动荡、民生凋敝、生灵涂炭的末期，那又当如何？如果杜马解散，情况可能更糟，必定导致流血冲突。当务之急便是创建新体制，将权力掌握在自己手中。"③ 第二届国家杜马选举前夕，社会革命党也提出了类似观点。1906 年 10 月，社会革命党第二次党务会议上发布了一条决议："无论是杜马选举，还是杜马的活动，我们党的目的都是组织群

---

① Меньшевики: Документы и материалы, 1903 – февраль 1917 г. М. , 1996. С. 182.
② ГАРФ. Ф. 629. Оп. 1. Д. 16. Л. 22.
③ Цит. По. : *Богораз-Тан* В. Г. Мужики в Государственной думе. М. , 1907. С. 64.

众发动革命，使劳动人民相信，现今杜马的立法活动不可能满足他们的基本
需求，唯有通过自己的斗争，选举成员、召开立宪会议才是解决问题的必由
之路。"① 第二届国家杜马期间，Г. В. 普列汉诺夫号召立宪民主党党员积极
行动，促使杜马解散，因为这对立宪民主党十分有利："杜马解散就是人民
相信代表制孱弱无力的最好证据，人民越早相信，我们的目标就能越快
实现。"②

社会主义代表的政治斗争明显越过了政府层面，而且他们本身的任务就
是打破这种界限。因为群众本身可以自己组织起来反对专制政府，因此他们
积极号召群众。左派则希望形成新的政治现实，促使现有政体下的国家机构
丧失功能、形同虚设。1906 年 3 月，列宁坚持发动武装起义，"发动游击
战"，建立临时革命政府和革命政权的地方组织，同时支持工人代表苏维埃
的活动。③ 列宁强调："根据现存法律来看，当前解放运动的主要形式并非
合法斗争，而是广大群众的直接革命运动，我们要摧毁现有法律体系，创建
革命法律，运用暴力手段挣脱囚禁人民的牢笼。"④

第一届国家杜马期间，劳动党积极筹谋，希望将政治斗争的范围引出塔
夫里达宫，因此放弃了上述观点。1906 年 6 月，成员 П. А. 阿尼金周游萨
拉托夫省，向选民介绍自己的政治立场，以便在与政府的冲突中获得支
持。⑤ 劳动党倡议建立地方土地委员会，解决农村农业问题，但这只是一项
形象工程。实际上，他们也规划建立地方权力机构，大力促进群众运动发
展。1906 年 5 月 26 日，А. Ф. 阿拉金在杜马大会上谈道："如若大家认真考
虑一下，杜马是否会在休会期间被解散，那么大家或许就能理解，我们为何
会迫不及待地想要建立地方委员会。我们确实希望引导俄国人民去发动运

① Партия социалистов-революционеров: Документы и материалы, 1900 – 1907 гг.: В 3
т. Т. 1. М., 1996. С. 217 – 218.
② *Плеханов Г. В. А если разгонят?* // Отголоски. СПб., 1907. С. 45.
③ *Ленин В. И.* Соч. Т. 9. С. 41 – 45.
④ *Ленин В. И.* Соч. Т. 9. С. 40.
⑤ ГАРФ. Ф. 102. Оп. 265. Д. 140. Л. 48.

动，而且这个运动会永不停息……"①

1906 年 7 月 4 日，距离第一届国家杜马解散还剩几天，劳动党人 H. Ф. 尼古拉耶夫斯基宣布"国家杜马掌握临时执行政权的时机到了"，而有些成员认为这种行为违宪，尼古拉耶夫斯基解释道："初期的俄国人民代表制是在革命时期存在生效的，最恐怖的革命巨浪也未将其吞噬。我清楚，人民与军队对于噤声的杜马定是困惑不解，唯有等待……"（而这种困惑不解对于杜马成员而言，却是人尽皆知、心知肚明之事）此时大厅里响起了雷鸣般的掌声。②

按照这种观点，立宪会议的问题便成了重中之重。左派激进者认为，必须彻底消灭原有法律与政治体系，唯有如此才能彻底改革，才能建立新的制度。③ 他们的共同原则都是要筹备召开立宪会议，④ 立宪会议理应成为"解放运动"的尾声和新的历史时代的开端。⑤ 如此一来，立宪会议就有其独特的意义，也成了激进反对派自我满足的重要要求。按照 M. 高尔基的话来讲，"召开立宪会议，促使政治机构给予人民自由表达意志的权利，俄国人民将会生活得更好，但是为了这个目的，成千上万的知识分子、工人、农民会走进监狱、被流放、服苦役，甚至被施予绞刑或死在枪口下。这种观念的神圣祭台上定会洒满鲜血"。⑥

（三）20世纪初俄国社会与政府：冲突及其相互关系

20 世纪初，人民群众认识到，俄国发生的一系列事件与革命动荡息息相关。无论是社会群众，还是历史学家，他们都早已清楚这个俄国历史发展

---

① Государственная дума： Стенографические отчеты. Созыв Ⅰ. Сессия Ⅰ. СПб.， 1906. Стб. 326.

② Государственная дума： Стенографические отчеты. Созыв Ⅰ. Сессия Ⅰ. СПб.， 1906. Стб. 1958.

③ Общественная мысль в России ⅩⅧ － начала ⅩⅩ в.： Энциклопедия. М.， 2005. С. 568 － 569.

④ Партия социалистов-революционеров： Документы и материалы， 1900 － 1907 гг.： В 3 т. Т. 1. М.， 1996. С. 278.

⑤ Меньшевики： Документы и материалы， 1903 － февраль 1917 г. М.， 1996. С. 156.

⑥ Цит. По： Протасов Л. Г. Всероссийское учредительное собрание： История рождения и гибели. М.， 1997. С. 23.

高潮的历史意义。对于这段纷繁复杂、新旧交替的革命岁月，很多人给出了评价。研究者专注的是 20 世纪初政治文化中的革命问题，而非只是对这个过程进行回顾、对历史事件平铺直叙。直至 1917 年，俄国社会风云变幻，陷于历史悲剧的泥淖。早在 1903 年，П. Б. 司徒卢威就预言，革命即将到来，其实远不止革命："街垒、炸弹、农民暴动并不会威胁到俄国政府及现存国家体制。政府的最大敌人便是自己。为了维护现存国家体制，政府几乎包揽了一切国家事务。这种所谓的保护政策与政府希望缓和政治紧张氛围的初衷背道而驰，反而成了革命发生的催化剂。"[1] 第一次俄国革命结束不久，社会上已经在酝酿下一场革命。1912 年，А. И. 古奇科夫在评价不久前逝世的 П. А. 斯托雷平时表示："当前，没有任何人应受指责。今后的俄国仍将深陷泥淖：俄国的一条腿拔出，另一条腿便又陷入，这就进入了一个循环的怪圈，无休无止。我们将在这滩泥淖中原地踏步，直至俄国发生新的悲剧。"[2]

1917 年 1 月至 2 月的事件表明，俄国各界人士已经意识到革命火种已经燃烧到了彼得格勒的大街上。革命开始前的几周，无能无力的成员在同政府斗争的过程中，再次意识到了问题的严重性。1 月 7 日，在 Н. М. 基什金公寓举办的会议上，立宪民主党成员 Н. В. 涅克拉索夫表示："当前俄国并无革命运动，唯一的革命是政府的行动。这场革命规模宏大……灾难接踵而至，上帝保佑这不会导致世界末日……因为群众隐忍的平静和顺从，政府自我催眠，殊不知一旦爆发，后果不堪设想。"[3] 涅克拉索夫预言，灾难必将到来，国家陷入混沌，反对派将成立政府并掌管俄国未来的命运。为俄国社会做出贡献的城市、地方自治联盟的领导人将会充任国家的重要职位。[4] 2

---

① *Струве П. Б.* Предисловие ко второму изданию // Витте С. Ю. Самодержавие и земство. Stuttgart，1903. XLIX.

② Государственная дума：Стенографические отчеты. Созыв Ⅳ. Сессия Ⅰ. Т. 1. СПб.，1913. Стб. 407.

③ Донесения Л. К. Куманина из Министерского павильона Государственной думы，декабрь 1911 – февраль 1917 гг. // Вопросы истории. 2000. № 4 – 5. С. 6.

④ Донесения Л. К. Куманина из Министерского павильона Государственной думы，декабрь 1911 – февраль 1917 гг. // Вопросы истории. 2000. № 4 – 5. С. 6 – 7.

月 8 日，O. И. 穆辛 - 普希金写道："当前，国家已走入谷底，所有人都试图向上。例如，申加廖夫几乎满含热泪地呼吁我们应该积极筹谋……所有人都开始明白，当前的混乱状态多么恐怖，应该努力结束这种情形。"[1] 2 月 4 日，在讨论工人动向的立宪民主党中央委员会会议上，M. C. 阿杰莫夫认为应尽快在俄国社会中发动革命，Ф. И. 罗季切夫则预言将会出现新的"1 月 9 日"。[2] 值得注意的是，2 月 16 日，在预算经费的会议上，警察机构缺乏机枪装备的问题成为彼得格勒广泛讨论的最为迫切的问题之一。[3] 因此，革命的"预感"成为社会思潮和政治行动中最为重要的因素。这种"预感"揭示了对事件的评价、行动战略，以及在政治范畴内对"预感"本身的理解。

我们习惯把战争中的英雄称为革命家。研究者首先需要解决这个问题：革命家为何人？——工人、农民[4]还是知识分子[5]？或者兼而有之？——该问题的研究有望揭示"革命的主导力量"。但是，这同时也忽略了一个问题：革命本身是政治过程参与者之间关系的独特体系，但是独特的政治文化无法揭示革命之前的行为，也无法为革命探索出新的问题。革命虽囊括了各类人民，但权力代表人物对其具有至关重要的意义；但是他们并不能符合时代的要求，打破社会中的稳定关系，摧毁现存国家体系。1904 年秋"政府的春天"是关于此最典型的范例。内务部大臣 П. Д. 斯维亚托波尔克 - 米尔斯基大公在没有高级官员的支持下进行了一场改革，他同时表示，国家的发展在各个层面上已经被官僚集团引入了歧途。

早在 П. Д. 斯维亚托波尔克 - 米尔斯基上任之前，沙皇就已经阐释了完

---

[1] ГАРФ. Ф. 102. Оп. 265. Д. 1070. Л. 37.

[2] Протоколы Центрального комитета конституционно-демократической партии：В 6 т. Т. 3. М.，1998. С. 342.

[3] Донесения Л. К. Куманина из Министерского павильона Государственной думы，декабрь 1911 - февраль 1917 гг. // Вопросы истории. 2000. № 6. С. 20.

[4] См.：Шанин Т. Революция как момент истины. М.，1997. С. 140 - 226.

[5] См.：Пайнс Р. Русская революция：В 2 т. М.，1994. С. 13 - 32.

全符合斯拉夫主义理论的完整改革大纲。① 1904 年秋，社会的不满与日俱增，同时对于斯维亚托波尔克 - 米尔斯基的改革抱有过高期望且信心不足。А. А. 斯达汉维奇与 П. Б. 司徒卢威写道："昨夜我们与米尔斯基进行了两个小时的清议……关于宪法，我们畅所欲言，谈了很多……省级地方自治会议与国家部门在其规划中共同研究了各种问题。"但是，斯达汉维奇谈道："不能放松，需要加紧处理……因为在这个秋日，'政府的春天'极其短暂，一不留神就会因施秋梅尔或其他任何人的措施进入'冬季'。"② 10 月 3 日，斯维亚托波尔克 - 米尔斯基表示："我担心给予人民的诺言不能兑现，正如 А. С. 苏沃林所述，即便兑现，哪怕采用极端严厉的措施也最多维持 50 年。"③ 同时，《新时代》的出版者表示，由于沙皇本人不支持此类改革，因此大臣们难以推行自己的大纲。"变化始料不及，所有人内心深处都不再相信新时代会来临——哲学家谢尔盖与 О. Н. 特鲁别茨科伊（社会学家叶甫根尼之妹）在其日记中写道——我们每日都听到米尔斯基及其继承者冯·瓦里亚、克列伊盖尔萨、施秋梅尔失败的消息，大势已去唯有祈祷。"④ 政府的"春天"时期，俄国国内局势依旧动荡不安。1905 年 2 月 2 日，社会学家 И. И. 亚如在给经济学家、社会活动家 А. И. 丘普罗夫的信中写道："你应该还记得普希金那首诙谐的诗歌：太阳似乎在西方升起，人们困惑不解，这是梦境还是现实。如今大多俄国知识分子都存在这种困惑：一方面，似乎在改革；另一方面，'保守陈腐的观念却来势汹涌'……我们不知道该相信什么，该相信谁——只有天知道。"⑤

俄国整个社会都陷入了一种"歇斯底里"的状态。期望一一落空，其根源就在于宪法。10 月 27 日，А. А. 基列耶夫在其日记中写道："空气中也

---

① Дневник Е. А. Святополк-Мирской за 1904 – 1905 гг. // Исторические записки. 1965. Т. 77. С. 241 – 242.
② РГАСПИ. Ф. 279. Оп. 1. Д. 90. Л. 53.
③ Суворин А. С. Дневник. L. ; М. , 2000. С. 474.
④ Трубецкая О. Н. Из пережитого // Современные записки. 1937. № 64. С. 287.
⑤ ЦИАМ. Ф. 2244. Оп. 1. Д. 3039. Л. 97 об.

弥漫着宪法的味道。"① 10 月 31 日，А. П. 利文同 Е. А. 斯维亚托波尔克 - 米尔斯基大臣的妻子谈道，莫斯科期盼宪法如盼甘霖。② 11 月 14 日，Б. А. 瓦西里奇科夫表示，莫斯科笼罩在一片立宪的氛围中。③ 11 月 27 日，博布林斯基伯爵在日记中写道："各个领域都在重申立宪的愿望，甚至年轻的皇后也积极投身政治，领导立宪党派。"④ 几周后的 12 月 2 日，他又写道，所有人都期待在 12 月 6 日宣布立宪。⑤ 与此同时，很多人预感俄国即将发生动荡。早在 9 月，К. П. 波别多诺斯采夫就已预言，斯维亚托波尔克 - 米尔斯基的政治方针必然导致中央与地方各地发生流血冲突。⑥ 10 月 19 日，在 Е. В. 波格丹诺维奇组织的沙龙上，内务部官员 Б. В. 施秋梅尔预言革命即将到来。⑦ 10 月 25 日，极右派的政论家 Н. А. 巴甫洛夫同波格丹诺维奇商议要将财产变卖，将钱转移到国外，波格丹诺维奇表示："逃离俄国的时刻到了。"⑧ 12 月 15 日，П. Д. 斯维亚托波尔克 - 米尔斯基在给海军将领 П. Н. 特鲁别茨科伊的信中写道："近日，我有幸向沙皇陛下呈送了一份报告，无比虔诚、尽我所能地向他解释当前的社会局势，我向他说明即将发生的事，n'est pas une emeute, mais une revolution（没有叛乱，但有革命）；与此同时，俄国人民也将推动革命，他也不希望沙皇从中阻挠。"⑨ П. Н. 特鲁别茨科伊继续谈道，要相信社会力量的威力，沙皇应该做出巨大的让步。

　　若说 1904 年秋政府的"春天"同时带给了社会希望与忧虑，那么警察机构与书刊检查机构则将社会彻底引入迷途。根据当时人的理解，萨拉托夫

---

① ОР РГБ. Ф. 126. К. 13. Л. 353.

② Дневник Е. А. Святополк-Мирской за 1904 – 1905 гг. // Исторические записки. 1965. Т. 77. С. 251.

③ Дневник Е. А. Святополк-Мирской за 1904 – 1905 гг. // Исторические записки. 1965. Т. 77. С. 253.

④ РГАДА. Ф. 1412. Оп. 8. Д. 292. Л. 142.

⑤ РГАДА. Ф. 1412. Оп. 8. Д. 292. Л. 144 об.

⑥ *Богданович А. В.* Три последних самодержца. М., 1990. С. 295.

⑦ *Богданович А. В.* Три последних самодержца. М., 1990. С. 299.

⑧ *Богданович А. В.* Три последних самодержца. М., 1990. С. 301.

⑨ Цит. по: *Шаховской Д. И.* «Союз освобождения» // Либеральное движение в России, 1902 – 1905 гг. М., 2001. С. 578.

省的地方自治机构是制定宪法的最佳培养皿。11 月 2 日，成员们聚集在萨拉托夫火车站大厦召开 11 月地方自治代表大会，将近 150 人参加了这次会议：地方自治工作者、"第三等级"代表、医生、律师。香槟的开瓶声、碰杯声与交谈充斥着会场，有人呼吁实现"第三等级"的要求，当与会人员聚集在大会讲台上时，一些人高唱《马赛曲》。但是会场上一直有宪兵进行监控，持续到会议结束，他们时不时靠近人群并发出警告，威胁要采取严厉的措施。① 1904 年 12 月 6 日，在首都声名鹊起的无畏地方自治成员 A. A. 纳雷什金在给历史学家 H. П. 巴尔苏科夫的信中写道："一年前，省秘密会议上谈论立法的人已被流放；当今，杂志上所谈的'权力'一词依旧处于亟待'解放'的状态。"② 看来，纳雷什金所指的是 E. H. 特鲁别茨科伊广受好评的文章《战争与官僚》（刊行于 9 月 26 日），该文对现行体制大加批判。③ 这篇文章既受到中间派 A. B. 奥苏费耶夫④的赞扬，也受到新斯拉夫主义者 A. A. 基列耶夫⑤的青睐。正如 И. B. 盖森所述，这篇文章被广泛引用，特鲁别茨科伊的表述变得更为自由，编辑部也收到了众多对特鲁别茨科伊赞许的信件。⑥ O. H. 特鲁别茨科伊对此评价道："《战争与官僚》这篇文章无疑是大获成功的，不仅在社会各界广受好评，而且根据其倡议在大学及其他高等教育机构还设立了助学金制度。作者开创了社会趋向内政的新时代，特列波夫将其称为'放任的时代'，地方成员则称其为'信任社会力量的时代'。"⑦

《战争与官僚》的出版并未获得书刊检查机构的核准，这颇具代表意义。11 月 4 日波格丹诺维奇在日记中写道："野兽们（出版业管理机构的主

---

① См.: *Л-аго И.* Банкетная кампания в Саратове // Минувшие годы. 1908. № 12. С. 30 – 31.
② ГАРФ. Ф. 1729. Оп. 1. Д. 318. Л. 130.
③ См.: *Трубецкой Е. Н.* Война и бюрократия // право. 1904，№ 39. Стб. 1871 – 1875.
④ ГАРФ. Ф. 892. Оп. 1. Д. 204. Л. 46.
⑤ 25 лет назад: Из дневника Л. А. Тихомирова // Красный архив. 1930. Т. 2. С. 63.
⑥ См.: *Гессен И. В.* В двух веках: Жизненный отчет // Архив русской революции. Т. 21 – 22. М.，1993. С. 181.
⑦ *Трубецкой Е. Н.* Война и бюрократия // право. 1904，№ 39. Стб. 1871 – 1875. С. 286 – 287.

要领导）今日宣称，刊物出版太过宽纵，却无能为力；应该对这些作者进行惩处，而他们有权对此进行告诫。"① 然而，政府对于期刊的出版政策显得矛盾重重，并无清晰的规定。11 月 22 日，И. И. 亚如在给 А. И. 丘普罗夫的信中写道："以兹韦列沃代表的出版业极为不稳定：获准刊行的刊物多如牛毛，但出版业已经失去了控制，怪言乱语横生。我在午饭时间阅读了《莫斯科公报》，其中便有众多离奇事件与矛盾言论。"② 换言之，俄国国内的警察监控力度已经大大减轻，社会控制的领域大幅扩张，社会观念愈加激昂。

1904 年 12 月，新任内务部大臣宣称，洛里斯－梅利科夫版本的宪法在当下的俄国无法推行，这引起了社会不满；政府希望尽快清除这种社会情绪。А. А. 博布林斯基伯爵在日记中写道，早在 12 月初，人们就认为沙皇应签署召开地方自治会议的决议。12 月 8 日，博布林斯基根据传闻描述了大臣委员会振奋人心的事件：大公（其中包括谢尔盖·亚历山大洛维奇）、П. Д. 斯维亚托波尔克－米尔斯基、С. Ю. 维特、К. П. 波别多诺斯采夫等人参加了国家议会的选举活动，同时拟定了一系列自由改革的方案。博布林斯基以一种激昂的状态写道"总而言之，这是历史性的一刻，12 月 11 日公布了改革宣言"。③

12 月 8 日，司法部大臣 Н. В. 穆拉维约夫兴致勃勃地向好友陈述了自己的观点，这与 О. Н. 特鲁别茨科伊的立场不谋而合。④ 12 月 10 日，博布林斯基又在日记中谈到了即将公布的改革宣言。⑤ 他在日记中写道："所有人都在期待明日的宣言……国家议会的成员如同蠢货，一无所知只顾寻欢作乐。"⑥ 12 月 11 日，博布林斯基写道："令人大失所望，尼古拉二世的宣言

① *Богданович А. В.* Три последних самодержца. М. , 1990. С. 304.

② ЦИАМ. Ф. 2244. Оп. 1. Д. 3039. Л. 96 об.

③ ГАРФ. Ф. 1412. Оп. 8. Д. 892. Л. 147 об. ; Дневник А. А. Бобринского, 1910 – 1911 // Красный архив. 1928. № 1. С. 130.

④ *Трубецкой Е. Н.* Война и бюрократия // право. 1904, № 39. Стб. 1871 – 1875. С. 292.

⑤ ГАРФ. Ф. 1412. Оп. 8. Д. 892. Л. 148.

⑥ ГАРФ. Ф. 1412. Оп. 8. Д. 892. Л. 148 об.

并未成真。"① 12月12日发布的指令并未提及任何有关组织选举、筹备立法工作的情况；16日，博布林斯基写道："政府并无任何新意，社会上处处充斥着不满。"② 宣言公布不久后，1904年12月13日，л. A. 季霍米罗夫苦恼地谈道："我担心政府不会让步，也不抵抗，自然不想牺牲任何东西。"③

1904年11月初，叶卡捷琳诺斯采夫地方管理主席 M. B. 罗江科在与п. д. 斯维亚托波尔克－米尔斯基的私人清议中表示，若政府再不对社会让步，马上就会爆发流血冲突。④ 12月，谢尔盖·米哈伊尔维奇向其前往圣彼得堡的亲属开玩笑，建议他们不要再讲述自己的不幸，因为所有人都将被卷入革命的大悲剧。⑤

1905年3月9日，皇室近臣 A. A. 基列耶夫在日记中写道："政府无所作为的程度已至极限，整个国家似乎已经没有政府的存在。"⑥ 10月12日，基列耶夫在日记中解释了革命的"爆发机理"："为了反对政府不采取任何措施，铁路工人举行了大罢工，同大革命一样日益壮大。不过很快，军队会开始射杀，警察也会积极谋划自己的'丑闻'……革命日益发展、壮大，沙皇的威望一落千丈，这都要归咎于无所作为的政府，正因如此，革命日益严重、恐怖。"⑦

值得注意的是，一些高级官员也持有这种观点。1905年1月13日，掌管帝国宫廷及封地的大臣 B. Б. 弗雷德里克向 A. A. 基列耶夫陈述了"流血星期日"发生前的状况："周六我们已经获悉，暴动已准备就绪，但并未采取任何举措加以防范……沙皇将此事委托给一位市长，他从沙皇手里接过这个任务时已是泪流满面，Ah, m－r Baron, donnez nous la

① ГАРФ. Ф. 1412. Оп. 8. Д. 892. Л. 149；Дневник А. А. Бобринского, 1910－1911 // Красный архив. 1928. № 1. С. 130.

② ГАРФ. Ф. 1412. Оп. 8. Д. 892. Л. 151 об.

③ 25 лет назад：Из дневника Л. А. Тихомирова // Красный архив. 1930. Т. 2. С. 52.

④ Дневник Е. А. Святополк-Мирской за 1904－1905 гг. // Исторические записки. 1965. Т. 77. С. 253.

⑤ ГАРФ. Ф. 1412. Оп. 8. Д. 892. Л. 148 об.

⑥ ОР РГБ. Ф. 126. К. 14. Л. 21.

⑦ ОР РГБ. Ф. 126. К. 14. Л. 92.

consitution……①"② 1905 年 4 月 26 日，内务部皇家事务办公厅主任 Н. Л. 莫尔德维诺夫在 Е. В. 波格丹诺维奇举办的沙龙上发表了演讲，"内务部大臣布雷金既无能力也无胆量，他自己希望能够完成普列维未竟的政治事业（继普列维后担任内务部大臣一职）；但是米尔斯基之后，再也无人能够做到：好似已经建造了 4 个月的房子，一场火灾袭来，无人能够扑灭大火结果火势越加凶猛，再想熄火已是无望。在这种情况下，莫尔德维诺夫表示若他是布雷金，将绞死至少 3 万名暴动分子"。③ 波格丹诺维奇组织的沙龙上聚集了一批"高层"代表；1905 年，这些代表开始逐渐批判尼古拉二世犹豫不决的个性以及不采取任何措施的政策。1905 年 5 月 9 日，监狱管理的领导 М. Н. 加尔金 – 弗列夫斯基谈道："我们感觉，沙皇除了发号施令并未在任何一处使用过自己的权力，不过反动派马上就要掌管权力了。"④ 后来，莫尔德维诺夫⑤与皇宫事务办公厅的领导 А. А. 莫索洛夫⑥也表达了同样的观点。基列耶夫认为尼古拉二世对他人意见盲目听信、不多思索且陷入困惑，在日记中屡次将他比作孩童。⑦

Д. Д. 格里姆表示："官僚体制的瓦解不仅是因为反对派拥有物质优势，也是因为政府内部纪律涣散、缺乏凝聚力，不能进行有效的组织工作，以至于推出的政策只在于恐吓他人、拖延自身都认为不可能实现的决策……若要维护国家政权，理应合理运用权力，对国家事务要有清晰的认识，确定施政纲领，而非一味靠警察活动与严苛的政策。不能博得人民好感的政权就会持续动荡，频繁更替，只能寄希望于偶然事件使之幸存。这种政权会逐渐破坏自己的威信，同时促使革命的到来……"⑧ 当政府中出现了政治代表，政府

---

① 啊，尊敬的陛下，请赐予我们宪法……（法文）

② ОР РГБ. Ф. 126. К. 14. Л. 6.

③ *Богданович А. В.* Три последних самодержца. М.，1990. С. 343.

④ *Богданович А. В.* Три последних самодержца. М.，1990. С. 346.

⑤ *Богданович А. В.* Три последних самодержца. М.，1990. С. 350.

⑥ *Богданович А. В.* Три последних самодержца. М.，1990. С. 351.

⑦ ОР РГБ. Ф. 126. К. 14. Л. 65. 70 об.

⑧ *Гримм Д. Д.* Наше политическое положение // Право. 1905. № 15. Стб. 1168.

与社会就会相应开展建设性的对话，革命事件的发生概率便大幅降低。第三届国家杜马运行时期，代表机构进行的立法程序井然有序，1907 年至 1912 年间颁布的法案总数达 2200 件。①

但是，代表机构的工作就类似于能够顺利完成任务的"降落伞"。对于高级或低级权力机构、希望借助于党团或国家议会成员帮助影响政府的社会团体而言，立法纲要都是一种检验标准。地方自治会议、贵族会议、交易所委员会、企业家代表大会、宗教界代表大会以及民族社团代表大会均要认真研讨法案，直至法案被送往国家杜马进行讨论。因此，立法纲要引起了广泛的社会讨论。政府、杜马、党派组建了一个特殊委员会，同时引入了起主导作用的专家，积极研讨法案。其中，地方经济事务会议、政府召开的领地贵族会议、工商业代表大会都具有独特的意义。② 最终，实际上撤销了立法程序，与 1906 年"宪法"条款有极大的出入。

但是，第三届国家杜马时期形成的政治体系（其政治文化十分典型）基本未落到实处。有人认为，它否认了君主专制的历史传统，而另一些人则认为它是立宪制的替代品。因此，实际上它成为一种政治模型，是没有不同政治力量协商统一的政治思想，也未得到广泛传播，只是成为被群起而攻之的对象。

二　政治文化与政治实践

（一）政党与政治文化

1. 政党与国家政权

政党与政府的对话原则既取决于政党本身的思想意识形态，也受制于他们的政治行为模式。本文将政党与政府的关系划分为四个类型：忠心型、伙

---

① Обзор деятельности Государственной Думы третьего созыва. 1907 – 1912 гг. Ч. 1. Общие сведения. СПб. , 1912. С. 172.

② РГАЛИ. Ф. 1208. Оп. 1. Д. 40. Л. 11 – 12；П. А. Столыпин：Биохроника. М. , 2006. С. 312.

伴型、压力型、直接冲突型。

忠心型最典型的政治力量便是君主专制的忠诚拥护者。他们一成不变地强调，"权力高层"具有不均匀性，这就把他们"奉若神明"的沙皇与屡受指摘的官僚体系隔离开来了。A. Д. 奥波连斯基表示："按照这种观点，君主专制制度是一个没有顶的官僚金字塔，沙皇是人民的代言人，他团结人民，而官僚仅是其中一个因素……"① 沙皇是宗教界在政治上的代表，他在政治体系中享有独特地位的传统可以追溯到莫斯科公国时期。因此，众多党派认为应当服从沙皇的意志。此外，保守分子组成的政党因为考虑到要压制社会主义和自由主义政党，也不得不站到沙皇一边。

与政府关系为伙伴型或持不同政见的党派对这种观念嗤之以鼻。沙皇也把忠心型的党派看作自己的助手。在这种情况下，人民代表参与处理国家事务非但不是特权，反而是一种义务，甚至是一种拖累。1905 年 4 月 11 日，莫斯科部分保守贵族提醒政府，关于即将进行的"地方自治会议"立法"并不能依据人民的政治权利，而是根据其政治义务来进行。这次立法的任务也不在于创建体现政治权利的人民代表制，而是要能够选出优秀人才参与到政府工作中来"。②

俄国的自由主义政党在社会与政府的关系中被归为伙伴型。十月党人倡议，社会与政府应有相互的承诺。政府理应遵守 1905 年 10 月 17 日诏书和1906 年 4 月 23 日国家基本法中的相应规定。为了与政府一道参与开创性的工作，社会也应遵守上述规范。A. И. 古奇科夫表示："十月党人虽沉默寡言，却为政府与社会之间订立了一个有力的契约，这是敦促双方奉公守法的基础。10 月 17 日诏书就是让政府和人民相互信任的条款。"③

按照"10 月 17 日同盟"的观点，社会应该把握机会，和平推动俄国发展。但是政府不遵守诺言，打破了与社会之间的契约，而这并非社会的过

---

① OP РГБ. Ф. 440. К. 2. Д. 7. Л. 2.

② OP РГБ. Ф. 265. К. 134. Д. 11. Л. 3 об.

③ Партия «Союз 17 октября»: Протоколы съезда и заседаний ЦК, 1905–1907 гг.: В 2 т. Т 2. М., 2000. С. 428.

"10 月 17 日同盟"的成员大会——照片摄于 1906 年

错，因此革命剧变在所难免。1913 年 11 月，А. И. 古奇科夫在"10 月 17 日同盟"的大会上谈道："确实，十月党人试图调解社会与政府这两方永久敌对势力的活动最终以失败收场。但是，十月党人是否在俄国社会中犯了一个历史性的错误？我们的错误是否源于对这个时代的盲目乐观？是否是因为国家法律的庄重形式导致我们太过轻信？我们的乐观主义破产了，但是走向成功的道路上必然会有失败。"①

立宪民主党则坚决不与政府合作。立宪民主党认为，若不是迫于社会压力政府绝不会进行改革。1906 年 6 月 23 日，Н. А. 格列杰斯顾在人民自由党的俱乐部上谈道："政府存在的要领不在于物质力量、不在于枪炮，而在

① Партия «Союз 17 октября»: Протоколы съезда и заседаний ЦК, 1905 – 1907 гг.: В 2 т. Т 2. М., 2000. С. 434.

第二届国家杜马召开前夕，立宪民主党的积极分子在 B. Д. 纳博科夫的家中集会——1907 年 2 月

于在人民中间的道德和社会威望，若这种威望丧失了，那么政府便会开始土崩瓦解。"[1] 与政府斗争的方法不是组织军队发动起义，因为政府的能力并非不能发动国家机器，而是缺乏动力促使国家机器持续运转。在与政府抗争的过程中形成的这种社会观念也产生了相应的社会影响。社会影响的力量并非一种物质力量，也并非以暴制暴，它的威力在于能够让政府清楚，若不能治理好社会，社会将会反戈一击。[2] 1905 年，Д. Д. 格里姆写道："若一两个地方爆发革命，政府能够压制；但若是多地同时爆发革命则无能为力，只能

---

[1]　Речь. 1906. № 109. С. 3.

[2]　См. : *Галич Л.* О способах борьбы с властью // Свобода и культура. 1906. № 5. С. 356; *Изгоев А. С.* Из заметок о тактике // Вестник партии народной свободы. 1906. № 25 – 26. Стб. 1400.

等这些革命自行消亡。"①

在这种情况下，立宪民主党党中央并不赞成支援反对派的革命，而是寄希望于人民代表能够在不同政治力量的角逐中拔得头筹。② 群众在政治纷争中起到了关键性的作用，当时大部分人并不支持革命，而个别的革命运动也收效甚微。③ 立宪民主党的任务在于参加"解放运动"，但是忽略了人民群众的政治作用。④

1906 年 7 月 10 日，第一届国家杜马成员在抗议杜马解散的过程中发表了维堡宣言，这也体现了立宪民主党的观点。之前，人民代表为其选民拒绝政府缴纳赋税和参军的政策要求。他们认为，国家杜马有不可剥夺的特殊权力，这种权力唯有人民代表可以完成，不能由其他政权机构代办。因此，人民代表不承认政府不合法的要求，并采取对策进行抵抗；认为政府纪律涣散，不得人心，应尽力摧毁原有的官僚体制管理体系。А. И. 卡明卡表示："若要从议会外找寻一条捍卫人民权利的道路，那么消极抵抗便能以最小的代价换取最大的胜利，而非仅靠蛮力对抗，要采取更加自然的方式……"⑤这就意味着人民的法律意识已经发生了改变，政治革命也有了新气象，也就是说，俄国的政治与社会生活都已走向了公民社会。

左派激进主义与政府的直接冲突在所难免。社会主义运动的代表人物谈道，若"无战争"，当权的精英绝不会交出手中的特权。因此，摆在他们面前的任务就是发动革命，逮捕政府人员。1904 年 7 月，《革命的俄国》宣称："我们的任务就是在俄国推广革命的真正内涵，这是当代俄国与俄国君主专制制度的生死之战。我们的革命要消灭一切对手，消火沙皇君主专制制

① *Гримм Д. Д.* Наше политическое положение // Право. 1905. № 15. Стб. 1168.

② См. : *Милюков П. Н.* Год борьбы. СПб. , 1907. С. 157.

③ См. : *Милюков П. Н.* Еще о тактике Думы // Речь. 1906. № 90. С. 1.

④ Речь. 1906. № 109. С. 1. См. Также: *Долгоруков П.* О расширении деятельности партии // Вестник партии народной свободы. СПб. , 1906. № 16. Стб. 1029; *Miliukov P. N.* Russia and it's Crisis. Chicago, 1905. P. 518.

⑤ *Каминка А. И.* Минувшие дни // Вестник партии народной свободы. 1906. № 3. Стб. 139.

第一届国家杜马解散后，成员前往维堡——照片由 K. 布尔摄于
1906 年 7 月

度，直至俄国人民获得自由。"[1] 1904 年 8 月，《革命的俄国》又号召："革
命是必然的，全国人民都要举行起义。"[2] 大致同时，Л. 马尔拉夫在《火
花》报上发表了自己的观点："革命最迫切的任务是利用人民运动推翻现存
政体，这才是无产阶级的追求所在"[3]，人民群众应积极参与革命。1906 年，
Ф. А. 李普根在俄国社会民主工党的第四次代表大会上谈道："革命的筹备
工作应以政治考量为先，我们应尽快将当前革命的政治任务与社会任务普及
到人民群众中去，引导他们积极参与国家政治生活，争取社会民主，支持无
产阶级工作。"[4]

　　值得注意的是，上述政党与政府的关系各有特点。这些政党对于历史过
程、国家体制与政治力量对比都有不同的见解。大多数情况下，政党均会强

---

[1] Партия социалистов-революционеров: Документы и материалы, 1900 – 1907 гг.: В 3
т. Т. 1. М., 1996. С. 157.

[2] Революционная Россия. 1904. № 50. С. 3.

[3] *Мартов Л.* Террор и массовое движение // «Искра» аа два года. СПб., 1906. С. 128.

[4] Меньшевики: Документы и материалы, 1903 – февраль 1917 г. М., 1996. С. 30 – 31.

调自身的超等级性，表明他们并非为自己政党而是为全民利益而奋斗。因此，这些政党都争取内部组织的统一与合理性，但是失去了清晰的社会目标，最为鲜明的例证便是自由主义政党对企业家保持警惕的态度。例如，1909 年在 А. И. 科诺瓦洛夫与里亚布申斯基组织的经济论坛上，П. Н. 米留可夫就遭到了本党成员的非难。[1] 即使是"10 月 17 日同盟"（成员有财政与工业领域代表）对企业家的态度也暧昧不清。А. И. 古奇科夫则斟酌要与莫斯科交易委员会的领导断绝一切合作，因为十月党人因与其合作而举步维艰。[2]

2. 政党施政大纲与公民政治文化问题

20 世纪初，"政治文化"这一概念还未实际运用，但俄国的知识分子已经建立了这一概念的理论体系。若要弄清为何有如此之多不服从政府决策的政党，首先必须解决这个问题：俄国的公民政治文化是如何形成的？（换言之，公民社会的政治文化是如何形成的？）我们知道，发展完备的多党制体系是法治国家与公民社会的必要条件。因此，政党的施政大纲必然会被纳入公民社会的问题中。要解决这个问题，必须能够预见政府与社会的对话前景，理解政府本身的特点以及不同政党在该政治体系中的地位。因此，这个问题在政治思想结构中十分典型。

为了捍卫存在的合法性，不同政党均强调公民社会的重要性；而公民社会的建设需要以多元政治环境和政府与公民相互关系的制度保障为前提。因此，20 世纪初，不论是自由主义政党，还是君主立宪党派、左派激进主义党派都纷纷涉足构建俄国公民社会有利条件的问题。各种政党都倡议在私人或社会领域加强法制建设，换言之，个人的公民权利拥有了法律保障，消除了个人专制的潜在可能性。除此之外，包括保守派的绝大部分政党都抨击俄国的官僚管理体系，要求必须对政府建立法律或"超法律"的社会监督机制。

1906 年 9 月，俄国人民联盟选举纲领颁布实施，其中包括"除犹太人

---

[1]　ОР РГБ. Ф. 566. К. 19. Д. 1. Л. 274.

[2]　ГАРФ. Ф. 102. Оп. 265. Д. 517. Л. 3.

俄国人民联盟的游行

外，俄国所有国民一律平等"的条款。① 俄国人民联盟选举纲领（第二届国家杜马选举前颁布）规定："根据 1905 年 10 月 17 日诏书，为了俄国人民的福祉，沙皇所赐予的自由必须受到法律保障。为了维护个人、社会与国家的自由，需要防止个人代表或国家机构滥用职权，也要遏制政府的无所作为。"② 保守主义党派与政治组织中的一些代表研究了俄国社会的自我组织问题，他们认为，应保留历史形成的等级结构，恢复传统的东正教组织形式——东正教教区。俄国保守主义思想家 С. Ф. 沙拉波夫表示："古代俄国居民（无论是城市居民还是农村居民）都有所属的教区，会在人民中间挑选出色的神职人员充任教区牧首。教区是教会与行政的基层组织单位，保护了民族、国家传统，维护了人民的虔诚信仰。教区内人民紧密团结在一起，在地方自治事务处理中没有社会等级划分，任何富有智慧、为人民利益埋头

① Правые партии: Документы и материалы, 1905 – 1910. Т. 1. М., 1998. С. 191.
② Правые партии: Документы и материалы, 1905 – 1910. Т. 1. М., 1998. С. 278 – 279.

苦干的人都可以被任用，东正教教区是没有痛苦和错误的基层组织。"① 沙拉波夫认为，教区是至少具备三个明显优势的俄国社会传统组织形式。第一，教区内人民彼此相熟，在选举过程中就能避开投机分子，选择名副其实的政治人物；第二，教堂中进行的选举会议有独特的庄严氛围，可以有效避免蛊惑宣传；第三，教区没有"天马行空的知识分子"，教区人民十分熟悉社会生活。"当人民在教区内时，他们不会受人摆布，反而会尽力规劝越矩者。"②

左派激进主义者也提出了类似的问题。社会民主工党的大纲中指出了一个最迫切的问题：制定民主共和国的法规；立法会议应采用全民、平等、无记名的投票方式；扩大地方管理机构的职权范围；宣布并捍卫公民的个人权利（公民的私有财产、住宅保障，公民的言论、集会、出版、罢工、结社与移民自由等）；③ 此外，还言及公民社会形成的法律前提。社会革命党与立宪民主党也提出了类似的要求，不过，立宪民主党要求在土地改革的基础上再谈社会的自组织问题。B. M. 切尔诺夫在社会革命党的第一次代表大会上表示："'农村公社'这种基层组织不应限制自我管理组织中的人数，它应该是一个自由、自愿的劳动力联盟，应该成为实际拓宽活动领域的'劳动公社'，这些公社应在这种意义上进行联合，直至形成全国性的联邦。"④ 社会革命党提议，国家的支配性权力应集中到自治机构，国家的中央权力机构只负责政策执行。

20 世纪初，在知识信息涌动的背景下，右派与左派政治力量都需要致力于俄国公民社会问题的研究，这是因为他们的理论体系已经严重滞后于公民社会的发展。自由社会需要建立一个涵盖各种价值取向的公民社会；实际上，这既否认了社会主义的公共社会理想，也排斥了保守派严格划分等级的

---

① ОПИ ГИМ. Ф. 2. Оп. 1. Д. 26. Л. 9 об.
② ОПИ ГИМ. Ф. 2. Оп. 1. Д. 26. Л. 29.
③ Меньшевики: Документы и материалы, 1903 – февраль 1917 г. М. , 1996. C. 30 – 31.
④ Партия социалистов-революционеров: Документы и материалы, 1900 – 1907 гг. : В 3 т. Т. 1. М. , 1996. C. 369.

社会追求。保守派与社会主义政党的政治方案都在某种程度上借鉴了自由主义思想，相对肤浅；因而，他们都未能形成完整的公民社会观念。所以，社会主义与保守主义的理论体系便被时代抛弃。例如，他们认为，代表机构的法律效力并非服务于社会，而是服务于政府。1909 年在莫斯科举办的君主制代表大会上，国家杜马的职能被定义为"国家杜马最重要的职能应是向政府报告地方状况与要求以及向沙皇递交地方利益与需要的请求书。国家杜马的另一项重要任务是向沙皇检举政府滥用职权及其他违法行为，另外也要研讨所有法案"①。因此，杜马就成为"社会法律专家"，促使国家更为有效地管理。

社会革命党领袖 B. M. 切尔诺夫　　社会民主工党领袖 B. И. 乌里扬诺夫（列宁）

　　此外，保守派并非以维护公民政治权利为其重要目标，而是维护并巩固国家政权。他们时常混淆公民的权利与义务，例如，他们将参与代表机构作为公民的国家义务。②

　　左派与保守派情况类似：社会民主工党在其《基本政纲》中指出，必

---

① Правые партии: Документы и материалы, 1905 – 1910. Т. 1. М. , 1998. С. 502.

② ОР РГБ. Ф. 265. К. 134. Д. 11. Л. 3 об.

须取消常设的军队与警察机构，代之以"人民武装"。① 但是这种要求就存在一个问题：人民可以从法律上拒绝承认今后任何以强权为基础形成的国家。在此情况下，公民社会的制度便不能完全发挥作用，因为首先应考虑它与国家政权的紧密关系。社会革命党实际上否认了国家与法律制度，它推出的社会方案类似于古希腊的民主形式，每个公民得到一块份地，同时国家代表了集体的土地所有者以及地主联盟。但是，这种自治公社理应出现在俄国帝国的边疆地区，实际上应该以多成员小型公社的形式存在。显而易见，这种政治模式接近无政府工团主义的理想。B. M. 切尔诺夫指出："我们对国家面临的灾难漠不关心，但对地方分权却满腔热忱。"② 同时，筹划社会关系体系的关键任务是要促进社会团结，如此便可以弥补资产阶级体制的缺陷，促使经济活动合理化，扩大社会生产。"当前资产阶级社会的经济增长并非有计划、有组织进行的，而是参差不齐且伴有私有经济的激烈竞争……"③ 换言之，社会革命党认为，社会并非公民联盟，而是对其成员具有重要意义的"公社"。

与自由主义党派不同，左派并未意识到公民个人权利问题，因而时常陷入互相矛盾的状态，在社会、政治上处处碰壁。社会主义政党相信社会自组织对人民十分有利，但对国家在此过程的干预问题持怀疑态度。因此，他们对个人权利的法律内涵不闻不问，但这是公民社会不可或缺的先决条件。

公民社会问题成为自由主义党派的独家研究项目，而且研究结果已成体系。自由主义党派认为，公民社会形成的关键在于创建权衡政府与社会的法律体系。如此一来，既可以保证公民自由与社会自治机构自由免受专制侵害，也能确保国家制度务实、可靠。他们认为，公民的个人权利应该摆在政治中最为优先的位置：国家与社会主要起服务作用，确保每个公民能够享有

---

① Меньшевики: Документы и материалы, 1903 – февраль 1917 г. М. , 1996. С. 31.

② Партия социалистов-революционеров: Документы и материалы, 1900 – 1907 гг.: В 3 т. Т. 1. М. , 1996. С. 372.

③ Партия социалистов-революционеров: Документы и материалы, 1900 – 1907 гг.: В 3 т. Т. 1. М. , 1996. С. 273.

舒适的社会生活。首先应以法律形式保证公民的各项权利：言论、集会、结社、移民与工作的自由。公民的人身自由、私有财产、住房、书信隐私都不容侵犯。除此之外，立宪民主党坚持要考虑国家多民族的状况，将少数民族及其宗教以法律形式确立下来，并延续少数民族本身的文化传统。"俄国帝国的基本法律应保障所有民族、所有国民的权利，所有国民享有完整、平等的公民与政治权利，享有文化自决的权利，例如：在公共生活中享有自由使用不同语言与方言的权利，每个民族为了保护和发展语言、书籍、文化，都拥有自由创建学校、开办会议、联盟以及设置机构的权利。"[1]

因此，自由主义政党的党章中反对保留单一的国家制度。立宪民主党建议只授予波兰与芬兰大公国以自治权，十月党人则只允许授予芬兰自治权。他们否定对公民社会建设颇为有利的联邦制，因为他们认为这会导致俄国边疆地区独立于俄国统一法制空间之外。此外，自由主义政党认为，若要对公民的人身自由形成法律保障，必须先要解决最迫切的国家问题。在"10月17日同盟"的第一次代表大会上，Ф. Е. 叶纳基耶夫谈道："我们联盟关于统一的俄国的呼吁可以确切用三个词来表示：自由、平等、团结。在全国范围内广泛推广地方自治，严格区分公民自由的基本因素，所有的俄国公民不分民族、不分信仰都有平等的机会进入政府，在国家与其他民族许可的范围内，一个民族拥有广泛的权利满足自身文化需求。如此一来，俄国的国家体制便不再采用联邦制，俄国的地区完全可以组成地区联盟，边疆地区也可以实施自治，问题迎刃而解。"[2]

人权宣言是坚不可摧的法律准则，不受任何形式限制。即使是最民主的政权也不可废除人权宣言，因为这是国家体制中最基本、最重要的法律准则。对于政府而言，人权宣言在很大程度上保障了社会的自治权，因此社会可以发展为一个动态平衡的开放系统。公民社会中，因为少数群体的利益有

---

[1]　Съезды и конференции Конституционно-демократической партии，1905 – 1920 гг. : В 3 т. Т. 1. 1905 – 1907 гг. М. ，1997. С. 190.

[2]　Партия 《Союз 17 октября》: Протоколы съезда и заседаний ЦК，1905 – 1907 гг. : В 2 т. Т 1. М. ，2000. С. 137.

保障，若他们的观点逐渐被认可，也可能变为多数群体。C. A. 科特利亚列夫斯基写道："人权宣言对每个人都十分重要，对于'少数群体'而言则更加重要。人权宣言从根本上保护了少数群体的言论自由免受主流宗教的迫害与多数群体的质疑，保障少数群体集会、结社的自由，可以促使少数群体进行联合，不至于在政治斗争中被击垮。自由主义一直是政治上的少数派：自由主义提出了为全体人民的自由而奋斗的目标，但是多数派为了占据主流地位对其他少数派的思潮进行打压。"①

"10 月 17 日同盟"施政大纲中指出，"所有人的权利都有一个明确的法律界限，那就是不能侵犯其他公民、社会与国家的权利"。② 与此同时，不同类型的权利要进行明确的划分。自由主义与左派激进主义对自由的理解有很大差异。立宪民主党在第一届国家杜马时期，为了以法律形式保障人民权利而推出了一项法案，左派激进主义对此持批判态度。立宪民主党的法案对于实现人民的自由会有所限制。例如，集会权不能影响移民的自由，③ 罢工也不能威胁到国家的存在，④ 也就是说，公民权利的实现应该被限制在既有的社会与政治关系体系框架内。

为了保障自由，俄国引入了发源于英国 17 世纪法案所规定的诉讼准则。无司法机关的相应决议，任何人都不能被审查、拘捕。任何因为犯罪嫌疑遭到拘捕的人都应在最短的期限内（原则上为 72 小时）被送往司法机关审判或当场释放。司法机关是独立机构，严格执行诉讼程序。基于辩论的诉讼程序被认为是政府行政的合理法律保证。⑤

自由主义政党坚持不能在俄国帝国毫无例外地推广这种诉讼准则，但是

---

① *Котляревский С. А.* Предпосылки демократии // Опыт русского либерализма. М., 1997. С. 223.

② Программа «Союза 17 октября» // Российские либералы: кадеты октябристы. М., 1996. С. 61.

③ Проект закона о собраниях // Там же. С. 69.

④ Программа «Союза 17 октября» // Российские либералы: кадеты октябристы. М., 1996. С. 63.

⑤ Съезды и конференции Конституционно-демократической партии··· Т. 1. С. 37 – 38.

政府蓄意违反了该诉讼准则并意图挑起与激进主义反对派的革命冲突。要与政府的肆意妄为做斗争，则需要国家司法部门的协助，但是因其已经完成了自己的服务职能，所以其司法权已经名存实亡。"10月17日同盟"政纲中指出："改革社会生活方式，保障公民的自由，国家的公民可以捍卫自身的诉讼权利，政府的活动也会被限定在法律允许的范围内进行。"①

但是，即使形成了良好的诉讼体系，它在专制制度的环境下也不能合理运转，因为这个诉讼体系与俄国的官僚管理体系格格不入。唯有法治国家才能保障每个公民的自由，因为在法治国家公民权利是所有社会决策的出发点。宪法体制可以监督政府的行为，确保独立的诉讼程序良好地发挥作用，这才可以为人民谋取福利。"10月17日同盟"的领导彼得洛夫－萨拉沃夫写道："无论君主专制的拥护者如何挖空心思捍卫沙皇的权力，最终都会付诸东流。唯有基于政治自由，沙皇与人民才能达到真正意义上的和谐，而这种政治自由实质上包括言论、出版、集会、结社的自由，同时包括公民义务、刑事责任平等，诉讼程序对于所有人都一律平等。"②

立宪宣言并不能保证产生一个法治国家，只有社会找到与政府的合理对话机制并能够对其进行监控，法治国家才能获得实际形式。自由主义认为，唯有公民社会才能催生一个法治国家。公民社会的结构与法制必定可以维护公民的利益并以法律形式加以体现。公民社会可以自由选择国家的前进道路，而这是自古以来从未解决的问题。但是，П. Н. 诺夫戈罗采夫认为："公民社会并不和谐，自由无限增长不过是一种理想的追求。"③

自由主义认为，公民社会与法治国家是相互制约的关系，二者相辅相成。公民社会制度唯有在政治多元化的条件下才能达到动态平衡，而政治多元化则需要有立法代表机构，并且对于国家干预公民的私人生活与社会生活

① Программа «Союза 17 октября» // Российские либералы: кадеты октябристы. М., 1996. С. 64.

② Петрово-Соловово В. М. «Союза 17 октября», его задачи и цели // Российские либералы: кадеты и октябристы. С. 122.

③ Новгородцев П. И. Идеалы партии Народной свободы // Опыт русского либерализма. С. 289.

有清晰的界限规定。因此,公民参与国家管理就成为政治生活的关键因素。公民参与国家管理不应只局限于高级代表机构,城镇与州的自治机构也应有公民参与。① 全俄立法会议应该是包含所有"权力层"的地方自治机构的最高会议。同时,自由主义流派的代表声称,立法会议是国家自治机构,是具有所有地方自治机构特点的国家机构。② 在君主专制的俄国,唯有它与社会各界有紧密的联系,因而更能发现问题。之后,1905 年 10 月 17 日诏书中创立了一种能将社会与代表联系起来的代表机构。地方自治机构应该同国家机构一样,成为一种权力机构,首先要能够监控决议的完成情况。其次,地方自治机构应该获取地方管理全权,拒绝成为地方政府的傀儡。根据自由主义的观点,地方自治机构应该是国家管理体系中不可或缺的一环,应该尽力扩大其职权范围。因而,必须对地方官员的权力加以限制。立宪民主党认为,应废除省级统治形式,废除省政府、副省长,将其权力移交到地方自治机关。③ 除此之外,还要废除农民等级自治机构、各州的司法机关、地方首长制度以及贵族土地所有制。地方自治机关应成为基于地方利益的所有公民的机构。④

此外,自由主义关于公民社会问题的见解十分独特,与左派(立宪民主党)、右派("10 月 17 日同盟")、中间派(民主改革党、和平改革党以及进步人士)的观点明显不同。因此,我们可以将公民社会的观点分为三种。

第一种,立宪民主党政纲中的公民政治文化。立宪民主党倡议要进行根本的政治与社会改革,打破原有的社会与国家制度,用议会制取代专制的管理形式,以平等的公民社会取代原有的等级社会。此外,还要推行大规模的社会改革:创造新的立法原则,重新分配土地。立宪民主党还表示,国家对全体公民的福祉负有不可推卸的责任。⑤

---

① Съезды и конференции Конституционно-демократической партии… Т. 1. С. 191 – 192.
② *Лазаревский Н. И.* Самоуправление // Мелкая земская единица: Сб. Ст. Вып. 1. СПб., 1902. С. 40.
③ Съезды и конференции Конституционно-демократической партии… Т. 1. С. 191.
④ Съезды и конференции Конституционно-демократической партии… Т. 1. С. 36 – 37.
⑤ Модели общественного переустройства России. X X век. М., 2004. С. 230 – 328.

　　他们认为，国家制度、社会制度均要进行改革，俄国才能走向发展的新阶段。立宪民主党对于这两个问题颇为关切。公民社会的概念源自西欧，俄国若要构建公民社会，首先要实现国家法制化。由于 1860 年至 1870 年的大改革，20 世纪初，俄国出现了公民社会的某些要素，但是鉴于法制基础缺失，这些要素并不能构筑起公民社会。

　　若要形成公民社会，必须实现不论民族或宗教信仰所有公民法律地位的平等。若公民的法律地位不平等，必定形成难以解决的冲突，最终会危及国家的完整性。1901 年 1 月第一届国家杜马召开前夕，在立宪民主党的第二次代表大会上，Л. И. 彼得拉日茨基谈道："民族压迫的观念是毫无意义并且相当有害的，这会累积成巨大的破坏力，最终将国家引向灭亡。当前，我们应该将此种破坏力转变为一种动力，驱使选民用选举改善此种状况。"①

　　不论公民的社会地位如何，所有公民的权力一律平等，因此，需要打破等级壁垒，法律面前人人平等。С. А. 科特利亚夫斯基表示："所有建立在人民自由基础上的人权宣言都应给予人民自由。按照这种观念，所有历史上存在的特权都会随着社会进步和人民精神水平的提高而走向灭亡，特权必然会被消灭：民主是当今社会的主流，也是坚不可摧的准则。当特权等级与被压迫等级之间产生社会矛盾时，黑暗的社会环境中就会产生先驱。这些先驱珍视人道主义进步，拥护民主，促使人道主义精神力量发展。"② 换言之，公民社会的组织原则与俄国完全不同（比如俄国的身份证制度，它是国家对人民在地理及社会空间上迁移的监控，而公民社会则完全不同③）。

　　立宪民主党认为，政府不能决定社会制度，而应是社会决定政治机构的特性。通过拥有立法权的代表机构，公民与政府之间可以实现对话的可能性。随着社会观念的变化，政府官员也应更换；以政府对人民代表负责原则形成的代议制就是确保这种情况实现最为有效的方式。В. М. 盖森认为：

---

① Модели общественного переустройства России. XX век. М.，2004. С. 95.

② *Котляревский С. А.* Предпосылки демократии // Опыт русского либерализма. М.，1997. С. 218.

③ Съезды и конференции Конституционно-демократической партии… Т. 1. С. 190 – 191.

"真正民主的法治国家都是代议制政体，因为这是立宪政体的最佳形式。"①
立宪民主党认为，公民社会制度的发展必须靠人民代表（成员）对政府机
关进行严格的监督。

但是代议制也有其缺陷。在这种情况下，社会并非所有公民的集合，而
是一个统一复杂的组织体系，社会观念也不能通过投票完全体现。代议制首
先会选择巩固社会的观念与原则，而非大多数人的利益。立宪民主党的一位
领导 П. И. 诺夫戈罗采夫谈道："多数人的利益并非代议制的至高准则，当
成员个人利益与其冲突时，成员会首先选择捍卫自己的利益。"②

立宪民主党并未将立宪政体与人民政权混为一谈。政府被迫重修政策并
非迎合转瞬即逝的"人民意志"，而是符合参与政策过程的知识分子精英所
确定的未来的社会观念。П. И. 诺夫戈罗采夫表示，社会大众并不能清晰表
述自己的政治观点，它一般会在公开发表的报刊或政党大纲中总结表述出
来。在此情况下，社会精英就会在政治生活中积极表达政治观点，而由于不
同政治力量角逐，社会观点也是变化莫测的。П. И. 诺夫戈罗采夫写道：
"如果社会观念不是来源于公民真正的想法，而只是被动符合流行思潮，那
么就会极其不稳定。有影响力的社会观念也会随着形势的不同而发生更替，
因此要接受这种波动并通过自己的判断加以取舍。"③ 公民权与政治权的稳
固会保障法律体系（促使公民社会与国家制度发展）的稳定性。

立宪民主党认为，公民社会最重要的便是政党制度，政党的关键任务在
于引领社会观念。确立能够巩固政治生活的政党体系，摒弃传统的政治制
度，是俄国通往现代化道路上的关键一步。如此一来，政党就不会只代表某
些特殊的社会群体，而成为基本上代表国家利益的团体。在此之前，先要确
定未来国家的宪法形式及国家发展问题。实际上，这些问题的出现是顺理成
章的，也会彻底改变由政党构成的代表机构的性质。议会不能调解不同等级

---

① *Гессен В. М.* Теория правового государства // Политический строй современных
государств. Т. 1. СПб. ，1905. C. 187.

② *Новгородцев П. И.* Кризис современного правосознания. М. ，1909. C. 239.

③ *Новгородцев П. И.* Кризис современного правосознания. М. ，1909. C. 126.

之间互相矛盾的利益，因此将此委托给政府。在这种状况下，由于代表机构决定国家的政策方针，因而就成为不同观念厮杀的舞台。立宪民主党正是担心此种状况，要求政府对政党成立程序进行严密监督。1909 年，在立宪民主党的代表大会上，П. Н. 米留可夫表示："借助于政府干预，拒绝在国家中实现虚伪的无党性或超党性，严密监控国家中政党的成立程序——密切关注人民群众中政党的形成过程。那些轻易找到自己的政治根基并力图以此为基础巩固、发展社会影响力的政党，会引起政府的极大不信任，政府将对其采取传统警察式的政治监视。这种行为阻碍了人民的自由交流，使得民主政治力量不能聚拢，导致 10 月 17 日诏书的主要承诺付诸东流。"①

立宪民主党认为，公民社会也应包含其内部矛盾。比起国家机构，他们更相信社会机构。与此同时，他们的政纲要求对社会"上层"进行改革，实际上就是改革政府。同时，对于以等级、宗教信仰、民族为基础授予不同法律地位的俄国传统，要予以废除。

第二种，自由主义中间派政纲中的公民政治文化。自由主义中间派（民主改革党、和平改革党以及进步人士）关于公民社会的阐释与立宪民主党类似。自由主义中间派认为，激进派所要求的政治与社会改革都可以以一种和平、演进的方式进行，不必一定进行革命。民主改革党的领袖 M. M. 科瓦列夫斯基写道："政治体制有其历史传统，为了人民免受长期繁重的苦痛、折磨，不应考虑彻底改变。几个世纪的传统观念经历了动荡，倒退，我们习惯称之为反动……如果不实行改革，民主改革党与人民的福祉都是空中楼阁；但这并不表示经历 10 月 17 日诏书后，俄国需要创造出另一套风俗、习惯、法律和国家秩序。"②

自由主义中间派对于俄国社会的混乱与瓦解的状态持十分悲观的态度。官僚主义的专横也成为俄国政治体制中的致命缺陷。在这种情况下，无法开展建设性工作，因为以暴制暴会陷入一个死循环。1906 年，和平改革党的

---

① Съезды и конференции Конституционно-демократической партии… T. 2. М. ，2000. С. 237.

② *Ковалевский М. М.* Политическая программа нового Союза народного благоденствия // Партия демократических реформ，мирного обновления，прогрессистов…С. 31.

一位领袖 И. Н. 叶夫列莫夫写道:"在暴力与混乱状态下成长起来的人们习惯于为了自己的权利而战,但是经常忽略别人的权利和观念。如此一来,一种专制——政府——被政党的专制所取代,这依旧与真正的自由精神背道而驰。随着愚昧、精神奴役以及违法、专横现象的显现,我们必须为了真正朋友的自由而战;必须清楚,只有人民养成文明的习惯,摒弃意识形态斗争,反对因混乱和暴力产生的专制、暴政,自由才能逐渐得以实现。"① 因此,使社会摆脱困境也成为社会与政府组织的重大原则。这就要求两方必须互相妥协,因此,国家制度与社会组织必须进行彻底改革。

民主改革党与和平改革党坚持保有原有政治制度,从而可以确保权力的继承性:君主制与一元国家制度。他们认为,要在此基础上开展改革。应该授予立法机构更多实权,监督政府工作。提出了设置高等立法机构的构想,可以对初级民主制度的运行进行有益的纠正。②

理应抛弃民族、宗教信仰与等级观念,进行彻底的社会变革。俄国应该取消民族隔离政策,使社会成为一个开放的体系。E. Н. 特鲁别茨科伊表示:"我们身上戴上了沉重的枷锁,整个城市把我们放在不同的牢笼中监视,这是我们不能团结,不能互相分享消息的症结所在。这是君主专制的道路,这是政府的道路,不过,这并非我们的道路。我们认为,铁血构筑的并非和平,而是为俄国人民建立的陈旧牢房:日俄战争的第一声炮鸣已经有所暗示。从日本海军到之后的革命,我们已经真切地感受到了这条路的酸楚与艰辛。"③

与此同时,公民社会必须考虑国家发展的特点。由于公民的个人能力与财产状况千差万别,公民权与政治权平等的理想在短期内难以实现;但应在当前政治与社会实际的基础上尽力追求。对于扩大妇女参与立宪会议选举的事件,民主改革党表示质疑:一方面由于大部分妇女未受过教育;另一方面由于俄国广大等级对于妇女持有偏见。只有国家上层机构男性成员的状况得

---

① *Ефремов И. Н.* Письмо в редакцию газеты «Страна» // Там же. С. 88.
② Программа Партии демократических реформ // там же. С. 21.
③ *Трубецкой Е. Н.* Идейные основы Партии мирного обновления // там же. С. 119 – 121.

以改变，妇女的选举权才有可能实现。同时，他们还建议保留地方自治机构选举中的财产资格。[①] 和平改革党也持有类似的观点，还建议在非城市居民立法会议选举中采取间接、两级的选举方式。[②] M. M. 科瓦列夫斯基写道："个人自由并不意味着任何人都可以参与政权管理，并不意味着都有选举与被选举的权利，否则也要承认未成年与妇女的选举权。"[③]

　　选民数量的增加与代表机构权力的扩大都不应成为庶民政治（"最差的统治形式"）形成的原因。参加管理的应该是或多或少受过训练的人，若要提高立法选举的民主程度，应该预先在民众中推广教育。"对比关于选举权的不同理论学说，不难发现，应以公平原则推行无记名直接普选。但是也不得不承认，短期内大规模推广这种选举方式并不能真正实现人民代表制的目标。但是，选举体系需要高文化水准的选民参与，因此在俄国推广此种选举制度有难以克服的障碍：人民文化水平低，80% 的人民是文盲，人民文化水平参差不齐，农民对于政治生活一无所知。这些都导致无法进行有效的选前宣传。"[④]

　　社会等级是每个社会群体中的必备特征，也是在分析不同社会时，确定人民状态最典型的准则。进步主义认为，公民社会是基于不同社会群体的经济地位来确定权利平等原则的，其内部组织是等级的而非阶级的。俄国原有社会结构已经陈腐，不再符合时代要求。[⑤] 农民与企业家已经成为国家的主要建设者，应该占据主要地位。[⑥] 这些变化促使政治生活发生改变，因此，政治生活的目标便是满足人民的迫切要求，而不是保有原有的制度或者实现知识分子的理论构想。

　　第三种，"10 月 17 日同盟"政纲中的公民政治文化。A. И. 古奇科夫

---

① Программа Партии демократических реформ // там же. C. 21.

② Программа Партии мирного обновления // там же. C. 66.

③ *Ковалевский М. М.* Политическая программа нового Союза народного благоденствия // Партия демократических реформ, мирного обновления, прогрессистов⋯C. 38.

④ Программа Партии мирного обновления // Партия демократических реформ, мирного обновления, прогрессистов⋯C. 63 – 64.

⑤ Документы съезда прогрессистов // там же. C. 299.

⑥ Документы съезда прогрессистов // там же. C. 285.

表示："'10 月 17 日同盟'是由一系列全俄自由主义反对者组成，同盟在政府的高压和反动派的排挤中依旧坚持地方自治权与开办教育。同盟参与了1905 年的游行示威以期解决等级政治危机，同盟的主张及其参与确实壮大了游行示威的声势，确保了游行的成功。"① 在俄国传统的政治与社会制度转变过程中，"10 月 17 日同盟"的成立促进了俄国的现代化。А. И. 古奇科夫声称，十月党人的目标是在"俄国传统生活与光明未来之间架起一座桥梁"。"我们希望将我们历史中的精华通过这座桥梁输送到未来，输送到我们祖辈生活且为之奋斗的土地上。"② 政府要意识到，唯有彻底改革才能维持政权；只有政府与社会共同努力，古奇科夫的理想才能实现。改革中最重要的是：通过法律与政治手段保障 1905 年 10 月 17 日诏书中规定的个人权利，运用立宪制取代古老且声名狼藉的官僚管理体制。

十月党人认为，公民社会的目标并不是一个只能遵循多种条件的空泛理想，而是能够对政府提出要求且能维护公民利益的不同现代社会群体的集合。在此条件下，不需要每位公民都有能力与政府展开对话：公民社会是基于质量指标而非数量指标形成的。十月党人因此断定，20 世纪初俄国的公民社会形成条件业已成熟，政府也不得不同意纳入该体系。地方自治机关、贵族会议、交易委员会展现了自我组织的能力且能够维护自身利益，发挥了良好的作用。③

俄国的公民社会有独特的演进道路，可以逐渐消除现存的社会关系体系。十月党人认为，公民社会要以传统为根基，传统社会内部有其固有的联系，哪怕是根据等级原则也可将人民联合起来。必须考虑当前局势，公民社会只能渐进式地发展。在"10 月 17 日同盟"的第三次代表大会上，В. И. 格里耶表示："当人民丧失了最基本的公民权、土地私有财产权时，再妄议政治自由是荒诞至极、无比可笑的事情。"④

---

① Партия «Союз 17 октябрь»: Протоколы Ⅲ съезда…Т. 2. С. 85.
② Партия «Союз 17 октябрь»: Протоколы Ⅲ съезда…Т. 2. С. 378.
③ Партия «Союз 17 октябрь»: Протоколы Ⅲ съезда…Т. 2. С. 427.
④ Партия «Союз 17 октябрь»: Протоколы Ⅲ съезда…Т. 2. С. 81.

　　因此，公民权应符合当下局势。国家在与革命活动的激烈斗争中随意使用镇压机构，侵犯个人自由的行为是颇为危险的。十月党人宣布了个人自由的原则，但也认为必须保留东正教的统治地位，因为这是俄国文化的决定因素。东正教应在公民社会制度的形成过程中起到重要作用，要恢复机构组织中的会议原则。因此，十月党人中央委员会成员 Л. А. 卡马洛夫斯基在第三次代表大会上谈道："我国作为东正教国家理应展现东正教的独特关怀，因为东正教是人民法律的依据，也是公民制度的基础。源于希腊的东正教应该居于统治地位，因为东正教信仰与俄国历史命运水乳交融，同时它也是绝大部分国民的世界观基础。"①

　　地方自治制度是公民社会形成的关键所在，因此理应进行改革，扩展地方自治机关的政权范围，构建州、镇的地方管理机构。十月党人也要求地方自治机关进行民主化改革，但是选举仍旧保有资格限制，因为在地方管理中最重要的便是地方代表的财产及其经济利益。1909 年在十月党人的第三次代表大会上，А. Д. 戈利岑表示："普选权可以引入全国大选，但在地方自治选举中却不适用：地方自治机关存在的基础在于公益捐献，若允许地方普选而不取决于地方自治机关的筹款，那么公益捐献很快就会外流。因此地方自治机关的选举权必须要有资格限制。"②

　　自由主义政党颇为重视公民政治文化问题，他们认为必须在宪法管理体制的框架下，有准备、有能力参与政治过程。实际上，公民社会形成的问题在很大程度上意味着法律与制度体系的构建，如此一来，各个社会群体可以独立且成为政治生活中的重要力量。选举、议会斗争是公民社会也是自由主义政党必要的存在条件。自由主义政党与左派激进主义和右派君主立宪主义不同，他们对于代表制机构有着深刻的认识。

　　俄国存在关于公民社会两种截然不同的观点。立宪民主党坚持认为，必须对所有的社会与法律关系进行根本变革，在此基础上，社会才能成为所有

---

①　Партия «Союз 17 октябрь»: Протоколы Ⅲ съезда…Т. 2. С. 100.

②　Партия «Союз 17 октябрь»: Протоколы Ⅲ съезда…Т. 2. С. 167.

平等公民参与政治生活的联盟；十月党人认为，20 世纪初，俄国公民社会已经具备形成的条件，也正是如此，国家才有了向立宪制政体转变的关键因素。公民社会的形成是渐进的，在此过程中已经将传统历史形成的社会制度进行了"彻底改革"。

这两种观点经过多番探讨，关于摆在面前的任务仍有众多矛盾：如何将西欧模式引入俄国并克服俄国的政治传统弊病；如何协调传统与革新的相互关系。实际上，这也是俄国知识分子考虑俄国现代化前景的关键议题。政党大纲中关于公民社会的认识在此意义上十分典型，其中表现了党员对于在新的国家政体中社会政治关系转变的看法。值得注意的是，君主立宪主义者与左派激进主义者对该问题的认识流于表面、相对肤浅。他们没有自己解决该问题的途径，也不似自由主义政党之间可以达成共识。俄国发展的不平衡最终使他们未能解决该问题。如同古代东方的一则寓言，英雄们在黑暗的房间中会找到一把钥匙，然后从自己一侧打开房门，照亮整个房间。但是，他们的讨论却未找到这把"钥匙"，最终未能取得共识。这不是观点的差异，而是世界观的冲突，这种状况也明显降低了党派间合作的可能性。

3. 杜马党派在文化领域的立法活动

20 世纪初，政党推出的政纲是时代背景的必然要求：俄国的现代化问题是公民社会形成的关键所在。不管如何对待社会转变，社会活动家与国务活动家都必须考虑俄国国内新政治文化的前景。这就要求将文化问题放在一个更为宏大的背景下进行思考。换言之，就出现了一些问题：俄国公民期盼何种未来，政党要求何种选民？杜马党派在文化领域的立法活动就在很大程度上反映了这些问题。为了解决这些问题，杜马成员不仅要应对社会刻不容缓的需求，还要积极研究社会规划。

在此情况下，教育自然具有非同凡响的意义。初等、中等、高等教育可以促进社会交流，提高民主化与社会化程度。

君主立宪党提出了一系列有关教育问题的完整的法案。例如，1908 年，君主立宪党右翼推出了关于教区教师退休金的法案；① 1912 年，推出了有关全民初等教育的法案，② 有关完善小学教师服务的法案；③ 1913 年，推出了提高中等学校女性地位的法案，有关修缮教区学校的法案；④ 1914 年，推出了有关设置中高等学生奖学金的法案，⑤ 有关设置明斯克农业经济学院、西北边疆大学、托木斯克宗教研究院、宗教学校等法案；⑥ 1916 年，推出了有关在喀山建立初等学校和教区学校且给予经济补助的法案。⑦ 这些法案有些原则性的共同点——特别关注宗教教育与教区学校的发展前景。君主立宪党认为，教会应在人民教育体系中扮演重要角色，其中包括教区学校的发展，也应在其周边形成的地方自治管理中发挥一定的作用。

自由主义政党在教育政策中发挥了更大的作用。1908 年，十月党人推出了在乌克兰推行初等教育的法案，⑧ 有关学前教育的法案；⑨ 1909 年，推出了允许女性充任学校检察员的法案；⑩ 1911 年，推出了中等学校改革的法案，⑪ 有关学校监察委员会的法案，⑫ 有关考取高等学校权利的法案，⑬ 有关教师制度改革的法案；⑭ 1912 年，推出了引入全民教育法案；⑮ 1913 年，推出了人民教育部管理法案，⑯ 有关同时建设男子初高等中学与普通学校的法案，⑰

---

① Законотворчество думских фракций, 1906 – 1917 гг. М. , 2006. С. 33 – 34.
② Законотворчество думских фракций, 1906 – 1917 гг. М. , 2006. С. 55 – 62.
③ Законотворчество думских фракций, 1906 – 1917 гг. М. , 2006. С. 52 – 54.
④ Законотворчество думских фракций, 1906 – 1917 гг. М. , 2006. С. 735.
⑤ Законотворчество думских фракций, 1906 – 1917 гг. М. , 2006. С. 90 – 91.
⑥ Законотворчество думских фракций, 1906 – 1917 гг. М. , 2006. С. 736.
⑦ Законотворчество думских фракций, 1906 – 1917 гг. М. , 2006. С. 737.
⑧ Законотворчество думских фракций, 1906 – 1917 гг. М. , 2006. С. 113.
⑨ Законотворчество думских фракций, 1906 – 1917 гг. М. , 2006. С. 115 – 117.
⑩ Законотворчество думских фракций, 1906 – 1917 гг. М. , 2006. С. 133 – 134.
⑪ Законотворчество думских фракций, 1906 – 1917 гг. М. , 2006. С. 158 – 170.
⑫ Законотворчество думских фракций, 1906 – 1917 гг. М. , 2006. С. 170 – 175.
⑬ Законотворчество думских фракций, 1906 – 1917 гг. М. , 2006. С. 175 – 176.
⑭ Законотворчество думских фракций, 1906 – 1917 гг. М. , 2006. С. 182 – 195.
⑮ Законотворчество думских фракций, 1906 – 1917 гг. М. , 2006. С. 197 – 203.
⑯ Законотворчество думских фракций, 1906 – 1917 гг. М. , 2006. С. 211 – 213.
⑰ Законотворчество думских фракций, 1906 – 1917 гг. М. , 2006. С. 232 – 233.

有关中学改革的法案^①等。进步主义党团也研讨了某些教育法案。1912 年，进步主义成员推出了引入全民教育的法案，^②有关中学改革的法案。^③立宪民主党也推出了类似的法案。1908 年，立宪民主党推出了学校地位改革法案；^④1910 年，推出了在波罗的海边疆教授当地语言的法案；^⑤1911 年，推出了建立莫斯科农业经济学院的法案；1913 年，推出了在圣彼得堡大学设立医学系的法案，^⑥在托木斯克大学设立历史语言系与物理数学系的法案等。^⑦

这些规划主要聚焦于推动俄国整体教育体系现代化，推动民主化进程；同时关注了关乎大众利益的基础教育。国家应该保障人民享有使用母语（民族语言）接受初等教育的权利，同时应该取消不同民族、宗教信仰与社会群体（不同等级）之间的教育限制。在此情况下应保证学生可以顺利转学、升学（例如，从世俗学校或中等师范学校转入高级中学）。这虽然会影响大学的升学率，却可以促进国内的社会流动。

杜马左翼政党也积极投身教育政策的相关研究。例如，1907 年，劳动党推出了关于教育的国家机构的基本法案。其中所有的法令宣言都反映了左翼代表对于教育问题的关切。根据法案，教育科目对于全体国民应通俗易懂，教授课程应采用当地的母语。同时，要摒弃宗教成分，采用世俗教育。教育应该免费进行（不包括部分学校）。法案中还强调，任何人在教育中都无特权，都是平等的接受者。在未来财产平均的社会，任何人都没有特权。同时，劳动党也探讨了教育问题，认为应该废除现存的俄国教育体制，建设全新的教育体系。^⑧

民族党派也将目光投向了教育问题。首先，他们提出了语言教育的问

---

① Законотворчество думских фракций, 1906 – 1917 гг. М., 2006. С. 742.

② Законотворчество думских фракций, 1906 – 1917 гг. М., 2006. С. 285 – 290.

③ Законотворчество думских фракций, 1906 – 1917 гг. М., 2006. С. 290 – 320.

④ Законотворчество думских фракций, 1906 – 1917 гг. М., 2006. С. 574 – 583.

⑤ Законотворчество думских фракций, 1906 – 1917 гг. М., 2006. С. 587 – 588.

⑥ Законотворчество думских фракций, 1906 – 1917 гг. М., 2006. С. 750.

⑦ Законотворчество думских фракций, 1906 – 1917 гг. М., 2006. С. 751.

⑧ Законотворчество думских фракций, 1906 – 1917 гг. М., 2006. С. 686 – 688.

题。这要追究到 1907 年，波兰各民族党派成员提出了在波兰学校教学中使用波兰语并进行教育管理改革的议案。① 其次，他们提出了文化问题，这个问题也引起了所有杜马成员的关注，这便是国家在出版方面的政策问题。这再次凸显了文化问题与公民社会形成之间的紧密关系。早在第一届国家杜马解散前，1906 年 7 月 4 日，立宪民主党就提出过涉及该问题的法案。立宪民主党认为，言论与出版自由是公民的基本权利，若这两项权利被侵犯，其余权利能否享有也会遭到人民质疑。立宪民主党在纲领中建议俄国取消书刊检查制度。对刊物要实行特殊的法律，仅在特殊情况下（例如，战争期间）才能对刊物的言论加以限制。② 自然，这些建议并未引起杜马的重视。1912年 12 月 3 日，立宪民主党对原有提议进行了小幅修改，又向第四届国家杜马提交了议案，但也不了了之。③

1913 年 5 月 3 日，十月党人提交了关于出版的法案。十月党人也建议仅在诉讼决议下才能追究出版机构的责任。但与立宪民主党不同的是，十月党人的法案已经设定了一系列出版限制。例如，内务部有权禁止期刊刊登有关陆军、海军的迁移路线；有关沙皇及其家庭的信息未经皇室部门同意不得刊登；刊载东正教宗教仪式的书籍只有获得至圣主教公会的首肯才能发行；医用器械的广告要符合《医务条例》④ 的相应标准才能发布；禁止刊登预先审讯的相关材料等。1913 年 5 月 8 日，该法案被出版事务委员会收录，但之后同立宪民主党的相关法案一样无人问津。⑤

1913 年 5 月 29 日，右翼也推出了相关法案，但与自由主义的法案截然不同。法案规定，期刊的责任编辑只能由俄国人担任，犹太人只能在其居住领域担任该职务。法案中还设有期刊反政府行为的清单，且这些行为将会被追究司法责任，这些行为包括号召罢工、散播关于政府活动的虚假情报、侮

---

① Законотворчество думских фракций, 1906 - 1917 гг. М., 2006. С. 715 - 718.
② Законотворчество думских фракций, 1906 - 1917 гг. М., 2006. С. 477 - 481.
③ Законотворчество думских фракций, 1906 - 1917 гг. М., 2006. С. 481 - 482.
④ Законотворчество думских фракций, 1906 - 1917 гг. М., 2006. С. 213 - 223.
⑤ Законотворчество думских фракций, 1906 - 1917 гг. М., 2006. С. 223.

辱军队、伙同犯罪等。根据司法程序或者由政府本身都可以查封刊物。[①] 1913 年 5 月，该法案被出版事务委员会收录，之后再无任何进展。[②]

地方成员也提及涉及文化问题的相关议案，但数目有限。例如，1910 年 9 月，劳动党推出了纪念列夫·托尔斯泰的法案；[③] 立宪民主党也提出了类似的法案；[④] 1913 年 2 月，十月党人提出为莱比锡大战牺牲的军人建造纪念碑（1914 年 5 月再一次提出该议案），提出为罗曼诺夫家族统治俄国 300 周年建立纪念博物馆；[⑤] 1913 年 4 月，右翼提出要讨论 M. M. 彼得罗夫斯基乌克兰庄园赎买的相关事宜；1913 年 5 月，提出影音带税款议案；[⑥] 1914 年 5 月，提出购买艺术家 A. A. 鲍里斯作品的议案；1914 年 6 月，提出为 И. И. 西科尔斯基（发明了飞行器）发放奖金的议案。[⑦]

（二）政治程序与政治文化

1. 国家杜马的立法活动是公民政治文化的形成因素

公民社会的基本要求是人民的权利要有法律保障，这包括公民权和政治权。其中政治权最具代表意义，因为它本身也是其他权利实现的保障。人民的政治权包括公民可以参与国家大政方针的决策。就 20 世纪初的俄国而言，也仅有 1905 年 10 月 17 日诏书后成立的人民代表机构——国家杜马勉强能够满足上述条件。代表机构中的选举权与被选举权在宪法体系下是基本的政治权利。除了瑞士，在全国范围内采用直接民主制度（全民投票或全民公决）的先例少之又少，而且并没有太大的实际意义。

在此情况下，宪法国家内的政治权是相对单一的，而且独立于法律体系之外。唯有扩展公民的政治权利范围，才能对其进行分类。值得注意的是，

---

① Законотворчество думских фракций, 1906 – 1917 гг. M. , 2006. C. 67 – 80.
② Законотворчество думских фракций, 1906 – 1917 гг. M. , 2006. C. 80.
③ Законотворчество думских фракций, 1906 – 1917 гг. M. , 2006. C. 697 – 698.
④ Законотворчество думских фракций, 1906 – 1917 гг. M. , 2006. C. 589.
⑤ Законотворчество думских фракций, 1906 – 1917 гг. M. , 2006. C. 742.
⑥ Законотворчество думских фракций, 1906 – 1917 гг. M. , 2006. C. 735.
⑦ Законотворчество думских фракций, 1906 – 1917 гг. M. , 2006. C. 736.

俄国的大部分政治权未得到保障，例如，下述类别的人民均无投票权：妇女、未满 25 周岁的公民、游牧人民与外族（除哈萨克汗国与卡尔梅克人）、受监控的公民（例如精神失常者）、受司法监控的公民、三年以内被司法解雇者、被剥夺官爵者、学生、军人、某些官员（省长、副省长、市长、警察）、非户主农民（西西伯利亚农民除外）、哥萨克雇主、雇农、手工业者、没有固定居所的知识分子、交通与小型企业工人、无业游民。此外，无相应表明其选民组证件的公民，也不能进行投票。①

1905 年 12 月 11 日的选举法接近地方自治议会中斯拉夫主义的学说，该学说在地方自治议会中也占据主流，不过地方自治议会中的成员是政府根据政治观点确定的人选。此种选举法是间接选举，创立了六个选民组：地主选民组、农民选民组、城市选民组、工人选民组、哥萨克选民组、异族选民组。这些选民组的代表在省选举会议上推举成员，仅有 26 个城市（圣彼得堡、莫斯科、阿斯特拉罕、巴库、华沙、维尔诺、沃罗涅日、叶卡捷林诺斯拉夫、伊尔库茨克、喀山、基辅、基什尼奥夫、库尔斯克、罗兹、下诺夫哥罗德、敖德萨、奥列利、里加、顿河畔罗斯托夫、萨马拉、萨拉托夫、塔什干、梯弗里斯、图拉、哈尔科夫、雅罗斯拉夫尔）可以直接推举成员代表。②

地主选民组最低土地限额（例如，沃伦与基辅不低于 1000 卢布，阿尔汉格尔斯格不低于 600 卢布）或其他不动产的价值预估不低于 1.5 万卢布，如此一来，小地主与神甫人员就在整个会议期间都是合法的选民。农民选民组中每州推举两名代表。城市选民组成员是由城市中不动产不低于 0.15 万卢布的市民和有能力支付房屋与手工业税款的工商业企业主（工厂雇佣工人不少于 50 人）组成。工人选民组仅在选民人数超过 1 万人的省份才存在

---

① *Демин В. А.* Государственная дума России (1906 – 1907)：Механизм функционирования. М. ，1996. С. 19 – 20.

② *Демин В. А.* Государственная дума России (1906 – 1907)：Механизм функционирования. М. ，1996. С. 12 – 13.

（50 个省份中有 43 个符合条件）。①

413 名成员（占总数的 79%）从欧俄（不包括波兰）选出，112 名成员从其他地区选出：37 名成员（占总数的 7%）从波兰选出，29 名成员（占总数的 6%）从高加索选出，14 名成员（占总数的 3%）从西伯利亚选出，13 名成员（占总数的 2%）从突厥斯坦选出，11 名成员（占总数的 2%）从草原边疆和哈萨克汗国选出，7 名成员（占总数的 1% 多）从远东选出。如此看来，欧俄是 2.67 万居民中推举 1 名成员，波兰是 2.96 万，高加索是 3.25 万，西伯利亚是 3.77 万，突厥斯坦是 4.73 万，草原边疆是 2.54 万，远东是 2.09 万。值得注意的是，突厥斯坦的边陲地带与某些地区并未进行选举活动。另外，芬兰大公国不被允许推举代表加入杜马。②

不考虑可以直接推举代表的城市居民，仅有 3% 的俄国居民拥有选举权：25 岁以上男性拥有选举权的只占总数的 16%，城市居民拥有选举权的占 10%～15%，一些城市甚至更低。例如，在莫斯科只有 4.8% 的市民拥有选举权，圣彼得堡是 5.1%，敖德萨是 7.1%。③

第一届与第二届国家杜马选举期间，农民选民组的复选人④占到 42.3%，在某些省份（喀山、维亚茨基等）农民选民组的复选人比例甚至更高。在省选举会议上，地主选民组占到 32.7%，城市选民组占 22.5%，工人选民组占 2.5%。若不考虑明显的区域差异，这些数字可以使我们断言，2000 个地主、10000 个市民、3 万个农民和哥萨克、9 万个工人分别产生 1 个复选人。⑤

---

① *Демин В. А.* Государственная дума России（1906－1907）: Механизм функционирования. М., 1996. С. 17－19；Государственная дума Российской империи，1906－1917: Энциклопедия. М.，2008. С. 472.

② *Демин В. А.* Государственная дума России（1906－1907）: Механизм функционирования. М.，1996. С. 13.

③ *Демин В. А.* Государственная дума России（1906－1907）: Механизм функционирования. М.，1996. С. 28.

④ 在两级或多级选举体系中有权参加上一级选举的选民。——译者按

⑤ *Демин В. А.* Государственная дума России（1906－1907）: Механизм функционирования. М.，1996. С. 27.

统计国家杜马选举中选票的委员会——照片由 K. 布尔拍摄

　　1907 年 6 月 3 日颁布了一部选举法，其选举条件已经发生了原则性改变。法律排除了同一个选民参与不同选民组的可能性。如此一来，农民不再能够参与地主选民组，工人也不能参与城市选民组。州、县的农民选民组复选人缩减了一半以上。能够直接推举代表的城市由 26 个降至 7 个（圣彼得堡、莫斯科、华沙、基辅、罗兹、敖德萨、里加）。按照财产资格，城市选举会议也被分成两类，进行直接选举。俄国众多地区（中亚、雅库特、远东的某些地区）在杜马中丧失了选举代表权。阿斯特拉罕与斯塔夫罗波尔、西伯利亚的哥萨克部队也无权选举代表。与此同时，立宪会议的代表名额也呈缩减趋势，西伯利亚从 11 名代表缩至 8 名，高加索从 20 名代表缩至 10 名，波兰从 37 名缩至 14 名。波罗的海沿岸省份、高加索与波兰地区被缩减的代表名额被欧俄侵吞。除此之外，根据 1907 年 6 月 3 日选举法，内务部大臣有权根据地区、民族、宗教或财产原则分别举行选举会议。①

　　在第三届和第四届国家杜马选举中，省选举会议的复选人大多来自地主

――――――――――――――

　　① 　Государственная дума Российской империи… C. 473 – 478.

选民组，其中农民选民组占 21.8%，城市选民组占 26.3%，工人选民组占 2.3%。在第三届国家杜马的选举中，省选举会议的成员有 36.8%（1896 人）是贵族，24.2%（1244 人）是农民，12.3%（631 人）是神职人员，7.7%（395 人）是商人，6.2%（320 人）是小市民，世袭职位占 6.2%（318 人）。大部分复选人是东正教徒（83.7%），最具代表性的年龄为 35 岁至 45 岁（36.6%），45 岁至 55 岁的占 29%。42.8% 的复选人只有初级教育水平，28.6% 是中等教育水平，42.6% 是高等教育水平。403 名成员（占成员总数的 91%）来自欧俄（不包括波兰），14 名成员（占 3%）来自波兰，10 名成员（占 3%）来自高加索，9 名成员（占 2%）来自西伯利亚，5 名成员（占 1%）来自远东。如此看来，欧俄地区 27.9 万人产生 1 名成员，波兰为 79.6 万，高加索为 96.1 万，西伯利亚为 60.1 万，远东为 23.3 万。[①]

在此情况下，立法规范也做了相应的调整。例如，虽然神职人员只占地主选民组的 11% 多，但仅靠这个比例数字并不能准确评定神职人员在第三届和第四届国家杜马选举活动中的作用。他们受到了政府的动员，成为政府的忠实拥护者。1907 年，临时选举会议中的神职人员只占 5.2%，不过会议也只召集了符合法定人数的 61.3%。神职人员在很大程度上保障了会议的法定人数，使得会议可以正常召开。总之，俄国中部的 11 个省份的地主选民组中选出了 915 名神职人员，其他选民组中选出了 276 名神职人员。维亚茨基省同样在地主选民组中选出众多神职人员。[②] 政府借用此种"资源"，确保选出符合其利益的候选人。例如，在第四届国家杜马的选举期间，政府便借助此种手段，极大压缩了反对派与十月党人左翼在立宪会议中的代表名额。

但是，政府并不能随心所欲、一如既往的操控选举活动。第四届国家杜马中莫吉廖夫省的成员 Б. А. 恩格尔哈特回忆道，选举会议被操控在以右翼主教米特罗凡为首的神职人员的手中。他们拥有 15 票（共 115 票），这足以干预选举结果。第一轮选举中，秩序井然，仿佛已经预见到政府今后的工

①　Государственная дума Российской империи⋯ С. 474 – 477.

②　РГИА. Ф. 1276. Оп. 1. Д. 35. Л. 7.

作，但是到第二轮选举时，庄严的气氛消失不见，与会者偶有私语且在交流互相得知的消息，会场陷入了混乱。恩格尔哈特写道："人群中似乎听到将主教米特罗凡调往另一教区的消息，这个消息使得神职人员陷入群龙无首的恐慌……与会者之间开始胡乱订立协议，极端民族主义者和波兰人暗中勾结，主教米特罗凡也找上了犹太人……"① 最终，Б. А. 恩格尔哈特获选，他是首个未得到省长支持而当选的成员。②

萨拉托夫省的这种情况更为严重。选举会议的结果未出，右派已经开始提前庆祝。除了神职人员的 19 票，右派已有 120 票中的 46 票。因此，右派获得 65 票，而左派仅有 55 票。右派许诺给神职人员 2 个议席，但神职人员并非十分相信。神职人员向大会主席、贵族首领 B. H. 奥日诺比申提出请求，希望首先能够推举自己的候选人：如果他们获胜，右派就会在选举中支持他们。但 B. H. 奥日诺比申一口回绝了。神职人员丧失了希望，因此不顾之前的协议，任意进行投票。选举进行到午夜 12 时，与会者精疲力竭，决议第二日继续投票。晚间，左派与神职人员的代表达成了协议，最终他们获得了萨拉托夫省选举的成功。③

除此之外，选举也具有地区特点，由于选举会议上不同政治力量的角逐，选举更加复杂，这使得政府保证选举结果的难度相当高。例如，比萨拉比亚省，右翼中间派似乎占据绝对优势。实际上，右派与克鲁别茨科伊家族进行了联合，而这个家族会在比萨拉比亚所有的选举中保证自己人获取该职位。按照这种原则，右翼中间派只是形式上属于民族主义，而实际上是由不同政治力量合成的，其部分成员的立场也更接近于立宪民主党。④ 这些人在杜马活动中更接近左派，追求与十月党人组建同盟。右翼下层对 П. Н. 科鲁别茨科伊的追随者嗤之以鼻，并称他们为"十月党人的应声虫"。⑤ 在喀山

---

① ОР РГБ. Ф. 218. К. 305. Д. 3. Л. 307 – 308.

② ОР РГБ. Ф. 218. К. 305. Д. 3. Л. 306.

③ ГАРФ. Ф. 102. Ⅳ д-во. 1912. Д. 130. Ч. 74. Л. 108.

④ ГАРФ. Ф. 102. Ⅳ д-во. 1912. Д. 130. Ч. 7. Л. 1.

⑤ Донесения Л. К. Куманина… // Вопросы истории. 1999. № 1. С. 11.

省，十月党人组织良好，获得了较高的威望，因此政府并不能干预他们推举复选人，即使是 A. H. 巴拉丁斯基和 И. B. 戈德涅夫这种十月党人的左翼也能获选。① 在萨马拉省，商人 A. И. 索科洛夫与 B. M. 苏拉日尼科夫在选举中占据主要地位，十月党人成员 И. C. 克留热夫称，他们获得了立宪民主党与进步主义团体的支持。② 在沃罗涅日省，右派因担忧左派上台而被迫支持十月党人。③ 除此之外，根据立宪民主党中央委员会成员 A. M. 克留巴金的统计，十月党人在 18 个省份中并不占多数，但是仍能决定选举结果。④

在莫斯科，由于租主与租户的关系，选举情势更为复杂。莫斯科选民以往对选举活动毫无兴趣，十分被动。1912 年前夕，这种状况发生了变化。众多土地租户主要聚集在罗辛芍药园和布特尔。占地面积广大的罗辛芍药园属于 C. Д. 舍列梅捷夫伯爵。1911 年，租主之间盛传，舍列梅捷夫将把这片土地售卖给法国辛迪加，这个消息使得租户紧张不安。俄国人民联盟决定出面与租主进行谈判，不安的莫斯科人筹措了资金交给这个新的保护者，俄国人民联盟也决定为争取满足圣彼得堡租户的需求而努力奔走。后来，俄国人民联盟的社会活动家 B. Γ. 奥尔洛夫表示，由于他的努力，所有的问题得以顺利解决：禁止舍列梅捷夫售卖罗辛芍药园这片土地，况且这片土地马上会被强制性赎买，而之后的租金会明显降低。因此，租户将租金托付给奥尔洛夫，但是之后租户发现这些承诺不过是奥尔洛夫夸下的海口，他们大失所望。租主们与俄国人民联盟断绝往来，并积极寻求政府与反对派——立宪民主党与进步主义团体的支持。十月党人也未获得任何支持，因为它在杜马推出的建筑法遭到了租主的反对。租户成立了自己的组织，希望与政府高层和不同成员团体进行谈判。在罗辛芍药园租户活动的影响下，布特尔也风波大起。布特尔的租主也受到了土地占有者——布特尔教堂全体教士的严厉经济制裁。⑤

---

① ГАРФ. Ф. 102. Ⅳ д-во. 1912. Д. 130. Ч. 24. Л. 20.
② ГАРФ. Ф. 102. Оп. 265. Д. 509. Л. 29.
③ ГАРФ. Ф. 102. Оп. 265. Д. 509. Л. 66.
④ Протоколы Центрального комитета конституционно-демократической партии, 1912 – 1914 гг. М., 1997. С. 81 – 82.
⑤ ГАРФ. Ф. 102. Ⅳ д-во. 1912. Д. 130. Ч. 42. Л. 31 – 32.

基辅拜科维地区（都主教私有庄园）也有类似情况。① 城市选民组的第一次选举就发生了重大变化。

在这样的状况下，省选举会议或城市直接选举对于政府而言都是不可预见的。若君主立宪党在成员直接选举中掌握了地主选民组或者是农民选民组，那么就能够改变这种状况，这在第四届国家杜马的选举期间表现得尤为明显。例如，1912 年 10 月 17 日，警察局的文件显示，5159 名复选人中有 5012 名来自欧俄（在这种情况下，很明显 50 位复选人不会获选）。欧俄 51 个省中，20 个省是右派占优势，7 个省是民族主义者占优势，1 个省是独立民族主义者占优势，8 个省是反对派占优势。14 个省中，没有一个政治力量占有明显优势，但大都受十月党人的左右。② 换言之，右派在 28 个省中占优势，左派和自由主义政党在 22 个省中占优势，右派成功获取了 5 个省份（维亚茨基、下诺夫哥罗德、彼尔姆、斯塔夫罗波尔、雅罗斯拉夫尔）反对派和 9 个省份（维捷布斯克、沃罗涅日、喀山、莫斯科、奥尔洛夫、奔萨、梁赞、哈尔科夫、切尔尼戈夫）十月党人的支持。按照复选人的数量看，5012 人中有 2542 名是右派（占总数的 57%），247 名（占总数的 4.8%）是俄国民族主义者，130 名（占总数的 2.5%）是右翼中间派，58 名（占总数的 1.2%）是独立民族主义者，508 名（占总数的 10.1%）是十月党人，424 名（占总数的 8.4%）是立宪民主党，326 名（占总数的 6.5%）是左派，264 名（占总数的 5.2%）是进步主义分子，343 名（占总数的 6.8%）是无党派人士。③ 因此，右派掌握了将近 65.5% 的选票，而自由主义政党只有 23.7% 的选票。但是，右派的绝对优势并未体现在杜马选举会议上（在下层机构 446 名成员中，右派只占 185 名）。政府制定的选举体制无疑陷入了混乱。

可以确定，1906 年至 1912 年制定的选举体系并不符合无记名直接平等普选的原则，因此，政论家指摘它不民主，杜马也否认其合法人民代表制的

---

① ГАРФ. Ф. 102. Ⅳ д-во. 1912. Д. 130. Ч. 42. Л. 38.
② ГАРФ. Ф. 102. Ⅳ д-во. 1912. Д. 130. Л. 214.
③ ГАРФ. Ф. 102. Ⅳ д-во. 1912. Д. 130. Л. 214 об.

意义。但是，若说下层机构是按照政府的意图组建的，那也不是事实。事实上，政府并不能预见选举结果，也无法随时随处对选举进行干预。政府经常处于与地方团体的斗争中，这些团体围绕具体事宜组建起来并选举出自己的代表。选举期间，私人利益、地区问题或许都是选民的首要考量因素。

2. 1906年至1907年代表机构及其执行机构的相互关系

俄国的立法制度十分不成熟。因而，很多问题经常是按先例而非立法准则进行处理的。因此，"议会权力"直接取决于成员的实际活动，与日常活动关系很大。这种未被正式列入法律的准则在成员与大臣的会议以及他们积极寻求妥协的冲突中屡见不鲜。

毫无疑问，政府谈判的主要对象就是杜马首领——主席及其下属的议会党团委员会成员。杜马的党团松散，意义重大的全体会议缺乏秩序，但是谈判的焦点也并非仅仅是杜马的组织问题。1911 年秋，十月党人领袖提森豪森男爵召回了十月党人、杜马主席 B. M. 沃尔孔斯基，希望在杜马选举中获得如期结果。Я. B. 格林卡表示："与 B. M. 沃尔孔斯基的相处十分愉快，我认为他值得获取选票。他表示，若共有 100 票，他和提森豪森男爵都能全票当选；他对此事充满信心。但是，杜马成员对这些毫不留意，因为他们对杜马事务漠不关心。"[1]

杜马主席与政府首脑紧密接触。1910 年 12 月 4 日，Я. B. 格林卡在日记中写道："杜马主席 A. И. 古奇科夫每日都在办公室的一个小纸片上写了又写。那么到底是写给谁呢？是首相。频繁寄信使他在信使面前都觉得难为情。因此又拜托每日值班官员替他送信到会议大厅交给首相。当信件被截获时，主席尽力表明这是私人信件，但由于首相的回信是用公文用纸且用官方文体书写，不免引起怀疑。但是主席并不在乎，依旧频繁同首相进行书信往来。"[2] A. И. 古奇科夫与 П. A. 斯托雷平一日几次频繁递信，杜马主席 A. И. 古奇科夫做的很多决议都是提前告知了首相 П. A. 斯托雷平的。[3] 古

① Глинка Я. В. Одиннадцать лет в Государственной думе. М. , 2001. С. 89.

② Глинка Я. В. Одиннадцать лет в Государственной думе. М. , 2001. С. 71.

③ Глинка Я. В. Одиннадцать лет в Государственной думе. М. , 2001. С. 80.

奇科夫卸任后，杜马主席 M. B. 罗江科对政府也极其关注："大臣委员会主席（首相）的接线员没有立即接听国家杜马主席的电话。因此就发生了如下一幕：午夜 12 时，大臣委员会主席（首相）的电话响起。'请问是哪位？''国家杜马主席罗江科。弗拉基米尔·尼古拉耶维奇，请您通知接线员，要立即接听国家杜马主席的电话。'对方回答'米哈伊尔·弗拉基米罗维奇，您是否是记忆力衰退忘记了'？罗江科以谈笑结束了这段通话。"①

政府高官与杜马领导之间的关系经常处于变化之中。另外，还应注意大臣与立法会议主席的见面地点问题。例如，C. A. 穆罗姆采夫、Ф. A. 戈洛温、H. A. 霍米亚科夫都邀请大臣到自己的办公室；A. И. 古奇科夫也拜访过大臣办公室。杜马会议对官员代表的列席并无明确要求。除了涉及国家大事（例如预算），大臣对于杜马委员会的法案研讨并不在意。其余情况下，大臣及其下属要么只是列席不发表意见，要么不出席会议。②

大臣并非都能适应杜马委员会的工作，他们最为关切的是预算会议。C. И. 季马舍夫表示："预算会议对于所有部门而言都是一场考试。委员会的任务是研究决定下一年各个部门的预算；但是各个部门代表对其管理提出各种问题，要求的预算金额毫无限制。因此，最终的讨论结果经常招致不满。我个人在预算委员会会议上占用了很多时间，但是为杜马成员安排好事务，协调他们之间的关系，促使其协同工作。"③

杜马成员竭尽全力利用预算法增加对政府政策的影响力。1910 年 1 月 7 日，A. И. 古奇科夫在致十月党人同僚 A. И. 兹韦金采夫的信中写道："所有人都希望从我们手中拿到这笔紧急预算资金，但是无论如何我们也不能允许这种事情发生，理应首先考察各部门的事务处理情况及未来规划。"④ 成员表示，预算委员会主席 M. M. 阿列克先科对此采取了"严格的考核"。A. B. 叶罗普金在游记中写道："我们应该赞赏阿列克先科召开的会议。他

① Глинка Я. В. Одиннадцать лет в Государственной думе. М. , 2001. С. 105 – 106.
② Донесения Л. К. Куманина… // Вопросы истории. 1999. № 1. С. 6 – 7.
③ П. А Столыпин глазами современников. М. , 2008. С. 86.
④ ГАРФ. Ф. 932. Оп. 1. Д. 132. Л. 17.

受到人民的爱戴，但大臣对他却没有太多好感……大臣只是表面上应付当时他提出的杜马事务。贸易部大臣希波夫认为应尽力避免预算会议中不必要的琐事，阿列克先科不以为然，对大臣们也越加失望。"① 1913 年 4 月也发生了类似的情况。内务部的代表佐洛塔廖夫与共同事务厅的厅长 A. Д. 阿尔布佐夫显然不能胜任这项工作，"内务部的代表对会议毫无准备，要么对基本问题茫然无知，要么便对问题即兴发挥、南辕北辙，希望借此达成自己的目标。曾担任第三届国家杜马的成员表示内务部代表的'难为情'似曾相识，仿佛预算委员会的议题十年间毫无变化，这些代表不过是新瓶装旧酒而已"。②

全体杜马大会是对高等官僚代表的特别考验，同时它的重要性也有所提升，因为委员会并不能为所有立法会议进行裁断。H. H. 波克罗夫斯基表示，对于 1906 年至 1914 年财政部的官员而言，从财政委员的法案在全体会议上停摆开始，他们在成员和财政部代表中的声望已经江河日下。③ 1908 年 6 月 3 日，十月党人领袖 H. B. 萨维奇在给兄长的信中也阐述了类似的状况："杜马越来越像地方自治会议，政党原则被破坏，5 分钟可以解决的事务总要召开 2 ~ 3 次会议才能确定。"④

首先，并非所有的大臣具有公开演讲的能力。例如，1906 年 5 月 13 日，大臣委员会主席 И. Л. 戈列梅金在杜马会议上发表了著名演讲，但几乎没人听清。戈列梅金声音低沉，塔夫里达宫的收音效果又很差，本身就不适合召开立法会议。因此，人民代表只能全程阅读提前发放的文本。⑤ 人民教育部大臣 A. И. 施瓦茨也是平庸的演讲者，他的发言"毫无逻辑且白般无聊"。⑥ 第四届国家杜马大会上，"陆军部大臣不仅不喜欢在杜马讲台上发

---

① ГАРФ. Ф. Р – 5881. Оп. 1. Д. 43. Л. 57.

② Донесения Л. К. Куманина… // Вопросы истории. 1999. № 1. С. 15 – 16.

③ РГАЛИ Ф. 1208. Оп. 1. Д. 40. Л. 7.

④ ГАРФ. Ф. 102. Оп. 265. Д. 306. Л. 24.

⑤ Оболенский В. А. Моя жизнь, мои современники. Париж, 1988. С. 346.

⑥ ГАРФ. Ф. 102. Оп. 265. Д. 303. Л. 81.

言，也不能发言"。① 但有些大臣在杜马讲台上信心十足，而且他们的能言善辩也获得了社会好评。П. А. 斯托雷平、十月党人成员 И. С. 克留热夫就在获得荣耀的杜马演讲者之列。1907 年 3 月 6 日，克留热夫继首相演讲后发表了政府宣言："斯托雷平的清议掷地有声，给我们留下深刻的印象，除了左派，群众对此产生了巨大的反响……不过用农民成员的话来讲，便是'打官腔'，虽然讲出官员的心声，却难以理解。"② В. Н. 科科夫佐夫的演讲也获得了关注。尽管成员们之前已经议定在会议上保持沉默，但是仍然不时对其发言给予掌声。③

人民代表的官方机构与政党之间界限分明。政府官员与杜马党派领导会在联合成员团体代表的议会党团领袖会议碰面。④ 政府格外留意党派工作，其中包括影响选举过程，执行机构直接参与成员党派的创建工作。例如，1913 年 3 月，В. Н. 科科夫佐夫与成员 П. Н. 科鲁别茨科伊进行了商谈，讨论创建一个能够团结大部分下层机构的杜马中央。会谈的内容除了一些基本问题，主要涉及由政府领导的改革计划问题。⑤ 1914 年 1 月，大臣委员会主席同成员 В. М. 沃尔孔斯基、А. Г. 列留欣商谈，希望肃清十月党人地方自治工作者中的右倾主义分子。⑥ 1913 年初，大臣办公室在未获得杜马大多数同意的情况下，判定民族主义党派领袖 П. Н. 巴拉谢夫有罪。⑦

大臣定期邀请党派代表进行磋商。成员 Э. А. 伊谢耶夫表示，1908 年 11 月，П. А. 斯托雷平从所有党派中（不包括立宪民主党和社会主义政党）各邀请了两名代表，商议根据 1906 年 11 月 9 日指令在低等立法机构中起草土地改革法案的问题。首相斯托雷平声称政府的政策必须毫无改变地执行，

① Донесения Л. К. Куманина… // Вопросы истории. 1999. № 7. С. 17.
② П. А Столыпин глазами современников. С. 155 – 156.
③ Донесения Л. К. Куманина… // Вопросы истории. 1999. № 7. С. 3.
④ Гронский П. Совет старейшин // Право. 1910. № 5. Стб. 200.
⑤ Донесения Л. К. Куманина… // Вопросы истории. 1999. № 4 – 5. С. 11 – 14.
⑥ См. : Глинка Я. В. Одиннадцать лет в Государственной думе. М. , 2001. С. 105 – 106.
⑦ Донесения Л. К. Куманина… // Вопросы истории. 1999. № 3. С. 4 – 5.

但这些努力似乎都是徒劳的。①

政府也与杜马中的地方自治代表、② 教士团体进行会谈。政府长期致力于将教士划归为一个统一的党派。第三届国家杜马召开之初，教士成员的首领米特罗凡表示"我认为，教士都应服从圣主教公会这个总教会的命令"。③但是，教士代表并未服从总教会的命令，因此政府另觅他途。1912 年 3 月 8 日，成员 А. А. 乌瓦罗夫在其演讲中指出，出席杜马全体代表大会的圣主教公会的一位官员表示，低等机构成员的投票权属于教会。④

政府官员也与杜马成员（对杜马事宜拥有决定权的、有影响力的成员）进行私人会谈。例如，政府一直希望与预算委员会的主席 М. М. 阿列克先科建立非正式关系，⑤ 希望警察局能与有影响力的成员 П. Н. 科鲁别茨科伊进行合作，⑥ 斯托雷平定期与十月党人成员 А. А. 乌瓦罗夫进行通话等。⑦政府与杜马党派领袖接触自然是出于利益。例如，А. И. 古奇科夫在研究十月党人的作用时，就发表了相关言论；1908 年 5 月 20 日，古奇科夫一语中的地写道："这段时日，斯托雷平为了海军预算事宜，暗中调查杜马党派状况，却徒劳无功。昨日他对我动之以情、晓之以理，但我不为所动。"⑧

政府还在私人会面或宴会座谈中，极力说服所有反对代表。П. А. 斯托雷平、А. П. 伊兹沃利斯基、И. Г. 谢格洛维托夫、С. А. 沃耶沃茨基与其他政府高官定期筹备盛大晚会，邀请国家杜马与国家议会的成员出席。⑨ "斯托雷平与各机构成员接触意义重大，他以'喝杯茶'的请求把国家杜马与国家议会的很多成员、大臣、同僚、教育界的代表、著名的社会活动家邀请

---

① П. А Столыпин глазами современников. С. 160 – 161.
② Донесения Л. К. Куманина… // Вопросы истории. 1999. № 7. С. 22.
③ Церковные дела // Голос Москвы. 1907. № 285. С. 3.
④ Государственная дума: Стенографические отчеты. Созыв Ⅲ. Сессия Ⅴ. Ч. 3. Стб. 140.
⑤ РГВИА. Ф. 89. Оп. 1. Д. 42. Л. 818.
⑥ Государственная дума Российской империи… С. 300.
⑦ См.: Савич Н. В. Воспоминания. М.; Дюссельдорф, 1993. С. 85.
⑧ ГАРФ. Ф. 102. Оп. 265. Д. 304. Л. 92.
⑨ П. А. Столыпин: Биохроника. М., 2006. С. 225, 231, 234, 238, 240, 242, 272, 273, 276, 307, 339, 342.

到家中。斯托雷平首相展现了俄国特有的殷勤好客，他组织了多次宴会，各派代表围坐桌前，互相认识且进行有关国家事务的对话，这种方式促使很多问题得以解决。"① 有时，大臣与成员也聚在一起对不同问题交换意见。1913 年 3 月 18 日，外交部大臣 С. Д. 萨佐诺夫邀请了除极左派外的所有杜马党派领袖召开会议，向他们介绍俄国的外交政策。他在与立宪民主党领袖 П. Н. 米留可夫进行私人座谈时指出，并不认为能够在杜马讲台上直言不讳地谈论国家外交政策，但是也承认必须与人民代表机构建立紧密联系。② 1913 年 3 月 23 日，С. Д. 萨佐诺夫又一次邀请成员，进行磋商。③

　　成员对于正式的官方磋商也不尽满意，因此也寻求与沙皇近臣乃至沙皇本人私人会面的机会。杜马办公厅的领导 Я. В. 格林卡表示，А. И. 古奇科夫意图登上人民代表机构主席的宝座，如此一来便可以直接向沙皇呈文。④ 成员与大臣的相互关系大都取决于大臣个人。例如，П. А. 斯托雷平、В. Н. 科科夫佐夫、А. П. 伊兹沃利斯基⑤等人希望与代表机构密切合作，而内务部大臣（1913 年至 1915 年）Н. А. 马克拉科夫则与之不同，对成员的态度十分严厉，难以与其达成共识。⑥ Н. А. 马克拉科夫在与人民代表的私人座谈中还经常指出，他竭力追求与国家杜马能够协同工作，他的工作极其繁重，使其不能专心同成员建立其他联系。⑦

　　成员格外重视影响政府决议的社会观念。为此，杜马党派积极筹划出版涉及不同问题的期刊。当然，首先考虑的是私人刊物。П. Н. 米留可夫几乎每晚都阅读反对派报刊《清议》，在"未曾纠正完其中文章"之前会手不释卷。⑧ А. И. 古奇科夫早在国家杜马讨论（例如，1909 年的海军预算）之

---

① П. А Столыпин глазами современников. С. 83 – 84.
② Донесения Л. К. Куманина… // Вопросы истории. 1999. № 4 – 5. С. 19.
③ Донесения Л. К. Куманина… // Вопросы истории. 1999. № 4 – 5. С. 6 – 7.
④ См.: *Глинка Я. В.* Одиннадцать лет в Государственной думе. М., 2001. С. 55.
⑤ См.: *Савич Н. В.* Воспоминания. М.; Дюссельдорф, 1993. С. 100 – 101.
⑥ Донесения Л. К. Куманина… // Вопросы истории. 1999. № 4 – 5. С. 11.
⑦ Донесения Л. К. Куманина… // Вопросы истории. 1999. № 4 – 5. С. 13.
⑧ Гессен И. В. Указ. Соч. С. 223.

初，就给《莫斯科之声》寄去大量的政府规划，并清晰地要求所发表文章的风格。[1] 出版活动对于一些非宣扬性问题的讨论十分激烈，对这些问题的解决也起了一定的作用。A. И. 古奇科夫在给兄长 Ф. И. 古奇科夫的信中写道："对于军队预算问题，我有重要的一步棋。我认为，杜马主席会告知沙皇无钱投入国防。在内部研讨时期，这是一个秘密。若《莫斯科之声》刊载这方面的相关文章，那么杜马就会承受巨大的压力，若军队战败，那么人民代表就要负责。因此，他们不得不在关键时刻对此进行积极筹备。"[2]

形式上与政治内容无关的报刊的重要性不断提升。例如，十月党人认为，他们与《新时代》达成了共识。[3]《新时代》为其宣传法案，十月党人也与一批反对派的进步主义刊物、进步主义时事评论员开展合作，其中发表的文章也足以形成十月党人广受好评的假象。立宪民主党对此了如指掌，因此竭尽全力压制十月党人实施"阴谋诡计"的反对派刊物，倡议禁止十月党人参加国家杜马中央召开的大会。[4]

由于国家议会是高等立法机构，有其独特的方针路线；因此，俄国的国家立法机构与执行机构之间很少合作，主要是进行辩论。杜马成员和大臣有时也不得不与国家议会达成共识。在某些情况下，国家议会具有决定性的意义。[5] 国家议会的成员也认识到，任命高等机构官员的权力实际上可以操控政府的活动。例如，П. Н. 科鲁别茨科伊与 В. Н. 科科夫佐夫就尝试通过国家议会清除"立法障碍"，形成杜马多数；同时，也要求大臣委员会推出相关计划。В. Н. 科科大佐夫表示，国家杜马与国家议会应形成正式的合作渠道，政府不应影响他们的工作。[6] 波兰各民族党派代表建议，国家议会应对政府进行监督。Л. К. 库曼尼写道："遗憾的是，沙皇陛下没有遵循自身行为准则的政府。政府是俄国议会陷入困境的罪魁祸首，它甚至敢于否认大多

① ГАРФ. Ф. 102. Оп. 265. Д. 324. Л. 66.

② ГАРФ. Ф. 102. Оп. 265. Д. 372. Л. 84.

③ Донесения Л. К. Куманина… // Вопросы истории. 1999. № 3. С. 9.

④ Донесения Л. К. Куманина… // Вопросы истории. 1999. № 3. С. 18.

⑤ Глинка Я. В. Одиннадцать лет в Государственной думе. М., 2001. С. 73.

⑥ Донесения Л. К. Куманина… // Вопросы истории. 1999. № 4 – 5. С. 11.

数人的意见，认为议会表决通过的政党观点应该归自己统辖。在这种情况下，国家议会主管地方经济的部门与国家杜马委员会就是政府的帮凶。在国家议会全体研讨会上，议会主要领导大概十分了解高等机构意向，立即将波兰民族党派出卖，并且遵循斯托雷平指示宣称，政府并未坚持最初的意见（惩治波兰民族党派）。"① 由于政府内部不团结，大臣们互相敌对，寄希望于寻求其他政治力量（例如国家议会）的支持，因此波兰成员认为，这种情况并不意外。

但是，也不能过高估计国家议会上层机构干预法案的程度。尽管上层机构影响力很大，但也不能完全控制杜马推出的法案。国家议会成员 Ф. Д. 萨马林写道："……我们起草了众多法案，这也绝非易事。总而言之，我们的'工作成果'都已被杜马登记在册。"② 据 B. A. 杰米统计，萨马林所述的法案 93% 未经国家议会修改，1% 左右的法案经过了国家议会上层机构的研究、修改。③

国家议会的工作模式独具一格。1912 年 2 月，人民教育部的一位官员表示，国家议会办事程序烦琐，杜马推出的法案也让人难以容忍："令人遗憾的是，国家议会中有两名前任人民教育部大臣、三位前任人民教育部官员，他们同现任人民教育部大臣、厅长举行了会议。他们一致认为，成员不会轻易通过法案，也许会进行强烈反对。"因此，希望只能落在前任人民教育部大臣 A. H. 施瓦茨的身上，他与同事维持了良好的关系，极力捍卫人民教育部的利益。④ 换言之，政府在讨论法案时，对国家议会成员进行了官僚评定。据 M. M. 科瓦列夫斯基回忆，国家议会上层机构"成员并非十分出色，但是这些法学家工作经验丰富，他们来自参议院的诉讼处、诉讼机构，其中有教授，也有财政部、土地规划部、农业部、贸易部、国家监督部门等

---

① Донесения Л. К. Куманина… // Вопросы истории. 1999. № 6. С. 27.
② ГАРФ. Ф. 102. Оп. 265. Д. 310. Л. 64.
③ См. : Демин В. А. Верхняя палата Российской империи. М. , 2006. С. 97.
④ ГАРФ. Ф. 102. Оп. 265. Д. 561. Л. 531.

处具有多年工作经验的官员。他们绝对是俄国法律体系中最为杰出的一批人"。[1] 这些因素确实在国家议会的工作中扮演了重要角色。[2] 国家议会最终形成了官僚评定制度，对上层权力的依赖性比大臣委员会更大。议会的主要领导也经常在马林斯克宫殿剑拔弩张的氛围中举行会谈。[3]

代表机构在层层设限的情况下，形成了新的政治现实：（1）将不同的精英会聚在一起，参与政治决策；（2）立法机构与执行机构形成了"网络般"的复杂关系。

国家杜马和国家议会的成员参与了不同的立法活动，但是他们并非按照国家基本法的标准开展的工作。他们成为俄国的政权精英，立法机构的权限明显扩大：实际上，可以影响俄国的外交政策，[4] 可以影响政府的国家政策。[5] 尽管这与 1906 年 4 月 23 日的国家基本法直接矛盾。新的政治体系结构有其独特性，它极其灵活，能够随着整体环境改变，因此保障了其稳定性。出现矛盾时会出现激烈的冲突，这不仅涉及发展问题，也涉及政治关系模式问题。

*　　*　　*

20 世纪初，俄国的君主专制制度依旧坚如磐石，社会上的等级划分原则人行其道，农村中依旧保留着传统村社的社会生活方式。但是随后，这些保守性因素在社会领域、政治领域都发生了彻底变化。俄国社会彻底改观，探索到了新的政治组织形式。俄国形成的政党制度促使社会活动家选择他们的政治观点，他们也希望参与国家体制重组的准备工作。

这种改革是对传统毫无作为官僚政治体制的反抗，但官僚代表仍旧是俄

① *Ковалевский М. М.* Моя жизнь. М. , 2005. С. 397 – 398.

② См. : Демин В. А. Верхняя палата Российской империи. М. , 2006. С. 83 – 84.

③ П. А Столыпин глазами современников. С. 90 – 91.

④ *Савич Н. В* Воспоминания. М. ; Дюссельдорф, 1993. С. 100 – 123. *Кострикова Е. Г.* Российское общество и внешняя политика накануне Первой мировой войны. М. , 2007. С. 322 – 340.

⑤ Государственная дума Российской империи… С. 102 – 103.

国社会的佼佼者。俄国政治文化彻底改观（政治文化是在阿尔蒙特极力将臣民转变为公民的过程中，逐渐成熟的理论术语）；但法律体系却未发生改变。上层政权反对法律体系变化，他们依旧保有对国家的传统认识，逐渐丧失了支持。这也在很大程度上注定了 20 世纪初俄国革命动荡的现实。革命时期，即使是君主专制制度的拥护者也对其前景感到怀疑。官僚的政策也经常招致公开或秘密的反对。总之，中央与地方政权丧失了信心，自我动摇，由于社会、政治激变，他们不确定是采取部分改革还是应该完全停止改革。所有的管理体系实际上已经瓦解。若要政权发挥作用，必须采用新的公民政治文化的游戏规则，但是上层并未如此，他们转向了"世袭式"的代表制体系，因为这对他们而言更有保障。

在"杜马君主制"研讨期间，20 世纪初俄国的政治生活发生了彻底改变。立法期间，大臣需要学习公开演讲，同社会活动家协商并与之在委员会工作。不同地区、等级、社会团体在国家杜马和国家议会中寻求自身利益，为了达成符合自身利益的法案也努力游说大臣们。同时，也形成了各种专家团体，在研讨立法工作时，他们为成员提供建议。政府与社会之间也出现了多层次的交流、对话。非民主性的选举也影响了俄国新的政治文化的形成。选举与政党活动对于提高地方社会组织能力、激发民众政治热情起到了极其重要的作用。此外，政党也将言论、集会权利的自由引入了君主立宪制中，没有这些权利，政党便与传统社会的政治团体无异。因此，尽管公民政治文化的概念依旧不完整，但是几乎被所有的政党接受。

公民政治文化观念本身似乎就已违背了权力上层的法律标准与期望，却巩固了代表制，推动了法治国家与公民社会的发展，也影响到公民政治文化本身、政治实践与主要政治力量的发展。不过，公民政治文化对 20 世纪初政治现实的解释互相矛盾，对复杂的新政治规则的解释也不尽如人意。不同政治力量对于新规则各持己见、互不相让。这实际上涉及"政治语言"、观念类型的冲突；在此期间，政治团体之间也没有实质意义上的对话。20 世纪初，俄国政治文化的基本特点决定了当时俄国的发展前景。

政治俱乐部、政治小组与政治沙龙

И. С. 罗森塔尔

1860 年至 1870 年的改革使得俄国社会更为团结，却没有拓展人民与政府间的社会空间。至 19 世纪末，"社会"这一概念作为改革阶段的反映才在受教育人民中间确立起来。

在此期间尤其是在 1891～1892 年的大饥荒期间，出现了大量的（目的与内容）各异的独立组织。19 世纪 90 年代，教师、医生、农业经济学家、科学家创立了不同的社会组织。① 改革前成立的组织协会也逐渐发展起来，其中包括城市上层人物闲暇时期组织

---

① 1890 年，警察局处理有关开办新的社会组织的文件共计 182 件。1891 年共有 218 件，1892 年共有 260 件，1893 年共有 318 件，1894 年共有 348 件，1895 年共有 374 件，1896 年共有 475 件。*Степанский А. Д.* Самодержавие и общественные организации России на рубеже XIX – XX вв. М. , 1980. С. 27.

的俱乐部。① 形形色色的政治小组也在各地出现。

这些情况表明，组织的成立与壮大比以往更具结构性，社会政治思想的出现、发展或者瓦解的过程能够以"社会福祉"为目标。知识分子同往常一样发挥了倡议性的作用；贵族特权持续到19世纪中期，改革后招致了社会各等级的反对；不同的知识分子团体也在不同程度上反对政府。

19世纪80年代，当时的人已经不再进行不切实际的空想，开始讨论有关俱乐部的事宜。首先讨论的是：是否能够在俄国成立一种俱乐部，其成员观点大体一致，只是创造一个消磨时间的舒适环境。一位参与者表示，随着社会生活的发展，俄国的俱乐部也可致力于政治、宗教、经济、文学、艺术等目标，其成员要"思想一致"。很多人表示反对：俄国的俱乐部并不在意成员观点，不过是在纷乱的生活中享有闲暇；除了消遣娱乐，俱乐部没有任何目标、不做任何努力；很少有人希望，俱乐部大量成员要遵循共同的准则。② 反对者表示，所有的俱乐部都应该是"小范围、有组织性、自治的小圈子"。但是，自治规范要求俱乐部成员与访客应遵循一定的准则，因此成员不宜过多，不过需要增加接受欧洲文化培养的市民。能够证明俱乐部成员具有统一标准的是，当发生战争或饥荒时，他们都会长期进行捐款活动。

社会等级制度的崩坏使俱乐部走向了分化，很多俱乐部并不是按照同一等级而是按照同一思想倾向组织起来的，这也影响到期刊、书籍的发展，因此俱乐部图书馆颇有人气。莫斯科商人俱乐部的成员要求商人可以进行选举

---

① 18世纪末，外国人按照英国模式在圣彼得堡和莫斯科组建了俄国第一批俱乐部，之后便逐渐扩展至省、州、县的城市中。在俱乐部的组织规则确立之前，人们常称其为会议。См.：*Завьялова Л. В.* Петербургский Английский клуб. 1770 – 1918. Очерки истории. СПб., 2005.；Куприянов А. И. Городская культура русской провинции. Конец ⅩⅧ – первая половина XIX века. М., 2007. С. 152 – 178.；Розенталь И. С. И вот общественное мненье! Клубы в истории российской общественности. Конец ⅩⅧ – начало XX в. М., 2007.；Туманов А. С. Общественные организации и русская публика в начале XX века. М., 2008. 关于社会概念的不同解释参见 См.：*Туманов А. С.* Общественные организации и русская публика в начале XX века. М., 2008. С. 23 – 27。

② См.：*Гордон А.* Наши общественные собрания（клубы）с точки зрения юридической и область применения гражданского иска. СПб., 1883. С. 53 – 55.

并承袭荣誉市民的称号，他们表示，在这个"所有等级逐渐消失"的时代，对商人的限制毫无理由。1879 年，莫斯科政府的等级禁令取消。① 甚至是在莫斯科高雅的英式俱乐部中，贵族与官员的所占比例也从 88.6% 降至 73.7%，② 商人与知识分子代表也进入了这个封闭的"未曾踏足过的神圣教堂"（列夫·托尔斯泰）。

但是，作者与读者的要求增加了，俱乐部无法满足知识分子直接参与政治问题讨论的要求，因此出现了政治小组。社会各等级的青年组织起政治小组，在中央与地方都广泛出现。19 世纪 90 年代，一系列新民粹主义、马克思主义的地下小组（马克思主义政党的前身）出现。著名学者、知名刊物（例如《欧洲消息报》《权利报》《俄国财富报》《上帝世界报》《俄国思维》）的编辑及其读者组建了自由主义小组。

19 世纪 70~80 年代，М. М. 科瓦列夫斯基在莫斯科的公寓成为自由主义活动中心，年轻大学教授小组也在此成立；К. А. 季米里亚泽夫表示，他们追求"不把自己的知识与精力投入抽象事务，而是真正服务于生活"；该小组的成员有 И. И. 伊万纽科夫、И. И. 亚如、А. И. 奇普洛夫、С. А. 米罗采夫、Ю. С. 加巴罗夫等其他学者。但是 1887 年后，科瓦列夫斯基因为"对国家体制持有负面态度"，被大学开除，科瓦列夫斯基出国后，该小组便随之解体。

圣彼得堡的自由主义活动持续时间更久一些，活动中心在《欧洲消息报》编辑 М. М. 斯塔秀列维奇与 К. К. 阿尔谢尼耶夫的家中，他们同 М. М. 科瓦列夫斯基一样，都是知识分子的思想领袖。从 1874 年开始，自由主义分子就聚集在阿尔谢尼耶夫的家中，讨论俄国国内外事件，探讨文学、哲学、经济问题；20 世纪初，他们又开始讨论地方自治以及教育领域的政策问题。从 1887 年到 1898 年，小组聚会次数超过 100 次，长期参与讨

---

① Московское купеческое собрание：Исторический очерк. М.，1914. С. 25 - 34.

② См.：*Куприянов А. И.* Московский Английский клуб：Очерк истории досуга московской элиты конца ⅩⅧ - начала ⅩⅩ в. // Чтения по истории русской культуры. М.，2000. С. 262 - 263.

论的主要是《欧洲消息报》的合作者，他们是一众法学家与文学家：А. Ф.
科尼、В. Д. 斯帕索维奇、А. И. 乌鲁索夫、Н. М. 明斯基、С. А. 温格罗
夫、П. Д. 博博雷金、Л. З. 斯洛尼姆斯基等。这些活动家的目标是"促使
政府与受教育人民走向宪法道路"。① 一位小组的访客回忆道，"20 世纪初，
每到聚会的日子，阿尔谢尼耶夫舒适的客厅中会聚集大量的年轻人，他们兴
致勃勃地倾听长者的观点"。② 激烈的辩论此起彼伏。小组经常有新的自由
主义访客，除此之外，还有 В. Ю. 斯卡隆、П. Н. 米留可夫、А. С. 波斯尼
科夫，还有高级官员——А. Д. 奥博连斯基大公、В. И. 科瓦列夫斯基等人。

从 19 世纪 80 年代开始，科学组织、文学组织、老牌自由经济协会、莫
斯科法律协会等都在某种程度上有了政治化倾向。这些组织的很多成员都加
入了自由主义小组。自由经济协会转变为一种社会性的俱乐部，讨论当时的
迫切问题。这种倾向的原因之一是政府经常越权干预他们的活动，政府往往
提前检查他们公开会议的议事日程和报告并威胁报告人，这使得协会组织的
公开会议经常被关闭。这是政府公然干预社会的典型例证。比如，В. Е. 亚
库什金（其祖父为十二月党人）在俄国文学爱好者协会纪念普希金 100 周
年诞辰的大会上谈道，他对俄国的书刊检查制度"嗤之以鼻"，③ 随即遭到
流放，被逐出莫斯科。

对于人民而言，以往知识分子的主要俱乐部都是象牙塔一般难以接
近。一些拥有相近专业性、相似社会思想的知识分子以俱乐部的形式创建
了一些私人合法组织。尽管有的知识分子俱乐部人数较多，但仍称作小
组，登记时也采用了这种名称。这是效法法国俱乐部命名的一种行为，他
们如此命名的用意是认为俄国政治小组成员相对较少，希望成员之间关系
更加亲近融洽。

① *Николаевский Б.* Дело «Русского богатства» （из архива Департамента полиции） // Русское
богатство. 1918. № 1 – 3. С. 90.

② ОР РНБ. Ф. 163. Ед. Хр. 321. Л. 121 – 124.

③ См. : *Степанский А. Д.* Самодержавие и общественные организации России на рубеже XIX –
XX вв. М. , 1980. С. 26 – 61; *Степанский А. Д.* Общественные организации в России на
рубеже XIX – XX веков. М. , 1982. С. 49 – 68.

莫斯科表演小组是俄国第一个纳入女性成员的俱乐部。19 世纪末、萨拉托夫、哈尔科夫、叶卡捷琳堡都成立了高雅艺术爱好者协会，喀山成立了舞台艺术爱好者协会，敖德萨成立了文学—表演协会。知识分子——教师与医生——也成立了各种俱乐部。不过，这些俱乐部并未完全舍弃俄国俱乐部传统，他们效法以前的俱乐部实行自治，成员和访客多以清议的方式进行会谈。

社会改革党的主要领导人之一、《欧洲公报》的主编 K. K. 阿尔谢尼耶夫

但是直至 1905 年，俱乐部才成为一种合法的政治组织形式。这是因为尼古拉二世执政的前十年，君主专制保守派限制了这些俱乐部出现的条件：公民自由、代表制政体、公开政治斗争（包括允许政党参与选举活动）。俄国的政党并不能像英国、法国那样由俱乐部发展而来，因此俱乐部这种合法形式维持了相当长的时间。保守分子对于新生事物（"俱乐部与集会""清议"）极其反感。极端保守派认为 "清议"不仅可以演化为代议制机构，也会引起俄国地方自治机关、法院等发生重大变革，最终会促使国家杜马改革。早在 1881 年，K. H. 波别多诺斯采夫就宣称："我们对'清议'感到为难，社会恶的宣传影响下，人民会感到恐惧。"[1] 不过，"清议"仅能小范围推行，仅作为俱乐部内部清议的特别分支使用。但是 20 世纪初，保守派分子意识到，若要维护君主专制制度，在政府之外必须构建自己的"清议"。

19 世纪末至 20 世纪初出现了类型截然不同的两种俱乐部，这为 20 世纪初多党制的形成做了准备；它们分别是自由主义俱乐部和保守主义俱乐

---

① Дневник Е. А. Перетца. М. ; Л. , 1927. С. 40.

部：莫斯科"清议"小组和圣彼得堡的俄国会议。① 莫斯科"清议"小组
成立于 1899 年，成员几乎清一色是地方自治活动家与地主，他们之间都是
亲友关系。除此之外，还有一些自由立宪主义者和新斯拉夫主义者。1905
年，小组共有 56 名成员，成员减少了一半。后来，米留可夫在评论中谈道：
"这些莫斯科反对派的贵族先锋"② 在莫斯科多尔戈鲁科夫兄弟的公寓中一
年聚会几次。

圣彼得堡的俄国会议成立于 1901 年 1 月，主要由高官、军队首领与保
守的斯拉夫主义者组成。起初有 120 名成员，在随后的发展中队伍逐渐壮大
并在其他城市开设了分部。俄国会议的目标是"协助揭示并巩固社会意识，
将创新性原则与俄国人民传统生活方式结合起来"，此外，会议还专注于
"文学、艺术、民族学与民族经济"的相关问题，捍卫俄语的"纯洁性"
等。③ 但是，俄国会议并非只在上述领域活动。Л. А. 季霍米罗夫与 К. Н.
列昂季耶夫是俄国会议的主要代表，他们表示，俄国会议是君主制度的
"传教士"，也是与官僚制度斗争的利器。А. А. 基列耶夫也持有类似的观
点，他曾希望加入保守党派，但因这些党派不允许言论自由最终未能如愿；
他表示："服务人民的人，就是拯救人民的人。"④

这两种在世界观上截然不同的组织都希望将自己的理念变成社会上的主
流观念。首先，他们需要延续 Н. М. 卡拉姆辛于 19 世纪末所论证的传统。
卡拉姆辛表示，圣彼得堡的沙皇政权需要留意莫斯科贵族已经传达给全俄的
"社会思想"；他断言，这种"社会思想"的代言人便是莫斯科英式俱乐部；
俱乐部的成员十分清楚圣彼得堡发生的状况，他们的评判"并非总是公平

① См. : *Соловьев К. А.* Кружок «Беседа». В поисках новой политической реальности. 1899 –
1905. М. , 2009; *Кирьянов Ю. И.* Русское собрание. 1900 – 1917. М. , 2003.
② *Милюков П. Н.* Воспоминания. М. , 1991. С. 187 – 188.
③ Правые партии: Документы и материалы. Т. 1. М. , 1998. С. 11.
④ *Репников А.* Консервативные концепции переустройства России. М. , 2007. С. 112 – 114;
Дякин В. С. Был ли шанс у Столыпина? СПб. , 2002. С. 288.

的，但最起码是倾向于公平的"。①
但是自此以后，莫斯科"清议"小
组的贵族丧失了思想共识，"推广社
会思想"的贵族俱乐部也成为其他
贵族的笑柄；社会思想出现了裂痕。
按照等级来看，俄国会议与"清议"
小组的成员都是贵族，俄国会议认
定"社会上层"② 出现了危险的
"世界主义"，劝告沙皇远离侵害
"伟大祖国"的改革（有时也能获得
成功，例如，1904 年 12 月，斯维亚
托波尔克 – 米尔斯基准备的关于补
选国家议会代表的法案经由沙皇颁
布，这些指令就被破坏而未付诸实
践）。"清议"小组表示，他们的目
标是"极力唤醒被压制的社会活动、
社会思想，以期引起圣彼得堡当局
的重视"。③

由于尼古拉二世以"毫无意义
的空想"回应了地方自治工作者的

圣彼得堡俄国会议总部所在的公寓，
其中附设了教堂和中学——照片拍摄于
1910 年代

热切愿望，因此"清议"小组的措辞十分谨慎和实用。起初，"清议"小组
主要反对的是地方自治问题。"清议"小组的成员在与高官的私人会谈、在
地方自治会议上、在与《权利报》编辑共同出版的刊物和汇编中都表示了
对地方自治的不满。1902 年 1 月，在"清议"小组第七次聚会上，彼得·

① *Карамзин Н. М.* Записки старого московского жителя: Избранная проза. М.，1986. C. 321.

② 暗指"清议"小组。——译者按

③ *Шацилло К. Ф.* Русский либерализм накануне революции 1905–1907 гг. М.，1985. C. 37.

В. А. 马克拉柯夫：律师、立宪民主党活动家，第二、三、四届国家杜马成员，"清议"小组秘书

多尔戈鲁科夫建议将地方自治问题列入座谈的议事纲领，但并未获得大多数支持。М. А. 斯达霍维奇表示，"清议"小组是"言论、思想自由的俱乐部"，也就表明允许思想分歧。"清议"小组的秘书 В. А. 马克拉柯夫表示："小组成员相信，政府会在惨剧发生之前，找到与社会的和解之道。"马克拉柯夫解释："人们不会忘记 19 世纪 60 年代的悲剧，这会提醒政府与社会进行合作并为之进行准备……"①

但是，政府与社会合作之路并未走通。1902 年 5 月 26 日，根据"清议"小组成员 Д. Н. 希波夫、П. А. 葛伊甸、М. А. 斯达霍维奇的倡议，莫斯科召开了地方自治工作者会议。与会者表示，有关农业经济商品化问题的特别会议排除了地方自治机构，这"相当不合理"。会议召集者表示，这将会导致严重的农民问题，因此首先必须保证农民等级与其他等级享有同等权利，将农民从政府的高压监管下解放出来，使其享有受教育的权利等；他们也坚持要求公开讨论经济问题。莫斯科会议的发起人表示"十分不满"。② 他们对政府的外交政策也未给予正面评价。在海牙举办的国际冲突代表大会上，其中在涉及俄国的提案中表示希望"禁止持续的武装冲突"。"清议"小组的与会者请求内务部大臣 Д. С. 西皮亚金，希望能够设立有关社会和平的规章，并能够使俄国公民熟悉"促使全

---

① Маклаков В. А. Власть и общественность на закате старой России. Т. 2. Париж, 1936. С. 295.

② См. : *Шевырин В. М.* Рыцарь российского либерализма. Граф Петр Александрович Гейден. М. , 2007. С. 88 – 96.

社会走向和平的观念"，西皮亚金反问帕维尔·多尔戈鲁科夫："您不会是认真的吧？"①

政府的镇压政策激起了人民的反抗，工人、农民运动此起彼伏。"清议"小组成员道出了一个关键问题：君主专制与自由、法制秩序是否可以并行不悖？其中仅有帕维尔·舍列梅捷夫做了深信不疑的回答。1913年末，舍列梅捷夫不再参与小组会议，人们议论纷纷，认为"清议"并不能"一诺千金，不过是做了宣传的表面功夫"。但是，宪法拥护者依旧保持了小组的团结统一。1904年2月，"清议"的著名活动家领导了地方自治工作者—立宪主义者的代表大会，决定同"解放联盟"进行合作，但是由于"地方自治工作者不适应宪法与成分复杂的环境"，因此未能进入这个新的合作组织。② 至1905年，"清议"已经耗尽了自己的政治原动力。Д. И. 沙霍夫斯科伊声称："我们不能再对政府抱有希望了，也不必在政府身上白费力气。"革命开始后，"清议"小组便解散了，10月17日诏书颁布后，这些成员根据不同的自由主义倾向，加入了不同的党派。"清议"小组的成员有13位进入了立宪民主党中央委员会，10位进入了十月党人中央委员会，7位进入了进步党（1912年成立）中央委员会；③ 3位成为保守派的领导。③ 不同城市联合自由主义知识分子的小组都成为立宪民主党的分支机构。1905年12月，资深自由主义者 M. M. 斯塔秀列维奇、K. K. 阿尔谢尼耶夫以及"清议"小组的积极参与者成为自由主义中间派民主改革的创始人。

俄国会议的命运则有所不同。按照编辑克鲁申万的话来讲，俄国会议"接受了俄国人民联盟的洗礼"——主要是君主立宪党。俄国会议的成员 A. И. 杜勃洛文、Б. В. 尼科利斯基、В. M. 普里什克维奇及其他领导并未离去，这与解体的"清议"小组不同，这个组织依旧存在。④ 俄国会议于

---

① Общество Мира в Москве. Вып. 1. 1909 – 1910 гг. М. , 1911. С. 4 – 6.

② См. : *Шевырин В. М.* Рыцаль российского либерализма. Граф Петр Александрович Гейден. М. , 2007. С. 97 – 98.

③ См. : *Соловьев К. А.* Кружок «Беседа». В поисках новой политической реальности. 1899 – 1905. М. , 2009. С. 47 – 48.

④ Правые партии：Документы и материалы. Т. 1. С. 163.

1906 年推出的政纲被所有右派奉为圭臬。俄国会议的领导希望通过自己与相似政党之间进行相互协调，将君主立宪运动思想推广给全俄的政党，最终未能如愿。俄国会议没有成为大型、超等级的组织。1912 年，其成员共有近 2000 人，虽说比 1905 年的规模扩大了，但是与其他右派政党人数相比仍旧少很多。

1905 年至 1907 年的革命影响了俱乐部的发展，俄国甚至出现了限制会议与俱乐部发展的提案。普通俱乐部的数量大幅增加。全俄各地涌现一批"新型俱乐部"——普及性强却十分商业化；这些俱乐部几乎不接受访客，不再具备以往俱乐部的机构，不过考虑到了俱乐部的民主性。

与此同时，政府将魔掌伸向了非政治性的俱乐部。文学艺术沙龙会议发生了实质性的变化。例如，安德烈·别洛戈表示，1905 年，M. K. 莫罗佐娃在莫斯科的沙龙（"凭票进入的私人政治聚会"）成为自由主义者与革命者"聚众斗殴"的场所，"他们甚至发生了肢体冲突"（似乎有人拿起了椅子）；M. K. 莫罗佐娃还资助了自由主义政党几千卢布。她的婆婆 B. A. 莫罗佐娃也是沙龙的主办者和著名的慈善家，还是《俄国公报》的大股东。①

俱乐部中的资深长者有时会因为"不满或激动"临时叫停俱乐部，特维尔就发生过这种情况。② 有些地方的俱乐部会持续观察所发生的事情，讨论政治新闻。在俱乐部交流中，成员可以随便"批评镇压行径与违法行为；阅读杂志时，也可以随意感叹、发表意见；可以醉心于公民社会的梦想，希冀在一个欺凌和压迫荡然无存的社会中生活"。③ 总之，俱乐部成员扩展了思想交流的领域，也不时对地方政府进行批评、指摘。顿河州警卫处的领导人扎瓦尔津上校回忆道，罗斯托夫街头发生动乱时，市长皮拉尔将军要求俱乐部召开会议，但是得到了一个意外的答复："指摘政府的放纵与无所事事

---

① См.: *Думова Н.* Московские меценаты. М., 1992. C. 100 – 101.

② См.: *Никитин А. М.* ХХХV. Исторический очерк Тверского общественного собрания. 1879 – 1914. C. 58 – 59.

③ Азарт. 1906. № 4. C. 12.

并非一件愉快的差事。"①

一些俱乐部直接表示支持革命运动，公然为罢工者募捐资金甚至武器；这也从一个侧面反映了俱乐部的法律存在漏洞。例如，慈善家可以资助将被流放的"不满的大学生"。这种俱乐部的革命党派成员（例如，莫斯科文学艺术小组中的伊涅萨、阿尔曼德）认为，自由主义者虽在革命中没有大的作用，但可以与革命者"协调合作"。②

俱乐部除了能够为革命青年探讨社会政治事件提供一个舞台之外，还有另一个温和方式的影响——职业利益。例如，在莫斯科教育会议（教师俱乐部）上，社会民主工党人 B. M. 弗里奇坚决反对镇压罢工者的政策，但是并未获得支持，因为"这种反对会干扰、破坏会议"。教师俱乐部成员对于是否允许包括低年级学生创建组织的议题也未达成共识。③

1905 年至 1907 年出现的政治俱乐部，因政党的出现很早就结束了自身的政治使命。这些俱乐部的出现表明，对于迫切、重大的社会问题，人们已经从混乱的讨论向政党政纲中的系统论证转变。这便产生了一个问题：俱乐部与政党的现实与法律的相互关系。当时，以类似形式组织的自由主义俱乐部越来越多，但是问题在于，无论如何组织，其中必然会产生矛盾。

当俄国政党形成条件还未成熟之时，俱乐部成员（后来进入政党或成为政党后备资源）已经有能力组建政党，也就是说，可以决定不同政党的性质。立宪民主党的领袖 П. Н. 米留可夫认为，不能允许自由主义的首领 К. К. 阿尔谢尼耶夫和 М. М. 科瓦列夫斯基加入立宪民主党（因为他们组建了"一系列封闭的政治俱乐部"），这表明"他们不习惯集体行动，也不能在观念上互相妥协"。④ 此外，政党的俱乐部应该是各政党互相交流的场所，但必须在同一种思想倾向（自由主义或保守主义）的框架内进行；但这种

---

① *Заварзин П. П.* Жандармы и революционеры // «Охранка». Воспоминания руководителей политического сыска. Т. 2. М. , 2004. С. 58.

② Голоса истории：Сб. Науч. Трудов. ［ЦМР СССР］. Вып. 22. Кн. 1. М. , 1990. С. 10.

③ РГАЛИ. Ф. 1337. Оп. 1. Д. 224. Л. 49 – 50, 51 – 52.

④ *Милюков П. Н.* Воспоминания. М. , 1991. С. 236.

行为并不符合俄国根深蒂固的政治文化——无法容忍异端，不希望也不善于进行妥协。

1905 年末至 1906 年初，右派（立宪民主党与自由主义党派）与"10月 17 日同盟"（十月党人）达成了共识，并吸引了众多拥护者。他们通过报刊和会面，最终创建了一些俱乐部。最初，俱乐部与政党的界限并非十分清晰。进步经济党（由圣彼得堡大型企业的企业家组成）于 1906 年 1 月开办了政治俱乐部，国家杜马选举期间，法学家在该俱乐部进行了公开演讲。1905 年秋，社会民主工党在圣彼得堡开办的俱乐部（不久后就被迫关闭）还拥有了自己的路牌。①

立宪民主党无论是在自我组织还是同其他友谊机构的接触上都十分积极，也与一些独立的老牌俱乐部合作：叶卡捷琳诺斯采夫的英式俱乐部、顿河畔罗斯托夫的商业俱乐部。在国家杜马选举期间，这些俱乐部经常参加立宪民主党的会议，不同党派的演说家同立宪民主党的演说家在此进行辩论。②

立宪民主党在首都级城市（圣彼得堡、莫斯科）与省份城市（下诺夫哥罗德、萨拉托夫、弗拉基米尔、基辅、坦波夫等）都创建了俱乐部。莫斯科的立宪民主党员开始创办私人俱乐部。立宪民主党中央委员会决定，1905 年 10 月 21 日开始，立宪民主党在莫斯科的俱乐部统一纳入文学—艺术小组，小组的办公处有两所办公室，由中央委员会成员轮流值守。该小组还举办了一场立宪民主党与十月党人之间的辩论会，著名的立宪民主党活动家（П. Н. 诺夫戈罗采夫、Ф. Ф. 科科施金、С. А. 科特利亚列夫斯基）谈到了立宪民主党的政纲及其策略问题。③ 立宪民主党第一次代表大会的代

---

① Деятели СССР и революционного движения России: Энциклопедический словарь Гранат. М.，1989. С.746；Шустер У. А. Петербургские рабочие в 1905 – 1907 гг. Л.，1976. С. 172，272.

② ГАРФ. Ф. 102 ОО. 1905. Д. 999. Ч. 43. Л. 68，87，105，225.

③ Протоколы Центрального комитета и заграничных групп конституционного-демократической партии：В. 6 т. Т. 1. 1905 – 1911 гг. М.，1994. С. 34.

表，尤其是 П. Н. 米留可夫①，在小组中受到了极力拥护。

1906 年 7 月，人民自由党在莫斯科四个地区开办了俱乐部；知识分子进驻到莫斯科的这四个地区，俱乐部中设有图书馆、阅读室、无酒茶餐厅和食堂。俱乐部还"促使成员互相合作，共同研讨报告会、讲演会、清议上提出的有关社会制度的共同政治问题"。1906 年 9 月，立宪民主党员在莫斯科组织了人民俱乐部；在帕维尔·多尔戈鲁科夫主席、立宪民主党中央委员会主席及其莫斯科党员的组织下，俱乐部在综合技术博物馆同市长举行了会议。②

立宪民主党也在圣彼得堡的七个地区开办了俱乐部。立宪民主党的中心俱乐部是 1906 年 4 月 25 日（第一届国家杜马成立前两日）成立的人民自由俱乐部，俱乐部会议场所距离塔夫里达宫仅 10 分钟的步行路程。人民自由俱乐部成立当日就有 1000 多人登记加入。杜马第一次会议结束后，立宪民主党成员就直奔俱乐部，他们在阳台上向广场上的人群喊话，"声音洪亮且充满激情"地向他们致意；同时，俱乐部也谈到了在杜马的工作以及立宪民主党关于大赦的要求。③

人民自由俱乐部的创始人是立宪民主党中颇有影响力的人物——杜马成员、教授、全权代表。立宪民主党圣彼得堡委员会主席、历史学家 Н. И. 基列耶夫教授曾签署市长宣言。Д. И. 别布托夫大公是俱乐部管理委员会主席，虽然他在立宪民主党内鲜有人知，但是他精力旺盛，领导的俱乐部委员会卓有成效，他本人向委员会捐款 1 万卢布，也曾在两日内为俱乐部筹得 3 万卢布。④ 杜马中的立宪民主党成员和其他反对派成员都会光顾人民自由俱乐部，成员们会在此举办报告会、讲座、清议，立宪民主党的圣彼得堡中央

---

① *Милюков П. Н.* Воспоминания. М.，1991. С. 209 – 210.

② ГАРФ. Ф. 102 ОО. 1905. Д. 999. Ч. 43. Т. 2. Л. 141，163 – 164 об.，255；*Кизеветтер А. А.* На рубеже двух столетий：Воспоминания. 1881 - 1914. М.，1997. С. 304.

③ ГАРФ. Ф. 102 ОО. 1905. Д. 999. Ч. 43. Т. 2. Л. 214，252；Ф. 1771. Оп. 1. Д. 1. Л. 5 – 7.

④ *Старцев В. И.* Князь Д. И. Бебутов и его воспоминания // Английская набережная, 4：Ежегодник. СПб.，1997. С. 359 – 365. 别布托夫也是"革命贷款人"：他为喀琅施塔得和施维亚堡的起义提供了 1750 卢布，为社会民主工党和劳动党代表提供了 1500 卢布。См.：*Старцев В. И.* Князь Д. И. Бебутов и его воспоминания // Английская набережная, 4：Ежегодник. СПб.，1997. С. 365.

第一届国家杜马召开当日，立宪民主党俱乐部的会议——照片拍摄于
1906 年 4 月的圣彼得堡

委员会也在此办公。此外，俱乐部设有可容纳 100 人的大厅、图书馆和两个
食堂。

　　立宪民主党掌管加入人民自由俱乐部的相关事宜。若要加入俱乐部，必
须要有两名俱乐部成员的介绍信。俱乐部的访客也需要介绍信，但是，工
人、其他党派的国家杜马成员，还有由该俱乐部、国家杜马、国家议会委托
的出版界代表，都可以自由访问人民自由俱乐部。俱乐部的提案至少需要
10 人提出，对于价值观冲突的行为以及俱乐部的任务要全体成员 2/3 以上
表决进行裁断。①

　　在保守分子看来，人民自由俱乐部就是"革命老巢"；但也有一些保守
分子经常拜访俱乐部，他们失望地指出，Д. И. 别布托夫"并非一位虚无主

---

　　①　ГАРФ. Ф. 102 ОО. 1905. Д. 999. Ч. 43. Т. 2. Л. 214，252；Ф. 1771. Оп. 1. Д. 1. Л. 7 - 8.

义者"。别布托夫本人表示，他为俱乐部"购置了宽敞、豪华的公寓"，购买了家具、挂灯和精美的瓷器；但是立宪民主党中央委员会的成员 A. B. 特尔科夫（因一份关于俱乐部管理体制建设的报告进入中央委员会）对俱乐部的陈设描述有些不同。按照他的话来讲，广受好评的人民自由俱乐部是"一个普通的机构，家具陈设十分平常，拥有价格便宜但不错的餐厅。立宪民主党也掌管俱乐部事宜。他们管控资金，接待访客，邀请并陪同报告人……报告不只涉及政治，还有文学和一些共同议题"（例如，申加廖夫的报告经常涉及财政问题，不过他也评价了莫斯科艺术剧院上演的戏剧《忧郁的鸟》）。[①]

第一次革命期间，女权运动获得了发展，俄国开办了很多妇女俱乐部。1906 年秋，圣彼得堡创建了城市和党派之间的妇女政治俱乐部；该俱乐部共有成员 600 名，由立宪民主党、社会革命党和社会民主工党共同创建，目的是宣传妇女的权利平等及其普选权。妇女政治俱乐部发展了 4 个妇女工人俱乐部，其中最主要的一个俱乐部起着主导作用，但很快被社会民主工党收编。[②] 之后也陆续出现了一些妇女俱乐部。

1906 年 7 月 8 日，第一届国家杜马宣告解散。军队与警察不仅包围了塔夫里达宫，也包围了立宪民主党的人民自由俱乐部。但是，几个月的时间里，俱乐部的访客依旧进行了各种会议和讲座活动。维堡号召发布后，政策愈加趋紧，与此同时，立宪民主党也无法证明俱乐部是独立机构；因此，立宪民主党及其俱乐部的活动便更加困难。1906 年末，立宪民主党未被列入官方登记对象，之后各省与中央的立宪民主党俱乐部都彻底解散。圣彼得堡也禁止开办进步主义性质的俱乐部。1908 年 4 月，立宪民主党中央委员会莫斯科分部召开了会议，建议各省立宪民主党员积极争取合法俱乐部的领导位置，但是要切记，这并非政治宣传的好途径；同时要

---

① Цит. По: *Тыркова-Вильямс А.* На путях к свободе. М. , 2007. С. 365.

② См. : *Маргулиес М. А.* Женский политический клуб // Ариян П. Н. Первый женский календарь на 1907 год. СПб. , 1907; *Стайтс Р.* Женское освободительное движение в России. Феминизм, нигилизм и большевизм. 1890 – 1930. М. , 2004.

求地方党员积极参与创建新的俱乐部——启蒙性俱乐部、职业性俱乐部和妇女俱乐部。

十月党人组织的最有影响力的俱乐部是圣彼得堡社会活动家俱乐部。社会活动家俱乐部是以高官 M. B. 克拉索夫斯基为首的城市杜马成员所创建的；M. B. 克拉索夫斯基之后还进入了十月党人中央委员会，成为国家议会的成员。俱乐部成立于 1905 年 10 月 14 日，M. B. 克拉索夫斯担任委员会主席直至其逝世（1911 年）。1911 年至 1913 年主席职位由第三届国家杜马的主席 H. A. 霍米亚科夫（他的父亲是著名的斯拉夫主义者）担任。

社会活动家俱乐部成员在社会成分、年龄、受教育程度等方面的构成与十月党人无异，主要包括大地主、房主、官员、银行与股票协会的法学家或受过高等教育的成员。俱乐部创建的前两个月，成员总数达到 350 人；其中 5 位最富裕的成员（A. A. 奥尔洛夫－达维多夫伯爵、Б. A. 瓦西里奇科夫大公、A. Ф. 穆辛、B. A. 奥斯特罗格拉德斯基、Я. И. 吴亭）一次缴纳了十年会费，并荣获"慷慨会员"的荣誉称号。十月党人中的所有杜马成员均加入了这个俱乐部，俱乐部每年可以从十月党人中央委员会领取 6000 卢布的补贴。在十月党人领袖 A. И. 古奇科夫的领导下，俱乐部与第三届国家杜马委员会联系紧密。国家议会中央的人员也参加了俱乐部的会议，他们分别是 M. B. 克拉索夫斯基、M. A. 斯达霍维奇、П. Л. 科尔夫（最早的俱乐部管理会成员）、П. O. 古卡索夫以及倡议建立有声望政府的人士、其他自由主义改革的支持者。管理会成员指出，俱乐部的访客中有很多妇女，他们对报告会饶有兴趣，也经常参加俱乐部的会议。1907 年 5 月，十月党人中央委员会在俱乐部开设了办公室并举行会议，这些人员可以免费参观俱乐部。1908 年 4 月，俱乐部中组织了各种斯拉夫团体协会，举办了"斯拉夫代表大会"（"庆功宴"）。但是，俱乐部不允许进行选前竞选的宣传活动。俱乐部也遵循古老的传统，可以饮酒，也会组织纸牌、象棋等活动。

社会活动家俱乐部的任务是"形成有影响力的社会思潮"。俱乐部希望自己能够成为无党派识时务者的自由联盟，也希望召集起所有的进步主义人士（不论思想差异），但是"革命与反动的极端派别"① 不在召集的考虑范围内。选举期间，十月党人经常提出法律自由主义政纲及其策略问题，探讨的议题主要是经济、外交政策和边疆问题。社会活动家俱乐部也希望吸引工人参加，但是相较于立宪民主党的俱乐部，并非十分成功。十月党人在俱乐部中邀请了右派与左派政党，他们首先与小型"进步主义"党派（法制党、和平改革党、经济进步党等）进行接触。十月党人希望，即使不能吞并这些政党，至少要使其团结在它周围。但是，这些政党中，有一个迅速瓦解了，其他政党也创建了自己的俱乐部。同时，十月党人与立宪民主党的关系恶化，立宪民主党除极个别党员都不再访问社会活动家俱乐部。

6月3日改革② 获得了十月党人赞同，之后，社会活动家俱乐部实际成为十月党人的一党制天下。在某种程度上，由于该俱乐部与外界隔绝，反而使其免受迫害，因此比1905年创建的其他俱乐部存在时间更长。1907年9月，十月党人在莫斯科开办了俱乐部，1912年3月，又在列福尔托波增设了该俱乐部的分支机构。莫斯科俱乐部最有影响的行动便是在1908～1910年刊行了25期《"10月17日同盟"新闻》，虽然发行量不大，但是也影响了莫斯科的一众读者，扩大了十月党人的影响。尽管十月党人的俱乐部和杂志在莫斯科有一定影响，但是在莫斯科第四届国家杜马选举中，十月党人还是不敌立宪民主党，以败北告终。

自由主义党派介于立宪民主党与十月党人之间，也试图调解二者关系。他们也在莫斯科开办了独立俱乐部。1906年2月5日，自由主义者在综合技术博物馆举办了第一次全体会议，出席者达400人；莫斯科前市长 B. M. 戈利岑被推举为俱乐部主席团代表。1906年6月，莫斯科的自由主义活动家与圣彼得堡的中间派分子达成共识，在同年10月份共同创立了和平改革党。

---

① ГАРФ. Ф. 1820. Оп. 1. д. 1. л. 3, . 4; д. 9. л. 1 – 2; д. 8. л. 3 – 9; Отчет о деятельности С. – Петербургского клуба общественных деятелей с 1 ноября 1905 г. По 1 мая 1906 г. СПб. , 1906.

② 十月党的杜马代表及其中央委员会认为，1907年6月3日，第二届国家杜马解散是"建立宪法体制道路上令人悲痛的需要"（ГАРФ. Ф. 1820. Оп. 1. д. 15. л. 40）。

　　叶甫根尼·特鲁别茨科伊是独立俱乐部主席团的成员之一，他是著名的哲学家、早期立宪民主党党员。他认为要召开党外会议，邀请具有相近思想倾向（坚决反对破坏宪法自由的行径，致力于和平解决社会问题）的无党派成员参加。和平改革党的党员希望以同样的目标充分发挥社会活动家俱乐部的作用。第一届国家杜马解散后，社会活动家俱乐部召集 M.A. 斯达霍维奇、H.H. 利沃夫和 Д.H. 希波夫，向选民陈情，确定反对维堡号召，同时要求保留宪法体制且以后"不可动摇国家体制"。立宪民主党中央委员会派代表在俱乐部中发表声明，不愿采取此种行动。和平改革党希望在立宪民主党和十月党人之间架起沟通桥梁的行动以失败告终。1908 年 5 月，社会活动家俱乐部与独立俱乐部都是一党制俱乐部，因此未被关闭。但是中间派的杂志——《莫斯科周刊》被迫停刊，该杂志最初隶属于俱乐部，但后来逐渐脱离俱乐部，独立发展。[①]

　　右派在第三届国家杜马选举中与十月党人组成同盟，获得了选举胜利。右派在圣彼得堡同社会活动家俱乐部组建了右派和中间派俱乐部，在地方成员未出炉之前，争取其他党派的支持。但是，右派还是与中间派（十月党人）妥协了，尽管十月党人在杜马中处于下风，但是右派仍旧未获得十月党人的完全支持。来自哈尔科夫的十月党人 H.B. 萨维奇访问了右派和中间派俱乐部；他谈道，右派领导发表了"毫无敌意"的演讲。Л.A. 季霍米罗夫在一次大会上号召"追求右派的团结统一"，同十月党人结为同盟违背了斯托雷平的策略，应该反对"中间派联盟"，如此便会"产生更好的效果"。[②] A.A. 基列耶夫将军表示，"得知第二届国家杜马解散的消息后，右派欢欣鼓舞，他们互相祝贺，一边喝着香槟，一边发自内心地高唱颂歌，并向沙皇和斯托雷平拍了祝贺电报"。但是十月党人就十分失望，因为"国家

---

① Партии демократических реформ, мирного обновления и прогрессистов: Документы и материалы. 1906 - 1916. М., 2002. C. 76, 410 - 412, 436; Протоколы Центрального комитетаКонституционно-демократической партии. Т. 1. C. 49.

② См.: Савич Н. В. Воспоминания. СПб.; Дюссельдорф, 1993. C. 28 - 30; Из дневника Л. Тихомирова (Период столыпинщины) // Красный архив. 1935. № 5. C. 125.

将重返古代俄国的政治体制"。① 因此，
右派与十月党人的联盟注定无法长久。

右派和中间派的俱乐部持续到1907
年11月，与此同时，右派之间也产生
了分裂。起初，米哈伊尔·阿尔汉格尔
联盟从俄国人民联盟中分离，但是在这
种分裂的影响下，俄国会议仍是一个
"热衷于君主专制制度"的机构，其中
"不同流派的君主专制拥护者或离开，
或联合"。1911年11月，在俄国会议
中，俄国人民联盟的领导人 H. E. 马尔
可夫与来此做报告的 Б. В. 尼科利斯基
公然大打出手。在此之后，尼科利斯基
及其追随者被俄国会议除名，俄国人民
联盟也分裂为两个独立的组织。1914
年1月，俄国会议宣布，要彻底"重返

E. H. 特鲁别茨科伊：宗教哲学
家、法学家、政论家、莫斯科独立俱
乐部主席团成员

之前平静的工作状态"，也就是说，要改变目前的状态。②

在政党及其操控的俱乐部成立的最初几年，他们的活动违背了政府禁
令，但也是不得已而为之。1912年，自由主义归纳了中间探索路线失败的
经验，其中就包括在"所有组织"中推广个人结论的危害。B. M. 戈利岑在
日记中写道："当前俄国面临的状况十分罕见，可以这样讲，我们不尊重自
己的对手，既不尊重他们的意见，也忽略了自己的特性。似乎在清议中不表
明观点的人就是骗子，但是，若他人表明的观点与自己不一致，又觉得自己
受到了侮辱。我们对他人观点都采用两种评判标准——一种是同自己一致或
类似的观点，另一种是其他观点。这种矛盾的双重性会体现在观点、感受以

---

① OP РГБ. Ф. 126. T. 14. Л. 226.

② Правые партии：Документы и материалы. T. 2. M. ，1998. C. 54，98 – 105；T. 1. C. 11 – 12.

及行为方式等所有方面。"①

　　同时，同政党情况类似，合法的政治俱乐部也未取得成功。此类俱乐部的数量缩减了，剩余的俱乐部甚至成为非法或半非法的协会、会议和小组。1908 年，立宪民主党左派、民主改革党、人民社会主义党、劳动党、社会革命党、孟什维克与左翼无党派，在莫斯科成立了党派间小组。② 1908 年至1912 年，莫斯科左派企业主、帕维尔·里亚布申斯基领导的进步人士以及立宪民主党的知识分子（莫斯科与圣彼得堡的经济学家和哲学家）共同开办了"经济会议"，实现了实质意义上的交流。③ 这实际上也是一种俱乐部形式。两卷本汇编《伟大的俄国》中收录了"清议"的思想观点。

Д. И. 别布托夫：人民自由党中央俱乐部（立宪民主党）主席、共济会分会"北极星"的秘书和财务主任

　　共济会与党派间俱乐部十分相似。М. М. 科瓦列夫斯基倡议在俄国恢复共济会，作为联合党外反对派力量的组织。1906 年，Д. И. 别布托夫创建了第一个共济会；此后，"北极星"共济会成立，一些立宪民主党员及其杜马成员都参与其中；别布托夫将以前立宪民主党俱乐部的公寓专供共济会使用。④ 1912 年起，俄国的共济会与国外共济会分道扬镳，联合组成了"俄国人民的伟大东方"。自由主义者认为，共济会的创建应当同以往一样，要暗中进行，但是要抛弃传统的仪式规矩（仅保留座谈一项）；政治共济会应当基于统一的

---

① ОР РГБ. Ф. 75. Т. 30. Л. 414 об – 415.

② Письма П. Б. Аксельрода и Ю. О. Мартова. Берлин，1924. С. 185 – 186.

③ См. : *Вест Дж. Л.* Буржуазия и общественность в предреволюционной России // История СССР. 1992. № 1. С. 194；*Петров Ю. А.* Династия Рябушинских. М.，1997. С. 81 – 84.

④ См. : Николаевский Б. И. Русские масоны и революция. М.，1990. С. 134.

道德标准，不同政治共济会也要友好相处，协调不同党派之间的活动。立宪民主党中央委员会及其共济会成员 H. B. 涅克拉索夫表示："共济会不追求人数，是以道德和政治标准选择成员，而不是通过聚集大批成员对政府施加影响。"[1] 共济会可以促使内部成员进行各种思想交流并互相妥协，不会产生各执己见、异常狂热的状况。在此情况下，各党派可以保留自己的决议并遵行自己的纪律办事。

杜马共济会格外引人注目。杜马共济会的成员是 1912 年第四届国家杜马选举的反对派成员，共有 14 名，他们中有立宪民主党党员、进步主义人士、孟什维克和 1 名劳动党党员（A. Ф. 克伦斯基）。他们中有 6 名进入了共济会的高等会议，高等会议主席是进步主义人士 И. H. 叶夫列莫夫。杜马共济会成立前，这些成员已经参加过其他共济会的工作。在第四届国家杜马中，杜马共济会的成员积极支持各种不同的意见，希望自己的要求可以列入质询（最低要求 30 票）。杜马成员也经常进行意见交换，但是并未达成任何共识。历史学家 C. П. 梅利古诺夫表示："若要借助杜马共济会的影响，俄国社会并不能达成政治团结……但是共济会在组织社会沟通方面确实也取得了一些成果。"[2] 但是，杜马共济会并未达成其主要目标——促使自由主义党派和反对派达成共识；如此一来，无法迫使政府全面兑现 10 月 17 日诏书的承诺。

因此，杜马共济会便把目标转向了党外合作。1905 年秋，C. Ю. 维特政府的人民教育部大臣 И. И. 托尔斯泰在圣彼得堡家中开办了平权与友谊政治小组，众多官员、学者、社会活动家、记者都参与其中。托尔斯泰伯爵的观点与和平改革党代表（包括 M. M. 科瓦列夫斯基）更为接近，与进步主义观点也较为类似。进步主义者表示，无论是极左派还是极右派，持有各种政治观点的代表都可以加入该政治小组。И. И. 托尔斯泰反对排犹主义刊物《新时代》大力煽动种族仇恨的行为，对立宪民主党刊物中宣扬的思想也极为反感；同时他认为立宪民主党只是一个"憎恨政府"的团体。1907 年 5

---

[1]　Из следственных дел Н. В. Некрасова 1921, 1931 и 1939 годов // Вопросы истории. 1998. № 11 – 12. С. 38.

[2]　Мельгунов С. П. На путях к дворцовому перевороту. М., 2003. С. 181 – 182.

月，И. И. 托尔斯泰认为，俄国人民拥有平等的权利，因此人民要有公平正义，也需要所有人民运用思想和文化力量，保证自身的人身、思想、言论自由不受侵犯。他也就此提出了政治小组的政纲呈文。呈文号召学校、法庭等各种机构团结在祖国周围，以道德原则对抗反人类行径。他与政治小组的其他成员在演讲和刊物中都批评政府歧视犹太人、强制推行大俄罗斯化等民族主义政策。① 1910 年 5 月，里加开办了自由主义俱乐部，也进行了类似政治小组的活动；俱乐部提出，里加的本地居民应该享有国家杜马、城市与社会机构的选举权。②

大学生群体也发挥了作用。他们组织了同学会、科学和文化启蒙小组，但是政治性小组的比重有所下降。他们也在圣彼得堡、莫斯科、基辅、敖德萨、华沙组织了学联俱乐部，这些俱乐部于 1908 年 10 月并入了学联同盟。尽管学联同盟宣布是非政治性组织，但是依旧与君主立宪党派有所接触。学联俱乐部得到了君主立宪党派与内务部的赞助，也帮助 В. М. 普里什克维奇组织了一些会议。每个存在高校及资助者的地区都有这种俱乐部。莫斯科学联俱乐部共有 129 名成员，敖德萨有 350 名。此外，大学生中的保守分子的比重不超过 1% ~ 3% 。③

随后，俄国又出现了民族主义俱乐部。这种俱乐部最早出现在基辅（超过 700 名成员），其次出现在其他城市——莫斯科、里加、喀山、沃罗涅日、顿河畔罗斯托夫（每个俱乐部平均 500 名成员）。1909 年 11 月，全俄民族主义俱乐部在圣彼得堡宣告成立（成立之初已有 400 名成员），Б. А. 瓦西里奇科夫担任主席。全俄民族主义俱乐部号召地方俱乐部融入全俄民族主义联盟，组建政党，支持斯托雷平政府的政策。全俄民族主义联盟宣称自

---

① 见：*Ананьич Б. В. ，Толстая Л. И. И. И. Толстой и «Кружок равноправия и братства» //* Освободительное движение в России. Вып. 15. Саратов，1992；*Ананьич Б. В. И. И. Толстой* и петербургское общество накануне революции. СПб. ，2007.

② ГАРФ. Ф. 102. 4 д – во. 1910. Д. 37. Ч. 9. Л. 1 – 3；Русское слово. 1910. 8 мая.

③ 学联俱乐部兼有物质和精神支持的双重作用，对于外地学生而言格外重要。见：*Иванов А. Е. Студенческая корпорация России конца XIX—начала XX века：опыт культурной и политической самоорганизации.* М. ，2004. С. 351 – 372.

己是俄国民族主义的代言人，是刨除了反对派的纯粹的民族主义联盟。新党思想家、记者 M. O. 孟什科夫认为，"全俄民族主义俱乐部应该成为俄国民族主义的中心，民族主义者应每日在此会面、交换意见"。该俱乐部希望成为一个无党派组织，协调右翼中间派和十月党人之间的关系。但是这种想法最终未能奏效，因为民族主义者不能真正保证同极右派断绝往来（极右派的民族主义者也不能同意）。俄民族主义俱乐部未能维持创立之初的成员人数，虽然吸引了一批拥护者，但是依旧比其他俱乐部的人数低得多。此外，喀山的俄国民族主义俱乐部的成员会费难以维持俱乐部的运作，于是开始召集具有一定财产能力的会员。俱乐部管理处的 18 名会员有一名皇室侍从长、一名杜马成员、两名近卫军军官、一名皇宫军官、一名贵族（也是报刊编辑）、四名教授、一名律师、五名商人和一名官员。①

И. И. 托尔斯泰：帝国艺术研究院副院长、人民教育部大臣（1905～1906 年）、圣彼得堡—彼得格勒的市长（1913～1916 年）——照片拍摄于 1914 年

当立宪民主党的俱乐部被封禁时，右翼刊物十分赞成这种镇压手段，却诧异为何莫斯科文学—艺术小组得以保留。文学—艺术小组是由一批极富创

---

① См. : *Хэфнер Л.* «Храм праздности»: ассоциации и клубы городских элит в России（на материалах Казан 1860 - 1914 гг.）// Очерки городского была дореволюционного Поволжья. Ульяновск，2000. С. 492 - 493.

造力的知识分子组成的，在莫斯科极负盛名，右翼命名其为"宪法帮大本营"或者"革命老巢"。① 但是文学—艺术小组并未屈服于镇压，此外，小组也并非完全不涉足政治；莫斯科与各省政府以自愿捐款的形式对小组横征暴敛，但最终也未能使其瓦解。

文学—艺术小组正式成立于 1899 年。1905 年，在莫斯科所有俱乐部中，文学—艺术小组拥有最豪华、气派的办公楼。小组汇集了一批文学家、演员、艺术家、音乐家、学者、社会活动家、慈善家和收藏家，但是小组并不单纯从事文艺活动。最初，小组的领导人是戏剧演员、剧作家 А. И. 苏穆巴多夫-尤任，1909 年之后，В. Я. 勃留索夫接替了这一职务。1901 年，小组实际成员共有 234 人，其中包括 86 名创始人（35 名妇女）。1915 年至1916 年，实际成员及其候选人共有 465 人，预备人选共有 335 人（其中包括医生、律师），之后成员人数的增加速度更快。②

早在文学—艺术小组创建之前，小组的创始人已经表明了要采取宽容的方针，他们认为小组要促进文学、绘画、音乐和戏剧的发展，保障其利益。小组成员的政治倾向更接近自由主义，但是并未转变为实质性的政治支持，也未把小组组织成一党制俱乐部，而只是知识分子交流的组织。第一次俄国革命期间及其之后，小组中持不同政治观点（除保守主义）的演说家开始发表演讲，例如，君主立宪党派的活动家领袖 И. И. 沃斯托尔科夫就在此演讲。小组不定期举办会议，也派生了新的组织——作家小组、苏里科夫小组、自由美学小组、期刊与文学小组，共有 30 个组织。艺术领域的现实主义者与现代主义者也在此进行了激烈的辩论。在一些纪念性的庆祝活动中，小组中一些成员也表明了自己的政治观点。例如，俄国著名的自由主义报刊——《俄国公报》的 50 周年创刊纪念（1913 年）、Т. Г. 谢甫琴科（乌克兰禁止公开提及此人）100 周年（1914 年）诞辰纪念晚会。

---

① День. 1906. 21 ноября.
② 小组的全年预算为 25 万卢布，超过县城的平均预算金额。小组的人员将近 100 名。См.：*Розенталь Е. И.* Московский литературно-художественный кружок: Исторический очерк. 1898 – 1918 гг. М.，2008. С. 30，63，69 и др.

关于"俱乐部与赌博活动",1905年,苏穆巴多夫－尤任表示:"我并不反对在小组中娱乐,这是不可避免的,小组成员需要娱乐消遣,这会令他们愉快,但是这要在不影响他人的前提下进行,同时,娱乐也不能占用工作时间,要积极谋求发展。"[1] 关于这个问题的讨论反反复复,但是经验表明,若要在俱乐部中"禁止纸牌和饮酒"(K. C. 斯坦尼斯拉夫斯基也极力提倡)并不现实。

小组"高级任务"最为成功的便是收集的藏品:1909年至1910年,小组图书馆收录了15.5万册图书和59种期刊;艺术藏品,其中包括小组成员 B. A. 谢罗夫、C. B. 马柳京、Л. O. 帕斯捷尔纳克的肖像画,H. A. 安德烈耶夫、A. C. 戈卢布金娜等人的雕塑;俄国文化活动家展出的发言手稿。1913年,小组开始出版杂志《公报》。小组的收入也用于对机构、社团、学术机构进行经济资助,资助对象包括准备向演艺、艺术行业进军的年轻人,还有一些期刊等。小组就曾援助莫斯科艺术剧院,支持其演员进行出国巡回演出。15年间,小组的慈善捐款金额高达20万卢布(莫斯科商人俱乐部在60年间用于慈善事业的金额只有48.5万卢布),此外,也为各种机构无偿提供场地。第一次世界大战期间,小组同其他俱乐部一样,开办了医院,在地方自治机构和城市联盟的帮助下,积极救助难民和战俘。[2]

1906年至1907年,俄国出现了工人俱乐部。这些俱乐部与其他俱乐部的主要发展轨迹有所不同。这些工人俱乐部的名称通常不显眼,一般以文化启蒙俱乐部的形式进行登记:"教育""科学""真理与知识""知识""理智娱乐协会"等。工人俱乐部并未效仿其他俱乐部保障人民言论自由的一套,他们认为这在某种程度上是"贵族老爷似的"文化。此外,由于工人俱乐部的成员会费极低,所以基本上杜绝了赌博的物质可能性,也不进行慈善募捐活动。工人俱乐部也并非全体会员缴纳会费,因此办公空间都相对有

---

① Известия Литературно-художественного кружка. 1916. № 14. C. 13, 16.

② *Розенталь Е. И.* Московский литературно-художественный кружок: Исторический очерк. 1898 – 1918 гг. M. , 2008. C. 44 – 46, 58 – 61. Московское купеческое собрание … C. 53 – 54, 55 – 57.

文学一艺术小组为纪念《俄国公报》建刊 50 周年而举
办的隆重集会——1913 年 10 月 20 日《星火报》的报道

限。1908 年，圣彼得堡共有 12 个工人俱乐部，成员人数高达 1 万人；但是
至 1912 年，只剩下 9 个俱乐部，成员共有 1800 人。其他大城市的情况大体
类似。1913 年，工人俱乐部成员数量开始增长，但是一战爆发后便被迫中
止。① 笔者十分清楚 1907 年至 1912 年圣彼得堡"知识"协会的活动，因此
可以断言，众多合法的工人组织可以持续存在是十分罕见的现象："圣彼得
堡几乎没有比它们持续时间更长的组织，因为很多组织通过暴力被强制解
散，有的组织是解散后再次出现，但最终依旧是宣告解散。"②

---

① См. : *Левин И. Д.* Рабочие клубы в дореволюционном Петербурге. М. , 1926. С. 37.
② ГРАФА. Ф. 1667. Оп. 3. Д. 9066. Л. 1.

当时的人对工人俱乐部表现出极大的兴趣——这是工人求知欲旺盛的结果。历史学家 С. Г. 斯维亚季科夫在一次讲座中对 Г. В. 普列汉诺夫表示："我们很难想象工人是如何追求成立俱乐部的，也清楚警察对工人俱乐部的干扰。在这种情况下，工人俱乐部的数量与日俱增；它们在圣彼得堡的发展还相对容易，在地方省份却更加困难。"① 但是工人俱乐部的困难远非如此简单。工人俱乐部的成员来自社会底层，工作辛苦、物质缺乏、空闲时间不足，此外，工人俱乐部的成员还要负责征询意见。后来，工人俱乐部只有少数人负责这项工作，这类工人通常被称为"工人知识分子"。②

极具政治色彩的"文化至上主义"在工人俱乐部中占据优势。关于社会主义、自然科学、历史文学相关议题的讲座在工人俱乐部中十分受欢迎；工人俱乐部也举办音乐晚会、博物馆参观和戏剧欣赏等活动。众多工人俱乐部在规章中宣称，他们的目标是促使工人文化水平和道德素质的双重提升。工人俱乐部在发展中也受到了激进党派的影响，例如社会民主工党，但是这些工人依旧需要"资产阶级"讲师。工人俱乐部图书馆收录的书籍是"按照相关党派的推荐进行选择，但是也受到警察机构的限制"。③ 警察机构假托违禁书籍之名，查封了一些工人俱乐部。例如，"科学"俱乐部的图书馆（В. Д. 邦奇 - 布鲁耶维奇创建）共有藏书 3000 册，其中 40 卷涉嫌违禁，因此俱乐部被查封；这些所谓的违禁书籍大多刊行于 1905 年至 1907 年。④

1914 年，年轻工人 М. Д. 察列夫注意到了俱乐部的积极分子，他在给其友人的信中写道，"年轻的工人经常参加展览会、音乐会，也经常去观看戏剧……同时也会参加示威游行、辩论会和罢工"，但是合法的组织并不能

① РГАСПИ. Ф. 377. Оп. 13. Д. 9066. Л. 29139；Архив «Дома Плеханов». В. 385. 1. Л. 2.
② 这个等级是理想化、职业性的知识分子，他们追求不一且没有明显的特征。См.：Колоницкий Б. И. «Рабочая интеллигенция» в трудах Л. М. Клейнборта // Интеллигенция и российское общество в начале XX века. СПб.，1996. С. 114 – 138；Рабочие и интеллигенция России в эпоху реформ и революций. 1861 – февраль 1917 г. СПб.，1997. С. 77 – 95，166 – 194，198 – 200，209 – 212，232 – 233 и др.
③ Протоколы V Всероссийской конференции РСДРП // Кентавр. 1994. No 6. С. 113；РГАСПИ. Ф. 377. Оп. 1. Д. 411. Л. 21.
④ Звезда. 1911. 5 ноября；РГАСПИ. Ф. 91. Оп. 1. Д. 131. Л. 29 об.

彼得格勒的利果人民宫——照片拍摄于 1910 年代

满足他们的要求，因此，他们更倾向于参加"地下组织"。同时，工人积极融入人民文化宫创造的文化，这种文化比企业家、慈善家与自由主义知识分子创建的俱乐部的文化要更加多样、更具生命力。工人俱乐部的组织者认为，工人们感觉自己"并非只是钳工、印刷工人或其他工厂的附庸，首先是一个人"，这是因为"政治梦想与浪漫主义在群众文化中并不占据主流地位"。但是，这些机构的访客也并非都接受了这种文化。工人们创建了附设人民文化宫的文学小组，刊行了布尔什维克、孟什维克、社会革命党的一系列报刊，这些刊物在人民文化宫的工人之间广泛流行，他们也积极讨论刊物的相关内容。①

　　布尔什维克的《真理报》号召读者提高文化修养，要求他们不能仅满足自己的审美需求，同时要"养成文明习惯"，追求达到"基本目标"（指俄国社会民主工党政纲中所提出的目标）。读者认为，哪怕在社会文化和政

---

① См. : *Розенталь И. С.* Графиня Панина и Алексей Маширов // Долг и судьба историка: Сборник статей памяти доктора исторических наук П. Н. Зырянова. М. , 2008. С. 248 – 249，252 – 253.

利果人民宫图书馆中的读者——照片由 K. 布尔拍摄于 1913 年

治领域，他们也优于知识分子，对"资产阶级"文化嗤之以鼻。[1] 尽管俄国社会民主工党的影响与日俱增，但是它的俱乐部和小组中仍是"党外"工人成员占多数。基辅俱乐部的管理层担心俱乐部被迫关闭，因此禁止宣传社会主义，这引起了一些工人的不满（"俱乐部的成员不允许谈论社会主义，那要他们做什么？在俱乐部赌博吗？"[2]），但是其他人对此表示赞成，他们认为，俱乐部可以提高他们的文化教育水平，改变他们的社会地位，此外还可以接受教师以及农学家的专业性建议。

孟什维克对工人俱乐部影响颇深。孟什维克认为，工人合法的机构、工会和俱乐部可以为未来按照西欧模式建立工人政党积蓄力量。一战前夕，布尔什维克对工人俱乐部的影响加深，这些"真理捍卫者"[3] 与工人建立了新的革命友谊，他们认为可以在短期内解决所有问题。

布尔什维克反对家庭式的宗教信仰，但不反对工人的正规教堂。他们中

---

① Путь правды. 1914. 12 апреля：ГАРФ. Ф. 102 ОО. 1913. Д. 5. Ч. 46. Лит. Б，прод. Л. 10 – 10 об.

② Социал-демократ. 1911. 1（14）сентября.

③ 1912 年至 1914 年间，《真理报》出版初期对布尔什维克的别称。——译者按

一些最为激进的人士甚至将"解放自由"与传教结合在一起，宣称"以上帝的名义进行革命"，反对"邪恶的机构和法律"。圣彼得堡的"殉难者"工人俱乐部每年1月9日都会定期举行会议。1912年，类似的小组团体还出现在莫斯科、下诺夫哥罗德及其他工人活动中心。①

工人俱乐部及其他类似独立组织的经验表明，在物质和精神条件极度匮乏的条件下，文化启蒙运动克服了所有障碍，在底层城市居民中引起了巨大的反响；但是这种经验也表明，教育并不能缓和社会矛盾，既不能消除政治差异，也不能促使激进派与自由主义达成共识，对于激进主义党派内部的斗争也无能为力。

同以往一样，中央与地方政府对于任何形式的社会首创精神都避之不及。1908年11月29日，内务部规定，讲座申请的审核不仅要考虑其主题，还要关注演讲者的个人情况和生平经历。工人俱乐部首当其冲，另外，甚至是完全非政治性的飞行员协会、足球协会、世界语协会都深受其害。右翼刊物直接建议政府"禁止有创造性的社团出现"，而自由主义则认为，政府的监督"过于严格且无休无止"，逼迫社会力量只能转入地下活动。政府迫害社会组织的罪行证据确凿，这也从一个侧面说明了国家体制改革已经势在必行，是不可逆的过程。在宣布自由联盟及其他自由权利后，П. Б. 司徒卢威对于俄国政治活动的困难进行了解释："宪法已经产生，但是人民的法律意识还未成型。"自由主义中间派的 В. А. 马克拉柯夫对于19世纪60年代改革（尤其是1905年后出现的社会组织）做了形象的比喻。他认为，这些协会组织如同"小小的泳池，我们只能从中学会如何浮水，我们希望能在海洋中遨游，但政府能提供给我们的只是一汪泳池"。②

---

① ГАРФ. Ф. 102, 4 - е д-во. 1910. Д. 398. Л. 1 - 2, 40；*Панкратов А. С.* Ищущие Бога：Очерки современных религиозных исканий и настроений. М., 1911；*Шагинян М.* Человек и время // Новый мир. 1975. № 3.

② Цит. по：*Струве П. Б.* Patriotica. Политика, культура, религия, социализм. М., 1997. С. 155；«Совершенно лично и доверительно!» Б. А. Бахметев-В. А. Маклаков. Переписка. 1919 - 1951. Т. 3. М., 2002. С. 440. См.：*Туманов А. С.* Общественные организации и русская публика в начале XX века. М., 2008. С. 23 - 27.

后来，尽管社会经济逐渐实现了现代化，国家的整体面貌也焕然一新，但是政治俱乐部的文化却依旧散发着古代俄国的气息。圣彼得堡的俱乐部及其类似组织相继被查封关闭，不过沙龙的法律地位却未受影响。沙龙一般是小范围贵族等级的组织。这些贵族（包括大公在内）社会地位极高，十分熟悉政府事宜，可以通过自身关系影响政府政策或沙皇决定。"不负责任的政治力量"（佞臣）持续盘踞在国家宪法体制改革中，致使政党力量不足，议会制体系残缺。当时，一些具有独立政治观点的人客观评价了贵族沙龙及其类似组织的作用。官员 H. Ф. 布尔图科夫表示，将军 E. B. 波格丹诺维奇的沙龙就经常代表中央的圣彼得堡帆船俱乐部主力参加比赛，屡摘帕尔马比赛桂冠（布尔图科夫参观过这两个组织，他的评判有理有据）。君主主义思想家 Л. A. 季霍米罗夫认为，普通人很难接触到高等机构、高层政府和杜马，但是沙龙的"巨大影响笼罩了整个宫廷"。消息灵通的 B. M. 戈利岑（秘密的谋士和侍从官）认为宫廷和沙龙在某种程度上"弥漫着令人作呕的气息"，而这之中却培养着"我们的国务活动家"；他认为，他们不学无术，"不仅通过职务谋求利益，他们的行为也影响到了整个文化环境"。①

保守主义的俱乐部和沙龙人员很多来自社会上层，他们热衷于散播当权等级间的"传闻"。沙皇及其皇后、斯托雷平对"俱乐部"十分熟悉；不过，所谓的"传闻"组织并没有太大的意义，也没有形成独立的社会观点。② 值得注意的是，波别多诺斯采夫是"传闻"组织形式进入保守主义的始作俑者。政府与右派对大多数"传闻"都不予承认，要求通过"组织质询"的方式向人民辟谣，力证清白。③

第一次世界大战之前，B. П. 梅谢尔斯基大公和 E. B. 波格丹诺维奇将军领导的两个沙龙影响最大。这两个沙龙都创建于 19 世纪 70 年代，一直存

---

① Цит. по: *Студенской-Бурдуков Н.* Отклики пережитого // Иллюстрированная Россия. Париж, 1939. № 27. С. 23; Дневник Л. А. Тихомирова. 1915 – 1917 гг. М., 2008. С. 111; ОР РГБ. Ф. 75. Т. 30. Л. 438 – 438 об.

② См.: Коковцов В. Н. Из моего прошлого: Воспоминания 1903 – 1919 гг. Кн. 1. М., 1992. С. 173 – 174, 182.

③ Московские ведомости. 1913. 22 августа.

帝国帆船聚集在一处，庆祝圣彼得堡建城 200 周年——照片由 K. 布尔拍摄于 1903 年 5 月

在到 1914 年，直至两名领导人逝世。梅谢尔斯基沙龙创立之初是文学性质的沙龙，常客有 А. К. 托尔斯泰、Ф. М. 陀思妥耶夫斯基、А. Н. 迈科尔、Н. С. 列斯科夫、А. Н. 奥斯特洛夫斯基、А. Н. 阿普赫金及其他知名作家；70 年代末期开始，沙龙逐渐带有政治性倾向。梅谢尔斯基沙龙的报刊《公民》虽出版量不大，不过尼古拉二世是其忠实读者。梅谢尔斯基的沙龙对政府也产生了一定的影响，除此之外，沙龙的成员经常给沙皇呈文、做报告或写信，最终促成了梅谢尔斯基与沙皇本人的会面。尼古拉二世的皇后也称梅谢尔斯基为"助手"或"谋士"。梅谢尔斯基大公希望保留"俄国传统体制"，将国家杜马转变为法案研讨机构，协助尼古拉二世政治机构的工作。他虽不予承认广泛流传的说法（梅谢尔斯基是一名无原则和无道德之人），但是他确实私下结交了很多大公。

虽然 Е. В. 波格丹诺维奇是不折不扣的伪君子，但他确实能够影响政府，尤其是通过他沙龙的常客——皇宫管理长官 В. А. 杰久林（1908 年至 1913 年在任）。波格丹诺维奇及其妻子组建的沙龙与梅谢尔斯基的沙龙在思想上大同小异（差别在于：波格丹诺维奇不排斥波兰人和犹太人，希望与德国维持良好的关系，希望联合起来反对拉斯普京）。据当时人描述，波格丹诺维奇公寓的客厅和办公室都挂满了圣像。每日早餐、午餐时分，平均有15~20名拜访者，其中不乏君主立宪党派的知名活动家；波格丹诺维奇对这些访客给予保护和优待，这在其递交给沙皇的信件中可以得到证实。从波格丹诺维奇妻子的日记中可以窥见他"对于历史及后代的责任心"。波格丹诺维奇同梅谢尔斯基一样，举办了很多会议，利用自己虔诚的东正教信仰，频频同高官、沙皇接触。

梅谢尔斯基每周都召开会议，与会者也会参加波格丹诺维奇的沙龙，因此两个沙龙之间形成了互相影响的关系。梅谢尔斯基在《公民报》中赞扬波格丹诺维奇的热情好客，表示不论访客持有何种政见，波格丹诺维奇都真心款待，也促成了不同政见访客的合作。这两个沙龙共同合作，将其右派活动家（Н. А. 马克拉柯夫、А. Н. 赫沃斯托夫、И. Н. 托尔马乔夫等人）安插在高等职位上，通过阴谋排挤其他活动家、削弱其政治地位。尽管这两个沙龙也会

В. П. 梅谢尔斯基：作家、政论家、《公民报》的出版人、侍从官

指摘政府的主要政策（例如斯托雷平的政策），但仍然获得了政府的财政支持。①

沙龙有影响力的成员也会拜访一些贵族俱乐部，同其活动家进行事务性的秘密会面，沙龙成员与这些俱乐部成员交往不深，只是出于政治"需要"；同时，他们（沙龙与贵族俱乐部的成员）也在政府的帮助下创建了俄

---

① См.：*Стогов Д. И.* Правомонархические салоны Петербурга-Петрограда（конец XIX—начало XX века）. СПб.，2007. С. 35 – 188.

国人民联盟。Г. О. 拉马赫将军在日记中记载道，1905 年 12 月 6 日，他的
长官尼古拉·尼古拉耶维奇大公在贵族俱乐部中与俄国人民联盟的领导
А. И. 杜布罗温斯基、П. Ф. 布拉塞尔、А. А. 迈科维进行了秘密会面，大
公许诺他们将召开一次与沙皇的会议，果不其然，很快如愿以偿。① 不少高
官不愿加入这类组织，他们总是轻蔑地拒绝。比如，自由主义改革的拥护者
И. И. 托尔斯泰则邀请了一些上层活动家，参加了帆船俱乐部。②

　　第一次世界大战前夕，当时的人对俱乐部在俄国社会生活中的地位各有
看法。作家 И. Г. 波波夫在莫斯科商人俱乐部的庆祝会上表示，应该留意俱
乐部的要求："当下，俱乐部在俄国城市社会生活中起着至关重要的作用，
已经在历史上留下了浓墨重彩的一笔。"③ В. В. 沃多沃佐夫的观点十分切合
现实。他指出，"以往，俱乐部并未得到推广，在社会生活中的影响也微乎
其微，不过是一个玩纸牌的地方而已"，后来，"俱乐部"一词却经常引起
人们的反感，不过"1905 年出现的政治俱乐部均已消失"。В. В. 沃多沃佐
夫指的显然是自由主义和社会主义党派的俱乐部；尽管保守主义及其类似的
俱乐部在地方上并不少见，但并未引起他太大的反感。沃多沃佐夫又对
"俱乐部"一词做了进一步的补充说明：应该保存一些启蒙教育类的组织和
工人、售货员类型的协会，其他俱乐部应该"一应取缔"，同时，也应创建
与"俱乐部有很大相似之处"的共济会。④

　　Е. Д. 库斯佐娃对于人民创建的社会组织（包括俱乐部在内）的前景持
有十分悲观的看法。1905 年，她倡议积极建立合法的社会组织，但是并未
成功。1912 年，库斯佐娃写道，俄国中下层公民数量庞大，但是他们并不
团结，也没有统一的观念和保证共同行动的组织。⑤

　　一战伊始，保守主义和自由主义的俱乐部都积极投身反德运动，抨击

---

① Дневник Г. О. Рауха // Красный архив. 1926. № 6（19）. С. 84，88 – 90，94；Дневники
императора Николая II. М.，1991. С. 294，295.

② См.：*Толстой И. И.* Дневник. 1906 – 1916. СПб.，1997. С. 30.

③ Московское купеческое собрание… С. 9.

④ *В［одовозо］в В.* Клуб // Новый энциклопедический словарь. Т. 21. Пг.，［1914］. С. 918.

⑤ Современник. 1912. № 5. С. 266 – 268.

俄国的割地计划；这种行为有时只是为了自保。不过，社会活动家希望俱乐部地位能够更加稳固。1915 年 1 月，俱乐部的一份报告批判德国和奥匈帝国干扰俄国在博斯普鲁斯海峡和达达尼尔海峡自由航行，同时指责英法长期对俄 "虎视眈眈"，认为他们 "只是单纯站在德国一方，守卫土耳其"。①

彼得格勒的沙龙和某些俱乐部一直发挥着政治作用，在活动中也未遇到障碍。这些组织在很大程度上继承了梅谢尔斯基和波格丹诺维奇沙龙的特点，在人员构成以及活动方法上也十分相似。A. A. 勃洛克认为，在这些组织中，"右派政党发生了巨大的变化"，他们一般 "通过私人关系或向沙皇呈文" 来处理事务，而且只有当政府对其资助降低时，他们才会反对政府。② 这些俱乐部和沙龙成为政治消息的策源地。内务部的官员 Л. К. 库曼宁表示，虽然沙龙中 "不时传出无稽之谈"，但是 "哪怕是极为细微的政治变动，他们都能正确敏锐地感知到"。③ 这些组织也涉及战争相关的议题，在战争期间更具现实意义，同时涉及关于政府执政能力及其稳定性的问题。一些外国大使希望揭示在不同情势下俄国贵族上层的思想倾向，于是就想拜访这些俱乐部和沙龙。

法国驻俄国大使莫里斯·帕里奥洛克注意到，战争初期保守主义高层，尤其是帆船俱乐部的成员一般都是亲德派，但是后来他们意识到德国和奥匈帝国用实际行动侮辱了整个斯拉夫世界；这种现实对于君主立宪制党派而言是个致命的打击。因此，君主立宪制党派希望复辟 1905 年前的君主制，解决当下的战争危机。1916 年 5 月，帕里奥洛克听到了帆船俱乐部的一段对话，"若杜马不解散，那么我们就解散"；这是因为他们认为 "沙皇政府必须建立在纯粹的莫斯科东正教基础之上"。特维尔省长（被刺身亡）的孀

---

① *Захаров Н. А.* Система русской государственной власти. М. , 2002. C. 339.

② См. : Блок А. А. Сбор. Соч. Т. 8. М. , 1936. C. 154 – 155. 20 世纪，"政党" 一词的使用更为广泛，勃洛克注意到了所有的君主立宪组织。1917 年，勃洛克担任临时政府特别侦讯委员会的秘书，在此期间研究了委员会的相关资料并得出了结论。

③ Донесения *Л. К. Куманина* из Министерского павильона Государственной думы, декабрь 1911—февраль 1917 года // Вопросы истории. 1999. № 7. C. 8.

妇——C. C. 伊格纳季耶娃所领导的沙龙引起了帕里奥洛克的兴趣。这个沙龙早期与 E. B. 波格丹诺维奇的沙龙有联系。据法国大使帕里奥洛克所言，这里经常举行"文化精神交流""君主专制和神权国家黑帮拥护者集会"，其中包括至圣主教公会的全体成员。[①] 伊格纳季耶娃·拉斯普京及一些黑帮活动家经常光顾该沙龙。有人认为，伊格纳季耶娃的沙龙为拉斯普京进驻沙皇皇宫铺了一条平坦的大道。此外，H. Φ. 葛伊甸成立的小组与该沙龙有极大的相似之处。

在 1906 年国家基本法修订的过程中，雅罗斯拉夫尔前省长 A. A. 里姆斯基–科萨科夫创立的小组（成立于 1914 年秋）对恢复君主专制制度的提议展开了全面的讨论；之后该提议也在 Б. B. 施秋梅尔的沙龙（成立于 1905 年）中进行了论证。A. A. 里姆斯基–科萨科夫的小组中由保守主义官僚、君主立宪制党派活动家、国家议会右翼成员组成；一些大臣也会拜访这个小组。小组通过一些活动家（这些活动家是小组影响沙皇的重要筹码，包括前任内务部大臣 H. A. 马克拉柯夫、下一任首相 H. Д. 戈利岑等人）将内含对政府建议和具体行动规划的呈文递交给沙皇、皇后和大臣。这些活动家也参与了呈文的起草工作，他们建议，要压制革命运动和自由主义反对派，同时要与立场不坚定的右派分道扬镳。一些大臣（例如 A. A. 波利瓦诺夫和 Π. H. 伊格纳季耶夫）也持有类似的观点，他们也完善了这个呈文的内容。后来，A. A. 里姆斯基–科萨科夫进入了俄国会议的管理委员会，不过仍旧坚持小组的政治活动。

其他的右翼沙龙和小组也有类似的思想倾向，追求在不同层面上影响政府的政策及官员的任免。这些组织中有一个是成立于战前，其他都是在战争过程中成立的。他们对于拉斯普京的态度各有不同，有时也互相进行阴谋活动。圣彼得堡也成立了许多组织——Π. A. 巴特马耶夫的藏医小组、官员 H. Φ. 布尔图科夫（其教父为梅谢尔斯基）的小组、大公 M. M. 安德罗尼科夫的小组、记者 И. Φ. 马纳谢维奇–马努伊洛夫的小组、C. Д. 舍列梅捷

---

① *Палеолог М.* Царская Россия накануне революции. М. , 1991. C. 72，109，316，422.

夫的小组；这些小组也持有类似观点，但是比莫斯科的沙龙和小组（保守主义历史学家 C. H. 科洛格尼沃夫的沙龙、Ф. Д. 萨马林的小组）的影响要小。Л. A. 季霍米罗夫表示，Ф. Д. 萨马林小组的"目标是成为俄国贵族自由交流社会观点的中心"。①

战争期间，除了保守主义组织，还成立了自由主义和自由主义党派间的小组。1916 年至 1917 年，这些组织在国家杜马中成立了进步主义联盟。此外，组织了"俄国人民伟大东方"的共济会，也成立了一些其他新的共济会，接收了新成员。1916 年夏，"兄弟会"进行了最后一次代表大会。在此期间，共济会希望能够协调自由主义和社会主义党派之间的活动，但是最后并未获得实际进展。1916 年 4 月 6 日，C. H. 普罗科波维奇与 E. Д. 库斯科娃共济会联名推出了一份符合自身利益的大臣清单（其中之一便要求改善临时政府的人员构成状况）。②

1916 年 5 月，不同政党组成了进步活动家小组（主要是进步主义者，不过也包括十月党人、立宪民主党人、民族主义者、孟什维克和社会革命党右翼）。小组由法学家 M. П. 丘宾斯基领导，主要在 M. П. 费多罗夫和 H. Д. 舒宾 - 波兹涅耶夫的公寓集会。杜马成员 И. H. 叶夫列莫夫、E. П. 科瓦列夫斯基、B. A. 列夫斯基、П. H. 米留可夫、A. Ф. 科连斯基等人积极参加小组的报告、辩论。M. 高尔基在小组中所做的"失败的趋势"的报告，遭到了"各种激烈的反对"。小组希望能够形成议会内外的反对派。但是，进步主义联盟中的进步主义者中止了与立宪民主党和十月党人的合作。二月革命前夕，小组的会议中没有任何报告，交流也仅仅涉及当时的局势问题。③

1916 年末，不仅是自由主义小组，甚至连贵族俱乐部都开始加入批判

---

① Дневник Л. А. Тихомирова 1915 – 1917 гг. С. 297 и др.
② См. : *Милюков П. Н.* Воспоминания. М. , 1991. С. 442 – 443.
③ Партии демократических реформ, мирного обновления и прогрессистов … С. 387; *Чубинский М. П.* Год революции (1917) (Из дневника) // 1917 год в судьбах России и мира. Февральская революция. От новых источников к новому осмыслению. М. , 1997. С. 228 – 229, 238.

П. Н. 克卢宾斯基：全俄民族俱乐部（1909 年）和俄国经济复兴俱乐部（1916 年）的领导人之一

沙皇和皇后的大军中。沙皇和皇后认为，只有俱乐部和沙龙中"群情激愤"。皇后断言，"反对我们的不过是彼得格勒的一帮贵族，他们除了玩一玩桥牌，什么都不懂"，人民还是像以前一样"爱我们的家庭"，走遍俄国的她对此深信不疑。① 因此，持有爱国主义和君主主义观点的人民自然会反对右翼的宣传（1915 年 5 月，右翼在莫斯科的反德运动失败），彼得格勒无论是新式还是英式的社会精英的沙龙、俱乐部几乎都无人问津。② 杜马和政府难以相信，皇后与 1916 年 11 月创立的俱乐部"俄国经济反对意见"进行了秘密的合作。俱乐部创始人、右翼成员 П. Н. 克卢宾斯基表示，俱乐部的目的是联合所有亲政府的力量；俱乐部共有 900 名成员，众多大臣和知名的财政界代表都是俱乐部管理委员会的成员。俱乐部得到了许多经济资助，其中就包括下任首相 А. Ф. 特列波夫的物质支援。虽然俱乐部的目标并非十分清晰，但是皇后并不在意。她担心的问题是，俱乐部常有近卫军军官（沙皇的皇宫保卫处）支持杜马主席 М. В. 罗江科。③ 在战争形势日益紧张的局势下，1916 年末至 1917 年爆发了政治危机。俱乐部和沙龙中的各等级进行了联合，不过同以往一样，这种联合是"各有保留"的。Л. А. 季霍米罗夫在日记中写道："国家信任危机已经处于崩溃的边缘，人民对沙皇的能力彻底绝望，改革的愿望遥遥无期。

---

① Личность Николая II и Александры Федоровны по свидетельством их родных и близких // Исторический вестник. 1917. Т. CXLVIII. С. 170 – 175.

② Борьба с немецким засильем. Речь члена Государственной думы А. Н. Хвостова в заседании 3 – го августа 1915 г. Пг. , 1915.

③ Письма Александры Федоровны к Николаю II // Красный архив. 1923. № 4. С. 193.

沙皇对改革又百般阻挠……现在，不仅是普通国民对沙皇失望，就连之前的君主主义者和右派也站出来反对沙皇，为革命者发声……"①

俱乐部的基本观念也发生了转变，例如，社会活动家在十月俱乐部的"斯拉夫宴会"上表明了反对沙皇的倾向。在帆船俱乐部，贵族反对派的核心人物、大公尼古拉·米哈伊尔维奇散发了沙皇家族成员联名写给沙皇反对保护凶犯拉斯普京的信。大公表示"俱乐部中充斥着对沙皇优柔寡断和目光短浅的怨言"，大部分人都持有类似的观点。② 后来，一位君主主义的俄国侨民表示，俱乐部和沙龙转变成了阴谋家的活动基地，也丧失了活动能力，不过它们仍然可以反映整个政治环境恶化的态势。

二月革命前夕，包括远离首都省城中的俱乐部和小组都已经充斥着反对沙皇的声浪。③ 这些不同政治目标的俱乐部迅速得到了推广，这些社会思想对于政府极其不利，因此君主制失去了复辟的必要政治条件。

随着君主制的没落，所有君主主义组织，包括享有特权的俱乐部和沙龙都逐渐解散了。因此，这就为新的政治俱乐部的创建和活动扫清了障碍。1917 年，新的政治俱乐部数量大幅增加，其中主要是社会主义党派领导并联合工人、士兵创建的俱乐部。但是与此同时，政治文化与俱乐部文化也开始了冲突对抗的过程。

---

① Дневник Л. А. Тихомирова 1915 – 1917 гг. C. 331 и др.

② Донесения Л. К. Куманина… // Вопросы истории. 2000. № 4 – 5. C. 17, 23.

③ *Заварзин П. П.* Жандармы и революционеры // «Охранка». Воспоминания руководителей политического сыска. T. 2. M. , 2004. C. 114.

法律文化

谨以此献给我的母亲伊莲娜·伊万诺夫娜·戈卢别娃

М. И. 戈卢别娃

法律文化是俄国社会精神文化中不可或缺的一部分，有其独特性。一方面，法律文化的研究历史起源较晚，研究程度也不够深入，在此意义上同艺术文化的研究有相似之处；另一方面，俄国的法律文化备受争议，其中甚至有涉及神话的成分。俄国的法律文化既受到忠实信徒的追捧，又承受着反对者的抨击。例如，俄国社会中法律虚无主义就成了固定不变的真理，在历史和法律文献中也成为一个永恒的金科玉律。但是，这种思想极其危险，因为每当无法回答一个问题时，就会推给虚无主义，这必将走向不可知论。那么，从过往继承的法律文化将走向何方？法律文化与不同等级之间有何实际联系？法律文化又将如何影响俄国未来的社会生活呢？

俄国法律文化的独特性有其历史渊源。19世纪末至20世纪初，俄国的社会历史、等级、文化、宗教、区域都有其独立性，在公民社会尚未成型的背景下，这种隔绝状态起着决定性的作用。但是，无论是专业研究人员还是当时的普通大众，对于法律文化的解释都是部分性的、不完整的甚至是完全曲解了内涵的。事实上，首都官僚的法律文化与公社农民的法律文化有天壤之别，即使是沙皇官僚也有其独特的法律文化。与此同时，哥萨克村镇、犹太村镇、俄国北部居民和伏尔加流域的居民各有不同的法律传统，俄国边疆地区的情况也是如此：波兰、芬兰大公国，外高加索，突厥斯坦都有独特的法律体系。但是，俄国社会中某个等级或不同社会群组之间法律文化传统的差异并不意味着法律文化的缺失。况且，这些法律体系的综合就基本上形成了俄国社会的法律文化。

俄国法律文化的另一独特性在于，法律在俄国社会规则中有历史形成的独特地位。除了法律，惯例、道德准则、教条都在俄国社会中发挥着重大作用。相对于惯例而言，法律对社会的影响较为有限。法律文化内部，更确切地讲是法律意识，是由两个因素的复杂关系构成：社会与实际法的关系、社会与普通法的关系。这些法律在俄国更接近于惯例和道德准则。自古以来，俄国的立法者都追求法律的"理想化"，人民则追求法律的"公平性"。实际上，俄国法律意识的特点也在于此，而非研究者所阐释的法律虚无主义。① 19 世纪末至 20 世纪初，俄国最伟大的理论家、法学家 Л. И. 彼特拉日茨基关于这个问题的实质做了说明："由于人民的受教育水平、民族、宗教、等级利益等存在巨大的差异，因此人民对于法律的感受也存在差异和分歧，不同社会群体对于法律的直观感受与实际法律存在出入。"② 若不考虑俄国法律文化的共同特征，就不能清楚把握法律文化在某个阶段的发展状况。

19 世纪末至 20 世纪初，俄国社会中有两个对立的趋势，它们相互作

---

① Всуе законы писать，когда их не исполнять；Беззаконным закон не писан；Бог любит праведника，а судья ябедника；в земле черви，в воде-черти，в лесу-сучки，в суде-крючки…；Куда идти? В суд поди и кошелек неси；В суд ногой-в карман рукой；Где суд，туда и несут；Закон，что дышло，куда повернешь-туда и вышло；Карман сух，так и судья глух；Не бойся вечных мук，а бойся судейских рук；Подпись судейская и подпись судейская и подпись лакейская；Сила закон ломит（См.：*Даль В. И.* Пословицы русского народа. Т. 1. М.，1993. С. 327－329，471）.

② *Петражицкий Л. И.* Теория государства и права в связи с теорией нравственности // Итория правовой мысли. М.，1998. С. 244.

用，决定了此时俄国社会的发展，其中之一便是法律文化加速发展。大改革时期，法律研究获得了强大的动力：提供了法学的理论基础，开辟了法学新领域，确定了学术与实际应用的法律原则，基于财产权的立法活动、审讯与诉讼，同时培养了社会的法律意识。亚历山大三世反改革运动后，法律文化在世纪之交重获发展，这与一些客观因素是分不开的，例如，人民教育水平提高，城市居民数量增长以及人民主观能动性增强。人民发挥了主观能动性，才能找到破解亚历山大三世反改革政策之道；才能在 20 世纪初推动立法活动自由化，最为重要的是改变了俄国的政治体系。

1917 年 7 月 4 日，彼得格勒涅瓦大街上游行示威的人遭到枪击——照片由 K. 布尔拍摄

　　另一个趋势是，随着社会政治、经济、民族等矛盾的加剧，法律的威严和约束力逐渐式微。社会逐渐从法律领域走向直接暴力的道路。当时，解决棘手问题的经验表明，采用暴力手段往往能更迅速、有效地达成目标。值得注意的是，在研究时期内，革命派与极端主义均存在这种认知。这种趋势的发展无论是对于人民群众，还是对于君主专制制度都是一场浩劫。这种暴力

手段的雪崩式发展最终引起了 1917 年的历史激变。

显而易见，20 世纪初，暴力手段的风头已经完全压制了法律文化的发展，但是这两种趋势也未走向直接冲突。这两种趋势各自发展，有时甚至紧密结合。但是 1917 年 2 月至 7 月之间，革命暴力的浪潮席卷了法律领域并摧毁了古老的法律文化，二者处于水火不容的状态。这种情况下，似乎暴力会完全压制法律，但是事情的走向并非如此。

一　法律教育及法学流派

19 世纪末至 20 世纪初，由于俄国社会对法律人才的需求上升，法律教育空前高涨。这段时期，法学的专业化使其为社会不同等级发声成为可能。法学家的活动领域也从国家服务延伸至法院，从律师领域推进到社会范围。

这种需求的高涨催生了众多法学类教育机构。这其中就包括大学中传统的法学系，例如，沙皇亚历山大三世时期法政学校中的法学专业、沙皇法学专科学校、雅罗斯拉夫尔的杰米多夫法政学校；同时增设了一些新的学校：圣彼得堡的军事法律学院（19 世纪 80 年代的审计专科学校）、商业学院、В. А. 波尔托斯基的高等女子法学与历史文献学学习班、莫斯科的 А. Л. 尚尼亚夫斯基人民大学。这些教育机构在学术及教育方面均已达到大学水平，但是其法学教育更倾向于实用性。这些学校的课程一般由俄国大学中最知名的学者教授，学校也经常举办讲座、开设学习班，邀请的学者包括 И. Я. 福尼基茨基、Н. С. 塔甘采夫、Б. А. 基斯佳科夫斯基、С. А. 穆罗姆采夫、П. И. 诺夫戈罗采夫与 И. А. 伊林等。

这些教育机构中的学生数量也呈持续增长的态势。根据 А. Е. 伊万诺夫的研究数据，1900 年至 1908 年，法学毕业生为 11598 人，之后的四年（1909 ~ 1913 年）达到了 14491 人，[1] 该时期法学毕业生的总人数为 26089

---

① См.：*Иванов А. Е.* Высшая школа России в концеXIX – начале XX века. М.，1991. С. 318 – 319.

**根据 И. Я. 福伊尼茨基教授的倡议，圣彼得堡大学法律系
1891 年创建的刑法博物馆**

人。这是当时俄国高等教育机构中毕业人数最多的专业。① 我们也可将诉讼改革之前的 20 年来与此进行比较，彼时俄国法学毕业生的人数仅为 3650 人。②

　　尽管法学毕业生队伍持续壮大，但是俄国依旧面临专业法学人才不足的问题。1916 年 6 月，人民教育部大臣 П. Н. 伊格纳季耶夫就此问题谈道，③ 15 年内，法学专业依旧会是俄国青年最为热门的选择。

　　19 世纪末至 20 世纪初，俄国的法学院校成长迅速。由于大学的报告中不分系所和专业，因此无法确定法学教授的数量，但是也不必纠结数量的多寡，因为法学教授的质量才是法学学科和法学教育发展的决定性因素。世纪之交，俄国法学迎来了发展的"黄金时代"。随着社会对法律需求的增长以

---

① 按照毕业人数计算，排在法学之后的专业是医学和教育学，分别为 15991 人和 14576 人。
　 Иванов А. Е. Высшая школа России в конце XIX – начале XX века. М. , 1991. С. 318 –319.

② См. : *Лонская С. В.* Мировой суд в судебной системе пореформенной России // Известия
　 вузов. Правоведение. 1995. № 3. С. 99.

③ ГА РФ. Ф. 25. Оп. 5. Д. 6. Л. 594 –595.

及法律影响力的增大，20 世纪上半叶，俄国出现了新的法律学派，这既有国内的，也有世界法理学的学派。① 就某种意义而言，这是俄国历史上首次，大概也是唯一一次法学的蓬勃发展。

这种蓬勃发展的典型特征便是探索法律基础新的理论、方法论。这段时间确立了法律原则，也同罗马一样订立了刑法与诉讼法，但是法学探索的核心依旧是理论法学的基本问题。当时，众多知名学者也经常参与法律百科全书或法律哲学史的编撰——圣彼得堡大学的 H. M. 科尔库诺夫和 Л. И. 彼特拉日茨基，莫斯科大学的 E. H. 特鲁别茨科伊、П. И. 诺夫戈罗采夫和 И. A. 伊林；或者参与国家法的编纂——莫斯科的 Б. H. 契切林和 M. M. 科瓦列夫斯基，基辅的 Б. A. 基斯佳科夫斯基。应该指出，这些学者采用的并非同一种原则。例如，社会实证主义最伟大的理论家、社会活动家 C. A. 穆罗姆采夫就专攻罗马法，这是自古以来学者最为关注的课题。

当时，俄国法学家理论性著作的特点是所用方法及方法论基础的多样性。19 世纪，以往大部分法学流派凋敝，新的法学流派代之而起，例如，以法学和社会学实证主义形式呈现的法律实证理论、自然法学派和心理法律理论。

19 世纪末 20 世纪初，实证主义在人文学科的很多领域广受好评。学者认为，实证主义可用于具体学术研究，在研究过程中也可进行多因素分析。法律实证主义学派就是在实证主义方法论的基础上产生的，成为 20 世纪头十年中最权威的法学流派之一。法律实证主义是将法律视作国家标准体系来加以研究；换言之，这种方法研究的仅是实证主义法律标准。

M. H. 卡普斯京、H. K. 拉年加普法、C. B. 帕霍曼都是法律实证主义学派的忠诚信徒，不过，公认的实证主义法学理论家是 Г. Ф. 谢尔申涅维奇（深入、严谨地研究了法学体系）。1910 年，谢尔申涅维奇出版了《普遍法学原理》，其中探索了实证主义法学理论精髓。他认为，要将社会生活中处于斗争状态的个人利益与社会利益置于一种均势。个人是第一性的，社会只

---

① 现代研究者 B. A. 托姆西诺夫更加精确地确定了法学在社会中的地位问题："20 世纪头十年，法学成为俄国文化中不可或缺的一环，正如文学、哲学、艺术。"См.：*Томсинов В. А.* Правовая культура // Очерки русской культуры XIX века. Т. 2. М.，2000. С. 151.

是代表个人存在的一种形式。不过，Г. Ф. 谢尔申涅维奇也肯定了社会关系的客观性。个人一方面追求扩大自己独立性范围、降低社会对其生活的干预；另一方面，个人又追求集体的社会形式。因此，他表示，理论上讲，个人利益与社会利益不能达到完全的均势，但是要在社会进步的过程中探索二者之间的共识。①

国家在协调"个人与社会"冲突的过程中起着至关重要的作用。古往今来，国家都理应重视法律，也需要掌控法律。根据 Г. Ф. 谢尔申涅维奇的观点，国家政权的权力不等于法律，法律仅仅是国家政权的基本作用之一。Г. Ф. 谢尔申涅维奇表示，很多国家产生自专断或"团伙"，之后国家便会"全力转向建设性目标"，但是在一定的条件下，若"国家并不认同需要遵守法律，而只是单纯具体问题具体裁断"②，国家便会以专断取代法律。国家政权的目标一方面取决于道德意识和统治需要，另一方面，也要有能力平息人民的反抗。

实证主义法学理论认为，法律必须具备强制性特点。若不遵守法律，便面临惩罚的恐惧。"法律指导人民的行为规范，若不遵守便要接受国家机构的强制性惩罚。"③ 法律的强制性特点决定了个人法律行为的动机：良知、法律意识、个人利益，这些都会以自我保护意识和利己主义的形式体现。Г. Ф. 谢尔申涅维奇通常是基于个人行为对法律展开研究。谢尔申涅维奇的《普遍法学原理》与当时其他著作都对基本的法学理论进行了详尽的分析，其中 Л. И. 彼特拉日茨基的观点备受争议（下文会对此进行详细说明），这些现象绝非偶然。Г. Ф. 谢尔申涅维奇积极研究了法律关系和个人法律行为的心理学缘起。他认为，社会进步之时，法律意识更加深入人心，法律意识已成为现代社会意识不可或缺的部分。④

社会学实证主义对法律的研究方法完全不同。这个流派的主要理论家

① См. : *Шершеневич Г. Ф.* Общая теория права. Т. 1. М. , 1995.
② См. : *Шершеневич Г. Ф.* Общая теория права. Т. 1. М. , 1995. С. 101.
③ См. : *Шершеневич Г. Ф.* Общая теория права. Т. 1. М. , 1995. С. 100 – 101.
④ См. : *Шершеневич Г. Ф.* Общая теория права. Т. 1. М. , 1995. С. 27 – 30, 93.

С. А. 穆罗姆采夫和 М. М. 科瓦列夫斯基
并不仅限于研究实际的法律，他们也注意
到了法律与其他社会因素或现象相互作用
中产生的问题。因此，大部分社会学实证
主义者都反对马克思主义，否认经济对法
律的决定性作用。С. А. 穆罗姆采夫也是知
名的罗马法专家，他希望能够在古希腊、
罗马文化的基础上，以分析包括俄国在内
的当代欧洲国家法律为前提，创立公民法
的一般性理论。他的有关公民法的著作和
法律理论是俄国社会学实证主义流派的
开端。

Г. Ф. 谢尔申涅维奇：民法专
家、喀山大学和莫斯科大学的教
授、第一届国家杜马成员

　　穆罗姆采夫主要是从社会层面展开了
对法律的研究。他最初分析的不是法律的
准则与条款，而是最为简单的社会关系。穆罗姆采夫认为，所有的社会关系
都包括两个基本成分：实际关系与法律关系。二者共同形成主观的或个别的
法律，也就是关系法。社会上一定时期内的所有法律都是由客观法或综合意
义上的法律所组成的。С. А. 穆罗姆采夫写道："法律规定并非首要问题，
法律秩序才是重中之重，首先应该创建法律秩序，法律规定只是法律秩序的
典型特征，只是历史进程中的一个因素。我们要认识到法律秩序的重要
性。"① 他认为，法律秩序才能催生符合立法规则的实际法律。

　　С. А. 穆罗姆采夫认为，大部分的社会关系都需要通过组织性和非组织
性来进行维护。法律无疑是组织性的形式，根据国家预先规定的准则，通过
专门的国家制度和诉讼制度确保其得以实现。② 因此，穆罗姆采夫认同法律

---

① *Муромцев С. А.* Определение и основное разделение права // История русской правовой
　мысли. С. 199.

② *Муромцев С. А.* Определение и основное разделение права // История русской правовой
　мысли. С. 178 – 179，192 – 193.

的强制性特点，但也提出，立法者不能是法律的倡议者，而应是法院与政府的代表。这些官员和法官熟知实际的法律秩序，能够采用符合法律秩序的法律规则。若法律规则不符合法律秩序，那么就应有所规避，灵活运用，或者进行"人为解释"，并相应增补新的内容，总之他们的工作内容与古罗马时期大法官的职责类似。

C. A. 穆罗姆采夫：莫斯科大学罗马法教授、国务活动家、立宪民主党创始人之一、第一届国家杜马主席

穆罗姆采夫对于法律（国家规定准则的总和）的认识与改革后大部分学者的意见有极大的差异。当权等级毫无根据地将其观点认定为叛乱，1881 年 8 月，穆罗姆采夫被迫向莫斯科大学递交了辞呈。直至其暮年时期，穆罗姆采夫才因其政治升迁得以重返大学任教。

M. M. 科瓦列夫斯基是穆罗姆采夫的同事、挚友，他同样醉心于社会学实证主义，持有自由主义政治观点。科瓦列夫斯基与穆罗姆采夫的学术倾向与政治观点极其相似，二人的遭遇也大同小异。M. M. 科瓦列夫斯基因其政治观点被迫从大学离职，他漂泊异国，以半非法侨民的状态度过了 20 年岁月，直至

1905 年 10 月 17 日诏书昭告后才得以重返故土。他在人生的最后十载（1906 年至 1916 年）任教于圣彼得堡大学，积极投身政治事业。相较于穆罗姆采夫，科瓦列夫斯基在欧洲哲学和社会学方面颇有造诣，也更为体系化。穆罗姆采夫是 P. 耶林[1]的忠实信徒，而科瓦列夫斯基则接受了 O. 孔德[2]、Э. 涂尔

---

① 德国法学家。——译者按
② 法国哲学家、实证主义和资产阶级社会学的奠基人之一。——译者按

干①和 Л. 狄骥②的理论学说。同时，他也熟知 K. 马克思和 Ф. 恩格斯的理论，对他们有关国家及法律的论述展开了激烈的批判。

科瓦列夫斯基采用了 O. 孔德有关协调秩序与进步的学说，但是他用"制度"代替了"秩序"这一术语，用"发展"或"演化"代替了"进步"一词。科瓦列夫斯基认为，并非所有的演化都是进步，只有向积极一面演进的才能称之为进步；而演化包括所有的变化。只有在社会团结与和谐的氛围中，在规范和协调发展的社会环境中，制度才能获得发展。科瓦列夫斯基认为，改革后的俄国是没有秩序的制度和没有进步的演化，因此暴力手段层出不穷。

M. M. 科瓦列夫斯基对社会发展进行了历史研究，他认为社会均是从低的阶段往高的阶段发展的。社会进步的主要推动力就在于团结，也就是说，社会成员要意识到他们利益的统一且能互相合作。他的观点与马克思主义有关等级斗争和革命必然性的论述背道而驰。科瓦列夫斯基的中心论点在于"和谐的环境"和渐进的发展，他认为缓慢的社会进步比快速发展要更为可靠，用 O. 孔德的话来讲，"在秩序存在的情况下才能谈论进步"。科瓦列夫斯基并未全盘否定反对意见，不过他也认为这是进步道路上的阻碍。对于马克思将国家看作经济统治地位的政治体现的观点也难以认同。他表示，统治等级对其他等级的压榨只不过是社会团结的法律遭到破

M. M. 科瓦列夫斯基：社会学家、法学家、历史学家、新闻工作者、民主改革党的创始人、第一届国家杜马成员、国家议会成员

---

① 法国实证论社会学家。——译者按
② 法国法学家。——译者按

坏的个例。

科瓦列夫斯基认为，国家与法律的出现及其发展要以社会的共同利益为前提。同时，他认为法律对于国家而言是第一性的。在科瓦列夫斯基的理论体系中，法律是共同要求的反映，每个个体都要为维护集体利益负责。立法者要严格遵循社会标准，首要的便是道德与惯例，这些在历史发展中比法律发展得更为充分，而法律自身也要巩固这种业已形成的关系。在法院立法活动和法律措施的实践自由方面，科瓦列夫斯基采纳了穆罗姆采夫和自由法学派的一些观点。他认为，在一些非正式法律的情况下，可以采用"道德准则"审理案件。

М. М. 科瓦列夫斯基也是自由主义观念的追随者，他坚持社会各个等级应推进深层次改革，这也符合当时对公民社会的理解。他认为，公民社会的重点在于平等的公民权与政治权，有法律保障的个人权利与自由。公民社会的法律也具有"全民性"，其主要任务便是促使个人、团体、等级与社会的利益符合社会共同缔结的法律。①

Н. М. 科尔库诺夫是位举世闻名的学者，他的著作丰富了社会学实证主义的理论学说。19 世纪 70 年代末至 1917 年，他的著作《国家法（理论）》和《普遍法学理论教程》大量刊行并被众多学者广泛引用；Н. М. 科尔库诺夫的著作也屡次在德国、法国、英国出版，热度经久不衰；20 世纪 60 年代，美国也刊行了他的著作合集。

С. А. 穆罗姆采夫和 М. М. 科瓦列夫斯基都将自古以来发展起来的普遍法学原理视作一种特殊社会关系体系，Н. М. 科尔库诺夫则与之不同，他用实证主义探讨了法律的标准结构。他认为，法律是自古以来就存在的，当前的法律体系是以惯例和先例的形式体现的。科尔库诺夫认为，法律不仅可以维护利益，也可以划分利益间的界限。根据科尔库诺夫的理论，一些社会成员的利益"并不带有个体性，而是更多地体现了社会性、普遍性"，因此，每个个体"不仅要与个人利益相适应，也要同其他人的利益相适应，若非

---

① См.：Ковалевский М. М. Социология // Соч.：В 2 т. Т. 1. СПб.，1997.

采用这种方式，利益就无法实现"。① 因此，Н. М. 科尔库诺夫致力于划清法律准则与道德之间的界限，如此一来，二者便可以促使人民在社会利益实现过程中各展身手且相互和谐："利益的界限准则同道德准则的实质是相同的。但与道德准则不同的是，利益的评价并无标准，无善恶之分。这只能说明我们在与他人利益的矛盾中是否有权实现自己的利益。因此，利益的界限准则决定了法律与非法律之间的界限，确定了法律原则的实质。"②

19 世纪末，Н. М. 科尔库诺夫将社会心理学引入了法学理论，他提出了国民心理对国家重要性的问题。在此意义上，他是 Л. И. 彼特拉日茨基有关国家政权与法律的心理学基础理论的奠基者。科尔库诺夫认为法律是"人们相互间的心理作用"，在权力机构的声威下具有人人遵守的效力，并且"促使人们从潜意识中服从"。科尔库诺夫在研究国家政权（例如国家的基本特征）时也大量引入了心理学的理论。他认为，国家的实质是法律关系；在这种关系中，法律是所有国民联系的主体，国家政权（作为法律的执行组织）是客体。

Н. М. 科尔库诺夫反对将国家权力视作统一意志的教条式的形式主义观点。③ 权力与统治意志并不直接相关，因为权力并不一定以统治意志为前提。科尔库诺夫指出："对于统治而言，仅需要承认从属关系，而非从属关系的事实。"国家在不具备任何意志，没有力量的情况下，只有在社会意识从属于国家的情况下才能进行统治。社会这种从属地位意识的程度就会影响国家权力的尺度和界限，因此"权力并非基于统治意志的力量，而是依赖于统治的一种意识"。Н. М. 科尔库诺夫认为，稳定统治状态的国家是"能够代表独立意识，对自由人民进行强制性统治的社会联盟"。④

在俄国的立法活动中，Н. М. 科尔库诺夫有毋庸置疑的贡献。直至今

---

① *Коркунов Н. М.* Лекции по общей теории права. СПб. , 1898. С. 87.
② *Коркунов Н. М.* Лекции по общей теории права. СПб. , 1898. С. 39.
③ 运用神学或者心理学进行统治，例如，以威吓等方式展开的称为假想意志，以期能对社会产生影响。См. ：Коркунов Н. М. Указ и закон. СПб. 1894. С. 116 – 189.
④ См. ：Коркунов Н. М. Указ и закон. СПб. 1894. С. 186 – 187.

H. M. 科尔库诺夫：法学家、社会学家、圣彼得堡大学国家法教授

日，历史学家对于他关于俄国法律中命令与法律条款相互关系的论述依旧表现出极大的兴趣。科尔库诺夫希望借助法律手段开辟俄国君主专制自我限制的新路径。他认为，既然同意俄国帝国基本法的第50项条款，新的法律条款应当首先在国家议会中进行讨论，因此沙皇的立法活动应该按照法定程序进行。沙皇的最高指示也只有在符合法律规定的条件下才能生效。H. M. 科尔库诺夫写道："沙皇本人要严格遵循立法的法定程序，不得任意妄为。"①

H. M. 科尔库诺夫也对欧洲国家的宪法与选举法进行了基本研究。② 毫无疑问，科尔库诺夫的渊博学识与学术能力，在俄国引入选举法和代议制的过程中起到了十分积极的作用。此外，科尔库诺夫在芬兰也有法典编纂的实际经验。然而天不假年，H. M. 科尔库诺夫罹患重病，于1904年半百之际病逝。

俄国的法律领域长期被实证主义（基于新黑格尔主义）把控；20世纪初，新康德主义和宗教形而上学在自然法理论中拔得头筹。③

与实证主义流派不同的是，自然法流派更加倾向于社会学和政治法问

---

① См.：Коркунов Н. М. Указ и закон. СПб. 1894. С. 357.
② См.：Коркунов Н. М. Сравнительный очерк государственного права иностранных государств. СПб.，1890.
③ 一些法律史学家将自然法流派称为莫斯科学派，因为该学派的大部分代表人物都与莫斯科大学有联系（П. И. 诺夫戈罗夫采夫、Е. Н. 特鲁别茨科伊、И. А. 伊林）。См.，например：*Пяткина С. А.* Предисловие// История русской правовой мысли. С. 8. 不过，这种称呼十分武断，自然法最伟大的理论家 Б. А. 科斯佳科夫斯基因政治观点而不得在莫斯科居住，按照此种逻辑，С. А. 穆罗姆采夫和 М. М. 科瓦列夫斯基就应属圣彼得堡学派。

题，与认知理论、道德和宗教哲学的联系也更为紧密。自然法流派的人文热忱仅限于探讨将人类研究作为"目标，而绝非一种手段"。E. H. 特鲁别茨科伊表示："一切成文法与习惯法的目的都是创造出维护人类个体的自然法。如果我们拒绝承认法律，那么个体的利益便得不到保障，所有的法律秩序也将陷入瘫痪。"①

莫斯科大学的 П. И. 诺夫戈罗采夫教授是俄国自然法流派的奠基者。他研究了法律的标准道德观点，将自然法视作道德的一部分。П. И. 诺夫戈罗采夫教授认为，道德观点是稳定且独立于历史现实的，它是长期形成的且具有独特性，这对于人民而言，弥足珍贵。法律与法律意识极其易变，这不仅与道德观念冲突，与法律本身也不相适应。关键问题在于，立法活动不能超越道德范畴，需要在当时的历史条件下将道德与法律统筹起来；但是，在一种历史条件下不能达成并不意味着在另一种历史条件下也会如此。因此，П. И. 诺夫戈罗采夫关于自然法的见解并非一成不变的。П. И. 诺夫戈罗采夫的观念体现了法

П. И. 诺夫戈罗采夫：哲学家、社会学家、法学家、莫斯科大学教授、莫斯科高等商学院校长、国家杜马成员

律中的进步主义观点，也反映了坚守道德原则和对人权高度珍视的法律意识。②

与时俱进的自然法观点很快在自然法学派中收获了大批追随者，E. H. 特鲁别茨科伊、Б. A. 基斯佳科夫斯基以及 П. И. 诺夫戈罗采夫的弟子 И. A. 伊林都在不同程度上采用了这种观点。然而，П. И. 诺夫戈罗采夫却

① *Трубецкой Е. Н.* Лекции по энциклопедии права. М. , 1907. С. 59.
② См. : *Новгородцев П. И.* Право естественное // Энциклопедический словарь / Изд. Ф. – А. Брокгауз и И. А. Ефрон. Т. 48. СПб. , 1898. С. 885.

在 1913 年推翻了自己的观点，他认为该观点自相矛盾且论据不足。实际上，他认为，自然法与时俱进的内容①与道德的绝对性完全冲突，不过，与时俱进的内容也追求井然有序的状态，实现一种社会理想。②

否认了自己的自然法理论后，П. И. 诺夫戈罗采夫将自己所有学术活动都聚焦在社会理想范例的课题上。诺夫戈罗采夫形成了自己的一套社会理想理论，他将此概念划分为绝对和相对两个部分。社会理想绝对性指的是每个人都是独立的个体，每个人对道德行为的需求存在差异。在此基础上，个性是社会进步的绝对目标，因此社会理想就具有永恒性，是道德与法律的共同范畴。社会理想的相对性因素不仅取决于个体，还有赖于其他社会因素，例如党派、等级等，这些因素都在致力于创建有利于自身的社会秩序。但是社会理想的相对性因素反映了一些具体的个人利益，例如个人安全、自由、财产、平等等权利，而且具有相对的历史性特点。通过研究社会理想的绝对性与相对性因素之间的关系，П. И. 诺夫戈罗采夫就进一步深入展开了对个人与社会关系问题的研究。

诺夫戈罗采夫对于个人（绝对价值）与社会环境（追求统治个人）之间的关系问题展开了研究。在这种情况下，追求社会理想就在于个人与社会关系的演变："我们越清楚地意识到每个人都是独一无二的个体，就越能了解到达成社会目标的具体差异性。"③ 因此，П. И. 诺夫戈罗采夫对西方的法律体系不以为然。他认为，西方的民主自由、马克思主义的革命理论、无政府主义都是追求建立对个人的征服、统治，这些理论都隐藏着危机。④

П. И. 诺夫戈罗采夫认为，社会理想是"平等、自由原则的全民联合准则"，也是"自由的普遍主义原则"；实际上，他并不认同传统法律中的法

---

① 相对性。——译者按

② См.: *Новгородцев П. И.* Современное положение проблемы естественного права // Юридический вестник. 1913. № 1. С. 19 – 22.

③ *Новгородцев П. И.* Введение в философию права. Нравственный идеализм в философии права. М., 1902. С. 127.

④ См.: *Новгородцев П. И.* Введение в философию права. Кризис современного правосознания. М., 1909.

律意识，他是从道德心理学和宗教形而上学中理解个人与国家的关系。诺夫戈罗采夫认为，在东正教教义的藩篱中，社会理想在实际生活中难以实现。

П. И. 诺夫戈罗采夫在《法律哲学引论·当代法律意识危机》一书中多次强调了自然法理论中的自由和平等原则。诺夫戈罗采夫认为，法律的目的在于维护自由，但是自由的实现经常受到人民物质财富不足的影响。法律的实质和任务是维护个人自由，但是也要提供实现自由的物质可能；他认为，国家需要保障因不同原因无法维护个人自由的穷苦公民。

П. И. 诺夫戈罗采夫对于当时"适合人民的法律"（道德意义上的概念）进行了革新，使其获得了充分的法律依据。他写道："在此情况下，我们认为可以实现从道德意识向法律意识的一个转变，这指明了法律发展进步的方向。"他也表明："必须提供人民在道德压力下生存、解放的可能性。"[①]

П. И. 诺夫戈罗采夫博采众长，他从弟子兼同事 И. А. 伊林的著作中获得了灵感，使得自然法发展观念有了突破性的进展。И. А. 伊林庞杂的著作中有关法学理论的建树在俄国法律史上并无较高的地位；相对而言，伊林更是一位伟大的宗教哲学家、社会学家和政治学家；20 世纪初，伊林才在法学领域初露锋芒。伊林注重论据，极其注重法律现象及法律关系的形式。伊林对法律问题中的国家制度和法律意识问题格外关注；此外，他希望这两个基本法律行为能够互相协调，能够揭示君主制与共和制法律意识的独特性。И. А. 伊林认为，法律意识是国家与法律的现实来源。正因如此，他认为俄国 1917 年社会动荡的主要原因就是俄国的法律意识问题。[②]

П. И. 诺夫戈罗采夫拒绝采用与时俱进的自然法观点，提出了探索自然法学派新理论基础的问题；俄国知名法学家 Б. А. 基斯佳科夫斯基对这个问题也相当重视。他不同于自立门户的学派，坚持博采众长。Б. А. 基斯佳科

---

① См. : *Новгородцев П. И.* Введение в философию права. Кризис современного правосознания. М. , 1909. С. 316.

② См. : Ильин И. А. О сущности правосознания // Теория государства и права. М. , 2003. С. 162 - 167. Ильин И. А. Основные задачи правоведения в России // Сбор. Соч. Т. 9 - 10. М. , 1999. С. 201 - 233.

Б. А. 基斯佳科夫斯基：哲学家、社会学家、法学家；莫斯科商学院、高级女子班、莫斯科大学的教师；雅罗斯拉夫尔、杰米多夫法政学校的教授；基辅大学教授

夫斯基认为，法律是人类文化活动的一部分，与其他现象紧密相关。因此，他表示，必须清楚认识到，法律并非一种因果现象，而是人类精神的产物。由此可见，他的观点与 C. A. 穆罗姆采夫不谋而合，都认为法律反映了一种社会现象。Б. А. 基斯佳科夫斯基研究了法律意识问题和法律的社会地位问题（对自然法信徒而言十分重要的问题）；他认识到，运用心理学方法研究 Л. И. 彼特拉日茨基的法律具有可行性。基斯佳科夫斯基指出，心理学方法在法律改革和法律本身的研究中都具有独特的作用。[①]

Б. А. 基斯佳科夫斯基最大的贡献就是，在研究过程中提出了多元方法论；这是基于即成法律理论的一种方法论。Б. А. 基斯佳科夫斯基认为，"法律深入人们生产、生活的方方面面，这些也构成了人文学科的不同领域"，因此，法律的概念可以通过不同的途径加以定义：可以按照国家机构、标准方法、心理学、社会学的方法进行定义。[②] 值得注意的是，这些定义方法是平行且同样重要的，隶属于独立的研究。按照国家机构或国家指令而言，法律是"利用强迫性手段保证国家机器正常运转的一系列指令总和"。按照此种定义方法，法律便是"国家指令的体现"。

按照社会学的定义方法，法律实际上是一系列现存法律关系的总和。在这种情况下，法律本身便是一种社会关系，包含了内容庞杂的民族、经济、

---

① См.：*Кистяковский Б. А.* Социальные науки и право. М.，1916. C. 257 – 337.

② См.：*Кистяковский Б. А.* Социальные науки и право. М.，1916. C. 257 – 337.

文化和日常关系。无疑，此种定义方法的范畴要比按照国家机构方法定义大得多，但是也存在一个缺陷，法律和非法律关系的界定就会变得十分模糊。按照心理学的方法，Л. И. 彼特拉日茨基认为，法律是"具有强制属性的心理反应"，此外，法律意识也适合用心理学方法来研究。

按照标准方法来定义的话，法律是"塑造了人际关系的义务规定的总和"。Б. А. 基斯佳科夫斯基认为，这种定义具有其他定义方法不具备的优点，它反映了法律作为必要手段的性质。但是，此种方法对于现实法律的研究有所缺失，因为所谓的法律必要性更多指向一种法律的理想模式，是现代法律意识理想的典范。除了上述四种定义方法，Б. А. 基斯佳科夫斯基又制定了两种专用概念：法律教条式与法律政策式。他运用这两种方法对实际法学问题中的法律现象进行分类。

这些对定义方法不能互相转化，因为他们之间并不存在逻辑上的统属关系，因此应该按照不同情况来取舍、使用。Б. А. 基斯佳科夫斯基也未能从大量的法律定义中选出满意的一个，他认为，法律是一种现象，但是按照不同的方法进行研究就不能形成共同的法律概念，而共同的法律概念本身就是凤毛麟角的。研究方法应该着眼于研究共同的法律理论，基斯佳科夫斯基认为这属于文化哲学的内容。他写道："必须要找到一种基于文化且能够统筹不同学科概念的合理形式。"[①] 20 世纪初，Б. А. 基斯佳科夫斯基积极吸收各个法律学派的成果，形成了自己的法律观。他首次提出，使用多样的方法研究法律，能够兼用标准方法、社会学方法、国家机构和心理学的方法来研究社会现象。

20 世纪初，圣彼得堡大学的教授 Л. И. 彼特拉日茨基提出了独创性的法学理论。Л. И. 彼特拉日茨基的法学理论源自社会学家对心理学（当时获得了极大的发展）的兴趣。20 世纪初，心理学作为一个独立的学科领域，在包括俄国的欧洲国家都大放异彩。心理法学流派也随之应运而生，彼特拉日茨基立即将其置入了学术辩论的中心。需要指出的是，若无诸多理论著作

---

① См. : *Кистяковский Б. А.* Социальные науки и право. М. , 1916. С. 412.

哲学家、社会学家、法学家 *Л. И.* 彼特拉日茨基（正中间）与圣彼得堡
大学的法律哲学小组成员——照片拍摄于 1900 年代

支撑，彼特拉日茨基的学说只能是无根之水。① 需要注意的是，*Л. И.* 彼特
拉日茨基的法学理论要比其他法学流派更受瞩目，对法学未来发展也产生了
空前的影响。

　　Л. И. 彼特拉日茨基认为，运用心理学方法研究法学会使得法学更加真
实可靠，能够观察人们的行为举止或者进行自我观察。他表示，法律本身源
自人们的心理，"法律不能成为人们之间在社会环境中的障碍"。② 法律来源
于人们的感情倾向，这是人们心理的主要推动力，可以促使人们履行应尽的
义务。

　　Л. И. 彼特拉日茨基按照"心理理论"，将人们的心理感情分为两类：
道德感情和法律感情（或称伦理感情）。道德感情是人们内心的行为准则，
这是单向的，与人们的责任意识和义务感有关。法律感情是双向的，也就是

---

① См.：*Трубецкой Е. Н.* Философия естественного права // Юридический вестник. 1913. № 1；
Сергевич В. И. Новое учение о праве и нравственности. СПб.，1909；*Шершеневич
Г. Ф.* Общая теория государства и права. Вып. Ⅱ. М.，1910. *Кистяковский Б. А.*
Социальные науки и право. М.，1916.；и др.

② *Петражицкий Л. И.* Теория права и государство в связи с теорией нравственности.
Т. 1. СПб.，1910. С. 11.

说，这会将影响扩展至其他人或社会组织并对其利益产生影响。义务感（或责任）本身就包含着个人对他人（他人对个人）权利的认识。Л. И. 彼特拉日茨基表示："法律并非如同我们的善良是与生俱来的，我们自己总是将义务归给他人，这是因为我们总是从自身出发考虑问题。"①

Л. И. 彼特拉日茨基的理论极大拓宽了法律概念的外延。他认为，就法律（或伦理）而言，所有的人类情感都与法律和义务息息相关，因此这涉及各类人群，甚至对于孩童的礼节也是适用的。此外，他表示，尽管法律感情具有双向性，但并非借助于参与者的同意而产生的，而是由个人单独构建起来的。按照这种学说，很多非理性甚至野蛮的法律都应获得批准。②

因此，Л. И. 彼特拉日茨基的理论遭到了俄国大多数法学家的严厉批评。他们认为此种观点十分荒谬；但是 Б. А. 基斯佳科夫斯基很快意识到，这种广博的法学理论值得探讨，而且能够从多方面加深对法学的理解。③ 实际上，Л. И. 彼特拉日茨基的理论是首次在法律意识中探索法律准则的尝试。这也再次证实了 Л. И. 彼特拉日茨基的学说源自新黑格尔主义。

Л. И. 彼特拉日茨基表示，社会上、常规的法律创制永远无法满足个体的法律感受。根据彼特拉日茨基的理论，当前俄国既存法律是比较直观的法律，这体现在有关农民、无产阶级、刑事犯罪的法律上，也体现在刚刚出炉的电话法上。直观法律与官方法律之间的关系因国家而异，这取决于文化的发展程度，人民的心理状态。他认为，俄国的优势在直观的法律上。

Л. И. 彼特拉日茨基分析了 20 世纪初俄国的国家与法律发展趋势；他认为，资本主义国家的法律内容与国家职能已经存在转变的趋势。他也指出了"生产社会化"过程、"国家集体自治取代君主专制"，甚至预言在足够长的历史时期内，国家与法律会最终消亡，最终会确立起道德行为规范。他

---

① *Петражицкий Л. И.* Теория права и государство в связи с теорией нравственности. Т. 1. СПб. , 1910. С. 49.

② *Петражицкий Л. И.* Теория права и государство в связи с теорией нравственности. Т. II. СПб. , 1911. С. 513，543.

③ См. : *Кистяковский Б. А.* Социальные науки и право. М. , 1916. С. 310 – 331.

写道："法律的存在是出于人们言行的无教养，其任务便是消除这类言行，最终便无存在的必要。"① Л. И. 彼特拉日茨基的论点与俄国社会民主工党的观点相近。20 世纪初，社会民主工党的纲领就被视作无国家体制的论述，其后，1918 年俄罗斯苏维埃联邦社会主义共和国也在其制宪会议上采纳了彼特拉日茨基的观点（第九项第五章第二单元）。

　　Л. И. 彼特拉日茨基的弟子 M. A. 雷斯涅尔②是社会民主工党的著名法学家。1917 年十月革命后，M. A. 雷斯涅尔就以革命法律意识的形式着重阐述了无产阶级的直观法律理论，其中还特别研究了心理法学理论。之后，由于苏维埃社会主义共和国的论述，其信徒就转而进行超等级道德宣传。

　　Л. И. 彼特拉日茨基弟子的作品对西欧和美国的法学产生了巨大的影响，其中 П. 索罗金、H. 季马舍夫、Г. 古尔维奇的著作分别在美国、英国、法国掀起了狂潮。彼特拉日茨基认为，所创建的理论应是基于一定的方法论，形成以法律形式和具有统一心理学基础的学说，成为促进法律实现的一种机制。此外，H. 季马舍夫将直观法改变为一种心理学经验。③

　　尽管当时法学的研究重点聚焦于探索新的法律方法论和法学理论问题，不过应用法学仍在继续发展。刑事法获得了空前的发展。A. Ф. 基斯佳科夫斯基（Б. Е. 基斯佳科夫斯基之父）在刑法领域探索失败后，古典学派的代表 H. C. 塔甘采夫与实证主义信徒 И. Я. 福伊尼茨基在此领域获得了空前的成功。他们的著作高瞻远瞩，解决了俄国迫切的司法问题（例如运用惩罚的等级原则、采用死刑和身体惩处），引起了极大的社会关注。这些学术著

---

① *Петражицкий Л. И.* Теория права и государство в связи с теорией нравственности. Т. II. СПб. , 1911. С. 734 – 735.

② 1908 年，雷斯涅尔发表了专著 «Теория Л. И. Петражицкого, марксим и социальная идеология» （СПб. , 1908）。

③ *SorobinP.* Society, Culture, Personality. N. Y. , 1947 etc. ; *Gurvich G.* L'experience juridique et la philosophie pluraliste du droit. Paris, 1935. P. 64 – 66, 131 – 133, 168; *Timasheff N.* Preface to edication Petrazicki. Law and Morality. Cambridge, 1995.

作引起了俄国国内外的广泛关注。①

俄国法律改革不仅对俄国社会产生了深远影响，对于布拉格与哈尔滨的俄国侨民也有重要意义。此外，哈尔滨的法学院不仅接受俄国侨民，还有中国学生在此就读。布拉格人民大学和巴黎自由大学都开设了定期法学课程，学生都是以半工半读的状态接受法学教育。俄国在国外的法学家经过了整合，在各自的专业领域荣获了教授职位：Б. 诺尔德和 П. 塔甘勒教授议会法，Б. 米尔津 – 格尔采维奇教授国际法，Г. 古尔维奇教授社会法和哲学法。其中也不乏佼佼者，如在英国任教的 Н. 季马舍夫，在德国任教的 М. 拉泽尔松，美国社会学的创始人 П. 索罗金。②

二 俄国社会政治生活中的法学家及法学问题

19 世纪末至 20 世纪初，俄国的法学家积极参与社会政治生活。由于人文学科（包括法学在内）极其关注社会中的法律问题，因此，法学家成为俄国社会生活中的焦点群体。

法学家最早的自治形式是隶属于大学旗下的法学联合会，1864 年司法条例颁布后法学联合会就已存在。法学联合会也是基于司法条例确定成员、组织结构及其成员的权利与义务。这些法律组织的目标和任务也大体一致。1865 年，莫斯科皇家大学旗下的莫斯科法律社团成立，成为俄国首个法律组织；1875 年，莫斯科法律社团组织了俄国首届法律代表大会，这次会议成为 19 世纪后半叶和 20 世纪俄国法律代表大会的原型。③ 根据 И. Е. 安德烈耶夫斯基、А. Ф. 科恩、В. Д. 斯帕索维奇、И. Я. 福伊尼茨基的倡议，圣

---

① См. ，*Кистяковский А. Ф.* Исследование о смертной казни. Киев，1867；*Таганцев Н. С.* Русское уголовное право：Лекции. СПб. ，1874 – 1879；*Фойницкий И. Я.* Курс уголовного права. Часть Особенная. СПб. ，1890；*Фойницкий И. Я.* Курс уголовного судопроизводства. Т. Ⅰ – Ⅱ. СПб. ，1894 – 1899.

② См. ：*Раев М.* Россия за рубежом. М. ，1994. С. 83 – 89；*Томсинов В. А.* Правовая мысль русской послереволюционной эмиграции // Законодательство. 2001. № 12；2002. № 1 – 5.

③ Первый съезд русских юристов в Москве 1875 г. М. ，1882.

彼得堡大学也于 1877 年成立了类似的组织，之后喀山、基辅、敖德萨和库尔斯克等地也相继成立了此类法律组织。

法律组织的基本工作就是对法学所有基本领域开展学术研究，同时将法律的教学与实践工作相结合，主要靠陪审团和私人律师解决尖锐的法律问题。法律组织希望提升人民的法律意识水平，因此，积极组织优秀的教授开展法律讲座（亦是大学的一项传统），创建了特别助学金制度，也在公立图书馆设置了法律基金。

俄国的法律组织也积极参与出版事业，创办了《著作报》和《学术笔录》，在莫斯科和圣彼得堡也都有自己的期刊。这些期刊中最负盛名的便是莫斯科法律社团的《法律消息报》，1867 年至 1892 年几乎从未停刊。19 世纪 80 年代至 90 年代初，M. M. 科瓦列夫斯基接替 C. A. 穆罗姆采夫担任了《法律消息报》的主编，莫斯科法律社团同其《法律消息报》发展势头良好。1892 年，由于书刊检查制度盛行且《法律消息报》的资料中有公开发表的批判性论调，因此被迫停刊。《法律消息报》刊行近 25 年，对俄国的法律组织而言也极具代表性意义，因此，圣彼得堡法律社团于 1913 年恢复刊行《法律消息报》，之后，又由莫斯科、圣彼得堡和喀山的法律社团共同刊行。在编辑 Б. A. 基斯加科夫斯基的努力下，《法律消息报》成为当时最权威的学术杂志。此外，圣彼得堡法律社团也创办、刊行了自己的《法律消息报》，取代了原有的《圣彼得堡法律社团杂志》和《法律笔录》。

19 世纪末至 20 世纪初，自由主义学派的知名教授与律师组成的法律社团（隶属于大学）并不能参与国家的社会政治生活。当时，为了防止法律社团政治化，他们的活动被严格监视。与此同时，国外的"解放联盟""座谈"政治小组和其他一些类似组织中都流行宪法学说，他们期待未来能够建立自由主义政党，最关键的是建立民主宪法制度。莫斯科大学的 A. A. 基泽韦捷尔教授对此描述道："法律社团曾是学术组织。但是，随着对与社会密切相关的法学问题的报告与辩论的推进，就完全具有政治性的特点了。"莫斯科大学法律社团的 M. M. 穆罗姆采夫在"社会上推广宪法观念的行为功不可没"。① 法律社团的积极参与者 Г. А. 古希耶夫认为："（之前的法律社团）虽作用不大，但是，确实是俄国'解放运动'中一个重要的武器。"②

1905 年，政府的《司法部杂志》刊行了有关法律社团的相关报告，其中甚至增设了"法律社团来稿"的特设专栏。1905 年之后，政府认为，绝大部分法律社团成员对政府不友善，因此停止了定期报告，只是对法律社团的工作定期发布报道，创办了《法制》周报。

《法制》周报在俄国法律刊物中占有独特的地位。1898 年，《法制》周报创刊之初，圣彼得堡还有《法律报》和《司法报》两个刊物。由于这些刊物发布参议院关于所有执业律师的任免通知（根据现行司法法规，参议院本身没有义务通知当事人），因此发行量十分可观。自由主义阵营对法律问题的关注度颇高，《司法部杂志》停刊后，И. В. 盖森认为"必须创建一个定期刊物，该刊物能够批判性地反映国家的法律生活"，刊物应该足够权威且能长期出版，《法制》周报便应运而生。③

学者 А. И. 卡明卡十分熟悉银行事务，他为《法制》周报创立了"信任合作关系"的组织形式，这在俄国的期刊中引起了极大的影响。《法制》周报很快便形成了三足鼎立的局势：创刊之初的主编 И. В. 盖森；国家法专家、宪法专家 В. Д. 纳博科夫；圣彼得堡大学法学百科全书式的教授 Л. И. 彼特拉日茨基。"《法制》周报的读者群并未超越原有的圈子，但是创刊之初就吸引了众多读者的注意，获得了很大的成功。""对于法学杂志而言，2200 名订阅者（之后攀升到 1 万名）是个非比寻常的数字。"④《法制》周

---

① *Кизеветтер А. А.* На рубеже двух столетий（Воспоминания 1881 – 1914 гг.）Прага，1921. С. 25 – 26.

② *Джаншиев Г. А.* Как возникло Московское юридическое общество // Двадцатипятилетие Юридического общества при Императорском Московском университете. М.，1889. С. 80.

③ *Гессен И. В.* В двух веках // Архив русской революции. Т. 22. Берлин，1937. С. 145.

④ *Гессен И. В.* В двух веках // Архив русской революции. Т. 22. Берлин，1937. С. 145. И. В. 盖森预估的 1 万名订阅者可能偏高。可能以"法制（权力）"为名称的杂志还有文学类等杂志。

报获得了书刊检查制度的免检绿灯，至少在 20 年的时间里在法律刊物中独领风骚。

　　《法制》周报的成功源自其涉及法律生活的方方面面：学术理论与司法实践，法制与不同群体的法律意识。《法制》周报对俄国发生的几乎所有事件都给予了实际上相对客观的评判，几乎所有知名法学家都在其中刊登过文章；刊物也与刑法教授合作，例如，成员 Н. С. 塔甘采夫、И. Я. 福伊尼茨基，内务部的成员 М. А. 洛津－洛津斯基和 И. М. 斯特拉霍夫斯基。И. В. 盖森写道："圣彼得堡律师界中的很多人积极投身于法制刊物的创作工作，例如，卡拉伯乔夫斯基、帕索维勒、米罗诺夫等人。"① 20 世纪初，《法制》周报及其他法学刊物的社会意义就在于提出了法律口号，强调和探讨法制破坏的事实，极力反对当时的君主专制制度。不过，这些刊物，从一方面来讲，并不认为法律与专制制度水火不容，尤其是在 10 月 17 日诏书颁布之后；另一方面，直至 1917 年，它们都坚决遵循法律，并未从非法制因素方面给政府施加压力。

　　法学家和律师积极参与社会政治生活也是此时一个显著的特征。大学的大部分法学家都持自由主义观点，10 月 17 日诏书的颁布后，他们在现实生活中推广自由主义学说成为可能。他们认为，积极参与社会和政治活动便是为法律服务的最好途径。持有和平观念的学者、知名律师以及社会上一些德高望重之士大多比较独立，难以进行自我组织，因此大多加入了立宪民主党，也取得了卓越的成就：他们也参与了立宪民主党的建党工作，有些成为立宪民主党的代表人物，也参与了立宪民主党思想体系和政治纲领的构建工作。其中，С. А. 穆罗姆采夫、Л. И. 彼特拉日茨基、П. И. 诺夫哥罗采夫、С. А. 科特利亚列夫斯基、В. М. 盖森、М. М. 维纳维勒、Ф. Ф. 科科什金、В. Д. 纳博科夫、В. А. 马克拉柯夫、Б. Э. 诺尔德、И. В. 盖森、А. И. 卡明卡等人成为立宪民主党中央委员会的委员。Г. Ф. 舍尔舍涅维奇并非立宪民主党中央委员会的成员，但是根据立宪民主党的提名，成为代表喀山的第一

____

　　① *Гессен И. В.* В двух веках // Архив русской революции. Т. 22. Берлин，1937. С. 148.

届国家杜马的成员。立宪民主党集中了众多经验丰富的法学家，因此中央委员会的工作卓有成效，在政党大纲的制定、国家杜马的谋略以及盟友等问题上要比其他党派更胜一筹。①

人民自由党派善于构建抽象的理论，对问题也能进行激烈的辩论，但是与革命性政党相比，纪律相当松散。此外，有些立宪民主党的知名法学家也以个人身份参与国家杜马的竞选，最终以人民代表的身份成为杜马成员，这种现象在前两届杜马中屡见不鲜。例如，C. A. 穆罗姆采夫就曾当选为第一届国家杜马的主席。

俄国众多法学家都参与了政党政治生活，与加入立宪民主党的法学家不同的是，M. M. 科瓦列夫斯基教授、刑法专家 B. Д. 库兹明 - 卡拉瓦耶夫、律师界代表和公法专家 K. K. 阿尔谢尼耶夫等一些自由主义活动家成立了民主改革党。前两届国家杜马召开时，民主改革党也有为数不多的代表。1907年，M. M. 科瓦列夫斯基作为学术机构和高校代表，当选为国家议会的成员。E. H. 特鲁别茨科伊教授创建了和平改革党，在第三届国家杜马召开前，联合民主改革党加入了进步人士阵营。A. Ф. 科尼、Ф. H. 普列瓦科等俄国法学泰斗也被卷入了政治活动洪流。1907 年，A. Ф. 科尼被一纸委任状推为国家议会的成员，而素有"莫斯科阿谀奉承之辈"的 Ф. H. 普列瓦科则被"10 月 17 日同盟"推选为第三届国家杜马的成员。

不容忽视的事实是，这段时期俄国的很多政治活动家（尽管他们大多并不在法律领域活动）也曾接受法学教育。他们中有地方自治活动家和自由主义活动家——П. Б. 司徒卢威、И. И. 彼得伦克维奇、A. C. 伊兹利耶夫、Ф. И. 罗季切夫、H. H. 李沃夫；也有杜马主席——立宪民主党员 Ф. A. 戈洛温、十月党人 H. A. 霍米亚科夫等。1917 年革命期间，Г. E. 李沃夫、② И. Г. 采列捷利、B. M. 切尔诺夫、A. Ф. 克连斯基、B. И. 乌里扬诺夫（列宁）等人先后在不同阶段、不同程度上掌握了领导地位。这些人

---

① См.：*Милюков П. Н.* Воспоминания. М.，2001. C. 229，257，293.

② 米留克夫认为李沃夫公爵"选择法律系不过是因其'最为轻松'，他只不过是为了通过考试而已"。*Милюков П. Н.* Воспоминания. М.，2001. C. 566.

都在大学期间修过法律课程。问题在于，为何众多法学毕业生如此热衷于社会服务？但是他们各执一词，因此无法获得一个统一的答复。不过，政治精英法学教育的作用不言而喻。В. А. 马克拉柯夫曾在自己的《回忆录》中提及："当我面前有其他路之时，我不会原地踏步，会立即踏上一条新路。此外，法学课程也会助我一臂之力。"① 这对于法律界、法学领域（包括法学教育）都是一种十分正确的见解。

俄国的法学家也意识到了法律对社会的影响与日俱增。因而，一些法学家勉励同人们，希望在长时段内铺建一条法律发展的康庄大道。俄国法学家并不常在学术著作中谈论法律的作用，而是寻求法学家同行的关注。1913年，Б. А. 科瓦列夫斯基在《法学公报》上刊载了他的文章——《探索法律优势之路（法学家的任务）》；其中直接提及要在俄国创建法律协会以期影响社会："法律界的圈子是由不同专家构成的：司法人员、律师、法学教授等。我们法律界要提高法律声望，要特别重视杰出的学者、社会活动家、国务活动家并向他们寻求帮助，推动俄国的法律发展，改善我们的法律生活。"② 虽然他的论断颇受争议，但是体现了法学家对社会法律文化的影响。Б. А. 科瓦列夫斯基在著作中得出了结论并向法学同人发出了倡议："总之，我们法学家在所有活动领域中都应注重法律的独特意义，要在所有社会生活中（包括政治在内）将其分离出来。"③

Б. А. 科瓦列夫斯基对该问题的理解颇为重要，但是四年后他在《路标》中发表了《捍卫法律》一文，完全颠覆了自己以往的观点。他写道："俄国的知识界从未重视法律，并未认识到法律的重要性；法律在文化中理应处于极其重要的地位……知识界讲坛上的知名学者从未给我们推荐一些法学书籍或法律素材，这些都可能有极其重要的社会意义，也会提高知识界的

---

① *Маклаков В. А.* Воспоминания. М. , 2006. C. 197.

② *Кистяковский Б. А.* Путь к господству права // История русской правовой мысль. C. 366.

③ *Кистяковский Б. А.* Путь к господству права // История русской правовой мысль. C. 370.

法律意识。"① 必须指出的是，Б. А. 科瓦列夫斯基比其他学者更早看到了法学家在提高社会法律意识上的作用，但是不必讳言，他也在很多层面上夸大了法律文化的作用。

И. А. 伊林的著作——《俄国法学的基本任务》——对于理解俄国法学家在社会中构建法律文化的作用具有重要意义，在历史上留下了浓墨重彩的一笔。这部著作以对话的形式编纂，经历了革命和内战后于 1922 年春刊于莫斯科法律协会的论文集中，也于同年在《俄国思维》杂志上正式发表。② 在著作发表之时，他已屡次被捕。毫无疑问，他十分清楚俄国的局势，但是他不得不于 1922 年召集法律协会，因为他将是唯一一个可以指出国内最重要问题的学者。И. А. 伊林在著作中指出了七个主要的问题，这也是当时学术界面临的十分迫切的问题。③ 但是，他还有更为重要的任务，他向俄国的法学家以及学者发出呼吁："不论是在俄国，还是在其他国家，都在不同程度上经历了法律意识危机。因此，将法律意识问题具体化并从深层次上加以思考，具有全人类的意义。俄国法学的政治经验将成为人类社会法律意识的实验室……俄国历代之人都应弄清该问题并以此改造法学家，使之能够制定和实施正确的社会教育体系——所谓正常法律主体的教育。"④ И. А. 伊林提出的问题已经超出了学术性质，是更接近于某种宗教观念的使命。

无疑，诚如法学教育的推广流行及其对社会影响的与日俱增，这些趋势使得法学家意识到自身是社会上极其重要的参与者。虽然，俄国某些法学家积极致力于社会政治的发展只能说明俄国社会上开明人士的作用，但是，这些过程具有鲜明的时代特色，这些法学家决定了俄国社会发展的方向并且构建了俄国的法律文化。

---

① *Кистяковский Б. А.* В защиту права // Вехи. Интеллигенция в России: Сб. Ст. М.，1991. С. 110，112.

② 1922 年 9 月，И. А. 伊林被苏维埃流放。

③ См. : *Ильин И. А.* Основные задачи правоведения в России. С. 226.

④ См. : *Ильин И. А.* Основные задачи правоведения в России. С. 228 - 229.

三 帝俄法律空间自由化：社会与人民代表机构的法律意识

20 世纪初，俄国踏上了渐进的法制自由化之路。沙皇亚历山大三世在位期间，在俄国大部分居民中推行不同等级、宗教享有同等政治权利的法律政策，俄国法律自由化初露端倪。1903 年 3 月，俄国当时最知名的法学专家（Н. С. 塔甘采夫、И. Я. 福伊尼茨基、В. К. 斯卢切夫斯基、Н. А. 涅科留朵夫）对 1845 年法典的某些条款加以修正而推行了新的刑法法典；不过，该法典并未完全废除 1861 年改革前的惩罚性条款。尽管新的刑法法典在审判中依旧保留了等级原则，但并未在法律上公开承认不平等，辱刑数量也大幅缩减。但是，由于政府的阻挠，原本预期逐步引入的新法典并未完全推行开来。1904 年，新法典中又增加了有关政治罪的新条款。1904 年 8 月，规定在农村法庭及地方自治长官的审判中，禁止实施身体处罚。1905 年 4 月 17 日，俄国颁布了《保护不同宗教信仰》的法令，宣布宗教信仰自由；1906 年 10 月 17 日，颁布了《有关旧礼仪派教徒群体的地位》的法令，对他们进行保护。斯托雷平改革期间，俄国推出了《取消农民和其他原有纳税等级代表某些法律限制》的法令，希望改变农民的地位以符合经济改革需要。斯托雷平宣布，纳税等级权利平等（异族人除外）；赎买制度也进行了改革，这极大提高了农民的社会地位。

1912 年 4 月，在 1864 年诉讼条例的基础上恢复了治安法庭制度，这是俄国法律自由化进程中颇为重要的一步。之前，农民要更为信赖农村法庭或者州法庭，但是恢复治安法庭后，这一状况改变了。与其他诉讼机构相比，治安法庭对原有纳税等级十分友善，案件处理也更为快速。此外，治安法庭的推广也在农民中传播了法律文化，引导农民尊重法庭、尊重法律。与此同时，人们参与陪审团的兴趣大大降低，这也是改革后十分典型的特点。以往发生重大的刑事与政治案件，整个大厅会被挤得水泄不通，这些现象已成为过去。

治安法庭在社会上占据了重要的地位，但以往并不存在这种现象。治安

治安法官 Н. Л. 阿古涅夫——照片拍摄于 1912 年，圣彼得堡

法庭是大多居民可以仰赖的地方法庭，它在权利平等的基础上为所有等级提供法律保护。第一次世界大战期间，人民的诉讼积极性急速下降，同时，治安法庭在引入战时应急法的区域也已经停摆。苏俄时期，根据苏俄社会主义联邦共和国人民委员会第一法庭决议，最终大约 12755 个治安法庭和州法庭被废除：1924 年，苏俄人民法庭的数量为 2555 个，这只占 1917 年的 1/5 。①

1905 年 10 月 17 日诏书颁布后，俄国的社会政治局势发生了根本性的变化。法律就是诏书涉及的三个主要变革领域中的一个。诏书要求法律领域要采取一系列的变革；其中最为迫切的是引入国家基本法汇编、国家杜马的规章制度、国家杜马的选举、国家议会的规章制度以及大臣委员会。但是问题在于，帝俄君主专制制度只是在革命的巨浪前被迫进行改革，这些改革措施也只是当权等级所做的临时性让步。

因此，在这种状况下不可能深入研究改革计划，基本的国家文件也都是

---

① См. : *Кононенко В. И.* Мировой суд в России // Адвокат. М. , 1998. C. 105.

急就章。在这一领域的研究中，俄国国家法律传统的影响比较容易：首先应该谈到这一类文件，比如，诺 H. H. 沃西利采夫制定的帝俄文件（1818 ~ 1824 年）；内务部大臣 П. A. 瓦卢耶维于 1863 年为国家议会制定的有关教育问题的附件；1881 年 2 月，П. П. 舒瓦洛夫的《呈文》；洛里斯—梅利科夫伯爵起草的宪法（1881 年）等。这些文件的制定经验被深入研究。此外，对社会观念起到更大影响的是 M. M. 斯佩兰斯基（1809 年）制定的改革纲要，这是最为完整、更成体系的法律草案。上述法律草案的主要起草者之一 C. E. 克雷让诺夫斯基曾在自己的《回忆录》中坦言："（我们）努力联系传统，避免拿西方法律样板单纯复制。我拿到了 M. M. 斯佩兰斯基在国家杜马中的草案样本，这个草案内容庞杂、分类详尽。"① C. E. 克雷让诺夫斯基的评价针对的是布雷金杜马规章的起草工作，但是 10 月 17 日诏书颁布后情况已截然不同。首先，代议制效法 M. M. 斯佩兰斯基的纲要，先列举了未来议会的机构名称——国家议会和国家杜马。② 其次，新的体系遵循了 M. M. 斯佩兰斯基的理念——"法律体系对于国家和社会发展是必要的，要同君主专制相统一"。法律起草者受到了 M. M. 斯佩兰斯基思想的鼓舞，他们希望在君主专制凌驾于所有权力机构的基础上，有可能也有必要建立一套稳定的法律体系。③

这种观点不仅是 20 世纪初俄国推动政治法律深层改革的基础，也反映了俄国君主专制自身的法律意识实质。一方面，君主拥有国家最高的权力，是国家主权的代表，能够决定国家的法律。1832 年帝俄法律汇编中第 47 项条款规定"帝俄法律维护国家统治，其权力来源为沙皇"。换言之，法律是实现国家权力的基本条件。另一方面，法律、规章有违沙皇意志时，无法奏效。当权等级也不能违背君主，因为"俄国沙皇是专制君主，权力不得限制"（第一项条款）。

因此，沙皇的法律权力触及上层的边边角角。正如沙皇尼古拉二世所

① *Крыжанрвский С. Е.* Воспоминания. СПб., 2009. С. 63.
② См.：*Сперанский М. М.* Проект и записки. М.，Л.，1961. С. 225 – 227.
③ *Крыжанрвский С. Е.* Воспоминания. СПб., 2009. С. 52 – 53, 63.

言，他是"俄国土地的主人"。这也是尼古拉二世如此坦然接受 10 月 17 日
诏书的原因，他遵循相应的法律文件，因为这本身便是自己对臣民的恩赐，
他的所谓善举会对国内的革命浪潮起到重要的平息作用。由于沙皇此种法律
意识，1906 年国家基本法汇编（第一部第一章第四款）对于专制权力的
"不得限制"并无加以期限。各种政治派别的诸多回忆录文件都足以证明。①
专制政权与法律的总体关系以及俄国沙皇的法律意识问题，在当今学术界依
旧是悬而未决的议题。对于研究与国家政权有关的问题，上述议题的解决具
有重要的意义。

1906 年 4 月 23 日，第一届国家杜马通过了新的法律——国家基本法汇
编，这与 10 月 17 日诏书具有同等重要的意义。国家基本法汇编巩固了俄国
新的政治体系，比当时所有现行法律都更优异。沙皇在国家议会和国家杜马
中的地位是"独一无二"的（第一部第一章第八款）。因此，这部法律汇编
也被认为归沙皇所有。这种"确保基本法永不改变的保证，使其成为宪法
基础的可能性微乎其微"。② 国家基本法汇编中也有很多内容涉及君主专制
政权和沙皇家族的诏书决议（第一部第一至六章、第二部第一至六章，换
言之，每部分都有所体现）。上层政权强调，君主专制政权不可动摇。

国家基本法汇编延续并改进了 10 月 17 日诏书、国家杜马和国家议会的
规章制度、大臣委员会的章程，同时区分了这些权力机构的职能、从属关
系，对法律秩序进行了规划。大致从大贵族杜马和地方自治会议时期，沙皇
的意志便是权力（不可分割）的唯一来源；在革命的洪流中，君主专制将
立法权与人民代表权进行了切割：国家杜马与国家议会成为新的立法机构，
上层自愿放弃法律倡议权，只研究国家杜马提供的法律草案。

与此同时，大臣委员会也进行了改革：它不仅是国家机关的政治领导
机构，同时获得了立法倡议权。国家基本法汇编中著名的第 87 号文件参

---

① *Крыжанрвский С. Е.* Воспоминания. СПб. ，2009. С. 62，72. *Милюков П. Н.* Воспоминания.
М. ，2001. С. 272. *Маклаков В. А.* Воспоминания. М. ，2006. С. 320.

② *Кривец И. А.* Конституциализм и российская государственность в начале ХХ века. М. ，
2000. С. 120.

照了奥地利宪法，规定在特别时期，沙皇可以在不经国家杜马和国家议会讨论的前提下，根据大臣委员会的立法倡议颁布法律。这些法律本身就不具备合法性，不过它们也"不得载入国家基本法、国家议会和国家杜马的章程，也不得载入国家杜马和国家议会有关选举的决议"。杜马召开的前两个月内，这些法律必须列入杜马加以讨论。在此情况下，国家杜马和国家议会的召开和解散，杜马会期的中止与开始都是上层政权的特有权力。在必要的情况下，沙皇可以解散国家杜马、通过大臣委员会颁布应急法案。

当时也有一些激烈的辩论，焦点在于国家基本法汇编是否为宪法，基本法是否一经颁布就立即生效且在真正实现宪法前不会被废除。最终，国家基本法汇编，或者换言之，10 月 17 日诏书，实际起到了宪法的作用，使得1905 年至 1917 年的俄国具有了君主立宪制的特征。П. Н. 米留克夫在其回忆录中描述了他与 С. Ю. 维特一段心酸的对话，他向首相维特问道："为何不能宣布关键性的字眼——'宪法'？"首相答道："不能，因为沙皇不愿意。沙皇始终不愿宣布这个词，这割断了人民的希望，湮没了人民的信心，或许革命的风暴不久将至……沙皇要大声宣布其他词作为'宪法'的替代品，例如'基本法'、'君主'。"[1]

П. Н. 米留克夫也描绘了第三届国家杜马中的一个辩论场景："'死亡法'的代言人巴拉绍夫辩驳说：'我们不承认宪法。而且所谓国家体制的新举措也不是暗指宪法。'他们同一阵营的其他人（获得过政府赏赐）更为露骨地宣布：'6 月 3 日的法令文件表明，君主专制是沙皇本人的专制。'"[2]1908 年 4 月 24 日，财政部大臣科科夫佐夫在国家杜马大会上发表了一句经典的言论："我们有议会吗？老天哪，还没有！"[3]

就法学理论来看，目前与 20 世纪初的看法是一致的，国家基本法汇编

---

[1]　*Милюков П. Н.* Воспоминания. М.，2001. C. 272.

[2]　*Милюков П. Н.* Воспоминания. М.，2001. C. 355.

[3]　Государственная Дума：Стенографический отчет. Созыв Ⅲ．Сессия 1. Ч. 2. СПб.，1908. C. 1995.

只是"宪法"的不同说法而已。如同所有优秀的法学家一样，马克拉柯夫对待法律术语十分严谨，他认为国家基本法汇编是"欧洲宪法中最差的版本"[1]，但毕竟还是"宪法"。帝俄的法律领域出现了一种奇怪的现象：沙皇只是授予人民形式上的宪法，并无实质内容；但是为了宣扬沙皇的功绩，沙皇及其重臣大力宣传，自觉忽视了宪法"有名无实"的事实。

但是也必须指出，当权等级避开精确法律术语的习惯源自俄国法律文化。国家基本法汇编不能称为"宪法"，"帝俄国家杜马成员"一词从未在任何法律文件中出现，而是称为"民选者"或"杜马成员"。"预算"一词被"国家支出清单"代替，尽管杜马中正式运作的是"预算委员会"，而非"支出委员会"。"决议"被"倡议"取代，所有这一切都进行了"术语转换"。这种趋势可能表明，俄国有意避免陷入西方代议制的圈子，也可能是俄国法律界因循守旧的固有习惯。值得注意的是，这些法律的细节处透露着浓浓的政治意味。在 M. B. 罗江科的回忆录或者其他右翼党派代表的作品中，他们更倾向于使用政府术语，称成员为"杜马成员"，而左翼立宪民主党党员 П. Н. 米留克夫则经常使用"国家杜马成员"的称谓。

1905 年 10 月 17 日诏书颁布后，帝俄开始推行法律改革。首先是选举法改革，诏书中宣称为"全民普选"。毫无疑问，这绝非"全民性"的，妇女、军人、农村无产阶级、非地主、游牧民族都被排除在外。人民致力于获得全民、平等、无记名、直接的选举权，因此，选举法的完善还有很长的路要走。但是当时俄国的选举法是存在于君主专制体制下的，并未效法古老的西欧民主模式。

1905 年 12 月 11 日，俄国颁布了《关于选举》的法案，成为第一次革命时期最为自由的法律文件。自由主义派别获得了巨大的胜利，他们以极大的热忱积极拥护国家杜马的选举。《关于选举》采用了沿用半世纪之久的地方自治选举的选民类别体系——等级和多级划分。首先，城市居民和农村村

---

① *Маклаков В. А.* Воспоминания. М. ，2006. С. 309.

民都可以前往投票箱进行投票，知识分子也以理性的努力获得了投票权，但是与此同时，工业无产阶级和雇佣劳工却成为全俄投票比例最低的一类选民。

下层等级获得投票权之后，当权等级对此态度千差万别。《关于选举》给予了工人选民组最低的比例限额。1905 年 12 月，一次秘密会议上的相关记录表明，很多知名官员、自由主义活动家都对这个问题持否定态度。例如，十月党人未来的领袖 А. И. 古奇科夫警告，"工人选民组中选出的 14 名成员已经在杜马内成立了罢工委员会"，此外，А. И. 古奇科夫的党内挚友 Д. Н. 希波夫表示，对于工人等级而言，这种特殊的代表制度是"完全不公平的"。① В. А. 马克拉柯夫在回忆录中描述了立宪民主党成立大会上的一段插曲："曼德尔施塔姆表示，不要忘记工人等级的贡献，是他们的罢工带给了我们 10 月 17 日的诏书。"② 但是在当时的情况下，当权者与自由主义活动家的这种政治法律观点并不具备代表性。选举法的讨论发生在全面性政治大罢工的背景下，推行《关于选举》势必在莫斯科引起武装起义。无产阶级希望用强硬的态度在君主专制体制之下在国家杜马谋得一席之地，但是他们最终也不得不做一些让步。

农民在杜马中代表的问题要更为复杂。俄国君主专制制度的拥护者一直有一个错觉，认为农民是沙皇御座最坚实的支柱。因为直至 1906 年下半年，农民暴动才攀至历史顶峰，因此当时农民并不是专制制度针对的对象，《关于选举》中给予农民代表的比例份额也相对较高。С. Е. 克雷让诺夫斯基在一次会议上针对 С. Ю. 维特的发言谈道："有一种思潮正在萌芽——所有事件的成功与否都取决于农民（作为俄国国家体制的基本要素）参与人民代表制度及其在杜马中捍卫自身利益的程度。"③ 尼古拉二世总结道："我认

---

① Протоколы секретного совещания в декабре 1905 г. Под председательством бывшего императора по подготовке избирательного закона в Государственную Думу // Былое. 1917. № 3. C. 240，247.

② *Маклаков В. А.* Воспоминания. М.，2006. C. 297.

③ *Крыжанрвский С. Е.* Воспоминания. СПб.，2009. C. 67.

为，农民注定会选择正确的道路。"①

虽然前两届国家杜马中农民的代表名额很多，但是他们并未获得多少有关权力的经验。选举法的起草者 C. E. 克雷让诺夫斯基向 C. Ю. 维特谈道，按照现行选举体系，农民理应获得两部分代表席位，"无论是原来掌握份地的农民，还是通过购买获得土地的农民，都可以参加选举"。② 然而当权者并未对此给予应有的注意，这些问题在后来的选举法中才得以解决。除此之外，由于俄国 75% ~ 80% 的人为农民，他们提出了自己的条件，最终，第三等级中将近一半复选人是从农民中选出的。

俄国农民对待杜马选举与人民代表的态度也是颇为重要的问题。农民的法律文化对于抵御法律虚无主义也具有重要意义。立宪民主党右翼、西方派以及农民的忠实拥护者 B. A. 马克拉柯夫总结道："国家体制改革完成后，农民就会意识到，他们有法律意义上的投票权，若不对法律失望，他们将会自愿维护法律的尊严，会如同 60 年代积极参与陪审团一样。"③

选举初期，农民提出了"仅为自己选举"的口号。一方面，这体现了农民世界观的特殊性，他们只愿相信能代表自己利益的知名人物（同一州或乡）；另一方面，农民等级人数众多，他们在地缘上相对隔离，而且识字率非常低，这就导致农民在认识政党的纲领以及推举代表方面，做得比工人等级更差。农民等级在第一届和第二届国家杜马的选举中获得了人数上的胜利。第一届国家杜马中，农民成员的人数为 221 人，占杜马成员总数的 44.7%；第二届国家杜马中，农民成员的人数增长至 238 人，占杜马成员总数的 46.7%。但是推行新的选举法后，农民成员的人数急剧下降：第三届国家杜马中农民成员的人数为 94 人，第四届国家杜马中农民成员的人数为 93 人。此外，农民成员在杜马中的活动也是不同的。实际上，杜马中政治力量的作用并不取决于人民代表的等级归属，而是视其党团而定。劳动党和社会革命党在杜马中代表的是农民等级的政治利益，但是他们在杜马中的席

---

① Петергофское совещание о проекте Государственной Думы. Пг., 1917. C. 185.
② *Крыжанрвский С. Е.* Воспоминания. СПб., 2009. C. 69.
③ *Маклаков В. А.* Воспоминания. М., 2006. C. 299 – 300.

位并不多：第一届国家杜马中共有 98 席，第二届国家杜马中有 100 席，第三届国家杜马中有 13 席，第四届国家杜马中降至 10 席。①

在前两届国家杜马的选举中，农民具有十分高涨的政治、法律热情，这是因为他们渴望能够在法律领域解决农业问题。与此同时，这也表明农业问题是第一届国家杜马工作和讨论的中心，不过最终，第一届国家杜马也因此问题被解散。学者 О. Ю. 雷布科表示："国家杜马召开的第一阶段，绝大多数农民期望沙皇可以解决农业问题。首先，沙皇恩赐的诏书给予了农民解决农业问题的良好愿景；其次，几个世纪以来，农民的法律观念和实际法律之间存在巨大的差异和分歧。"② 第三届国家杜马是在革命的压力下召开的，根据新的选举法选出了成员，按照农民的话来讲是"对人民的需求置若罔闻"，也就是说，杜马已经不再致力于解决农业问题了，农业改革问题也被搁置了起来。因此，农民对于人民代表的兴趣急剧下降，到第四届国家杜马召开之际，这种趋势愈加明显。

选举机构和选举法的运用是国家法律文化发展水平的重要指标。《关于选举》法案中第 24 项规定，"选举应在内务部大臣的领导下，由总督（省长）和市长按照职责进行监督"（第一部分第一章第 24 项）。1906 年冬，为了选举临时成立了省、市委员会。选举委员会通常由主席和附近县法庭的成员构成，换言之，其成员为司法部门的代表。选举时，警察局的局长及成员会进行监督，不过他们也会对选民和复选人造成影响，这是颇为复杂的问题。内务部要对选举的公文进行处理，选举委员会则对选举进行统筹管理。С. Е. 克雷让诺夫斯基对委员会的成员人数（过多）多有不满，他在一次大会上谈道："选举委员会在前三届国家杜马中从事公文处理的总共不超过 3 个人。"③

<hr>

① 援引的数据来自雷布科专著中的附件资料：*Рыбка О. Ю. Государственная Дума в системе власти России в начале ХХ века. М.*，2001. С. 381，385－388。

② *Рыбка О. Ю. Государственная Дума в системе власти России в начале ХХ века. М.*，2001. С. 333.

③ *Крыжанрвский С. Е. Воспоминания. СПб.*，2009. С. 88.

  政府对选举的影响程度问题对于当时法律体系的研究具有举足轻重的意义。C. E. 克雷让诺夫斯基表示，君主专制制度"无论是中央还是地方，从未在第一届国家杜马的选举中进行干涉，从未采取任何行动，以求达到有利于自身的选举结果"。[1] 这种论断的真实性未必可靠。众所周知，选举初期尼古拉二世对此持否定态度，因此政府确实未采取行动对选举施加压力。[2] 不过，政府以成员报告效率低下为由，拒绝为选举拨款。第一届国家杜马解散后，当权等级决定采取更加有效的行动。由于一些成员签署了维堡宣言，因此丧失了参加下一次选举的机会，但是这只是政府颁布的政策性文件，这些成员并未丧失法律上的选举资格。因此，政府就决定对选民施加压力：为了让"讨厌之人"丧失选举机会，他们改变了选举会议的时间和地点；禁止提前召开群众大会，如若召开，政府便宣布为叛乱；对于刊物实行严厉的书刊检查制度；关闭慈善机构，封锁左派政党的资金，关闭工人食堂和阅读厅；一些参选的复选人和候选人还遭到了追捕。在此情况下，工作场所也开始遭到严密的监督甚至惩罚，一些人甚至会丧失参选资格、被拒绝入境以及遭到警察的严密监视。第一届国家杜马的成员 A. Ф. 阿拉季伊恩在参选第二届国家杜马成员时，他在辛尔比斯克的地产全部被没收充公，在绝境中有他只能投奔母亲，迅速把自己的一处地产划归到儿子的名下。[3]

  社会上也采取了相应的措施：众多选前会议转入地下，农民向政府隐瞒自己的复选人和成员。杜马第一次休会期间，社会上尤其是农民积极声援杜马，不过他们的活动并未违反法律。这段时期，革命的风浪并无明显的波动。但是，第二届国家杜马时期，为了应对政府的压力，成员的行动则更加激进。政府并未达到自己操控选举的目的，因而采取了更为严厉的措施——6 月 3 日，政府以国家改革的名义变更了选举法。C. E. 克雷让诺夫斯基指出，一些下级官员在公务处理的同时，还积极支持立宪民主党，为他们向农

---

① *Крыжанрвский С. Е.* Воспоминания. СПб.，2009. С. 74.

② См. : *Витте С. Ю.* Воспоминания. Т. 3. М.，1960. С. 6.

③ См. : *Рыбка О. Ю.* Государственная Дума в системе власти России в начале XX века. М.，2001. С. 172.

民奔走呼号。① 1906 年 9 月，政府发布了一项指令，禁止官员与政党为伍。

1907 年 6 月 7 日，俄国颁布了新的选举法——《国家杜马选举》，С. Е. 克雷让诺夫斯基是法律的起草者之一；之后，局势发生了重大转变。政府在选举法实施的过程中增加了更多限制，政策也更为紧缩。国家杜马办公室主任 Я. В. 格林卡在日记中描述了第四届国家杜马的一些情况："政府对于选举的压力甚至已经达到犬儒主义的状态，地方的选举情报也做到了极致。"② 此时，С. Е. 克雷让诺夫斯基不再继续鼓吹政府不干预选举的弥天大谎，转而坦率地谈道："尽管选举形式只是处于萌芽阶段，但是选举规模已经如日中天。这个政府管理体系之外的组织甚至已经被众多大臣接受，自然……它还不是很完善。不过，自从斯托雷平逝世之后，这种创举从未有过。"③

6 月 3 日的改革和新的选举法是政府获得的重大胜利。杜马中的政党力量对比发生了翻天覆地的变化，成员团几乎更换了 90% 的新面孔。如果说前两届杜马是人民的代表，体现了人民的利益，那么第三届和第四届国家杜马则反映了政府的优先地位。

6 月 3 日国家改革期间，选举法变更成为君主专制制度侵蚀法律的一项重大事件。立宪民主党的知名国家法专家 Ф. Ф. 科科什金曾论断，第一届国家杜马被解散是因为法律不完善，因为新选举法中并未规定杜马"解散"的期限，更准确地说，这是法律本身存在漏洞。④ 经验丰富的法学家 В. А. 马克拉柯夫指出了国家改革期间独特的法律生态，他认为这种生态只有采用了国家基本法汇编后才会成型，至少能够"增加法律在国家生活中的重要性"。这种法律生态的实质在于"国家权力造成的法律的不完善或破坏。解决之道在于限制这种现象，能够在现行国家体制下容许法律的存在"。社会之所以对改革强烈反对，是因为"在改革中，人民不仅见识到对法律的肆意践踏，更准确地说，对法律毫不在意，而且颁布的法律总是与人民的利益

---

① *Крыжанрвский С. Е.* Воспоминания. СПб. , 2009. С. 103.

② *Глинка Я. В.* Одиннадцать лет в Государственной Думе. М. , 2001. С. 97.

③ *Крыжанрвский С. Е.* Воспоминания. СПб. , 2009. С. 105.

④ См. : *Милюков П. Н.* Воспоминания. М. , 2001. С. 328.

相悖"，"与其寄希望于法律，他们更倾向于发动革命"。①

　　C. E. 克雷让诺夫斯基直接参与了此次改革，他回应道，谁言明政府的行为非法呢？"若政府有罪，当时并未发生任何暴动。对于上层政权而言，朝令夕改对于人民的法律意识是一个沉重的打击，也就意味着人民不能清楚复杂的局势。杜马的成员及其追求表明，法律意识及愿望都是以法律自身为基础的，而非基于获得杜马多数的等级。"② 为了证明自己观点的正确性，C. E. 克雷让诺夫斯基表示，改革时期并未发生任何严重的骚乱，交易所也未关闭，事实证明，维堡请愿不过是"立宪民主党的闹剧"。③ 当时，人们没有对尼古拉二世的诚挚产生任何怀疑，但是在讨论新的选举体系时，他曾对 П. А. 斯托雷平谈道"我也十分无耻"。这种格言式的回答完全反映了沙皇的法律意识。

　　现在的一些学者对斯托雷平表示赞扬，他们表示，虽然斯托雷平首相刻意破坏了法律，但目的是维护人民代表制度。杜马成员结构的变化降低了其内部冲突的可能性，也排除了他们参与暴力革命的概率，这些都使得政府可以同杜马开展更具建设性的合作。众所周知，第三届国家杜马是按照新选举法产生的，也是革命前唯一未被解散的杜马。④ 不可否认，俄国的政治环境已经改变，政府面临革命的危机。6 月 3 日选举法制定的代表制度规章与其他杜马规章大相径庭，令人不可思议，革命的火焰一触即发。布雷金杜马的失败经验也成为专制政权最好的借鉴。1907 年，革命已经在爆发的边缘，民主力量也做好了顽强抵抗的准备，在这种复杂的形势下，维堡法律通过了。对于政府而言，国家改革颇为成功，斯托雷平有关改革的任务都完成了。但是，君主专制制度颁布的一系列法律不过是革命的"延时炸弹"。社会上处处充斥着游行示威活动，人民不仅对于法律体系不屑一顾，甚至组织

---

① *Маклаков В. А.* Воспоминания. М. , 2006. С. 322 – 323.

② *Крыжанрвский С. Е.* Воспоминания. СПб. , 2009. С. 114.

③ *Крыжанрвский С. Е.* Воспоминания. СПб. , 2009. С. 98；*Глинка Я. В.* Одиннадцать лет в Государственной Думе. М. , 2001. С. 44.

④ См. : *Рыбка О. Ю.* Государственная Дума в системе власти России в начале XX века. М. , 2001. С. 148.

了破坏法律的政治实践活动。

20世纪初，国家杜马是俄国法律空间中最为重要的因素，形成了新的代议制文化。毫无疑问，这种新的文化并不独立于俄国社会的法律文化之外，不过它确实是在法律框架下追求稳定民主道路的先声，走在了俄国代议制民主的最前沿。事实上，杜马的立法活动对国家和社会在法律道路上选择的影响并不大：它的活动只是涉及立法活动、预算讨论、成员问询和自由演讲。

社会上很多人以及众多杜马成员积极研究国家杜马的立法活动，将其作为人民代表制度的基本使命。前两届国家杜马因处于革命时期，其成员也大多比较激进，因此召开之际便积极着手讨论有关重大议题的杜马草案。众所周知，第一届国家杜马仅召开了72日，但是成功引入并研究了四个农业的法律草案（来自立宪民主党和劳动党），还有一些涉及人身自由、言论自由、废除死刑、司法制度和诉讼程序改革、罢工自由等的相关议案。杜马成员共引入16项法律草案，在杜马解散前，已经有13项法案进入了初步研讨阶段。

前两届国家杜马的成员是站在俄国社会中最广大的群众中间的。立宪民主党因相关法案的讨论在选举中脱颖而出。Л. И. 彼特拉日茨基教授提交了众多关于农业问题的草案，В. Д. 纳博科夫提交的草案则很多涉及死刑问题。可以这样讲，备选的法律草案如此众多，即使与欧洲的其他国会相比也丝毫不逊色。

杜马对于重大社会问题的讨论也十分积极；但是此时，政府对法学常识几乎一无所知，杜马选择容忍的策略相当失误。政府除了匆忙中提供了选举法和国家基本法汇编以外，之后却再也未向杜马提供过任何法律草案，"他们甚至不清楚应该做什么"。[1] C. E. 克雷让诺夫斯基曾有几次夸口说，政府给杜马提供了16项小部头的法案。的确，政府曾给杜马提供过两次草案——建议在法学院提供汗蒸室和洗衣房，这成为杜马的笑料谈资。在前两届国家

---

[1] *Крыжанрвский С. Е.* Воспоминания. СПб. , 2009. С. 92 – 93.

杜马的间隔期间，政府做了相应的准备，因此在第二届国家杜马期间提供了287项议案。[1] 第二届国家杜马经过103日的研究讨论，在所有议案中通过了21项，拒绝了6项。其他议案被移交给了杜马委员会，第二届国家杜马解散后，这些议案依旧在持续讨论研究中。[2]

起初，杜马委员会的立法活动特色鲜明。第一届国家杜马时期，杜马委员会并未成功组织起来。很显然，杜马委员会中的法案研究可以为杜马大会上法案讨论做准备，因此，第三届国家杜马也延续了委员会的传统。不同时期杜马委员会的数量总共达到40个，其中一些是常设的：预算委员会、财政委员会、管理委员会，也有按照成员构成、质询问题或者管理不同进行划分的委员会，此外也有一些临时性的委员会。这些委员会中问题最集中、成员人数最多的当属第二届国家杜马中的农业委员会，共计95人。第二届国家杜马中，农业委员会提交了44项法案，其中有24项在杜马解散前已经进入研讨和实施阶段。杜马中研究和颁布的法案表明，人民代表更加关注"自己的"提案，而非政府性的提案。例如，1906年11月9日，纪念斯托雷平农业改革的提案就未被研究，而是直接推入了下一个议题。

第二届国家杜马解散3年后，第三届国家杜马召开了，其成员是根据6月3日选举法产生的，因此与前两届国家杜马的成员构成存在本质差异。在前两届国家杜马中默默无闻的十月党人和右翼党派占据了第三届国家杜马的主要议席，杜马与斯托雷平政府的关系也随之发生了翻天覆地的变化；这也是第三届国家杜马存在近5年的原因所在。第三届国家杜马的立法活动也发生了重大转变。第三届国家杜马召开期间，政府给杜马的提案超过2500件，杜马对政府的提案的原则变成了"越少越好"。杜马从政府所有的提案中采纳了2346件，其中2197件经过了沙皇签署。杜马成员称其为"立法爆炸"，B. M. 普里什克维奇一针见血地指出，这些提案都是"鸡毛蒜皮"之事。第

---

① См.: *Рыбка О. Ю.* Государственная Дума в системе власти России в начале XX века. М.，2001. С. 234 – 235.

② См.: *Рыбка О. Ю.* Государственная Дума в системе власти России в начале XX века. М.，2001. С. 236.

三届国家杜马也从未讨论尖锐的社会问题。第三届国家杜马工作的亲历者 Я. В. 格林卡在日记中描述了 1911 年 5 月 "立法爆炸"中一个生动的画面："大会的议程中共有 100 项法案，最终竟通过了 120 项。大约 1.5 分钟就通过 3 部法律。这些法案甚至都没有呈报人，主席沃尔孔斯基甚至都不清楚提出了何种问题，也不清楚给哪一项法案投了票，他们只是回答：'在这里处理，不然就去办公室处理。'"①。

应该指出，杜马办公厅在第三、四届国家杜马时期在真正意义上恢复了工作。一方面，这是有益的，因为办公厅中的专业法学家会为主席和成员准备问询的相关材料，可以帮助人民代表更好地处理立法细节。但是另一方面，杜马办公厅与俄国其他的国家机构一样，追求发挥更大的作用，希望扩大自身权限。1916 年，В. А. 马克拉柯夫被进步者同盟选为农民平等法案的呈报人，他写道："办公厅的官员将预先准备好的简短报告递给我签字，这种工作方法在成员中间已经屡见不鲜。"② 第四届国家杜马同第三届国家杜马的立法活动如出一辙，只是在时间问题上做了一定的修改。战争伊始，杜马就准备进入较长时间的休会。1916 年秋，杜马关于立法活动进行了一些政治辩论。

国家杜马的预算核准职能是法律影响政府最重要的杠杆。这是一种特殊的法律保障，因为"无论在任何情况下，国家杜马在一年内都要进行预算核准工作"。③ 国家杜马的规章规定，"国家杜马管理国家的收支清单以及财政预算，其经费来源于国家拨款，预算清单不得提前示出"（第五章第 31 项）。国家杜马规章公布三周内，也应刊登国家收支清单研究的相关规章。1906 年 3 月 8 日，杜马的预算法大幅修改，其中列出了 40% 的支出用途，其中包括国家外贸活动、铁路运价、国家信贷以及宫廷部等众多支出项目。前两届国家杜马并未遇到过如此复杂的预算情况，因为他们召开的期限太短，还有其他更为重要的法案需要研讨。第三届国家杜马和第四届国家杜马的关

---

① Глинка Я. В. Одиннадцать лет в Государственной Думе. М. ，2001. С. 84.

② Маклаков В. А. Воспоминания. М. ，2006. С. 313.

③ Милюков П. Н. Воспоминания. М. ，2001. С. 487.

注焦点不仅是预算研究，还要与国家杜马预算权的膨胀做斗争。国家杜马预算委员会数次提议，为了人民的资金支出不是"专断的，而是严格依照法律使用"，① 希望废除 1906 年 3 月 8 日的规章。但是米留克夫认为，国家议会（米留克夫称其为"杜马立法的墓地"②）在财政部的压力下会拒绝该项决议。

预算讨论在第三届和第四届国家杜马的工作中占有重要的地位。П. Н. 米留克夫、М. В. 罗江科和 Я. В. 格林卡的回忆录中都涉及了预算讨论问题，借此可以评判杜马对预算的关注度。③ 许多左派政党（主要是社会民主工党、劳动党和社会革命党）的党员一直反对做总体预算，也反对做单独预算。立宪民主党有时也提议，不应对不同的中央决议做预算；他们表示人民代表对于反动的大臣和政府相当不信任。例如，1911 年，莫斯科大学在人民教育部大臣 Л. А. 卡索的领导下发生了破产的严重事件。预算争议最为激烈的通常是内务部、人民教育部、司法部和主教公会。第三届国家杜马和第四届国家杜马在整个召开期间都未曾讨论拒绝预算核准的问题，尽管成员都有人民代表的相关法律权力。左派政党不愿对预算问题进行投票，右派政党根本不对该问题进行提议，因为前两届国家杜马解散的阴影仍笼罩在成员的心头。

杜马成员对大臣与官员进行质询也是杜马对政府的法律影响手段，也是杜马与社会进行联系的一个途径，成员对此十分积极。根据国家杜马的规定，成员不少于 30 人的委员会可以提出法律质询（第六章第五十八项）。第三届和第四届国家杜马中，左派党员的议席屈指可数；因此他们进行质询的机会并不多。此外，众所周知的是，杜马中农民成员也不单纯只解决农民议题，因此也可以对官员进行质询。

① Государственная Дума：Стенографический отчет. Созыв Ⅳ. Сессия 2. Ч. 1. СПб.，1914. С. 204.

② *Милюков П. Н.* Воспоминания. М.，2001. С. 393.

③ *Милюков П. Н.* Воспоминания. М.，2001. С. 487 – 489，510 – 512；*Родзянко М. В.* Крушение империи. М.，2002. С. 92 – 115；*Глинка Я. В.* Одиннадцать лет в Государственной Думе. М.，2001. С. 120，146 – 148.

　　成员与政府对于杜马中的质询活动有完全不同的评价。对于人民代表（成员）而言，一方面，法律质询可以寻求社会对尖锐问题的关注，指出政府违法乱纪的行为。在杜马公共大会上，质询委员会进行报告、发言，这些内容次日就提交刊行，这会形成一种社会资产；若杜马成员因人民利益反对当权等级的违法行为，他们就会获得"成员斗士"的称号。另一方面，十月党人左派、立宪民主党和左派激进政党都认为，质询在推动相关体系（政府对杜马负责）的形成中能够扮演重要的角色。但是对于政府而言，"质询中提出的事件只不过是政府在具体活动中的偶然失误，所提供的回答对之后的事件没有任何帮助，对事件本身的后果也无任何影响"，[①] 此外，政府回答质询的准备期限只有一个月，不过官员对于涉及机密信息的问题有权拒绝回答。1914年3月，当政府攻击杜马的立法活动时，О. Ю. 雷布科描述了杜马主席 М. В. 罗江科与政府首相 И. Л. 戈列梅金之间的一场论战，И. Л. 戈列梅金表示，杜马只有权对大臣进行质询，无权对首相进行质询。[②]

　　杜马最常进行质询的对象是大臣委员会主席、内务部大臣、陆军部大臣及司法部大臣。总体而言，大臣不愿现身杜马，尤其是在质询期间。В. Н. 科科夫佐夫关于"我们没有议会"的立论仍然犹言在耳、骇人听闻。在回答库斯克矿坑枪击工人事件的质询时，内务部大臣 А. А. 马克拉柯夫振振有词地谈道："以前有，现在有，将来还会有。"或许只有斯托雷平可以凭借强大的内心，不顾杜马讲坛下成员的抗议声浪，仍旧游刃有余地进行演说。实际上，沙皇的大臣们并非公众型的政治家，他们的功勋成就也不在此，沙皇也只是希望他们能够成为御座的坚定捍卫者。大部分的大臣不善言辞，更遑论公众演说的能力。

　　1909年1月20日，杜马中对阿谢夫内奸活动的质询引起了巨大的社会反响。大臣委员会主席、内务部大臣 П. А. 斯托雷平进行了相关的解释说

---

① *Рыбка О. Ю.* Государственная Дума в системе власти России в начале XX века. М., 2001. С. 190.

② *Рыбка О. Ю.* Государственная Дума в системе власти России в начале XX века. М., 2001. С. 204.

明，但是他的演说是自相矛盾的。起初，他表明"阿谢夫事件并不复杂"，杜马只是夸大了事实，总之无论如何，阿谢夫不是内奸，但是"这同其他事件一样，需要和警察进行合作"。之后，他对杜马展开了猛烈攻击，他表示"反对空口无凭对政府进行指责"，要求杜马停止指责，"杜马不得通过质询的方式干预警备队从革命者中选择合作伙伴，这些人因担心被公开，所以不敢做代理人"，也就是说斯托雷平间接承认了确实有内奸。① 总之，斯托雷平被害后，这个演说更具不祥的意味，凶手 Д. Г. 博戈洛维也被怀疑是警备队的间谍。在社会的焦点下，杜马开始对拉斯普京事件进行质询。杜马主席 М. В. 罗江科希望这个质询只留在杜马讲坛上，不要公开讨论，但这注定是枉然的。他担心"若公开承认沙皇的谋士只是一个无赖和骗子，那就迫使整个立法机构同拉斯普京开战"。② 杜马公开反对拉斯普京的行为也使得皇后震怒，她站出来公开反对人民代表制度。

杜马中最重要的任务似乎变成了质询，左派政党对此格外热衷。例如，1911 年，巴黎的《未来》报刊登了一则警卫队间谍的自白，其中宣称，第二届国家杜马中社会民主工党准备反政府的材料均系警察局伪造；这些材料对于第二届国家杜马的解散和搜捕社会民主工党人确实造成了相当大的影响。第三届国家杜马中的社会民主工党成员三次提出质询，要求对该问题进行公开讨论并对司法决议进行重新审查，但是杜马也三次驳回了这个质询。总之，所有的左派政党都利用质询的方式，在杜马中宣传革命思潮，使得社会上对政府的敌意大增。右派和中间派对此十分愤怒。

质询演讲与公开自由辩论使得某些杜马成员成为有广泛受众的知名政治家。在公开演讲的压力下，杜马会议速记记录的实践能力也发展了起来。杜马中的演说家来自不同的政党、政治流派，比较知名的有：В. М. 普里什克维奇、Н. Е. 马尔科夫、А. И. 古奇科夫、С. И. 希德罗夫斯基、П. Н. 米留克夫、Ф. И. 罗季切夫、А. Ф. 克连斯基和 Н. С. 齐赫泽。这些

---

① Государственная Дума: Стенографический отчет. Созыв Ⅲ. Сессия 2. Ч. 2. СПб., 1909. С. 1418 – 1420；*Глинка Я. В.* Одиннадцать лет в Государственной Думе. М.，2001. С. 86.

② *Родзянко М. В.* Крушение империи. М.，2002. С. 47 – 48.

演说家都处于同一种议会文化的框架中，在这里语言而非暴力成为斗争的主要手段。杜马讲坛上发表的言论在很大程度上取决于演说者的政治立场。例如，自由主义政党、立宪民主党和十月党人，他们的代表均支持人民代表制度。不过，为了避免杜马受到打击，即使最为激进的演说也不会超出法律的限制。1908 年 3 月 27 日，十月党人领袖 А. И. 古奇科夫针对陆军部预算所做的演说算得上是最为激烈的了。А. И. 古奇科夫认为，政府应该承担日俄战争失利的责任；他严厉批评了军事管理体制，点名指责了国防委员会。① 尽管 А. И. 古奇科夫严厉批评，但是由于他十分注意自己的言论，没有逾越法律的界限，因此呈报人、会议主席以及相关代表并未受到任何制裁。

П. Н. 米留克夫也是一位著名的演说家，他沉着冷静，在 1916 年 11 月 1 日的杜马大会上发表了《愚蠢抑或背信弃义》的演讲。② 这篇演讲引起了巨大的社会反响，因 П. Н. 米留克夫在发言中倡议取消书刊检查制度，次日一系列的自由报刊如雨后春笋般出现。Я. В. 格林卡在日记中写道："演讲的消息在杜马中不胫而走。所有人都想知道演讲的内容而且都在互相讨论，他们要求扩印演讲稿，要价也从 10 卢布增至 25 卢布，可谓一夕之间洛阳纸贵。"③ 大臣委员会主席 Б. В. 施秋梅尔要求解散杜马，并指出责任在演说家 П. Н. 米留克夫。但是，司法部大臣 А. А. 马卡罗夫并未找到 П. Н. 米留克夫演说"内容中存在任何违法行为，无法将其推入法庭"。④ 1916 年 11 月 10 日，Б. В. 施秋梅尔被解职，此事不了了之。

左派政党并不十分在意杜马解散与否，因此在发言中会使用十分尖锐的措辞。1914 年 3 月 11 日，社会民主工党人 Н. С. 齐赫泽在杜马大会上发言指出，"国家改革比较合适的政体是民主政体，是代议制政体，不得不说，

---

① Государственная Дума: Стенографический отчет. Созыв Ⅲ. Сессия 1. Ч. 3. СПб., 1908. С. 1582.

② Государственная Дума: Стенографический отчет. Созыв Ⅳ. Сессия Ⅴ. Ч. 3. Пг., 1916. С. 35 – 48.

③ *Глинка Я. В.* Одиннадцать лет в Государственной Думе. М., 2001. С. 153.

④ *Родзянко М. В.* Крушение империи. М., 2002. С. 194.

共和制政体是更为合适的政体"。^① 大臣委员会认为，Н. С. 齐赫泽的言论是公开反对现行国家体制，对其大加指责。但是 Н. С. 齐赫泽认为，这是国家议会第一厅的职责，与大臣委员会不相干。А. Ф. 克连斯基和大会主席 А. И. 科诺瓦洛夫因发言支持 Н. С. 齐赫泽，被指责为反政府宣传的同谋，但是谴责的声浪很快便烟消云散了。杜马积极保护成员的发言权，杜马诉讼委员会很快提交了《成员言论无罪条例》法案，进行研讨；立宪民主党和十月党人在同一年就将该法案列入了提案。立宪民主党和左派政党表示，若不立即推行这项法案，他们就拒绝讨论预算问题。不过，杜马中十月党人的大部分成员都未进入这些提案的研讨。^②

第一次世界大战成为政府与杜马革命家成员冲突的导火索。1914 年 11 月 5 日，社会民主工党党员、布尔什维克成员 А. Е. 巴达耶夫、М. К. 穆拉诺夫、Г. Н. 彼得罗夫斯基、Ф. Н. 萨莫伊洛夫、Н. Р. 沙果夫等被指责从事反政府活动，因此丧失了国家杜马的成员资格，他们也因此反对为政府的军事行动拨款。革命性政党尤其是布尔什维克，他们并不将自己的行为严格限定在法律范围内，因为他们认为，议会活动不过是宣传政治理念的辅助手段。布尔什维克起初拒绝参与第一次杜马选举，不希望与"资产阶级议会"合作。当布尔什维克意识到可以通过工人选民组的投票来反对自己的政治宿敌——立宪民主党时，他们就改变了策略。俄国社会民主工党布尔什维克的中央委员会要求其成员在杜马"宣布自己的基本政纲"，但由于缺少激进行动，他们相当不满。^③ 社会革命者以往也存在这个问题。社会革命党人 В. М. 切尔诺夫写道："几乎所有的社会主义政党，他们的议会派往往右倾化严重。"^④ 因此在这种情况下，革命性政党与自由主义政党不同，他们的

---

① Государственная Дума: Стенографический отчет. Созыв Ⅳ. Сессия 2. Ч. 2. СПб., 1914. С. 1642.

② См.: *Аврех А. Я.* Царизм и Ⅳ Дума. 1912 – 1914 гг. М., 1981. С. 119 – 120; *Дякин В. С.* Буржуазия, дворянство и цризм в 1911 – 1914 гг. Л., 1988. С. 210 – 213.

③ См.: *Козбаненко В. А.* Партийные фракции в Ⅰ и Ⅱ Государственных Думах России 1906 – 1907 гг. М., 1996. С. 213.

④ *Чернов В. М.* Великая русская революция. М., 2007. С. 371.

领袖往往不愿在杜马中推举自己的成员。所以，革命性政党长期处于地下状态或者侨居海外，他们的领袖也不追求成为公众政治家。1917 年之前，并无多少人知道他们的存在，因此他们没有很好的社会基础，这一点与立宪民主党和十月党人的情况截然不同。

不过，若单纯认为杜马中仅有左派政党不在法律范围内行动，那也并非实情。国家杜马同世界上的其他议会一样，他们清楚地认识到，不能只在法律领域内活动，还可以采取共同行动来达到目的。例如，第三届国家杜马就笼罩在"决斗"的氛围中。起初，Ф. И. 罗季切夫在杜马会议上宣称"斯托雷平鸠占鹊巢，抢了穆拉维约夫的位子"，斯托雷平要遵照"传统"和 Ф. И. 罗季切夫决斗。不过，决斗最终以 Ф. И. 罗季切夫向首相斯托雷平道歉而收尾，立宪民主党的女性活动家赠送给 Ф. И. 罗季切夫一束花以示支持与同情。[1] 十月党人领袖 А. И. 古奇科夫也希望与十月党人的党员 А. А. 乌瓦罗夫进行决斗，原因是追求党内与杜马派系内的优先权，最后两人成为私人敌对关系。最终，А. А. 乌瓦罗夫大获全胜，不过 А. И. 古奇科夫也在某种程度上取得了胜利——他的政敌的希望落空了。但是，А. И. 古奇科夫也因与 А. А. 乌瓦罗夫所谓的决斗而丧失了杜马主席的职位；之后 А. И. 古奇科夫又与立宪民主党领袖米留克夫进行决斗，极右派领袖马尔克夫也再次号召与立宪民主党的党员 О. Я. 别尔加曼进行决斗。知名律师、社会活动家 О. Я. 别尔加曼在决斗风波中处于重要地位，但是由于史料缺失，他的决斗事迹已经不得而知。

杜马成员没有在杜马大会上限制自己的行为和言论。人民代表在杜马中紧锣密鼓地作战，Я. В. 格林卡在 1910 年 12 月 4 日的日记中愤怒地写道："他们在国家杜马中肆意妄为、言谈无度，没有任何忌惮。他们经常违反规章，也并不互相尊重。国家杜马陷入了混乱无序的状态，其中一些讨论甚至已经成为街头巷尾的谈资。这里已经不再是国家杜马，我也耻于表明自己的杜马成员身份。为了改变这种状况，沃尔孔斯基伯爵在一次会议上提到这种

---

① См. ： *Гессен И. В.* В двух веках // Архив русской революции. Т. 22. Берлин，1937. С. 202.

糟糕的局势，但是有些成员甚至还对此开口大笑。"① 杜马会议的速记记录也出现了大量空白，记载的内容也根本不是政治议题。1914 年 5 月 13 日，杜马会议讨论了贝利斯事件。П. Н. 米留克夫和 В. М. 普里什克维奇的辩论表明，"П. Н. 米留克夫是恶棍，В. М. 普里什克维奇是畜生、败类、无赖，也是恶棍"。右派成员 Н. П. 舒宾斯基是该事件的呈报人，即便如此，米留克夫对他也不屑一顾。但是或许是因为米留克夫的言论没有刊行，因此并未呈现在速记记录中。②

П. Н. 米留克夫：历史学家、政论家、莫斯科大学的编外副教授、立宪民主党领袖、第三、第四届国家杜马成员、临时政府外交部大臣

В. М. 普里什克维奇：俄国人民联盟的领袖之一、米哈伊尔宪兵联盟创始人、第二至第四届国家杜马成员

　　极右派的领袖 В. М. 普里什克维奇可以算得上最为流氓、最没有议会风度的成员。Я. В. 格林卡描述道："В. М. 普里什克维奇毫不犹豫地从杜马讲

---

① *Глинка Я. В.* Одиннадцать лет в Государственной Думе. М. ，2001. С. 73.

② Государственная Дума：Стенографический отчет. Созыв Ⅳ. Сессия 2. Ч. 4. СПб.，1914. Ст6. 596 – 610.

坛上把一杯水泼到了 П. Н. 米留克夫的头上，一惯地大放厥词，他不服从杜马主席的安排，经常以暴力手段获取想要的结果。当塔夫里达宫的警备队赶到的时候，他直接坐在了警卫的面前，趾高气扬地抄着手，最后堂而皇之地从议会大厅走了出去。"① 即便如此，Я. В. 格林卡也并未否认 В. М. 普里什克维奇是"睿智且勇于行动的成员"，而且完全有能力开展立法工作。②

前两届国家杜马中几乎完全没有类似的激烈冲突，这或许是因为前两届杜马的存在时间较短，也可能是人民代表制度对于俄国当时的社会及成员而言是完全新鲜的事物，他们还未充分适应。此外，在讨论社会重大议题时，成员之间的冲突更为激烈，这种戏剧化的冲突后来也未得到解决。还应注意的是，第三届国家杜马中的右派没有自己的改革纲领，他们与政府政策保持一致，通过这种恶劣的行径获取社会关注。

国家杜马成员本身的法律文化程度与上述问题息息相关。杜马中各种成员团反映了俄国社会等级的极度不平等现象。成员团一直处于变动中，尤其是 6 月 3 日改革期间推出新的选举法之后，变动更为频繁。各种政党和成员团体具有不同的法律文化特征，在人民代表制度运行期间表现得相对稳定。前两届国家杜马中农民成员（占有重要地位）具有共同且持久稳定的法律意识原则。他们意识到自己是地方选民利益的代表；在整个杜马活动期间，他们与推举他们的村社紧密联系，越来越多的农民代表从他们家乡赶来。众所周知，他们的部分资金是经所在村社扣除后所剩的专为杜马活动拨付的公款。根据 Ф. И. 罗季切夫的数据来看，他们可以从村社获取 7 卢布（法定公款金额为 10 卢布）。③ 事实并不像 С. Е. 克雷让诺夫斯基（仇恨农民的代表人物）所述的那样，"村社希望在杜马成员的选举中获取利益"。农民认为，杜马活动资金④可以作为村社的收入。农民还在首都"做起了小生意，找到

---

① *Глинка Я. В.* Одиннадцать лет в Государственной Думе. М. ，2001. С. 51.

② *Глинка Я. В.* Одиннадцать лет в Государственной Думе. М. ，2001. С. 51.

③ *Крыжанрвский С. Е.* Воспоминания. СПб. ，2009. С. 93 – 94.

④ 下发的公款。——译者按

了工作，其中有看门、管理庭院等类似的职业"。① 很多人希望，农民可以以合理的费用获准坐在代表席上，或者能够出于对他们的尊重使其免费享受这一权利。②

农民成员返乡时，有责任报告自己在杜马活动中的开支状况。一些政党（尤其是立宪民主党和社会民主工党）曾尝试引入这种在选民面前进行报告的制度，但是由于不同的原因都以失败告终。值得注意的是，农民在未加入任何政治组织的情况下，仅通过日常生活中的公社就做到了这点。

第三届国家杜马中的劳动党会议

农民整体教育水平不高，这对他们的杜马立法活动水平造成了影响。其他杜马成员也十分理解这种状况，因此也不强求他们能够协助实际的立法活动。最初，政府研究了农民成员的规章，对他们进行严密监控，"防止左派政党对他们进行渗透"。第一届国家杜马成员、内务部大臣 П. Н. 杜尔诺夫和比亚韦斯托克贵族领袖 М. М. 叶罗金倡议，应该为农民成员"租用配备

---

① *Крыжанрвский С. Е.* Воспоминания. СПб. ，2009. С. 90 - 91.
② *Крыжанрвский С. Е.* Воспоминания. СПб. ，2009. С. 93.

家具的公寓"，目的是"叶罗金和其他保守派杜马成员就可以在那里对他们进行'感化'"。缺乏经验的政府未为对此提议加以重视，"叶罗金公寓"组织不善，存在时间并不久；不过，政府在对农民成员严加监控的事情上却做得相当出色。[①]

自由主义政党尤其是立宪民主党，在帝俄的统治下最善于运用法律智慧为国家杜马添彩。前文已经谈过很多知名法学家政治积极性的问题，由此看来，他们的法律文化程度是最高、最好的典范。受教育程度较高的杜马成员大多出身人文学科，而其中法学家人数较多，这也反映了当时俄国法学教育日益繁荣的趋势。这些法学家大多加入了自由主义政党。拥有较高法学教育背景的成员在第一届国家杜马中共有 65 位（占成员总数的 13.1%），在第二届国家杜马中共有 51 位（占成员总数的 10%），在第三届国家杜马中共有 64 位（占成员总数的 14.4%），在第四届国家杜马中共有 95 位（占成员总数的 21.5%）。[②] 俄国当时将近 2/3 的居民是文盲，在此背景下这是相当高的指标。拥有法学教育背景的杜马成员有律师、陪审员、法官、私人律师（基本都来自十月党人）、法学学者。立宪民主党中拥有法学背景的杜马成员在各党派中比例最高：第一届国家杜马中占 30.5%，第二届国家杜马中占 26.4%，第三届国家杜马中占 27.7%，第四届国家杜马中占 33.3%。[③] 立宪民主党是杜马中提交法案最多的政党，这便是其法学成员比例最高的必然结果。

若要评估法学成员对杜马活动的影响及作用，应该指出，法学成员在人民代表制度中占据优势是合乎情理的，也是必然的。法学成员的基本任务是揭露政府破坏法律的行径；此外，在当时他们又有新的任务：在新的历史背景下，推动俄国更加民主的立法。О. Ю. 雷布科表示："有很多人文学科的

---

① *Крыжанрвский С. Е.* Воспоминания. СПб. , 2009. С. 89 – 90.

② *Рыбка О. Ю.* Государственная Дума в системе власти России в начале XX века. М. , 2001. С. 310 – 311, 380.

③ *Рыбка О. Ю.* Государственная Дума в системе власти России в начале XX века. М. , 2001. С. 350 – 351.

成员对于演说技巧十分内行，不过这也可能使他们沉溺于杜马演说而无法自拔。"① 事实的确如此，杜马会议时有长篇大论，往往导致最重要的问题被搁置，造成主次颠倒的现象；杜马会议的这种特征也成为俄国代议制固有的特色。

若论及右翼政党（第三届国家杜马才显露头角）的法律文化，必须指出，右翼政党缺乏自己的法律提案，这其实是他们在杜马会议上的抗议行为。他们往往同政府的行径同出一辙，总是运用非法手段干预人民代表制度。C. E. 克雷让诺夫斯基在其《回忆录》中表示，斯托雷平担任首相期间曾设立了专门的秘密基金，资助亲政府的政党和组织，作为回报他们也会听从斯托雷平的调遣和安排。C. E. 克雷让诺夫斯基谈道："……在这种情况下，政府不得不寻求右翼政党的支持，有时也寻求十月党人的支持；（政府）给予他们一定的资金，保证他们创立或维系报刊（一般为秘密、半官方的刊物），这些刊物的言论、思想同政府一致……政府资助右翼政党创立了《人民同盟》；此外，政府最早资助的是 A. И. 杜勃洛文，之后是 B. M. 普里什克维奇，也曾资助大司祭 И. 沃斯托勒科夫神父。"②

C. E. 克雷让诺夫斯基也预测了秘密基金的具体金额："斯托雷平担任首相期间，政府一年的宣传总支出将近 300 万卢布，我认为，这也包括了关于选举的所有秘密支出。"③ B. H. 科科夫佐夫预测的金额要相对少很多，斯托雷平担任首相期间，宣传总支出在 150 万卢布左右。④ 因此，政府对右翼政党的秘密资助，对杜马成员、杜马活动都产生了很大的影响（非法性）。

国家杜马同其他议会机构一样，其法律代表——上席——在其中起着十分重要的作用。人民代表制度运行的 11 年时间里，共产生了五位杜马主席：立宪民主党党员 C. A. 穆罗姆采夫（第一届国家杜马主席）；立宪民主党党

---

① *Рыбка О. Ю.* Государственная Дума в системе власти России в начале XX века. М., 2001. С. 320.

② *Крыжанрвский С. Е.* Воспоминания. СПб., 2009. С. 103.

③ *Крыжанрвский С. Е.* Воспоминания. СПб., 2009. С. 103.

④ См.: *Коковцов В. Н.* Из моего прошлого: Воспоминания. 1903 – 1918. Т. 2. М., 1992. С. 75, 94.

员 Ф. А. 戈洛温（第二届国家杜马主席）；十月党人 H. A. 霍米亚科夫、A. И. 古奇科夫和 М. В. 罗江科（均为第三届国家杜马主席）；М. В. 罗江科也是第四届国家杜马主席。С. А. 穆罗姆采夫和 М. В. 罗江科对杜马的影响最大，这两位活动家法律意识不同，对于杜马主席在人民代表制度和社会上的地位也有不同的理解；不过，二人均认为杜马主席是仅次于沙皇的第二号权力人物。但是他们这种想法带来的政治和法律后果却截然不同。

С. А. 穆罗姆采夫是俄国当时最知名的宪法专家，也是社会学中实证主义的奠基人，他在第一届国家杜马中经全体一致通过当选为杜马主席。С. А. 穆罗姆采夫仔细研究了国家杜马的指令及其内部工作条例。国家杜马的第一篇指令文章一直持续讨论到杜马解散。这对第二届国家杜马指令的准备、核定和完善及其召开都具有决定性的意义。С. А. 穆罗姆采夫也是立宪民主党基本法草案和《杜马选举法案》的起草人。年过中旬的 С. А. 穆罗姆采夫仪表优雅，端坐于杜马大会上，这给所有出席杜马会议的人都留下了难以磨灭的印象。一位农民成员描述了他对法律体系的忠诚之心，他谈道："我们的主席就像在做祈祷一样主持着大会。"① 成员对 С. А. 穆罗姆采夫重视法律及代议制程序的细节大加赞赏。

在成为杜马主席前，М. В. 罗江科与 С. А. 穆罗姆采夫的生涯完全不同。М. В. 罗江科出身大地主家庭，政治生涯顺利，在叶卡捷琳诺斯拉夫的地方自治机关中当选为国家议会的成员，之后又出任了宫廷侍卫官一职。М. В. 罗江科在与 B. M. 沃尔孔斯基的竞选角逐中，险胜（罗江科获得 199 票，沃尔孔斯基获得了 124 票）获得了国家杜马主席的职位。他在担任杜马主席的这段时期，其政治短板和个人缺点成为所有人（从左派社会活动家到宫廷政要）的笑柄。Я. B. 格林卡研究了罗江科将近六载，他写道："我从未见过如此迷恋自己职位之人……他的傲慢已经超出了我的描述能力，他当选杜马主席后目中无人地走进会议大厅。从那刻开始，他就决定要

---

① См. : *Смирнов А. Ф. Сергей Андреевич Муромцев. Жизнь и творчество // История русской правовой мысль.* C. 172.

比以往更加疯狂地提高自己的声望。"①。

罗江科的法律意识植根于对君主主义的深信不疑。此外，与很多人不同的是，他真诚地热爱沙皇尼古拉二世。他的这种思想深深影响了人民代表制度的活动。按照米留克夫的话来讲，穆罗姆采夫"不希望与罗江科一样，在未获'邀请'的状况下以私人关系与沙皇会面，向沙皇呈上'最忠诚的报告'，因此切断了除'议会'外与政权的所有关系"。② 米留克夫同意第二届国家杜马主席戈洛温的话，认为穆罗姆采夫与大臣们并没有私下互相拜访，因此他们之间的关系纯粹是官方和事务性的。③ 但是，М. В. 罗江科对于与沙皇相遇的每个机会都甘之如饴、兴奋不已，他并未意识到杜马与政府之间应该遵循更具建设性的方针。第三届国家杜马的成员也经常肆无忌惮地请大臣们"喝茶"，这就使得杜马成员与政府之间具有了非正式的关系。俄国法律文化中的这种非正式关系便获得了存在的意义。

1906 年至 1917 年间，国家杜马并非只影响了俄国的法律文化，它本身也形成了新的法律空间。这种法律空间的出现与社会上法律需求的增长（很多人希望法律能够对各类社会现象进行裁断）息息相关。农民希望杜马可以解决农业问题，他们和城市底层都对杜马有很高的评价，认为杜马类似于议院中的"人民厅"，可以解决各类事务。С. Е. 克雷让诺夫斯基写道："俄国所有的人都可以向杜马求助：若认为法庭决议不公，可以申请解决纠纷、特赦等。因杜马解散（第一届国家杜马），高达 1.5 万个申请转呈给了相关部门。"④ 杜马的报告表明，杜马中有来自国家各个领域的代表。俄国的自由主义群体把自己有关政治体制宪法改革的主张同杜马活动联系了起来。君主专制制度也未削弱杜马的权力，他们将杜马的存在视作不可避免的灾难。С. Е. 克雷让诺夫斯基精确地描述了当权等级的尴尬状况："社会上热切渴望杜马能够解决排水系统的问题。"皇后回答说："为什么找杜马，

---

① *Глинка Я. В.* Одиннадцать лет в Государственной Думе. М. , 2001. С. 122.

② *Милюков П. Н.* Воспоминания. М. , 2001. С. 305.

③ См. : *Головин Ф. А.* Записки // Красный архив. 1926. № 19. С. 131.

④ *Крыжанрвский С. Е.* Воспоминания. СПб. , 2009. С. 93.

难不成没有杜马就解决不了吗？"① 值得注意的是，国家杜马一直处于解散的威胁下；这个因素对第三届和第四届国家杜马成员的影响特别大，他们就时常分析杜马的法案，寻找可能导致解散的条款。杜马解散尽管是政府对人民代表制度最为有力的压力手段，但是杜马颁布的法案完全合法，也不存在破坏国家基本法律汇编的情况；但是从另一个角度而言，君主专制制度本身都希望跳脱法律的束缚，这更突出了杜马遵纪守法的难能可贵。众所周知，尼古拉二世在解散杜马时就以诏书的形式转交了大臣委员会主席的职务，但是并未注明确切日期。许多人清楚这个公文的存在，这也成为杜马威胁首相的有力手段。В. Н. 科科夫佐夫是唯一一个拒绝采取此类政策的政府首脑。②
О. Ю. 雷布科公平地指出："总之，杜马与上层政权之间的关系表明，政府并未适应新的状况。当时，历史条件急速改变，社会环境风起云涌，君主专制制度连同其上层统治者即将葬身于历史的深渊。"③

国家杜马强调要在法律领域内进行活动。君主专制制度经过了数世纪的积累完善了镇压机构，他们认为完全有能力扑灭人民革命的烈火。同时需要指出，君主专制制度在与人民代表制度交锋的过程中并未违反法律，他们只是准备不足。对于尼古拉二世及其幕僚而言，用法律和言论武装起来的敌人要比手持步枪的敌人更可怕，因此君主制"指定"的杜马及其领袖（П. Н. 米留克夫、М. В. 罗江科、А. И. 古奇科夫）才是二月革命爆发的主导力量。

四 革命期间政权的合法性问题

由于民族矛盾的雪崩式发展以及法律的羸弱，俄国社会上采取暴力手段

---

① *Крыжанрвский С. Е.* Воспоминания. СПб., 2009. С. 154 – 155. 皇后的原话并非如此，这段话是克雷让诺夫斯基为了迎合亚历山德拉·费奥多罗芙娜（皇后）而加的注解。

② Падение царского режима // Архив русской революции. Т. 7. Берлин, 1924. С. 155.

③ *Рыбка О. Ю.* Государственная Дума в системе власти России в начале XX века. М., 2001. С. 129.

的趋势愈加明显。1917 年 2 月，俄国爆发了革命。革命期间，俄国形成了双重政权——临时政府和工兵代表苏维埃——并存的特殊体制。关于双重政权并存的政治内情屡次被研究，不过这只在革命合法性问题中占据次要位置。关键的问题在于，哪个政权在革命期间是合法的；何谓革命的权力和法制，二者在多大程度上具备法律效力。迄今为止，这些问题尚无定论。

众所周知，1917 年 2 月 26 日，沙皇尼古拉二世表示，杜马加剧了首都的混乱状况。因此他签署了指令，要求国家杜马和国家议会休会（直至1917 年 4 月份）。一些杜马成员（主要是进步主义联盟的代表）在 2 月 27 日成立了国家杜马临时委员会，希望"恢复彼得格勒的秩序，同各种机构和人士建立联系"。国家杜马主席 M. B. 罗江科有权指定临时委员会的代表。相关立法生效后，临时委员会宣告成立，因杜马处于休会状态，因此也未规定临时委员会的权责。因此可以确定，临时委员会是部分杜马成员的革命倡议机构。临时委员会创立之初，甚至其成员都不清楚临时委员会的职权。

在政府彻底瘫痪的状态下，国家杜马临时委员会以国家权力机构的身份对民众宣布："在国内纷乱的严峻局势下，国家杜马临时委员会要承担责任，恢复国家和社会秩序。"[1] 临时委员会与工农代表苏维埃执行委员会就临时政府创建的问题举行了会谈，临时委员会在会谈中也发挥了主导性的作用。临时委员会的成员作为合法机构——国家杜马的代表，主持了这项会谈。《临时政府创建及其任务宣言》规定，大臣由临时政府任命。[2] 因此，进步主义联盟的梦想似乎实现了：国家拥有了负责的人民代表政府。同时应注意，这些活动并非产生自君主专制的严密体系，而是在革命期间，经过杜马充分授权，国家杜马临时委员会主导进行的。不过，临时政府产生后，国家杜马及其临时委员会就停止存在了。因此，杜马及其临时委员会并未起到

---

[1] От исполнительного комитета Государственной Думы // Вестник Временного правительства. 1917. № 1 (46).

[2] От исполнительного комитета Государственной Думы // Вестник Временного правительства. 1917. № 1 (46).

监督临时政府的作用，临时政府的成员也时常处于变动之中。在此期间，能够领导革命的立法机构似乎也陷入了孤立状态。

当时的很多人很快就发现了其中的政治、法律悖论。B. M. 切尔诺夫写道："1917 年革命的高潮时期，资格式的民主制丧失了其主要机构——国家杜马，国家杜马仅以临时委员会的形式存在，此外还有一些前杜马成员召开的局部会议。"[1] 杜马办公厅的主任 Я. B. 格林卡愤怒地说："大臣委员会的第一次大会上就提出了消灭国家杜马的目标，杜马的存在会逐渐威胁到他们的统治根基。"[2] M. B. 罗江科罪无可赦，他打破了杜马的希望——立宪民主党领袖的提议。立宪民主党的法学家们断言，为了召开杜马，必须要承认现行宪法——国家基本法汇编——仍旧有效。除了杜马，召开国家议会同样有其法律必要性，但在当时复杂多变的政治条件下，这种可能性并不大。此外，他们还认为，"资产阶级"杜马"可能是扫除极端因素、召开全国或其他局部会议的救世主，也更加适合国家当前的法律状态"。[3] 国家杜马临时委员会作为协商机构一直存在到 1917 年 10 月，其解散也未引起任何社会反响。

1917 年 3 月 2 日，临时政府成立（只是形式上由临时委员会任命）。实际上，临时政府的成立意味着"资格式民主"的妥协，它是继承性法律的代表，而彼得格勒苏维埃则是革命性法律的代表。立宪会议召开前，临时政府集立法权和司法权于一身，俄国不仅放弃了君主，也放弃了国家议会和国家杜马。临时政府的成员一直处于一种矛盾的状态中。一方面，他们是分权理念和法治国家的忠实信徒——这也是立宪民主党政纲中的核心，但是在他们执掌权力之时，无法实现自己的理想；另一方面，他们自己也不清楚基本的法律问题：他们是何种法律的捍卫者，是革命性的还是继承性的？临时政府是应该成为国家主权的完全代表还是仅仅是他们部分人的代表？

为了解决这些问题，1917 年 3 月底，在立宪民主党中央委员会成员

---

[1]　*Чернов В. М.* Великая русская революция. М.，2007. С. 98 – 99.

[2]　*Глинка Я. В.* Одиннадцать лет в Государственной Думе. М.，2001. С. 184.

[3]　*Родзянко М. В.* Государственная Дума и февральская 1917 г. революция. М.，2002. С. 317.

Ф. Ф. 科科什金的领导下仓促召开了法律会议。会议有一项任务是"在新的国家体制规定下讨论公共法问题",也达成了"对临时政府的措施进行法律限制"的共识。1917 年 8 月,临时政府发布了《自临时政府决议发布后有关法律汇编的协商问题》。法律会议上通过的决议规定,在新形势下依旧沿用以往的法律准则。不过总体而言,临时政府的行动并未获得充分的法律依据。当时,法律会议中充斥着各种工作,成为临时政府同各部之间的联系桥梁。法律会议期间成立了特殊委员会,它在准备立宪会议的过程中(在国家基本法草案的基础上)发挥了重大的作用,在俄国法律史上占有重要地位。

临时政府中的知名思想家 П. Н. 米留克夫曾在其《回忆录》中极力证明,临时政府就是革命政府。他写道:"从地方官员升迁至今,有人问我一个问题'何人选的你'?在回答这个问题时,我可以再现一个推理过程。并非杜马选择了我们,也不是罗江科选择了我们,不是沙皇选择了我们,根据新的沙皇指令,也不是李沃夫选择了我们。所有这些历史上的权力继承,我们已经自觉放弃了。只有一个回答最具说服力:'俄国革命选择了我们。'临时政府只是历史给予我们的流放地,在这里会有激进的政敌围堵我们,不过之后我们也会在这里找到权力的合法来源。"[1] 毫无疑问,П. Н. 米留克夫的这个论述是一个重要的理论,但也不过是天才史学家构建起来的空中楼阁。不过,当时仅有 П. Н. 米留克夫一个考虑到了革命政权的权威来源问题。

实际上,所有事实表明临时政府从君主专制制度手中获得了权力,这便是其合法性的最有力证据。临时政府不断追求合法性的源头,最终证实,当时根据 Г. Е. 李沃夫的建议,沙皇在退位前几分钟确实任命了临时政府的首脑。在安排米哈伊尔·亚历山大维奇大公退位(В. В. 舒利金也参与其中)期间,立宪民主党的知名法学家 В. Д. 纳博科夫、Б. Э. 诺尔德提议发布一项指令,规定在立宪大会召开前,权力属于临时政府,"根据国家杜马倡

---

[1] *Милюков П. Н.* Воспоминания. М. , 2001. С. 573.

议，授予临时政府全权"。① 之后，临时政府通过在参议院宣誓等行动，进一步确定了自己权力的合法性。

当时，临时政府也制定了一些政策。1917 年 3 月 4 日，临时政府在一次会议上发布了一项决议——《有关国家经费及其债务的接管问题》。在国家的经济、社会和军事资源消耗殆尽的情况下，临时政府的政策明显偏向旧体制中的显贵，因此陷入了执政以来的第一次严重危机。值得注意的是，临时政府并未将其工作重心放在社会中的关键问题上：宣布俄国为共和国、重新分配土地、采用 8 小时工作制——临时政府声称这些都是立宪会议的权力。此外，临时政府依旧眷恋着沙皇时期的法律传统，这成为它最严重的战略失误。同时，临时政府企图采用君主专制体制下的立法模式，甚至遭到了杜马的严厉批评。B. Д. 纳博科夫在其《回忆录》中写道，在一次大会上，"（临时政府）提出了有关颁布法律的问题并按照基本法第 87 款采取财政措施"。②

要研究革命期间政权合法性的问题，必须要关注沙皇尼古拉二世的退位问题（这在俄国是史无前例的）。哪怕是事件的直接见证者都指出，尼古拉二世的退位并不合法。尼古拉二世退位之时，丹尼洛夫将军则把焦点聚集在了 A. И. 古奇科夫和 B. B. 舒利金的身上。③

国家基本法汇编中也涉及了这个问题。第 37 款（完全是从更早的帝俄法律汇编中传承而来）规定，沙皇继位时要宣誓遵守帝位继承法，在此基础上才能探讨退位的可能性。尼古拉二世自行退位且未传位于其子，违反了这项法律。按照帝位继承法，在位沙皇不能自行决定帝位继承人，但是尼古拉二世擅自把其幼弟推上了沙皇的御座。国家法知名专家 B. Д. 纳博科夫如此描述这件怪事："俄国的皇位并非私人财产，不得根据沙皇本人意愿随意

---

① *Набоков В. Д.* Временное Правительство // Архив русской революции. Т. 1. Берлин, 1921. С. 21.

② *Набоков В. Д.* Временное Правительство // Архив русской революции. Т. 1. Берлин, 1921. С. 21 – 22.

③ См. : *Чернов В. М.* Великая русская революция. М. , 2007. С. 89.

安排。"与此同时，我们必须清楚沙皇签署退位诏的原因。尼古拉二世在退位诏中表明，他是"一位慈父，不忍与幼子分离"。В. Д. 纳博科夫指出，"这种感受确实令人同情、敬重，但我认为这并非实情，他可能只是在为自己辩解"。① 尼古拉二世也清楚，他在退位这件事上违反了自己曾经笃信的法律。但是对尼古拉二世而言，违背法律的退位诏保证了他本人或阿列克谢（其子）复位的可能性。"换言之，他们暂时'退出了皇位继承人的游戏'。大公米哈伊尔·亚历山大维奇即位为沙皇，为尼古拉二世一家提供必要的生活保障。若此事失败，米哈伊尔献出头颅；若此事成功，所有的成果都与他无干。"②

米哈伊尔的退位诏也违反了法律，В. Д. 纳博科夫、Б. Э. 诺尔德、В. В. 舒利金为此更是费尽心机。В. Д. 纳博科夫写道："是否可以认为，米哈伊尔·亚历山大维奇签署文件那一刻已经成为俄国沙皇，那么，何种文件可以被视作同尼古拉二世签署的一样的退位诏呢？最后我们达成了共识：米哈伊尔拒绝接受最高权力。"③ 不过，米哈伊尔的退位诏中也潜藏了帝制复辟的可能性。在立宪大会召开（其选举是根据著名的"四个附属条件"：全民、直接、平等、无记名投票）之前，米哈伊尔都拒绝接受权力。之后，米哈伊尔成了全民领袖，与兄长尼古拉二世断绝了联系。但是，这两个退位诏都忽略了一个不容争辩的事实：俄国大部分人都不希望生活在君主专制体制下，君主专制的荣光已经遗留在了历史的年轮中。1917 年 3 月，君主专制如此轻易地覆灭，这也是不可忽视的原因。

工兵代表苏维埃是革命性法律的代表，在地方上也有附设机构。苏维埃成立之初并没有明确的权限，无人料到它会成为群众性的革命机构；后来它不仅成为立法机构，还成为基本的国家机构。В. М. 切尔诺夫描述了工兵代

---

① *Набоков В. Д.* Временное Правительство // Архив русской революции. Т. 1. Берлин, 1921. С. 18, 19.

② *Чернов В. М.* Великая русская революция. М., 2007. С. 89.

③ *Набоков В. Д.* Временное Правительство // Архив русской революции. Т. 1. Берлин, 1921. С. 21. 也就是说，米哈伊尔签署的文件亦被视作其退位诏。——译者按

表苏维埃的创立过程："无论是在 1905 年，还是在 1917 年，苏维埃都是战时社会主义同革命战线进行联合的专门机构，它产生于革命迫近的炮火中。与其他战时工人组织不同，它是自下而上形成的，通过工厂的工人大会选举，产生了某种类似'预先议会'的工人等级组织。1905 年，苏维埃的权责并不明确，后来也是在革命中逐渐发展起来的。"①

苏维埃有很强的实践能力，这也是它能够获得支持的主要原因。临时政府并不认为苏维埃是一种机构，也不承认它具备立法权力，但是苏维埃立即着手进行实践。3 月 1 日，彼得格勒苏维埃发布了一号指令，规定军队要完全听从苏维埃的领导；之后又发布了二号指令，要求按照彼得格勒警卫队的模式整改、建设军队（尽管最初并未如此打算）。В. М. 切尔诺夫写道："苏维埃模式是不是民主体制？苏维埃并未获取权力，也不认为自己是政府，只是作为革命的立法机构立即开始了行动。"② 苏维埃认为其指令具备法律效力，他们并不遵循以往任何法律传统，只是为广大人民群众无条件执行、完成这些指令。

苏维埃是按照地区原则自下而上形成的，比临时政府更具组织优势。为了行使地方权力，临时政府重新使用了古老的行政机构，用省、县的地方自治管理机构代表取代了总督（省长）。苏维埃的地方体制则包括省、县、市的组织，具有自下而上形成统一权力体系的可能。1917 年 6 月，第一届全俄苏维埃代表大会在彼得格勒召开，将近 600 名地方苏维埃代表参加了大会。对于幅员辽阔、人口众多的俄国而言，这个数量并不多，但是确定了一种发展趋势。大会首次选举产生了全俄中央执行委员会，隶属于各级苏维埃。革命时期，孟什维克和社会革命党在全俄中央执行委员会中发挥了决定性的作用。在第一届大会上，苏维埃考虑到当时即将召开的立宪大会，因此决定支持临时政府。但是，А. В. 卢那察尔斯基在发言中表明了布尔什维克的权力观，他们认为苏维埃应该取代临时政府。根据这个观点，全俄中央执行委员会成立了革命议会（受苏维埃代表大会监管）。执行委员会理应通过

---

① *Чернов В. М.* Великая русская революция. М., 2007. С. 102.

② *Чернов В. М.* Великая русская революция. М., 2007. С. 104.

部长办公厅和委员会行使权力。第一届全俄苏维埃代表大会认真研究了布尔什维克的权力理论，仅在一年后（1918 年），布尔什维克就在苏维埃宪法中完全实现了自己的理论。各级苏维埃在布尔什维克化的过程中也展示了巨大的组织潜力。布尔什维克将严密的组织方式、严明的纪律等政党组织特点融入了苏维埃的活动，在镇压科尔尼洛夫叛乱中发挥了决定性的作用；此外，在十月武装起义的筹备工作中也扮演了重要的角色。

1917 年，工兵创建的各级苏维埃并未联系任何法律传统。他们给原有法律文化打上了革命残余的标签，轻易找到了原有法律文化的缺口。但是，苏维埃权力体系的创建不仅需要自我组织的能力，还要具备一定的法律文化程度，只有如此，才能使其与原有法律文化具有原则性上的区别。Б. А. 基斯佳科夫斯基认为，第一次俄国革命绝非只是等级斗争那么简单。1909 年，他写道："关于原有的法律，不是废除就能了事的，因为废除之时必须要找到新的法律加以替代。"① 1917 年的群众革命证实了这位自由主义法学教授的想法。

1917 年，俄国大多数人都希望召开立宪大会。1904 年至 1905 年，召开立宪大会的愿望在俄国社会中最广大的民主等级中广为流传。大部分政党、工会、联盟以及其他社会政治组织，都在大纲中言及了立宪大会。当时，召开立宪大会的想法也具有了革命性（因为国家体系中基本法的立法活动需要在推翻君主专制制度后才能进行）。正因如此，直至 1917 年俄国没有颁布任何关于立宪大会召开及其职能的法律文件。

1917 年 2 月后，召开立宪大会已成大势所趋。俄国大多数人表示支持，很多人首次参与了选举，也能够对苏维埃和临时政府的成员加以区分。临时政府之所以宣布自己为"临时"性的政府，是因为他们意识到其任务就是引导国家召开立宪大会。召开立宪大会的思想具有重要的政治和法律意义，它可以促进社会团结、调和矛盾，有效制止一触即发的国内战争。

① *Кистяковский Б. А.* В защиту права // Вехи. Интеллигенция в России: Сб. Ст. 1909 – 1910. М., 1991. С. 123.

1917 年 5 月，为了研讨立宪大会选举章程，召开了一次特别大会。为了认真准备、统一领导选举活动，8 月 7 日成立了立宪大会选举事务（史称"全民选举"）全俄委员会，由立宪民主党人 H. H. 阿维诺夫领导。社会主义政党的领袖 И. Г. 采列捷夫和 B. M. 切尔诺夫认为，要尽快进行选举并召开立宪大会。但是，临时政府的大部分部长，尤其是立宪民主党及其拥护者认为，不能一味沉醉于立宪大会，战争胜利结束后才能召开立宪大会。B. M. 切尔诺夫在回忆录中写道："政府的所有活动具有延时性，但拖延立宪大会是最不可饶恕的。"[1] 不过，立宪大会不能迅速召开不单是因为资本家部长反对；此外，这种规模的选举活动是俄国史上的第一次，需要精心筹划准备、组织并且也需要大量的资金。

最终，立宪大会的选举于 1917 年 11 月 12 日进行，但在一些地区推迟到了 12 月；换言之，选举已经拖延到了十月革命后。社会革命党（不分左右派）稳操胜券，民族地区代表和他们票数接近，他们总共获得了 58% 的选票；布尔什维克获得了 25% 的选票；立宪民主党及其拥护者获得的票数低于 17%。立宪大会的选举结果表明，大部分俄国人已经选择了社会主义道路。当时，社会主义的拥护者并非通过武力获取了胜利，而是在全民、平等、直接、无记名的选举活动中拔得了头筹。

十月革命后，布尔什维克掌握了权力；他们声明在任何领域（包括法律）内不受国家传统的限制。但是即便如此，他们仍旧不能冒险废除选举结果、取消立宪大会，因为他们清楚这种思想受到群众的热烈追捧。第一届苏维埃政府、人民委员会也宣称自己的"临时性"特征，间接表明他们也是立宪大会的忠实信徒。但是对于布尔什维克而言，立宪大会上应该研讨的基本问题已经得以解决：革命期间苏维埃政权得以确立；第二届全俄苏维埃代表大会上已经颁布了苏维埃政权的第一批法令；解决了土地与和平问题。对于列宁及其布尔什维克中央委员会的拥护者而言，立宪大会已经成为实施无产阶级专政的阻碍，"权力不能同任何人分享，要直接依靠群众的武装力

---

① *Чернов В. М.* Великая русская революция. М. , 2007. С. 383.

量"。与此同时，布尔什维克的立宪大会临时委员会倾向于利用立宪大会，促成进一步的革命。临时委员会的领导认为，这是联合社会主义所有党派力量的最后机会，也是最关键的一步。临时委员会并未否认国家权力分配——苏维埃和立宪大会——的可能性，此外，还准备讨论将立宪大会中成员引入全俄中央执行委员会的问题。临时委员会遭到了中央执行委员会的严厉批评，布尔什维克的领导人Л. Б. 加米涅夫、М. А. 拉林、А. И. 雷科夫和 Д. Б. 梁赞诺夫因"立宪大会倾向"被迫解职，最终 Н. И. 布哈林获得了布尔什维克的领导权。

在对立宪大会选举结果踌躇不安的心境中，布尔什维克精心准备召开立宪大会。1917 年 12 月 12 日，列宁在《真理》报上刊出了《立宪大会提纲》，其中指出：若立宪大会不能无条件承认苏维埃政权，那么就会出现宪法危机，而这个危机只能通过革命的方式加以解决。[1] 全民选举的领导人拒绝听命于人民委员会，他们遭到以乌里茨基为首的委员会的解职和逮捕。立宪民主党也被指责违法，因此丧失了参与大会的资格。1918 年 1 月 3 日，全俄中央执行委员会发布了一项法令，规定所有尝试从苏维埃手中攫取国家权力的行为都是反革命行动，要求人民委员会运用法律手段加以惩戒。

1918 年 1 月 5 日，立宪大会召开。全俄中央执行委员会主席斯维尔德洛夫先宣读了《被剥削劳动人民权力宣言》（后来，这项宣言与苏维埃的基本法令都被纳入了宪法）。此后，布尔什维克党员便离开了大会。在此之后，社会革命党的领袖 В. М. 切尔诺夫被选为立宪大会的主席；讨论了会议议秤；在此期间也请塔夫里达宫的警卫队首长维持大会秩序。1 月 6 日，全俄中央执行委员会发布了解散立宪大会的法令，后来《被剥削劳动人民权力宣言》被苏维埃第三次代表大会采用。半年后，该宣言成为俄罗斯苏维埃联邦社会主义共和国宪法的第一部分，至此苏维埃政权不再具有"临时性"特征。

从法律的角度看，第一，社会主义政党陷入了极端复杂的局势。布尔什维克提出的《被剥削劳动人民权力宣言》与社会革命党和孟什维克的基本

---

① *Ленин В. И. Тезисы об Учредительном собрании // Полн. Собр. Соч. Т. 35. С. 161 – 166.*

政纲并不矛盾；关于是否退出一战的问题才是根本性的分歧所在。社会主义政党的土地法令都是基于农民指令（由社会革命党搜集）编制的。在一些其他情况下，社会主义政党的中央委员会也分别颁布了类似的宣言。根据其他社会主义者的观点，布尔什维克希望攫取权力，但是布尔什维克对此予以否认。社会革命党和孟什维克希望将其影响渗透到苏维埃政权中的军队、警察机构，但是并未成功，因为他们在国内战争中已经丧失了原有的优势地位。

第二，布尔什维克政府对立宪大会的态度以及解散大会的行为，这实际上是向社会示威，表现了对议会民主制的不信任态度。布尔什维克认为，与革命成果（类似苏维埃政权的无产阶级专政）相比，议会制传统对于人民而言并无多少优点（或者说，意义不大）。不过从另一个角度而言，这些的确破坏了国家杜马的议会制传统或者议会制法律文化；此外，这也在国内战争时期开启了武装斗争的先河。

*　　　*　　　*

19 世纪末至 20 世纪初，俄国的法律文化达到了新的高度；这既与帝俄法律自由化有关，也与当时社会发展中的政治特征有关。俄国的法学发展进入了高潮期，走在了欧洲法学思想的最前沿，法学的学术焦点也集中在了法学方法论和法学理论的基本问题。法律教育风生水起，法学毕业生的数量与其他专业毕业生相比也占据绝对优势。1905 年，10 月 17 日诏书颁布后，俄国的法律文化翻开了历史上的新一页。俄国首次颁布了选举法和议会法。国家杜马也将议会制和议会文化典范推广至整个社会。

与此同时，俄国社会矛盾激化，武力倾向愈加严重。当权等级与备受压迫的人民群众都倾向采用直接暴力的方式，1917 年的历史剧变就是这种暴力对抗导致的结果。在革命的震荡中，法律文化无法继续存在；因此，法律文化并未发展为法律传统，也没有培养起人民强烈的法律意识（更多的是对公平的理解，而非对法律的领略）。社会主义革命在清除封建残余时，把法律文化也扫进了历史的垃圾堆。十月革命和国内战争之后，苏维埃社会又形成了新的、独特的法律文化。

探寻真理与历史发展道路的俄国文化群体

T. A. 帕尔霍缅科

　　文化的主要使命在于创造力，其目的是探索新的思想和发展道路，这在文化的不同领域（科学、宗教、哲学、艺术）中均有所体现。

　　因此，文化史首先是人类创造及其产物的历史，透过这面镜子可以反映不同历史时期的社会关系。在研究 19 世纪末至 20 世纪初的历史时，这种反映表现得尤为明显。此外，如果未能考虑到俄国文化群体的著名代表人物，不分析他们创造的精神力量及其对历史的影响，就不能更好地理解当时的历史变迁。A. H. 斯克里亚宾①曾

指出："要认识世界就要理解自由创造的本质……世界存在创造活动，创造就意味着与旧事物的脱离，意味着产生新的、不一样的东西。"②

　　19 世纪末至 20 世纪初，知识分子等级以其精英为代表，产生了强大的文化创造力量。他们并未获得实际政治权力，却掌握了知识和思想，这些使

　　①　俄国作曲家、钢琴家。——译者按
　　②　*Скрябин А. Н.* Записи // Русские Пропилеи. Т. Ⅵ. М.，1919. C. 147 – 148.

他们形成了强大的社会意识并以此影响了国家的经济、政治结构。

当时，俄国社会的进步在很大程度上取决于文化群体的专业水平、职业能力、社会责任感、活动目标和文化认同特征（这些都是基于他们的知识内容、思想流派产生的）。H. A. 别尔嘉耶夫[①]一针见血地指出："世纪之交，俄国的主要问题并非纯粹的文化创造活动，也兼有美好生活创造的愿望。"[②] 发展道路的探索是他们当时的主导思想，这也明显反映在了刊物的名称上：《新道路》（1903～1905 年，圣彼得堡）、《道路》（1910～1919 年，圣彼得堡）、《光明之路》（1909～1916 年，特维尔）、《路标》（1909 年，莫斯科）等。

俄国文化群体是在欧洲启蒙运动的影响下形成的。欧洲启蒙运动对生活持批判态度，提倡"自然法"和"自然宗教"学说，主张坚持平等、独立，捍卫言论、思想、宗教信仰和个体创造的自由。C. H. 布尔加科夫[③]提到："为何俄国是最迫切需要启蒙思想的国家？西欧制定出一种适合全人类的生活方式——法治国家，加以借鉴学习，俄国可以发展成一个理性的国家，这对我们所有人而言都弥足珍贵。"[④] 此外，C. H. 布尔加科夫也希望俄国能够制定出真正的"法律"，如此一来，我们每个人都可以"做自己的事，孩子们可以按照兴趣学习，可以按照自己的方式向上帝祈祷，可以根据自己的智慧观察事物"。[⑤]

俄国文化群体的主要目标是实现真正的自由，一方面，他们成为主要的"革命补习教师"，另一方面，他们积极参与国家管理，希望对国家进行改革：他们进入了国家议会、国家杜马、城市和地方自治机构，同时参加了不

---

① 俄国哲学家。——译者按

② *Бердяев Н. А.* Русская идея. Основные проблемы русской мысли XIX века и начала XX века// О России и русской философской культуре. Философы русского послеоктябрьского зарубежья. М. , 1990. С. 63.

③ 俄国经济学家、宗教哲学家、神学家。——译者按

④ Цит. По: *Локтева О. К.* Неизвестная статья С. Н. Булгакова（1904）// Россия и реформы. Вып. 2. М. , 1993. С. 74.

⑤ *Эртель А. И.* Записки Степняка. М. , 1989. С. 255.

同的社会、政治、民族、文化等机构。国家议会的成员（1906 年当选）
В. И. 维尔纳茨基①写道："我认为，科学进步与民主制度和人文理论的普及
具有紧密和牢不可破的关系。"② Н. А. 卡布卢科夫③同样指出："对我而言，
科学具有重要意义，因为它是社会活动组织方法的基础。"④ 文化群体的这
些人经常在不同的国家机构任职，此外他们也会参与大型的社会联盟。例
如，1914 年被评为院士的 М. М. 科瓦列夫斯基教授，他在 1906 年至 1915
年时担任民主改革党的领袖，然后又成为进步人士党员、国家杜马和国家议
会的成员，也曾与一些报纸、杂志合作；此外，他也是精神神经病学院的创
始人，还担任了高级女子班的讲师。沙皇制度倒台后，俄国文化群体中有不
少知名代表进入临时政府任职：教授 Ф. Ф. 科科什金和 Н. В. 涅克拉索夫、
法学家 В. Д. 纳博科夫和 Ф. И. 罗季切夫、政论家 А. В. 佩舍霍诺夫以及医
生 А. И. 申加廖夫等。

    俄国的文化群体希望加入社会政治组织（取决于这些知识分子的社会
积极性），这对他们自我表现的精神自由产生了影响，对大部分公民的职业
成就产生了影响，相应地也影响了俄国的现代化（希望俄国可以跻身世界
强国之列）。В. Д. 纳博科夫在《法制》报中写道："俄国前沿的社会思想早
已对尼古拉二世绝望。"他们痛苦地意识到"沙皇与俄国不再能够共存，支
持沙皇就意味着反对俄国"。⑤ 实际上，文化群体成为不同次文化（西方主
义和本土主义、激进主义和守旧主义、宗教主义和无神论、保守主义和自由
主义、无政府主义和国家主义）冲突、激荡的催化剂。由于次文化之间的
巨大差异，当时很多人认为，俄国国内存在两种以上的派别，他们之间除了
共同的语言和所生活的土地之外，没有任何共同点，无论如何也无法联合在
一起。本已严重的社会危机因此更加蒙上了一层阴影。新闻工作者 А. С. 苏

---

① 苏联科学家，地球化学、生物地球化学和放射地质学的奠基人，苏联科学院院士。——译
者按

② Страницы автобиографии В. И. Вернадского. М. , 1981. С. 197.

③ 俄国经济学家、统计学家、社会活动家。——译者按

④ Памяти Николая Алексеевича Каблукова. Т. 1. М. , 1925. С. 30.

⑤ *Набоков В. Д.* Временное правительство // Наше наследие. 1990. № VI（18）. С. 72.

沃林在《新时代》中写道："俄国有两个沙皇：尼古拉二世和列夫·托尔斯泰。二者孰优孰劣呢？托尔斯泰从未停止过对尼古拉二世沙皇御座的破坏工作，但尼古拉二世无论如何也做不到那样。"[1] 随着社会局势更加紧张，文化群体受到了波及，他们团结在托尔斯泰周围，同沙皇的官僚主义进行斗争；不过他们的立场十分不坚定，这又加剧了俄国的社会动荡。立宪民主党员、新闻工作者 И. И. 彼得伦克维奇在其主编的《言论》报中指出："昨日我们是西方派，今天又成了斯拉夫派；昨日我们立志为科学献身，今天又在东正教堂的怀抱中寻求救赎。"[2]

Л. Н. 托 尔 斯 泰——画 家
И. К. 帕尔霍缅科绘于 1909 年

沙皇时期，思想家的主要分歧是——"君主专制制度、东正教和人民性"（这些都与文化发展问题息息相关）。当时，思想家对于君主专制制度存在相对统一的观点（大部分知识分子认为，应该对君主专制制度进行彻底改革，直至消除）；但是对于东正教和俄国的人民性，他们却并无多少共识。Б. Н. 契切林教授在 1879 年出版了《科学与宗教》一书，成为关于"理性与信念"长期争论的开端。在科学和技术飞速发展的背景下，知识分子面临更为复杂的问题：他们仍是"上帝的奴隶"。因此他们面临一个至关重要的抉择：是认为上帝的王国高于实际生活，还是从教条中独立出来，选择自由？是徜徉在上帝意志的信念里，还是放弃超自然奇迹的幻想，以合理的方式积极改革，通过双手依靠理性的力量创造自己的明天？大多数人选择了第二条路，他们

---

[1]　Духовная трагедия Льва Толстого. М.，1995. С. 33.

[2]　*Петрункевич И. И.* Интеллигенция и «Вехи» // Вехи. Интеллигенция в России. Сб. ст. 1909 – 1910. М.，1991. С. 217.

奋起反抗东正教神甫。据 B. O. 克留切夫斯基①的话来讲，神甫们"认为自己是基督教②正义信念和智慧的唯一体现者和卫道士"，但是这种信念和智慧"已经是死亡的资产，无法在实际生活中找见其身影"，靠这信念和智慧可以"清点罗马、亚美尼亚等异端邪说，却不清楚或者刻意忽视了一些令人发指的恶习"。③ 1904 年，A. H. 斯克里亚宾写道："宗教是一个温柔的骗局/我已不会再被其催眠/我的理性不会褪色/宗教是时而闪烁柔情的迷雾。"④

文化群体首次在俄国提出，必须从私人生活的宗教仪式中剔除宗教经验的影子，此外也要开始研究信仰问题（主要是宗教自由问题、尊重个性问题）。M. Π. 阿尔志跋绥夫⑤就此谈道："人的个性中存在太多难以遏止的东西，为了加以约束，我们成为裹在基督教忏悔袍下的奴隶，而隐藏在教袍下的才是人类美丽纯真的自由灵魂。基督教是个巨大的骗局。此刻起，我们要自己把握幸福，最困难的日子将会迎来曙光，再也不必仰赖他人实现自己的梦想。"⑥ C. H. 布尔加科夫出生于一个神甫家庭，十分了解教会的内部环境，他在青年时代与教会决裂（但后来又重返东正教的怀抱）。他曾写道："东正教于我曾十分亲切，但我要从中找回自我……它是'奴隶的标记'，它是文化的残疾和历史的平庸。"⑦

不过，基督教议题及其神甫的生活经过文艺创作也可以呈现迷人的风姿。例如，Л. H. 托尔斯泰的《上帝的思想》《神父谢尔盖》；Φ. M. 陀思妥耶夫斯基的《卡拉马佐夫兄弟》；A. И. 库普林的《恶棍》；C. И. 古谢夫 - 奥伦堡斯基的《父亲》《聋人城》；M. H. 阿里波夫的《教袍》；A. B. 阿姆菲捷阿特罗夫的《幸福传记》；B. Д. 波列诺夫的《基督生活》等其他作品。还有一些文艺创作，回答了关于存在的基本问题：H. H. 格在自己的一幅画

---

① 俄国历史学家，圣彼得堡科学院院士、荣誉院士。——译者按
② 本文所出现的基督教如无特别说明，均指基督教正教即东正教。——译者按
③ *Ключевский B. O. Неопубликованные произведения*. M. ，1983. C. 306 - 307.
④ *Скрябин A. H. Записи* // *Русские Пропилеи*. T. Ⅵ. M. ，1919. C. 128.
⑤ 俄国作家。——译者按
⑥ *Арцыбашев M. Π. Санин*. M. ，2002. C. 205.
⑦ *Булгаков C. H. Автобиографические заметки*. Париж，1991. C. 32，27.

中提出了"何谓真理"的问题；Л. Н. 安德烈耶夫大师也在自己的作品中提出了"何谓人"的问题。莫斯科艺术剧院的某些演出将人们之间的斗争升华到撒旦与上帝之间的公开较量。И. Н. 克拉姆斯柯依曾在谈论自己一幅作品——《沙漠中的基督》——时表示："我希望我笔下的基督能够成为一面镜子，可以看到一个将被钉死之人的恐慌——我们便可以清楚：基督耶稣仍然是一个无神论者……但是真正的无神论者是什么样子呢？那就是只会从自身获得力量的人。因此，基督不再只是像一个人，而就是一个实实在在的人！"① С. С. 孔杜鲁什金在给文学家 М. 高尔基的信中谈到了基督的画法问题："要画一个人②，背景一定要有自然景观和活生生的生活场景。"他表示："两千年来，基督被描绘成一个受苦受难之人，他的身上寄托了奴隶、贵族等几乎所有人的梦想，这个基督已经被固化了；基督被置于世界的神主牌上，影响着人们清晰地认识对方、认识世界……"③

俄国文化群体中的一些人受到了费尔巴哈"人就是上帝，上帝就是人"思想的影响。④ 他们质问：为何上帝与人只能二者择其一？难道人就不可以是上帝吗？А. Н. 斯克里亚宾表示："上帝是需要敬仰的，但是我们敬仰的并非上帝，而是一种至高无上的权力。假如你用自己的力量创造了我，你就是唯一真神，但是我可以用自己的信念和思想摧毁你的力量。如此一来，自由的是我而非你……你担心给予我生命会产生这种状况，因此希望夺走我的爱（对生活的爱，也就是对人的爱），但是任谁也做不到这样的事。"⑤ 政论家、艺术评论家 Д. В. 费洛索夫在圣彼得堡宗教哲学协会的一次会议上强调："于我们而言，宗教的价值与自由密不可分，如果宗教使用暴力施压于

---

① Цит. по： *Рогинская Ф. С.* Товарищество передвижных художественных выставок. М. ，1989. С. 44.
② 把基督视作一个活生生的人。——译者按
③ Горький и русская журналиста начала ХХ века. Неизданная переписка. Литературное наследство. Т. 95. М. ，1988. С. 968.
④ 为了攻击费尔巴哈及其信徒，反对者从费尔巴哈的性取向做文章，称他们为"费尔巴哈的同性恋军团"。——译者按
⑤ *Скрябин А. Н.* Записи // Русские Пропилеи. Т. Ⅵ. М. ，1919. С. 145.

我们的良知甚至是生活，那我们便无法容忍。"① 俄国很多的文化活动家都对此表示赞同。

寻神说②则积极捍卫上帝的尊严，与反抗上帝的思想展开了斗争；这在 Л. Н. 托尔斯泰的作品和 М. 高尔基的《忏悔》中都有所涉及。根据 Н. К. 列里霍姆的记载，20 世纪初，寻神说在斯摩棱斯克地方教堂的建设过程中就已崭露头角。瑞士出现了以鲁道夫·施泰纳为代表的人智说，М. А. 沃洛申、Б. 安德烈等其他俄国"精神革命家"都参与其中。这些"精神革命家"为了心灵的自由和真理的探索展开了斗争。圣彼得堡的宗教哲学协会表示"宗教和哲学都需要自由"；В. С. 索洛维约夫断言，"宗教自由与所有精神目标都与俄国的前途息息相关"；Д. С. 梅列日

А. Н. 斯克里亚宾——Л. О. 帕斯捷尔纳克绘于 1909 年

科夫斯基指出："农奴解放只是改革的一半，更为重要的一半是言论和思想解放……言论、思想的禁锢比农奴制更痛苦、更为恶毒，因为这是建立在谎言之上的。"③ 著名社会活动家司徒卢威在此基础上于《解放》杂志上下了一个结论：自由的思想"应该拥有自由的政治权利，这同其他自由一样重要"。④

---

① 《Суд》 над Розановым：Записки Санкт-Петербургского религиозно-философского общества// В. В. Розанов. Proetcontra. Кн. 2. СПб. ，1995. С. 186.

② 1905 ~ 1907 年，俄国革命失败后在自由派知识分子中广为流传的一种宗教哲学思想。——译者按

③ 《Суд》 над Розановым：Записки Санкт-Петербургского религиозно-философского общества// В. В. Розанов. Proetcontra. Кн. 2. СПб. ，1995. С. 186；Соловьев В. С. Порфирий Головлев о свободе и вере // Вестник Европы. 1894. № 2. С. 906；Мережковский Д. С. О свободе слова // Новый путь. 1904. № 10. С. 31.

④ Освобождение. 1902. № 5. С. 73.

　　但是，俄国东正教会将这些思想通通视作异端，他们在文化的所有领域（戏剧、绘画、音乐、文学）与这些"异端邪说"展开了殊死搏斗，这其中也涉及很多文化名人，例如：А.С.普希金、Л.Н.托尔斯泰、М.高尔基、И.М.谢切诺夫、И.И.梅奇尼科夫、И.Е.列宾、Н.Н.格。[①] 与此同时，知识分子指责东正教主教无所作为，他们追求"找回自我，与教会脱离，寻求宗教改革之路"，[②] 这更加剧了俄国思想界的动荡。19世纪下半叶，Е.П.布拉瓦茨卡娅在很多国家创建了神智学协会，她的活动获得了很大进展；协会以"没有任何宗教高于真理"的口号，宣称"引入外部形式，自下而上解放思想"。[③] 毫无疑问，Е.П.布拉瓦茨卡娅受到了俄国上层的打压。若Е.П.布拉瓦茨卡娅放弃俄国国籍加入美国国籍，她的思想自由就可以得到保障；但是，她的俄国同胞就会继续处于东正教会的管制下，东正教会绝不会允许他们有自己的信念以及个人对上帝的理解。Л.Н.托尔斯泰的秘书В.Ф.布尔加科夫有一次向记者亚斯纳亚波利亚纳指出，表示自己希望脱离东正教，他表示："不需要改变宗教信仰，只是从形式上归属一个宗教没有任何意义……"[④] Н.И.别勒别洛娃俄国共济会中就有很多文化活动家希望脱离东正教，例如А.В.阿姆菲捷阿特罗夫、И.Я.比利宾、Н.Н.戈洛温、И.涅米罗维奇 - 丹钦科，以及大学的许多科教代表，甚至还有军队特别共济会的一些人士[⑤]。В.И.韦尔纳茨基表示："祈祷仪式完全不可避免，但我早已不是东正教徒，我只是习惯了这种形式上的伪装。"[⑥]

　　总之，正如1912年А.В.阿姆菲捷阿特罗夫指出的那样："俄国的文化群体早已对主教公会不屑一顾，虽然它是一个值得同情的官僚机构，但它捍

---

① "侮辱圣经、教会、教义或者东正教信仰"均被认为是刑事犯罪，俄国刑法法典中的第73款和第74款中对此有明确的记载。

② *Бенуа А.* Мои воспоминания. Т. 2. М. , 1990. С. 291.

③ Весть *Е. П. Блаватской* Л. , 1991. С. 15，11.

④ *Булгаков В. Ф.* Л. Н. Толстой в последний год его жизни: Дневник секретаря Л. Н. Толстого. М. , 1989. С. 313.

⑤ *Берберова Н.* Люди и ложи. Нью-Йорк，1986; См. : *Серков А. И.* Русское масонство. 1731 - 2000. гг. М. , 2000; *Иванов В. Ф.* Русская интеллигенция и масонство. М. , 2008.

⑥ Страницы автобиографии В. И. Вернадского. С. 53.

卫的绝非东正教信仰。当今的东正教会不过是个卑躬屈膝的政治团体罢了。"[1] К. Н. 列昂季耶夫认为,俄国"所有破坏手段"都在欧洲化,他表示:"我完全服从东正教。我承认,东正教使我的理性和感性更加坚决,而且可以对我加以约束……"[2] 但是这不过是一家之言,俄国的文化界代表并非都赞同 К. Н. 列昂季耶夫的观点。1911 年,数学家 П. А. 弗洛连斯基成为一名神甫,他写道:"理性应该摆脱自我限制,借助信念走向新理性。信念是高级理性的源泉,理性可以在信念中达到更深的层次……如果说信念与理性相悖,那我宁愿自己丧失这种'理性'。"[3]

但是,俄国东正教会对于此类思想家以及新的宗教意识也带有很大的敌意。莫斯科神学院校长费奥多给 П. А. 弗洛连斯基递交了一封信件,其中针对他的文章——《沟通与真理论断》发表了一番见解:"哪怕是极为公平、宽容的主教公会中的至圣主教,他们看待您的书也会存疑。"[4] 1889 年,弗拉基米尔·索洛维约夫在巴黎出版了 *La Russie et l'Eglise Universelle*(《俄国与全世界的教会》),其中表示坚决反对主教公会,支持"基督教多样化",希望全世界基督教团结在罗马教皇周围,联合起来。因此,主教教会对弗拉基米尔·索洛维约夫也极为反感,禁止他在公开场合就神学议

A. В. 阿姆菲捷阿特罗夫

题发表演讲。最终,Л. Н. 列昂季耶夫所谓的"君主专制—东正教—人民性"三位一体的思想也被哲学家索洛维约夫的"教会东正教—君主专制—美"所取代,但是他将"美"解释得颇为复杂,实际上成为一种为发展和

① Будущее. 1912. 28 января. № 15. С. 2 – 3.

② *Леонтьев К. Н.* Отец Климент Зедергольм. М. , 1882. С. 99.

③ *Флоренский П. А.* Столп и утверждение Истины. Т. 1. М. , 1990. С. 60 – 62.

④ *Флоренский П. А.* Столп и утверждение Истины. Т. 1. М. , 1990. С. 834.

改革铺路的文化宗教创新，而非保留原有的宗教体制；① 因此，并未获得俄国主教的支持。

文化活动家和东正教神职人员对事件的解读大相径庭。神父约安·克罗施塔茨基号召文化群体重返东正教怀抱，他指出："你们②并未离开我们，只是蔑视地与我们疏远，你们并不能打倒我们，因为我们的理论并非来自眼前的世界，也不是来自你们所谓的真知灼见。"③ 文化群体相信理性和科技成就，认为这可以完全改变生活。但是教会反问他们："理性？一个一无所知的人可以统治世界吗？"教会断言："只有教会了解人民，因此，唯有教会才能使他们幸福。几千年来，教会充当了母亲和教育者的角色，它的经验也是唯一的……"④ 总之，西方宗教仪式之间的差异不仅会妨碍人们相互理解，而且会导致互相怀疑，最终甚至会达到公开仇视的状态。

社会主义也公开站到了东正教的对立面。M. 高尔基曾就此谈道："社会主义是一条重要的道路，它可以使人们最快、最深刻地意识到自己的个人尊严，从这方面而言，这也是唯一之路……社会主义可以使人们至少有一次暗示自己：我就是造物主。社会主义（也只有社会主义）可以创造新人类和新历史。"⑤ 与此同时，俄国产生了新的社会思潮——C. H. 布尔加科夫的东正教社会主义。C. H. 布尔加科夫认为，必须"把政治和社会解放运动的正义性置于宗教意识中，同时，为了弥补解放运动的精神缺口，也需要将宗教思想引入解放运动"。⑥ 东正教社会主义的议题与东正教文化的发展密不可分，它的出现不仅是要克服苏维埃政权与东正教会的本质对立，而且它本身也是一种创新，布尔加科夫希望创造一种社会主义体制下的新型东正教模式。

1903 年，《新道路》杂志创刊。《新道路》主要致力于研究俄国的唯心

---

① См.：*Леонтьев К. Н.* Собр. Соч. Т. Ⅶ. СПб.，1913. С. 522 – 523.

② 文化群体。——译者按

③ Из дневника о. Иоанна Кронштадтского // Духовная трагедия Льва Толстого. С. 115.

④ *Андреев Л. Н.* Дневник Сатаны. М.，2006. С. 344 – 345.

⑤ Горький и русская журналиста. С. 184.

⑥ *Булгаков С. Н.* Соч.：В 2 т. Т. 2. М.，1993. С. 236.

主义流派，但是对于很多人而言，所谓的
"新道路"不过是一条走不通的死胡同。哲
学家 K. H. 列昂季耶夫十分不解，为何文化
群体会寄希望于"沙皇的善意和公平"，因
为沙皇会以基督和福音书为托词，其中对于
所谓的"善意和公平"并无任何实质性的
承诺。K. H. 列昂季耶夫表示，"社会政治
经验会表明，全民幸福与和谐探索之路很快
就会走到尽头"，能够带来的"只有痛苦和
遗憾"，而非"幸福和安宁"。① 因此，他指
出，"文化群体尝试了所有可能的，甚至令
人痛苦的社会制度后，将不可避免陷入更深
的绝望"；他们"希望创造某种在权利和利
益层面平等的社会"，但是这种社会将会

K. H. 列昂季耶夫

"产生某种新的（甚至是法律层面）的不平等，继而会产生新的痛苦——新
的计划好的痛苦"。② 如若如此，就应放弃全民平等、友爱的信念。K. H. 列
昂季耶夫呼吁："忍受吧！对全民友善的社会制度从不存在，对一些人好，
对另一些人就会不好。这种状态，这种变化无常的苦痛与悲伤——便是世界
上唯一一条通往和谐的路径！除了等待，别无他法。"③

　　但是，当时的文化群体早已迫不及待。1915 年，诗人马雅可夫斯基出
版了史诗——《穿裤子的云》，未审查版本名称为《第十三名使徒》，其中
有这样的诗句："我认为——你是全能的上帝/不过也是无知、懦弱的上帝/
看哪，我弯腰系鞋/却摸到了靴中的刀。"④ 众多读者（尤其是年轻人）就像
发现新大陆一样欣喜若狂，O. M. 布里克描述道："他们精心裁下这篇诗作，

---

① *Леонтьев К. Н.* Записки отшельника. М.，1992. С. 408 – 409，417.

② *Леонтьев К. Н.* Записки отшельника. М.，1992. С. 418 – 419，515.

③ *Леонтьев К. Н.* Записки отшельника. М.，1992. С. 416.

④ *Маяковский В. В.* Полн. Собр. Соч. Т. 1. М.，1955.

就像饥饿之人看见了面包，再也无法克制内心的激动。"① 此外，俄国社会上还出现了完全不同的一种信念。М. П. 阿尔志跋绥夫写道："上帝的位置上筑起了新的祭坛，出现了新的神灵，这个神灵比上帝更加残忍和苛刻，他的名字是人类。不是某个人，也不是一种精神，而是蒙昧无知的群众。"② 文学家 И. И. 亚辛斯基反问他："那么，还是存在上帝？"虽然当时 М. П. 阿尔志跋绥夫已垂垂老矣，但才思敏捷，轻松应答道："上帝还在，只是被他人取代了。"③

俄国的文化群体一直都遵循这样一个原则："Salus populi suprema lex"（人民的福祉即最高法律）。Ю. И. 艾哈瓦尔德表示："知识分子的任务是培养自己新的世界观和法律意识，并向他人传播。"④ 此外，文化活动家认为自己是人民的保卫者以及人民利益的表达者，这在艺术文学（代表人物：Г. 乌斯宾斯基、Н. 涅克拉索夫、穆伊热利）和写生画（代表人物：В. 佩罗夫、Н. 亚罗申科、А. 阿尔希波夫）领域表现得尤为明显。他们对人民的看法显得如此"天才"，但都大同小异、如出一辙。文化群体的文化属于欧洲文化、城市文化，他们对俄国传统文化知之甚少；但是人民（约有 4/5 是农民）是传统文化的代言人。叶赛宁是所有人民作家（除了 Г. 乌斯宾斯基）中对传统文化了解最深的代表，因此他成为农民诗人也绝非偶然。他指出，很多人民作家的文学创作并不符合实际，只是"对人民拙劣可笑的模仿"，他们"把农民看成了奇怪的玩具"，"就像没有其他玩具可供消遣的孩子"。⑤

作家 А. И. 艾尔杰利强烈反对这种"鼠目寸光"的行为，⑥ 他称这一批知识分子为民粹主义者。早在 1879 年，他就讽刺地指出："农民对于我们而

① Цит. По：Икшин Ф. Лиля Брик. М. ，2008. С. 228，219.

② Арцыбашев М. П. Записки писателя. Дьявол. Современники о М. П. Арцыбашеве. М. ，2006. С. 162.

③ Ясинский И. Роман моей жизни：Книга воспоминаний. М. ；Л. ，1926. С. 330.

④ Исторический архив. 2004. № 1. С. 97.

⑤ Есенин С. А. Когда я читаю Успенского… / Собр. Соч.：В 3 т. Т. 3. М. ，1970. С. 129.

⑥ 个符合实际的、所谓的人民文学。——译者按

言，就像中非、美洲对于贵族的概念一样；我们对此一无所知。你了解农民吗？我了解农民吗？我们对他们的精神状态、日常生活一无所知。"① 几十年后，М. 高尔基也谈到了这种情况："我们相关的社会事务专家已经开始创建新生活的圣殿，他们对人民的物质条件或许有足够准确的认识，但是对于人民的精神生活、对于与物质条件紧密相连的精神特质却一无所知。"② 20 世纪初的俄国革命也未能解决这一问题，这表明"俄国不仅存在两种认识，也存在两种现实：人民与知识分子——1.5 亿的人民与几十万的知识分子；他们之间就像地球的两极，根本毫无接触、互不了解"。③ 因此，С. Г. 斯基塔列茨力求深入人民生活，为了寻求志同道合（人民文学的写作手法）之人，他公开向其他知识分子宣称"你们的生活将会经历苦痛"；М. О. 格尔申宗解释道："我们是什么样的人？我们不应寻求同人民融合——我们理应害怕人民的威力所带给我们的痛苦（哪怕是幸福），我们应该拿起刺刀，盖好堡垒，以防被人民暴力的巨浪所吞噬。"④ 这种言论并非信口开河、空穴来风。1905 年，农民捣毁了知名革命家的一处庄园（连同其中最珍贵的图书馆），而这位革命家是坚定的人民捍卫者，就在不久前还救出了在施吕瑟尔堡幽禁 22 年之久的 В. Н. 菲格涅尔。之后，人们就回忆起了格列布·乌斯宾斯基，这位革命家认为自己是"巧克力色的农民"，那么现在他的家中处处可以看到这种农民了。⑤

俄国第一次革命期间，文化群体公开分裂为两大阵营。第一阵营追求创作纯粹的文化作品，他们以文明社会拓荒者的身份研究俄国农村；第二阵营备受革命鼓舞，"积极追求创造生活中其他形式的作品"，认为文化只是达

① *Эртель А. И.* Записки Степняка. М., 1989. С. 101.

② *Горький М.* Несвоевременные мысли. М., 1990. С. 135.

③ *Блок А.* Россия и интеллигенция. Берлин, 1920. С. 38.

④ Цит. по: *Муромцева-Бунина В. Н.* Жизнь Бунина. Беседы с памятью. М., 1989. С. 214; *Гершензон М. О.* Творческое самосознание // Вехи. Интеллигенция в России. С. 101.

⑤ См.: *Красовский Ю. А.* Женщина русской революции / Встречи с прошлым. Вып. 4. М., 1982. С. 364.

M. O. 格尔申宗

成目标的辅助手段。[1] 第一阵营认为，文化群体要为俄国文化创造经典，而不是为农民暴动树立榜样。他们表示，必须开展有计划的启蒙教育工作，使农村居民逐步适应城市进步生活，使文化水平较低的居民获得教育。第二阵营认为，要与这种地主—资产阶级文化进行斗争，直至达成革命；要创建形式鲜明、通俗易懂、属于自己的平民文化。C. H. 布尔加科夫强调，启蒙教育任务经常是先于"基础教育（初级知识或者简单的基本知识）展开的"，这才是关键问题所在。对于启蒙教育者而言，这项任务与"政治和政党任务密不可分"。[2] 换言之，在激进主义文化群体眼中，启蒙教育应该也只能为革命服务，他们的任务是破坏而非创造。

革命激进主义者反对自由主义文化活动家的观点，他们认为——正如列昂尼德·安德烈耶夫写的那样："为自己的理性而战，为'自由、平等、博爱'而战。公民可以采用一切手段实现自己的理想。杀戮亦可——这是古人最常用的方法；有一句箴言——'奴隶制是靠特权等级的杀戮维持的'——很好地反映了这种手段的有效性。在刀光剑影、枪鸣炮响的战争中，胜利者往往不是那些更好的人，而是那些更无情的人。"他继续谈道："胜利需要的是领袖而非部下，若首领并无太多坏习气，蒙昧无知的部下就会在首领的知识火把的引领下，朝向光明的方向为自己而战。"[3] П. Б. 司徒卢威观察了文化圈中的同人，他指出："几乎没有人否定启蒙教育的必要性，但是很多人、所有（或者大部分）的社会力量都在行动中否定了启蒙

---

① Горький и русская журналистика. С. 569, 451; *Бердяев Н. А.* Русская идея. С. 63.

② *Булгаков С. Н.* Героизм и подвижничество (из размышлений о религиозной природе русской интеллигенции) // Вехи. Интеллигенция в России. С. 79.

③ *Андреев Л. Н.* Губернатор // Андреев Л. Н. Дневник Сатаны. С. 552–553.

教育。"他补充道："对启蒙教育的争论喋喋不休，已经是时候结束了。不能再只付诸口头，而是要实际行动，做好启蒙教育的方方面面。"① 总而言之，文化活动家对于启蒙教育的特征、任务、基本思想及内容的理解各不相同。

俄国最后十年积极致力于"唤醒人民自我意识，挖掘人民潜力"（不过在此方面也产生了文化自负），希望"找到知识分子与人民的结合点，把这两个对立世界的力量联合起来"，要么保存和发展传统文明，要么从根本上废除专制制度，完成社会改革。② Л. Н. 安德烈耶夫曾写道："我们需要人民。我们要创建新体制，还是摧毁旧国家？我们要战争，还是和平？我们要革命，还是安宁？"③ 但是，这些问题的答案千差万别，因此，А. 勃洛克表示："我们中的任何人都不可信。如果不能分辨谁不在我们之列，那么所想、所期待的与我们迥异，与我们断绝往来之人便是。不要再做我们的探索——我们精神的模型，这只不过是个可笑的布偶，仅可博众人一笑，只不过是文艺晚会上的一个无关痛痒的表演而已。"④

但是，所有的尝试都未能奏效。革命议题只不过是当时的流行谈资，"就像 18 世纪皇宫的重大改革一样"，"完全没有任何预兆"。⑤ 1908 年深秋，М. И. 茨维塔耶娃写道："如何认定革命不会发生呢？"若是革命发生，"我将痛不欲生！我会六神无主、不知所措"。她补充道："就像我的面前发生了一些状况……我将把它扫地出门，欢欣鼓舞，为我世代居住的房子自豪，一切又将重新开始。"⑥ 革命发生时，М. И. 茨维塔耶娃及其文化圈子的同人们确实完全陷入了一场悲剧：其一，他们曾梦想在温暖的办公室制定出国家革命性的改革方案；其二，他们与怒火中烧的革命群众产生了直接矛盾。Н. 泰菲就此指出："任何时候都不要相信任何预言家，只需要讥笑他

---

① *Струве П.* На разные Темы（1893 - 1901）: Сб. Ст. СПб., 1902. С. 135, 131.

② Народная семья. 1911. № 1. С. 3.

③ *Андреев Л. Н.* Дневник Сатаны. С. 318.

④ *Блок А.* Россия и интеллигенция. Берлин, 1920. С. 60 - 61.

⑤ *Набоков В. Д.* Временное правительство // Наше наследие. 1990. № Ⅵ（18）. С. 72, 75.

⑥ Цит. По: *Кудрова И.* Путь комет: В 3 т. Т. 1. Молодая Цветаева. СПб., 2007. С. 54 - 55.

们。革命中横尸遍野，大批学生成为革命的祭品。……俄国作家——俄国知识分子中的精英——成为军队枪口下的死囚。"①

人民议题成为俄国文化群体坚忍性的独特试金石。一部分知识分子号召追求人民梦想，描绘了典型的英雄形象。这些形象根本不是来自残酷的现实生活，他们是完美的道德楷模：这让人想起 Ф. М. 陀思妥耶夫斯基的观点，把人民视作俄国的支柱；另一些知识分子则抛弃了"神圣人民"的神话，更多地讴歌文化作品，他们认为，俄国只有借助细致的文化作品才能改头换面。但是，当时俄国有"诗歌影响力"之人都是不受尊敬的，他们被视作外国人。К. И. 楚科夫斯基在评论文学家 С. Н. 谢尔盖耶夫 - 岑斯基时，就无意提到"倘若他在专业领域备受赞誉，要记得他并非俄国作家"。М. 高尔基对此指出："思想、信念以及杰出的品质，这些都需要做一些说明……列斯科夫在其领域内确实小有名气，但是很多人并未读过他的作品，也不认识他。"② 大多数俄国文化活动家认为，他们的主要任务是"用语言点燃人们内心的激情"，也就是说，语言要深入人们的内心，至于有效与否，则与他们无干。与此同时，文化群体的实践活动并无多少变化，很多人在创作中十分鄙视"小事"。他们认为，在宏大的背景下，这些事情显得微不足道，也无法获得关注。就这方面而言，他们与东正教神甫不谋而合：东正教神甫认为，他们的任务只有祈祷，祈祷属于"内部行为"，但是外部之事与他们无关。

20 世纪初，知识分子队伍（包括教育工作者在内）空前壮大，他们的目标是阻止民族与国家的文化分裂。19 世纪末至 20 世纪初，这类知识分子中有著名的学者、音乐家、艺术家、作家、电影活动家，例如 В. И. 维尔纳茨基、К. А. 季米里亚泽夫、А. Б. 戈登魏泽尔、В. Д. 波列诺夫、А. А. 汉荣科夫、Н. А. 鲁巴金等。这些文化活动家自发制定了 1.5 万多个自学计划，甚至分发到了帝国最遥远的边疆地区。③ 在俄国院校学者、教授的积极

---

① *Тэффи Н. А.* Контрреволюционная буква: Рассказы, фельетоны. СПб., 2006. С. 176

② *Чуковский К. И.* Современники: Портреты и этюды. М., 1963. С. 356.

③ Книжное обозрение. 1977. 7 января. С. 3.

协助下，他们开展了一系列活动，创办了人民大学、高等女子班、人民图书馆、成人中学、人民剧院、人民音乐学院等教育机构，传播了新的文化价值。1912 年夏，A. B. 阿姆菲捷阿特洛夫就此写道："这堪称史诗级的传奇，十年前，我们做梦都想不到会有这样的成就。"这是"在政府毫无帮助甚至重重阻挠的情况下，社会力量的巨大体现……今年，莫斯科女子班将会有7000 名学员；莫斯科商学院也将会有 4000 名学生，秋季将达到 5000 名"。[1]俄国每个大城市中都出现了类似的情况。[2] 俄国的文化群体坚信，通过文化启蒙活动，可以创造一个新俄国。这个希望并非空中楼阁：经过人民大学以及各种成人班的教育，受教育者即使参加了工作，他们的生命已经受到了C. A. 叶赛宁、M. C. 沙吉尼扬、A. B. 斯韦什尼科夫、K. C. 彼得罗夫 - 沃德金等人的熏陶，他们的文化修养会得到大幅提升。

当时，俄国人民中掀起了文学热。人们挤在商店的柜台边抢购书籍；这股流行风潮同 A. C. 苏沃林（《廉价图书馆》）、И. Д. 瑟京（《人民百科全书》）、И. И. 戈尔布诺夫 - 波萨多夫（媒介出版社）等人的贡献是密不可分的。1908 年，俄国的书籍出版量居世界第三位。[3] 俄国也出现了面向广大人民而出版的杂志：《人民生活》《人民家庭》《大众生活》《人民消息》。当时，各种杂志都十分努力地吸引读者，但是结果却不尽如人意：各种杂志就像走马灯一样更换，都因亏本纷纷停刊。面向人民大众的刊物也不例外，情况甚至更糟。C. C. 柯德鲁什金注意到，这类文学作品缺乏"艺术价值"，因为"知识分子作品中的人民生活是他们臆想出来的……没有任何人能够描绘俄国革命后人民生活的真实样貌。所有作品仍旧被束缚在我们的社会思想和艺术创作中……因此，所有作品中出现的农民都是'我们的罪行'，俄国农民的生活是真实的，而我们才是剥夺了真实性的'罪魁'。不过，总有

---

[1] Горький и русская журналистика. C. 404.

[2] Подробнее см.: *Пархоменко Т. А.* Культура России и просвещение народа во второй половине XIX - начале XX века. М., 2001.

[3] См.: Дмитриев С. С. Очерки истории русской культуры начала XX века. М., 1985. C. 76.

一些知识分子努力贴近真实的俄国生活"。①

即便如此，由于一些艺术家（瓦斯涅佐夫兄弟、И. Я. 比利宾、Б. М. 库斯托季耶夫等）的努力，人民文学现代化的进程并未受到影响。与此同时，俄国民族散文获得了空前发展，代表人物有：Д. Н. 马明—西比利亚克、П. И. 梅利尼科夫 - 佩切斯基、С. И. 古谢夫 - 奥伦堡斯基。俄国诗歌领域也涌现了一批翘楚：Н. А. 克柳耶夫、С. А. 叶赛宁、А. А. 勃洛克。20世纪初，К. С. 斯坦尼斯拉夫斯基的《雪姑娘》登上了大众艺术剧院的舞台。1910 年至 1914 年，А. Н. 奥斯特洛夫斯基出版了《俄国艺术编年史》和《俄国艺术史》；此外，他也创建了"俄国宝石"协会，希望把人民纳入俄国文化体系。И. Е. 列宾几乎把俄国时期所有的精英人物绘制在了画布上，他表示："现在，农民才是艺术的鉴赏者，以后作画应从他们的兴趣出发……"②

总之，这是一个"国家和民族精神急剧复苏"的时代。1910 年，编辑М. А. 斯拉文斯基写道："随着政治和国家自由的发展，随着权利巩固和个人自由保障的强化，民族自由的权利愈加巩固。"因此帝俄逐渐适应了"自由的民族自决体系"，"在知识分子手中找到了关乎民族命运的钥匙，知识分子成为民族代言人"。③ 在这种情况下，俄国产生了各种民族治愈理论。由于社会与宗教思想复兴，社会矛盾进一步激化，局势更为复杂，冲突一触即发。俄国的文化群体不想也不会从中斡旋，这更加剧了局势的紧张性：东正教的国家拥护者憎恨社会主义革命者，而革命者又对自由党人嗤之以鼻，"立宪民主党中的非俄裔"也厌恶保守分子。人民基于宗教、血缘、地区、文化，对不休的争论也有不同的理解；他们从个人、社会（民族、民族共同体）、国家的不同角度加以评判；这些争论者也在历史中发挥了不同的作用。

---

① Горький и русская журналистика. С. 978.

② *Репин И. Е. Стасов В. В.* Переписка. Т. 1. М. ; Л. , 1948. С. 695.

③ *Славинский М. А.* Русская интеллигенция и национальный вопрос // Вехи. Интеллигенция в России. С. 413 – 414, 416.

　　1914 年夏，随着第一次世界大战爆发，俄国的民族主义发展到白热化的阶段。其实，早在 1913 年，俄国民族主义已经万事俱备，只欠东风。1913 年，П. Б. 司徒卢威和 С. Н. 布尔加科夫创办了道路出版社，整个国家已经进入了"文化爱国主义"的状态；此外，М. О. 孟希科夫发表了《致俄国民族的信》，为全俄民族联盟的成立奠定了基础。颓废派的 М. А. 库兹明甚至都加入了俄国人民联盟（由 А. И. 索博列夫斯基教授和国家杜马成员 Н. Е. 马尔科夫领导）。战争期间，列昂尼德·安德烈耶夫参与了爱国杂志《祖国》和爱国报刊《俄国意志》的工作，安德烈·别雷和 Р. В. 伊万诺夫 –拉祖姆尼克开始出版《愚蠢之人》的汇编。与此同时，一些文章广为流传：布尔加科夫的《俄国杜马》和《民族思想》，司徒卢威的《国家自由主义原则》，维亚切·伊万诺娃的《全世界的任务》。这些文章谈及了俄国人民的文化历史使命，讴歌了俄国民族精神。一些知识分子在弗拉基米尔·索洛维约夫宗教哲学协会发表了极富感染力的演讲，同时有一些反抗性的言论（Д. С. 梅列日科夫斯基的文章——《民族主义中的宗教谎言》，М. 高尔基给列昂尼德·安德烈耶夫的满腹怒气的信），对俄国文化群体产生了很大的影响。但是在前线浴血奋战的俄国人民希望尽快结束战争，恢复和平，他们对所有的"救世论"都满腹狐疑。1916 年秋，艺术评论家 Н. Н. 布宁在尼古拉医院里写道："……战争并不受欢迎——在战地的窝棚里，任何人都不希望战争，无人会有爱国主义精神。'我们不在乎为谁效忠，为德国人也好，为尼古拉二世也罢。如果是向德国人效忠，我们反而能够活得轻松一些。'他们很多人实际上都已经站在了德国一方。"[1]

　　总之，知识分子与人民的理解方式完全不同，这也在所难免。谢尔盖·叶赛宁写道："我们是愚蠢之人，轻易相信了安德烈·鲁布廖夫[2]眼中和科济马[3]笔下的世界，我们相信了祖母讲述的故事，以为世界是三个巨人撑起的，但他们都是罗马人，都是西欧人，他们需要美国，而我们需要日古利汽

---

①　*Пунин Н. Н.* Дневник царскосела // Наше население. 1998. № 47. С. 80.

②　俄国画家。——译者按

③　俄国作家。——译者按

Л. Андреевъ к М. Горькій.

Н. А. 列昂尼德和 M. 高尔基——照片摄于 20 世纪初

车，需要 C. T. 拉辛（1630～1671年农民战争的领袖）。"① 俄国的知识分子深感自己与人民之间横亘着一条鸿沟，他们清楚，弥补双方裂痕的任务迫在眉睫、刻不容缓。但是，他们一般只注重外部形式，往往会产生令人啼笑皆非的状况。列宁的妻子 Н. Б. 诺曼－谢韦罗娃就在自己的公开演讲——《仆人之解放》——中就曾提出"应该向仆人伸出手，同他们握手"，但是很多人表示："仆人应该向我们伸出贵族老爷一样高贵的手！"② 某种类似的情况也发生在 А. Ф. 克伦斯基的身上，他总是毫无例外地先向仆人伸手。一次，一个旅馆的看门人讲道："他要给我什么吗？要是像以前一样才好呢，给我一些卢布买杯茶喝，我

就是这样想的。"③

　　与民同乐有时会显得十分可笑。比如，Н. Б. 诺曼－谢韦罗娃一次在花园中"与人民饮茶"，紧挨着他们有一方旗子，其下方凉亭里面镌刻着一则古代铭文"合作"，这不得不说是一种变相的讽刺。文化活动家在"桑梓故园"聚会时，会随身携带所有的生活用品，还有厨娘、仆人的陪同。不过，他们要为每个厨娘、仆人支付 1 戈比的餐费；他们也会参观缝纫课、制鞋课，与当地的鞋匠进行座谈；他们也会在巴拉莱卡琴或手风琴的伴奏下，与

---

① *Есенин С. А.* Собр. Соч.：В 3 т. Т. 3. С. 233.

② РГАЛИ. Ф. 125. Оп. 4. Ед. Хр. 4. Л. 55 – 56.

③ Дети русской эмиграции. М.，1997. С. 124.

人民一起载歌载舞。夜晚，当人民散尽之时，他们便开始自己真正的交际：同知识分子们愉快地聚集在一处，围着 И. Е. 列宾的画作交流心得，仆人们则会重返岗位，去伺候这些贵族老爷。游戏结束了，现实的生活再次上演。А. П. 契诃夫在日记中写道："大家在觥筹交错的盛宴上大谈人民的自我意识、人民良知、自由等；但是此时，圆桌周围的仆人们却在小心伺候，马车夫在酷寒的街头耐心等候。这一切都表明，这一切不过是自欺欺人，不过是他们对自己内心的严重背叛。"①

这种现象的原因在于，文化活动家、科学家、教育家如同往常一样，他们评价的与其说是现实生活，倒不如说是他们在很大程度上臆想出来的世界，他们是在此基础上产生了自己的理论体系；或者说，这完全是客观现实认识的错觉。因此，这必然导致危机，首当其冲的便是意识危机。俄国文化群体醉心于自由主义与个性价值，这也成为他们的信仰，但是并未真正理解自由（来源与用途）、个性价值的具体内涵。他们未曾考虑到，现实生活中的自由并不是一个数学公式，没有的唯一定义，每个人对自由的理解千差万别；唯有法律才能保障自由，若法律失效，国家体制就会演化成专制，甚至成为僭主政治。俄国文化群体实际上也并未意识到，个人的自由会限制其他人的自由，"世界上发生的所有事件（例如政治改革、宗教运动、科学发明或其他自发的事件）本身并无价值，而赋予其价值的评判标准只有一个：根据事件对多数人（或少数人）现实生活的影响程度来判断"。② Н. А. 别尔嘉耶夫指出，俄国不仅要考虑个人利益，更要考虑全体人民的利益；他谈道："知识分子真理"的本质是"陷入误区的博爱"，"他们并不是对人性、平等的真正尊重。一方面，这只是对人民的同情和怜悯，另一方面，演变成了对人的盲目崇拜"。③

俄国文化群体中的少数人（Ф. М. 陀思妥耶夫斯基、Л. Н. 托尔斯泰、

---

① Цит. По：*Чуковский К. И.* Современники：Портреты и этюды. М.，1963. С. 130.

② *Арцыбашев М. П.* Записки писателя. С. 109.

③ *Бердяев Н. А.* Философская истина и интеллигентская правда // Вехи. Интеллигенция в России. С. 30.

А. Н. 斯克里亚宾）认为，若要改变世界，先要改变自己，这是至关重要的一步。1902 年，《唯心主义问题》文章汇编创刊；其编者们（П. И. 诺夫戈罗采夫、С. Ф. 奥尔登堡、Е. Н. 特鲁别茨科伊等）宣称，自我完善是所有进步的基础，如果政治改革忽视这点，最终将一无所获。1905 年革命期间，А. Н. 斯克里亚宾在日记中写道："我们需要个性的存在及其彻底发展"，要在创造而非革命中获得解放；人民应在"爱、艺术、宗教、哲学的高度上，竭尽全力寻求解放"。① 如此一来，人民才会达到真正的极乐状态。

安德烈·别雷——插图由 А. 屠格涅娃绘于 1909 年

但是，俄国大多数知识分子志不在此，他们希望把革命推向巅峰。这种现实的经验表明"我们的知识分子珍视自由，反思哲学，但是其中没有自由的位置；珍视个性，反思哲学，但是其中没有个性的位置；珍视思想进步，反思哲学，但是其中并没有思想进步的位置；珍视合作，反思哲学，但是其中并没有合作的位置；珍视公平和所有高尚的精神，反思哲学，但是其中并没有公平的位置，也没有高尚精神的容身之地。这几乎是我们意识误解

---

① *Скрябин А. Н. Записи // Русские Пропилеи. Т. VI. М.*, 1919. С. 146，149.

的历史中产生的一连串的现实"。① 例如，1906 年，П. Б. 司徒卢威和 С. Л. 弗兰克出版了名为《自由与文化》的杂志。他们认为，当前，俄国确实需要自由与文化；但是，没有文化的发展无法实现自由。不过，他们的思想并未获得社会认同，《自由与文化》杂志最终因需求量不足而被迫停刊。经历了这种挫败后，1917 年俄国文化同盟成立，但是不足一年便解散了。

文化群体中的大多数人希望推翻君主专制，挣脱教会、家庭以及一切束缚自由的藩篱；似乎在这之后俄国就能够迎接光明的未来。但是，很少有人考虑到完成质量的优劣，而这在后来更加起到至关重要的作用。1912 年，А. М. 高尔基在《当代人》杂志中严厉批评了 И. Ф. 纳日温《我的忏悔》一书。И. Ф. 纳日温在书中尝试证明，"社会改革应在个性改革之前"，他也不相信"为自己权利斗争"的口号，因为"斗争并非获取权利的更好手段，而是丧失自己甚至他人权利的途径"。② 高尔基称纳日温的观点是"俄国社会中典型的毒瘤，是胆小如鼠的行径"。高尔基成为慷慨激昂、斗志满满的"革命海燕"，他已经完全站到了无产阶级的队伍中。③ П. Б. 司徒卢威表示，革命家比其他人更有感召力，也更简单纯粹，"他们是自由和负责的文化创造者"，④ 他们也逐渐致力于科学、艺术、启蒙、教育的领域。安德烈·别雷表示，俄国的知识分子是"关于自由抽象梦想的奴隶"，他们只付诸口头，并未付诸实践。⑤ 正如所有的奴隶一样，他们也应成立起义大本营，与群众幸福捆绑在一起，借助群众力量发动革命，摆脱道德的束缚，给予"自己财产权，也要掌握他人的生杀大权"。⑥ 但是不可否认，如果社会的利益高于一切（salus rei publicat suprema lex esto），那么以社会利益的名义就

---

① *Бердяев Н. А.* Философская истина и интеллигентская правда. С. 40.

② Современник. 1912. Кн. 11. С. 61.

③ Современник. 1912. Кн. 11. С. 61.

④ Русская свобода. 1917. № 1. С. 5.

⑤ Белый А. Правда о русской интеллигенции. По поводу сборника «Вехи» // Вехи. Интеллигенция в России. С. 457.

⑥ *Булгаков С. Н.* Героизм и подвижничество（Из размышлений о религиозной природе русской интеллигенции）. С. 62.

可以制约他人利益，破坏他人的权利和自由。К. Н. 列昂季耶夫就要求把 Л. Н. 托尔斯泰流放到西伯利亚，把 В. С. 索洛维约夫流放到国外。与 К. Н. 列昂季耶夫同道而行的还有喀琅施塔得①的约安，他宣称，"不应以托尔斯泰命名城市"，因为"他不配为人"。著名的教会史学家 А. В. 卡尔塔谢夫坚持要对 В. В. 罗扎诺夫进行"宗教社会审判"。②

М. П. 阿尔志跋绥夫——画家
И. К. 帕尔霍缅科绘于 1908 年

俄国知识分子虽俱受到了西欧启蒙思想的熏陶，但成长于专制文化环境；他们自由主义的外壳看起来较为现代，也极具吸引力，但脱离了现实生活。М. П. 阿尔志跋绥夫曾明确指出："鞑靼统治带给俄国人民巨大的恐惧。……奴隶与贱民就是当时国家的固有属性，整个国家几乎没有几个人不是奴隶……可以这样说，国家就只剩下了奴隶和贵族。但是在当时的情况下，贵族何尝不是一种特别的奴隶？……俄国生活繁重，令人窒息，一个勇敢的人如果侥幸没有被关入贵族的马厩，反而会遭到他人的讥笑、谩骂，最后还是难逃奴隶的命运。"③《路标》的编者就此谈道，不少人认为"俄国历史上，很多人因为鞑靼统治的毒害，活在黑暗的环境下"，他们在"毁灭性的虚无"中选择了知识分子，希望"在自己的精神中培育革命精神"；④ 但是，他们也激烈反对阿尔志跋绥夫这类人。虽然这类人运用各种题材进行创作，但是总体上

---

① 俄国城市。——译者按

② Духовная трагедия Льва Толстого. С. 142；Розанов В. В. Proetcontra. Кн. 2. С. 209.

③ Арцыбашев М. П. Записки писателя. С. 57.

④ Булгаков С. Н. Героизм и подвижничество（Из размышлений о религиозной природе русской интеллигенции）. С. 79 – 80.

并无多少新意。此外，宗教哲学家诧异地发现，"淫秽作品"对阿尔志跋绥夫的创作产生了潜移默化的影响，从中只能找到敌人的窝点，却根本未发现盟友的影子。知识分子们对此亦十分痛心，因为这种批判也波及了他们自己的作品。部分知识分子对于众多文化活动家与群体脱离关系的事情显得无动于衷，一方面，这利于团结内部力量，把革命推向顶峰；另一方面，特别是在俄国人民和知识分子法律意识发展不佳的状况下，"不能受个性权利与法治国家思想的限制"。①

值得注意的是，自由并未在合法范围内发展，而是转化为一种专制甚至是僭主政治、无政府状态和社会秩序的完全缺失。M. O. 格尔申宗在《路标》中指出："迄今为止，为人民而活、为社会而活是公认的达到美好生活的唯一路径"，但是"对于大多数人而言，这种前提假设不是掩耳盗铃就是白日做梦；总之，他们在所有情况下都用最原始的道德进行自我辩解"，因此，"君主专制制度要为社会和私人生活的混乱、无序负责；个性被解读成不负责任的行为"。②

C. H. 布尔加科夫表示："个人道德、自我提高、个性培养这些概念在知识分子中并不受欢迎（传统文化特征受到社会保障，反而得到了他们的青睐）。"他强调，"个性中包含了强大的创作力量，因此知识分子并不容许所有人开发这个领域，这对于他们的创作而言将是极大的挑战"。③

独立概念、个人精神和经济独立与俄国人民集体平均主义的思想并不兼容，也不符合西方有关"自由、平等、博爱"的普遍性原则。这种独立思想与几代革命家的社会公平主张产生了矛盾。但是，这种意义上的社会公平将对文化发展产生致命的打击，因为文化的发展并不基于人人平等（天才与普通人、教师与学生、匠人与学徒、将军与士兵），而是基于智力与创新

---

① *Кистяковский Б. А.* В защиту права（интеллигенция и правосознание）// Вехи. Интеллигенция в России. С. 113；*Изгоев А. С.* Об интеллигентной молодежи（заметки об ее быте и настроениях）// Вехи. Интеллигенция в России. С. 199.

② *Гершензон М. О.* Творческое самосознание // Вехи. Интеллигенция в России. С. 104 – 105.

③ *Булгаков С. Н.* Героизм и подвижничество（Из размышлений о религиозной природе русской интеллигенции）. С. 64.

竞争；竞争期间，不可避免会形成明确的社会等级，在物质与精神资源的分配中就会产生不平等。文化总是可以在人群中挑选杰出者，使其脱颖而出。但是，俄国的社会在很大程度上，至少在理想的体系下，所追求的与文化的作用相悖，尤其是在民粹主义的努力下，追求与人民群众融为一体。就此来看，"不能够也不应该有特别关注个性文化（也就是极力鄙视'自我完善'）的行为，而所有的力量都应集中在一处，为了改善社会环境而斗争"。文化群体中的少部分人认为，俄国并不需要革命家，而需要"生活各个领域的活动家：国务活动家——实现改革，经济活动家——发展民族经济，文化活动家——改善俄国教育，教会活动家——提高人民参与教会的积极性"。①

П. Б. 司徒卢威在《知识分子重新审视自身世界观的必要性》中谈道，对知识分子而言需要否认"不负责任的个人平等"并且要自我教育，如此一来不仅可以改变自己不负责任的行为，而且能摆脱对平等不切实际的追求。② М. О. 格尔申宗也持有同样的观点，他表示："深信并很清楚"，"仅改变个人就可以改革我们整个社会"。③ М. О. 格尔申宗认为，这条创造性的自我发展和自我完善之路遍布荆棘且山高水长。因此，俄国大部分知识分子认为格尔申宗不过是痴人说梦，但他们的出发点完全是反动的。④

19 世纪末至 20 世纪初，俄国文化迎来了白银时代。一些知识分子解释了美学的主要价值，主张追求个人幸福与创作的喜悦，但是，并不注重宏观上的社会意义。А. Л. 沃伦斯基是白银时代的开创者，1890 ~ 1895 年，他在《北方公报》上发表了一系列的文章，主要反对唯物主义和"现实功利主义"。高尔基认为，"他（А. Л. 沃伦斯基）是第一个投向唯心主义和浪漫主义的海燕，他是白银时代的奠基人，他的真诚感染了明斯基、梅列日科夫斯

---

① *Булгаков С. Н.* Героизм и подвижничество (Из размышлений о религиозной природе русской интеллигенции). С. 74 – 75.

② См. : *Струве П. Б.* Интеллигенция и революции // Вехи. Интеллигенция в России. С. 163 ; *Струве П. Б.* Интеллигенция и народное хозяйство // Вопросы философии. 1992. № 12. С. 77.

③ *Гершензон М. О.* Творческое самосознание // Вехи. Интеллигенция в России. С. 106 – 107.

④ *Гершензон М. О.* Творческое самосознание // Вехи. Интеллигенция в России. С. 86.

基等人"。①

A. Л. 沃伦斯基之后，梅列日科夫斯基
于 1893 年出版了《俄国文学衰弱之原因与
其当代新流派》一书。1894 年，汇编《俄
国的象征主义》刊行，编者之一 В. Я. 勃
留索夫另于 1902 年在《艺术世界》杂志
上刊出了《不需要的真理》的文章大纲。
他表示，要用传奇式的象征主义、讽喻性
代替现实的艺术形象。② 1903 年 К. 巴尔蒙
特出版了《象征主义》一书，其中附有亲
笔题词"我们的未来将像太阳一样光明"，
之后他又出版了一部汇编——《美学弥
撒》。1906 年，安德烈·别雷出版了《碧
空中的一抹金》，1910 年他又刊出了一部

П. Б. 司徒卢威

中篇小说——《银色的鸽子》。1910 年，斯克里亚宾的作品《普罗米修斯》
（又名《圣火史诗》）问世，他的乐谱以世界派的名义首次载入音乐史。在
艺术世界中，无论是在狭义还是广义的意义上，伦理学都让位于美学，退居
二线位置。

美学革命如火如荼地展开了，这也成为白银时代的先声。1905 年 9 月
17 日，И. Э. 格拉巴里在给 А. Н. 伯努瓦的信中陈述了自己的观点："'纯粹
的艺术'和'艺术自由'。也就是说，完全没有束缚"，"要跳脱所有理论，
唯一的评判标准就是为阿波罗③服务的天赋与真诚"。④ 斯克里亚宾也持有同
样的观点，1905 年，他在日记中向新存在思想流派致意："我整个人是自由
的，我热爱生活。但是世界于我而言是黑暗、沉闷的。你们可以用所有存在

---

① Горький и русская журналистика. С. 950.
② Мир искусства. 1902，1 - е полугодие. Отд. IV. С. 67 – 74.
③ 希腊神话中的太阳神、艺术庇护神、美男子。——译者按
④ Грабарь И. Письма 1891 – 1917. М.，1974. С. 172.

热爱生活，这何等幸福……你们的天赋就像盛开的鲜花，处处绽放出美丽……"①

与此同时，白银时代出现了诸多新杂志：《艺术世界》《俄国艺术瑰宝》《天平》《金色卷发》，还有模仿国外形式创刊的《阿波罗》。这些刊物展现了美学、艺术的自身价值（这是人们追求的主要目标，也是艺术存在的首要意义）。杂志《春》提出了"融入政治，跳脱政派；融入文学，跳脱派别；融入艺术，跳脱流派"的口号，主张捍卫创造性的联合，组建自由美学协会、党外艺术协会、自由艺术协会。

这些追求都是为了美学和艺术能够同生活融为一体，这也成为文化群体中年轻一代的典型标志。与此同时，越来越多的知识分子涌入了上流社会，成为"有智慧和天赋的特权等级"，这就出现了"知识分子凌驾于知识分子之上"的局面。伊戈尔·谢韦里亚宁宣称，"我鄙视安宁、忧郁、喜悦、严肃／人们平庸、落后、单调、固执……他们如此可怜、如此简陋、如此平淡"，他进一步解释道，"我的路并非常人之路／我的偶像并不在人们的圣殿中"。② 甚至白银时代边缘的活动家都急欲从俄国知识分子的主体中脱离：列昂尼德·安德烈耶夫是"拥有一头黑色长发，穿着天鹅绒或呢子短上衣"之人，他声称希望受到"基督的庇佑"；М. А. 库兹明谈道，"所有外相都体现了自身创作的世界"，"再怎样强烈捍卫自己的权利都是私事"；А. П. 卡缅斯基则是一个"穿着时髦，头发时时刻刻梳得油光水滑"之人；С. П. 佳吉列夫是"身着现代化华丽外套，行为高雅、自信无比"之人。自 Д. С. 梅列日科夫斯基起始，于 А. Н. 伯努瓦达到巅峰，至 А. В. 卢那察尔斯基结束的这批人被称为唯美主义者（又称"爱美者"）。③ 了解了这些新文化人的

---

① *Скрябин А. Н.* Записи // Русские Пропилеи. Т. Ⅵ. М. , 1919. С. 153, 156 – 157, 162.

② *Голлербах Э.* В. В. Розанов: жизнь и творчество // Розанов В. В. Proetcontra. Кн. 2. С. 228; Горький и русская журналиста. С. 308; *Северянин И.* Поэзы и проза. Екатеринбург, 2005. С. 47.

③ *Ясинский И.* Роман моей жизни: Книга воспоминаний. М. ; Л. , 1926. С. 309; *Кирсанова Р.* Последний денди русской литературы // Коллекция. 2004. № 6. С. 63; *Пархоменко И. К.* О том, что было. М. , 1927. С. 110; *Бенуа А.* Мои воспоминания. Т. 2. М. , 1990. С. 291.

本质，就清楚，他们捍卫纯粹、自由，不受社会问题的侵扰，他们遵循的艺术意识形态决定了他们的信仰。

与此同时，诸如"忠心、社会理性、道德关怀"此类价值观也得以保留；不具备这种品质的艺术作品被指责为"精神毁灭""文化瘟疫""自私的现代个人主义"。① 俄国大部分知识分子依旧坚持，"艺术要对社会现象进行评价"，如果一幅画只是按照毫无价值的思想绘出，那么就成了"实物、素材的照片，如果画家不能以哲学理念指导创作，那便不具备深层次的社会意义"。② П. Д. 博博雷金一针见血地指出，社会上存在一种根深蒂固的观点，认为思想更加重要、有力，"人不重要，思想才是一切"，"内容空洞的艺术就像一触即破的泡沫"。③ Н. А. 别尔嘉耶夫也对此发表了自己的看法："知识分子总是愿意采用此类思想体系，希望将思想融入作品，如此一来，所有创作都是有所限制的"，知识分子的创作方式是"禁欲主义的，以人民的名义要求克制"，同时"要求与哲学世界和美学世界保持一定的距离"。④

纯粹艺术拥护者认为，要为了艺术而艺术，艺术是"高雅的贵族"。编辑 В. П. 布列宁就不无嘲笑地表示，他似乎已经搞不懂俄国社会了，认为纯粹艺术拥护者是"招摇撞骗之人""颓废主义者"。他认为，这些人的创作"更加证明了艺术的颓废，而非艺术的复兴"。⑤ 1902 年，《精神病患的颓废派》出版，该书表示，这种艺术并不能更好地反映俄国社会的状态。⑥ 1900年，纯粹艺术追随者的一些艺术家（К. Л. 科罗温、В. Л. 谢罗夫、Л. Я. 戈洛温等）在巴黎世界博览会上获得了金牌、银牌，荣获了世界艺术家的名

---

① «Суд» над Розановым. С. 209.

② *Репин И. Е.* Далекое близкое. М. ; Л. , 1994. С. 169 – 170.

③ Цит. по: *Хайлова Н. Б.* Петр Боборыкин. Об эпохе первой российской революции // Отечественная история. 2002. № 1. С. 93; *Репин И. Е.* Далекое близкое. М. ; Л. , 1994. С. 323.

④ *Бердяев Н. А.* Философская истина и интеллигентская правда. С. 26, 24 – 25.

⑤ Русские ведомость. 1905. 13 марта; Новое время. 1899. 16 апреля.

⑥ Русский листок. 1902. 2 июня.

Н. А. 别尔嘉耶夫

号，这种状况也并无多大的改观。1901年春，С. П. 佳吉列夫因表示"不能根据其职责"变更戏剧表演安排，被帝国剧院管委会辞去了院长职务。① 风波之后，尽管尼古拉二世召佳吉列夫前往自己的办公室清议，并为《艺术世界》拨款1.5万卢布；但是，佳吉列夫将其活动推广至国外的决议木已成舟，与此同时，他还愤怒地谴责之前持续压制伯努瓦、巴克斯特、一些哲学家和其他"新兴艺术家"的行径。此外，作为一名优秀的钢琴家，斯克里亚宾在莫斯科音乐学院作曲系就读十年最终因"不及格"被退学。

现代主义，或者借用高尔基的话来说，"现代毒瘤"②，在社会中引起了巨大的反对声浪。Л. Н. 托尔斯泰在其中发挥了很大影响，强烈反对所谓纯粹的艺术。Л. Н. 托尔斯泰在论文《何谓艺术》中断言，文化是道德催生的，丧失道德的美学徒劳无益，"艺术是区分善恶的方法之一，是发现美好的方法之一"，"艺术家理应与人民共同奋斗，以期寻找宽慰与救赎之路"。③ 这种论述赋予了艺术丰富的养分。В. О. 克柳切夫斯基仔细研究了 Л. Н. 托尔斯泰的观点，在其艺术与道德札记中又补充道："Л. Н. 托尔斯泰把艺术限制在了一个狭小的空间里"，使得美学与

① Валентии Серов в переписке, интервью и документах. Т. 1. Л., 1985. С. 361.

② Горький и русская журналистика. С. 965.

③ Неизвестный Толстой в архивах России и США. М., 1994. С. 521; Толстой о литературе. М., 1955. С. 202.

道德出现了"互相对立的局面"。① 别尔嘉耶夫对于托尔斯泰的观点异常激动，他认为托尔斯泰的论述中埋下了革命的炸弹——思想基础："托尔斯泰的观点显露了大多数俄国知识分子甚至或许是所有俄国知识分子、所有俄国人的道德习性特征"，"他们希望沉浸在不负责任的集体主义中，沉浸在对所有人的要求中。俄国人很难意识到，他们就是自己命运的主宰。但是他们并不热衷于改善生活质量，不热爱力量。所有改善生活的力量都被他们视作邪恶而非良善的"，之后"俄国人就会把这种力量置于文化价值下，在道德原则上充满疑虑。他们对于所有高级文化都提出了一系列的道德要求，但是他们忽视了创造文化的这一道德责任"。②

但是，别尔嘉耶夫的言论并未获得文化群体的支持。文化群体中的大多数人仍旧是现实主义的信徒。他们认为，合理、通俗易懂要比美学更为道德、价值更高。托尔斯泰辞世后，为了继承与发展他的事业，1911 年"莫斯科作家出版社"宣告成立；出版社的成员认为："任何人都不得反现实、反社会、发革命；我们要追求运用普通、明确的语言；不能用任何怪僻之词，不得使用矫揉造作的风格。"③ 当时，文化活动家之间也掀起了激烈的讨论，焦点在于谁能够成为"俄国的伟大作家"，引导俄国的精神发展。现代主义的代表被笼统地称为"招摇撞骗之人"，甚至完全成了"淫秽害虫"，④ 因此，他们在"俄国伟大作家"的角逐中显然完全丧失了资格。A. B. 阿姆菲捷阿特罗夫写道："俄国知识分子与俄国社会、文学界紧密相连，他们需要一个维护自身立场的杰出代表，这个代表会成为一个楷模，会起到道德消毒的作用，而且此事已刻不容缓。"⑤ A. B. 阿姆菲捷阿特罗夫把目光转向了高尔基且对之言道："托尔斯泰自始至终都是一个忏悔的贵族，您则与之不同，对于我们这个时代而言，您比托尔斯泰更为重要，影响更为深

① *Ключевский В. О.* Неопубликованные произведения. М. , 1983. C. 309.
② *Бердяев Н. А.* Л. Толстой в русской революции // Духовная трагедия Льва Толстого. C. 281 – 282.
③ *Вересаев В.* Собр. Соч. : В 5 т. Т. 5. М. , 1961. C. 369.
④ Горький и русская журналистика. C. 225.
⑤ Горький и русская журналистика. C. 432.

远。社会上需要您这种人，在混乱中被问起是非问题时，能够镇定自若地告诉人们孰优孰劣。"同时他还表示"我在俄国还未见过像您这样伟大的人"。①

М. 高尔基却看中了 В. Г. 柯罗连科，认为他"极具天赋，不吹嘘自己的社会功绩，以他人为先"，除此之外，"他还能够稳住局面，他的良知便足以使他胜任这个位置"。② 但是，В. П. 克拉尼赫费尔特认为，В. Г. 柯罗连科的"思想更加趋向托尔斯泰"。如此一来，阿尔志跋绥夫倡导的全俄思想领袖的探索之路已至绝境。阿尔志跋绥夫问道："是否在某个地方还能找到所谓的思想领袖呢？没有思想领袖，我们何以开展工作？我们十分清楚，当思想完全自由时，思想及其本身的价值才能体现。但是，为何我们从未获得自由？只能这样讲，我们的良知同托尔斯泰一同下葬了……请看清楚，我们已经没有自己的良知了，现下只是托尔斯泰的良知。我们担心，若没有托尔斯泰，我们就完全成了行尸走肉。"③ 如果文化群体能够先实现民主，就可以通过文学力量对国家进行监督。但是人们认为，蒲宁"没有对观念的鉴赏力"；列昂尼德·安德烈耶夫"有此鉴赏力，但是没有热情"；库普林是一个"对生活全神贯注的艺术家"，但是他对读者还有诸多"未尽之责"；费奥多尔·梭罗古勃是"已经被判处了死刑的人"；С. Н. 谢尔盖耶夫—岑斯基"仍旧与从前无异"。④ 这让白银时代的创作者们十分不快。阿尔志跋绥夫坚信他们需要"新的贵族、新的主人"，他仍旧遵循着以往的誓言："请来统治我们！超出我们身份和思想之事，我们便无法判断。我们不清楚，每个作家是否应该拥有自己的道路、价值观和想法；我们无法判断，是否还能在古老的文学之路上继续前行，自由的智慧能否实现其价值。""因为文学中没有官员、神甫会和勋章，那么我们在困惑不解时应该匍匐在谁的脚下寻求救赎呢？"⑤

---

① Горький и русская журналистика. С. 432.
② Горький и русская журналистика. С. 236.
③ *Арцыбашев М. П.* Записки писателя. С. 57.
④ Горький и русская журналистика. С. 236.
⑤ *Арцыбашев М. П.* Записки писателя. С. 55.

И. Е. 列宾在列夫·托尔斯泰的画像前在报纸上阅读他的死讯——照片摄于 1910 年

拥有民主思想的知识分子不能宽恕阿尔志跋绥夫的这些言论，不过，尽管他们有不同的考量，仍旧做出了一致的结论：无人可以取代列夫·托尔斯泰的位置。这种选择是按照严格的标准进行的，主要考虑："有代表性……有赤子之心、诚挚之心，处事泰然自若……在国家中发挥了巨大的作用。他所在之处，对公正的评判就有唯一的标准。他是值得尊敬的，是所有不公事件的制裁者。他是一个预言家，所有卑鄙、下作之事都会受到他强烈公正之心的严厉惩罚！"① 但是，20 世纪初，俄国文化群体中并未找到这种人。勃洛克承认："我们中弥漫着痛苦、惊慌、悲伤的情绪，有一种朝不保夕的危机感。"② 很多文化活动家，诸如马克西姆·高尔基、列昂尼德·安德烈耶夫、阿尔志跋绥夫，他们改变了生活目标，但在通往幸福的战争中遭到了伏

---

① Горький и русская журналистика. С. 119.
② *Блок А*. Россия и интеллигенция. Берлин，1920. С. 46.

击，最终败北……总之，格尔申宗写道："我们 9/10 的知识分子都已经被神经衰弱所击垮，他们之间几乎没有健康人——所有人都易怒、忧郁……"① 19世纪末至 20 世纪初，这种情况愈加严重，"作家与人成为两个概念，他们并非一体的"，② 此外，二者之间的缺口越大，作家解决精神危机、文化危机的能力就越差。

И. Э. 格拉巴里在信中时常谈道，艺术世界中，艺术家及其信仰的价值都被高估了。他指出，很多人"绞尽脑汁也不明白，今天憎恨、明天喜欢的事情是如何发生的。或许，憎恨已经真的到达了极限，反而转变为喜欢"。因此，下述情况也并非如此骇人听闻："昨天无视弗鲁别利，崇拜瓦斯涅佐夫；今天又开始高声疾呼，弗鲁别利是个天才。……实际上，这种行为多么下作。要知道，对于他们而言，重要的并非真理，而是供其取乐之事。因此，我十分清楚，或许践踏瓦斯涅佐夫之时，也是我们捍卫瓦斯涅佐夫之时。"③ 绘画大师 А. Н. 伯努瓦是俄国文化群体中的著名代表人物，1910 年，他把俄国艺术家分为了先锋派、中间派、后卫派和后备派。④ 这种划分是建立在所谓的荣誉审判基础上的，其中伴随着多个文化活动家的冲突，比如 К. И. 楚科夫斯基和 В. П. 克拉尼赫费尔特，Н. И. 约旦和 И. В. 盖森，А. И. 库普林和 Л. Н. 安德烈耶夫。这些文化活动家在公开场合经常互相攻讦，指责对方拥护虚无主义、个人主义、反动主义、反民主主义，甚至还进行人身攻击——指责对方存在自傲、养尊处优等情况，但是所有这些行为都不过是为了"追求'社会思想领袖'之地位"。⑤ 例如，А. С. 苏沃林被评价为"散发着有害的气息"，И. А. 蒲宁的作品被很多人认为是"满腹哀伤"，А. Н. 托尔斯泰和 М. М. 普里希文被指责深陷"传奇作品"的泥淖，К. И. 楚科夫斯基、В. Э. 迈尔－霍利德、О. И. 迪莫夫则是"在俄国的

① *Гершензон М. О.* Творческое самосознание // Вехи. Интеллигенция в России. С. 102，85，100.

② *Замятин Е.* Речь на вечере памяти А. А. Блока // Наше наследие. 1990. № VI （18）. С. 67.

③ *Грабарь И.* Письма 1891－1917. М.，1974. С. 149.

④ См.：*Бенуа А.* Выставка «Союза». Художественные письма // Речь. 1910. 19 марта.

⑤ Горький и русская журналистика. С. 585.

文学界勉强占有一席之位，但是他们的精神却无法在此扎根"。最终，俄国所有的"刊物变成了混乱不堪的垃圾场，但是无法清理，因为清理过后，所剩无几"。①

所有人都遭遇了困难，M. 高尔基感叹道："在俄国做个作家是何等困难！……我们反对死刑，自己却受到人们享乐式的摧残……这不禁让人思考'我们的文化到底在哪里'？我们并未在人群中发现文化的痕迹。"② 革命前，俄国众多文化活动家遭遇了这样可怕、荒诞的事情，导致他们得出了悲观的结论。Ф. К. 梭罗古勃表示："我们早已死去。"③ M. 高尔基表示："这个国家多么奇怪，整个国家的人都是没有灵魂的躯壳！"④ П. Д. 博博雷金补充道："我们已是败军，应被尘封进档案馆。"⑤ E. H. 奇里科夫总结道："这样活着不可能。"⑥ 最终，高尔基得出了更为不利的结论，他认为，现在新一代的文化活动家是"只能用'死亡'命名的一代"。⑦

因此，高尔基为提点青年文学家做了很多工作，创建社团帮助自修的作家，也给予不同刊物积极的支持；此外，一些无产阶级作家和诗人也参与了这些工作。当老一辈的文化活动家在互相口诛笔伐时，高尔基已经希望让贤给年轻一代的文学家。1908 年，工人 C. 戈卢比发布了名为《穿越知识分子障碍》的小册子，他在文章中宣称，"不能允许知识分子放任自流"，因为"他们并未胸怀无产阶级的宏大愿景"。⑧ 两年后，自修作家 M. Г. 西瓦切夫发表了《马卡尔文学札记》，其中同样言及了"文化团体"的害处及存在的不必要性。1913 年 5 月 7 日，在自由美学协会纪念 K. 巴尔蒙特的隆重盛会上，年轻的马雅科夫斯基非常确信地表示，"当您了解了俄国生活后，那么

① Горький и русская журналистика. С. 143，631，329，332，183，683–684.
② Горький и русская журналистика. С. 143.
③ Путь. 1912. № 10–11. С. 76.
④ Современник. 1911. Кн. 10. С. 393.
⑤ *Боборыкин П. Д.* Побежденных—не судят // Вестник Европы. 1910. № 2. С. 64.
⑥ Современник. 1911. Кн. 3. С. 311.
⑦ Горький и русская журналистика. С. 757，159.
⑧ Горький и русская журналистика. С. 264.

就会与您印象中的憎恨情绪产生冲突"，因为"当前，俄国的真实面貌是化为废墟的贵族庄园和光秃秃的贫瘠土地"，"我们的里拉琴弹出了现今生活无限忧伤的曲调"。① 这种论调成了俄国文化巨匠的共识，他们坚信人民群众的绝对正义，坚信思想第一性、天赋第二性，他们也相信社会对艺术内容和形式享有优先权。但是几年后，这种共识在革命中烟消云散，老一辈文化精英也退出了历史舞台。

20世纪10年代，新一代知识分子产生了广泛的社会影响，年轻的文学家、作曲家、钢琴家、表演家、歌唱家、诗人大多都登上了舞台，他们从小小的艺术沙龙走向了更为广阔的天地，收获了大批"虔诚的信徒"。现代派艺术家最早登上了历史舞台，他们表示："你是自由的，你就是神灵，所有事情都可以尝试，要敢作敢为……"② 先锋派艺术的代表则是 П. Н. 菲罗诺夫的血红色油画——《比尔王》；未来派也获得了发展，К. 奥林波夫的作品《飞行器之诗》广泛流传，其中"第一神经质·第一滴血"的表述引起了人们的无限遐思。一切价值都被抬高了——从基督徒到异教徒，从个性到合作、集体主义，从停滞的过去和令人生厌的现在到光明的未来——这些都正合20世纪年轻一代的心意。伊戈尔·谢韦里亚宁在掌声雷动的欢呼中谈道："每一行字，都是一记耳光。我的话语，充斥着嘲讽。/每行诗的韵脚构成了嘲弄的脸庞。我强烈蔑视你，王侯将相平庸无奇，/蔑视，是世界的风向！"③

年轻人在社会文化生活中有了越来越多的想法，他们自由勇敢、放荡不羁、充满反抗精神，希望与老一辈知识分子尽快切割，提出了自己的美学理念。对于习惯传统经典的读者而言，这些年轻文学家的作品名称就足以引起震撼：《社会审美耳光》（莫斯科，1912年），《死亡月亮》（莫斯科，1913

---

① Русское слово. 1913. 8 (21) мая.

② Слова Вячеслава Иванова （Цит. по.： *Мандельштам Н. Я.* Воспоминания. Кн. 2. М.，1991. С. 43.）

③ *Северянин И.* Поэзы и проза. Екатеринбург，2005. С. 82.

年），《敲碎的颅骨》（圣彼得堡，1913
年），《咆哮的帕尔那索斯山①》（圣彼得
堡，1914 年）等。1914～1915 年，В. В. 马
雅科夫斯基在《穿裤子的云》中宣布了新的
"当今艺术基本论点：'脱离爱'、'脱离艺
术''脱离体系''脱离宗教'——是俄国
未来派艺术家所要遵循的四个论点"。② 文
化群体中的年轻代表也欢欣鼓舞地接受了
这种革命性的论点。Л. Ю. 布里克回忆
道："我们深陷迷途，这正是我们期待已
久的。最近无人可以读进书去，所有的诗
歌都丧失了意义——我们的写作方式、写
作内容都不应如此。"③ Д. Д. 布尔柳克和
К. С. 马列维奇放弃了文学家和艺术家的

В. В. 马雅科夫斯基——照片
摄于 1915 年

身份，结成了"穷光蛋"联盟，他们通过杜撰、想象等方式进行创作，被
称为"栅栏写生法"。К. С. 马列维奇曾谈道："我彻底改观了，把自己从
经典派艺术的深渊中解救了出来。"④ 俄国的先锋知识分子"脱下了以往的
长袍"，代之以面具、戏服，Д. Д. 布尔柳克的面具上刻着一条死狗，К.
奥林波夫的面具上则是一只死猫，А. 克鲁切内的袖章上绣着一根胡萝卜。
不过，这一切只是为了吸引注意力罢了，В. Г. 舍尔申涅维奇写道："在革
命前的俄国，这些奇闻轶事都是抗议的合法手段，是自我宣扬的一种
方式。"⑤

　　文化精英称未来派艺术家为野人。1914 年，Д. С. 梅列日科夫斯基在

---

① 希腊神话中为太阳神阿波罗和诸文艺女神的灵地，引申为诗坛。——译者按
② *Маяковский В. В.* Полн. Собр. Соч. Т. 12. М.，1959. С. 7.
③ Цит. по. *Икшин Ф.* Лиля Брик. М.，2008. С. 205.
④ Малевич К. Черный квадрат. СПб.，2003. С. 29.
⑤ Встречи с прошлым. Вып. 2. М.，1976. С. 164.

《俄国演讲》中用极具侮辱性的绰号——"即将到来的含①"② 来抨击他们。未来派也进行了同样的反击。例如，诗人 K. K. 奥林波夫在自己的作品中献上了特别的题词："卑鄙小人、恶棍这些词是宇宙源起之词"（彼得格勒，1916 年），"白痴、蠢货这些词是宇宙源起之词"（彼得格勒，1916 年）。K. K. 奥林波夫认为，自己"生而优秀"，他在《奥林波夫时代：全世界的奥林波夫主义》中讴歌自己是新时代的优秀人才，对所有人宣称："我是生命存在的繁星，/我不屑回应人类的语言，/这才显示出我的伟大。"③ 但是，其他未来派艺术家在公开发言中则变得沉默寡言——弗拉基米尔·戈尔茨施密特每次演讲前都要用一块厚木板敲击自己的头，很多未来派艺术家也存在类似的行为。在影片《不是为钱而生》中，用木板敲头成了一种特别的表现手法（导演要求木板敲头要多做几次，成为重复镜头）。

但是，未来派艺术家的做法并非都如此滑稽、毫无新意。未来主义赋予了俄国文化诸多新资产。1914 年，H. C. 古米廖夫在杂志《阿波罗》中写道："因自身天赋和放荡不羁的性格，我们成了新出现的野蛮人。"④ 随着俄国社会全方位的瓦解和剧变，未来主义实际上本身就是现代化改革的派生物。1916 年，H. H. 普宁指出："好的观念都是充满未来主义和健康社会主义的观念。"⑤ 马雅科夫斯基也谈道："我是一个充满热情的社会主义者，我清楚，一切旧事物都难逃覆亡的命运。……欧洲的科技、工业以及所有改革都剑指俄国的旧体制——这一切都是未来主义的观念。"⑥

未来派艺术在俄国社会文化视野中的出现使得俄国文化群体中的代际界限泾渭分明；老一辈文化精英中既有现实主义者，又有现代派代表，甚至以往对"新型艺术"风格不屑一顾的 M. 高尔基也接受了现代艺术理念。但

---

① 挪亚的三个儿子之一，《圣经》创世纪之中指的是黑种人的祖先。——译者按
② *Мережковский Д.* Еще шаг грядущего Хама // Русское слово. 1914. 29 июня.
③ *Олимпов К.* Возникновение эгопоэзии вселенского футуризма // Минувшее. Исторический альманах. Т. 22. СПб. , 1997. С. 210, 205.
④ Цит. по: *Мандельштам О.* Шум времени. М. , 2002. С. 246.
⑤ *Пунин Н. Н.* Дневник царскосела // Наше население. 1998. № 47. С. 80.
⑥ *Маяковский В. В.* Я сам // Маяковский В. В. Стихотворения и поэмы. М. , 1969. С. 14, 21.

从左到右依次为：М. В. 马秋申、А. Е. 克鲁切内、П. Н.
菲拉诺夫、И. С. 什科尔尼可、К. С. 马列维奇——照片由 К.
布尔摄于 1913 年 12 月

是，现代主义和现实主义艺术家之间似乎并未发生激烈的辩论，也未见互相
攻讦，他们之间存在很多共同点。1905 年革命期间，几乎所有的老一辈文
化精英（《文艺世界》与《俄国资源》的编辑，Л. Н. 安德烈耶夫、С. Я.
叶尔帕季耶夫斯基、И. А. 蒲宁、А. И. 库普林）齐聚 М. 高尔基家中，他
们都将未来派视作异己。但是，未来派成了新的民主大本营，他们抛弃了美
学和伦理学的条条框框，在革命期间发挥了主要作用。1917 年 3 月，在临
时政府委员 В. А. 戈洛温的倡议下，有关艺术事务的特别会议召开，会议由
高尔基主持，共有 85 名活动家参会，其中也包括 А. Н. 伯努瓦、Н. К. 列里
赫、Ф. И. 夏里亚宾、А. В. 休谢夫等未来派艺术家，他们提出要坚决捍卫
俄国的文化艺术资源。为了与高尔基的会议分庭抗礼，未来派的年轻人成立
了自己的"自由艺术"联盟；与此同时，未来派艺术家还组建了以 В. В. 赫
列布尼科夫为主席的"地球政府"。"自由艺术"联盟共有 317 名先锋派艺
术家，特别是 22 岁左右的年轻人，他们追随马雅科夫斯基，大声疾呼：
"我们会消灭你，／世界终将属于浪漫主义！……／旧事物终将消亡！新事物

必将建立在此废墟之上！"①

　　早在 1909 年，《里程碑》的编者们就曾谈到未来主义的危险性，称其为"精神火山"，8 年过后，这座"火山"真的爆发了。② 但是，俄国的问题并不只是未来主义。1917 年，"精神火山"与政治激进主义进行了联合，由于政治激进主义会在社会政治生活中真正发挥影响，因此未来主义也随之获得了发展。政治激进主义与未来主义联合是为了引入文化武器，它使得社会矛盾已经不再是"父子矛盾"式的对立，而是发展成了敌对等级的对立，是准备手握来复枪捍卫自己的精神价值。1917 年 4 月，B. B. 赫列布尼科夫谈道："我们有特殊的武器，工人同志们，不要叹息，我们运用特殊道路的思想就能达成共同目标。我们每个人都有自己的体系和法律武器……我们拥有工人建筑师（社会主义建筑师）。"③ 几个月后，在一次盛会的红角④上展出了 K. 马列维奇的作品《黑方块》。马列维奇将这幅画称为该时代"没有框架的圣像"。A. H. 伯努瓦对此评价道："白纸上的黑色方块——这不是一个简单的玩笑，不是简单的挑衅，也不是无关紧要的一件小事……这是一种原则的自我肯定，其中涵盖了关于丑陋、荒诞的意义；它表明，穿越傲慢、穿越所有爱与温情的蹂躏，一切终将毁灭。"⑤ 这一段言论满腹先见之明。未来主义者表示，"只有我们才是我们时代的代言人"⑥ ——这就排斥了其他所有的流派；这是他们的反文化活动，同时，他们还与俄国文化群体中的一些人一同反上帝，为文化的革命创造了良好的基础，他们也在社会主义革命的浪潮中壮大了自己的力量。

---

① *Хлебников В.* Воззвание председателей земного шара // Временник 2. М.; （Харьков），1917; Наше наследие. 1990. № Ⅵ（18）. С. 5; *Маяковский В. В.* 150 000 000. М., 1921.

② См.: например: *Булгаков С. Н.* Героизм и подвижничество. С. 61, 68.

③ *Хлебников В.* Воззвание председателей земного шара // Временник 2. М.; （Харьков），1917; Наше наследие. 1990. № Ⅵ（18）. С. 5.

④ 根据俄国传统，房间中进行文化、教育活动的场地，一般摆放圣像。——译者按

⑤ Малевич К. Черный квадрат. СПб., 2003. С. 15.

⑥ Предисловие // Пощечина общественному вкусу: Альманах. М., 1912.

俄 国 史 译 丛 · 文 化

Серия переводов книг по истории России

Россия

о с с и я

Очерки русской культуры. Конец XIX
—начало XX века. Т.2:Власть. Общество. Культура.

权力·社会·文化：
19 世纪末 20 世纪初俄国文化发展概论

（下册）

〔俄〕利季娅·瓦西里耶夫娜·科什曼
Лидия Васильевна Кошман

／主编

〔俄〕柳德米拉·德米特里耶娃·杰尔加乔娃
Людмила Дмитриевна Дергачева

张广翔　高骞／译

社会科学文献出版社
SOCIAL SCIENCES ACADEMIC PRESS (CHINA)

УДК 93/99

ББК 63.3(2)

O95 Очерки русской культуры. Конец XIX

—начало XX века. Т.2:Власть. Общество. Культура.

—М.: Издательство Московского университета,2012. —740с.,ил.

本书根据莫斯科大学出版社 2012 年版本译出

目　录

宗教社会生活

B. A. 塔拉索娃

一 19世纪末至20世纪初 俄国东正教会

对于每种民族传统文化而言，宗教都是文化形成的重要因素。东正教信仰对俄国人民的精神文化也起着同样的塑造作用。

在千年岁月里，东正教会对俄国人民的信念、价值、思维和行为方式产生了绝对性的影响。不过，在君主制垮台的前十年，俄国东正教会是否还保有影响帝俄居民的能力呢？教会与社会之间的相互关系是如何发展的？社会公众的教会生活采用了何种形式？

19世纪末至20世纪初，俄国的东正教会是个庞大的机构，人员众多，并设有众多的分支机构。①

---

① 其中包括67个教区，7.8万座大教堂、普通教堂，12万名神甫、祭司、诵经士，1025座修道院，9万名修女和修士。除此之外，还有4个东正教研究院、58个东正教进修班、187个东正教的教会学校（Всеподданнейший отчет обер-прокурора Святейшего Синода по ведомству православного исповедания за 1900 г. СПб. , 1903）。

教会的宗教教育活动也采用了多种形式，从教堂中的神甫传教到无处不在的教会学校，应有尽有。同时，教会也组织各种宗教仪式以及庄重的祈祷，也刊行了一些教会报纸和杂志。值得注意的是，宗教影响手段的有效性取决于教会制度的现状：教会最高权力属于至圣主教公会和主教团；由神甫、传教士和神学家组成的教会学校；东正教教区的存在，严重破坏了初步的宗教启蒙活动。

教会的大部分措施都仰赖国家的支持。在俄国不同的宗教信仰中，东正教处于"占绝对优势的统治地位"。帝俄基本法中涉及东正教的条款超过1000项，以此保护东正教的财产权和优先权，特别是东正教教义的传教法，更加保障了东正教的统治地位。在世俗权力的支持下，东正教的传教活动、教会教育、教会刊物都获得了空前发展。对于绝大部分神甫以及世俗教徒而言，这无疑是一种很大的福利。

在国家基本社会保障的前提下，教会思想家踊跃活动，发挥了巨大作用，形成了官方正统的世界观。国家政权也获得了教会的威望支持，这表明了俄国继承了来自拜占庭的"一体化"原则——教会与国家的神圣联盟得到了法律保障且不容置疑。教会宣称，沙皇权力来自上帝，沙皇在行过上帝涂油登基仪式后，代表上帝行使权力。1896年5月，尼古拉二世在莫斯科克里姆林宫的圣母安息大教堂举行了涂油登基仪式，获得了人民的钟爱，成为俄国沙皇。

末代沙皇尼古拉二世的宗教政策基于刺激社会对宗教的兴趣。经过两个世纪的欧化，俄国沙皇再次接受了东正教礼仪，借用了彼得一世改革前的最高权力模式。因此，当时俄国出现了独特的状况——"虔诚沙皇"尼古拉二世。尼古拉二世因袭古老的模式，采用现代方法（包括期刊、制定相应措施的机构以及一些传统的舞会等）来完成这个过程。人们在报刊中已经把沙皇的形象——虔诚的基督徒——定位得十分清楚了。但需要注意的是，沙皇尼古拉二世本人的信仰并未在宗教复兴中起到最关键的作用。当时，教会庆祝会的重要性提升，这种庆祝会是在庄严、隆重的氛围中举行的；[1] 庆祝活

---

① 见：*Цимбаев К. Н.* Православная церковь и государственные юбилеи императорской России // Отечественная история. 2005. № 6.

动一般是为了教区、教会学校的成立，圣骨迁移等活动。末代沙皇尼古拉二世在位期间，也为其指定的圣人举行过盛大的庆祝活动。①

沙皇家庭在纪念萨洛夫斯克的谢拉菲姆的庆祝会上——照片摄于1903年

国家也经常特意展现自己的"东正教"特性。国家所有性质的文件都必须附有教会祷告文；主要的东正教节日都是国家性的；预防犯罪的规章也要求民众必须参加一年一次的圣餐仪式；宗教信仰的转变被视作刑事犯罪；国家也为东正教会迫害异教徒的行为进行辩护，毕恭毕敬地授予教会政治管理之辅助权力，希望在宗教庆祝会以及采取其他宗教活动时保障现场秩序和安全。

总之，国家认为必须干预臣民的宗教信仰。在这种情况下，国家维护东正教的行为越多，反对东正教的声浪就越大（或许是东正教的人民学说之

---

① 被奉为圣人的有：费奥多西·乌戈里茨基（1896年）、波恰耶夫的修道院院长约夫（1902年）、谢拉菲姆·萨洛夫斯克（1903年）、别尔哥罗德的约瑟夫（1911年）、莫斯科牧首格尔莫根（1913年）、坦波夫的皮蒂利姆（1914年）、托博尔斯克的约安（1916年）。1909年，恢复了纪念安娜·卡申斯卡娅的庆祝活动。

故）。很显然，国家并非要认可宗教的自身价值，而是将其作为维护国家秩序的支柱和保障。

自彼得一世起，主教公会就取代了牧首制，转变成了"东正教的管理机构"。神甫被整合进国家机构，负责执行一系列的国家职能。教会融入了国家体系，国家要向宗教界人士支付薪水，同时以立法的形式确立了宗教等级。这个特殊等级共有50万人，他们的生活方式成为世俗社会整合的重大障碍。

病患前往萨洛夫斯克的谢拉菲姆圣骨处进行祈祷——照片摄于 1903 年

教会长期国有化导致俄国人民形成了这样的印象：国家与教会同属一体，不可分割。从"国家机构和官僚集团"的层面看，总而言之，"宗教是美好与救赎的代名词"。① 但是对于教会而言，这是个令人沮丧的结局，它

---

① *Феодор*（*Поздеевский*），*архим.* Смысл христианского подвига. Свято-Троицкая лавра，1995. С. 60.

实际上丧失了独立决定内部事务的可能性。

彼得一世时期，宗教规章中就确定了国家凌驾于教会之上的原则。在帝俄存在的最后 10 年间，这个原则一直在实践中持续推进。自 1903 年起，"尊封圣徒"的活动便展开了；因沙皇本人十分崇拜萨洛夫斯克的教师谢拉菲姆，在他的"殷切期盼"下，谢拉菲姆也得到了这项殊荣。但是，至圣主教公会东正教院事务部大臣 К. П. 波别多诺斯采夫表示，任何圣徒提名都需要宗教程序，而非沙皇首肯。皇后指出："沙皇无所不能。"① 尽管教会给沙皇递了诸多申请书，但沙皇并不希望召开讨论迫切宗教问题的地方会议。沙皇家庭接受了 Г. 拉斯普京后，所有的宗教实践都采用了"无处不在的拉斯普京"原则。革命前十年，因为拉斯普京的关系，出现了一系列的宗教丑闻。1915 年，著名的大主教、宗教活动家尼康（罗日杰斯特文斯基）在谈到拉斯普京的影响时表示："恐惧弥漫了整个教会，皮鞭震慑了我们所有人。"②

至圣主教公会是对教会事务进行法案研讨、行政、诉讼的机构。至圣主教公会也要负责解决教会机构所有重要的组织和活动问题，但是所有决议都需沙皇首肯才得以实施。尽管至圣主教公会是由最高神职人员代表组成的，但是实际上其中所有事务都是由沙皇任命的东正教院事务部大臣（世俗代表）决定的。此外，"东正教院事务部大臣对所有事务进行提议并负责处理，但实际上通常由沙皇决定，目的是限制主教公会批准任何决议，这是主教公会隶属于政府的一个有力佐证"。③ 20 世纪，东正教院事务部大臣的权力实际上扩大了。东正教院事务部大臣 К. П. 波别多诺斯采夫（1827～1907 年）对教会事务产生了很大的影响，他的名字成为当时教会史的象征。显而易见，他是一名出色的国务活动家；由于得到了保守势力的支持，教会对他所有的新措施都十分谨慎；他也在宗教教育、神学、神甫社会宗教活动中反对了很多有益的活动。

---

① *Витте С. Ю.* Избранные воспоминания. М. , 1991. С. 429.
② Письмо высокопреосвященнейшего архиепископа Никона（Рожденственского）// Церковно-общественный вестник. 1999. № 2 - 3. С. 203.
③ *Шавельский Г.* Воспоминания последнего протопресвитера русской армии и флота. Т. 1. Нью-Йорк, 1954. С. 137.

至圣主教公会东正教院事务部大臣 К. П. 波别多诺斯采夫——画家 И. Е. 列宾绘于 1903 年

教区高级神职人员①是至圣主教公会在地方、教区推行政策的"向导"。教区范围一般同省（地区）的行政范围吻合；教区本身还可以划分为更小的单位（包括若干低级教区监督司祭的管区）。主教对教区内的其他神职人员享有行政、司法和经济主管权。主教的主要助手为宗教事务所、副主教和监督司祭。主教对教区事务监督的主要形式之一是外出视察，并将视察结果向至圣主教公会东正教院事务部大臣进行汇报。

至圣主教公会东正教院事务部大臣不允许宗教领域内形成帮派，因此会把主教在不同教区之间进行调迁。调迁政策确实能够对主教进行监督，但是对教区生活的稳定性却未必是好事。主教很少能够在一个教区供职 10 年以上，一般会服务 2～5 年。② 如此一来，若一个主教要积极建设教区，他衷心结交教民，建设教堂和学校，但至圣主教公会的一纸任命状，他就不得不中断自己的努力，听命于至圣主教公会的安排。但是，这种政策与圣经（教会法律）完全矛盾，教会法律要求禁止调动主教，但恐怕会引起世俗权力的担忧。至圣主教公会东正教院事务在 К. П. 波别多诺斯采夫与其继任者掌权期间，主教调动成为常态。不完善的宗教管理制度引起了众多矛盾，包括官员与主教之间的矛盾、主教与神职人员之间的矛盾、主教与教区教民之间的矛盾等。

① 包括牧首、大主教、主教、都主教；此外，广义上的主教也是所有高级神职人员的统称。——译者按
② 1905 年，俄国 64 个教区中，只有 16 名主教在同一个教区供职 5 年，22 名主教在同一个教区供职 2～5 年，13 名主教在同一个教区供职近 1 年，13 名主教在一个教区供职少于 1 年。（见：*Конюченко А. И. Архиерейский корпус Русской православной церкви во второй половине XIX—начале XX в. Челябинск,* 2005. С. 15 - 16.）

主教在俄国社会中占有特殊的地位。"豪华的四轮马车，庄重的主教，永远的传统……独特的风格、独特的世界。"① 主教是否受欢迎取决于他的祈祷仪式进行得庄严、隆重与否；主教主持的祈祷仪式是吸引人民参与教堂生活的手段之一；主教的生活形象于其威信而言也具有同样重要的意义。主教中有修士，也有宗教学者（相对较少）。② 教区神甫的职能均取决于当权主教的安排——要么是管理者，要么是被管理者。最终，教区上层通常也采用官僚方式加以整合。

19 世纪末至 20 世纪初，主教受到了诸多谴责。人们指责他们"缺乏信徒的兄弟情谊，缺乏谦逊温顺的品行"；与此同时他们还"大力仿效大主教规制"，③ 并且"主教的统治充斥着欺骗、贪污、独裁"，④ 他们"本应同教民积极联系，但也被宗教事务所秘书的签字通知和命令取代"。⑤ 因此，主教成了纯粹的象征性形象，他们只是向人民读经，却丧失了与人民的实质联系。

出现这种糟糕现象的原因之一就在于俄国主教形成的特殊性。主教头衔的获得通常要先取得"学术修士"——宗教研究院的毕业生，他们要采用剃度礼并要时常落发，但是剃度本身并非重点，而是背后隐藏的其他意图。"宗教研究院的学生或神学学士才能取得修士头衔，成为学术修士。只有这样才能保障主教的合格性。"⑥ 透过剃度修士快速升迁之路，可以看到整个主教团的职业生态。"……黑神品并不严格遵守禁欲主义原则，违背或不执行誓言的情况也屡有发生……黑神品与白神品在日常生活中反目，最初就带着私人怨气及不公之心态……这是俄国原有宗教社会体制的致命缺陷之一。"⑦

① Евлогий (Георгиевский), митр. Путь моей жизни. М. , 1994. C. 180.
② 20 世纪初，拥有神学博士学位的主教仅有四名：安东尼（瓦德科夫斯基）、谢尔盖（斯帕斯基）、维萨里昂（涅恰耶夫）、希尔维斯特勒（马列万斯基）。
③ Век. 1907. № 17. C. 235.
④ Из писем К. П. Победоносцева к Николаю Ⅱ （1898 – 1905）// Религии мира. История и современность. М. , 1983. C. 186.
⑤ Церковное обновление: Приложение к журналу《Век》. 1907. № 2. C. 15.
⑥ Шавельский Г. Воспоминания последнего протопресвитера русской армии и флота. Т. 1. Нью-Йорк , 1954. C. 160.
⑦ Флоровский Г. , прот. Путь русского богословия. Париж , 1937. C. 340 – 341.

20 世纪初，俄国社会积极探讨宗教问题；俄国主教团的状况获得了极大的关注。很多人认为，教会中诚然有不少精力充沛的主教，也存在有才干的宗教管理人员和苦修者，但是现在的主教们并未回答宗教复兴任务的问题。要像一些杰出的主教，他们即使离开了宗教界，影响依旧存在，比如安东尼（赫拉波维茨基）、格尔莫根（多甘诺夫）、谢拉菲姆（奇恰戈夫）。圣彼得堡的都主教安东尼（瓦德科夫斯克）是 20 世纪初俄国最为杰出的大牧师之一，他在 14 年间（1898～1912 年），在风云变幻的政治环境中领导了圣彼得堡的高级神职人员；此外，他也是出色的传教士，许多知名教会活动家的恩师；1905 年，在研讨宗教改革问题时，他成为最为关键的人物。在所有主教中，他的品德也非常突出：他谦虚稳重，没有其他高级神职人员的派头，所有的个人积蓄都秘密投入了慈善事业。

高级神职人员不仅管理各教区的教会机构，还统辖农村、城市的各级神职人员。神甫是教会的精神资源，是祈祷仪式的表达者和捍卫者；他们的首要任务是根据宗教道德准则和东正教教规培养教徒的宗教意识，最主要的方式就是发表布道稿（但极难发表）。直至 19 世纪末，所有布道稿都要先发到教区的宗教事务所审查，经批准后才能发布。布道稿最常涉及的问题总是与日常生活问题无甚关系；抽象的问题以及晦涩的用词都使得人们难以接受。一篇布道稿的成功与否通常取决于一个牧师的伦理学修养。

神甫也在教区中开展基本的宗教启蒙教育活动。神甫会在教区学校和国家宗教学校担任神学课教师。教区管理机构也会要求神甫组织监督机构，开展反对酗酒的活动（戒酒协会），并与无赖行为等社会恶势力做斗争。除此之外，神甫还执行诸多国家任务：从布道到搜集居民情报（政府要求），从居民登记到居民状态调查，神甫都按照要求积极帮助政府。海军中的神甫、御前神甫和被派往国外的神甫都承担相应的职责。因此，祭祀服务者（神甫）的社会作用颇为复杂。

神甫的地位是社会精神道德状况的主要决定因素。19 世纪末 20 世纪初，神甫等级的社会地位与物质资源形成了鲜明的对比。教区十分富有，但教区中的神甫大都薪水颇低、生活拮据；① 他们还请求全体教徒自愿募款支付圣礼费。神甫的实际生活需求迫使他们陷入了道德的苦痛中——他们不得不在富有的教徒面前卑躬屈膝。"如同乞丐一样同人民索要戈比，相关的经济活动都要靠教徒的恩赐——如此一来，农村神甫将会对人民产生何种精神道德影响？"② 此外，神甫在法律领域也受到了限制。教会不允许神甫参与社会政治生活，直至 1905 年，神甫不得参加省、县的地方自治会议选举，也不能加入城市杜马，不得与世俗杂志、报纸进行合作。东正教神甫的社会权利遭到了限制，这使得他们对社会生活的影响力持续减退。

阿列克谢·斯米尔诺夫的家人合照。第一排是其女——孔科尔季亚·阿列克谢耶娃，她毕业于圣彼得堡高级女子班，是叶尼塞斯克省的教师——照片摄于 1910 年代

　　教区神甫物质条件极其恶劣，因此他们经常因希望获取财富而不顾牧师声誉（"直至死亡的贫穷"③）。很多神甫经常对祈祷仪式满不在意、违反斋戒，外干德不配位的状态。此类神甫自然无甚声望，也无法吸引信徒。整个教会等级，甚至整个国家都弥漫着这种悲剧式的气氛。因此，俄国丧失了自己的精神（宗教）支柱。

---

① 1900 年，49082 个教堂中仅有 25625 名神甫拿到了薪水，但也是最低限度的金额（см.：*Фирсов С. Л.* Русская Церковь накануне перемен（конец 1890 – х—1918 гг. ）. СПб., 2002. С. 26.

② Айвазов И. Г. Церковные вопросы в царствование императора Александра Ⅲ. М., 1914. С. 11.

③ Айвазов И. Г. Церковные вопросы в царствование императора Александра Ⅲ. М., 1914. С. 11.

19世纪末20世纪初，负责祈祷仪式的牧师数量严重不足（1913年，每名牧师要实际分摊2000人的祈祷仪式工作[①]），这也是俄国当时面临的最为迫切的问题之一。某些教区的牧师短缺状况更为严重，例如托木斯克、托博尔斯克、阿尔泰、叶尼塞斯克等教区。这种状况不仅加重了神甫的工作量，也降低了他们的工作效率。

19世纪末20世纪初，复杂的社会局势对神甫提出了新的要求。当时，不信教的人数增长了，社会更加动荡，人民的愤恨无处排遣；这就要求神甫们要有能力运用合理、符合时代的语言，对迫切的生活问题给予回答。但是，甚至教会活动家们都断言道："……牧师注定失败：宗教注定失败，宗教的内部力量和利益都要消失……宗教及其信徒都要四散消逝。"[②]

毫无疑问，合格的牧师要忠于自己的事业；许多神甫尝试与不同的社会等级（农民、工人、知识分子）进行接触。神甫也组织了除祈祷仪式之外的活动——谈话和公开演讲，积极支持人民戒酒运动，支持人民接受高等教育，组织东正教兄弟会，建造图书馆和阅读室，参与慈善事业——这些活动极大促进了神甫与人民的交流，而且有别于原先他们老爷式的活动。很多神甫号召教徒采用更纯粹的圣餐仪式。知名神甫喀琅施塔得的约安是这场运动的先锋人物，他向教徒宣传，没有圣餐仪式的教徒生活是难以想象的。当时，俄国已经陷入史上圣餐最少（一年仅1～2次）的复杂时期，当时的人（包括教区主教）都把约安的理念视作激进的改革手段。

很多神甫越来越意识到，自身应呈现何种状态："……（神甫）理应是这个时代所有生活观念的审判官，应该清楚地指出这些观念是否符合东正教教义。"[③]宗教学校便是这种言论的指向所在，它是教会培养神甫的大本营。

宗教学校形成于19世纪初，由宗教中等专科学校、宗教中学、宗教研

---

① *Конюченко А. И.* Православное духовенство России во второй половине XIX—начале XX в. Автореф. Дис…. канд. истор. Наук. Челябинск，2006. C. 33.

② *Феодор*（*Поздеевский*），*архим.* Смысл христианского подвига. Свято-Троицкая лавра，1995. C. 60.

③ *Никон*（*Рклицкий*），*еп.* Жизнеописание блаженнейшего Антония，митрополита Киевского и Галицкого. T. IV. Нью-Йорк，1958. C. 169.

究院三种类别构成。宗教学校
的主要任务是培养神甫，主要
由神学课教师（也会在世俗学
校教授教规）、传教士（负责
维护宗教学校所有体系中教师
的形象）组成。宗教学校的毕
业生会在宗教管理机构中担任
领导职务。

19 世纪末 20 世纪初，所
有宗教学校的活动都是在法
律框架内（19 世纪 80 年代的
规章条例）进行的。当时的
法律同意在宗教学校增加高

喀琅施塔得的约安在安德烈耶夫会议的入
口处被教徒簇拥

级神职人员数量，同意扩大宗教学校校长及学监的权力范围；原有的选举
法原则被取消，宗教学校的领导等级由神职人员充任。修士担任宗教学校
的领导并不总是有积极的影响，由于职务调换、官僚监督以及领导的个人
品行等问题，有时也会搞砸宗教学校的事务。当时的人对很多宗教学校领
导的评价都颇低。①

宗教学校的教学状况被认为是其失败的主要原因之一。教学课程涉及多
学科且十分困难，而且其中没有重点，只是用一种世界观的描述来统筹神学
课程。学校提供的教材内容残缺不全，同时不具备完整的神学和宗教学观
念。宗教教育存在明显的漏洞，又未进行单独说明，教学中的经典案例也是
脱离实际、空洞抽象的；与此同时，在 19 世纪，宗教学校的教学大纲也与
现实问题脱节——所有这些对宗教教育都产生了负面影响。宗教学校的学生
也宣称，宗教学校注定灭亡："我的看法如下：我们认真学习的课程是徒劳

---

① *Евлогий（Георгиевский），митр.* Путь моей жизни. М.，1994. С. 180.；*Глубоковский Н. Н.*
По вопросам духовной школы（средней и высшей）и об Ученом Комитете при
Св. Синоде. СПб.，1907.

无益的，甚至是有害的。这些课程在生活中完全不适用也不需要，如果对这些大部头的教科书死记硬背那就更为有害，因为这需要学生拼命努力，那样甚至会患病早逝，所有这些苦役般的学习也无法再获得任何成果了。"① 不过，大学生科学小组（独立运作）进入了宗教学校，为宗教学校的教育带来了活力，因此状况有所改善。

20世纪初，宗教学校依旧是最封闭的教育机构，这主要体现在两个方面：其一，宗教学校的学生入学需要满足严苛的条件且要在宿舍中度过整个学生生涯；其二，教学大纲中对当代问题明显没有给予太多重视。宗教学校的教师不得"参与现代社会生活，不得对当时的教会社会活动家进行评价，甚至也不能够以任何方式接近社会"。② 宗教学校也从学生的图书馆中精心剔除了所有涉及"当代负面文化现象"的书刊。③ 因此，宗教学校中并不研究现实生活。宗教学校中不止一次提出过有关引入新学科（例如社会学、社会主义真实状况）的问题，也提出了有关扩大世俗课程（俄国文学、心理学等）教育的问题，但是最终的决定总是伴随着长期辩论，采用之时又要拖延良久。例如，1905年革命发生后，直至1909年（大约经过5年时间），"社会主义的评论与反驳"作为一门新学科才从道德神学课程中分离，纳入了宗教学校的教学大纲。

学生在宗教学校的生活要受到学监的特殊监控。在有关宗教学校教育的文学回忆录中，"监狱狱史""军队纪律"这样的修饰语经常出现。④ "学生要忍受恶劣的态度和惩罚，他们备受折磨，变得十分忧郁。"⑤ 宗教学校会对学生的宗教行为（周日以及节假日的礼拜、祈祷仪式，斋戒、圣餐仪

---

① *Шадрин И.* Бурса: Повесть из современной жизни духовных семинарий и духовенства. СПб.，1913. С. 100.

② *Писарев Л. И.* Об академическом образовании // Церковно-общественная жизнь. 1906. № 4. С. 131.

③ Историческая переписка о судьбах Православной Церкви. М.，1912. С. 19.

④ См.: *Шадрин И.* Бурса: Повесть из современной жизни духовных семинарий и духовенства. СПб.，1913. С. 217.

⑤ *Титлинов Б. В.* Духовная школа в России в XIX столетии. Вып. 2. Вильна，1909. С. 181.

式）进行严密监控，但是对学生的内心世界却不闻不问，因此，导致学生在宗教圣礼中缺乏虔诚之心。一些学生还保持着对祈祷仪式及祈祷文的热爱，但是大多数学生的情况并非如此。因此，当时的人指出："学生对于所谓的宗教仪式并无多少热情，更多的可能是无所谓的态度以及佯装的爱。"①

沃洛格达宗教学校的学生——照片摄于 1914～1915 年

宗教学校对学生进行全面性的监控以及将他们隔离在学校之内的措施导致了毫无理由的侵犯行为发生数量大肆增长。在这种情况下，学生开始暴动。起初，学生反对学监，后来反对整个学校，指控学校限制学生的活动；学生们"越来越发展成一股革命力量，这些与社会主义党派的活动密切相关"。② 宗教学校中出现了地下图书馆、地下工作小组，还召开了秘密大会。宗教学校学生的诸多请愿活动都转变成了极端的行为，甚至开枪击毙了一些

① *Тихомиров П. В.* О духовных академиях // Духовная школа. М. , 1906. C. 336.
② *Титлинов Б. В.* Молодежь и революция. Л. , 1924. C. 99.

不受学生欢迎的校长和学监。① 1905～1907 年，在革命风潮的影响下，宗教学校中也弥漫着暴乱的气氛：学生组织了革命集会，也开始罢课。一些宗教学校因此暂时关闭了，其中也包括四所宗教研究院。19 世纪末，学生抗议的是学校的监控制度，而在 1905～1907 年，他们则要求对所有的宗教学校进行改革并支持国内的革命运动。在这种情况下，他们的任务就转变成了不顾一切推翻君主专制制度。1905 年 9 月 27 日，莫斯科宗教研究院的学生在集会中要求建立民主共和国。②

在诸多大学生罢课的影响下，教会女子学校的学生也参与到了罢课的队伍。19 世纪，宗教等级中的女性被排除在政治和社会生活之外。③ 1905～1907 年，教会女子学校的学生也参与了罢课并在街上进行了示威游行活动。④

宗教学校显然不是革命风暴的风眼，但是宗教学校的学生对社会的不满情绪确实比其他宗教群体更为激烈。19 世纪 60 年代，叶弗洛季（格奥尔吉耶夫斯克）主教谈道，宗教学校是虚无主义的温床；他在自己的童年中找到了问题的答案，"后来我发现了，宗教学校学生的革命倾向渊源：这是源自他们童年时期就开始接受的社会不公的内心感受。父辈备受摧残、备受欺凌的状态在他们童年时期就种下了革命的种子"。⑤ 但是，宗教学校学生的

---

① 1895 年，弗拉基米尔宗教学校发生了暴乱，其间学生射杀了校长、修士大司祭尼康（索菲斯克），惊慌失措的领导机构甚至要求召集军队。切尔尼戈夫宗教学校的学监被打伤；梯弗里斯宗教学校的学监被击毙；奔萨宗教学校的校长被击毙；坦波夫宗教学校的校长被打伤（см. : *Зырянов П. Н.* Православная Церковь в борьбе с революцией 1905 – 1907 гг. М. , 1984；*Титлинов Б. В.* Молодежь и революция. ）。

② *Тарасова В. А.* Высшая духовная школа в России в конце XIX– начале XX века // Истории императорских православных духовных академий. М. , 2005. C. 284.

③ См. : *Леонтьева Т. Г.* Женщины из духовного сословия в самодержавной России // Женщины. История. Общество：Сб. Науч. Вып. 1. Тверь, 1999.

④ См. : *Попова О. Д.* В стенах конвикта：Очерки повседневной жизни женских епархиальных училищ. Рязвнь, 2006.

⑤ *Евлогий*（Георгиевский）, митр. Путь моей жизни. М. , 1994. C. 180. ；*Глубоковский Н. Н.* По вопросам духовной школы（средней и высшей）и об Ученом Комитете при Св. Синоде. СПб. , 1907. C. 19.

虚无主义源头应在宗教教育体系中寻找。知名社会学家 C. H. 布尔加科夫曾在宗教学校就读，但是后来辍学，开始钻研马克思主义，但是几年后他又重返东正教的怀抱并获得了宗教职务。他曾这样描述信仰缺失的过程："宗教学校的学习持续不断地给学生灌输关于信仰问题的思想，但是仅靠学校自身力量并不能胜任这项工作。况且，所有教授的课程会使我的内心更加迷惘。这种强制性的虔诚反而加快了抵触情绪的增长……如此一来，我就不会抵触虚无主义并加以防范。此外，这些相当原始的颂扬方式不容于我的接受能力，这些都促使我从东正教走向了虚无主义。"① 当时的人指出，那些出身东正教、希望完全抛弃宗教信仰、一味追求革命结果的革命家，反而是最激进的。

因此，宗教学校的尾声阶段显露了，何人急欲建设新的社会主义国家？最为知名的就是约瑟夫·朱加什维利（斯大林）。何人被迫卷入了俄国教会悲剧史的篇章？包括未来的牧首吉洪（别拉温）、未来牧首的接班人谢尔盖（斯特拉戈罗茨基）以及众多蒙受苦难的神甫和高级神职人员。

通过对宗教学校生活的相关分析，我们可以得出宗教教育处于严重危机的结论。宗教学校并未培养出学生"一点基督教的思想倾向，也未产生一丝牧师精神"。宗教学校"提供的神学课程，并不能揭示宗教的现实作用，所培养的能力也并不能充实学生的精神，如此一来无法形成宗教内涵，使得宗教精神与宗教本身、教会严重脱节"。②

宗教学校培养神甫、传教士和神学课教师的任务已经式微——甚至神职人员都希望子女进入普通学校就读（几乎难以实现）。从1879年起，宗教学校学生进入大学的名额受到了限制。"宗教研究院的学生受到了严重的束缚，没有任何获得学历的出路，研究神学也很少得到社会的承认，只能辍学，或者勉强通过考试、完成论文、获得学位。"③ 中等宗教学校的毕业生

---

① *Булгаков С.*，*свящ.* Автобиографические заметки. Париж，1947. С. 26.

② *Антоний（Храповицкий），архиеп.* Полн. Собр. Соч. Т. 3. СПб.，1911. С. 426.

③ К вопросу о преобразовании духовно-учебных заведений // Церковный вестник. 1900. № 46. С. 1475.

也仅有一半成为神职人员。值得注意的是，等级隔绝是宗教学校失败最根本的原因之一。

为了提升宗教教育质量、改善复兴教区生活以及增强教会对人民的影响，至圣主教公会积极行动，采取了各种措施。至圣主教公会积极讨论了宗教学校的改革问题，创办了规章草案研讨机构、中等宗教学校以及宗教研究院代表大会特殊委员会（1896 年、1905 年、1909 年、1911 年）。至圣主教公会还发布了有关引入新课程的决议，将某些选修的辅助学科改为必修课。但是，至圣主教公会并未解决最重要的问题（宗教学校与普通学校的划分以及创建全民牧师学校）。

此外，至圣主教公会发布的神甫责任指令也并无多大成效。指令规定，神甫有义务"全面服务周日与节假日的晚祷。要根据教规，极尽庄严之能事，其间要伴随钟声；晚祷结束时，要关注教徒的需要，宣布布道稿，要组织关于信仰、道德以及可资借鉴学说的座谈会，要阅读圣徒传记或伴着颂歌做祈祷"。[①] 但是，祈祷仪式中的振奋精神、日常生活中谨遵教规的完美行为以及传教活动中的热忱，都是无法通过"命令"执行的。

教会管理机构屡次尝试改善教区现状，提高教徒的主动性。1905 年至圣主教公会发布了一项决议，要求创建教会—教区委员会，希望活跃教区生活，但成效不大。

19 世纪 80 年代开始，教区教会学校的发展引起了人们的注意。教会管理机构与教徒均认为，教会学校身负重任，可以提高教徒的知识水平、巩固对上帝的信仰并能培养爱国主义精神。新的历史条件催生了俄国的现代化运动，按照启蒙教育思想家 C. A. 拉钦斯基和东正教院事务部大臣 K. П. 波别多诺斯采夫的观点，东正教精神主导的教育可以帮助俄国人民抵制自由主义、激进主义、国外以及异教宣传的侵蚀；但是，教会学校并未获得财政支持。国家中学的平均支出是教区教会学校的三倍。[②] 此外，教区教会学校也

---

① Циркулярные указы Святейшего Правительствующего Синода 1867 – 1895 гг. СПб., 1896. С. 244.

② *Рогожин В.*, *прот.* Церковные вопросы в Государственной Думе. М., 2004. С. 128.

存在很多本质缺陷，这些在宗教教育体系中产生了负面影响。例如，它容许对农村学生实行"温和惩罚"，这一措施就备受争议。①

19 世纪末至 20 世纪初，俄国东正教会的内部生活也存在很多正面的现象。教会要求打破宗教等级壁垒，希望教徒积极参与社会活动。宗教社会联盟的数量增长了，教会杂志遍地开花，传教活动中也考虑到了新的"现实实用性"，喀琅施塔得的约安实现了"圣餐仪式的复兴"，诸多修士的社会活动领域扩大了，神甫也开始参与国家杜马的活动——所有这些都表明，教会有了新的活动领域，也找到了影响社会的新形式。宗教学中也开始思考新问题：提出了"上帝认识论"的问题，表明要改善传统宗教学的空洞抽象问题，积极抵制新教徒的影响等问题。在探索新的影响领域时，教会召开了传教士代表大会，讨论最为迫切的、关于教会影响人民的问题，其中最具代表性的是在基辅召开的第四届全俄传教士代表大会（1908 年）；传教士代表大会也讨论了教会影响人民的新形式。例如，1912 年，莫斯科神甫小组提出，要在神甫讲演会过程中使用电影摄像机记录。因此，神甫在被奉为圣地的教堂以及修道院讲演时，教会有史以来首次采用了电影摄像机。② 但是，在宗教冷漠的大环境下，东正教各界神甫代表以及主教团的努力都已无法挽回颓势，也无法解决俄国教会的所有问题。

人民的社会问题显然没有引起神甫的足够注意。无论多么强调教会从属于国家的特性，还是应该承认，教会对俄国人民的依赖性更强。教会只是从原则上指责富人不肯献身慈善事业等行为，但是更加控诉抗议的工人和农民。神甫也总是拼命讨好富人教徒，因为他们是潜在的慈善家和捐助者。神甫还压迫穷苦的教徒，宣称这有益于灵魂，压制他们对更好生活状况的追求，鼓吹现在的忍受可以期盼未来的福报。③ 对于在非人待遇下备受压榨的童工，神甫没有发声；对于贪得无厌的商人、道德败坏的工厂主，神甫几乎

---

① См. : *Семенова-Тян-Шанская О. П.* Жизнь《Ивана》: Очерки из быта крестьян одной из черноземных губерний. СПб. , 1914. С. 39 – 40.

② Кинематограф в церкви // Наша неделя. 1912. № 44.

③ Церковное обновление: Приложение к журналу《Век》. 1907. № 1 – 2.

喀山传教士代表大会的与会者——照片摄于 1901 年

选择性忽略了，几乎没有任何谴责的声音。这些神甫戴着伪善的面具，默默地为"强权"歌功颂德。那些在布道稿中提出社会议题的神职人员，总是遭到上级领导的迫害。1906 年，《新生》报分期刊载了一名神甫的信件，名为《俄国牧师的呼声》，信中清晰地表明了自己进退维谷的处境："我的领导使我陷入险境……我决定沉默，只完成自己的任务……不久前，我提议在学校中组织人民讲演会——座谈会，但是当时邻近城市的神甫组织了基督教和社会民主制关系的公开演进会，因此世俗领导对此十分紧张。世俗领导深夜召我前去，要求我严格准备讲稿，要正确解读教义；他严正警告我，布道稿严禁宣传'我们有多贫穷、受压迫、不幸'的措辞，要表明'哪怕我们勉强有一些收入，都幸福无比'的思想，不得有任何号召与富人等级做斗争的表达，要求只能在学校中阅读圣徒传记。"[①] 此外，教会并不关注社会需求，当时很多人指出，牧师数量过少。教会对于革命期间社会负面问题的

---

① Церковное обновление: Приложение к журналу《Век》. 1907. № 2. С. 10 – 11.

关注也不够，导致它在重大事件中丧失了权威的影响。

俄国革命逐渐积蓄了力量。1903 年夏，俄国为圣徒谢拉菲姆·萨洛夫斯克教师举办了隆重的庆祝活动，很多人称之为"东正教庆典"。与此同时，俄国社会民主工党召开了第二届代表大会。他们对于社会进步和民主的支持赢得了大批民众的青睐。1905 年 1 月 9 日，发生了一系列事件，成为俄国革命的先声。圣彼得堡宗教研究院毕业生格奥尔吉·加邦神甫号召了 6 名工人，共同向沙皇递交了请愿书；政府军队射杀了这 6 名武装工人。这起事件成为全俄罢工、游行示威的导火索。

1905 年革命期间，至圣主教公会发布了一篇《教会对紧张局势看法》的咨文，希望社会和平、稳定。教会的各级机构都赞成俄国要维护"和平、平静和虔诚"的状态。[①] 他们指责社会暴乱和工人的罢工行为。但是总体而言，至圣主教公会的咨文并未清晰阐明事件的意义，"对于他们的目的而言，咨文不够清楚、公开。此外，这增加了社会上对他们的不满情绪，也引起了对他们处事不透明和踌躇不决风格的抱怨"。[②]

革命期间，俄国出现了一种新型神甫——政治斗士，最为著名的是格列高利·彼得罗夫（1866 ~ 1925 年）和格奥尔吉·加邦神甫，二人均来自圣彼得堡。格列高利·彼得罗夫是杰出的政治家、政论家、第二届国家杜马代表，他也是教会"自由改革运动的创始人之一"（这项政治事业也成为他完成使命的重要一环）。格列高利·彼得罗夫的政治活动十分激进，至圣主教公会禁止他从事传教活动。1908 年 1 月，彼得罗夫卸去宗教职务，以示抗议。

1905 ~ 1907 年的革命使得众多神甫走向了对立。神甫们面临两难的抉择：要么支持不受欢迎的君主专制政权，要么拥护人民的解放运动。几乎所有的高级神职人员都反对革命，他们在自己的教区中发出号召，俄国东正教教徒应坚持自己的信仰传统——宗教和民族性。萨拉托夫的主教格尔莫根（多甘诺夫）是最著名的反革命斗士。他是君主专制制度的忠实拥护者，在

---

① Церковные ведомости. 1905. № 3. С. 31 – 32.

② Церковный вестник. 1907. № 2. С. 41；№ 4. С. 118.

卸去神甫身份不久后的格列高利·
彼得罗夫——照片摄于 1908 年

教堂中积极布道，开展十字架运动，发行了《兄弟小报》《宗教道德和爱国主义精神讲演会》等刊物，甚至尝试在教区中成立"人民君主制"政党。① 另一位令人印象深刻的反革命斗士是《特罗伊茨克小报》的前编辑尼康（罗日杰斯特文斯基），他也刊出了一则咨文，激化了莫斯科众多神甫的矛盾。这则咨文对莫斯科全民罢工的起因进行了解析，其中指出，革命者挑起了罢工，造成了严重的后果，"这是对上帝的亵渎"；教徒应该鄙视这种"刻薄的行为"，憎恨这些"瘟疫""人渣"。实际上，咨文吹响了反对革命的号角。按照莫斯科大主教弗拉基米尔（博戈亚夫连斯基）的命令，这则咨文要于 10 月 16 日周日这天在莫斯科所有教堂中进行宣读。很多神甫意识到，在紧张的政治形势下，这则咨文极具危险性，因此他们拒绝宣读。76 名神甫公开发表声明，表示完全不同意这则咨文。② 但是，一些神甫在维护"信仰、沙皇和祖国"的旗帜下，并不反对煽动洗劫、屠杀的行为。祈祷仪式并未压制时常发生的洗劫、杀戮行为，教徒从教堂走出去后就会去掠夺、杀戮。洗劫、杀戮行为严重违背了东正教"不得杀戮"的戒律。神甫并未直接参与教徒的洗劫、杀戮行动，他们以教会服务者自居；但是，他们确实是这些暴行的间接参与者。神甫们不干涉这些悲剧事件，甚至公开支持黑帮组织，这些行为严重影响了教会的声望。此外，高级神职人员中也

① *Мраморнов А. И.* Церковная и общественно-политическая деятельность епископа Гермогена （Долганова）. Саратов, 2006. С. 211, 227.

② Церковный вестник. 1905. 27 октября. С. 1351.

有一些激进分子，他们公开发言支持人民群众的革命。① 1905 年 12 月 20
日，白衣教士代表发表了革命性言论，立即被教会指责为反动派势力。至圣
主教公会为此发布了《人民暴动期间某些神甫可耻行为的报道》。②

东正教神甫的观点走向了对立，一些神甫对左派政党的游行示威及其在
前两届国家杜马中的选举情况表示支持和同情。不久后，一些神甫对二月革
命又产生了新认知：从公开宣称推翻帝制的自豪演变为对国家改革不闻不问
的态度。③

神甫之间观点存在分歧，这妨碍了他们联合起来反对革命。实际上，俄
国东正教神甫有足够的能力可以顶住革命风暴的侵袭。俄国长久以来贯彻
"三位一体"的思想，这就使得教会在没有国家的帮助下，无法同社会进行
沟通。一些知名的东正教思想家对东正教与社会主义的关系问题进行了研
究，提出了一些理论学说并希望进行社会实践，④ 但是成了一纸空文；众所
周知，俄国的社会问题最终成为马克思主义者的特权。俄国神甫长期与其他
等级隔绝，东正教会成为帝俄国家机构的一部分，这都使得神甫之间支离破
碎、难以团结，在当时的社会生活中几乎也听不到他们的呼声。教会深信，
要与已经丧失民心的君主制组成坚定的同盟。因此可以得知，俄国教会同国
家的紧密结合使其丧失了独立性，这无论对于教会还是国家，都是一个悲剧。

二 日常生活中的东正教会

俄国民族众多，宗教信仰千差万别。根据第一次全俄人口普查（1897

① См. : *Леонов Д. Е.* Антимонархические выступления православного духовенства в период
Первой русской революции // Сборник материалов Третьих юбилейных Свято-Филаретовских
чтений 《Церковь и общество в России: пути содружества и вызовы эпох》. М. ; Ярославль,
2008. С. 172 - 177.

② Церковные ведомости. 1906. № 1. С. 6 - 7; Церковный вестник. 1906. № 7. С. 210 - 212.

③ *Бабкин М. А.* Духовенство Русской православной церкви и свержение монархии（начало
XIX—конец 1917）. М., 2007. С. 218 - 222.

④ См. : труды Н. Стеллецкого, И. Восторгова, А. Введенского, еп. Илариона（Троицкого），
В. Экземплярского, И. Айвазова.

年）的数据看，全俄人口共计 1.282 亿人，共有 100 多个民族，其中东正教徒共有 8730 万人。不过，这种东正教徒与异教徒的数量差异并不是东正教神甫关注的重点，他们更为关注的是教徒的信仰虔诚以及与教会的关系，关注的是哪些人是传统意义上真正的东正教徒。

19 世纪末至 20 世纪初，当时很多人指出，俄国人民的信仰已经逐渐缺失，他们不去教堂，不严格遵守斋戒。俄国东正教地理学家之女、民族学家 О. П. 谢米诺娃－佳恩－尚斯卡娅对梁赞农民的状况进行了研究，她写道："事实上，他们并不信教……他们是东正教徒吗？他们如何认为？完全不是！"[1] 东正教学者、宗教研究院教授 С. С. 格拉戈列夫也做出了类似的结论："我们的人民完全不是东正教徒。"[2] "完全不是"的表达，更说明了 С. С. 格拉戈列夫对此观点的确定。世纪之交，别林斯基也谈到了这点："……俄国农民爱用上帝的名号取名，只不过是认为自己智慧不够"，"其中没有任何宗教的痕迹"。[3] 不过，也有一些人相信俄国人民同以往一样，是虔诚的基督徒。例如，Л. Н. 托尔斯泰就认为，俄国农民的宗教性很强。Ф. М. 陀思妥耶夫斯基表示，俄国人民是信仰上帝的。那么，谁是正确的？俄国东正教徒的宗教生活要通过什么来说明？

俄国的主体是农民，农民人口占国家总人口的 85%，他们不仅是俄国最主要的等级，也是传统文化的坚定捍卫者。因此，19 世纪末 20 世纪初，俄国农民东正教徒宗教行为模式的转变过程具有举足轻重的意义。

俄国农民东正教徒宗教生活的资料主要是由教区神甫、高级神职人员、民族学家、民俗学家以及人民生活研究者提供的。其中，民族委员会通讯员 В. Н. 特尼谢夫[4]、俄国地理社团民族处学者、各省考古委员会及各省管理

---

① *Семенова-Тян-Шанская О. П.* Жизнь 《Ивана》: Очерки из быта крестьян одной из черноземных губерний. СПб., 1914. С. 104.

② *Глаголев С. С.* Задачи русской богословской школы // Богословский вестник. 1905. № 11. С. 420.

③ Цит. по: *Шелаева Е., Процай Л.* Русь православная. СПб., 1993. С. 36.

④ 1898 年，科学与文艺事业资助者、企业家 В. Н. 特尼谢夫建立了民族委员会，制定了大纲并开始搜集有关俄国农民情况的汇编，其中涉及农民物质和精神生活的方方面面。

局统计处研究人员在这项工作中做出了巨大的贡献。他们通过个人研究或者直接同农民交流等方式，获取了各种不同的资料。

几个世纪以来，俄国农民东正教徒宗教行为的主要模式可以被界定为表面虔诚，这主要体现在集体遵守宗教规范的制度形式上。当时的人按照农民去教堂的频率、遵守斋戒的情况、对待神甫的态度等来评判他们的宗教信仰；此外，当时的人也是按照同样的标准评价教会权力机构是否遵循教义。在至圣主教公会东正教院事务部大臣的官方报告中，可以找到这样的言论："人民的宗教信仰十分虔诚：他们对教会及其宗教仪式极其尊重，他们定期参与祈祷仪式、去圣地朝圣、为教堂与修道院筹资，也积极参与宗教慈善事业。"[1]

农民自身也十分清楚自己的东正教信仰。农民在村民大会上总是讨论东正教的话题；教堂、钟声、十字架、圣像都与农民的日常生活交融在一起；大部分的农村教堂都是农民自己筹资兴建的，这也证明了农民确实有相关的精神需求。农民受洗和经常光顾的教堂被称作"神宫"。一些走遍教区的高级神职人员也指出，农民对于圣像、教堂壁画墙的质量要求也提高了。[2] 农民认为，向教堂进行捐助是虔诚的、合乎上帝心意的行为。值得注意的是，农民对教堂的捐助十分频繁且金额较高，这超出了神甫的需求，超出了农村墓地等公共设施的建设需要。

农民拜访教堂的问题是民族委员会章程中最重要的问题之一。民族委员会几乎所有通讯员都指出过农民在周日或节日拜访教堂的问题，他们表示，农民十分虔诚地进行斋戒。在民族委员会工作的民族学家 C. B. 马克西奠夫基于自己的研究，就此写道："我们的人民不仅严格按照教会的规定进行斋戒，而且他们常常按照不同教堂的规定执行斋戒。"[3] 在中世纪的俄国，这

---

① Всеподданнейший отчет обер-прокурора Святейшего Синод за 1903 – 1904 гг. СПб., 1909. С. 132.

② *Цысь О. П.* Православные приходы Тобольской епархии в конце XIX—начале XX века（По материалам инспекционных поездок архиереев）// Сибирь на перекрестье мировых религий. Новосибирск, 2006. С. 214.

③ *Максимов С. В.* Куль хлеба. Нечистая, неведомая и крестная сила. Смоленск, 1995. С. 543.

种虔诚的斋戒方式、长期的礼拜是国外教徒远不及的。①

宗教节日也十分重要，农民将其作为生活中最为重要的事情。宗教节日与古代基督教传说紧密相关。农民最喜爱、最主要的节日是复活节。农民在受难周②期间会打扫屋子，染饰鸡蛋、烤面包、制作甜奶渣糕；自然，他们也会在这一日齐聚教堂中。

除了教堂的活动，农民也会组织自己的活动，以便感知到上帝的存在。农民必须在红角（屋子东南方墙壁之间）挂上圣像，周围则悬挂圣婴像。农民会在圣像前画十字祝福婚姻、旅途等；此外，他们在日常生活中做每件事前都要通过这种方式求得庇佑；这也是在教堂外，农民在生活中祈祷、许愿的最普遍的方式。受难周期间，农民结束了田间工作或者圈好牧场牲畜后，就会进行目的各异的祈祷。

农民也十分重视圣徒的祭祀活动。全民景仰的圣徒包括涅瓦的亚历山大大公、拉多涅日的教师谢尔盖、萨罗夫的教师谢拉菲姆以及一些地方性的圣徒；圣徒祭祀活动与地方传统、某些预兆是紧密相关的。民族委员会通讯员报告说："农民把著名的埃及圣徒玛丽亚与传说中的死神判官联想、结合在一起，希望极力拖延死神审判日的到来。"坦波夫的农民认为，"出于对伟大基督苦修者的尊敬，除了一些微不足道的小事，不能有任何罪孽"。③ 此外，圣徒也被视作动物的守护神。在马神弗洛尔与拉夫尔圣徒纪念日当天，不能把马套在车上，也不得让马运载货物。

农民精神需求的满足主要来自相关文学作品。世纪之交，尽管农民的识字率极低，不过民族委员会的通讯员指出，农民喜爱听人讲述圣父作品、圣徒传记以及带有禁欲主义、宗教垂训特征书籍中的故事；与此同时，一些文学艺术作品也逐渐走入了农民的视野：他们也更愿意听普希金、果戈理、克雷洛夫寓言等作品中的故事。

---

① *Милюков П. Н.* Очерки по истории русской культуры. Т. 2. Ч. 1. М. , 1994. C. 25 – 28.
② 基督教受难周共八日，第八日是复活日，也称复活节，当日人们围在一起，宣称：主，你受苦受难，你复活了。——译者按
③ *Максимов С. В.* Куль хлеба. Нечистая, неведомая и крестная сила. Смоленск, 1995. C. 590.

圣徒施以援手的故事广为流传，很多农民的家中都珍藏着一些相关的涂鸦式画作，其中的主要形象就是苦修者、隐士、受难圣徒、疯癫修士等。

朝圣是农民中间最有影响力的传统。农民经常去修道院、知名圣像处、圣徒圣骨处等地朝圣。农民的远距离朝圣一般是前往全俄知名的修道院：基辅的佩切尔斯克大教堂、特罗伊茨克的谢尔盖大教堂、谢拉菲姆－季维耶夫斯基修道院等。近距离的朝圣则会前往当地的圣迹处。"俄国人民一向是会去朝圣的：他们出发前往圣地——这是对圣徒的景仰之心，他们也希望以此向上帝出力。他们会拿出事先备好的两三个格罗什①，向上掷，然后开始共同祈祷，某些老人会动一下腿以免挡住格罗什，格罗什落地的情况会显示上帝的旨意，信徒就据此决定朝圣的去处。"② 一些有德高望重修士的修道院能够吸引众多朝圣者；朝圣者会向这些修道士寻求建议，祈祷和忏悔；农民对这些修道士的尊重也可以让他们获得慰藉。农民经常拜访的修士有萨洛夫斯克的巴夏、圣彼得堡的圣女族长以及梁赞诺夫的柳布什卡。喀琅施塔得的约安·谢尔吉耶夫圣徒吸引了各国朝圣者，他是一位值得尊重的卫道者。

修道院的文书可以评判朝圣的范围和规模。参访基辅佩切尔斯克大教堂的朝圣者每年达到 8 万人，特罗伊茨克的谢尔盖大教堂大体也有同样的规模。③ 农民带着宗教热情，持续多日去朝圣，参与教会的纪念庆祝活动。1903 年，萨洛夫斯克举行了谢拉菲姆纪念庆祝会，尽管当时正值酷暑，仍然聚集了 15 万人，其中主要是农民，④ 这也是农民笃信宗教的一个佐证。

综上所述，农民经常去教堂，庆祝宗教节日、尊崇圣徒、朝圣。此外，农民也希望能够最大限度圣化自己的日常生活，以此满足内心的精神需求。20 世纪初，当时很多人也指出了一些公认的事实，他们质问道："我们的人民是否为东正教徒？"⑤ "他们完全不是东正教徒，因为他们并不了解东正教

---

① 旧俄货币单位，1838～1917 年约合半戈比。——译者按

② *Селиванов В. В.* Год русского земледельца // Письма из деревни: Очерки о крестьянстве в России второй половины XXвека. М. , 1987. С. 104.

③ *Шелаева Е.* , *Процай Л.* Русь православная. СПб. , 1993. С. 36.

④ Нива. 1903. № 31. С. 622.

⑤ *Гиппиус З.* Петербургский дневник. М. , 1991. С. 121.

朝圣路上的农民——照片摄于 20 世纪初

的基本教义，不清楚其本质。他们只知道宗教节日、仪式，因为这些都与他们的生活息息相关。他们祷告……只是为了减轻从古罗斯时期就存在的痛苦、刑罚。这就表明，基督教思想并未渗透进社会。那些在斋戒期戒荤之人，也并未见到他们在此期间有任何牺牲行为……福音的圣光与和煦并未照亮、温暖俄国严峻的现实。"①

此外，圣经对人们世界观、思维方式的影响也微乎其微；民族学家、民俗学家以及东正教神甫也不得不对此表示承认。莫斯科知名牧师约安·福德尔（曾担任布特尔监狱神甫）写道："俄国农民的个人道德观念不强，人民生活的很多研究者（陀思妥耶夫斯基、卡韦林、格列布·乌斯宾斯基等）都有同样的看法。富农的兴起以及他们对贫农的压榨都是此观点强有力的佐证。俄国人民的宗教性具有双重特点：农民卑躬屈膝进行祈祷，却不影响他们偷窃；他们画着十字祷告，也不影响他们去杀戮。"② A. X. 明赫研究了萨

---

① *Глаголев С. С.* Задачи русской богословской школы // Богословский вестник. 1905. No 11. C. 420.

② *Фудель И. , свящ.* Дневник священника пересыльной тюрьмы // Православная община. 1991. № 3.

拉托夫省的农民，他指出："最关键的是，他们偷窃之时毫不受良心的谴责；他们同情可怕的罪恶行径，也不遵守斋戒。"① 民族委员会的通讯员写道："斋戒的热情与开斋的热情几乎可以画等号。开斋节之时，到处堆满了酒和成桶的葡萄酒。""基督圣诞是农民最重视的节日之一，他们会以最虔诚的方式祈祷，之后会开始狂欢庆祝。在庆祝活动中，几乎人人都要纵情豪饮、大快朵颐，醉酒便成了习以为常之事。在这种情况下，难免会出现胡作非为、打架斗殴的行为。孩子和年轻男女则会围着院子为基督唱赞歌。"② 因此，农民所谓的东正教徒之虔诚与神学中的救赎准则严重背离；同理，农民对于宗教仪式的理解与教会的理解也有着天壤之别。

实际上，农民对宗教信条的了解非常少，对于祈祷文也是一知半解。О. П. 谢米诺娃－佳恩－尚斯卡娅研究了梁赞的农民，她写道："大约用了7年的时间，农民才勉强读出'圣父'或'圣母'的字眼。但是，很多农村妇女究其一生也未能明白'圣父'的含义。"③ 同样生活在农村，旧礼仪派教徒学识渊博，但农民教徒很少有人读过东正教的圣经文本。至圣主教公会东正教院事务部大臣 К. Н. 波别多诺斯采夫坦然道："对于文盲而言，圣经是不存在的；他们只是从教会的祈祷和一些祈祷文中学到了只言片语。"④ 不过，这种情况早已有之。早在中世纪，研究俄国东正教徒宗教生活的外国人就指出："十个民众中未必有一个知道关于上帝的祈祷文，更遑论信条与十诫了。"⑤

文盲这个事实并非了解圣经文本的真正障碍，因为农民可以在教会祷告中听到圣经。不过值得注意的是，他们并不理解教会祷告中诵读的内容，因此有时就会导致任意解读；他们颠三倒四的解释有时会让宗教代表啼笑皆非。例如，受难周的周五，人们会齐聚教堂，取出盖圣体的经麻布以此缅怀

---

① *Минх А. Х.* Народные обычаи крестьян Саратовской губернии. СПб., 1890. С. 111.

② *Максимов С. В.* Куль хлеба. Нечистая, неведомая и крестная сила. Смоленск, 1995. С. 500.

③ *Семенова-Тян-Шанская О. П.* Жизнь 《Ивана》: Очерки из быта крестьян одной из черноземных губерний. СПб., 1914. С. 104.

④ *Победоносцев К. Н.* Proetcontra. СПб., 1995. С. 168.

⑤ *Милюков П. Н.* Очерки по истории русской культуры. Т. 2. Ч. 1. М., 1994. С. 28.

基督所受的痛苦；一位农村老妇坚信，经麻布就是圣母玛利亚，因此置上蜡烛，加以供奉。①

自 19 世纪 80 年代，教授基本宗教常识②的教会学校已经在农村逐渐获得推广，20 世纪初（也就是说，宗教学校的工作历经了 25 年的努力，如果从罗斯受洗③算起已经过了 900 年），至圣主教公会东正教院事务部大臣在其报告中指出："……大部分农民并不太了解东正教信仰的真谛，他们不识字，也不能顺畅地阅读通用祈祷文；他们不理解祈祷文的意思，也不理解宗教活动、祈祷等其他宗教仪式的意义。"④

农民宗教教育荒废了多年，神甫对此要负有一定的责任。神甫们一直认为，通过纠正必要的圣礼与仪式，就可以完全满足教徒的精神需求。农民很难理解布道稿中晦涩的语句，更遑论其中所传达的意义。一些人认为，宗教学校可以教授农民基本知识，巩固他们对上帝的信仰；但是也有很多人表示，宗教教育的形式（填鸭式学习与大量内容的死记硬背等）会起到反作用。此外，宗教学校的学生也不能完整地修完所有课程，因为课纲中要求重点研读旧约，因此他们对新约的学习不可能深入。

虽然俄国农民的宗教知识非常差，但是很多人依旧认为他们是上帝的忠诚信徒。Ф. М. 陀思妥耶夫斯基写道："俄国人民不了解福音书，不清楚东正教信仰的基本准则。事实确实如此，但是他们自古以来就了解上帝，并把上帝置于自己的心中。"⑤ 的确，虔诚的信仰是俄国农民东正教徒的主要特点之一。通过对人民生活的研究，民族委员会通讯员在札记中写道，"俄国任何等级的宗教信仰都不如农民热情、纯真、淳朴"，⑥ 这是农民虔诚信仰

---

① *Максимов С. В.* Куль хлеба. Нечистая，неведомая и крестная сила. Смоленск，1995. С. 641.

② 教会学校的课程中引入了祈祷文、新约与旧约的历史、祈祷仪式的解释以及一些简短的教理问答。

③ 罗斯以本国俄语传播福音书的时间要比英国早 4 个世纪，比捷克早 5 个世纪，比德国早 6 个世纪。

④ Всеподданнейший отчет обер-прокурора Святейшего Синода за 1903 – 1904. С. 133.

⑤ *Достоевский Ф. М.* Собр. Соч.：В 15 т. Т. 12. Л.，1994. С. 209.

⑥ *Максимов С. В.* Куль хлеба. Нечистая，неведомая и крестная сила. Смоленск，1995. С. 563.

的有力佐证。农民并不了解圣经和教会的祈祷文，但他们发自内心、全心全意地信仰上帝。H. C. 列斯科夫表示，农民"完全放心"地、全心全意地接受了上帝的力量。A. Π. 契诃夫在短篇小说中描述了人民的信仰问题；他也曾在中篇小说《农民》中写道，农民会携带一幅能显神通的圣母画像。他们会把手伸向圣母玛利亚的圣像，然后一直重复："庇佑者，圣母，庇佑者！""所有人似乎都明白，天地之间并非空空如也，也并非权贵富人占据了一切。还有一位庇佑者，保护我们免受欺辱、免受奴役、免受痛苦和难以忍受的贫困、免受烈酒的侵蚀。"①

农民的东正教信仰不仅存在对宗教信条和祈祷文一知半解的状况，还吸收了多神教的世界观以及其他民间迷信。农民的意识中既存在基督，也存在树妖②；既存在圣母，也存在基基莫拉③。当时的人指出："迄今为止，俄国东正教信徒仍然相信咒语的神奇魔力，相信符咒的作用，相信家中存在妖女、妖婆、树妖。"④ 民族委员会的通讯员指出："迷信仍旧在民间兴风作浪，还未成为传说、故事。"⑤ 值得注意的是，农民的迷信源自其本身的生活方式；所有迷信活动都是为了保证庄稼、牲畜、家业不受外部因素的破坏。有时，农民也将教堂中的祈祷视作能显灵的宗教仪式；由于宗教仪式通常具备迷信活动的一些特征，因此农民会按照神甫的要求准确无误地完成。农民总是非常严格地执行日常性祈祷，他们认为，"要为上帝之子耶稣唱赞歌"，如果计数少于 12 次，那么他们必定会责备神甫。⑥

人民的信仰到底是什么？是异教信仰、双重信仰还是纯正的东正教信仰？事实证明，似乎将其作为一种宗教杂糅、综合的现实更为合理；这种现

---

① *Чехов А. П.* Полн. Собр. Соч. И писем：В 30 т. Соч. Т. 9. М.，1985. С. 307.
② 俄罗斯神话中的树精。——译者按
③ 俄罗斯传说中的隐身女童，传说她住在壁炉后面，在那里纺纱织布；也指传说中的女鬼、女妖。——译者按
④ *Кычигин А.* В конце ХIX века（Несколько наблюдений и мыслей о выдающихся религиозно-нравственных недугах современного общества）// Странник. 1897. Т. 2. С. 39.
⑤ *Максимов С. В.* Куль хлеба. Нечистая，неведомая и крестная сила. Смоленск，1995. С. 500.
⑥ *Максимов С. В.* Куль хлеба. Нечистая，неведомая и крестная сила. Смоленск，1995. С. 547.

实与所谓的宗教制度、社会法规、宗教生活中确定和有序的稳定性（教会可以调整教徒的宗教生活方式，提供教义学说、制定合乎教规的规章等）密切相关。①

19 世纪末至 20 世纪初，俄国农民东正教徒的宗教行为模式并不是一成不变的。随着农业社会现代化的推进，农民的应变能力随之加强。农村出现的市场关系、城市的影响以及社会矛盾的激化都导致了原有传统文化及生活方式式微。19 世纪 90 年代，民族委员会的一些通讯员就农民遵守斋戒及宗教仪式的虔诚问题做了相关报告。此外，一些人也注意到了农民东正教徒的变化，他们写道："农民对待教会的态度十分冷漠，他们厌恶祈祷和朝圣，甚至完全不尊重圣徒，对于其他东正教徒更是毫不在意。"②

农民外出打工对农村传统变化的影响最大。世纪之交，俄国中部省份 3/5 的农民主要靠零活和短工维持生计。对于农民外出打工在农村生活中的作用，当时的人评价不一，但是他们都肯定这种独立精神，尤其是农民在大城市独立工作的勇气。20 世纪初，农村神甫对当地的宗教发展状况忧心忡忡，这主要表现在外出打工的农民身上。神甫们指出，外出打工的农民返乡后，对教会十分冷漠，他们具备了自由的思想，不尊重圣像、蔑视神甫、不遵守斋戒。③ 所有这些都表明了宗教冷淡的趋势，若此趋势持续下去，那么农村的宗教基础就将彻底衰弱、瓦解。外出打工的农民不仅对宗教十分冷漠，还沾染上了一些恶习。他们返乡后，"声色犬马，纵情玩乐，整日高唱淫词艳曲，他们渴望轻松地活着，对父辈们传下来的辛勤工作之遗训也十分

① См.: *Панченко А. А.* Религиозные практики: К изучению 《народной религии》 // Мифология и повседневность. Вып. 2. СПб., 1999. С. 211.

② Цит. по: *Алексеев А.*, *свящ.* Духовно-нравственные причины религиозного кризиса русского общества в конце XIX—начале XX в. // Церковь в истории России: Сб. 8. М., 2009. С. 122.

③ См.: *Безгин В. Б.* Крестьянская повседневность (традиции конца XIX—начала XX века). М.; Тамбов, 2004. С. 204.

不满"。① 无赖、流氓行径，酩酊大醉，离婚，咒骂神明等行为在俄国农村家庭中屡见不鲜，达到了史无前例的规模。

外出打工的农民及工人不再渴望与农村生活方式有交集，正是他们对广大农民的意识产生了十分重要的影响。至 19 世纪初，俄国农村中出现了大量不忏悔、不遵圣餐仪式之人，而且其数量呈持续增长之势。教区神甫按照宗教事务所的要求，每年报告清单中的登记表就清晰地显示了这一状况和趋势。②

与此同时，这一趋势也受到了很多东正教传统的影响。东正教节日期间，农民的闲暇时间颇多；此外，宗教生活外的娱乐方式也更加多元，其中经久不衰的就是小酒馆。不过值得注意的是，类似朝圣这种最虔诚的传统也更加受人追捧。O. П. 谢米诺娃 - 佳恩 - 尚斯卡娅描述了梁赞农民的朝圣行为，她写道："……有时春天农忙季节之前，同一个村子的妇女、姑娘就会'行动起来'，前往沃罗涅日大教堂或特罗伊茨克的谢尔盖大教堂。她们的父母或丈夫也很清楚朝圣的意义……他们日间一直赶路，夜晚会在村庄的教堂庄园留宿，但是绝不逗留。农村中大量的人群前往朝圣，农民称其是'为上帝效忠'。"③

农民与宗教的关系虽然遭受了腐蚀，但是农民与神甫的关系却始终如一，他们从生至死的活动都离不开神甫的参与：洗礼、婚礼、死前涂圣油以及葬礼。在人民的意识中，神甫的存在是绝对必要的，用他们的话来说，"没有神甫，就像没有盐"，"没有神甫就没有教区"。④ 19 世纪末，教区神甫在报告中就记录了教徒对他们的恭敬态度。但是与此同时，也有人经常谈

---

① См.: *Безгин В. Б.* Крестьянская повседневность (традиции конца XIX—начала XX века). М.; Тамбов, 2004. С. 204.

② *Цысь О. П.* Православные приходы Тобольской епархии в конце XIX—начале XX века (По материалам инспекционных поездок архиереев) // Сибирь на перекрестье мировых религий. Новосибирск, 2006. С. 214.

③ *Семенова-Тян-Шанская О. П.* Жизнь 《 Ивана 》: Очерки из быта крестьян одной из черноземных губерний. СПб., 1914. С. 39 - 40.

④ *Даль В. И.* Толковый словарь живого великорусского языка. Т. 3. М., 2007.

道，这只是表面上的恭敬，实际上农民对神甫的态度并不友善：他们当面尊重神甫，感激涕零，但是背地里却称神甫为"长毛狗""贪吃鬼""乞丐"①。在民族委员会的报告、省管理局统计处的问卷调查中都能发现农民对神甫的这种双重态度。

革命期间，人民群众中广泛流传着"贪婪神甫"的说法；他们不加区分地把这一帽子扣到了所有神职人员的头上，指责他们是人民灾难的罪魁祸首。1905 年至 1907 年，俄国历史上发生了首次农民公开侵害神甫的事件：农民纵火烧了神甫住处，侵占了属于全体教士的教会土地。

农民与神甫矛盾的焦点主要集中在圣礼费用问题上。② 农民对高额的圣礼费（取决于神甫祈祷文的数量和规模）十分不满；众所周知，农民在祈祷期间为了"不付圣礼费用"，会选择"逃避"，即绕过圣像。农民对神甫的负面态度有时是因为农村神父的越轨行为；这些神父的受教育水平较低，与教徒没有共同语言，对自己的工作也漫不经心。但是与此同时，农民仍旧需要神甫。因此，农民训令中明确谈道，神甫不必再用自己的薪水支付圣礼费用，需要农民自己缴纳。例如，1905 年，萨拉托夫的一些农民就决定，不再让神甫支付圣礼费，他们愿意自行承担。③

与此同时，农民也在新的宗教组织中探寻自己的宗教情感出路。他们对东正教神甫极其不满，因而追求一种符合自己生活需求的合理制度；因此，俄国的宗教分裂运动愈加严重。19 世纪末 20 世纪初，旧礼仪派及其信徒以非比寻常的速度和规模扩大了自身影响；他们不单满足人民的宗教需要，也满足人民的社会需求——广大人民群众物质生活艰苦，他们需要某种解决途

---

① *Сухова О. А.* Десять мифов крестьянского сознания: Очерки истории социальной психологии и менталитета русского крестьянства（конец XIX—начало XX в.）по материалам Среднего Поволжья. М., 2008. C. 489.

② 圣礼是基督徒在不同情况下（祈祷、祭祷、婚礼、安魂祈祷——弥撒），在教堂或者家中按要求完成的宗教仪式。

③ *Сухова О. А.* Десять мифов крестьянского сознания: Очерки истории социальной психологии и менталитета русского крестьянства（конец XIX—начало XX в.）по материалам Среднего Поволжья. М., 2008. C. 502.

径。教派分化运动大概是东正教内部唯——种可以不受制裁、可能的抗议活动——反对现行宗教制度。旧礼仪派公开谴责东正教神甫的各种弊病。

　　根据每年复活节前夕完成忏悔、圣餐仪式相关圣礼人数的全俄统计数据，俄国东正教出现了一种新的趋势。全俄东正教各教区搜集的信息表明，由于正当原因（生病、临时缺席）和不正当原因（懈怠），缺席忏悔和圣餐仪式的人数所占比例很低。1913 年，俄国缺席忏悔和圣餐仪式的人数占所有东正教徒的 10% 。[1] 与欧洲国家（例如，19 世纪中期，复活节期间缺席忏悔仪式的法国教徒比例为 50% ~80% ）相比，俄国东正教徒的积极性显然很高。但是，忏悔和圣餐仪式只是教会和世俗权力社会衡量宗教虔诚性的指标，只能体现教徒的表面虔诚。斋戒期间，基督徒应限制进食，控制肉欲；农民并未十分严格地遵守这些规定。斋戒期禁止私人亲密行为，从斋戒期后第 9 个月的出生率来看，大部分东正教徒遵守了斋戒的相关要求。但是 1867 ~1910 年，根据逐月出生率波动来看，遵守斋戒的人口比例持续下降。[2] 这就表明，越来越多的教徒违反了宗教行为原则，他们的意识逐渐走向了世俗化。[3]

　　不过，教会总体上对此还是持乐观态度的。1910 年间，至圣主教公会东正教院事务部大臣在报告中谈道："尽管当前异教、分化教派以及社会主义加紧了宣传，俄国东正教徒的内心深处依旧信仰上帝，并谨遵着自古以来的遗训。"[4] 此外，1911 ~1912 年的报告中也写道："……俄国大部分东正教

①　*Миронов Б.* Народ-богоносец или народ-атеист. Как россияне верили в Бога накануне 1917 г. // Родина. 2001. № 3. C. 57.

②　*Миронов Б.* Народ-богоносец или народ-атеист. Как россияне верили в Бога накануне 1917 г. // Родина. 2001. № 3. C. 55 –57.

③　世俗化指的是社会不同等级的解放运动，人们希望摆脱宗教的束缚。（см.：*Миронов Б.* Народ-богоносец или народ-атеист. Как россияне верили в Бога накануне 1917 г. // Родина. 2001. № 3. C. 58.）

④　Всеподданнейший отчет обер-прокурора Святейшего Синода по ведомству православного исповедания за 1910 г. СПб. , 1913. C. 125.

徒保有对上帝的坚定信仰。"①

20 世纪初，随着俄国农村现代化进程的缓缓推动，俄国几个世纪以来形成的、习以为常的宗教行为模式也逐渐发生了变化；但是，若论农民意识和行为的全面世俗化，还为时尚早。在革命时期及其之后的岁月里，很多农民依旧坚定捍卫自己的教堂和宗教圣物。② 农民的宗教世界观对于无神论宣传就起到了强烈的抵制作用。

与此同时，城市中的宗教状况则出现了不同的趋势。从城市返回农村的打工者"丧失了信仰"，他们恰恰是在城市经历了丧失信仰和接受失望的过程。那么这是否表明，与农民相比，市民中具有宗教道德意识的人口所占比例更低呢？

19 世纪末，全俄城市共计超过 500 个。萨拉托夫、下诺夫哥罗德、基辅等大城市的人口规模已经超过了 10 万人；与此同时，小城市的成长更为迅速，一般从 1 万人增长到 5 万人。革命前，俄国城市中必定建有教堂。布局整齐、匀称的教堂、修道院建筑群都是城市中一道亮丽的风景线，时时传来的钟声给城市笼罩上了一层韵律美感。教堂一般还附有学校、医院、军队和监狱。俄国的城市中心一般都建有 20 ~ 50 个教堂和礼拜堂。在莫斯科和圣彼得堡这种大城市，教堂数量都超过了 1000 座。这些教堂一般附有养老院、孤儿院、周日学校、人民阅读厅等机构。除教堂以外，不同级别的城市还设有一些其他的宗教机构——高级神职人员公寓、宗教事务所、宗教中等专科学校、宗教中等学校、教区女校等。城市中满目的宗教机构和圣地可以点燃市民的宗教热情。

世纪之交，教会在城市社会文化生活中依旧扮演着重要的角色。没有教会的首肯，城市中任何重要事件都无法解决。纪念碑、博物馆的开幕，教学楼或城市监狱的兴建——所有这些都要事先进行神圣的宗教典礼。同以往一

---

① Всеподданнейший отчет обер-прокурора Святейшего Синода по ведомству православного исповедания за 1911 – 1912 гг. СПб. , 1913. С. 148.

② См. : *Филиппов Б.* Сопротивление советскому режиму （1920 – 1941） // История: Приложение к газете 《1 сентября》. 2000. № 31.

样，俄国公民的出生、结婚、死亡都要在东正教堂进行登记。教会也设有研究上帝信条的教育机构；教会还会在钟声中举行日常、节日祈祷，也会组织教徒朝圣活动。

宗教节日也是国家节日，一般与城市生活的诸多传统紧密结合在一起。回忆录和文学作品中都有相关的记载。无论是农民还是市民，教历都是他们生活中不可或缺的部分。在俄国作家笔下，主人公生活中的大事小情都与教历有密切的联系。"复活节时，莫杰斯特·阿列克谢耶维奇与安娜的关系更进了一步"（А. П. 契诃夫：《脖子上的安娜》）；"圣诞前夕，萨沙被学校开除了"（Л. Н. 安德烈耶夫：《安琪儿》）；"她的未婚夫是名海军军官，复活节前一周他客居莫斯科，并希望在此期间举行婚礼"（А. И. 库普林：《上司》）。下列文学作品中也可以找到俄国日常生活中的东正教传统："如何装饰圣诞树"（А. И. 库普林：《神奇的医生》）；"开斋节的周末开荤"（А. П. 契诃夫：《开斋节前夕》）；"复活节开荤"（Л. Н. 安德烈耶夫：《巴尔加莫特与加拉西卡》）。此外，俄国其他类似文学艺术作品中也涉及市民日常生活中的宗教传统。

东正教的宗教节日不可避免地渗入了每位市民的日常生活中。斋戒期的第一周，商铺、娱乐场所都要关闭，也许仅有澡堂营运。复活节前夕，大城市的民工会大批返乡。车站人头攒动，火车上摩肩接踵，此时购买车票也比平时困难很多。圣诞节和复活节前夕，市民会忙得不可开交，他们会在家中进行大扫除，也会购买礼物，准备节日盛宴。城市中圣诞节的气氛美妙绝伦——"华美的商场，流光溢彩的圣诞树，身穿红色或蓝色披风的骑手在尖叫声中纵马驰过。人群中洋溢着节日的温情，招呼声、谈话声中透着浓浓的喜悦，不绝于耳。装扮华美的贵妇在严寒中露出温暖的微笑"（А. И. 库普林：《神奇的医生》）。

不同城市的宗教节日有其由来已久的不同特点。比如，莫斯科就保留了古代传统，复活节期间的晚上都要在伊凡大帝钟楼①敲钟。正因这项传统的

---

① 位于莫斯科克里姆林宫，其右侧大钟曾被认为是世界上最重的钟，人称"钟王"。——译者按

吸引力，俄国古都莫斯科每年节日期间都会聚集大量的游客。圣母领报节之时，按照传统要对鸟类放生。这一日，特鲁布纳亚广场上的"鸟市"异常热闹。在圣徒弗洛尔和拉夫尔纪念日，教堂中会划定一块地方对马进行隆重装饰，神甫们也会进行祈祷，并向马和人群洒圣水。① 省城也保留了自己的宗教节日传统。复活节和圣诞节期间，所有城市都会升起旗帜并点燃彩灯。

游园会是大部分宗教节日的必备项目。游园会会增设一些娱乐设施：秋千、旋转木马——这些都在城市公园里建立了起来。比如，莫斯科人会前往芍药林、奥斯坦基诺和索科尔尼基游玩。城市中最著名的游园会就是杂技场。对于工匠和仆役而言，他们的游园会就在女仆的活动场地。А. П. 契诃夫在短篇小说《教父》中描述了复活节的一段情景，他写道，省城"有大型集市，这里十分热闹，秋千的晃动声、手摇风琴和风琴的乐曲声以及醉汉的高声喊叫都充斥着人们的耳膜。一些人纵马疾驰在主干道上——总而言之，所有人都开心、满意，欢乐的盛景一向如此，人们对未来也充满了希望"。

宗教节日期间，慈善事业会达到一个高潮；此外，在柳枝节、圣诞节等节日期间还会开设集市，兜售商品。很多集市（如柳枝节集市）都不会遵循传统，因为这并不能带来多少商业利益。广告宣传也与宗教节日同步进行；比如，一些小酒馆会在谢肉节期间增发广告宣传卡："我们祝贺尊贵的客人，终于结束了一周清汤寡水的日子。我们由衷希望你们快乐地畅饮一番，我们在酒馆中期待莫斯科广大贵客的光临。"②

报刊类休闲读物的刊发也与宗教节日密切相关。圣诞节、复活节以及其他可以引起读者宗教热情（了解宗教信条、真理）的宗教节日期间，休闲类读物会有一整版刊印相关的图画、小故事、短篇小说。一些宗教节日期间，休闲读物的编辑为了遵守宗教准则，也会决定暂时停刊。知名女作家泰菲认为，复活节和圣诞节的故事大都"主题迥异。但是一般而言，圣诞节的

---

① *Белоусов И. А. Ушедшая Москва // Московская старина*. М.，1989. C. 372.

② *Белоусов И. А. Ушедшая Москва // Московская старина*. М.，1989. C. 366.

红场上的柳枝节集市——20世纪初美术画片

故事情节大多是穷苦男孩被冻僵在富人的圣诞树下。而复活节的故事一般则是始乱终弃的丈夫回到孤零零的妻子身边，或者是变心的妻子回到满面泪痕的丈夫身边；他们在复活节的钟声中互相原谅并重归于好。这种主题似乎成为不成文的规矩。事实也的确如此，但是何故如此却不清楚。夫妻沐浴在圣诞夜破镜重圆的温情中，而富人子弟也在对悲惨男孩的同情中开始盛大的节日晚宴。这种传统根深蒂固，不容置疑，也很少有人对深层原因进行探究。深受困惑的作家愤起提笔控诉，但是他们的作品销量必定受到影响。即使是伟大的作家，也不得不屈从于这种传统"。① 但是，大部分这类作品并未引起波澜，不过是昙花一现；只有一小部分成了俄国文学中公认的杰作（代表性作品有 А. П. 契诃夫的《万卡》、И. А. 蒲宁的《另一方向》、Л. Н. 安德烈耶夫的《巴尔加莫特与加拉西卡》等）。可以这样讲，复活节和圣诞节作品是俄国文学中的一个独特体裁；这类作品在19世纪后半叶出现了一些杰作，但是20世纪初，一些俄国作家的类似创作只不过是东施效颦罢了。

① *Тэффи Н. А.* Так жили. М. , 2002. С. 147.

总之，城市日常生活的方方面面几乎都与宗教节日密不可分。不过，宗教传统文化转变成了一种变相的城市文化。宗教节日也吸收了城市世俗传统，这明显有别于农村传统。从农村搬到城市的市民也立即抛弃了自己的农村传统。万卡·茹科夫在给朋友的信中写道："那里的人不信圣经，也没有人去唱诗班唱赞歌。"（А. П. 契诃夫：《万卡》）。此外，市民也并非都参与宗教仪式。在宗教节日的闲暇时间，市民理应参与宗教活动；但是，谢肉节游园会或圣诞节集市上的游人并非都认为需要顺便去教堂做礼拜。很多市民也并不情愿去观看所谓的"教会电影"；他们关注的主要是服装、礼物以及各种拜访活动。这些都说明，市民意识中有强烈的世俗化倾向。不过，大部分市民在所有宗教盛典中几乎都能接受神父 A. 阿尔韦琴科提供的"复活节"忠告——如何更好地"按照东正教教义行事，不会吃亏"（A. 阿尔韦琴科：《复活节忠告》）。

宗教节日急速"商业化"，宗教仪式出现了频率降低、形式简化的趋势。柳枝节是典型的宗教节日，但在此期间也要兜售纪念品、服饰。宗教节日成了商业行为的外皮和装饰，其象征意义逐渐超过了实质意义，节日本身成了商品进行广告宣传的助力。在畅销的报刊上，圣像、宗教用品与洗化用品、盥洗用具、形态各异的存钱罐在同一版面进行广告宣传。因此，宗教与世俗实际上已经融为一体。

若宗教节日完全保留传统，则会与市民频繁产生冲突、矛盾。斋戒期间就出现了令人难以置信的情况。斋戒期间，官方禁止俄国所有剧院进行表演。[①] 但是，官方禁令并未波及国外的音乐家和演员："……斋戒期间，莫斯科并未禁止众多意大利歌唱家、国外悲剧演员的演出，也未影响到一些崭露头角的催眠术家、读心术家以及著名魔术师的表演。放弃内心救赎的观众在这种表演或者晚会上昏昏欲睡，而俄国演员却足足7周不能表演。"[②] 神甫们既担心市民不愿遵守斋戒期间的宗教行为规范，也担心他们对娱乐活动

---

① 1900 年之后，俄国演员戏剧表演的禁令被取消，但是斋戒期第一周、第四周以及受难周（复活节前一周）仍然禁止表演。

② Телешов Н. Д. Москва прежде // Московская старина. М., 1989. С. 450.

的狂热追求。喀琅施塔得的约安在布道稿中写道:"当前,人们对娱乐活动的追求热情从未有之,这直接表明,人们已经放弃了过去的生活方式,他们不会再继续严肃地生活了:他们不再辛苦努力地工作,无法弥补内心世界的精神空虚,他们感到无聊、烦闷。娱乐活动彻底改变了宗教生活的内容与精神!"① 但是,牧师的呼声再大,也无法改变俄国城市中娱乐产业蓬勃发展的现状。

市民仍旧会拜访教堂,虽然原因各异,但可以肯定的是并非完全出自宗教需求。对于许多人而言,拜访教堂并非个人原因而是社会因素;最主要的社会原因之一就是事业升迁。很多问题完全不是宗教因素。同以往一样,对不同教堂的选择基本取决于个人倾向,但是大城市的教堂会对"普通教徒"秘密划分所谓的"势力范围"。此外,城市生活也提供了市民拜访不同教堂的可能性:在一个教堂中举行婚礼,在另一个教堂中举行洗礼。很多市民并不拜访固定的教堂,与一个教堂中的神甫也不经常联系。

"捍卫祷告""聆听祝祷"这些内容是俄国文学中经久不衰的主题。但是,参加圣餐仪式并不一定要以领圣餐为前提。宗教祈祷的主要事件一般并无特别重要的意义;祈祷本身的价值并不在于出现满意的状况,而是"产生某种内心感受"(催生了教堂美学和赞美歌)。但是,无论在任何情况下(在国家或军队供职),每位东正教徒每年都要至少领一次圣餐,而且要提交相应的证明。1716 年,彼得一世发布了一项指令,禁止了每年必须领一次圣餐的规定。最初,领圣餐要提前进行斋戒和忏悔;彼得一世的这项指令使得圣餐仪式成为一次性(无须提前斋戒和忏悔)的宗教活动。② 不过,神甫们并不希望把简化圣餐仪式的趋势延伸至其他领域。受难周期间,很多教徒仍会按照规定"聆听祝祷",然后一起忏悔、领圣餐;这样就会使得宗教仪式体系化(圣餐是检视教徒遵守教规与否的仪式),继而会促进其他宗教仪式体系化(婚礼就是程序烦琐的正式典礼)。

① Цит. по: *Сурский И. К.* Отец Иоанн Кронштадтский. М., 2008. С. 30.
② 彼得一世禁止的是早先存在的状况。俄国教会接受的是拜占庭的基督教信仰,他们采用的圣餐仪式也源自拜占庭,也就是很少组织圣餐仪式,但是准备工作颇为繁复。

总之，城市各种等级代表都是正式的东正教徒，但他们与教会并无任何实质关系。政论家 В. В. 罗扎诺夫指出，教堂中清一色是"普通百姓"，这十分清晰地反映了革命前最后十年俄国城市中的宗教生活状态。①

教堂中的主体教徒主要是商人、小市民和工人，他们大都与农村存在千丝万缕的关系。商人属于他们中宗教热情最高的群体。同以往一样，商人总是对教堂的需求慷慨解囊。商人的代表也总是被选为教堂负责人，他们也认为这是无上荣光。但是，当时的人讽刺商人虔诚地遵循斋戒传统以及所谓的"乐善好施"。比如，商人会在比较盛大的宗教节日时给监狱派发茶、糖、面包（"这些周济品整车整车地运输"②），但是这也不排除他们会虚张声势、缺斤少两，他们"抵赖不得"，"被揭开了虚伪的外衣"。

遵守教会行为规范的首要标准就是斋戒。这种判断标准无法被任何命令改变，同时可以对俄国人民进行检查、划分。17 世纪时，"无论是贫穷的农夫，还是沙皇、贵族"都会遵守"圣洁伟大的斋戒"；③ 到了 18 世纪，首都④开明的贵族早已不再遵守斋戒。"上层社会早就没有虔诚的信仰了"——这在某种程度上是从彼得一世改革开始的；彼得一世改革将俄国社会分成了文明的少数人和人民大众，人民在日常生活中依旧遵循着传统价值。因此，俄国不同等级的世俗化进程并不吻合。19 世纪末，宫廷近臣和世俗受过教育的团体⑤都认为遵守斋戒是一种迷信。受教育市民的世俗生活方式与思想对其他社会群体（家庭仆役、商人、小市民）的宗教行为模式产生了越来越大的影响。

20 世纪初，高级神职人员的报告中反映了市民当时的宗教生活方式。报告中把市民东正教徒划分为三类。第一类（人数很少）——"他们具有俄国

---

① Цит. по: *Константин（Зайцев），архим.* Чудо русской истории. М. , 2000. С. 419.

② *Белоусов И. А.* Ушедшая Москва // Московская старина. М. , 1989. С. 345.

③ *Костомаров Н. И.* Очерк домашней жизни и нравов великорусского народа в XⅥ и XⅦ столетиях. М. , 1992. С. 180.

④ 莫斯科和圣彼得堡。——译者按

⑤ 当时，"世俗受教育团体"指的是：知识分子、社会活动家、受过教育的大众。他们对社会生活颇感兴趣，有自己的观点和立场。

东正教世界观，按照自古以来的方式生活"；第二类——"他们人数最多，忙于日常生活琐事，并不太关注宗教，一年只做一次忏悔"；第三类——"粗野、奔放的年轻一代，他们对东正教持有强烈的反对和怀疑态度，不遵守斋戒，狂饮无度、荒淫好色、多行无赖之事"。① 总体而言，这个评述相对比较可靠，不仅反映了社会的世俗化进程，也反映了新的无神论影响越来越大的趋势。

很多神甫痛心地指出，当时，受过教育的人耻于做东正教徒。"绝不是所有人都保留着圣像。神甫、商人的家中还有圣像，农民、小买卖人家中也遵循着这项传统；但是那些所谓知识分子，他们的家中不会悬挂圣像。"② 那些对宗教生活感兴趣的人则会遭到他人的误解和耻笑。"当他人都不相信，如何相信？哪怕有人相信，也会沉默，否则就会受到嘲笑。"③ 在这种情况下，社会主流思潮并不在意宗教行为准则，农村也存在同样的状况，农民对宗教基本持一种冷漠态度。

然而，世俗中学或中等专科学校中仍旧要教授上帝信仰准则。④ 各年级学生在日常生活中都要进行祈祷，每逢周日和节假日还要到教堂观看祈祷仪式；学生的宗教生活都有特别规定（这类学校中还有全托制、寄宿制的学校）。教会认为，上帝信仰准则"并不仅是一门学科"，还可以"改善学生宗教生活，提高个人行为素养"。⑤ 但是，教学模式存在形式主义、教学内容枯燥无聊以及过于严厉的纪律，这些使得教学结果与教会的预期背道而驰。课业繁重，学生死记硬背，他们只是呆板地复制教科书、祈祷文或宗教

① Всеподданнейший отчет обер-прокурора Святейшего Синода по ведомству православного исповедания за 1908 – 1909 годы. СПб. , 1911. С. 153 – 154.
② *Преп. Варсонофий Оптинский.* Беседы. Келейные записки. Духовные стихотворения. Воспоминания. Письма. Свято-Введенская Оптина пустынь, 2005. С. 287 – 288.
③ *Преп. Варсонофий Оптинский.* Беседы. Келейные записки. Духовные стихотворения. Воспоминания. Письма. Свято-Введенская Оптина пустынь, 2005. С. 172.
④ 较为详细的教学大纲涉及旧约、新约史、东正教礼拜教义、基本论点（问答手册）、教会史，中学 7 年级讲授东正教义，8 年级讲授东正教圣谕。
⑤ Свод постановлений и распоряжений по гимназиям и прогимназиям ведомства Министерства народного просвещения. СПб. , 1888.

戒律的内容，根本没有理解其具体内涵。教会并未认清，培养年轻一代的宗教意识并不能解决当时最迫切的问题，而肤浅的颂扬方式也不能帮助学生抵制虚无主义的侵蚀。上帝信仰准则的教学、学习质量都要通过考试、分数进行检查；因此，学生将宗教也单纯视作一门学科，将其理解为学校体系中的一部分。在这种情况下，出现了一系列的问题——如何看待宗教教育与学校的古典传统（希腊罗马文化）之间的关系？如何看待宗教教育与欧洲价值定位之间的关系？如何看待宗教教育与广受好评的唯物主义、进化论之间的关系？当时，这些问题并未得以解决。值得注意的是，教会参与的仅仅是上帝信仰准则的教学，并不参与其他科目的教学管理；如此一来，这门课程孤立且不容于整个教学规划，这对教师而言产生了莫大的困难。至圣主教公会时期，神学课教师都由高级神甫、宗教中学及以上学历的毕业生充任；但是，并非每位教师都有能力给学生传播"上帝言论"。有一些牧师可以使学生信服，但是由于他们不符合神学课教师的任职要求，很快就被解职了。

圣彼得堡知名传教士、哲学家奥勒纳茨基总结了20世纪初上帝信仰准则教学的结果，他写道："基督教自我训诫的源泉是上帝言论，中学生对它十分生疏；他们并未理解博大精深的宗教道德真理，对许多宗教问题困惑不解的状况也并未改观；少数人提出了宗教道德教育学说，但并不令人满意（不过，这鼓励了一些人，提出了出色的宗教道德学说——比如托尔斯泰伯爵、尼采等人的观点）；很多人对这项计划的流产长期愤愤不平。"[1]

宗教教育的体系缺陷严重影响了学生对待宗教的态度，致使学生宗教感情缺失。当时的人表示，中学生在教堂中"疲惫不堪"，他们期待祷告结束，甚至通过计算祷告过程中的呼声次数来判断结束时间——这是一段"炽热荒漠中令人痛苦的旅程"；他们也经常找一些冠冕堂皇的借口，极力"错过"教会祷告，有一些经验丰富的学生会假装头晕或昏厥，以此瞒过街上监督者的眼睛；等等。[2] 宗教生活的这种形式主义不仅不能培养学生的宗

---

① К постановке Закона Божия в средней школе // Церковный вестник. 1901. № 19.

② См.: *Короленко В. Г.* История моего современника. М., 1965; *Маршак С. Я.* Дом, увенчанный глобусом: Заметки и воспоминания. М., 1990.

教虔诚之心，反而激化了他们的内心矛盾。因此，信仰成了学生们"单纯的义务和传统，祈祷也成了惯例式的、冷冰冰的仪式"。①

在科学技术突飞猛进且硕果累累的时代，学生们并不热衷学习受难者、苦修者圣徒的事迹，而是对勇敢无畏的飞行员、旅行家、设计师产生了浓厚的兴趣。人类秉持包含世俗知识的世界观，在科技领域取得了丰硕成果，更加确立了对自己的信心。人们世界观的舞台上已经很难看到宗教的身影。"宗教留下的空间"常常被"人类社会进步"信仰所取代。随着人们宗教信仰冷漠，越来越多的人在生活中确立了无神论思想。无神论思想有其自身的发展历程，"无神论以伏尔泰思想和法国进步思想家的唯物主义为起点，之后发展到无神论社会主义（别林斯基），然后又出现了19世纪60年代的唯物主义、实证主义、费尔巴哈的人文主义、马克思主义以及批判主义"。②持有无神论世界观的人数逐年增加，影响与日俱增。有一些犹疑不决的人则接受了极端思想，醉心于无政府主义。

东正教神甫如惊弓之鸟，他们指出："无神论的狂风最初以可怕的威力席卷了年轻一代，现在它又进入了广大的人民群众中间，毒害了他们的心灵……这是时代的悲剧。"③世纪之交，德高望重的瓦尔诺索菲牧师（来自一个小修道院）写道："我们活在一个艰难的世道中……当前，无神论的风气已经无孔不入、为所欲为。"④20世纪，越来越多的人摆脱了教会的束缚。

文学和艺术中可以找到反映世俗受教育人士对待宗教、教会态度的作品。文学作品中有来自宗教界"形形色色"的人物。俄国现实主义艺术家的写生画中也充斥着反教会特权的思想，有时也有反宗教的意识。И. Е. 列宾在油画《拒绝忏悔》中呈现了"两种世界观的冲突"：革命者自豪地拒绝了神甫赠予的"宗教"慰藉。艺术家对于无神论革命家颇有好感。此外，

① *Вениамин（Федченков），митр.* На рубеже двух эпох. М.，1994. С. 135.
② Булгаков С. Н. Соч.：В 2 т. Т. 2. М.，1993. С. 146.
③ *Вера и Разум.* 1886. № 1.
④ *Преп. Варсонофий Оптинский.* Беседы. Келейные записки. Духовные стихотворения. Воспоминания. Письма. Свято-Введенская Оптина пустынь，2005. С. 178.

俄国很多优秀的文学作品中也涉及了俄国人民的宗教和信仰历程以及无神论的演变过程。

社会各等级对待教会的态度不是漠不关心就是公然反对。很多较有影响力的政治运动领袖与宗教毫无瓜葛。这些人士的宗教倾向非常弱，他们受到的宗教影响也微乎其微。左派激进者只认可一种"宗教"——无神论，自由主义人士大多对宗教漠不关心。当时，俄国几乎所有政党都主张政教分离，通过立法保障思想自由。科斯特罗马的工人代表 П. И. 苏勒科夫在第三届国家杜马中的发言获得了大多数人的支持，他表明了无产阶级对宗教和教会的态度："宗教是人民的精神鸦片。"未来无神论国家（苏联）的工程师 В. И. 列宁对此表示欣然同意，他表示："……这是社会主义者直接、公开、勇敢的斗争号召，表明了被邪恶势力掌控了的杜马的真正要求，符合百万无产者的心愿。无产者在人民群众中逐渐壮大，有朝一日，他们便可以实现自己的革命夙愿。"[1] 众所周知，这种想法大获全胜，因为其思想基础已经准备就绪了。

世俗社会与教会代表针锋相对，矛盾显然已经迫近了不可调和的状态，因此国家杜马召开了一次会议。经过激烈的辩论，宗教人士接受世俗教育的问题得到了相对公平的解决；但是，国家为教会相关机构提供经费的问题[2]仍旧悬而未决，教会为此饱受非议。

世俗刊物对宗教生活的态度亦是如此，要么漠不关心，要么就坚持"固有的、毫不妥协的态度"。[3] 当时，大部分刊物（《欧洲公报》《俄国思维》《俄国资源》等）都对宗教漠不关心——"我们关注的是东正教会之外的生活"。[4]

---

① *Ленин В. И.* Классы и партии в их отношении к религии и церкви // Полн. Собр. Соч. Т. 17. С. 438.

② 1906 年起，东正教教会机构的所有预算都要经过国家议会和国家杜马批准。

③ *Талин В.* Ревизионная угроза богословской науке и опасность для Церкви // Московский еженедельник. 1908. № 43. С. 30.

④ *Константин Агеев, свящ.* К вопросу о преподавании Закон Божия в средней светской школе // Вера и церковь. 1900. Т. 1. С. 787.

　　此外，日常生活中经常发生"咒骂神灵"的现象。年轻人（特别是中学生）、现实主义者则是公开鄙视教会的急先锋，他们常常朝神甫所在的方向吐口水。20 世纪初，当时的人指出："在这里（弗拉季高加索），人们遇见神甫时经常吐口水，这种情况愈演愈烈，令人气愤。有时，人们不是朝神甫所在的方向吐口水，而是朝他们脚下吐。他们边吐边说：'呸，神甫来了，快吐！'……"[①] 莫斯科宗教研究院的教授 И. В. 波波夫在给大主教阿尔谢尼（赫拉波维茨基）的信中写道："我听说，去年一些高等女校的学生在喀山大教堂的人群中向圣彼得堡宗教研究院的两名大学生吐口水。"[②]

　　世俗社会对教会的恶劣态度，有时也会招致教会的极端反扑。1905 年 2 月 20 日，伊萨基耶夫大教堂的主教沃伦斯基·安东尼（赫拉波维茨基）发表了题为《可怕审判与当代革命事件》的布道稿。他表示，社会上的先进代表为了谋求权利和优待，早已放弃了基督，"谦恭温顺的自我批判精神"早已受到了"多神教传统和愚昧西欧文化"的侵蚀。俄国所谓的文明等级憎恨俄国的一切，特别是俄国人民。沃伦斯基警告道："……切记，俄国人民时刻防备着渎神者、破坏圣迹者、暴乱分子，他们会把你们从安逸的生活中、从基督王国中丢出去。"[③] 但是，沃伦斯基的警告被指责会引起骚乱；这会促使"大学生、知识分子、受过教育的人士群起反击"，目睹了大洗劫的人十分清楚事态的严重性。梅列日科夫斯基也发表了题为《对俄国知识分子的可怕审判》[④] 的文章，对沃伦斯基的布道稿进行回击。

　　20 世纪初，圣彼得堡宗教研究院的教师在《教会公报》上发表了一篇文章，其中比较公正地谈道："现在，几乎所有文化、新思想都与基督教意见相左"，我们必须承认，基督教"在当前只是一部分人的思想倾向"。[⑤]

---

① *Канукова З. В.* Старый Владикавказ：Историко-этнологическое исследование. Владикавказ，2008. С. 216.

② Цит. по：*Голубцов С. А.* Московская духовная академии в революционную эпоху. 1901 - 1919. М.，1999. С. 201.

③ Цит. по：*Мережковский Д.* Больная России. Л.，1991. С. 74.

④ Цит. по：*Мережковский Д.* Больная России. Л.，1991. С. 73 - 75.

⑤ Церковный вестник. 1906. № 19. С. 611.

世俗文化成为激烈争论的主要阵地。教会与世俗文明等级在世俗文化领域产生了尖锐的矛盾。教会认为，文化等级中很多人接受的是西方文化、他人文化（用神甫的话来说）。大部分情况下，世俗文化同其他所有"世俗化"事物一样，都会遭到教会的否定。文化精英同样把神甫视作教育和创新的劲敌。东正教的饱学之士格奥尔吉·弗洛罗夫斯基比较公正地谈道："教会中没有文化，教会生活在文化之外这些说法，根本是无稽之谈。这种观点最有力的证据可能是'无神论'，但也未必无懈可击。不过值得注意的是，所有这种企图证明教会'愚昧、不开化'的戏谑，其目的不在于阻隔世俗文化与教会文化接触，而在于否定教会文化（或称教会中的文化）本身……当前，教会文化的发展水平处于低谷，教会精神及教会威信处于持续衰退状态。"①

艺术流派与体裁的判断也主要根据基督教精神的灵魂"救赎"意义。19世纪60年代，宗教期刊开始发行，他们表示，歌剧中——"古多克琴奏出了低沉、蛊惑的声音"、芭蕾舞——"身形摇摆不定、双腿晃来晃去"，戏剧——具有"崇拜的特征"，这些"都是灵魂救赎之路上的诱惑和障碍"。②当教会主教对文艺作品发起各项检查、进行各项限制之时，矛盾爆发了。

在各种艺术形式中，戏剧创作遭受了最大的抨击。话剧在社会上广受好评，因而教会有针对性地加大了对它的批判。喀琅施塔得的知名神甫约安言辞凿凿，对戏剧展开了不容反驳的批判："难以置信，基督徒为何没有找到更好的休闲娱乐方式，度过自己宝贵的时间。就戏剧的起源和目的看，它至今仍保留了多神教盲目崇拜的特点，内容空虚、无聊；总之，戏剧充分反映了人们对一些不成体统之事的激情，体现了人们的日常肉欲、人性的缺点（自高自大）。人们几乎再也没有为祖国奉献的精神，他们的眼中也没有上

---

① *Флоровский Г.*, *прот.* Путь русского богословия. Париж，1937. С. 451.

② Домашняя беседа для народного чтения. 1860. Вып. 4. С. 53；Рассвет. Т. X. СПб.，1861. С. 23.

帝……戏剧及其爱好者都是社会的悲哀、灾难……"① 教会认为，戏剧毫无道德感，也没有任何教育意义可言。戏剧遭到指责的原因不一，但最主要的是：戏剧理念与基督教教会规范以及神甫学说严重相悖。② 至圣主教公会东正教院事务部大臣 К. П. 波别多诺斯采夫是戏剧的有力反对者。此外，教会也将戏剧的抨击延伸至实践领域，他们对话剧进行重重检查，很多话剧演出因此被禁。

很多戏剧被禁，甚至一些剧本也难逃厄运。根据莫斯科主教弗拉基米尔（博戈亚夫连斯基）的请求，警察局长特列波夫勒令莫斯科艺术剧院的剧目《汉尼拔》（豪普特曼导演）下架，戏剧检查过后才重新搬上舞台。В. И. 涅米罗维奇－丹钦科、К. С. 斯坦尼斯拉夫斯基与一位备受尊崇的都主教对此解释一致，他们表示，实际上，下架的只是没有删节的版本。原剧目已经送交编辑进行过修改，其中所有关于基督教教义的表述已经删除，基督在戏剧中最终也化身成了一名修士。《汉尼拔》的导演豪普特曼也介绍了过检剧本的内容及其与被禁剧本的区别，他表示："我们得以从斯坦尼斯拉夫斯基动荡③中抽身。这件事与其归结为失败，倒不如说促使我们产生了一些想法：戏剧本身与戏剧检查制度之间为何存在矛盾？可以这样说，世俗与宗教高层代表之间存在很深的误解。我们在戏剧创作中谨小慎微、如履薄冰，用'愚蠢'一词形容也不为过。"④

相关管理机构在刊物、戏剧检查时，哪怕有一丝怀疑也会征询至圣主教公会的意见。1907 年，莫斯科艺术剧院推出了博伊隆的戏剧《该隐》；1915 年，А. 巴赫梅吉耶夫创作了一部戏剧《所罗门——以色列之王》，这两部剧饱受争议。最终，因涉及圣经人物，两部剧本通通被禁。1908 年，В. Ф. 科米萨尔热夫斯卡娅在圣彼得堡的戏剧舞台上演出了 О. 王尔德⑤的知名剧

---

① Цит. по: *Любимов Б. Н.* Церковь и театр // Религия и искусство. М., 1998. С. 14－15.
② 7 世纪末，第五次、第六次世界基督教大会上通过的决议规定，所有基督徒不能参加、观看戏剧表演。
③ 指的是通过戏剧检查。——译者按
④ *Немирович-Данченко В. И.* Из прошлого. М., 2003. С. 183－185.
⑤ 英国知名作家。——译者按

作《莎乐美》，引起了轰动。《莎乐美》经过逐字逐句删减，耗时良久，最终才得以搬上舞台。不久后，至圣主教公会表示必须禁止这部剧，因为剧中"东正教敌人有十分明显的亵渎上帝行为，而且对基督教进行曲解，这是基督教教义中最不可容忍之事"。内务部大臣 П. А. 斯托雷平把禁令发给了各地方领导人，其中还附带了至圣主教公会 10 月 28 日的决议，要求《莎乐美》的任何改编作品也不得进行演出。① 与此同时，л. 安德烈耶夫的剧作（《安那太马》《人的一生》等）也被禁，原因同样是"亵渎神明"。此外，B. B. 普罗托波波夫已被批准的《黑色乌鸦》也接到了禁令（该剧已在圣彼得堡演出了 63 场，在地方上也排演了多次）。B. B. 普罗托波波夫在《黑色乌鸦》中揭露了约翰骑士团领导人的罪行，但是喀琅施塔得的约安神父认为该领导人是圣人，因此一些主教指责该剧是针对约安神父的讽刺性作品。②

教会禁止了已批准的剧本，这种出尔反尔的前后矛盾行为招致了很多剧作家的批判。他们指出，一些严肃的话剧也被禁，例如 А. К. 托尔斯泰的历史话剧，理由竟然是似乎会"引起观众的恐慌"，但讽刺的是，"轻歌剧和流行剧目却能演出"。③

戏剧检查限制、斋戒期禁演，神甫拒绝帮助演员忏悔、拒绝为其授圣餐，这些行为都引起了演员的抗议。1897 年，第一届全俄演员代表大会召开。会上通过了一项决议，俄国戏剧协会在决议的基础上向内务部提出了一项申请，希望地方政府允许在节日前夕或节日期间（根据自身裁定）进行戏剧表演。1900 年，俄国通过了一项法律，规定缩减禁止戏剧表演的日数（不过，三周的大斋戒期间仍旧不得进行表演）。这项新法律大大缓和了教会与剧院的矛盾，不过也招致了教会活动家的不满。1908 年全俄传教士大会在基辅召开，大会提出了修改法律的申请。1915 年至圣主教公会宣布，因战争，全俄只举行三日斋戒，同时向政府提出请求，希望在三日内禁止戏剧、音乐等一切娱乐活动。对于演员而言，这不仅是物质利益的损失，也是

① См.：Чудновцев М. И. Церковь и театр. Конец XIX—начало XX в. М.，1970. С. 79.
② Театр и искусство. 1907. № 12. С. 680；№ 31. С. 501.
③ Театр и искусство. 1913. № 23. С. 485.

一种不公正的侮辱；但是，演员们仍旧接受了教会的倡议。莫斯科临时演员大会的报告指出，已有数百名演员被战争夺去了生命；演员们在战争后方也为军队筹集了数十万卢布；同时设立了军医院，照顾伤员。①

演员在大会上的抗议活动也得到了外界支持。1910 年，教会拒绝追祭女演员 В. Ф. 科米萨尔热夫斯卡娅，社会上因此产生了很大的反对声浪，要求废除萨拉托夫大教堂的主教——格尔莫根（多甘诺夫）。为了抗议教会拒绝追祭的决定，莫斯科艺术剧院的休息厅中装饰了黑色天鹅绒，挂上了女演员的画像并献上了很多鲜花；很多知名演员、文学家和戏剧评论家在合唱团的演唱中完成了"永远铭记"的活动。这成为俄国第一次民间祭祷。

萨拉托夫主教格尔莫根（多甘诺夫）——照片摄于 20 世纪初

戏剧检查制度也影响到了新兴艺术——电影。② 教区神甫、高级主教都在布道稿中喋喋不休地提醒："电影会导致精神堕落，最终步入罪孽深重的生活。"③ 教会管理机构绝不允许亵渎基督教信仰的行为，更不容许打破自身在教义情节中对基督形象诠释的垄断地位，因此对电影的疏漏之处穷追猛打。1898 年，法国电影《基督诞生及其生活写照》在圣彼得堡上映，成为第一部被教会禁播的电影。这部电影的疏漏之处还烙印在俄国电影史青涩的记忆中："我在生活中从未看过如此荒谬、拙劣可笑的模仿。但是，观看这部电影的观众（根据警察局的命令，看这部电影的观众要被砍头）却近乎疯狂。女士的眼泪沾湿了手帕，耶稣受难的每一幕都

① Театр и искусство. 1915. № 33. C. 600 – 601；№ 34. C. 621；№ 35. C. 641.

② Ульянова Г. Н. Досуг и развлечения. Зарождение массовой культуры // Очерки русской культуры. Конец XIX—начало XX века. Т. 1. М. ，2011.

③ Петербургский митрополит о вреде кинематографа // Новь. 1914. 28 января.

引起了观众席上的轰动。"① 但是，这部电影很快就被禁播了。② 教会针对电影审查逐渐形成了一系列清晰的准则，这对俄国未来电影工业的发展产生了极大的影响。③ 违反禁令当以渎神论进行刑事处罚。二月革命后，电影审查限制被废除，情况才发生了一些变化。当时，最成功的电影当属 Я. 普罗塔扎诺夫导演的《神父谢尔盖》。

俄国作家纪念节日的筹备过程中也产生了一些矛盾。在省城，矛盾主要在城市机构与地方神甫之间。1899 年初，俄国所有城市都在积极筹备 A. C. 普希金 100 周年诞辰的纪念活动，社会各界代表均有参与。然而，彼尔姆城市杜马与当地宗教机构产生了矛盾。彼尔姆城市杜马选举产生了专门委员会，希望委员会拟定纪念日的相关活动规划（包括在广场教堂举行全民隆重祭祷仪式）。但是在一次杜马会议上，神甫 Г. 奥斯特罗乌莫夫反对全民祭祷，他表示，"普希金并不是全民性的人物"。④ 杜马并未采用他的建议，依然批准了相关规划。这一举动引起了以彼尔姆主教彼得（洛谢夫）（1833～1902 年）为首的当地神甫的不满。主教彼得前不久才禁止彼尔姆神甫使用"知识分子"一词，而现在又要为人民诗人（他认为普希金是"自杀者"和"不信教之人"）举行祭祷仪式，这无疑是莫大的讽刺。因此，神甫们禁止宗教学校的学生参与全民纪念活动。当地报刊对彼尔姆神甫的立场进行了严厉的批评。与此同时，宗教刊物也谴责社会宗教信仰缺失。因此，"彼尔姆宗教机构反对管理机构"的论战发酵了。通过宗教刊物上的文章，可以窥探当时宗教领域对民族诗人普希金作品的形形色色评价。普希金 100 周年诞辰纪念日当天，《信仰与教会》杂志写道："尽管普希金十分自傲，将其思想、感情、天赋投入了欲望、人性，但是他的作品中流露出对沙皇、祖国和

---

① *Лихачев Б. С.* История кино в России（1826－1926）：Материалы к истории русского кино. Ч. 1. Л.，1927. C. 39.

② Церковные ведомости. 1898. № 14－15.

③ См.：*Лихачев Б. С.* История кино в России（1826－1926）：Материалы к истории русского кино. Ч. 1. Л.，1927. C. 78.

④ *Рабинович Я. Б.* Пушкинский юбилей，епископ Петр и Пермская городская дума // Исследования по истории Урала. Вып. Ⅳ. Пермь，1976. C. 138－146.

信仰的虔诚之爱。"① 尽管宗教界态度流露出了些许善意，但彼尔姆城市杜马的大多数代表都对神甫的立场进行了谴责，并决定与高级神职人员当面对质。彼尔姆的情况只是这种矛盾冲突的冰山一角；从另一个角度讲，这些冲突反映了世纪之交俄国城市宗教社会生活的典型特征。

1908 年，教会拒绝筹备 Л. Н. 托尔斯泰的纪念日，城市机构与教会产生了尖锐的矛盾。萨拉托夫市政府批准了纪念活动的相关决议：萨拉托夫初级中学停课；用市政资金筹建以托尔斯泰命名的一所中学和一座图书馆。萨拉托夫的主教格尔莫根（多甘诺夫）坚决反对在其教区举行这种纪念活动，号召所有 "虔诚的教徒衷心祈祷，防止此类恶劣、毁灭性的纪念活动"。② 根据格尔莫根的决定，神甫们在祈祷仪式后宣布了反托尔斯泰的布道稿。最终，纪念活动并未取消，但是萨拉托夫的总督 C. C. 塔季谢夫与主教格尔莫根因此产生了很多矛盾，最终递交了辞呈。

教会对俄国作家的 "宗教审判" "致使社会上不信仰上帝的状况更甚"。1912 年，至圣主教公会召开了有关传教士事务的会议，主教格尔莫根（多甘诺夫）做了报告——《当代俄国文学中的反基督、新多神教、知识分子鞭身派③的倾向》，其中指出，Л. 安德烈耶夫、М. 阿尔志跋绥夫、М. 高尔基、А. 库普林、Д. 梅列日科夫斯基、Л. 托尔斯泰等文学家都属于 "知识分子鞭身派"。另一位知名主教——大主教安东尼（赫拉波维茨基）并不赞同，他认为，若论不信仰上帝之文学家，那么首先要提的就是普希金、莱蒙托夫、果戈理。①

教会对 Л. Н. 托尔斯泰的处理方式更加极端。教会认为，"托尔斯泰将上帝赋予的天赋投身于文学创作，却怂恿人民对抗基督与教会，希望消灭人民头脑和内心中对上帝的信仰、对东正教的崇拜"。教会将托尔斯泰的学说

---

① Вера и церковь. 1899. Кн. 5. С. 833.
② *Мраморнов А. И.* Церковная и общественно-политическая деятельность епископа Гермогена （Долганова）. Саратов，2006. С. 248 – 249.
③ 从俄国东正教会分离出来的属灵基督派的一支。——译者按
④ Духовный суд над русскими писателями // Вестник литературы. 1912. № 1. С. 4.

炼狱之火中的列夫·托尔斯泰——1883 年库尔斯克省塔兹教堂的一处壁画

列入了"唯理论学派"的范畴。1901 年 2 月，至圣主教公会发布了一项决议，列夫·尼古拉耶维奇·托尔斯泰不再属于俄国东正教会管辖，"在他坚定自己的信念之前，不会同他进行接触"。[1] B. B. 罗扎诺夫指出，至圣主教公会将托尔斯泰开除出教会的决定"要比托尔斯泰的学说更能动摇俄国人民的信仰"。[2] 很多知名人士也公开表示拥护敬爱的作家——托尔斯泰，并以书面形式通知至圣主教公会退出东正教（例如，A. A. 马尔科夫院士向至圣主教公会递交了一份呈文——《退出东正教》）。与此同时，至圣主教公会的决定反而引起了人们对托尔斯泰作品更强烈的兴趣，显然，这也促使人们重新审视了基督教的基本原则。

教会禁令与审查限制对宗教机构内部也产生了影响。教会中学长期封禁俄国科学家谢切诺夫、梅奇尼科夫的著作，此外也禁止了一些俄国作家

---

① Церковные ведомости. 1901. № 8. C. 46.

② *Розанов В. В.* Л. Н. Толстой и Русская Церковь. Т. 1. М. , 1990.

（杜勃罗留波夫、车尔尼雪夫斯基、米哈伊洛夫、列斯科夫、皮萨列夫、托尔斯泰、高尔基、安德烈耶夫等）的书籍。教会也不赞成宗教研究院的大学生和宗教学校的中学生光顾文化娱乐场所。[①] 所有这些条条框框使得宗教学校的学生更加向往"无拘无束的世俗学校"，这也引起了他们的抗议；这也成为俄国社会骚乱的原因之一。

总之，东正教会对社会、文化生活的干涉招致了世俗文明等级的强烈不满。世俗文明等级越来越反对教会任何形式的监控和增强人们宗教信仰的行为，因此出现了另一股反对势力。如此一来，俄国从一个宗教性质明显的社会模式缓慢转变成了一个基于合理规范的世俗社会结构模式。

19世纪末至20世纪初，俄国现代化进程在社会体系不完善、社会关系紧张的背景下启动了；在这种情况下，俄国社会上信仰缺失、宗教冷漠、公开的无神论等思想倾向愈加明显。20世纪初，俄国社会上出现了诸多恶性事件——酗酒、自杀、流氓行径频现，淫秽作品泛滥、刑事犯罪数量猛增。此外，教堂和修道院中还发生了抢劫案，更有殴打神甫、枪击神学课教师和宗教学校校长的恶劣事件。刊物记者及时报道了这些事件，而对这些事件的回应公告都使用了类似的典型标题："病态俄国""即将到来的含"。

世纪之交，俄国宗教危机重重，人们开始重新审视传统价值观并探索新的、切身的未来方向。"寻神说"[②] 是当时广受好评的思潮，最能够体现这些探索的特点。"寻神说"的初衷是寻找上帝、发现上帝；探索结果也令人颇为满意。1906年，A. M. 高尔基的长篇小说《母亲》出版，主人公是一位宗教性质强烈的女性。高尔基在小说中重塑了三位一体的理论：圣父——工人等级，圣子——帕维尔·弗拉索夫，圣母——佩拉格娅·尼洛夫娜。"圣母"进行革命宣传，带给人们新的信仰——"无产阶级基督教"。[③] 高

---

① *Тарасова В. А.* Высшая духовная школа в России в конце XIX—начале XX века // Истории императорских православных духовных академий. М., 2005. C. 200.

② 1905～1907年俄国革命失败后在自由派知识分子中广为流传的一种宗教哲学思潮。——译者按

③ *Егорова Ю. М.* Повесть 《Мать》 в системе идейно-эстетических взглядов М. Горького: Автореф. Дис. ··· канд. Филол. Наук. М., 2009.

尔基与当时的许多人都相信，社会主义的新纪元已经来临。不过，人们要经过内心斗争才能达到自我完善的空前高度，才能从真正意义上接受社会主义。马克思的社会主义具有"反上帝"特征，高尔基的社会主义则具有"造神派"意味。当时，哲学家 C. H. 布尔加科夫也具有类似的思想；他认为，社会主义不仅是一种政治现象，也是一种社会宗教生活倾向。①

一些人对宗教探索持有不同的观点。他们认为，社会上不仅需要理智、理性，也需要非理性。世纪之交，俄国社会上普遍存在一种共同的心理状态，表现为对不寻常、超自然事物和现象的向往、渴望。宫廷亲信拉斯普京的出现就是首都大贵族宗教不满情绪的一种象征和反映，除此之外，贵族又从"托博尔斯克鞭身派"中找到了宗教满足的慰藉。神秘主义思潮（各种类似思想的总称）在俄国社会大行其道，其来源各式各样——基督教、东方宗教、神智学、占星术等。

白银时代，俄国艺术创作者（艺术家、诗人、作家）的成就也与宗教探索息息相关。对宗教探索的程度越深、对宗教信条的理解越深，他们希望解决宗教问题的愿望就越强烈。但是随着宗教探索的深入，很多人反而被东正教吸引，成为虔诚的东正教徒。由于国家正统东正教会只保留了宗教仪式，表现得十分偏执和保守，很多探索活动基本上满足了东正教的信仰渴望。教会与国家的关系暧昧不明（教会成为国家改革的一大障碍），一些有识之士渴望尽快实行社会变革，因此也与教会划清了界限。此外，由于僧侣等级十分闭塞，宗教界与世俗社会之间的隔阂更加难以消除。

当时，俄国成立了各种宗教哲学联盟（宗教生活的典型形式之一），这些联盟激烈讨论了有关宗教和哲学、国家改革、教会和社会等各种议题。宗教哲学思想流派五花八门——神秘现实主义、新理想主义、非基督教主义等。这些宗教哲学思想流派拒绝采用"历史传统的基督教"，因为它具有"修士倾向"和"禁欲主义者的虚伪"；他们也指责马克思主义把"人类天

---

① *Булгаков С. Н.* Героизм и подвижничество // Вехи. Свердловск, 1991. С. 57.

性简化为单纯的物质和社会需要"，因此他们把一些先进人士、宗教哲学座谈人员组织起来，希望解决"新的宗教意识"问题。"新的宗教意识"理应是人类道德革新的主要因素，若要形成"新的宗教意识"，首先应该把各种不同流派联合起来：从颓废主义（Д. 梅列日科夫斯基、Д. 菲洛索夫）到"合法马克思主义"（C. 布尔加科夫、H. 别尔嘉耶夫、C. 弗兰克）等。不过，这些流派也首次提出，要创建一个宗教和哲学、文化和教会的协会。最终，这项构想在圣彼得堡著名的宗教哲学会议上得以实现。

圣彼得堡宗教哲学会议的组织者：季娜伊达·尼古拉耶夫娜·吉皮乌斯、迪米特里·弗拉基米罗维奇·菲洛索夫、德米特里·谢尔盖维奇·梅列日科夫斯基——照片摄于 1910 年代

圣彼得堡宗教哲学会议的参与者 B. B. 罗扎诺夫回忆道："大家彼此信任，会议气氛起初十分融洽。不过后来，梅列日科夫斯基提出了第一个倡议，3. 吉皮乌斯在梅列日科夫斯基耳边低语了一阵，之后梅列日科夫斯基又高喊了起来（他总是高声说话）……会议上还有些嘈杂声，我认为是捷尔纳夫采夫、叶戈罗夫在交谈……他们也一起劝说 B. M. 斯克沃尔佐夫，希望他请求波别多诺斯采夫能够给予 licentiam（允许）。波别多诺斯采夫对普列维说，他可以'保证'——协会在没有规章、没有官方许可、没有任何

组织形式的前提下成立了。"① 不过，协会规定：只有正式成员才可以参加内部会议。宗教哲学会议于 1901 年 11 月 29 日在地理协会的大厅中召开，会议也找到了处理建议的途径。З. 吉皮乌斯回忆道："……在成员第一次做出呈文时，我们已经把所有建议记录了下来。"② 教会允许神甫、神学教师和圣彼得堡宗教研究院的大学生参与此次会议。修士与白神品坐在主席右侧，知识分子则坐在主席左侧。

会议有 22 场分会，还有 22 场关于最迫切问题（教会对知识分子的态度；列夫·托尔斯泰与俄国教会；思想自由；精神与欲望；婚姻；东正教义的发展；神甫）的辩论会。各种报告和讨论主要聚焦于一个问题——如何使基督教恢复影响力。一些人在宗教哲学会议上的报告可谓精彩绝伦，令人印象深刻，例如 С. М. 沃尔孔斯基的《关于思想自由问题的社会思想评价》、修士司祭米哈伊尔（谢米诺夫）的《关于婚姻（圣礼心理）》、Д. С. 梅列日科夫斯基的《列夫·托尔斯泰与俄国教会》和《果戈理与马特维神父》。

宗教哲学会议期间，知识分子希望与神甫展开对话，尽管双方立场迥异，但也达成了一些共识。在至圣主教公会时期，会议也尽可能开诚布公地讨论了教会中的一些重要问题。不久后，编有会议记录的月刊杂志《新道路》刊行了第一卷。因而，会议成为俄国社会生活中引人注目的事件。Д. С. 梅列日科夫斯基认为，宗教哲学会议取得了最理想的效果。③

东正教的大部分神甫、神学家对于自己同代人——"寻神派"的宗教探索持有十分怀疑的态度。大主教伊拉里昂谈道："我们可以如此思考诸多'寻神派'运动的宗教探索。如果他们获得了成功，那么反而会感到非常不幸，就会立刻投身到过去坚定的'反上帝'队伍。要知道，我们这个时代

---

① *Розанов В. В.* Когда начальство ушло. М.，1997. С. 497.

② *Гиппиус З. Н.* Стихи. Воспоминания. Документальная проза. М.，1991. С. 106.

③ *Мережковский Д. С.* Было и будет：Дневник. 1910 – 1914；Невоенный дневник. 1914 – 1916. М.，2001. С. 139.

的很多'寻神派'人士都不过是为了追名逐利。"① 喀琅施塔得的约安神父严厉地谈到了"新的宗教意识"代表，认为他们"领略了世俗中一些所谓的真知灼见，妄自尊大，他们的哲学宗教探索是毫无意义、注定失败的思想探索"。② 教会神学家更加具体地反对这种精神亢奋的行动，反对他们"按照自己的心意，肆意解读圣经"；③ 神学家反对他们代替教会对"基督教"做一些含糊不清的解读："根据自己的心意曲解基督学说，臆造'基督教'；以基督教的名义提出一些自己心中的梦想和闲暇时的幻想，这是最容易不过的事。"④ 神学家们也表示，"当人们对教会深信不疑，从本质上理解了教会的思想，那么他们就会清楚，基督教与教会分离的状况将是多么不可思议，只有如此，人们才会得到满足，过往艰辛的探索才会得到回报。只有如此，人们才能对教会生活充满真情实感"。⑤

对于很多"寻神派"人士而言，1905 年至 1907 年第一次俄国革命是标志性的事件。《路标》的编者对革命、知识分子的革命倾向发表了严厉的批评，特别谴责了知识分子的虚无主义（典型特征）倾向，"虚无主义使道德准则从属于政治和革命斗争利益"。这些编者认为，知识分子不愿接受宗教，这正是他们意识危机的标志；因此，建议他们重新审视自己的哲学基础并进行"忏悔"。⑥ 总体而言，《路标》编者关于知识分子的言论与之前［沃伦斯基·安东尼（赫拉波维茨基）在以撒大教堂中宣讲的布道稿］相比，并无多少新意。不过，重点在于，他们发表了"自己的"意见。

当时，很多人都兴致满满，希望运用西方的哲学和政治思想进行社会改革。"路标派"对解放运动的态度也经历了从否认到接受的过程。但是，一些人在面对革命危机时内心矛盾重重；他们认为，新的唯物主义世界观力量

---

① *Иларион（Троицкий），архиеп.* Без Церкви нет спасения. М.，1998. С. 110.

② Святой праведный Иоанн Кронштадтский. М.，1998. С. 327.

③ Христианин. 1911. № 5 – 8. С. 514.

④ *Иларион（Троицкий），архиеп.* Без Церкви нет спасения. М.，1998. С. 89.

⑤ *Иларион（Троицкий），архиеп.* Без Церкви нет спасения. М.，1998. С. 112.

⑥ *Булгаков С. Н.* Героизм и подвижничество. С. 57 – 66.

薄弱，于是积极向东正教文化靠拢，企图重返教会怀抱。虽然 Л. A. 季霍米罗夫、M. A. 诺沃谢洛夫、C. H. 布尔加科夫等人思想差异颇大，通往信仰的路径也千差万别（民粹主义、托尔斯泰主义、马克思主义等），但是他们都重新接受了东正教。

世纪之交，俄国文化精英中燃起了"圣地"热，这些圣地包括奥普基努、萨罗夫、萨洛夫基、瓦拉姆等。他们积极阅读教会的神父作品，也努力同当时德高望重的修士、苦修者进行交流。与此同时，知识分子对俄国圣像画术、宗教音乐、古代建筑艺术也产生了浓厚的兴趣。一些思想家（他们不符合"围绕在教会周围"的宗教哲学探索要求）对神学思想饶有兴致，他们继续着从东正教教义中阐释哲学思想的事业。1907 年，著名的教会出版家 M. A. 诺沃谢洛夫与其好友（帕维尔·弗洛连斯基神父、约瑟夫·福德尔神父、Ф. Д. 萨马林、C. H. 布尔加科夫等）在莫斯科创办了"东正教会精神中的基督启蒙思潮小组"。他们每周四都会在 M. A. 诺沃谢洛夫的家中举行"上帝认知会议"，同时开展"祈祷中的交往"。值得注意的是，小组并未提出培养"新的宗教意识"的任务。他们认为，只有在共同思考东正教信仰的基础上，在研究圣经和教会传统的过程中，人们的内心世界才会发生改变。B. B. 罗扎诺夫认为，莫斯科的"宗教友谊小组"（"东正教会精神中的基督启蒙思潮小组"）是"个人和道德性质的。除此之外，并无其他特色。成员之间不会辩论，发表的著作也不多。但是，小组成员经常会面、联系，他们的生活方式和生活理念也十分相似"。①

东正教信仰复兴并不是一个大众化的现象。不过，从世俗社会重返宗教的这部分人（主要是宗教代表和世俗教徒）仍然热情满满地投入了教会生活，他们认为应该遵循教会生活的基本戒律，积极参加教会生活并要根据东正教教义努力改善教会生活。他们也因宗教热情受到了布尔什维克的鄙视、排挤。

---

① *Петроградский старожил （В. В. Розанов）*. Бердяев о молодом московском славянофильстве // Московские ведомости. 1916. № 189.

总之，俄国当时的宗教发展呈现两种对立的趋势。"知识分子（其中包括贵族精英）宗教觉醒"，他们希望重返东正教的本源。与此同时，俄国大众的世界观遭受了冲击（贵族已经在 18 世纪领略过这一冲击），因此他们离开了教会，希望寻找甚至建设真实的人间伊甸园。

一战之初，俄国社会的宗教发展经历了一个短暂的高潮。当时，蜡烛销量增加（主要用于宗教仪式），宗教祈祷更为虔诚，预定祷告仪式（唱赞歌）的人数也增加了。[①] 但是，这种状况只是昙花一现。战争旷日持久，人民生活水平急剧下降。1916 年秋，彼得格勒和莫斯科的商铺门前都大排长龙，这是俄国前所未有的现象。此外，战争也带来了一个"意外惊喜"——通货膨胀。战争初期已经逐渐缓解的罢工运动又在蓄势待发。由于革命混乱态势加剧、蔓延，全民压抑情绪更甚，教会的声望一落千丈；如此一来，教会只得更加依赖政府，希望与其紧紧联系在一起。东正教的教徒也越来越肆无忌惮、恶贯满盈；也有越来越多的军人不尊重东正教信仰和圣徒，他们也完全不认为自己属于"虔诚信仰的基督教武装"。"脱离"教会的俄国东正教徒到底占有多大的比例？这需要相当长的时间才可获悉；但是，俄国大城市中"脱离"教会的人比比皆是，这却一目了然。

三　宗教社会组织

世纪之交，"脱离"教会活动成为俄国社会的一种趋势。不过，留在东正教会中的人继续参与宗教社会生活，继续奉行教会的规范和标准，保留了教会传统。宗教社会生活有不同的形式——教堂的"祈祷礼拜"、各种宗教社会联盟、宗教会议、宗教代表大会等。

教徒的日常宗教生活有其自身特点。很多教徒在参与教会的祈祷仪式时并未感受到自身主体性，更确切地说，这只是对教会圣礼的被动接受。教区

---

① *Щербинин П.* Военный фактор в повседневной жизни русской женщины в XVIII – начале XX в. Тамбов，2004. C. 252 – 253.

是根据地域原则形成的，由教堂的全体教士（神甫、无教职人员）和教徒组成；不过，大部分教徒无法参与自己教区的宗教生活。教区规章也是特意为少数人而设的。教区没有推举法律代表的权利，也没有宗教协会代表，因此对世俗教徒的积极性产生了负面的影响。有时，教区为了选举教堂负责人，会举办教徒会议（需极力促成）；但是，没有不动产的市民无权参与选举。此外，教徒也无权监督捐款的使用情况。因此，虽然教会是由教徒组织的，但是正如 B. B. 罗扎诺夫所言，它受到了"神父、教士和宗教事务所"的限制。①

在一些纪念日，教徒们会聚集起来，踏上朝圣之旅。例如，1892 年，纪念拉多涅日的教授谢尔盖 500 周年诞辰；1903 年，纪念萨罗夫的教师谢拉菲姆。但是，这些朝圣者们也无法改变被迫适应教区生活的悲惨状况，他们缺乏社会主动性精神和对宗教未来的积极态度。历史学家 B. O. 克柳切夫斯基表示，无论是农村教堂，还是城市教堂，其中都充满了"孤零零"的教徒。B. O. 克柳切夫斯基观察、研究了当时人的教会生活，他写道："若同一个教堂的教徒相熟，他们会约在街上碰面；教徒的联系都不发生在教堂内部。他们每个人都根据自己的意愿提出对基督的理解，并未形成一个共识。教堂中各个教徒不是一个整体，而是不同个体的集合。教徒去教堂就像进澡堂一样，不过是一周一次，洗去自己思想上的尘埃。"②

与此同时，也有一部分教徒和神甫代表，他们积极在教区内外活动；这就表明，还有一小部分具有社会积极性的东正教徒，他们会经常参与"宗教社会生活"。世纪之交，宗教社会生活的活动具备了一些开创性的方法和组织形式，因此，宗教社会生活中出现了诸多引人注目的现象。

---

① *Розанов В. В.* Собр. Соч. Религия и культура: Статьи и очерки 1902 – 1903 гг. М., СПб., 2008.

② *Ключевский В. О.* Письма. Дневники. Афоризмы и мысли об истории. М., 1968. С. 313.

宗教协会便是其中之一。[①] 每个教区都有教会慈善救济机关、东正教弟兄会、戒酒协会、宗教考古委员会等。19 世纪 90 年代，全俄共有 1 万多个慈善救济机关和 150 多个东正教弟兄会。至 1914 年，慈善救济机关已经超过 2 万个，东正教弟兄会超过了 700 个。[②] 值得注意的是，宗教社会组织各有不同的形式、地位和活动领域。

教区慈善救济机关是数量最多的宗教社会组织，一般由同一个教区的神甫和教徒共同组建。组建者认为，教区慈善救济机构应在东正教会确立特殊的地位，[③] 这会使它成为恢复教区活力的一股新生力量。这些慈善机关主要关注教区中的生活秩序、公用事业，致力于满足全体教士的物质需求，同时在教区内部开展慈善募捐活动。慈善救济机关的资金和物质储备一般来自"教区教徒自愿捐献或者教区外的捐助"。

东正教弟兄会起源于 15 世纪，是宗教社会组织最古老的形式；东正教弟兄会在 19 世纪 60 年代的大改革中重获新生，与慈善救济机关不同的是它不受地域的限制。东正教弟兄会的规章允许其成员担任不同教区甚至其他教区的代表，"为东正教会的需要和利益服务"。[④] 每个东正教弟兄会都有各自的条例和上帝庇佑的特殊象征。与教区慈善救济机关不同，东正教弟兄会可以独立管理资金，也有自己的收益事业。东正教弟兄会通常成立于城市，并由此将其影响扩大至整个教区。

19 世纪末 20 世纪初，俄国存在大大小小的各种弟兄会。大型弟兄会的

---

① 东正教社会组织指的是一些神甫或世俗教徒组织的自主联盟，其目的是巩固和扩大东正教。这些组织有自己的规章、制度，也获得了国家或宗教权力机构（教会）的正式批准（见：*Цысь О. П.* Православные общественно-религиозные организации Тобольской епархии во второй половине XIX—начале XX в. Нижневартовск, 2008）。

② 见：*Папков А. А.* Церковные братства：Краткий статистический очерк о церковных братствах к началу 1893 г. СПб.，1893；*Введенский В.* Православные церковные братства // Прибавление к《Церковным ведомостям》. 1914. № 20. С. 905.

③ Положение о приходских попечительствах при православных церквах // Свод законов Российской империи. Т. XII. Кн. II. Разд. III. СПб.，1892. С. 564.

④ Правила о православных церковных братствах // Устав духовных консисторий. СПб.，1871. С. 313 – 315.

奥斯特罗格的圣—基里尔—梅福季弟兄会的主要领导人。左起第
三位是该弟兄会的主席——A. A. 科马罗夫斯卡娅伯爵夫人

成员在 1000 人到 1 万人，拥有自己的教堂、出版机构，独立于教区之外。
他们不仅从事宗教教育活动，也给教徒提供各方面的社会援助。小型弟兄会
的成员在 10 人以上，他们一般在一个教区内从事普通活动，或者是完成某
种任务。

　　圣彼得堡的大型宗教社会组织有宗教道德教育推广协会、圣母教区弟兄
会、涅瓦亚历山大戒酒协会、帝国正教协会等。莫斯科的大型宗教社会组织
有莫斯科宗教教育爱好者协会、彼得主教传教士弟兄会、各教区委员会的
传教士协会。俄国中部省份的一些大型宗教组织有弗拉基米尔的涅瓦亚历
山大弟兄会、梁赞的瓦西里圣徒弟兄会、萨拉托夫的圣十字弟兄会、喀山
的古里圣徒传教士弟兄会。西伯利亚与乌拉尔的大型弟兄会有托木斯克的
季米特里（罗斯托夫）圣徒弟兄会、叶卡捷琳堡的西梅翁（上图里耶）圣
徒弟兄会、彼尔姆的斯提芬（彼尔姆）圣徒弟兄会、托博尔斯克的季米特
里（萨隆）圣徒弟兄会。俄国南部的大型弟兄会有敖德萨的圣—安德烈耶
夫弟兄会、阿斯特拉罕的基里尔—梅福季弟兄会。俄国西部边疆区有霍尔

姆斯克的圣母弟兄会。波罗的海沿岸有波罗的海救世基督和圣母庇佑弟兄
会等。地方宗教社会组织的状况一般可以反映该地区社会经济状况和文化
方式特点。

　　大型弟兄会总是积极筹措资金来建设自己的教堂，这类教堂就会成为教
徒的共同宗教中心。弟兄会一般是靠捐款建设教堂，很多此类教堂也成为俄
国建筑史上的艺术珍品。建筑学家 H. H. 尼康诺夫根据 17 世纪的俄国宗教
建筑风格，为圣彼得堡的圣母弟兄会设计了一座教堂；该教堂由九座主体建
筑构成，此外配有高耸的圆锥形钟楼，成为圣彼得堡首座"俄国风格"的
建筑。作曲家 A. Г. 切斯诺科夫为教堂创作的合唱曲也为圣彼得堡带来了荣
光。毗邻教堂的有一些建筑群，其中有教区宗教学校、成人周日学校、人民
阅读厅、弟兄会领导会议厅、传教士与人民图书馆、圣彼得堡所有宗教学校
的教科书与教具仓库，此外，还有戒酒协会大楼。[①] 圣彼得堡周边地区的很
多人会聚集于此，希望得到精神和物质的双重援助。

　　大部分弟兄会都是以宗教教育和传教为目的的。宗教教育和传教活动具
有多种形式和方法：礼拜座谈会、人民阅读课、公开演讲；此外，弟兄会还
会开放附有阅读大厅的图书馆，扩大宗教文学传播范围，也致力于扩建教区
中学等活动。

　　19 世纪末 20 世纪初，礼拜座谈会是公认的宗教教育活动的主要形式之
一。此外，东正教弟兄会和一些宗教协会深入研讨了宗教教育规划，决定了
人民阅读课的管理制度并提供了一些有益的建议和指导。为了将宗教教育辐
射到教区中的大部分地区，大型弟兄会创建了自己的宗教独立机构并委任了
特别观察员。例如，萨拉托夫圣基督弟兄会附属的宗教教育联盟就有一些此
类独立机构，察里津的分支机构便是其中之一；它负责监督察里津市三处的
人民阅读课。阅读课一般在教区女子学校举行，参加者可以住在教区学校大
楼的宿舍中；参加阅读课是免费的，讲师主要是神甫、世俗与宗教学校的教

①　Десятилетие просветительской деятельности С.-Петербургского Православного епархиального
братства во имя Пресвятой Богородицы. СПб. , 1894.

师，讲授的课程涉及俄国历史、教会史、圣徒传记、俄国文学。阅读课开始之前，所有人都要唱祈祷文；阅读课期间，在"神奇灯笼"（投影设备）的帮助下会放映相关图片。[①]

教区的宗教学校和识字学校对宗教社会组织的教育活动意义重大。教会的资金不足以开设新的中学，也无法按时支付教师薪水，也存在教科书、教具缺乏的窘境，这些都需要宗教组织提供援助。19 世纪末，俄国 1/4 宗教学校得到了弟兄会的物质援助（所有的全俄宗教学校共计 2 万所，得到资助的学校总共超过 5500 所）。俄国中部省份的许多教区学校、西伯利亚几乎所有的宗教学校都归弟兄会所有。[②] 此外，弟兄会还在宗教学校开办了一些辅助性学习机构；这些机构有为孩子开办的手工学校、孤儿院等，也有为成人开办的，主要是周日学校。为了培养职业教师，很多弟兄会也开办了专门的教师培训班。

东正教社会组织的主要目的是传教活动。这些组织对教会传教士团十分不满，因此要求引入新的力量并提供资金支持。一些弟兄会专门与教派分化运动进行斗争，比如阿斯特拉罕的基里尔—梅福季弟兄会、基辅的圣弗拉基米尔弟兄会等。他们研究了自己教区中不同的教派，开办了反教派分化运动图书馆，促进宗教文学的传播。此外，一些弟兄会也提出了从旧礼仪派重返东正教教会怀抱的目标，比如莫斯科的彼得圣徒弟兄会、萨拉托夫的圣基督弟兄会、弗拉基米尔的涅瓦亚历山大弟兄会、科斯特罗马的费奥多罗—谢尔盖耶夫弟兄会。这些弟兄会的活动方式是一致的——组织座谈会，同旧礼仪派教徒进行交流。

一些弟兄会致力于捍卫东正教，使其免受天主教影响，比如维尔诺[③]的圣教弟兄会、霍尔姆斯克的圣母弟兄会、基辅的圣弗拉基米尔弟兄会、奥斯

---

① Отчет Царицынского отделения Саратовского Духовно-просветительского Союза за 1897 / 1898 год. Саратов, 1899. С. 4.

② См. : *Дорофеев Ф. А.* Православные братства: генезис, эволюция, современное состояние. Нижний Новгород, 2006. С. 139.

③ 立陶宛城市，即维尔纽斯。——译者按

特罗格的基里尔—梅福季弟兄会等。在俄国边疆地区，东正教弟兄会不仅提供教育机会，还以各种方式向俄语居民提供社会援助。

一些弟兄会积极在穆斯林和多神教教徒中开展工作，其中取得最大成就的是喀山的古里圣徒弟兄会；该弟兄会是一个著名的传教士组织，主要致力于"在喀山教区的异教徒中协助推广基督的神圣信仰"。[①] 在弟兄会的努力下，鞑靼斯克的一所学校和中等师范学校举行了集体洗礼仪式，后来，鞑靼斯克的很多学校和中等专科学校也举行了洗礼仪式。值得注意的是，这些受洗的学校是根据著名传教士教育家 Н. И. 伊利明斯基的建议而设立的。Н. И. 伊利明斯基认为，异族人只有在其母语的帮助下才能进行"改造再教育"。因此，一些弟兄会成立了翻译委员会，用异族人的母语刊行宗教文学作品。

一些弟兄会因其教区内也存在其他教派教徒、旧礼仪派教徒、穆斯林与多神教教徒，所以他们的传教活动不得不采用不同的形式。坦波夫教区的季米特里（萨隆）圣徒弟兄会就不得不与其他教派、宗教进行周旋，比如旧礼仪派、莫罗堪派[②]、浸礼宗、犹太教、鞭身派以及帕什科夫派[③]。[④]

当时，俄国致力于传教事业的大型宗教社会组织主要有两个——莫斯科的东正教传教协会（1869 年）和圣彼得堡的帝国正教协会（1882 年）。这两个协会均得到了皇室资助，在所有教区都有自己的分支机构。

宗教考古委员会与宗教考古协会希望将教会的力量延伸至科学教育领

[①] *Машанов М. А.* Обзор деятельности св. Гурия за 25 лет его существования. 1867 – 1892 // Православный собеседник. 1893. № 5. С. 112.

[②] 18 世纪 60 年代从俄国正教分离出来的精神基督派的一支，主张取消教会和祭司，主张在家"自我修道"，原意为"饮乳者"，在斋期继续饮乳。——译者按

[③] 19 世纪末俄国福音派中的一支，因其领导人 В. А. 帕什科夫得名，该教否认圣像、圣徒、神秘仪式等。——译者按

[④] См.: *Цысь О. П.* Православные приходы Тобольской епархии в конце XIX—начале XX века（По материалам инспекционных поездок архиереев）// Сибирь на перекрестье мировых религий. Новосибирск, 2006. С. 141.

域。19 世纪末，这种组织共计超过 20 个。① 至 20 世纪，其数量又增加了一倍多。19 世纪下半期，俄国很多省份的地方志都获得了长足发展，与其紧密相关的宗教考古活动也因此发展了起来。宗教考古协会的任务是保护宗教文物，从地方教堂、修道院中搜集古代文献，组织考古发掘工作，整理资料、文献并进行推广；推广的主要形式一般是借助于宗教考古博物馆，或者是公开发布相应的文献。一些组织完善的古文献保管处不仅有古代事件（资料匮乏）的目录索引，也保存着珍贵的圣像艺术原件、俄国风俗文物。

东正教的宗教社会组织也十分重视慈善事业。这些组织的慈善事业针对不同的社会等级有完整的帮扶措施，致力于改善人们的健康和生活质量。东正教弟兄会和宗教协会组织了一系列的慈善活动，他们为穷人提供补助，给予教士物质援助，建造养老院和孤儿院，开办食堂和茶餐厅，为病人安排免费医疗检查，帮助失业人员重新就业等。一些组织在慈善事业领域获得了极大的成功。世纪之交，安德烈耶夫慈善救济机关（1874 年成立，由喀琅施塔得的约安神父领导）创办了一座广为人知的劳动宫。② 这座劳动宫附设有完整的教育机构和慈善机构。

与此同时，宗教社会组织也极为关注儿童问题。很多弟兄会和宗教协会都建造了孤儿院，组织儿童的夏季郊外避暑活动，给他们建造娱乐设施。此外，他们对病患儿童更付出了极大的心血。20 世纪初，在皇后亚历山德拉·费多罗芙娜的庇护、资助下，圣彼得堡崇高皇后弟兄会（1900年）积极投身于儿童慈善事业。崇高皇后弟兄会的主要任务是开办、资助孤儿院并扩大其规模，孤儿院的主要受众是"低能儿、癫痫患者、发作性疾病患者、神经性疾病患者以及残疾人等一些在任何机构都不被接收的病患儿童"。③

19 世纪 90 年代开始，很多教区积极创办戒酒协会。至 20 世纪初，全

---

① Всеподданнейший отчет обер-прокурора Святейшего Синода по ведомству православного исповедания за 1900 г. СПб. , 1903. С. 92.

② См. : Сурский И. К. Отец Иоанн Кронштадтский. М. , 2008. С. 24.

③ Дом благодарных родителей. СПб. , 1909. С. 2 - 3.

涅瓦的亚历山大戒酒协会成员在前往圣彼得堡兹纳纳缅斯克广场的朝圣途中——照片由 K. 布尔摄于 1912 年 3 月 24 日

俄戒酒协会已经超过了 1500 个。① 戒酒协会与其他宗教协会不同：成员要在教堂的圣像前发誓，放弃酗酒；戒酒观念与东正教的教育事业相结合。知名教育家 C. A. 拉钦斯基是东正教戒酒协会的理论家，也是特维尔省达捷夫村第一个东正教戒酒协会的发起人之一。拉钦斯基去世后，东正教戒酒运动的中心转移到了圣彼得堡。1898 年，年轻神甫 A. B. 罗日杰斯特文斯基在圣彼得堡创立了著名的涅瓦亚历山大戒酒协会。他尝试用不同的方法制止人民的酗酒行为，比如布道、朝圣，同时采用了一系列的宗教教育、闲暇娱乐措施。涅瓦亚历山大戒酒协会也积极号召一切可能的社会援助。失业率攀高之时，戒酒协会还为其成员设立了就业委员会。除此之外，涅瓦亚历山大戒酒协会也有自己的出版社，每年刊行近 100 种书籍和小册子，总发行量不少于

---

① Всеподданнейший отчет обер-прокурора Святейшего Синода по ведомству православного исповедания за 1908 – 1909 гг. С. 369.

50 万册；此外，也出版了一些杂志，比如《基督教复兴》《清醒（不饮酒）的生活》《礼拜钟声》等。20 世纪初，涅瓦亚历山大戒酒协会成为俄国人数（将近 7 万人）最多的宗教组织，其中不仅有需要帮助者（戒酒者），还有不饮酒生活方式的倡导者以及愿意为"基督教兄弟"提供援助的人士。涅瓦亚历山大戒酒协会赢得了广泛的好评。1914 年，该协会更名为全俄涅瓦亚历山大戒酒弟兄会。①

世纪之交，俄国宗教社会组织各式各样，其中也有一些尝试构建基督教徒共同的社会生活，他们的活动也格外引人注目；其中最独特的组织是——举荣圣架节②劳动弟兄会（地主 H. H. 涅普柳耶夫在切尔尼戈夫省自己的庄园中成立的组织）。举荣圣架节劳动弟兄会的主要任务是"极尽所能地在各个领域推行基督教，而非仅仅将其融入日常生活；基于基督教徒之间彼此互爱，从真正意义上理解基督教并为之奋斗"。③ 举荣圣架节劳动弟兄会的活动并未受到多少支持，甚至涅普柳耶夫庄园附近村落的基督徒、至圣主教公会东正教院事务部大臣都表示反对。但是无论外界压力多大，举荣圣架节劳动弟兄会的成员在共同生活阅历的基础上，努力推进"社会生活基督教化"理想的实现。

宗教社会组织将不同等级、不同职业的人联结在了一起。值得注意的是，越来越多的妇女参与了宗教社会组织，这也是当时宗教社会组织的典型特征之一；她们也创建了自己的"妇女委员会"。根据一些教徒的倡议，很多宗教社会志愿联盟成立了，这些组织靠教徒自筹资金、自行管理，这也从一个侧面证明教徒的自觉意识增强了。

世纪之交，俄国人民的社会主动性普遍提高了。俄国各地都出现了一些

---

① Десятилетие деятельности Александро-Невского общества трезвости в С. -Петербурге. 1898 – 1908. СПб. , 1909；*Жукова Н. Г.* История создания и деятельности обществ трезвости при церквах С. -Петербургской епархии // Христианское чтение. 1995. № 10. С. 30.

② 俄历 9 月 14 日。——译者按

③ *Сомин Н. В.* Крестовоздвиженское трудовое братство Николая Николаевича Неплюева // Вестник Православного Свято-Тихоновского гуманитарного университета. Сер. Педагогика, психология. 2008. № 1 (8) . С. 62.

社会志愿组织。① 这些组织的活动表明，国家计划外的、公民为其自身利益创建的社会自组织逐渐成形，公民完全有能力创建新型的社会组织（公民社团，或称公民协会）。②

但是，国家对待社会组织的态度自相矛盾：一方面，国家赞成人民发挥社会主动性，希望可以在不同领域带来实际利益；另一方面，国家也担心人民的社会主动性会带来意想不到的结果，尤其害怕沙皇对公民利益的垄断权可能会遭到反对。③

当时，宗教社会组织呈现与以往不同的特点。国家同以往一样保留了对一切事务的监控权，教会亦是如此（其中包括对教徒个人倡议的监控权）。例如，东正教弟兄会的创办不仅需要获得以教区高级神职人员为代表的教会权力机构的许可，也要得到以总督为代表的世俗权力机构的应允。④ 毫无疑问，对于创办新的东正教弟兄会和宗教协会而言，这种双重监控定会拖长许可期限，从而带来负面影响。

以教区高级神职人员为代表的教会权力机构也希望保留对宗教社会组织的监控权。大多数情况下，教会监控并不会影响宗教社会组织的运行规则，有时甚至会对他们的工作提供帮助；但是，这种监控有时也会严重干涉这些组织的工作，会使其所有的前期努力付诸东流，甚至难以运行，导致组织关闭。喀山古里圣徒弟兄会的活动史就是一个鲜明的例证。迫于喀山新的大主教帕拉季（拉耶夫）的压力，古里圣徒弟兄会被迫修改了规章。根据新规章，弟兄会的主席和委员会的一半成员都要由教区高级神职人员任命，宗教管理部门的所有职员也都成为弟兄会的成员。"教区领导把弟兄会完全当成

① См.：*Туманова А. С.* Общественные организации и русская публика в начале XX века. М.，2008. C. 289.
② См.：*Розенталь И. С.* Москва на перепутье：Власть и общество в 1905 – 1914 гг. М.，2004；*Туманова А. С.* Общественные организации и русская публика в начале XX века. М.，2008. C. 7.
③ См.：*Туманова А. С.* Общественные организации и русская публика в начале XX века. М.，2008. C. 290.
④ Правила о православных церковных братствах. C. 314 – 315.

了教区的附属机构。"① 古里圣徒弟兄会的全体会议实际上已经丧失了决议监控权；值得庆幸的是，弟兄会分出了一些独立分支机构——反分裂传教士独立分支机构和翻译委员会。

很多宗教社会组织都要依赖国家的财政补助。政府支持的东正教组织要在全俄范围内从事传教活动。② 皇室成员（大公、沙皇、皇后）的"最高庇护"使得这些组织长期免于财政问题困扰。20 世纪初，受到"最高庇护"的东正教弟兄会和宗教协会共计超过 20 个。当时，参与此类组织是一项无上殊荣，这在省城表现得尤为明显。因此，此类组织的参与者（加入时缴纳的费用很高）只是为其权威，而非为了宗教或"基督弟兄会"的福祉。省城类似弟兄会的成员都是城市精英，主席和备受尊敬的成员都是当地世俗或宗教管理机构的领导人。其余大部分所谓的"弟兄们"对于内部事务并无发言权，更确切地说，他们只是"捐赠者"。此类组织设有"最高"监督机构，它钳制了成员的主动性，导致组织官僚化气息浓厚。当时的人指出，这类弟兄会具有至圣主教公会官僚管理时代死气沉沉的"公家"性质。③

地方神甫组织能力低下，这对宗教社会组织的发展起到了负面作用。宗教社会组织工作要求神甫能够及时、有效地为教区监督工作研究出更加详细的指令，④ 但是很多神甫没有组织工作经验。因此，神甫只能从形式上完成教会领导的命令。显而易见，很多目标（例如借助教区监督、团结神甫和教徒、复兴教区内信徒活动）并未达成。

因此，只有少数东正教弟兄会、宗教协会与其他宗教社会联盟明显不同，就其本质来讲，他们是独立、民主的组织，处于有利地位。例如，东正

---

① *Понятов А. Н.* Некоторые аспекты миссионерской деятельности 《 Братства святителя Гурия 》 // Православный собеседник. 2003. Вып. 2 （5）. С. 45 – 78.

② *Введенский В.* Православные церковные братства // Прибавление к 《 Церковным ведомостям 》. 1914. № 20. С. 911.

③ См. : *Карташев А. В.* Церковь как фактор социального оздоровления России. М. , 1996. С. 248.

④ См. : *Бунин А. Ю.* Общественная деятельность православного духовенства Курской губернии в годы Первой русской революции // Правда истории. Вып. 1. Курск, 2003. С. 119.

教戒酒协会的工作开展良好，充分体现了其成员的优秀组织能力。教区的慈善联盟和宗教考古委员会成功地将城市中的知识分子和神甫连在了一起。

19 世纪末至 20 世纪初，俄国的宗教社会组织出现了一些新形式，其中最受欢迎的是宗教联盟和宗教代表大会。这两种组织都是以不同等级宗教代表的自由交流为原则进行运作的。这些组织追求联合，获得了很多人的青睐——从主教到助祭、诵经士，从神学家到宗教学校的大学生。世纪之交，俄国各职业都出现了联合、靠拢的趋势，[①] 宗教社会组织也不例外，出现了"空前的职业联合"倾向。

助祭和诵经士都面临与农村教徒交流困难的问题，因此二者的职业联盟最早建立了起来。此外，很多联盟也充当了一种互助协会。[②] 宗教学校的教师也尝试进行职业联合。1905 年，特维尔宗教中学的教师 B. И. 科洛索夫创立了宗教中学和宗教中等专科学校教师社团——宗教学校教师联盟。[③] 1917年，彼得格勒的宗教学校教师联盟宣告成立。修士们也围绕着联盟思想进行了讨论。1909 年，首届全俄修士代表大会（"培养良好修士精神"[④] 的宗教互助联盟）召开；1917 年，修士学者大会召开，会议宗旨是"促进修士学者更好地参与教育活动"，值得注意的是，会上通过了创建"修士学者联盟"的决议。[⑤]

联盟代表了不同宗教等级的利益和权利，促进了行会意识和自组织文化的发展。但不得不提的是，宗教职业联盟起步晚，同医生、教师等职业联盟相比，发展也十分落后。大部分情况下，创立宗教联盟的愿望只是"纸上

---

① См.：*Туманова А. С.* Общественные организации и русская публика в начале XX века. М.，2008. C. 44.

② 例如，革命期间，雅罗斯拉夫尔于 1906 年 1 月 1 日正式成立了助祭和诵经士互助协会，其规章于 1906 年 5 月发布在了《雅罗斯拉夫尔教区公报》上。

③ См.：*Леонтьева Т. Г.* Церковные филантропические организации Тверской губернии в конце XIX—начале XX века // Общественные организации в политической системе России 1917 – 1918 гг. М.，1991. C. 123.

④ *Серафим，иером.* Первый Всероссийский съезд монашествующих 1909 г. Воспоминания участника. М.，1999. C. 30 – 31.

⑤ Всероссийский церковно-общественный вестник. 1917. № 76. C. 3.

1909 年，首届全俄修士代表大会在特罗伊茨克的谢尔盖大教堂召开

谈兵"。例如，圣彼得堡的神甫一直声称要建立神甫职业联盟，但是最终不
了了之。① 除此之外，宗教学校的学生还成立了一些地下联盟；他们依靠大
学生图书馆、阅览室、互助基金，迅速地创建了一些自组织。宗教学校的学
生对于自组织的创设有颇高的积极性，例如，1905 年，学生就创建了莫斯
科教区学校学生联盟和全俄宗教学校学生联盟。

　　宗教代表大会也是当时宗教社会生活中不容忽视的现象。神甫、修士、
传教士和神学教师都提出要举办各自的代表大会。此时，东正教弟兄会担负
起了创办代表大会的重任。②

----

① 　см.：Фирсов С. Л. Русская Церковь накануне перемен（конец 1890 – х—1918 гг. ）). СПб.，
2002. C. 183.

② 　1908 年 8 月 29～31 日，明斯克圣基督弟兄会组织了第一次代表大会，来自俄国西北部的弟兄
会代表参加了这次会议（Всеподданнейший отчет обер-прокурора Святейшего Синода по
ведомству православного исповедания за 1908 – 1909 гг. C. 31）。1909 年 8 月，圣基督弟兄会
又举办了第二届代表大会。之后，圣基督弟兄会又分别在 1911 年的波尔塔瓦（与会者达到
100 人）、1912 年的维尔诺（与会者达到 120 人）举办了两届代表大会（Всеподданнейший
отчет обер-прокурора Святейшего Синода по ведомству православного исповедания за
1911 – 1912 гг. ）。

宗教代表大会是按照地区原则召开的——城市（牧师会议）、教区、全俄。世纪之交，一些代表大会具有全俄性质，其中包括全俄传教士代表大会（1887 年、1891 年、1897 年、1908 年）、全俄修士代表大会（1909 年）、全俄世俗中学神学教师代表大会（1909 年）、全俄神甫和世俗教徒代表大会（1917 年）、全俄宗教学校活动家代表大会（1917 年）。

教区代表大会有长期的会议记录。神甫召开教区代表大会，参与教区财政问题讨论，最终决议会裁定教区的支出预算。1905 年（革命期间），俄国召开了教区代表大会，与会者主要是教会负责人、低阶教士和世俗教徒代表；这次会议上，所讨论问题的领域扩大了，宗教改革议题也受到了重视。

临时政府成立后，宣布了言论和集会自由；因此，集会不再需要经过教区领导的首肯。1917 年春，教区代表大会席卷了全俄 67 个教区，世俗教徒成为这些大会的主力军。代表大会上讨论了各种问题——从教会教区生活改造到政治问题，无所不包。实际上，临时政府获得了所有代表大会的支持。一些代表大会甚至通过了推翻主教的决议（当时的法律规定，只有至圣主教公会东正教院事务部大臣才有权调换、开除主教）。但是，会议上并未出现任何认真研讨宗教问题的提案。很多代表大会是在十分仓促的情况下召开的；当时的人回忆道，一些代表大会是人们"站在饭桌上"表决通过才召开的。农民谈道，从未目睹过"这种混乱和不成体统之事"。[①]

很多教区也开始组织神甫和世俗教徒代表大会。1917 年 6 月，1268 名代表参加了莫斯科的全俄东正教神甫和世俗教徒代表大会，主教几乎没有出席，这就表明，大部分与会者都是白神品和世俗教徒；会上呼吁，要立即召开全俄宗教会议。

尽管宗教代表大会的纲领都比较杂乱、激进，但是表达了对教徒宗教命运的关切。无论是积极经验，还是消极教训，教区代表大会对于未来全俄地区会议的筹备都有重要的借鉴意义。

---

① Леонтьев П. Я. Революция в Церкви：съезды духовенства и мирян в 1917 году // Церковь в истории России：Сб. 2. М.，1998. С. 130.

19 世纪末 20 世纪初，宗教刊物编辑部是东正教徒和神甫代表的共同宗教中心。宗教刊物是俄国宗教社会生活中的重要内容，在 19 世纪 60 年代获得了发展。[①] 宗教刊物的宗旨是支持人民强烈的宗教信仰，为当时的社会事件提供宗教观点，引领神甫等级的宗教教育。世俗社会通过宗教刊物找到了与神甫的沟通方式；神甫则认为，宗教刊物是宗教接近人民生活的重要方式。

19 世纪末，宗教刊物有其自身的形式和风格。根据出版方或针对性的差异，可以将宗教刊物分成几个流派，比如神学家宗教刊物、传教士宗教刊物、牧师宗教刊物、宗教社会生活刊物、人民宗教刊物。官方宗教刊物主要有至圣主教公会的《教会公报》和各教区的《教区公报》。

人民宗教刊物面向的是最广大的人民群众。因此，它的语言浅显易懂，带有教育的特点；没有"严肃"的文章，篇幅不大，印刷字体较大，有非常多的插图和日常生活建议（例如"如何清洗雨衣""风湿病的防治""如何在石灰岩地带挖掘地窖"等）。《俄国朝圣游记》周刊就是广受人民好评的宗教刊物，其中除了描述圣地之外，还会刊载一些宗教道德故事以及喀琅施塔得约安神父的布道稿。此外，《益友交谈者》（潘捷列伊蒙诺夫修道院的刊物，刊载当地苦修者的传记，以生动的描述著称）、《舵手》（主要刊载一些宗教道德方面的典范）比较受欢迎，还有一些周末家庭读物（《星期日》等）也受到人民的追捧。

《朝圣者》《基督教复苏》《俄国东正教箴言》等刊物面向的是逐渐壮大的市民阶层。这些刊物的内容形形色色（宗教历史、时事评论、宗教社会生活、文学），语言风格也显得不是那么"浅显易懂"。《朝圣者》主要刊载俄国神学家的优秀文学作品（相对通俗易懂的作品），此外，还长期免费刊载附刊——《通俗神学丛书》。

另有一类宗教刊物，其出版者并不希望打造"轻松、教育意味浓厚的读物"或者采用"直言不讳、灌输、填鸭式的措辞"，他们感兴趣的是神

[①] 1821 年，圣彼得堡宗教研究院刊行了首个宗教杂志——《基督教读物》。杂志发行的对象涉及范围较小，针对的是神学家和受过教育的神甫。

学、哲学的相关问题。哈尔科夫宗教学校出版的《信仰与理智》就是这类刊物中的佼佼者，广受读者好评，其中深入研究了俄国当时最前沿的宗教哲学流派和社会思潮。

牧师和传教士也出版了一些宗教刊物，例如《农村牧师指南》《牧师交谈者》《陆海军神甫公报》《弟兄会箴言》《东正教汇编》《传教士评论》，这些刊物对于牧师和传教士的联合以及职业水准的提升具有重要意义。宗教研究院也出版了一些神学刊物（《神学公报》《东正教交谈者》《基辅宗教研究院著作》《基督教读物》），它们面向的则是相对小众的专家。

1902 年，东正教思想家 M. A. 诺沃谢洛夫开始出版《宗教哲学丛书》（期刊）。《宗教哲学丛书》第一卷名为《被遗忘的经验丰富的认识上帝之途径》，它向各流派刊物发出号召，希望他们珍视祖国的宗教财富。

19 世纪末，俄国宗教刊物发生了一些变化。19 世纪下半期，俄国宗教刊物多是大部头的，一般收录很多作品；至 19 世纪 90 年代，薄本周刊因能及时、有效报道时事，因此逐渐得到了推广。首批宗教报刊借鉴了薄本周刊的经验，也加入了时事报道的行列。当时，社会倾向的宗教刊物（《教会公报》《宗教与社会》《宗教呼声》等）销量大增，其受众主要是世俗社会的受教育者。值得注意的是，一些宗教意味浓厚的著名神学刊物（包括一些传教士刊物、牧师刊物）也逐渐将注意力转向了时事问题。很多宗教刊物开辟了时事专栏，比如"现代大事记""现代评论"，专栏的论述笔法也发生了重大变化。总之，宗教刊物获得了新的特征——关注时事。正是在这一时期，宗教政论作品获得了极大的发展。

在俄国传统社会加速解构的过程中，宗教权威一落千丈。宗教刊物需要重新阐释东正教的定义，也需要回答如何促使宗教进步、如何看待现代文化、如何对待社会主义等一系列的问题。为了达成这些目标，他们认真分析了当时俄国诗人、作家、哲学家和社会活动家的观点；由于托尔斯泰主义对社会的影响越来越大，他们又探索、分析了其中的原因。除此之外，宗教刊物也极力追求为读者提供及时、有效的报道（宗教社会事件），还会讨论教会内部问题——东正教教区问题、宗教教育问题等。1905 年起，宗教改革问题愈发尖锐，宗教刊物成了不同宗教团体进行思想交锋的竞技场。

在此期间，很多宗教刊物都明确表达了自己的观点。例如，《钟声报》（1906 年）积极留意宗教政治生活事件，联合君主制拥护者，积极向高级神职人员征求意见，表达了反对改革的立场。《世纪》杂志是由自由主义倾向的神甫和世俗教徒所创办的，因此当时联合了一些具有自由主义思想的哲学家、神学家、宗教活动家和社会活动家，积极支持改革；后来它又加入了"宗教改革联盟"。

宗教刊物的出版者主要来自宗教学校、东正教弟兄会和宗教协会，也有一部分是宗教等级代表。当时，世俗社会也出现了一批有才干的宗教刊物编辑、作家。叶甫根尼·巴谢利亚宁（波戈热夫）就在东正教读者圈中广受好评，他发行了众多宗教期刊，此外整理、集合了自己的宗教作品并发行了一套丛书。根据某些宗教界人士的倡议，宗教刊物也会刊登一些文学教育作品，他们希望借此推动宗教教育并抵制社会上信仰缺失蔓延的状况。

十月革命前十年，宗教社会活动产生了何种结果？各种宗教社会组织（从弟兄会到宗教刊物）的出现都表明了宗教自觉意识的提高、完善；全俄宗教代表大会则成为教徒追求宗教社会主动性的巅峰。但是在俄国传统社会加速解构的过程中，宗教社会活动的功绩在宗教教育和传教活动领域显得黯淡无光。东正教弟兄会的报告中充斥着异教徒"皈依"东正教人数的信息，但是与俄国人数众多的旧礼仪派教徒和宗派主义者相比，这些数字微不足道。[1] 此外，宗教社会活动并未席卷整个俄国，也未涵盖所有的社会群体。在这方面，社会主义宣传家的活动更加专业化。例如，工人是开展宗教教育工作最困难的群体。主教叶甫洛金（格奥尔吉耶夫斯克）拜会了涅瓦关卡的工人，他如此描述当时的状况："我听到了玻璃砸碎的声音……整个

---

[1] Всеподданнейший отчет обер-прокурора Святейшего Синода К. Победоносцева по ведомству православного исповедания за 1892 и 1893 гг. СПб. , 1895. С. 185.

大厅——充斥着人群的喊叫声……辱骂之声无处不在。'他们的手中沾满了鲜血！……他们是暴虐成性之人'。"① 实际上，宗教教育活动从未真正开展起来，被影响的依然是受过教育的市民阶层。尽管大城市"为神学、哲学讲演提供了宏大、华美的大厅"，但是从未出现座无虚席的状况，因此"不得不召集披着头巾、裹着长外套的老妪坐在大厅，但是她们也只是阅读尼古拉圣徒传记或者欣赏索洛维茨基修道院的绘画作品"。②

莫斯科宗教教育爱好者协会在其报告中指出，革命运动"影响了人民对上帝箴言的态度"，③ 所以推广宗教文学的事业遇到了新的瓶颈。同理，宗教刊物的努力也"没有任何意义，因为当代异端邪说的宣传已经渗透进了大学、编辑部、出版机构"。④ 教会图书馆中的读者对宗教文学并不感兴趣，他们喜爱的是经典作家的作品：教会图书馆把世俗文学和杂志下架后，读者几乎再不踏足。宗教社会活动是在社会意识深层危机的背景下展开的，虽然各种宗教教育机构付出了极大的努力，也耗费了颇多资源，但最终收效甚微。

四 宗教改革

20 世纪初，步入现代化道路的帝俄经历了深层危机。很多政治活动家和社会活动家预言，俄国人民已经丧失了积极的生活目标，社会激变已为期不远。他们认为，国家应从改善宗教道德状况入手，进行改革。因此，很多问题随之浮出水面——新形势下的国家前景问题、宗教冷漠问题、通过暴力手段对宗教意识施加影响的问题、俄国东正教的地位问题。俄国要进行大改

---

① *Евлогий*（*Георгиевский*），*митр.* Путь моей жизни. М. , 1994. C. 167.
② *Антоний*（*Храповицкий*），*архиеп.* В каждом направлении должен быть разработан устав духовных академий // Миссионерское обозрение. 1909. № 3. C. 358.
③ Отчет о состояние Общества любителей духовного просвещения за 1908/09 гг. М. , 1909. C. 17.
④ *Антоний*（*Храповицкий*），*архиеп.* В каждом направлении должен быть разработан устав духовных академий // Миссионерское обозрение. 1909. № 3. C. 358.

革，首先需要实行政教分离，保障公民的宗教信仰自由。尽管当时欧洲国家都未实现实际上的宗教信仰平等（一些宗教只是被承认和容忍），但是很多国家都认为，宗教是"公民的私事"。①

显然，东正教教会并未完全实现宗教道德教育的职能，因为它并不能有效地同革命宣传进行斗争。宗教学校的学生反而成了革命运动最积极的参与者，这表明革命风浪已经锐不可当。

至圣主教公会时期，教会受到了一些因素的毁灭性打击。自彼得一世以来，教会对国家唯命是从，这也是宗教危机状况的始作俑者；因此，必须重新审视教会与国家的关系。此外同样重要的是，必须重新审视教会影响人民的方式（布道稿、教区学校状况、世俗学校的上帝信条课程等），同时要解决教会内部的问题（神甫地位、宗教教育、修士状况、宗教审判等）。

若要在形势复杂的新社会上占有一席之地，教会必须对当时的社会政治生活、文化生活中的诸多问题——如何看待新的社会政治现实（政党、人的权利等）？如何看待世俗文化？如何看待科学？如何看待进步？——予以理解并做出回答。由于教会神职人员对这些问题并没有统一的观点，因此确定这些问题的答案显得十分必要。例如，宗教领域有一个广泛传播的观点：社会政治生活和经济生活明显没有宗教内涵，没有体现任何宗教价值，因此从救赎的角度看，并不值得教徒积极参与（所谓"空空如也"）。总而言之，这些问题都是基督教徒世俗生活意义的神学问题：这种生活是否只有动物学意义（从灵魂救赎的观点看），或者这种生活是否赋予了自身改变世界的任务？在 1901 年的宗教哲学会议上，至圣主教公会的成员 B. A. 捷尔纳夫采夫在第一份报告中也提到了这个问题。B. A. 捷尔纳夫采夫指出，宗教复兴的主要障碍就在于缺乏"社会理想"，"基督教徒再也不能仅仅将学说教义诉诸口头，还要付诸行动。如此一来，宗教就不会单单只涉及死后的理想"。②

---

① *Мельгунов С. П.* Церковь и государство в России в переходное время：Сб. Ст. （1907 – 1908 гг.）. М.，1909. С. 159.

② Записки Петербургских Религиозно-философских собраний （1902 – 1903）. СПб.，1906. С. 16 – 22.

19 世纪 60 年代，教徒重新考虑了教会与国家、当代社会的关系，宗教改革运动开始萌芽。当时，宗教刊物与世俗刊物都有一些触及宗教生活不同领域的批评声浪。1858 年，农村神甫 И. 别留斯金在国外出版了《农村神甫说明》一书，引起了巨大的反响。19 世纪 60 年代至 70 年代，政府采取了一些措施，旨在打破宗教等级的闭塞状态，提高神甫的素质。当时，一些活动家一直倡议召开宗教会议，探讨宗教问题。

19 世纪 80 年代，俄国涌现一批教会评论文章。[①] 哲学家 В. С. 索洛维约夫多次谈道："俄国并没有宗教自由。宗教受到了世俗权力的奴役，成为'国家的东正教'"，国家使宗教"成为人民的固有属性并屈从于世俗权力"。[②] 不过，宗教研究院希望改变这种状况，进行宗教改革。[③] 宗教研究院的教授熟知教规和宗教历史知识，他们经常在宗教刊物上发表文章，希望为宗教改革提供"神学意见"。[④] 1901 年至 1903 年，俄国召开了一系列的宗教哲学会议，会上讨论了东正教遭到批评的问题，也积极探讨了宗教改革问题。

20 世纪初，俄国的革命倾向愈加明显，政府不得不积极、认真严肃地开展立法工作：引入了代议制，给予了公民一些自由。1905 年 4 月 17 日，政府迫于社会压力颁布了《关于巩固宗教信仰自由的公告》，其中规定，国家应改善对非东正教的态度，为这些宗教提供更多机会。但是，这份公告并未改变东正教会的地位，教会的活动仍旧受到国家的种种制约。

当时，沙皇政府收到了一些改革草案。圣彼得堡的都主教安东尼（瓦德科夫斯基）给沙皇尼古拉二世呈上了一份报告，希望政府授予教会独立

---

① 1882 年，А. 伊万佐夫 – 普拉托诺夫在斯拉夫派的杂志《罗斯》上发表了一系列附有宗教改革草案的文章。

② Соловьев В. С. Собр. Соч.：В 2 т. Т. 1. М.，1988. С. 17.

③ *Заозерский Н. А.* 《О священной и правительственной власти и о реформах устройства православной Церкви》（1891）и《О нашем высшем церковном управлении》（1891）; *Введенский А. И.* 《Запросы времени》（1903）; *Тихомиров П. В.* 《Каноническое достоинство реформы Петра Великого по церковному управлению》（1904）и др.

④ *Благовидов В. Ф.* К работам общественной мысли по вопросу о церковной реформе. Казань，1905. С. 17.

安东尼（瓦德科夫斯基），圣彼得堡和拉多加的都主教，会前议事机关主席——画家卡列林绘于 1911 年

解决事务的权力。安东尼（瓦德科夫斯基）还请求沙皇允许召开高级神职人员会议，讨论迫切的宗教问题；会议应邀请有能力的教区神甫和世俗教徒代表，但政府代表不得参加。此外，为了组织这次会议，教会应获取一些自治权。当时，大臣委员会主席 С. Ю. 维特针对宗教问题也召开了一次特别会议，会上邀请了宗教研究院一些自由主义倾向的教授。这些教授共同起草了一份《关于当前东正教会状态》的报告，这就是广为人知的"维特的第一份报告"；这份报告比都主教安东尼（瓦德科夫斯基）的提议激进得多，其中要求邀请神甫和世俗教徒，立即召开已被废弃 200 多年的宗教会议。①

但是，所有宗教改革提案都遭到了至圣主教公会东正教院事务部大臣 К. П. 波别多诺斯采夫的反对。他在《御前大臣②波别多诺斯采夫关于东正教改革问题的意见》（递交沙皇的报告）中阐明了自己的观点，他指出，改变彼得一世创建的至圣主教公会体系对"君主专制体制"伤害颇深。沙皇尼古拉二世听取了他的意见，因此签发了一项决议来回应至圣主教公会的号召："我认为，在当今紧急的形势下无法完成如此宏大的改革。"③

1905 年春，政府与至圣主教公会的矛盾最终在报刊上明朗化。值得注意的是，当时，很多世俗刊物对宗教和宗教问题表现出了前所未有的兴趣。自由主义刊物讨论了宗教改革中一些触及时弊的计划。社会上的各种小组和

---

① Историческая переписка о судьбах православной Церкви. С. 20 – 21.
② 原为沙皇私人秘书，19 世纪后为荣誉称号，获得者有权面奏沙皇。——译者按
③ Церковные ведомости. 1905. 2 апреля.

协会也加入了宗教改革问题的讨论。例如，莫斯科宗教教育爱好者协会为此开设了专门委员会，委员会的成员也加入了"10月17日同盟"附属的宗教与宗教信仰问题委员会。

圣彼得堡神甫小组（后来被命名为32号小组）的报告——《俄国应立即恢复东正教会合乎教规之自由》——获得了广泛的认同。该报告由圣彼得堡都主教提交，之后刊登在了《教会公报》上。报告中谈到了立即召开宗教会议的必要性，建议采用普选原则，允许白神品和世俗教徒更多参与教会生活。与当时其他文件相比，"32号报告"（《俄国应立即恢复东正教会合乎教规之自由》）的核心内容实际上并没有新意，但它具有原则性的意义——这是教会神甫关于宗教改革问题做出的首次官方集体报告。① 这份报告成为很多相关文章的先声。从3月17日至4月17日，刊物上发表的相关题目文章共有417篇；至6月份，又刊载了573篇。②

32号小组的很多成员后来又加入了"宗教改革促进者同盟"（1906年更名为"宗教改革弟兄会"），该组织推出了十分激进的宗教改革大纲。32号小组的积极成员康斯坦丁·阿格耶夫在《路标》上发表了一篇题目极具特色的典型文章——《世俗改革抑或宗教改革》。康斯坦丁表示，需要采取重要的措施，推行"宗教改革运动"。③ 一些宗教改革家建议限制主教团的权力，恢复神甫选举制，实行政教分离。此外，他们还希望推举已婚主教、简化祈祷仪式等。值得注意的是，32号小组的大纲中还提出了教徒参与政治生活的问题，希望充分发挥基督教教义中的潜能，改变社会；此外，大纲还提出了促进基督教观念与世俗文化和平相处的任务。④

教会的主教对白神品代表们的声明反应十分强烈。宗教改革家的很多观

---

① *Ореханов Г.*，*свящ.* Церковный Собор и церковно-реформаторское движение // Журнал Московской патриархии. 2000. № 12. С. 73 – 74.

② *Фирсов С. Л.* Русская Церковь накануне перемен（конец 1890 – х—1918 гг.））. СПб.，2002. С. 322.

③ Церковные обновление：Приложение к журналу《Век》. 1907. № 1. С. 1.

④ *Чельцов М.*，*свящ.* Сущность церковного обновления. СПб.，1907. С. 9；Век. 1906. № 1. С. 2.

点明显与教义相悖。主教们认为，他们的宗教改革计划中隐藏着危机。例如，宗教会议的成员问题显然就是纯粹的政治问题（选举、投票权等）；他们仿效了国家杜马当时的现行大纲，希望授予世俗教徒广泛的权利，如此一来，东正教准则成为束缚教会的樊笼。"全体参与"的概念被偷换成了"集体主义"，会议变成了"议会"，主教成了"代表"。[①] 1907 年，H. A. 别尔嘉耶夫在《路标》杂志上批判了激进的宗教改革大纲，他指出："现在，宗教改革家和革新派教徒找到了一种方法，他们剔除了东正教中所有令其不快的特征，保留了他们喜欢的内容，此外，还通过最新的进步成果充实了东正教的内涵。"[②]

1905 年，俄国发生了一系列事件。最终，根据至圣主教公会的指示，高级神职人员就宗教改革达成了内容丰富的协议。绝大多数主教对宗教改革表示支持。65 名高级神职人员中，共有 50 名支持召开宗教会议。[③]

1905 年，很多教士、世俗教徒以及主教都表示支持宗教改革。很多人也推出了自己的宗教改革计划；也有一些活动家毛遂自荐，为某些具体的改革措施奔走呼号。例如，主教 H. H. 沃伦斯基希望"神学学科能够自由发展"，因此为大学中神学系的创建而积极努力。古罗斯教区研究者 A. A. 帕普科夫则积极支持教区分离计划，希望教区能够成为拥有教堂、财产和代表资格的独立宗教单位。

不过，宗教改革中的很多问题都没有统一的意见。一些人要求教会的绝对自由、民主化与独立性；另一些人则只支持废除彼得一世改革的相关宗教措施。一般而言，辩论双方对宗教本质的理解也有所不同。一些人采用世俗活动原则，运用所有可能改革宗教制度。另一些人指责他们只是把教会看作一个国家部门，并未注意到宗教的神秘本质；他们也批判主教忽略了高级神职人员圣礼的意义（根据东正教准则，主教都应保留圣礼，不得通过主观

---

① *Ореханов Г. Свящ.* На пути к Собору: Церковные реформы и первая русская революция. М., 2002. C. 127.

② Век. 1907. № 24. C. 371.

③ Отзывы епархиальных архиереев по вопросу о церковной реформе. Т. 1 – 3. СПб., 1906.

理解予以改变）。应该指出的是，宗教管理机构（教会）的选举过程中充满了各种舞弊行为；不过，教会最大的损失并不在于此，而是丧失了整体的团结与一致性。

"高级神职人员的共鸣"向政府传出了独特的信号，宗教改革已经刻不容缓、势在必行。1905 年，10 月 17 日诏书颁布，加之至圣东正教院事务部大臣 К. П. 波别多诺斯采夫退休，宗教改革迎来了良好的契机。后来，俄国发布了一项决议——为筹备大会组织会前议事机关。会前议事机关的主席是圣彼得堡都主教安东尼（瓦德科夫斯基），成员有主教、白神品与世俗教徒代表，还有一些宗教改革的忠实支持者（其中有 21 名宗教研究院的教授）。1906 年 3 月 8 日，会前议事机关召开了一次隆重会议。至圣主教公会东正教院事务部大臣 А. Д. 奥博连斯基在会上表示，"如今，各种宗教与哲学思想流派已经使得宗教意识四分五裂"，希望能够在会前议事机关达成共同协议。[①] 值得注意的是，会前议事机关共有七个部门，分别研究、讨论不同的宗教问题。第一部门人数最多，讨论的主要是地方会议的安排及人员问题。1906 年 12 月 15 日，会前议事机关就所有基本问题都制定出了章程，结束了自己的工作。但是，议事机关的工作成果也受到了各种宗教派系的挑战。1907 年，沙皇颁布了令人大失所望的决议案，其中表示"会议暂时不会召开"。

"随着宗教会议和宗教改革问题的出现"，1905 年至 1907 年革命后出现的政治反动势力已经逐渐"消失了"。[②] 至圣主教公会召开了专门的会前会议，试图重新探讨 1912 年召开宗教会议的问题，但是徒劳无功。1913 年，俄国隆重举行了罗曼诺夫家族掌权 300 周年的纪念大会，但即便在这种喜庆时刻，沙皇依旧没有应允召开宗教会议。此外，国家也不允许教会以不正当的方式表达自身意愿。1916 年，杜马中的 46 名神甫代表向沙皇尼古拉二世

---

① Журналы и протоколы Высочайше учрежденного Предсоборного Присутствия. Т. 1. СПб.，1906. С. 15.

② *Мельгунов С. П.* Церковь и государство в России в переходное время：Сб. Ст.（1907 – 1908 гг.）. М.，1909. С. 117 – 128.

递交了一份呈文；尽管沙皇在回函中坦承，自己对宗教会议颇有好感，① 但是仍然推迟了宗教改革。教会的主教从自身立场出发，不愿与国家世俗权力产生公开冲突，因此，此事不得不就此作罢。对教会而言，世俗社会的斗争方式难以招架。

1917 年二月革命后，宗教会议才重新被提上了议事日程。1917 年 4 月 2 日，临时政府颁布了《关于废除宗教限制与民族限制》的决议。7 月 14 日，临时政府颁布了《思想自由法》，其中规定，每位年满 14 周岁的公民都有宗教自决权，允许世俗婚姻，无信仰的公民可以进行官方登记；该法律推动了改革的发展。不过，临时政府并未宣布废除彼得一世的宗教条例，这就表明：新政府并不打算放弃干涉教会生活的传统形式。

俄国政局的变化催生了宗教领域的复苏。很多教区召开了教区代表大会。至圣主教公会通过了新的决议，同意春季当选的高级神职人员充任首都主教；这成为当时宗教生活中最重要的事件。1917 年 5 月，至圣主教公会发布了一项指令，要求在彼得格勒创建会前委员会，这成为宗教会议的"前奏"。与此同时，会议选举草案也成形了——选举共分三级：低级教区、监督祭司管区，② 主教管区（每个辖区选出一名主教、三名世俗教徒、两名教士）。这次选举是俄国宗教界的首次自由选举。会议选出的大部分成员是世俗教徒（564 人中有 299 人），这成为基督教会议中一个重要的里程碑。③

1917 年 8 月 15 日，全俄地区会议在莫斯科召开。所有与会主教都举行了隆重的祈祷仪式；之后，与会者从圣母安息大教堂出发，举行了规模宏大的十字游行。莫斯科的一位市民在日记中记录了当日的盛况，体现了普通市民对期盼已久的宗教会议的态度。日记中写道："全俄宗教会议开幕之时，

---

① *Ореханов Г. Свящ.* Император Николай Ⅱ и Поместный Собор Русской Православной Церкви（два письма）// Богословский и сборник. Вып. 2. М.，1999. С. 69.

② 包括若干低级教区。——译者按

③ См.：*Шульц Г.* Поместный Собор 1917 – 1918 гг. и его место в истории Русской Православной Церкви // Священный Собор Православной Российской Церкви. 1917 – 1918. Обзор деяний. Первая сессия. М.，2002. С. 9.

我去参观了祈祷仪式和十字游行。当日，天气格外晴朗、炎热；成千上万的神幡随风舞动，众多神职人员身披金色法衣，庄严的钟声响彻莫斯科。当时的场景庄严肃穆、令人感动。但遗憾的是，来此参观的人并不多。当前，人们需要的并不是神幡，而是引领他们前进的红旗。"[1]

全俄地区会议从 1917 年的 8 月 15 日持续到 1918 年的 9 月 20 日，共三次会期，170 场分会。会议第一期探讨的主要是教会管理改革问题和教会与国家的关系问题。此外，关于是否恢复牧首制的问题引起了最激烈的讨论。反对者担心，恢复牧首制会使教会丧失共同的基本原则。1917 年十月革命后，俄国社会剧烈动荡，牧首制的问题被迫加紧解决。10 月 25 日，宗教会议成员得知了冬宫风波、临时政府垮台以及布尔什维克胜利等事件。10 月 26 日，莫斯科进入军事戒备状态，克里姆林宫被围、战争爆发，出现了大批伤亡人员。会议举办地（主教管辖区场所、会议代表居住的宗教学校宿舍）都处于军事冲突前线，会议被迫中断。10 月 28 日，代表们才又重新召集起来。都主教叶甫洛金（格奥尔吉耶夫斯克）参与了这次会议，他回忆道："在血流成河的悲惨时期，会议发生了重大的变化。人们在恐惧面前变得卑微，敌视的争论停止了，疏离感也淡化了。与会者逐渐接受了牧首制，他们将牧首视为一个关心者、保护者以及俄国教会的领导人。"[2] 总之，牧首制的拥护者成功说服了与会者，这一问题的辩论停止了。会议经大部分人投票决定，立即开始选举牧首。11 月 5 日，在基督救世主教堂中，吉洪（别拉温）都主教当选为全俄牧首。11 月 21 日，在克里姆林宫的圣母安息大教堂中又举行了隆重的新牧首登位典礼。

会议第二期开始于 1918 年 1 月。当时，教会内部体制问题已被置于次要位置；会议关注的焦点是政治问题，尤其是教会和世俗权力的关系问题。与会者认为，政教分离、学校与教会分离的相关法令是"对整个东正教会体系用心险恶的谋杀，也是对教会的公开迫害"；[3] 针对这些法令，会议

① *Окунев Н. П.* Дневник москвича. М.，1997. С. 70.

② *Евлогий*（*Георгиевский*），*митр.* Путь моей жизни. М.，1994. С. 278.

③ Церковные ведомости. 1918. № 3 – 4.（31 января）. С. 20 – 22.

俄国东正教会的全俄地区会议。**1917~1918** 年，在莫斯科教区利霍夫
小巷教区房产中举办的一场分会议。

也发布了一系列重要决议。会议第二期期间，莫斯科爆发了诸多宗教矛盾，
也出现了拘押神甫、高级神职人员的事件。

会议第三期召开之时适逢国内战争如火如荼的胶着阶段（1918 年夏、
秋）。9 月 20 日，地区会议草草收尾。会议举办场所——一些教区房产被查
封、没收；与会者返回了自己的教区。在新的政治形式下，推行宗教改革已
经无望。虽然如此，地区会议对于俄国东正教会仍然具有重要意义，不过这
种重要性主要体现在苏联及苏联解体后的时期。

*　　*　　*

总之，19 世纪末至 20 世纪初，俄国东正教的很多观点得以重新认识。
国家的现代化进程使得传统的宗教准则与世俗化意识产生了变化，教会也丧
失了对人们宗教道德意识的影响力。与此同时，教会制度产生了危机。教会
完全依赖于世俗权力机构，无法独立解决内部事务；虽然教会已经意识到
了这些问题，却无能为力。值得注意的是，教会也尝试运用新的、更加灵

活的方式来提升自己的影响力；不过，它在探索中又回到了起点，希望与世俗权力结盟（包括获得国家预算拨款）。当时，国家不仅继续对教会生活进行干预，而且停止了对教会的所有优待——临时政府破例将宗教学校移交给了人民教育部；后来，苏维埃政府的一些法令也陆续收回了教会的原有特权。

地方自治机关——地方文化绿洲

Л. А. 茹科娃

两千年以来，社会学者（哲学家、历史学家、政治学家、法学家、社会学家）对俄国与西方的公民社会理论与实践问题表现出了经久不衰的兴趣。[①]

社会学者对"民主社会"的概念及其在不同国家产生的时间进行了激烈的辩论。大多数研究者认为，民主社会是否成熟是民主法制是否稳定的决定性因素。若社会内部未形成一种先决条件（民主社会未形成），便无法使国家处于某种平衡，也无法保障公民的权利，那么即便民主改革已经成功，也是不稳定的，并且极有可能前功尽弃。

近年来，诸多学术著作按照不同的表现形式对社会生活中的公民主动性

---

① Гражданское общество: Мировой опыт и проблемы России. М., 1998; *Резник Ю. М.* Гражданское общество как феномен цивилизации. М., 1993; *Автономов А. С.* У истоков гражданского общества и местного самоуправления: Очерки. М., 2002; Основные этапы формирования гражданского общества в странах Западной Европы и Россия в XIX - XX вв. М., 2007; *Миронов Б. Н.* Развитие гражданского общества в России в XIX - начале XX в. // Общественные науки и современность. 2009. № 1. С. 110 - 126.

进行了划分。在此过程中，他们把"公民主动性"的概念与"民主社会典型的发展阶段"① 结合在一起。地方自治就是公民主动性的一种表现形式。1864 年，根据省、县地方自治机关规章，基于全民各等级原则及自筹资金方式，帝俄设立了首个地方自治组织——地方自治机关。②

地方自治机关的出现引起了俄国大改革时期社会经济与政治的变化。随着农奴制经济关系瓦解，古老的政治经济管理体制越来越失去了效用。19 世纪中期，农奴制时期的地方管理体系已经退出了历史的舞台，但是对人民漠不关心的官僚管理方式使得省、县的经济生活陷入了紊乱、衰退的状态。

1864 年（沙皇亚历山大二世时期），俄国开始推行地方自治改革，改革包括三个目标：第一，引入新的地方管理原则；第二，迁就地方自由主义贵族；第三，改善荒废的地方经济组织状况，其财政支出由地方自治机关承担。

值得注意的是，地方自治改革并未要求全俄各地均要引入地方自治机关。与此同时，因为担心与地主土地所有制发生冲突，政府也阻挠地方自治机关向俄国边疆地区扩散。1864 ~ 1875 年，全俄 59 个省中仅有 34 个创建了地方自治机关。

一　地方自治机关的相关法规

1864 年 1 月的省、县地方自治机关规章规定，地方自治机关是省、县的全民各等级地方自治的组织。地方自治机关的选举体系基于财产资格运作，分为三种选民类别：地主、市民、农民。

Б. Б. 维谢洛夫斯基③认为，地方自治机关的法律相当精确地反映了当时不同社会力量的对比关系。领地贵族在文化和政治上更具优势，因此他们

---

① *Суворова М. В.* Благотворительная деятельность в гражданском обществе // Благотворительность в России: Социальные и исторические исследования. СПб. , 2001. C. 715.
② 帝俄设立的省、县地方自治机关，受省长及内务部大臣监督，职权仅限于经济方面。——译者按
③ 苏联历史学家、经济学家。——译者按

在地方自治机关中处于领导地位。① 一些人认为，废除农奴制后，贵族丧失了原有地位，因此地方自治改革是对贵族的相应补偿。

对地方自治机关首次召集的代表等级构成（29 个省）的统计数据进行分析，可以清楚地看到，县级的贵族和官员代表比农民代表多了 381 名，省级的贵族和官员代表人数比其他社会等级多几倍（见表 1）。②

表 1　代表等级构成

单位：人，%

等级	县代表人数	省代表人数	县代表人数占比	省代表人数占比
贵族和官员	4962	1524	41.6	74.2
农民	4581	217	38.4	10.6
商人	1242	225	10.4	10.9
神甫	774	78	6.5	3.8
其他	356	11	3.0	0.5
总计	11915	2055	100	100

根据 1864 年规章，地方自治机关不属于国家机构，自治机关的工作被视作社会职务；代表参与地方自治会议没有报酬，他们也不属于国家公务人员。省、县地方自治议会规章（第 49、57 款）③ 规定，地方自治机关代表的薪水由地方财政发放。地方自治机关代表没有任何优待，不过，除了农民和小市民等级，其他等级的代表不得再被加以身体刑罚。④

地方自治机关在经济领域的基本工作中雇用了一些职员：农业技术员、兽医、统计员、医生、教师等。⑤ 1900 年，萨马拉的副省长 Г. В. 孔多伊季

---

① Cм.：*Веселовский Б. Б.* История земства за сорок лет. Т. 3. СПб.，1911. C. 39.

② Cм.：*Веселовский Б. Б.* Земство и земская реформа. Пг.，1918. C. 8 – 9；*Шутов А. Ю.* Земские выборы в истории России（1864 – 1917）. Исследование избирательных систем. М.，1997. C. 87.

③ ПСЗ – II. Т. X X X IX. № 40457. Ст. 49，57. C. 7，8.

④ Cм.：*Фармаковский В. И.* Книжка для земских гласных о земских учреждениях. Вятка，1874. C. 42.

⑤ 知识分子。——译者按

称他们为"第三势力"（因为他们不属于国家政府，也并非由全民各等级选出）。孔多伊季表示："地方自治机关中增添了新的血液，他们不属于政府，也不是地方等级代表。不过，他们有权获得应有的公平。"他还指出，"第三势力"具备"丰富的科学和理论知识储备"，"他们在地方社会上颇有声望，经常从具体数据中得出抽象理论并提供给大会"。[1] 1864 年规章规定，经地方自治议会许可，地方自治机关可以聘请外来人员并为其发放薪资。[2]

这项措施是地方自治机关职员免受政府与官僚指责的一种方式。尽管地方自治机关的知识分子在当地的实际成果引人注目，但政府并未放松对他们的警惕。例如，1901 年《莫斯科公报》如此评价地方自治机关的知识分子："第三势力中有一些'毒蛇'，他们隐藏在地方自治机关中取暖。"[3]

基于 1864 年规章，俄国成立了地方自治机关，带给了地方成功的自治组织经验（按照全民各等级和自筹资金原则）。1864 年规章的主要缺陷在于经济管理领域权限模糊，对一些权限的归属性（归政府或地方自治机关）没有清晰的规定，导致了政府和地方自治机关之间产生了诸多矛盾。

19 世纪 80 年代中期，君主专制制度逐渐顺应了时代要求。政府制定了新的施政大纲，也确定了在国内推行"保守改革"的方针。新的施政大纲希望巩固俄国君主专制制度，彻底改善国家管理体系，保证政治体制内各个环节更加协调一致地运作。政府认为，地方自治机关和诉讼机构都不属于国家权力体系。根据这种指导方针，M. C. 卡哈诺夫委员会于 1885 年召开了特殊会议，制定了地方行政机构的改革草案。草案旨在竭尽全力地巩固省政府的地位。内务部深入研讨了这项草案和 А. Д. 帕祖辛草案（1886 年），后来在制定新的地方自治机关规章时也使用了这两项草案。

С. Ю. 维特一针见血地指出，制定新的地方自治机关规章，其主要目的就是将地方自治机关"贵族化"，换言之，需要提高地方自治机关中的贵族

---

① Цит. по: Ачадов (Данилов Ф. А.). Третий элемент (служащие по найму в городских и земских учреждениях), его значение и организация. М., 1906. С. 3.

② ПСЗ – II. Т. XXXIX. № 40457. Ст. 60.

③ Московские ведомости. 1901. № 263.

代表的比重。①

1890年，俄国推出了新的地方自治机关规章，其中提高了选举的财产要求（每个县中的土地俄亩要达到指定的规模，或者县中、城市中的不动产价值不得低于1.5万卢布）。由于新规章提升了财产资格，许多小地主、小私有者丧失了参与地方事务的权力（拥有全权代表选举权的地主占地主总数的1/20，而1864年规章中，拥有选举权的地主占总数的1/10）。

根据1890年规章，省政府主要从三个方面着手强化了对地方自治机关的监督：省长不仅有权监督规章的实施，还有权监督地方自治机关的活动（判断合理与否）；省长有权监督地方自治机关的管理机构及其所有附属机构；为了讨论地方自治机关的命令与决议是否正确、合法，省政府设立了新的委员会——省级地方自治事务机关。②

地方自治机关的独立性大大受限。省长有权废止地方自治议会的决议。值得注意的是，这种行为不单可以依法执行；此外，省长若认定一项决议"不符合国家的共同利益和需求，或者明显破坏了当地居民的利益"，③也有权制止决议的实施，这就为省长和官僚干涉地方自治事务打开了一个广阔的空间。

按照1890年规章，代表的任命制度也发生了变化。1864年规章规定，仅有地方自治机关管理部门的主席需经任命；但1890年规章规定，地方自治机关管理部门以及地方自治议会的代表均需任命。④

对19世纪地方自治机关的相关法规进行比较分析，可以看出，1890年规章改变了地方自治机关的原有特点，赋予了它更多的"国家部门"特性。地方自治机关管理部门的成员被视作公务人员，他们有权升官，可以身着礼服、佩戴勋章。此外，地方自治机关代表的活动也具有了"法定服务"的性质。

---

① См.: *Витте С. Ю.* Воспоминания: В 3 т. Т. 1. М., 1969. С. 300.
② ПСЗ – Ⅲ. Т. Х. Отд. 1. № 6927. Ст. 8, 82, 87, 103.
③ ПСЗ – Ⅲ. Т. Х. Отд. 1. № 6927. Ст. 87.
④ ПСЗ – Ⅲ. Т. Х. Отд. 1. № 6927. Ст. 118.

省级地方自治事务机关是对地方自治机关进行监督的特殊行政机构，省长兼任主席职务，此外，它的成员还有省里的贵族领袖、副省长、地方自治机关领袖或其合法继任者、省城市长，还有省级地方自治议会中选出的一名代表。①

1890 年规章中也涉及了省级与县级地方自治机关的关系问题。② 不过，二者的活动领域没有明确的界限，因此，H. H. 阿维诺夫指出，地方自治机关的工作需要探索更加清晰、明确的法律标准，"这会为固定的形式赋予新的内容，既符合地方事务的利益，又不会违反地方自治机关规章的基本原则"。③

1890 年规章规定，县级地方自治机关不得绕过省议会独立提出申请（根据 1864 年规章，省级、县级地方自治机关均享有独立申请权）。但是，这项规定不符合地方自治机关的实际活动需要，因此，政府于 1904 年 2 月 2 日发布了一项政令，恢复了县级地方自治机关的独立申请权，其中也指出："县级地方自治议会管理部门可以向政府提交申请，不过，只有涉及本县利益与需求之事才能纳入申请内容。"④

相关学者在地方自治问题的历史研究中曾屡次提及，1890 年的地方自治改革带有明显的贵族化倾向。根据 1890 年规章，省级地方自治议会必须纳入下辖各县的领地贵族领袖（第 56 款）。贵族在地方自治组织中占有明显的数量优势。H. A. 叶梅利扬诺夫于 1897 年对省级地方自治机关代表的等级构成进行了统计，数据显示：贵族和官员占总数的 89.5%，平民知识分子⑤占总数的 8.7%，农民占总数的 1.8%。⑥ 1890 年规章的某些条款具有

---

① ПСЗ－Ⅲ. Т. Ⅹ. Отд. 1. № 6927. Ст. 8. С. 496.

② ПСЗ－Ⅲ. Т. Ⅹ. Отд. 1. № 6927. Ст. 3，63，64，79，97，136.

③ *Авинов Н. Н.* К вопросу о взаимных отношениях губернских и уездных земств. Саратов，1907. С. 1.

④ ПСЗ－Ⅲ. Т. ⅩⅩⅣ. Отд. 1. № 23980. Ст. 8. С. 116.

⑤ 出身于商人、小市民、教士、农民、小官吏等的一个跨等级的居民等级。——译者按

⑥ См.：*Емельянов Н. А.* Местное самоуправление：проблемы，поиски，решения. М.；Тула，1997. С. 285.

明显的等级特点及法律模糊性，严重加剧、激化了政府与地方自治机关之间的原有矛盾；此外催生了新的矛盾，它使得 20 世纪初地方的经济与政治文化生活更加复杂，加剧了俄国全国的政治体系危机。

尽管地方自治机关的发展处处受限，情况令人担忧，但是至 19 世纪末，地方自治机关仍然成为俄国地方上独特的文化绿洲。地方自治机关的社会文化活动、经济活动主要集中在 25 个领域：人民教育、统计、农学①、医学、兽医学、地方邮政等。一般认为，对地方社会文化现代化起主要作用的有两个领域：人民教育与医学。下文会对此进行详细论述。

二　地方自治机关在教育领域推行的
地区"文明化"实践活动

首批地方自治工作者坚信，没有基础教育，地方自治无法开展其他领域的工作——合作社、农业技术改良措施等。因此，初级教育成了地方自治机关工作的重中之重。《普通教育条例草案》的序言反映了地方自治工作者对教育的共识，其中指出："……为了让人民享有人权，就必须培养他们的权利意识，使之珍爱理性的努力，让每个人都能自尊且尊重他人。"②

地方自治机关开始运作的前十年，地方工作者对地方自治机关学校（下文简称"地方学校"）的财政体系进行了详细研究；此外，年轻教师在地方学校的教学和对学生的培养过程中采用了新方法，推动了教育民主化的发展。这两个事件从根本上促进了地方学校的发展，巩固了地方学校与人民的关系。

---

① Об этом см. : *Есиков С. А.* Агрокультура：Традиции и новации // Очерки русской культуры. Конец XIX—начало XX в. Т. 1. Общественно-культурная среда. М. , 2010. С. 621 – 678.

② Вопросы народного образования в Московской губернии. Вып. 1 // Сост. Б. Г. Петров. М. , 1897. С. 69.

必须指出，无论是革命前的还是当代的大部分研究者，他们都把地方学校（Б. Б. 维谢洛夫斯基称它们为地方社会学校）的研究着眼于农村初级学校。农村初级学校的财政要么由地方自治机关和农村社团（大部分）合力提供，要么单纯靠地方自治机关供养。[①]

1864 年 7 月 14 日和 1874 年 5 月 25 日，政府分别发布了一项关于人民初级学校的规章，其中详细规定了地方学校的组织及其隶属关系。这两项规章使初级学校产生了严重的官僚化，并且受到了行政当局的监督。

最初几年（1860~1870 年），地方自治机关在人民教育领域并未取得多少成果。当时，地方自治机关财政资源不足，没有预先为学校建造教学楼；同时，他们还面临师资力量短缺、教科书匮乏等窘境。Б. Б. 维谢洛夫斯基研究了地方自治机关当时的预算，他指出：最初，地方自治机关并未意识到人民教育在自己工作中的重要意义。[②] 1868~1869 年，109 个县级地方自治机关（全俄共计 324 个县级地方自治机关）的支出预算中没有教育支出；171 个县级地方自治议会也未对学校事务投入资金。

地方学校成立之前，代表们曾就此进行短暂的激烈讨论，最终就教育的义务与收费问题达成了共识，也确定了教育的财政来源。大部分代表认为，农民的教育是自己的事，因此农村社团理应为学校提供资金。地方自治工作者经常援引西欧其他国家的统计数据作为自己的论据。例如，1866 年 5 月 5 日，在罗斯托夫县级地方自治机关的紧急会议上，舒列茨村的神甫代表 П. 索科洛夫在发言中指出，俄国每年投入人民教育中的资金为 1200 万卢布。根据学校数量与全国人口的对比关系（奥地利与普鲁士均为 1∶6；法国为 1∶8；俄国为 1∶50），这笔资金微乎其微。索科洛夫认为，地方自治机关出现之前，俄国的学校都是靠政府补贴，但是在欧洲，"城市和农村社团对教

① См. : *Веселовский Б. Б.* История земства за сорок лет. Т. 1. СПб. , 1909. С. 473; *Чехов Н. В.* Народное образование в России с 60 - х гг. XIX в. М. , 1912. С. 67; *Пирумова Н. М.* Земская интеллигенция и ее роль в общественной борьбе до начала XX в. М. , 1986. С. 48; *Сысоева Е. К.* Сельская школа // Очерки русской культуры. Конец XIX—начало XX в. Т. 1. Общественно-культурная среда. М. , 2010. С. 680 – 681.

② См. : *Веселовский Б. Б.* История земства за сорок лет. Т. 1. СПб. , 1909. С. 460.

彼尔姆边疆区戈让村的地方三年制学校（开设于 1893 年）——
照片摄于 20 世纪初

育的投入占大部分"。① 因此，他认定"我们社会对教育事业投入不足"，初级教育也存在类似状况。

1864 年地方自治规章规定，地方自治机关必须为地方初级教育和医疗提供资金。由于地方自治机关的代表可以决定当地的财政支出流向，因此，地方学校的发展水平取决于大部分代表的态度。

针对人民教育，地方自治机关提出了共同拨款原则，用当时的话讲就是"共同筹集"。19 世纪 70 年代，农村学校的费用主要来自农村社团。根据 Б. Б. 维谢洛夫斯基的统计数据，平均每个学校支出 350 卢布，45% ~ 50%（包括学校建筑物的日常维修、校园设施以及日用煤油）由农民自己承担。② 例如，奔萨人民教育总支出的 62% 由农村社团负担，32% 由省级地方自治

---

① *Степанов К. А.* Деятельность уездного земства по народному образованию в Ростовском уезде Ярославской губернии за 1865 – 1870 гг. // История и культура Ростовской земли. Ростов, 2007. С. 215.

② *Веселовский Б. Б.* История земства за сорок лет. Т. 1. СПб. , 1909. С. 472.

机关负担，6% 由县级地方自治机关负担。① 地方学校成立之初，这种对比关系颇具代表性。

此后，地方自治机关加大了对人民教育的补助力度，农村社团在学校支出中所负担的比例逐渐下降。19 世纪 80 年代，农村社团在地方学校支出中负担的份额为 30%；至 20 世纪初，这个比例下降到 5%。②

根据 Б. Б. 维谢洛夫斯基的统计数据，19 世纪 70 年代末，俄国共有 1 万所地方学校。大部分学校都只有一个班，当时称为"单师复式制学校"③。地方学校的必修课为上帝戒律、教会颂歌、世俗和宗教刊物阅读课、书法、算术；课程教材由人民教育部和至圣主教公会提供。

省、县地方自治机关在人民教育领域的职能同其他领域一样，都是长时间形成的。省级地方自治机关为地方学校提供基本的资金，而县级地方自治机关则负责教学过程的组织工作。

19 世纪 90 年代中期，由于预算增长，省级地方自治机关授予县级地方自治机关一些权力——为学校的建筑和设备、教学用品提供无偿贷款，同时为教师提供补贴。一些地方（圣彼得堡、喀山、哈尔科夫）为此设立了特殊基金；另一些地方（莫斯科、斯摩棱斯克、诺夫哥罗德、坦波夫等）则采用了省、县地方自治机关共同拨款的方式。根据地方学校研究者 П. В. 加尔金的统计，20 世纪初，省级地方自治机关与县级地方自治机关对地方学校的支出比例"平均维持在 1∶3 或者 1∶4"。④

但是至 19 世纪 70 年代末，人民教育状况逐渐发生了变化。当时，自由主义知识分子认为，地方自治机关应在地方学校事务中承担更多的任务：地

---

① См.: *Кошина О. В.* Роль земств в развитии образования на территории Мордовии во второй половинеXIX – начале XX в. // Гражданское общество и государственные институты в России: взгляд из провинции: Мат-лы Ⅷ – Ⅸ Сафаргалиевских научных чтений. Саранск, 2004. С. 102.

② См.: *Веселовский Б. Б.* История земства за сорок лет. Т. 1. СПб., 1909. С. 471.

③ 农村四年制小学，由一位教师同时教 1～4 年级的所有课程。——译者按

④ *Галкин П. В.* Земство и народное образование во второй XIX в. // Земское самоуправление в России. 1864 – 1918. Кн. 1. 1864 – 1904. М., 2005. С. 371.

阿尔达利翁·伊万诺维奇·扎米亚京（奥尔洛夫省小
阿尔汉格尔斯克市地方学校教龄 15 年的教师、教师王朝的
创始人）与女儿们的合照——照片摄于 20 世纪初

方自治机关要增加对教育的财政支出，促进教育发展。1870 年至 1875 年，
诸多省级、县级地方自治机关（博尔霍夫、弗拉基米尔、奥洛涅茨、谢尔
普霍夫、萨波若克、辛尔比斯克、沙德林斯克等）纷纷表示要引入全民初
等教育。① 但是，人民教育部的 Д. А. 托尔斯泰②反对地方自治机关代表的
倡议，因而推迟了"全民初等教育"的实施。

最初十年（1860～1870 年），地方自治机关为了改善地方学校裹足不前
的状况，积极倡议在全俄范围内共同致力于人民教育的发展；但是，政府对
此问题并未达成共识。即便如此，1872 年，在自由主义官僚（包括 Д. А.
米柳京）的支持下，莫斯科工业展览会的教学部举行了第一届全俄人民教
师代表大会，极大地吸引了社会对地方学校的注意。

如上所述，至 19 世纪 70 年代末，俄国共有 1 万所地方学校且数量呈上
升趋势。到 19 世纪末，地方学校的数量超过了 1.5 万所。不过，大部分省

① См.：*Веселовский Б. Б.* История земства за сорок лет. Т. 3. С. 165－166.
② 伯爵，俄国国务活动家。——译者按

级地方自治机关都没有制定关于初级学校的明确组织计划，如此便产生了一些后果：至 19 世纪末，90% 的县中仅有 1/3 的儿童能够入学，且女孩只占到 10%。① 因此，地方自治机关不得不重新把引入全民初等教育的问题提上议事日程。

至 20 世纪初，地方自治机关在教育领域做了大量的工作：同时发展校内外教育，培养优秀教师，创建了新的教师活动形式——地方自治机关省级、县级教师代表大会。② 地方自治机关在人民教育领域的活动成为俄国革命后社会教育运动的有机组成部分。19 世纪 70 ~ 80 年代，人民教育领域涌入了一批新的力量：知名教育家 K. Д. 乌申斯基、H. Φ. 布纳科夫、П. Ф. 卡普捷列夫、H. A. 科尔夫、Д. И. 季霍米罗夫。他们为地方学校的科学理论基础做出了巨大的贡献，使得地方学校成为俄国学校中的民主化典型。

地方学校旨在培养公民意识和民主原则。地方学校一般运用当地母语教授多种世俗学科课程（俄语、文学、数学、历史、地理、农业基础知识、绘画等），通过最新的教学形式和方法，运用直观的教具对课程进行解读和延伸。

社会活动家 E. Д. 马克西莫维奇（M. 斯洛博让尼）总结了地方学校半个世纪的发展成果，他写道："地方自治机关必须重新开创事业，引领各个领域的斗争：在人民教育领域，地方自治机关要与社会、政府的农奴制原则和趋势做斗争；……要与地方自治机关工作中的官僚式法规做斗争；……要与等级偏见做斗争；要与资金、其他物资的长期性短缺做斗争。地方自治机关（以杰出领导为代表）应提出其他的、不同于欧洲任何国家的教育原则。根据这个原则，教育应该是社会性的，换言之，是可以满足人民需求的普及

---

① См.：*Абрамов Я. В.* Что сделало земство и что оно делает: Обзор деятельности русского земства. СПб.，1889. С. 103.

② 关于 19 世纪下半叶地方学校的详细信息参考：См.：*Галкин П. В.* Земство и народное образование во второй XIX в. // Земское самоуправление в России. 1864 – 1918. Кн. 1. 1864 – 1904. М.，2005. С. 364 – 398；*Сысоева Е. К.* Народная школа // Очерки русской культуры XIX в. Т. 3. Культурный потенциал общества. М.，2001. С. 45 – 50，57.

瓦尔代地方学校菜园培训班的教师

性教育……"①

　　地方自治机关的教师不得不克服众多官僚主义障碍，在地方政府的强力监督下寻找新的应对之道。萨马拉的代表——库利奇茨基将注意力转向了参与省议会（1873 年）的地方自治机关的教师身上，他的发言颇具代表性。他指出："这些地方自治机关的教师受到了各方面的监督，其中包括以学监为代表的人民教育部、学校委员会、调解员、监督司祭、教区神甫、乡公所、当地社团。层层监督满足了各种人群（不同观点、信仰）的愿望，但是如此一来，地方自治机关的教师无法实现合作（创建行会）。"②

　　至 19 世纪末，地方自治机关的教师的薪水依旧很低（年薪 100～200 卢布），此外，他们的居住、日常生活条件也十分恶劣。地方自治机关的教师的工作异常艰辛，与此同时，他们的社会声望下降，经常发生受到侮辱的事

---

① *Слобожанин М. Из истории и опыта земских учреждений в России. СПб.*, 1913. С. 448.
② Цит. по: *Драгоманов М. П. Восемнадцать лет войны чиновничества с земством.* Женева, 1883. С. 100.

件，这严重影响了他们的工作效率。政府与一些社会组织意识到，必须提高地方自治机关的教师的社会地位。20 世纪初，上述状况逐渐得到了改善。例如，1904 年，喀山省科兹马捷米亚斯克县地方自治机关的教师的年薪在240 ~ 420 卢布，助理教师的薪水在 180 ~ 300 卢布。①

中等师范学校与教师培训班在提高教学质量和保证师资力量上起了很大的作用。20 世纪初，地方自治机关就地方学校事务发起了诸多倡议。例如，1902 年夏，库尔斯克地方自治机关开设了教师培训班，设立了俄国首个人民教育展览会。② 奥洛涅茨的县级地方自治议会决定，1911 年起给每位教师拨款 250 卢布的津贴并将收据刊载在报纸和杂志上。③

期刊上也展开了对教育问题的相关讨论。一方面，这吸引了社会对地方事务的注意力，为中等专科教育和高等教育开辟了道路；另一方面，改变了地方自治工作者对教育问题的看法。19 世纪末，在继续推进初级教育的过程中，地方自治工作还将注意力转向了中等教育。地方自治机关开办了私立中学，为国立中学、初级中学④和工科学校提供补贴，同时为家境困难、品学兼优的年轻学子提供助学金。值得注意的是，帝俄时期，各种对学生的资助形式都需要获得沙皇的首肯。例如，梅登地方自治议会通过了一项决议，保留其固定资产的 1% 作为助学金，发放给家境困难的学生——"不考虑等级，只要求品学兼优"。这个补助金决议需要内务部大臣和沙皇的同意，此外，沙皇还要求人民教育部大臣要核实此事。地方自治议会有关助学金的决议在得到沙皇同意后才能生效。这种事件在学校实际活动中时有发生，这在政府关于人民教育部的决议汇编中可以找到相关的证据。⑤

① Народное образование в Казанской губернии. Попечители и учащие сельских школ. Казань, 1907. C. 51，52.
② См.：*Чехов Н. В.* Народное образование в России с 60 – х гг. XIX в. M.，1912. C. 118 – 120.
③ Народный учитель. 1902. № 17 – 18. C. 17.
④ 旧俄的不完全中学，一般有 4 ~ 6 个年级。——译者按
⑤ Сборник правительственных распоряжений по делам до земских учреждений относящимся（за 1869）. T. Ⅲ. СПб.，1871. C. 23，31.

克拉斯诺亚尔斯克中等师范学校的大学实习生正在给初级男校的学生授
课——照片摄于 1895 年

　　20 世纪初，由于地方自治机关对人民教育的投入逐年增长，很多自治
省份在人民教育领域取得了积极的成果。例如，1883 年，奔萨地方自治机
关的教育投入金额为每人平均 10 戈比；1901 年，达到了每人平均 12 戈比；
1914 年，则达到了 32 戈比。① 20 世纪初，由于人民教育拨款大幅增长，奔
萨地方学校的数量也随之猛增。20 年间（1880 年至 1900 年），奔萨的地方
学校增加了 64 所；20 世纪前 15 年，增加了 207 所，地方学校学生的数量也
相应增加了 40% ~ 250%。② 1874 年，奥尔洛夫地方学校的数量是 420 所，
1907 年则达到了 730 所。这段时期内，奥尔洛夫地方自治机关对人民教育
的投入金额增加了 9 倍——从 2.94 万卢布增长到 29.87 万卢布。③ 1872 年，

---

① См. : *Дядиченко А. Доходы и расходы губернского и уездного земства Пензенской губернии*
за последнее 25 - летие // Вестник Пензенского земства. 1912. № 5. С. 315.

② См. : *Гошуляк Л. Д. Земские школы в Пензенской губернии.* 1865 - 1917 гг. //
Земство. Пенза，1995. № 2. С. 215.

③ См. : *Пурисова Г. Ф. Исторический опыт земского самоуправления в России.* 1866 - 1918 гг.
（На материалах Орловской губернии）: Автореф. Дис. ··· канд. Ист. Наук. М. ，1996. С. 16.

莫斯科省级地方自治机关为人民教育投入了 2.1 万卢布。① 至 1907 年，莫斯科一个县级地方自治机关的教育投入就达到了 36.87 万卢布（其中，10.13 万卢布由地方自治机关承担，10.92 万卢布是贷款，15.82 万卢布来自国家补贴）。②

20 世纪初，地方自治机关在人民教育领域的活动主要集中在建立学校网络体系上。19 世纪 80 年代后半期开始，人民教育成为政府持续关注的焦点，政府积极支持教区宗教学校发展，希望以此抵制地方初级学校势力。

沙皇亚历山大三世希望在初级教育中增加更多宗教因素。1884 年 6 月 13 日，他批准了教区宗教学校的相关条例。人民教育部据此条例开展工作，之后发布了一项决议：开办新的地方学校之前，地方自治机关要提前与教区宗教领导进行协商。③

世俗机构与宗教组织之间形成了新的关系，这必然产生办事拖沓、效率低下的状况，也使得两者之间的矛盾逐渐加深；此外，这本身便是一种不切实际的方法。1897 年，参议院被迫宣布人民教育部的上述决议违法。20 世纪初，社会上积极捍卫地方自治机关在人民教育领域的活动，使其免受官僚非难。例如，1904 年 6 月，莫斯科省级地方自治议会向内务部递交了一份报告——《地方初级学校与教区宗教学校关系之规定及地方自治机关协助创办初级学校之问题》，其中指出："这已经成为近年来激烈讨论的问题，但是这个议题的辩论通常十分片面。与其他人民初级学校相比，教区宗教学校仿佛成为人民学校唯一的完美形式。"④ 报告中还指出，无法容忍此种干扰初级学校教育发展的行径。

早在 19 世纪末，地方自治机关已经表明，要在全俄推行全民基础教育。不过，教育协会必须先对倡议进行讨论，还要深入研究相关草案——全民基

---

① ЦИАМ. Ф. 17. Оп. 44. Ед. Хр. 180. Л. 165.

② См. : *Волкова Т. И.* Роль земств в социокультурной модернизации России（Региональный аспект）// Вестник С. -Петербургского ун-та. Сер. 2. История. 2008. Вып. 2. С. 79.

③ Более подробно об этом см. : *Сысоева Е. К.* Сельская школа.

④ ОР ОГБ. Ф. Д. Н. Шипова（№ 440）. К. 1. Ед. Хр. 8. Л. 2.

础教育在现实生活中的具体实现形式。20 世纪初，政府迫于压力对此社会要求进行了回应，最终做出了让步。1902 年，人民教育部设立了专门委员会，开始起草关于人民初级学校的新规章。当时，专门委员会深入研究了一些相关草案，其中比较重要的有 A. H. 库罗姆津的草案（财政部）、地方自治社会活动家 E. П. 科瓦列夫斯基和 B. И. 法尔马科夫斯基的草案（人民教育部）。A. H. 库罗姆津的草案中列举了大量的经济数据——主要来自他的两部著作（《现代人民教育状况详细统计》和《人民学校未来发展问题合成表》）。他表示，根据统计数据，尽管地方自治机关在人民教育领域大获成功，但是仅仅依靠自身力量，无法解决其中大量、复杂的问题。很多适龄儿童依旧无法受到教育，34 个省中将近 300 万适龄儿童未能入学。若要解决此问题，必须创办 58838 所学校，这就要求每年的教育拨款达到 3000 万卢布。[①]

若要实现 A. H. 库罗姆津的全民基础教育草案，必须做到：第一，人民教育部和国家杜马须密切合作，不过由于人民教育部大臣频繁更换（20 世纪前 15 年，人民教育部更换了 9 任大臣），出现了一些困难；第二，在推动教育民主化的过程中，需要对广大的人民群众有一定的认识。人们意识到，在俄国人口快速增长的情况下，学校的数量始终不能满足适龄学生的需要。1900 年至 1916 年，俄国人口净增 6000 万人，每年因学校满额而不能就学的儿童占总数的 1/3。

根据 E. П. 科瓦列夫斯基的计划，要实现基础义务教育，每年需要建立 1 万所学校（学校总数应达到 25 万所）。[②] 值得注意的是，第三届国家杜马的人民教育委员会在人民教育发展事业中立下了汗马功劳；人民教育委员会的工作主要由地方自治活动家 E. П. 科瓦列夫斯基与 B. K. 冯·安列普教授（圣彼得堡女子医学院的创立者及其第一任校长）领导。1908 年春，第三届国家杜马采用了 E. П. 科瓦列夫斯基的全民基础教育草案，但是在国家议会

---

① См. : *Куломзин А. Н. Доступность начальной школы в России. СПб.*, 1904. C. 63.

② *Русская мысль. 1917. № 2918.*

的审核过程中，一些高官以法案不够详细为由不予批准。但是，杜马人民教育委员会仍然达成了自己的主要目标——引起政府对人民教育问题的注意。1909 年 6 月 22 日，沙皇尼古拉二世批准了第三届国家杜马的提案——《在人民教育部设立彼得大帝学校建设基金》，该项基金主要用于学校建筑物的建设。政府投入人民教育中的金额（包括建设基金）逐年递增。1909 年，政府为建设基金拨款 100 万卢布，1910 年拨款 400 万卢布。[①] 1910 年，政府投入初级教育的总金额为 3588.4672 万卢布。[②] 1916 年，初级教育支出在国家预算中名列前茅，总金额达到 1 亿 9500 万卢布。[③]

随着教育补助的增长，俄国的学校（包括地方学校在内）建设发生了质变。1903 年至 1909 年，地方初级学校的数量增长了 33%（从 18700 所增长到 25047 所）。[④]

俄国 3/4 的地方学校采用了传统的三年制教育模式。也有一些地方自治机关的教师发出倡议，希望将基础教育课程增长到四至五年。不过，地方学校最初也未曾指望政府可以把四年制教育引入实践。

除了发展学校教育，地方自治机关也积极开展文化教育工作（图书馆、成人自学学习班与小组、阅读课、人民宫、书店与出版活动等）并且取得了不俗的成绩。

19 世纪 90 年代之前，地方自治机关主要致力于创建学校教育体系，在文化教育规划上并未投入多少资金。对于在农民中间开展文化教育活动的目的，地方自治机关代表没有达成共识，因此妨碍了图书馆、阅览室、博物馆等文化设施的建设。地方自治机关的很多首批（前十年）代表认为，人民教育可能会制约基础知识与农业常识的推广。莫斯科的很多地方自治代表也持有这种观点，比如 Ф. Д. 萨马林、А. Н. 萨佐诺夫、М. Д. 普费耶勒、М. А. 纳罗尼茨基；不过，一些自由主义地方自治代表（В. Ю. 斯卡隆、

---

① См.: *Веселовский Б. Б.* История земства за сорок лет. Т. 4. СПб., 1911. С. 96.
② См.: *Веселовский Б. Б.* История земства за сорок лет. Т. 4. СПб., 1911. С. 96.
③ Русская мысль. 1917. № 2918.
④ См.: *Веселовский Б. Б.* История земства за сорок лет. Т. 4. СПб., 1911. С. 102.

叶尼塞斯克省巴拉赫塔地方学校的教师与学生——照片摄于 20 世纪初

C. A. 穆罗姆采夫、П. Д. 多尔戈鲁科夫、A. A. 奥列宁、H. A. 卡布卢科夫）认为，人民教育不仅可以促进农业经济发展，也是实现社会进步和社会一体化的必要条件。

自由主义代表认为，地方自治机关文化教育活动的主要目的在于培养农民读者；对俄国农村而言，他们是新的、个性化的、非典型的农民群体，他们也会在一定程度上弄清俄国内政外交的始末。一些地方自治代表亲自参与了农村校外教育的发展并且做出了巨大的贡献。例如，早在 1882 年，Д. И. 沙霍夫斯科伊大公就倡议，在谢尔普霍夫县的瓦休宁人民学校（其亲属在该校担任督学）设立图书馆。①

19 世纪末，在地方自治机关的倡议下，34 个自治省份实际上都发展了校外教育：开办了图书阅览室、成人周日学习班；此外，发行了地方自治机关的期刊。值得一提的是，在所有自治省份中，17 个地方自治机关完全是从零开始创立了地方学校的附属图书馆。1894 年，萨拉托夫省共有 10 座地

---

① ЦИАМ. Ф. 182. Оп. 2. Ед. Хр. 1011. Л. 4.

方自治机关的图书馆，特维尔有 4 座，而弗拉基米尔、沃洛格达、沃罗涅日、维亚特卡、叶卡捷琳诺斯拉夫、科斯特罗马、库尔斯克、下诺夫哥罗德、诺夫哥罗德、奔萨、彼尔姆、圣彼得堡、哈尔科夫、切尔尼戈夫、雅罗斯拉夫尔这些省份则没有一座。① 1898 年，34 个自治省份中参加北部边疆展览会的有 3000 多座地方自治机关的人民图书馆—阅览室，其中 2098 座隶属于地方学校。②

20 世纪初，在地方自治机关的教师和代表极大热忱的努力下，校外教育获得了长足发展：农村地区的图书馆数量增长了，农民对不同形式的"文化万能论"③ 产生了兴趣；此外，也深入研究了地方自治机关教育工作组织形式的基本原则。这些转变为第一届地方自治机关人民教育代表大会的召开（1911 年）奠定了基础。一些代表团在大会上发言指出，校外教育与学校教育同等重要；此外，代表大会也拟定了教育活动基本的组织原则（普及、无偿、有序，将广大人民群众吸引到教育组织的工作中）。④ 代表大会特别注重图书馆事业的发展，阐明了创建图书馆体系的必要性。大会指出，县城要建设中心图书馆，大型村镇要建设乡图书馆，农村则要建设地方学校图书馆或流动性图书馆。⑤

20 世纪初，地方自治省份的图书馆数量突飞猛涨。例如，1903 年，沃洛格达省共有 219 座图书馆，1904 年增长至 465 座。⑥ 至 1913 年，地方自治省份创建的图书馆数量达到了顶峰：莫斯科共有 482 座，科斯特罗马共有 313 座，弗拉基米尔共有 310 座，特维尔共有 261 座，斯摩棱斯克共有 249

① См.: *Королева Н. Г.* Земство на переломе (1905 – 1907 гг.). М., 1995. С. 49 (таблица).
② См.: *Юрьев В.* Земство и внешкольное образование // Земское дело. 1914. № 5. С. 317 – 318.
③ 旧俄知识分子中一种用文化活动代替等级斗争的主张。——译者按
④ Постановления Первого Общеземского съезда по народному образованию. М., 1911. С. 15.
⑤ См.: *Серополко С. С.* Внешкольное образование: Сб. Ст. М., 1912. С. 29.
⑥ См.: *Королева Н. Г.* Земство на переломе (1905 – 1907 гг.). М., 1995. С. 49 (таблица).

雅罗斯拉夫尔省莫罗加市普希金地方图书馆——20世纪初的美术画片

座。[1] 当时，特维尔省级地方自治机关也建设了3000座农村图书馆（被称为"5卢布图书馆"），各地方自治机关对此展开了讨论并积极学习了相关经验。值得注意的是，特维尔地方自治机关每年还为这些图书馆拨款3000卢布；与此同时，特维尔地方自治机关还倡议为农民免费发放书籍和《特维尔报》（1904年创刊）。[2]

　　图书馆的读者群主要是年轻学生和男性居民。例如，1897～1898学年，伊万诺沃-沃兹涅先斯克和舒亚的公立图书馆进行了问卷调查，调查数据显示：读者群主体是男性（1162名受访者中有922人是男性）；根据年龄分布来看，超过五成（55%）的读者是年轻人（30岁以下）。[3] 调查表明，妇女

① Сводка сведений о состоянии земской статистики народного образования. Харьков, 1913. С. 17.

② См. : *Сивоволов Д. Ф. , Юсупов М. Р.* Культурно-просветительская деятельность земств Урала（1864 – февр. 1917）. Челябинск, 2008. С. 16.

③ См. : *Соловьев А. А.* Земские библиотеки Иваново-Вознесенска и Шуи в конце XIX – начале XX в. : сравнительная характеристика // Краеведческие записки. Вып. X. Иваново, 2007. С. 157.

的阅读积极性颇低。

必须指出，公立图书馆收录的所有书目必须经过人民教育部的批准，因此，他们在藏书过程中十分谨慎，一些极具号召性、"鼓动性"的作品（Л. Н. 托尔斯泰、В. Г. 柯罗连科等作家的书籍）便被排除在外，因此，共公立图书馆的藏书量大幅缩减。此外，读者对于简陋的农村图书馆也颇有怨言。①

19 世纪末，地方图书馆已无法完全满足农民不断增长的阅读兴趣。1896～1897 学年，对叶列茨县级地方中学的教师展开了一项调查：教师是否注意到农民的阅读兴趣在增长？——78% 的受访教师做出了肯定的回答。两年后（1899～1900 学年），90% 的受访教师做出了肯定的回答（增加了 12%）。②

在地方自治机关的教师的努力下，人民（包括农民）的识字率提高了，也养成了稳定的阅读习惯。当年，期刊与回忆录中都指出，帝俄人民"罹患"了真正的"阅读躁狂症"，俄国出现了"阅读风暴"。③ 19 世纪末，农民经常从乡村货郎（沿街叫卖的小贩，他们出售书籍等其他商品）手中购置书籍。但是，用当时人的话来说，农民买到的书籍是"粗制滥造的版本"；即便如此，农民每年还为"粗制滥造的书籍和图画花费 80 万到 100 万卢布"。④

农民购置的简陋图画分为不同的题材。最受欢迎的是宗教题材图画，主要用于装饰木屋；其次是沙皇肖像画；再次是"地理题材"的图画（描绘的主要是修道院或是狩猎场景）；此外，还有日常生活题材的图画。A. 斯达霍维奇苦恼地指出，农民购置的图画中"完全没有杰出艺术家画作的临摹作品"。⑤

---

① См. Об этом: *Сысоева Е. К.* Сельская школа. С. 705 – 706.

② *Стахович А.* О борьбе земства с лубочного литературой. М. , 1901. С. 4.

③ *Туманова А. С.* Общественные организации и русская публика в начале XX в. М. , 2008. С. 118.

④ *Стахович А.* О борьбе земства с лубочного литературой. М. , 1901. С. 4.

⑤ *Стахович А.* О борьбе земства с лубочного литературой. М. , 1901. С. 4.

这类书籍和图画虽然质量低劣，但价格低廉（3~10 戈比），因而受到了人民的喜爱。当时，也有一些面向人民群众发行的作品，比如 И. Д. 瑟京①或其他出版家刊行的合订本，但内容相对严肃、售价偏高，因此，这类书籍很少在人民读者中传播。

很多地方自治机关也考虑到了上述状况，为了降低书籍与文具的售价，他们开始设立省级地方自治机关书库。这些书库的建设资金要么来自地方自治机关的活动拨款，要么来自地方自治机关周转资金中的书库专项贷款。根据人民教育研究员 Н. В. 契诃夫的统计数据，大部分书库都有专门的资金，平均为 26400 卢布。②

地方自治机关的书库具有多种用途。书库可以为地方学校提供教科书与文具用品，为地方图书馆提供藏书；此外，还可以用"更具内涵的书籍"取代"粗浅"的大众文化作品。

因此，地方自治机关购置的主要是教育类书籍。如此一来，地方书库便可以为人民提供物美价廉的书籍，也可以用低廉价格的图书补充地方机构（学校、图书馆、人民宫等）所需的藏书。

根据省长批准的省议会决议，地方自治机关开始了书库的兴建工作；地方议会则决定了书库的财政金额及来源、图书品类与组织形式。至 1912 年，地方自治省份中共有 130 个地方书库（17 个省份设有地方书库，87 个县还设有 24 个地方书库分库）。③

20 世纪初，地方自治机关还积极致力于创建地方博物馆。一般而言，博物馆的创建工作由县级地方自治机关负责。根据博物馆的内容，可以将其划分为几种类型：学校教具博物馆、地方志（自然史）博物馆、农业博物馆、手工业发展史博物馆、卫生保健博物馆等。

---

① 俄国启蒙出版家。——译者按

② См.：*Чехов Н. В* Земские книжные склады, их организация и просветительная деятельность. М.，1905. С. 3.

③ Календарь-справочник земского деятеля … на 1912 г. / Сост. Б. Б. Веселовский. СПб.，1913. С. 134.

维亚特卡省萨拉布市的地方书库——1910 年的美术画片

学校教具博物馆是当时规模最大、扩展最迅速的一种，一般位于县级地方自治机关管理局或学校。至 1917 年，学校教具博物馆共计 1758 座。13 个地方自治机关也创建了地方志（自然史）博物馆。15 个自治省建设了手工业发展史博物馆，目的在于确保手工业原料供给、扩大成品销售规模；①此外，手工业发展史博物馆还会经常组织临时性展览会。20 世纪初，喀山组织了一次手工业展览会，"其间产生了很多麻烦和不快，同其他很多展览会一样也造成了巨大的亏损，但是，这次展览会有很大的借镜意义并留下了不少弥足珍贵的史料"。②

俄国地方自治机关成立 50 周年（1914 年 9 月）迫近之际，1913 年 11 月 7 日至 8 日，萨拉托夫省级地方自治管理局召开了一次代表会议，会上通过了一项决议：在莫斯科兴建全俄地方自治纪念馆。代表大会召开之前做了大量的准备工作。1913 年 5 月，在莫斯科地方自治管理局的名义下，萨拉托夫地方自治管理局召开了一系列的预备会议，与会者有莫斯科城市管理局

---

① *Абрамов В. Ф.* Российское земство: Экономика, финансы и культура. М., 1996. С. 64, 65.

② *Мельников Н. А.* 19 лет на земской службе（Автобиографический очерк и воспоминания）. Йошкар-Ола, 2008. С. 191.

的建筑师 A. A. 奥斯特罗格拉德斯基、综合技术博物馆管委会成员 B. Д. 莱温斯基、沙尼亚夫斯基民间大学图书馆管理员 Л. Д. 布留哈诺夫、商业学院教授 H. H. 阿维诺夫、《俄国公报》撰稿人 C. B. 斯佩兰斯基以及一些知名的地方自治活动家（T. И. 波内尔、Д. И. 沙霍夫斯科伊、E. A. 兹维亚金采夫）。① 萨拉托夫地方自治管理局的成员对兴建纪念馆的草案深入研讨（1913 年 3 月和 4 月）、精心审查，还进行了增补和修改。地方自治工作者认为，地方自治纪念馆是他们自己的活动中心，他们可以在此可向专家寻求良好的建议、指导，可以查找相关文献，也可以参观地方事业各种领域（人民教育、医学、农学等）的临时展览会。地方自治博物馆预计共分为 9 个部门：综合、人民教育、人民健康与医疗、经济、社会保险、兽医学、地方统计资料、地方财政与会计、公路工程与技术手段。②

萨拉托夫地方自治管理局提议，每省应选出两名代表组建省级地方自治机关代表会议（管理博物馆事宜），每年定期召开大会；若遇紧急情况，不少于 1/5 的地方自治机关声明通过后，可以临时取消大会。③ 但是随着第一次世界大战爆发，这项计划胎死腹中。

为了发展文化教育，地方自治机关也积极组织讲演会和座谈会。19 世纪 70 年代，政府已经允许在省城举办人民讲演会。19 世纪 90 年代，这项创举扩展到了县城和乡村。在政府的监督下，社会组织与宗教组织也采取了这种组织形式。地方自治工作者不甘人后，也采用了这种活动形式来发展文化教育。当时，学校教师为农民举办的座谈—讲演会已经初具规模。在讲演会上，教师们提出了一些迫切的社会生活议题或卫生问题（抵制酗酒，在霍乱、流行病、传染病肆虐期间执行一定的卫生标准等）；这些活动为县级地方自治机关文化教育活动的开展奠定了坚实的基础。

---

① Доклад Саратовской губернской земской управы совещанию представителей губернских земских управ. Саратов, 1914. C. 3.

② Доклад Саратовской губернской земской управы совещанию представителей губернских земских управ. Саратов, 1914. C. 4.

③ Доклад Саратовской губернской земской управы совещанию представителей губернских земских управ. Саратов, 1914. C. 5.

在皇村建城 200 周年纪念展览会上，皇村县级地方自治机关推出的人民教育成果展览品——照片摄于 1911 年

人民讲演会还有其他形式，比如根据普通教育不同学科开设的系统公开课。19 世纪末，公开课的优势逐渐显现。省级和县级地方自治机关邀请了一些中、高级教育专家或地方自治机关职员（农业技术员、医生、兽医、统计员等），积极组织公共课。地方自治机关还在公开课（或讲演会）上运用了"神奇灯笼"（当时的幻灯片设备）；20 世纪初，他们又引入了电影放映机。一位讲演会策划者指出，"农民认为，放映图片的讲演会更有趣；他们能够长时间不知疲倦地听讲，记忆也更加深刻"。①

随着地方自治机关物质基础的巩固与人民识字率的提升，县城中也出现了娱乐消遣机构——乡村俱乐部（之前仅在大城市存在），当时称为"人民宫"。1911 年，三个地方自治省份（下诺夫哥罗德、彼尔姆、乌法）几乎同时提出要建立人民宫，但是他们倡议的组织形式各有不同。

彼尔姆的方案与其他两个省有明显的差异，希望通过"自下而上"的方式创建人民宫体系。该方案将人民宫视作人民的社会生活中心，认为它可以

① *Арманд Л.* Кооперация и народные дома. М. , 1915.

广泛吸引人民群众，提高他们的社会主动性。县级地方自治机关负责建立并完善人民宫体系；1911 年，县级地方自治机关为建立人民宫拨款 1 万卢布；1912 年和 1913 年分别拨款 2 万卢布和 2.5 万卢布。1914 年，彼尔姆省级地方自治机关发布了一项决议，要求在 10 年内每年为人民宫拨款 10 万卢布（省级地方自治机关预计为每个人民宫拨款 5000 卢布；其余资金计划由社会组织、县级地方自治机关和国家提供）。彼尔姆人认为，人民宫"不单是形式上的人民宫殿"，还要成为一个实际上不打烊的娱乐、休闲场所，"节假日的时候，年轻人可以在那里获得快乐，可以跳舞、休息；成年人或长者在空暇时间可以去那里读报纸，可以就新闻交换意见，总之，他们可以在那里就社会事件高谈阔论"。[①]

下诺夫哥罗德和乌法的方案则希望通过"自上而下"的方式创建人民宫体系：人民宫要成为地方自治机关校外教育活动的管理中心，应建立起"省级—县级—区域"一系列完整的人民宫体系。此外，乌法方案还有一些特点：拟议在人民宫体系中创立辐射范围为 3 俄里[②]的乡村人民宫；此外，还计划开办成人学校。[③] 一战前，很多乡村以此原则为基础建立了大量的人民宫，比如塔甘姆雷克村（波尔塔瓦省）、格里申诺村（莫斯科地方自治机关）、斯特里兹涅沃村（沃洛格达省）、瓦沃日斯克村（维亚特卡省马尔梅日县）。[④]

1914 年至 1915 年初，很多省级地方自治议会（基辅、波尔塔瓦、雅罗斯拉夫尔、科斯特罗马、叶卡捷琳诺斯拉夫、维亚特卡、特维尔、沃洛格达、梁赞、萨马拉、明斯克、奥伦堡、赫尔松）就人民宫的创建问题进行

---

① *Медынский Е. Н.* Земство и народные дома // Народный дом: социальная организация, деятельность и оборудование народного дома. Пг., 1918. С. 26.

② 俄国采用米制前的单位，等于 1.06 公里。——译者按

③ *Медынский Е. Н.* Земство и народные дома // Народный дом: социальная организация, деятельность и оборудование народного дома. Пг., 1918. С. 29.

④ См.: *Арманд Л.* Кооперация и народные дома. М., 1915. С. 13, 15, 17, 21.

了讨论。① Д. И. 沙霍夫斯科伊大公是人民宫的坚定支持者，他在雅罗斯拉夫尔的地方自治议会上发表了一番慷慨激昂的言论，他认为："所有国家都应建造人民宫。应争取尽快让人民宫遍布俄国。"② 第一次世界大战爆发后，所有这些方案都化为泡影。

地方自治机关在教育领域的活动取得了不俗的成绩，这是知名教育家与地方自治机关在遵循人民教育基本原则（普及、免费、循序渐进）的前提下共同努力的结果。迫于社会压力，政府深入研究、制定了全民基础教育大纲（其中贯彻了人民教育的基本原则）。与此同时，为了让农民熟悉当时最新的科技成果、培养他们的公民意识和爱国精神、帮助他们抵制恶习（主要是酗酒），地方自治机关也在校外教育领域组织了一系列的活动（图书馆—阅览室、博物馆、巡回展览会、讲演会、人民宫）。

20 世纪最初十年，一半适龄儿童（620 万人中的 310 万人）可以进入初级学校就读。当时，全俄共计 44600 所学校，其中一半以上（25080 所）是地方学校，地方学校的学生共有 200 万人。③ 随着识字率的提升，人民产生了更高的文化需求；为了回应这一变化，地方自治机关建立并完善了当地的图书馆体系。1864 年，俄国地方自治省份共有 152 座图书馆，其中 84 座位于首都。50 年间，图书馆的数量增至 12627 座，④ 藏书总量近 900 万册，读者达到 200 万人，预计借书量达到 1650 万册。⑤

---

① См.: *Медынский Е. Н.* Земство и народные дома // Народный дом: социальная организация, деятельность и оборудование народного дома. Пг., 1918. С. 32, 33, 34, 35.

② Известия по делам земского и городского хозяйства. СПб., 1914. № 2.

③ *Чарнолуский В. И.* Земство и народное образование. Ч. 1. СПб., 1910. С. 95; Земские учреждения с 1864 по 1914 г. Одесса, (б. г.). С. 21.

④ *Закс Б.* Земское библиотечное дело (К 50 - летию существования земских учреждений) // Учитель и школа. 1915. № 3. С. 15 – 16.

⑤ См.: *Рубанова Т. Д.* Земская концепция книжно-библиотечного дела: историко-теоретическая реконструкция (По материалам земских губерний Урала). Челябинск, 2006. С. 332.

三 19世纪末20世纪初俄国地方自治机关的医疗

地方医疗出现之前，农民（俄国绝大多数人）没有系统的医疗救护。19 世纪，俄国地方居民的健康主要仰赖军事医疗体系中的专家——连队医士，但他们的医务水平令人担忧。[①]

根据内务部医务厅的统计数据，19 世纪中期，帝俄各省县共有 494 家公益慈善组织经营的医院。[②] 这些医院缺乏医务水平高的专家，接待能力有限，治疗效果相当不理想。根据 1856 年帝俄所有医院的官方数据，30 多万人进入医院治疗，其中 1/10 的病人医治无效死亡。[③]

必须指出，根据 1864 年规章，人民医疗救护并不属于地方自治机关的"法定"义务，他们只需为医疗活动提供经济保障。从 19 世纪 80 年代地方自治活动家主张的相关文献中可以发现，1864 年，省、县地方自治规章一经出台，医疗体系也随之开始了改革；但是多数学者对此表示质疑。В. Ю. 斯卡隆认为："在后来的政论家笔下，地方自治机关最初深受人民信赖；首批地方自治工作者也被美化，人民或许认为是他们把自己的愿望投入了实践，但是事实并非如此，他们甚至从未考虑过这个问题。"[④]

最初，大部分地方自治机关对医疗事务的拨款都十分微薄。Б. Б. 维谢洛夫斯基的统计数据显示，1868 年，地方自治机关的医疗拨款金额共计 120 万卢布，占其预算总额的 8.3%。4 个地方自治机关（莫斯科、圣彼得堡、卡卢加、普斯科夫）的医疗拨款占其预算的 2.5% ~ 4.5%；17 个地方自治机关的

---

① 详细信息参考：*Ковригина В. А.* Здравоохранение // Очерки русской культуры XIX в. Т. 2. Власть. Общество. Культура. М., 2000。

② Отчет о состоянии общественного здравия и деятельности больниц гражданского ведомства в Российской империи за 1856 г. СПб., 1857. С. 104 – 105.

③ Отчет о состоянии общественного здравия и деятельности больниц гражданского ведомства в Российской империи за 1856 г. СПб., 1857. С. 126.

④ Земство. 1880. № 1. С. 17.

拨款占其预算的 5% ~ 10%，9 个地方自治机关的拨款占其预算的 10% ~ 14%。①

地方自治机关运行的最初 20 年，地方自治代表和医生主要关注地方医疗的两个问题：探索地方医疗最理想的组织体系；同医士进行斗争。

"地方医疗的全体人员"由工作人员、雇员组成。就教育与职业素养而言，他们与专业人士（医生、药剂师、医士、制药师、种痘员、助产士、接生婆、卫生保健管理员、兽医等）不可相提并论。地方医疗职员中有近 1/4 的雇员。尽管地方自治机关的医生在受教育程度和物质条件上存在明显差异，但是俄国的地方医疗机构并没有狭隘的职业性和等级性，这就妨碍了地方自治机关的医生行会与职业标准的形成。在这种条件下，地方自治机关的医生不得不成为博学之士，他们不仅要负责疾病的治疗，还要关注疾病的预防。

就职业生涯与物质保障而言，在地方供职没有前途。20 世纪初，农村教师的年薪才突破 300 卢布大关；医生与农业技术员的年薪为 900 ~ 1500 卢布；统计员的年薪为 300 ~ 400 卢布。А. 别利斯基在其广受社会好评的《地方官僚主义》一书中指出，"在地方供职，几乎不可能加薪；没有退休补助金②；地方自治机关很少发放养老金；根据服务年限加薪的体制也并未普遍实行。此外，甚至还要卷入'地方官僚'愈演愈烈的名利争夺战中"。③

不得不提的是，省长的主观态度就可以决定地方自治机关的医生的去留问题。"地方工作者政治思想异端"就成为解雇医生的一个重要理由。省政府经常以此为借口迫使地方自治管理局解雇一些高水平专家，例如 Д. Н. 日班科夫（曾在梁赞、斯摩棱斯克的地方自治机关就职）、М. Я. 卡普斯京（曾在库尔斯克、沃罗涅日的地方自治机关就职）、А. И. 申加廖夫（曾在沃罗涅日的地方自治机关就职）等人。

---

① См. : *Веселовский Б. Б. История земства за сорок лет. Т. 1. С. 277.*
② 退休补助金（源自拉丁文 emeritus：应得的、当之无愧的）：俄国革命前，国家公职人员退休时从退休储金会出纳科得到的一笔特殊养老金。这笔金额是从公职人员在职期间的薪水中扣除所得。
③ *Бельский А. Земская бюрократия // Образование. 1905. № 2. Отд. II. С. 5.*

中级医务工作者（医士、产科医生、接生婆等）的处境则更为艰难。20 世纪初（1904 年），在地方自治机关供职的医士和产科医生共有 8546 名。① 中级医务工作者的年薪为 250～300 卢布。地方医士的社会地位很低：他们在地方管理局委员会中几乎没有自己的代表。除代表外，委员会中仅有一些医生代表。

至 20 世纪初，医士的受教育程度明显提高了，但是很多省份仍存在连队医士。例如，1912 年（明斯克于 1911 年开始实行地方自治），明斯克的乡级地方自治机关共有 72 名医生、240 名医士、71 名产科医生，126 名连队医士。② 因此，省级地方自治机关十分关注中低级医疗工作者的培养工作并为此提供了大量资金。

不得不指出的是，地方医疗工作的性质要求医生、医士、产科医生必须具备持之以恒的献身精神。B. B. 魏烈萨耶夫曾是一名地方自治机关的医生，他写过一部描述偏远地区地方自治机关的医生工作状况的中篇小说——《无路可走》，令人印象深刻。小说中，年轻医生切尔诺夫为了去地方服务，放弃了教研室的职位，N 教授问他："你可知什么是地方工作？去往那里，你要有壮如牛的身体：雨水渗过屋顶，家中杂草丛生——想逃脱这一切？没门！狂风肆虐，你只能站在窝棚里喝一口酒，但是你的健康状况却每况愈下……"③

A. И. 韦烈坚尼科娃是尼古拉耶夫医院（1882 年）附属女子医科培训班的一名学生，她毕业后就在布兹达克村（乌法省别列别伊县）担任地方自治机关的医生。后来，她回忆道，由于当时没有农村医院或诊所，她只得在自己的农村木屋中进行手术，承受了来自身体和精神上的巨大压力。A. И. 韦烈坚尼科娃写道："当时，我刚从学校毕业，之前在学校的手术一般是在尸体上进行的，我并没有真正的实践机会。而在农村，我无法同任何

---

① См. : *Веселовский Б. Б.* История земства за сорок лет. Т. 1. С. 348.

② РГАДА. Непрофильный фонд 1749 《Общество русских врачей в память Н. И. Пирогова》. Ед. Хр. 68. Л. 2 - 3.

③ *Вересаев В. В.* Без дороги // Повести и рассказы. М. , 1988. С. 28.

人商量，不得不在恐惧中操起手术刀。我的薪水也非常少，过着乞丐般的生活。"① 此外，这项"损耗性"的工作也不能为地方自治机关的医生提供有保障的老年生活。根据法律，地方雇员不属于国家公职人员；因此，他们退休时无法享受官员的待遇。C. 马卡罗夫曾是沃斯克列先斯克门诊部的医士（34 年工龄），他有个大家庭——妻子与五个子女（幼子尚不满 6 岁），负担繁重。1909 年 1 月，他向莫斯科省级地方自治议会提出了一项增加退休金的申请，但最终未获批准。C. 马卡罗夫在申请中陈述了自己对地方工作的态度："……我将每项工作视作自己的本分，做事无不竭尽全力；无论是同事，还是民众，我都待之友好、尊重。"②

在特维尔省科尔切夫市地方医院门口的地方自治机关的医生米哈伊尔·伊万诺维奇·罗辛——20 世纪初的美术画片

地方医疗体系中有诸多这样始终如一、勤勤恳恳、满腔热情却一贫如洗的工作者。遗憾的是，他们在当代俄国人的记忆中已经荡然无存。但可喜的

① *Веретенникова А. И.* Записки земского врача. Уфа, 1884. С. 106.
② ЦИАМ. Ф. 184. Оп. 2. Ед. Хр. 51. Л. 51.

是，乌拉尔建有一座纪念克拉斯诺乌菲姆斯克地方自治机关的医生贡献的博物馆（全俄唯一一座此类博物馆）。①

地方医疗体系建立之初，地方自治机关的医生的数量远远不够。尽管地方自治机关的医生的数量在增长（从 1870 年至 1890 年，20 年间增长了 2 倍），但是增长人数（1610 人）对于巨大的俄国而言无异于杯水车薪。因此，直至 19 世纪 90 年代初，农村地方医务工作者的主体仍旧是医士。一些关于地方自治省份的统计数据显示：1890 年，医士站点（2701 处）是医生站点（1382 处）的 2 倍多。实际上，如果不考虑手术，中级医务工作者才是农民医疗救助的主力军。А. И. 诺维科夫是一位县级地方自治机关的领导，对当地医疗组织进行了多年研究，他写道："我们当地医院规定的服务范围是 15～20 俄里，但实际上更大；服务的民众也成千上万。此外，也有很多急性病患者无法到医院就诊，需要在家中治疗，没有医士无法想象；每位医生每日接诊将近 100 位病人，所以一些简单治疗也由医士负责……没有医士的协助，情况将不可想象。即便是扎哈林（19 世纪著名的内科医师，莫斯科大学的教授）接诊，没有医士的协助也会十分糟糕。"②

地方自治机关的医生省代表大会的资料与地方管理局的报告都印证了 А. И. 诺维科夫的结论。例如，在下诺夫哥罗德，每位医生的平均服务范围达到 820 俄里。1890 年，下诺夫哥罗德地方医务工作者中有 33 名医生、109 名医士和 26 名产科医生。在此情况下，每名医士要服务 12576 人，每名产科医生要服务 3118 人。③总之，县级医务工作者十分缺乏。

地方医疗体系建设的最初 20 年，医士站点的设施配备几乎都很差。例如，19 世纪 80 年代末，医士拉佐林在乌法省地方管理局的发言报告中写

---

① См.：*Бельчугов А. Д.* Музей Красноуфимской земской больницы // Мат-лы Ⅱ съезда конфедерации историков медицины（международной）: Краткое содержание и тезисы докладов. М.，2003. С. 219.

② *Новиков А. И.* Записки земского начальника. СПб.，1899. С. 220.

③ Труды Ⅲ съезда врачей и представителей земств Нижегородской губернии. Н. Новгород，1890. С. 55.

等待医士接诊的群众——画家 **H. П.** 扎戈尔斯基绘于 **1886** 年

道："……众所周知，现存医士站点的技术设施非常差；我们也都清楚，当地门诊部给医士站点配备的药物不仅不符合医学卫生标准，其数量也远远不够。因此，医士只能采用顺势疗法①。"②

医生认为，医士不具备独立工作的能力——医士的学习、实习时间极其有限。地方自治机关倡议，创建配有实习班的三年制医士学校，其中也教授非专业的普通知识。19 世纪 80 年代末，俄国有 14 所医士学校，此外，图拉省有一所产科学校，维亚特卡省、奔萨省、普斯科夫省、坦波夫省还有地方接生学校。但是，这些学校并不能完全满足地方医疗对优良、熟练的中级医务工作者的所有要求。对地方自治机关而言，医士学校和产科学校所需经费也相当高昂；地方自治机关每年为每位学生支出 130 ~ 185 卢布，因此经

---

① 又称同类疗法，属于替代疗法的一种，18 世纪由德国医生塞缪尔·哈内曼所创。——译者按

② Цит. по: *Курсеева О. А.*, *Маркелова Л. Н.* Деятельность Уфимского губернского земства в области медицины в конце XIX – начале XX в.// В центре Евразии: Сб. Науч. Тр. Вып. 1. Стерлитамак，2001. С. 153.

常发生设立不久的医士学校因缺乏资金倒闭的情况。①

至 19 世纪 90 年代，情况有所改善。社会更加重视卫生保健问题，因此又重新开放了中级医科学校。20 世纪初，省级地方自治机关共有 22 所医士学校和 5 所产科学校，学生共计 2500 人。② 一些医士学校和产科学校会为希望参与地方工作的学生免除学费，也会提供免费教科书、派发免费午餐。此外，县级地方自治机关还会为学生提供助学金。

总之，19 世纪 80 年代末开始，地方医疗逐渐清除了内部的"医士化"因素，这是因为，19 世纪 70 ~ 80 年代地方医疗的"流动体系"③ 在很大程度上已被新的"固定体系"④ 取代。医生不必再走遍服务"版图"，而居民则须到医院或诊所就诊。⑤

19 世纪，俄国地方医疗取得了一项重要成果——逐渐完善了农民的医疗区段服务。农村区段医院是当地的医疗卫生救助中心，它服务有限区域中一定数量的农民。但是，居民医疗服务的区段原则——俄国边疆地区的最优选项——并不能解决农村卫生保健的所有问题，因为很多问题与深层的社会问题息息相关。A. И. 诺维科夫（地方自治领导）清晰地阐述了 19 世纪末俄国农民的日常生活状态："探讨地方医疗之前，我希望大家先认清人民的悲惨状况。如此一来便能发现，即使地方医疗弊端重重，仍然发挥了不小的作用。很多人有一个根深蒂固的想法，认为俄国人民非常健康、有力。如果去民间看一下，很难找到一个完全健康的家庭，这种状况在征兵体检中一目了然；妇女亦是如此，很少有健康之人。如果将俄国工人与德国工人的状况进行对比，二者差距简直让人瞠目。德国工人精力旺盛、面色红润，俄国工

---

① См.：*Веселовский Б. Б.* История земства за сорок лет. Т. 1. С. 290.

② См.：*Чарнолуский В. И.* Земство и народное образование. Ч. 1. СПб.，1910. С. 95；Земские учреждения с 1864 по 1914 г. Одесса，(б. г.). С. 21.

③ 外出接诊。——译者按

④ 定点接诊。——译者按

⑤ 详细参考：*Жукова Л. А.* Земская медицина в России в конце 60 - 80 - х гг. XIX в. // Земское самоуправление в России… С. 407 - 410，412；*Ковригина В. А.* Здравоохранение // Очерки русской культуры XIX в. Т. 2. Власть. Общество. Культура. М.，2000. С. 440 - 441.

人疲惫不堪、面色苍白……既然如此，何来人民健康之说？这是因为俄国农民有惊人的忍耐力：当他们实在难以忍受的时候，才会停止工作，不然他们也会拖着病躯继续拼命。"①

在农民艰苦的劳动和生活条件下，地方自治机关的医生不得不成为一个多面手，他们需要掌握外科、产科、儿科等渊博的医学知识，还要有足够强的实践技能。当时，大多医生倡议，地方自治机关应提供免费的医疗救助；但是直至 19 世纪 90 年代中期，几乎所有省级地方医院仍旧需要提前收取治疗费用——按日或按月计费（每日收取 15～40 戈比或每月收取 5～12 卢布）。

不过，县级地方医院逐渐降低了治疗费用，同时为多种类型的疾病患者免费治疗。在县级地方自治机关的努力下，至 1910 年，县级地方医院只对外县患者收取治疗费用（执行的是原来的收费标准）。20 世纪初，地方医疗的基本原则之一就是免费治疗。Б. Б. 维谢洛夫斯基否认收取治疗费用是出于经济或其他类似动机，他认为："所有诸如此类的理由并不具备足够的说服力。虽然对医嘱和药物收取费用具有提高医疗救助效率等优点，但这种'特殊课税'最终将所有重负都压在了贫苦人民的肩上……"② 不过，地方医疗因免费治疗耗资巨大。1868 年，地方自治机关的医疗拨款占其预算总额的 8%；到 1890 年，占到了 21%；1903 年，则占到了 38%；至此，医疗成为地方自治机关拨款最多的一个领域。甚至有一些地方自治机关（利佩茨克、赫瓦伦斯克、利夫内等），他们的医疗拨款占预算总额的 45%～47%。③

19 世纪 80 年代，为了协调地方医务人员的工作，俄国所有自治省份都成立了联合会，参与者有管理局成员、代表和所有地方自治机关的医生。联合会被称为卫生委员会或医疗委员会，其活动要遵守地方议会批准的条例（1885 年，莫斯科地方自治机关制定了这种详细条例）。县级卫生委员会主

---

① *Новиков А. И.* Записки земского начальника. СПб. , 1899. С. 214.

② *Веселовский Б. Б.* История земства за сорок лет. Т. 1. С. 396.

③ См. : *Веселовский Б. Б.* Земство и земская реформа. С. 20.

要负责解决本县的日常医疗事务，而省级委员会则负责解决本省的医疗事务。大部分卫生委员会都有权设置咨询机构，但直接领导权依旧归地方管理局所有。很多医生认为，咨询机构对代表的监督有实质意义，"因为当地方管理局违背了委员会的意愿时，管理局理应向地方议会进行说明"。①

当时，地方自治机关并未制定出覆盖全省的统一医疗措施规划。鉴于这种情况，Б. Б. 维谢洛夫斯基将 19 世纪 90 年代之前的地方医疗体系称为"县级分离主义统治"。② 总体而言，当时地方医疗的发展呈现明显的各县分散状态。在地方医疗发展初期（19 世纪 60~70 年代），省级医生代表大会起了重要的联合、统一作用，大会还制定了全省居民医疗卫生救助的未来发展规划。根据特维尔省医院 Н. М. 巴甫洛夫（德高望重的老医生）的倡议，第一届地方自治机关的医生代表大会于 1871 年在特维尔召开。③ 尔后，代表大会又召集了特维尔和其他省份的医生（1872 年，召集了来自喀山、下诺夫哥罗德、彼尔姆和萨马拉的医生；1873 年，召集了来自比萨拉比亚、科斯特罗马、诺夫哥罗德、塔夫里达、雅罗斯拉夫尔的医生；1874 年，召集了来自维亚特卡、普斯科夫、梁赞、辛比尔斯克和赫尔松等地的医生）。④

1871 年到 1905 年，地方自治机关的医生代表大会共召开了 298 次。⑤其间，代表大会也刊行了诸如医疗卫生会议期刊等著作集，并免费发放给了各省的医生。

1876 年 8 月，萨拉托夫省召开了第一届地方自治机关的医生与地方管理局代表大会。大会上，地方管理局主席 В. А. 费多罗夫斯基强调，代表大会对医生交流工作经验十分重要，他谈道："……大家一致认为，地方医疗当前处于萌芽阶段，因此，你们将要探讨的问题目前无法获得满意的解决

---

① *Осипов Е. А.*，*Попов И. В.*，*Куркин П. И.* Русская земская медицина. М.，1899. С. 172.

② *Веселовский Б. Б.* История земства за сорок лет. Т. 1. С. 432.

③ *Веселовский Б. Б.* История земства за сорок лет. Т. 1. С. 300.

④ *Веселовский Б. Б.* История земства за сорок лет. Т. 1. С. 301 – 302.

⑤ *Веселовский Б. Б.* История земства за сорок лет. Т. 1. С. 301.

方案。"①

医生代表大会具有重要的作用，它不仅可以促进重大医疗问题的经验交流，还具有广泛的社会意义。地方自治机关的医生探讨的问题非常广泛，其中一些就具有社会性质（防疫的组织问题、农民艰难的社会和经济处境问题、儿童高死亡率问题、抵制酗酒的必要性、在人民中间普及医疗教育工作等）。

19世纪末20世纪初，俄国社会政治、文化生活中有一个重要的特点——探索社会主动性的新形式，地方自治机关的医生代表大会正是该特点的反映。地方自治机关的医生的社会主动性不仅体现在代表大会上，他们也探索出了其他形式——期刊（呈现了地方医疗体系中诸多迫切的问题）：《地方医疗》（1885～1888年，圣彼得堡）、《医疗座谈会》（1887～1906年，沃罗涅日）、《地方自治机关的医生》（1888～1894年，切尔尼戈夫）、《医士消息报》（1906～1918年，莫斯科）等。

直至19世纪末，医疗一直是地方自治活动中长期关注的焦点。最初，俄国地方医疗只是解决一些地方政府置之不理的社会问题。不过，地方自治工作者创造了地方医疗的新时代。尽管存在资金匮乏、行政阻挠、医务人员短缺等问题，地方自治工作者依然建立起了完整的农民医疗体系；19世纪，他们在农村展开了有组织、大规模的医疗救助工作，在俄国医学史上留下了浓墨重彩的一笔。不过值得注意的是，这种医疗体系耗资相当巨大。

通过一些数据，我们可以认识地方医疗的耗资规模问题。根据 C. M. 博戈斯洛夫斯基医生1901年的统计数据，莫斯科每位农民缴纳的地方医疗税款为7.5戈比，而地方自治机关则要为每位农民拨款91.85戈比。②

地方医疗耗资巨大，这就要求地方自治机关增加医疗拨款；但是与此同时，政府则希望压缩地方自治机关的预算。例如，1900年6月12日，政府

---

① *Калинин П. А.* Губернские съезды и совещания земских врачей и преподавателей земских управ Саратовской губернии с 1876 по 1894 г. : Свод постановлений. Саратов, 1903. С. 64.

② См. : *Богословский С. М.* Земский медицинский бюджет Московской губернии за 1883 – 1905 гг. М. , 1908. С. 16.

发布了一条政令，要求地方自治机关年度预算涨幅不得超过 3%；地方自治的主要活动都面临资金短缺的威胁，地方自治机关的医生也因此惴惴不安。不过，根据对统计资料的分析，这项政令最终并未落实。1895 年，地方自治机关的医疗拨款占其预算总额（1770 万卢布）的 27%；其中，省级地方自治机关的拨款占 69%，县级地方自治机关的拨款占 31%。[1] 至 1903 年，地方自治机关的医疗拨款占全俄医疗拨款总额的 45.9%。

19 世纪 90 年代，地方自治机关的数量持续增长，管辖范围逐渐缩小。经历了半个世纪的发展，地方自治机关在其活动领域开辟了一片新天地。根据 З. Г. 弗伦克尔征集的德累斯顿和全俄卫生展览会（1911 年）的数据，地方医疗区段数量增加了 4 倍（1870 年共 530 个，1910 年增至 2686 个）；医疗区段的平均面积减少了近 90%（1870 年为 4860 平方俄里，1910 年缩至 930 平方俄里）；1910 年，2686 个医疗区段中仅有 641 个没有医院。[2]

19 世纪 90 年代，县级地方医院的数量实际上并未增长，但是其中的医务人员数量增加了，医疗水平大幅提高，病人营养餐的质量也有极大的改善。相对而言，省级地方医院的条件较好，设备完善，也有良好的供水与排水系统；直至 19 世纪 90 年代，县医院仍旧没有专用的建筑，其中也没有配套、必要的医疗设备。根据地方自治机关的医生研讨出的规章，省、县医院都应设有诊疗所、治疗处、传染病隔离病房、产科处、内科处；不过，仅有为数不多的医院设有梅毒治疗处。诊疗所分为候诊室、医生接待处、配药处，通过走廊可以通往医院各科室。鉴于上述状况，省地方管理局的建筑师和工程师以及地方自治机关、卫生委员会的代表共同参与，制定了新的医院建设规划和预算；此外，设立了专门委员会，负责监督建设工作进程。

在一些流行病肆虐的地区，医院内部的分散式建设具有重要意义，可以

---

① См.：*Осипов Е. А.*，*Попов И. В.*，*Куркин П. И.* Русская земская медицина. М.，1899. С. 202.

② См.：*Френкель З. Г.* Очерки земского врачебно-санитарного дела（По данным работ，произведенных для Дрезденской и Всероссийской гигиенических выставок）. СПб.，1913. С. 121.

确保对病人进行有效隔离。19世纪90年代，开始大规模地建设此类分散式医院。传染病隔离病房一般由2~3个房间组成，每个房间设有3~4个床位，还有浴室和护理房。一些隔离病房中有两个单独的隔间，每个隔间都有单独的出口。与此同时，产科也开始大规模建设独立病房，其中有产房、产后房、浴室、诊察室。一些县医院也开始建设独立的手术室并配备了换药室。但是，仅有很少的梅毒治疗科室建有独立的隔离病房或单独的附属建筑；因此，梅毒病人经常被安置在传染

斯摩棱斯克免费诊所中候诊的贫苦农民——照片摄于20世纪初

病隔离病房或内科科室。此外，并不是所有的医院都有消毒室：通常，在对病人的衣物、用品进行洗涤时会加入氯化汞进行消毒。

此外，区段医院也竭尽所能地分为传染病隔离病房、产房和诊疗所。20世纪初，莫斯科共有90家地方医院，其中17家是根据正规医院体系建设的，20家是按照房间划分的，53家是混杂的。① 农村医院本身规模很小，近半数仅有10~20个床位；只有在城市或大型居民区，医院床位数会超过20个。地方自治机关通常在医院周边购置或租用一些房子、公寓供医院使用。

值得注意的是，不同医院的诊疗费用差异颇大。例如，在莫斯科，患者日均住院费为1卢布10戈比，年均住院费为400卢布，年均营养餐为60卢布。②

---

① Отчет ревизии земских учреждений Московской губернии. Т. 2. СПб., 1904. С. 40.
② Отчет ревизии земских учреждений Московской губернии. Т. 2. СПб., 1904. С. 90.

卫生预防也是地方医疗工作的重心。至 1911 年，俄国 31 个自治省份
（不包括维亚特卡、奥尔洛夫、波尔塔瓦）均成立了地方医疗卫生委员会。①

19 世纪 70 年代，根据地方自治机关的医生 С. Ф. 加留的倡议，卫生监
督机关宣告成立，给地方自治机关的医生提供了莫大的帮助。卫生监督机关
设立在区段医院的辐射范围内，资金来自私人捐款和地方自治机关拨款；卫
生监督机关的监管人（每个区段不少于 5 人）由县级地方议会从当地"富
有且德高望重"之人中选出，他们主要负责对工商业单位、市场、街道、
水井和其他建筑设施定期进行卫生检查；此外，他们也要把检查结果呈报给
本区段负责相关工作的医生。

1911 年，地方自治机关的医生的倡议获得了政府的支持。内务部地方
经济事务管理局公布了区段卫生改革通知，其中指出，为了有效改善地方卫
生状况，必须号召人民监督卫生条例的具体实施情况。因此，卫生监督机关
的数量逐渐增长。至 1913 年，哈尔科夫将近有 100 个卫生监督机关，叶卡
捷琳诺斯拉夫有 63 个。②

20 世纪初，由于细菌学蓬勃发展，卫生预防工作的重要性也随之提升。
从 1910 年开始，为了解决工作侧重点的问题，地方自治机关的医生展开了
激烈的辩论：一方侧重于"笔尖"，也就是说主攻医疗卫生活动（地方医疗
卫生说明、卫生教育和卫生统计）；另一方侧重于"试管"，即流行病学的
实践活动：俄国的巴斯德③研究中心已经研制出了疫苗和血清，以其为代表
的各种研究活动促进了俄国流行病学的实践发展。辩论战火延烧到了医生代
表大会和医学期刊上，很多地方自治机关的医生（Д. Н. 日班科夫、С. Н.
伊古姆诺夫、Н. А. 科斯特、Н. Ф. 加马列亚、А. Н. 瑟辛）希望探求理智
的妥协，认可两种方法都颇为重要——必须将医疗卫生活动和防疫工作结合

---

① См.: *Френкель З. Г.* Очерки земского врачебно-санитарного дела （По данным работ,
произведенных для Дрезденской и Всероссийской гигиенических выставок）. СПб.,
1913. С. 196.

② См.: *Мирский М. Б.* Медицина России X VI—X IX вв. М., 1996. С. 330 – 332.

③ 法国微生物学家。——译者按

起来。

世纪之交，流行病不时夺走成千上万人的生命，因此，地方医疗十分重视流行病的防治工作。根据统计学家诺沃谢利斯基的数据，1901～1913年，俄国每10万人中就有400人死于传染病——猩红热、斑疹伤寒、伤寒、麻疹等。[①]

当时，俄国屡次暴发伤寒和霍乱流行病（1892～1893年、1905～1909年、1911年），其中两次是由1891年和1911年的饥荒直接引起的。1892～1893年，俄国暴发了霍乱和斑疹伤寒，很多省份在此期间召开了代表大会和其他会议，研讨防疫措施。例如，萨拉托夫省于1892年6月2日至4日召开了斑疹伤寒防治会议；1892年7月25日召开了亚洲霍乱防治会议；1892年12月又召开了专门会议，探讨了在1893年继续防治霍乱的措施。[②] 1892年12月，斯摩棱斯克召开了第8届地方自治机关的医生代表大会。大会发布了一系列的《霍乱防治措施》报告，其中指出，流行病防治的资金主要由省级地方自治机关负担。[③] 流行病防治问题也逐渐成为很多地方自治机关的议题。例如，在斯摩棱斯克的地方自治机关的医生代表大会（第九届、第十二届、第十四届）上，流行病防治问题被屡次提及；其中，Д. Н. 日班科夫就此问题所做的报告让人印象深刻。

1913年3月，南俄鼠疫（黑死病）大肆蔓延；新切尔卡斯克市召集了顿涅茨克周边60个城市的地方自治机关的医生，举行了一次代表大会，商讨抗鼠疫措施的预定实施计划。[④] 1913年2月，为了研讨顿涅茨克流域抗鼠疫措施，叶卡捷琳诺斯拉夫省级地方自治管理局也召开了一次会议，与会者

---

① 在英国、德国和荷兰，每10万人中死于传染病的人数分别为80人、68人、53人。（см.：*Новосельский А. А.* Обзор главнейший данных по демографии и санитарной статистике России // Календарь для врачей всех ведомств на 1916 г. Ч. 1. Пг.，1916. С. 68 – 71）.

② См.：*Калинин П. А.* Обзор состояния земской медицины в уездах Саратовской губернии в 1899. Вып. Ⅰ. Симбирск，1900. С. 3.

③ См.：*Киреев И. Е.* К истории съездов земских врачей Смоленской губернии // Очерки истории русской общественной медицины. М.，1965. С. 106.

④ Русский врач. 1913. № 9. С. 311.

共计 150 人，除了地方自治工作者和相关领域的医生，还有南俄矿业资本家代表委员会成员、顿涅茨克地区各省管理局和 16 个企业的代表。会议指出，除了创建医疗团队和医疗站点，还要加强对工商企业的卫生监督，企业家应积极改善矿工住宿条件，"因为无论是从实践上还是理论上来看，不卫生的住宿条件是鼠疫扩散的罪魁祸首"。①

地方自治机关的医生 B. A. 巴甫洛夫斯卡娅（正中）。1892 年，她在谢尔普霍夫县医院（当时，А. П. 契诃夫就在此县）防治霍乱流行病——照片摄于 19 世纪末

流行病暴发期间，地方自治机关面临医务人员（无论是在区段医院定点服务的医生，还是在乡村出诊的医生）短缺的问题。例如，1905 年 3 月，为探讨霍乱防治措施，库尔斯克省级地方自治管理局召开了一次专门会议；通过这次会议发现，库尔斯克省下辖的所有县中只有 2 个有足额的医生，其余 7 县则平均只有 2 位医生。总之，库尔斯克省的地方自治机关的医生有 35 名缺额。② 因此，为了开展流行病的防治工作，库尔斯克省级地方自治机

---

① Русский врач. 1913. № 5. С. 165.

② См.: *Шатохин И. Т.* Социально-профессиональная характеристика земских врачей на рубеже XIX – XX вв. (по материалам Курской губернии) // Интеллигент и интеллигентоведение на рубеже XIX века: итоги пройденного пути и перспектива: Тез. Докл. X Международной научно-теоретической конференции. Иваново, 1999. С. 220.

关也同其他自治机关一样，不得不聘请医学系的高年级大学生。

地方自治机关增加了流行病防治的预算。1911 年，《省级与县级地方自治机关一道参与流行病防治工作条例》出台。条例规定，县级地方自治机关需负责流行病的具体防治工作，防止流行病蔓延；省级地方自治机关需负责为流行病防治的医士（县里的每位医士）、临时医务人员付酬劳，为流行病患者租赁住处，此外，要为建设传染病隔离病房发放贷款。

条例（《省级与县级地方自治机关一道参与流行病防治工作条例》）肯定了地方自治机关的流行病防治工作。例如，1909 年斑疹伤寒流行病暴发期间，斯摩棱斯克地方自治机关为此拨款近 1.8 万卢布（其中省级地方自治机关拨款 1.5841 万卢布，县级地方自治机关拨款 0.2103 万卢布）。[①] 斯摩棱斯克通过这些资金在 10 个村庄建造了 12 个临时隔离病房，床位数共计 92 个；在此期间，共治愈了 339 名患者（平均住院时间为 11 天）。[②]

流行病肆虐期间，地方自治机关积极从事出版活动，这成为地方自治机关的医生向人民汇报防治工作的一种主要方式。1909 年 7 月至 12 月，圣彼得堡刊行了《流行病简讯》，其中用系统、直观的表格展示了霍乱在俄国的蔓延状况；很多省份将流行病的相关信息刊载在《医疗卫生概述》（月刊）和其他刊物上。卫生教育工作开展得井然有序，农村居民也逐渐明白了"疾病预防"的具体含义。斯摩棱斯克的 T. B. 什维林医生在报告中写道："……必须指出，流行病肆虐期间，农民已经明白了'病原体'的含义并闻之色变。为了防止传染病扩散，农民也主动采取了一些力所能及的措施。"[③]他指出，1893～1909 年是斑疹伤寒肆虐最严重的时期，当时，为了控制流行病的蔓延态势，斯摩棱斯克的农民隔离了患者及其家属，并将面粉、马铃薯、饮用水等其他生活物品带到他们的家中，供其使用。

---

① Cм. : *Шверин Т. В.* Деятельность отрядов Смоленского губернского земства на эпидемиях сыпного тифа в уездах в 1909 г. （Отчет）. Смоленск, 1909. C. 22.

② Cм. : *Шверин Т. В.* Деятельность отрядов Смоленского губернского земства на эпидемиях сыпного тифа в уездах в 1909 г. （Отчет）. Смоленск, 1909. C. 18, 19.

③ Cм. : *Шверин Т. В.* Деятельность отрядов Смоленского губернского земства на эпидемиях сыпного тифа в уездах в 1909 г. （Отчет）. Смоленск, 1909. C. 16.

　　虽然地方自治机关的医生的防疫工作开展得井然有序，却经常因行政因素而陷入困境。例如，政府拒绝发放防疫经费，省长不为地方自治机关的医生提供相应的职务。此外，政府还经常干预、阻挠防疫会议的召开。

　　19 世纪末 20 世纪初，有两种组织在俄国地方医疗的发展中起了很大的作用，它们分别是地方自治机关的医生代表大会和 H. И. 皮罗戈夫①俄国医生协会。H. И. 皮罗戈夫俄国医生协会仔细研究、制定了区段医生、县医生活动规划，制作了病症一览表，提供了疟疾和结核的防治标准。地方自治机关的医生代表大会则反映了医生的社会主动性，也证明了医生推广医疗教育活动的能力。例如，在第五届皮罗戈夫代表大会（1896 年）上，与会者创立了人民卫生知识推广常务委员会；委员会在十年间（1896～1906 年）出版了 500 万册广为流传的小册子和宣传手册。1889 年，俄国医生协会开始筹备一项宏伟的计划——出版超大部头的《地方医疗汇编》（对地方自治机关的医生和卫生统计员多年的工作进行总结），至 19 世纪 90 年代，这项计划完美收官。值得注意的是，在 E. A. 奥西波夫和 Ф. Ф. 埃里斯曼的直接领导下，Д. H. 日班科夫完成了汇编的编写工作。此外，在 E. A. 奥西波夫的倡议以及俄国医生协会的资助下，Д. H. 日班科夫也编写了《地方医疗文献图书索引手册》（1890 年）。在第十二届国际医生代表大会（莫斯科，1897 年）之前，皮罗戈夫医生协会又出版了俄文版和法文版的《俄国地方医疗》（E. A. 奥西波夫、П. И. 库尔金、И. B. 波波夫合编），其中汲取了地方医疗的经验以及前沿的思路。

　　《H. И. 皮罗戈夫俄国医生协会杂志》创刊于 1895 年，对于统筹、协调地方自治机关的医生的工作具有重要意义；杂志主要刊载社会医疗（包括地方医疗）问题的工作。皮罗戈夫医生协会的出版活动为俄国医疗发展（包括地方医疗）做出了巨大的贡献。1899 年，皮罗戈夫医生协会成立了医生给养委员会；在连年歉收和流行病肆虐的形势下（1899～1902 年，1905～1908 年，1911～1913 年），委员会积极与地方医疗组织联系，对地方医疗状况进行了详细的研究。

---

　　①　俄国解剖学家、外科学家、教育家、社会活动家。——译者按

世纪之交，国民健康问题引起了社会的关注，社会上大力进行健康生活方式的宣传活动。当时，俄国人民普遍存在酗酒问题，地方自治机关的医生积极展开了与酗酒问题的斗争。

19世纪末，民族学家 B. 特尼谢夫大公对帝俄中部23个省份进行了社会调查，根据他的调查数据，除教堂以外，农村最主要的社交场所就是小饭馆或小酒馆。① 人们在此碰面，一边端着酒杯，一边就农村生活中的重大事件进行交流；小酒馆俨然就是另类的农村俱乐部。鉴于此种情况，俄国先进的社会组织发起了戒酒运动。自19世纪80年代，在俄国各地法学家、地方活动家、医生、知识分子的倡议下，俄国成立了一些小组和协会，它们积极宣扬不饮酒的生活方式；同时，成立了研究人民酗酒后果的专门委员会——俄国社会酗酒问题与人民健康保护委员会、妇女儿童戒酒协会、涅瓦的全俄亚历山大戒酒弟兄会、莫斯科人民戒酒监督委员会等。参与这些社团组织工作的人士来自各行各业，比如知名法学家（А. Ф. 科尼、Н. С. 塔甘采夫）、医生（В. М. 别赫捷列夫、В. О. 波尔图加洛夫、М. Н. 尼热哥罗德采夫、С. С. 科尔萨科夫）、社会活动家（М. Д. 切雷谢夫）、作家（Л. Н. 托尔斯泰、А. П. 契诃夫）、高级神职人员等。

1894年，政府察觉到了社会趋势的新走向——戒酒运动已蔚然成风，因此确立了酒垄断，为此设立了专门的省级和县级委员会——人民戒酒监督机关。至1911年，俄国成立了791个人民戒酒监督机关，成员达到1.6万人。人民戒酒监督机关的规章指出，监督机关不仅要监督政府的酒水贸易，还要在人民中间宣传非法获取酒水的危害。② 但是，监督机关的活动几乎都散发着官僚主义气息（监督机关的大部分成员是地方行政管理人员，领导则为省长和领地贵族领袖）。

地方自治机关根据不同的形式进行反酗酒活动：解释性或宣传性活动（主要形式——演讲会，临时或长期展览会，参观博物馆、图书馆、阅览

---

① См. : *Курукин И. В.* , *Никулина Е. А.* Жизнь русского кабака от Ивана Грозного до Бориса Ельцина. М. , 2007. С. 301.

② Попечительства о народной трезвости. 1895 – 1898. СПб. , 1900. С. 1.

室）、出版活动（小册子、书籍、宣传画和幻灯片）、科学研究活动（举行社会问卷调查并整理调查表，在医生与统计员的协助下，进行社会与市政研究）。

1908 年，莫斯科举办了俄国首次大型反酗酒展览会。展览会开办了 8 个月，参观人数高达 1.6 万人，主要参观者是工人和学生。[①] 值得注意的是，展览会上一件非比寻常的展品引起了参观者的特别注意——"酒精树"，"酒精树"的根（酗酒）为"酒精果"（酗酒后果）提供养分——"酒精果"超过了 60 个：痛苦、早逝、家庭破裂、违法乱纪等。

1910 年，第一届全俄反酗酒代表大会组织委员会在圣彼得堡开办了展览会。展览会共分为 6 个部分（统计数据、酒精对人和动物身体的影响、酗酒原因与戒酒方法、俄国医用酒精、无酒精饮品、备要；其中还涉及酗酒的相关文献），在开放的 5 个月里共吸引了 4.8 万名访客。

此外，展览会人员与教师合作开办了"学校戒酒示范课程"，这引起了很多参观者（尤其是学生）的极大兴趣。一些国外刊物表示，就藏品质量而言，圣彼得堡展览会优于国外所有的反酗酒展览会、博物馆。[②]

第三届国家杜马（1907～1911 年）也将抵制日趋严峻的酗酒问题纳入了议事日程。1912 年，大企业家与萨马拉城市杜马代表 М. Д. 切雷谢夫于圣彼得堡出版了一部著作（全书 786 页），其中表明要彻底拥护不饮酒的生活方式；之后，他又在第三届国家杜马中重申了这一立场。在俄国议会下议院的首次会期中，М. Д. 切雷谢夫展出了帝俄居民酒消耗量的统计数据，结果令人难堪。例如，1912 年，俄国共售卖了 6300 万维德罗[③]酒；1906 年，则售卖了 8500 万维德罗，也就是说四年内酒的消耗量上涨了 35%。[④] М. Д. 切雷谢夫表示："请诸位看清楚吧！人民的道德支柱已东倒西歪，他们心中

---

① Труды Первого Всероссийского съезда по борьбе с пьянством. Т. 2. СПб., 1910. С. 604.
② Труды Первого Всероссийского съезда по борьбе с пьянством. Т. 3. СПб., 1910. С. 1583.
③ 俄国旧液量单位，等于大桶的 1/40，约 12.3 升。——译者按
④ Речь М. Д. Челышева, произнесенные им в Третьей Государственной думе о необходимости борьбы с пьянством и по другим вопросам. СПб., 1912. С. 13.

神圣、善良、美好的事物都将被万恶的酒水湮没。我深信，若我们共同努力，我们修订的法律、引进的改革都将奏效。但若我们自己在日常生活中都酩酊大醉，事情将会恶化，那么我们在这个铁石铸成的博物馆中所起草的法律都将变成一纸空文，希望也将随之烟消云散。"①

圣彼得堡第一届全俄反酗酒代表大会（1909 年 12 月 28 日至 1910 年 1 月 6 日）的与会者

为了协调社会各方的工作（其中包括地方自治机关对健康生活方式的宣传工作），1909 年 12 月 28 日，圣彼得堡召开了第一届全俄反酗酒代表大会，这成为俄国社会生活中的一件大事。在代表大会的工作中，反映了俄国改革后农村与城市的许多"痛苦与悲惨"；代表大会尝试从多种角度——社会、经济、政治、法律、道德伦理、医学——对酗酒问题展开研究。值得注意的是，代表大会的准备工作由筹备委员会负责，委员会共有 51 名成员，由 М. Д. 切雷谢夫、А. Ф. 科尼、В. М. 别赫捷列夫进行领导；此外，俄国

———————————

① Речь М. Д. Челышева, произнесенные им в Третьей Государственной думе о необходимости борьбы с пьянством и по другим вопросам. СПб. , 1912. С. 13 – 14.

技术协会的领导 B. И. 科瓦列夫斯基当选为代表大会的主席。最终，代表大会汇聚了 450 名代表，其中包括知名政治家、第三届国家杜马代表 B. Д. 纳博科夫和 A. И. 申加廖夫，国家议会成员 H. C. 塔甘采夫和 M. M. 科瓦列夫斯基，知名学者 M. H. 尼热哥罗德采夫和 B. П. 奥西波夫，地方自治机关的医生和教师，地方戒酒协会的代表，神甫；此外，还有 43 名工人代表。不过，代表大会上大规模的"工人群体"并不让人意外。工人代表 B. И. 契尔金在代表大会上进行了简短的致辞，他强调道："工人是社会中的一分子，越来越多的工人蒙受了酒精的荼毒，因此，工人比任何等级都更希望弄清楚酗酒的原因，找到戒酒的方法。"①

代表大会的规划十分宏大。大会共分为三个部分（"酒精与人的体魄""酒精与社会""戒酒之方法"），共听取、讨论了 150 份报告。与此同时，圣彼得堡市长严密监视着代表大会的工作，禁止代表们从政治和社会经济角度探讨戒酒问题，这引起了社会上极大的不满。尽管如此，代表们在发言中仍然提出了一些与俄国社会、经济、政治密不可分的问题。在"酒精与社会"的会议中，很多报告引起了激烈的讨论，讨论共涉及三组问题：工农日常经济生活条件、酗酒与赤贫的关系、日常生活卫生条件（食物、住所等）。②

在代表大会上，地方自治机关的医生 A. M. 科罗温发言指出，自己是反酗酒的忠实拥护者。A. M. 科罗温在报告（《俄国医生与反酗酒问题》）中号召同人们组建俄国医生戒酒协会，他表示："医生们是时候挑起国家反酗酒运动的大旗了。"③ 地方自治机关的医生十分支持 A. M. 科罗温的观点，在反酗酒运动中也提出了各种倡议。例如，H. A. 佐洛塔温医生在扬堡县（圣彼得堡省）的 14 所学校做了一系列关于酗酒危害的演讲。④ 1904 年，库尔斯克省级地方自治机关的教育委员会收集了一些统计数据，其中展现了初

---

① Цит. по: *Бородин Д. Н.* Итоги работы I Всероссийского съезда по борьбе с пьянством. СПб., 1910. С. 36.

② Цит. по: *Бородин Д. Н.* Итоги работы I Всероссийского съезда по борьбе с пьянством. СПб., 1910. С. 14, 144, 169, 171.

③ Русский врач. 1910. № 4. С. 129.

④ Петербургский земский вестник. 1904. Сентябрь.

级学校学生酗酒问题的严重性。数据显示，3/4 的学生尝试过酒精饮品（酒）。一位教师在调查中指出，仅有 10% 的学生"未曾饮用酒"；另一位教师指出："……56 名学生中，仅有 1 位不知道酒的味道。"① 总之，代表大会取得了丰硕的成果，其中不仅讨论了酗酒问题，也涉及了俄国社会状态问题。

全俄教师代表大会上也提出了 Л. М. 科罗温涉及的问题。《农村学校及莫斯科酗酒问题》报告中呈现了更加令人忧心的数据：67.5% 的男生和 46.2% 的女生存在酗酒问题。在 7～13 岁的儿童中，15.5% 的男生和 3.2% 的女生有过醉酒体验。②

莫斯科反学生酗酒活动家小组的数据显示，酗酒儿童数量涨幅"比受教育儿童数量的涨幅大得多"。③

20 世纪初，反酗酒（包括反儿童酗酒）问题纳入了很多社会组织和地方自治机关的议事日程。在抵制这种社会罪恶行为的过程中，一些刊物起了举足轻重的作用，其中颇具代表性的就是很多医生（包括地方自治机关的医生）的演讲和座谈会小册子：О. В. 阿普特克曼的《酗酒》（莫斯科，1902年）、С. А. 别利亚科夫的《酗酒及其对人们身体和精神健康之影响》（萨马拉，1902 年）、Н. Ф. 加马利亚的《酗酒》（圣彼得堡，1910 年）、А. И. 韦尔日比茨基《我与人民关于酗酒的座谈》（圣彼得堡，1911 年）、Н. П. 迪亚科年科的《人民酗酒问题研究》（切尔尼戈夫，1911 年）等。④

在此期间，俄国共出版了 22 种反酗酒的期刊，也有一些设有反酗酒专栏的杂志：《全俄戒酒消息报》《戒酒消息报》《清醒（戒酒）生活》《戒酒

---

① Русский врач. 1904. № 26. С. 949.

② Речь М. Д. Челышева, произнесенные им в Третьей Государственной думе о необходимости борьбы с пьянством и по другим вопросам. СПб. , 1912. С. 328.

③ Русское слово. 1912. 29 января.

④ *Блудоров Н. П.* Полный систематический указатель книг, брошюр, журналов, листков, а также световых картин и др. Наглядных пособий по алкоголизму (1896 – 1912) . СПб. , 1912. С. 15，16，17，20.

方法》《为戒酒而战》。① 1913 年 1 月 1 日，俄国共创建了 1800 个戒酒协会，成员达到了 50 万人。②

若要对俄国地方医疗的发展成果进行总结，首先必须指出，地方医疗的主要任务是为农村居民组织医疗救助。在这个目标的实现过程中形成了地方医疗的基本原则：各种医疗服务的普及性（免费或价格低廉的医疗救助）；医疗救助的预防方针；广泛发动社会群众参与实施卫生措施；医生成为博学之士，成为具有良好道德与医德的公共文化、医疗文化的代言人。随着地方医疗的发展，俄国的居民死亡率下降，流行病暴发的频率降低，地方成功发展了精神病学、外科学、产科学、儿科学以及其他医学门类。

与此同时，俄国的地方医疗也获得了国际上的一致好评。1934 年，国际联盟的卫生委员会建议将医疗区段服务作为地方医疗基本的组织形式；这对于其他国家的农民医疗救助活动产生了良好的借鉴作用。③

四　一战期间的地方自治机关

第一次世界大战期间，俄国于 1914 年 7 月至 8 月成立了两个社会组织（全俄地方联盟和全俄城市联盟④），它们在军队供给、伤员与难民的救助过程中起了极大的作用。1914 年 7 月 30 日，41 个省份在地方自治机关代表大会上联合创建了全俄伤员救助地方自治机关联盟（简称"全俄地方联盟"）。地方联盟的最高机构是地方自治机关全权代表大会（每个省的地方自治机

---

① *Блудоров Н. П.* Полный систематический указатель книг, брошюр, журналов, листков, а также световых картин и др. Наглядных пособий по алкоголизму（1896 – 1912）. СПб., 1912. C. 98 – 100.

② См.：*Перебийнос Ф. Н.* Первый антиалкогольный адрес-календарь на 1912 г.：Справочная книга для деятелей по борьбе с алкоголизмом. СПб., 1912. C. 80 – 81.

③ Земские учреждения в России. 1864 – 1918 гг.：В 2 кн. Кн. 2. М., 2005. C. 234.

④ 关于全俄城市联盟的相关信息，请参考本册书中 Л. В. 科什曼《权力与城市——地方自治的前途》的概论。

关推举两名全权代表：分别由省级地方自治议会和地方自治管理局推举）；地方联盟的执行机构是主委会，由 10 名成员组成，领导人是主要全权代表Γ. E. 李沃夫公爵（俄日战争期间，俄国知名的社会组织领导人）。地方联盟主要通过省级地方管理局来发挥作用。1914 年末至 1915 年初，地方联盟前线委员会宣告成立。前线委员会在战争期间扩大了自身权限：从军事卫生事务的管理到军队所有必需品的供应。前线委员会的组织结构相当复杂，存在大量的部门：采购部、粮食供应部、卫生部、疏散部、医疗供应站等。

1915 年 7 月，俄国的中央与地方都成立了地方联盟和城市联盟的联合机构，这类机构负责协调双方之间的活动，主要分为：军队供应主委会或称全俄地方和城市自治联合委员会①及其省、县或城市委员会（附属于地方自治管理局和城市管理局），还有指派到前线的全权代表。全俄自治联委会的成员由两个联盟的主要全权代表组成，且每 4 位成员中就有 1 位来自地方联盟和城市联盟的主委会。全俄自治联委会也是供给机构，它有自己的企业、修理厂、商店、工厂。根据 1915 年 11 月 16 日颁布的法律，政府迫于无奈承认了全俄自治联委会为合法组织。实际上，全俄自治联委会发挥了国家的战时经济功能；T. И. 波涅尔在给传记作家 Γ. E. 李沃夫的信中称全俄自治联委会为"完整的国中国"。1916 年下半期，全俄自治联委会的年度预算高达 6 亿卢布且呈持续快速增长势头。②

全俄自治联委会的资金部分来自捐款，大部分来自地方自治机关的储备资金。例如，1914 年 7 月 25 日，诺夫哥罗德省级地方自治机关在紧急会议上通过了一项决议——《诺夫哥罗德省级地方自治议会在与德作战中的军费分摊问题》；自治议会决定，发动所有地方自治机关为战争拨款 5 万卢布的基金。与此同时，诺夫哥罗德地方自治机关也从红十字会基金和地方基金中分出了 10 万卢布，以此帮助军人家庭；此外，地方自治机关还决定从储备金中拿出一笔钱，将其作为"十年期的公债"，"需要通过地方自治机关

---

① 一战期间，贵族和资产阶级的组织，下文简称"全俄自治联委会"。——译者按

② 见：*Полнер Т. И. Жизненный путь князя Г. Е. Львова：Личность. Взгляды. Условия деятельности. Париж，1932. С. 187.*

的税收每年还款"。①

至 1914 年 10 月 15 日，地方联盟中央委员会指出，要为"负责疏散措施的组织"逐一分摊经费：沃洛格达省级地方自治机关分摊 5 万卢布，维亚特卡省级地方自治机关分摊 10 万卢布，科斯特罗马省级地方自治机关分摊 10 万卢布，彼得格勒省级地方自治机关分摊 30 万卢布，雅罗斯拉夫尔省级地方自治机关分摊 10 万卢布。② 此外，还进行了一些募捐活动，"用来抚恤战争中牺牲的官兵家属"。1914 年 10 月 22 日，全俄地方联盟莫斯科省委会在莫斯科设置了 1000 个募捐箱，捐款总额达到了 2 万卢布。③

一战初期，全俄地方联盟的工作重心是帮助伤员（创建军队诊疗所、军医院等）。至 1915 年 1 月，仅诺夫哥罗德一省的地方自治机关就开办了 85 个军队诊疗所，共计 4180 个床位。④ 从一战爆发到 1914 年 11 月 1 日，彼得格勒分派站分到诺夫哥罗德的伤员达到 2 万人。⑤

1915 年夏，由于科夫诺⑥和维尔诺⑦战线失利，出现了大量难民。至 1915 年 9 月中旬，俄国难民人数达到了 75 万人；至 1915 年岁尾，经铁路从前线运出的难民共计 200 万人。⑧ 1915 年 9 月 7 日至 9 日，莫斯科召开了地方联盟全权代表大会，讨论了难民的救助问题。大会表示，难民救助是全国性的任务，只要社会各方共同努力，这项任务就可以顺利完成。灾难的规模促使政府不得不寻求社会组织的帮助，不过与此同时，全俄地方联盟、全俄城市联盟、全俄自治联委会、军工委员会都趁机扩大了自己的活动范围，如

---

① *Савинова И.* Новгородское земство в годы Первой мировой войны // Русская провинция. Новгород, 1995. № 2. C. 85.

② Известия Главного комитета Всероссийского земского союза. 1914. № 1. C. 15.

③ ЦИАМ. Ф. 184. Оп. 2. Ед. Хр. 662. Л. 100.

④ *Савинова И.* Новгородское земство в годы Первой мировой войны // Русская провинция. Новгород, 1995. № 2. C. 86.

⑤ *Савинова И.* Новгородское земство в годы Первой мировой войны // Русская провинция. Новгород, 1995. № 2. C. 86.

⑥ 立陶宛城市考纳斯的旧称。——译者按

⑦ 立陶宛城市，即维尔纽斯。——译者按

⑧ См.: *Курцев А. Н.* Беженцы Первой мировой войны в России (1914 - 1917 гг.) // Вопросы истории. 1999. № 8. C. 104.

全俄地方联盟军医院（隶属于俄国地理协会）——照片摄于 **1915** 年

此一来，政府对战时经济的领导能力就受到了挑战。政府受到了威胁，因此于 1905 年 8 月创立了一系列的特殊委员会——大臣领导的高级政府机构，并规定仅此类机构有权向沙皇汇报工作（国防、粮食、运输、难民周济与安顿等），但是并不能完全取缔社会组织的积极活动。

为了方便难民迁移（铁路运输、畜力运输、水运），全俄自治联委会开办了一些补给站、诊所、医院、临时孤儿院；全俄自治联委会西南委员会为此创建了一种专门的列车员制度：每位列车员都要关注难民的具体事宜（安排就座、分发事物，提供医疗救助）。列车员的报告表明了难民的艰难处境：列车上经常座无虚席，缺乏饮用水、食物、药品。①

鉴于此种困难的状况，地方自治机关就难民救助问题提出了各种倡议。例如，坦波夫的地方自治机关倡议，让地方社会保险代理人负责难民的安置工作，因为他们对当地居民的居住环境十分了解。奔萨省级地方自治机关投

---

① См.: *Полнер Т. И.* Жизненный путь князя Г. Е. Львова: Личность. Взгляды. Условия деятельности. Париж，1932. C. 201.

入了 59200 卢布，为难民建设了 10 处临时住所。① 1915 年，地方联盟纳入了红十字会，但它依旧保留了自己的财政、组织独立性。②

社会组织的积极性急速提高，招致了政府的反对。1916 年 2 月 6 日，政府宣称，全俄地方联盟"严重干扰了社会事务的处理"。③

但是与此同时，政府并不能独立处理难民问题；因此，内务部的难民安置特殊委员会开始为全俄地方联盟（难民安置工作）提供津贴。1915 年，特殊委员会为所有地方自治机关拨款高达 269.7 万卢布，为地方自治机关补足了疏散前线难民所耗资金，也为其难民安置工作预先拨出了 300 万卢布。④ 但是从另一个角度看，政府津贴限制了地方自治机关的独立性。Т. И. 波涅尔指出了很多政府干预全俄地方联盟、全俄自治联委会以及某些地方自治机关工作的事实。Т. И. 波涅尔在书中写道："地方联盟开始接受政府的巨额资金时，事情就变得棘手了……事无巨细、丝毫不差的报告与社会组织本身的精神产生了冲突，换言之，在经过彼得格勒烦琐、拖延、故意积压的程序审批同意之前，地方联盟的所有工作都无法筹划、开展。"⑤

战争后方出现了大量的难民，带来了流行病（霍乱、斑疹伤寒、伤寒）的威胁。1915 年 12 月，政府开始在全国范围内实施防疫措施。地方自治机关和城市也开始实施这些防疫措施，并要服从行政首脑（省长）的领导。1915 年 12 月 2 日，全俄自治联委会主委会发布了一项通知，其中第 1421 款要求医务人员为地方医院的所有病人接种抗伤寒疫苗；1916 年 3 月 21 日，政府批准了《铁路隔离检查站卫生服务条例》。条例规定，所有列车都要接受医疗检查；疑似感染者要送往隔离检查站，直至确诊都不得离开；车厢要进行消毒。与此同时，政府还深入研究、制定了两项条例——《国内水路

---

①　Земское дело. 1915. № 21. С. 1191.

②　Известия Главного комитета Всероссийского земского союза. 1915. № 10. С. 4.

③　Известия Главного комитета Всероссийского земского союза. 1916. № 33. С. 81.

④　См.: *Полнер Т. И.* Жизненный путь князя Г. Е. Львова: Личность. Взгляды. Условия деятельности. Париж, 1932. С. 197; Земское дело. 1915. № 21. С. 1191.

⑤　*Полнер Т. И.* Жизненный путь князя Г. Е. Львова: Личность. Взгляды. Условия деятельности. Париж, 1932. С. 191.

医疗监测站服务条例》和《各类军种军人、难民、移民、工人的传染病防治条例》。①

一战爆发初期，地方自治机关的工作主要集中在对前线的伤员和难民实施救助方面；至 1915 年中，地方自治机关的工作领域扩大了。当时，地方自治机关察觉到，军队的弹药、粮食和制服保障方面都出现了困难，此外，还必须在军队中开展卫生预防工作。为了解决这些问题，全俄地方联盟在前线创建了庞大、直属的组织体系。根据联盟主委会的官方数据，1915 年，西部战线共有 931 个此类机构，西南战线有 1239 个，北部战线有 176 个，高加索战线有 214 个（防疫支队、接种支队、医疗供应站、澡堂、仓库、宿营站等）。② 至 1916 年末，全俄地方联盟密集的组织网络覆盖到了整个俄国。根据官方数据统计，全俄地方联盟共建立了 7500 多个此类机构，而其主委会也设立了 27 个支队（分支机构）。③

随着通货膨胀加剧和人民生活水平下降，地方组织必须确保人民以低廉的价格获得生活必需品。例如，1915 年 9 月底开始，诺夫哥罗德要求，商店和仓库的所有粮食都要到相关委员会（由地方自治机关和城市杜马代表组成）进行登记；此外，商店和仓库的所有者每周都要对食品、生活必需品的储备总量进行汇报，填写相应的表格。④

基辅西部所有的地方自治机关为"最靠近军事冲突后方"的城市提供了食用糖和面粉；奔萨省级地方自治议会为居民采购商品拨款 3.6 万卢布；科斯特罗马省级地方自治议会发出了一项申请——请求政府拨款 70 万卢布采购商品；巴拉赫纳县级地方自治机关通过了一项决议，规定本县商品价格

① См.：*Куковякин С. А.* Земская медицина северных губерний Европейской России. Киров，1997. С. 84.

② Краткий очерк деятельности Всероссийского земского союза. Январь 1916 г. М.，1916. С. Ⅰ－Ⅲ.

③ Главный очерк деятельности Всероссийского земского союза. Учреждения Всероссийского союза. Окт. 1916. М.，1917. С. 66.

④ *Савинова И.* Новгородское земство в годы Первой мировой войны // Русская провинция. Новгород，1995. № 2. С. 87.

不得超过 1915 年 1 月 1 日物价的 10%；等等。① 即便地方自治机关为人民做了大量的工作，但是这些机关在战争时期的主要工作仍是为军队服务。

1915 年，省级地方自治机关的军事支出平均占其预算总额的 26%，13 个省级地方自治机关的军事支出为预算的 25% ~ 50%，哈尔科夫和彼尔姆省级地方自治机关的军事支出超过了预算的一半。② 地方自治机关的财政支出构成急速军事化：地方自治机关的资金大多投入了军事领域，他们便无法像以往一样在地方发展经济、建设道路、从事医疗和人民教育工作。此外，地方自治机关在前线附近地区的一些不合理措施（其中包括政府委托地方自治管理局进行的粮食检测）也引起了人民的不满。

地方自治机关的工作尾声与临时政府的活动息息相关。临时政府掌权后，并未将"国内的经济和社会关系改革"列为主要目标。临时政府的成员认为，他们的主要任务是国家体制改革，并且将改革重任交托给了立宪大会。1917 年 3 月 3 日，《临时政府宣言》表明，基于全民选举法的地方自治改革势在必行。为了制定新的规章，内务部设立了地方自治和管理改革特殊委员会，成员包括法学家、经济学家、国家部门与管理机关代表，其中有一些知名人士：Б. Б. 维谢洛夫斯基、Н. Н. 阿维诺夫、Д. Д. 普罗托波波夫、Н. М. 格茨基、В. Н. 特维勒多赫列波夫等。

3 月 26 日，特殊委员会在首次会议上采纳了扩充版的活动规划，为未来的管理体系提供了重要的法律依据；此外，委员会还预先研讨了乡级地方自治机关和将地方自治机关引入非自治省份的法律草案。与此同时，1890 年地方自治规章也根据最新状况修改了地方自治机关的监督体系。

临时政府宣布，要根据全民、平等、直接、无记名的投票基本原则，对地方自治选举体系进行彻底改革。至此，地方"自治"机关不再是自治机构，成为市政管理体系中的一部分。③ 但是，新的选举体系未能完全接受实践的检

---

① Земское дело. 1915. № 21. С. 1192.

② См. : *Мацузато К.* Почему умерли земства // Родина. 1994. № 7. С. 39.

③ См. : *Шутов А. Ю.* Земские выборы в истории России（1864 – 1917 гг.）：Исследование избирательных систем. М. , 1997. С. 199.

验。当时，俄国政治形势严峻、战争与革命状况复杂，地方自治机关无法正常开展工作。最终，地方自治机关在第三届全俄苏维埃代表大会上走到了生命的尽头；苏维埃代表大会表示，工兵农代表苏维埃是全国唯一的管理体系。

＊　　　　＊　　　　＊

地方自治机关的组织结构稳定、工作高效，是一种极富生命力的机构，在俄国存在了若干年。地方自治机关的管理领域众多，比如人民教育、卫生保健、兽医、农村经济、食品行业、道路交通、地方统计工作、慈善机构等；此外，地方自治机关工作涉及省、县生活的方方面面，在地方文化改革中也获得了一定的成功。地方自治机关代表来自不同等级（贵族、农民、工商资产阶级、市民），主要负责解决地方生活中的各类问题。

地方自治机关还雇用了一些职员（医生、医士、教师、统计员、农业技术员、兽医等）。这些雇员主要来自"受教育者"、知识分子群体，他们形成了一个完整的体系（共15万人），被称作"第三势力"。

年轻人（基本上来自社会各个等级）是地方自治机关的主力军，他们相信，通过这种工作可以促使地方"文明化"。事实上，他们的工作确实改变了俄国偏远地区的状况：农民在生产时会寻求助产士或医生的帮助；农村儿童会在地方学校接受至少一两年的教育；农村和城市的医疗卫生、文化生活领域出现了一些新事物——设施完善的公用水井和自来水供水设施、人民宫、图书馆、博物馆、地方展览会（定期开办）。

当时，知名社会活动家 Д. И. 沙霍夫斯科伊公爵评价了1864年地方改革的成就，他写道："在19世纪60年代的改革中，地方自治规章占有独特的地位。俄国没有任何一项改革能够产生如此众多的积极成果……尽管地方自治机关受到了法律限制，也不是完全意义上的代议机构，但是通过积极的活动，它仍然成为俄国地方不同等级沟通的桥梁，这在俄国是史无前例的创举。"[1]

---

[1] *Шаховской Д. И.* Пятидесятилетие земства // Очерки экономической деятельности земства: К 50 - летию земства. 1864 – 1914 гг.：Сб. Ст. М.，1914. С. 3.

必须指出，尽管地方自治机关受制于君主专制管理模式，但它在一些问题上享有独立权，比如代表选举、法庭仲裁、财政、地方经济和社会规划组织形式选择等问题。地方自治制度提高了人民参与社会生活的积极性，地方自治机关也能妥善处理地方复杂的社会和经济利益纠纷。地方自治机关在司法制度、法律教育中积极捍卫人身和财产权利，他们认为这可以催生稳定的法律秩序和更为健全的社会制度。通常而言，仲裁法庭是地方自治工作者的法律活动场所，不过，他们也把法律理念带入了日常生活。因此，地方自治和仲裁法庭的活动就具有了政治意义。

地方自治代表参与地方管理，传播了公民社会理念，因此可以这样讲，地方自治代表的活动是俄国公民社会形成的原因之一。

地方自由主义是地方自治机关提高社会积极性的又一有力例证。尽管地方自治机关是政府创立的一种特别经济组织，但是一些知识分子认为，地方自治机关是俄国社会政治变迁的主要推动力。

地方自治机关有能力在俄国掀起自由主义运动、培养宪法精神、创建多党制体系。至 20 世纪初，地方自治机关中走出了众多的社会、政治领袖（Ф. И. 罗季切夫、С. А. 穆罗姆采夫、Г. Е. 李沃夫、Ф. Ф. 科科什金、Д. Н. 希波夫、А. И. 申加廖夫、И. И. 彼得伦克维奇、Д. И. 沙霍夫斯科伊等）。

尽管地方自治机关具有一定的社会潜力，但是地方自治的社会民主化原则并未在帝俄发展起来。政府的国内政策逐渐趋向捍卫贵族特权，限制了地方自治机关创造潜力的完全发挥。俄国实行地方自治制度不久后，君主制度和官僚体制通过严苛的法律对地方自治活动层层设限，还采取了行政监控措施。在沙皇亚历山大三世统治时期，这些趋势尤为明显。

19 世纪 90 年代，新的地方自治规章缩减了代表名额，也使得选举会议具有了等级特点。此外，政府扩大了对地方自治活动的干预范围。1890 年之前，地方自治管理局仅需向地方议会汇报工作，但是现在却直接归省长管辖。省长有权监督地方自治机关的活动——不仅要判断其活动是否合法，也要监督其活动"是否合理"；此外，省长还可以对地方管理局和所有地方自治机构进行检查。1890 年自治规章规定，地方管理局的主席和代表均要向行政当局负责。

1865 年至 20 世纪初，俄国发布了一系列针对地方自治机关的法律文件，分析表明，其主旋律是：压制地方自治活动，加强对地方知识分子（一部分具有反政府倾向）的监督，禁止创建地方自治联合组织，防止地方自治活动扩散（限制在自治省份内），控制地方自治机关的预算增长。

尽管地方自治机关与政府（或官僚）早有合作先例且合作方式诸多，但是至 20 世纪初，他们之间的矛盾加剧了。在地方自治领域，他们的矛盾主要可以分为四类：君主专制体制与正在形成的公民社会之间的矛盾、官僚与地方自治机关之间的矛盾、官僚与地方知识分子之间的矛盾、地方知识分子与数以百万计的农民之间的矛盾。政府在日常生活中对地方自治机关采取了无孔不入的行政监督措施，极大地压制了地方自治机关的独立性和公民的主动性。值得注意的是，这些因素正是地方自治制度奏效的关键所在，而地方自治制度又是俄国公民社会形成的最重要环节。

与农民的关系也对地方自治机关的前途产生了一定的影响。地方自治机关诞生初期（1865～1880 年），农民实际上对其工作一无所知。1890 年地方自治改革后，农民对地方自治管理体系也是一知半解，他们还经常干扰地方自治机关及其领导的工作；农民通常十分害怕地方自治机关领导。C. 卢里耶在谈论俄国农民的思维方式时指出，农民忽略了国家现实状况，他们"只希望代表自己，根据自己的规则行事，因此就会与权力代表产生冲突"。①

农民对所有官员都持怀疑态度，这也波及了地方自治机关的代表和地方自治管理局的成员；因此，农民很少同地方自治工作者直接接触。农民经常以不友善的态度对待农业技术员、统计员、土地丈量员、教师和医生。社会活动家、医生 C. H. 伊古姆诺夫指出，农民这种态度源自对"贵族老爷式地方自治机关"的不信任。他写道："医生与农民处在不同的法律、规则管理

---

① *Лурье С.* Метаморфозы традиционного сознания. М., 1994. C. 141.

下，哪怕医生具有优秀的个人品质，以十足的善意对待农民，农民仍然（也不得不）将其视为异己。"①。很多教师也谈道，难以与农民建立关系。但是，学校的工作效率在很大程度上取决于农民与教师之间的关系。②

经过数世纪与政府的疏离，农民并不希望接受临时政府提出的建议——权力、法律、自由主义价值、个人主动性。人民（其中80%为农民）还是愿意相信共同、集体理想。1917年，农民基于自身价值重建了已被官僚化的农民自治机构：乡级村民大会、执行委员会。

公民社会可以逐渐、彻底影响国家权力，为地方自治提供适宜的土壤；但是，俄国并未形成公民社会，因此这在很大程度上影响了地方自治机关的前途。十月革命后，新的苏维埃地方管理体系严格遵循中央集权制，值得注意的是，苏维埃并不是地方自治体系，而是国家权力的地方机构。

---

① Журнал Общества русских врачей в память Н. И. Пирогова. 1904. № 4. С. 326.
② См. : *Сысоева Е. К.* Сельская школа // Очерки русской культуры. Конец XIX—начало XX в. Т. 1. Общественно-культурная среда. М. , 2010. С. 680 – 681.

权力与城市——地方自治的前途

Л. В. 科什曼

市政经济与城市文化的发展都要依托地方权力所获取的资源。无论是对于西欧城市还是俄国城市，这都是十分适用的典型特征。

但是，俄国城市的独立权力总是受限于政府且通过法律的形式固定了下来，如此一来，便影响了俄国社会生活中公民因素的发展，尤其影响了地方自治（城市在其中具有重要作用）的发展。当时，一家刊物指出："地方自治机关与城市是地方自治中最为重要的两个因素。"①

19 世纪末至 20 世纪初，政论家、法学家就地方自治问题展开了广泛的讨论。他们认为，必须正确理解中央和地方权力间的关系，才能成功构建社会政治体系，促进文化的发展。Д. Д. 谢苗诺夫在《城市自治：概要与经验》一书中谈道："现代生活的文化水平不仅体现在国家原则的发展中，还体现在这些原则与社会、个人的关系中。"②

① Вестник местного самоуправления. 1912. № 1. С. 6.
② Семенов Д. Д. Городское самоуправление: Очерки и опыты. СПб., 1901. С. 213.

1906 年，M. П. 谢普金（城市经济、社会管理和莫斯科金融的研究者）写道："国家宪法体制的基础应是'广泛的地方自治'。地方自治机关是议会人民代表最理想的预备学校——人民代表可以在此学习，为日后议会的困难工作积累丰富的经验。"他表示："社会自治原则与宪法体制原则的发展密不可分，广泛的社会自治是新的国家体制的基础。"[1] 如果深入解读 M. П. 谢普金的观点，可以这样讲，城市管理的独立权（公民社会发展不可或缺的前提条件）不仅体现在经济领域，也体现在法律和社会政治领域。

19 世纪末至 20 世纪初，城市法规体现了城市管理体系的地位、发展及其影响因素，此外，也反映了城市社会管理机构的改变以及政府对城市权力的态度。

一 城市法规

农民改革后，政府分别于 1870 年和 1892 年推出了两部文件，构成了俄国城市法规的基础。第一部法规通过于大改革时期；长期以来，第二部法规被定性为一个"反改革"文件。在近几年的研究中，对城市法规的认识才逐渐超脱了社会政治范畴。

在这些法规文件的历史研究中，可以找到丰富的史料（尤其是改革前的文献）且大多与地方自治问题有关。[2]

---

[1] Щепкин М. П. Общественное самоуправление в Москве. М., 1906. С. Ⅲ; Самоуправление. 1906. № 1. С. 20 – 21. 1906 年至 1907 年，M. П. 谢普金担任《自治权》杂志的编辑。

[2] См.: *Дитятин И.* Городское самоуправление в России // Статьи по истории русского права. СПб., 1895; *Семенов Д. Д.* Городское самоуправление: Очерки и опыты. СПб., 1901; *Шрейдер Г. И.* Наше городское общественное управление: Этюды, очерки, заметки. СПб., 1902; *Веселовский Б. Б.* Какое местное самоуправление нужно народу? М., 1906; *Михайловский А. Г.* Реформа городского самоуправления в России. М., 1908; *Пичета В. И.* Городская реформа 1870 г. // Три века: Ист. Сб. Т. 6. М., 1913; *Василевский С. М.* Городское самоуправление и хозяйство. СПб., 1906; *Пажитнов К. А.* Городское и земское самоуправление. СПб., 1913; *Гессен В. М.* Вопросы местного самоуправления. СПб., 1904; *Гессен В. М.* Городское самоуправление. СПб., 1912; *Немировский А. Ф.* Реформа городского самоуправления. СПб., 1911.

苏联时期，地方自治问题不是历史研究的主流；直至 20 世纪 80 年代，学者才展开了对此问题的研究。B. A. 纳拉多娃在研究中[①]将城市法规视作政府内政的一部分。B. A. 纳拉多娃在著作中征引了内务部经济厅的大量资料，这些资料实际囊括了 19 世纪末至 20 世纪初城市与政府关系史的所有史料。此外，Л. Ф. 皮萨里科娃的专著中也涉及了莫斯科城市杜马的活动。[②] Л. Ф. 皮萨里科娃在《俄国城市改革和莫斯科城市杜马》一书中指出了研究俄国城市法制史的重要意义，且将此问题纳入了 18 世纪至 1917 年莫斯科社会管理的研究范畴中。Л. Ф. 皮萨里科娃的专著分析了大量、可靠的史料，可谓俄国社会史研究的上乘之作。

1870 年和 1892 年城市法规的内容可谓众所周知。19 世纪 60 年代，众多委员会都详细研究了政府筹备 1870 年改革的措施；19 世纪 80 年代，卡汉诺夫委员会（研究俄国地方管理体系的专门机构)[③] 研讨了已经颁行的法规——1870 年城市法规。

目前，学者主要是从多功能社会组织的角度对城市进行研究，这可以揭示行政因素在城市发展中的作用，可以体现将两部城市法规进行对比分析的意义，也能够揭示社会对这两项法规的态度。此外，这对于理解城市政治背景、地方自治体系形成的相关条件都具有重要的意义。

当时的研究者认为，1870 年城市法规作为一部资产阶级性质的文件，是 "大改革时期的典型产物"，[④] 是俄国社会 "向前迈的一大步"，在城市生活中起了良好的作用。政府通过法规的形式创建了城市管理体系（城市杜马和城市管理局），该体系一直运行到 1917 年。城市权力机构（即城市

---

① См. : *Нардова В. А.* Городское самоуправление в России в 60 – х—начале 90 – х городов XIX в. Правительственная политика. Л. , 1984; *Нардова В. А.* Городское самоуправление в России после реформпы 1870 г. // Великие реформы в России. М. , 1992; *Нардова В. А.* Самоуправление и городские думы в России в конец XIX—начале XX в. СПб. , 1994.

② См. : *Писарькова Л. Ф.* Московская городская дума. 1863 - 1917. М. , 1998; *Писарькова Л. Ф.* Городские реформы в России и Московская дума. М. , 2010.

③ 官方名称：御前大臣 М. С. 卡汉诺夫主席的（内务部大臣之友、国家议会代表）地方管理改革文件起草专门委员会。

④ *Михайловский А. Г.* Реформа городского самоуправления в России. М. , 1908. С. 9.

管理机构或城市管理体系、城市自治机构）也享有一定的独立权：可以在初级学校、"人民健康"、街道卫生和消防、城市公用设施等领域增加开支预算。

А. Д. 舍列梅捷夫在沃兹德维热科的房产，也是 1863 年至 1892 年莫斯科城市杜马的所在地

城市管理机构的首要任务是"整顿改革前破败不堪的经济并探索城市经济发展良方"，因此在经济领域获得了一定的成功。К. А. 帕日特诺夫指出，1870 年城市法规"首次将我们的城市从长期经济萎靡中解救了出来"。①

随着市政经济的发展——商品房、户外照明设施、运输、供水设施、电话等相关建设，城市管理机构又面临抵制不卫生等行为的任务。一般而言，城市管理机构以"社会力量"的形式从事活动，其中包括制定"市民行为准则"并"监督其实施"。不过，根据 1870 年法规，地方城市管理机构并不具备上述权力。② 由此看来，尽管 К. А. 帕日特诺夫同其他城市法规研究

---

① *Пажитнов К. А.* Городское и земское самоуправление. СПб. , 1913. С. 33.

② 《Копии всех определений городской думы безотлагательно представляются городским головой губернатору》（Город положение со всеми относящимися к нему узаконениями / Сост. М. И. Мыш. СПб. , 1876. Ст. 68. Здесь и далее статьи закона указаны в тексте）.

者都指出，1870 年法规中"渗透着自由主义精神"，也具备足够的"温和性"；但是，城市管理机构的独立性只体现在了"一个城市内部"的经济事务中（第 4、5 款）。此外，行政监控并未消失，不过仅保留了对城市管理机构的"法规执行监督"（第 1 款）。①

通过对 19 世纪城市法规的比较分析可以看出，19 世纪 70 年代至 90 年代，政府推出的城市法规依旧保留着 18 世纪所谓的"城市立法原则"。值得注意的是，改革后，俄国已经步入了资本主义时代；但是，调整城市生活的法规不仅依然保留着古老的术语、改革名称，而且在一定程度上保留了古代城市法规的"基本原则"。例如，1870 年改革筹备期间，关于将租户纳入城市社会的问题并未得到妥善解决，阅读相关文献则能发现，将租户纳入城市社会"并不符合城市法规的基本原则"。制定者在法规起草过程中考虑到了所谓"城市御赐公文"中的一些原则：倾向于保障有产者（在城市中掌握不动产、从事商业和小手工业的人士）的权利。法规制定者进而指出，1870 年改革草案"考虑的是同样的原则"，"必须尽可能恢复 1785 年法规中规定的权利"——有产等级的权利。②

城市法规的名称依旧延续了古代传统。1870 年改革草案研究委员会决定，"这部法律的名称不应是'城市法规'，而应根据 1875 年改革的先例，依旧称作'城镇法规'③……这对于纪念女皇叶卡捷琳娜二世的城市改革具有重要的意义"。④ 因此，政府接受了这项提议，将草案命名为"城镇法

---

① 关于公共设施、城市基础设施与市政经济的发展、城市财政及其预算状况，请参见：*Кошман Л. В.* Город на рубеже столетий: лаборатория и хранитель культуры // Очерки русской культуры. Конец XIX—начало XX в. Т. 1. Общественно-культурная среда. М.，2011。

② Материалы, относящимся до нового общественного устройства в городах империи. Т. III. СПб.，1877. С. 43，44. 根据 1875 年城市御赐文书的规定，城市（市民）社会包括商业、手工业、小手工业的业者，"在城市中拥有住所或土地"的"老住户"，同业行会注册者，城市服务人员（ПСЗ - I. Т. 22. № 16188. Ст. 77）。

③ 值得注意的是，俄文原著采用的是"城镇法规"的名称，译文根据法规的实质内涵，一律采用"城市法规"。——译者按

④ Материалы, относящимся до нового общественного устройства в городах империи. Т. III. СПб.，1877. С. 487.

律"。刊行于 19 世纪 80 年代的一部著作指出："迄今为止，叶卡捷琳娜二世的御赐公文是俄国城市自治最重要的基石……1870 年城市法规只是延续、发展了御赐公文（城市改革）的原则。"①

为庆祝加冕典礼，沃斯克列先斯克广场上的莫斯科城市杜马大厦
进行了隆重的装饰——照片摄于 1896 年

政府认为，地方管理中最重要的力量是地方自治机关。如此一来，城市在自治体系中退居到了次要位置。因此，19 世纪的城市法规采用了地方自治机关的法规准则（也被称作先例原则）；地方自治机关和城市管理机构的选举体系都遵循同样的"基本原则"（倾向于地主、不动产业者、工商企业主）——这在 1870 年和 1892 年城市法规中均有所体现。此外，城市也"根据地方自治机关的要求"创建了慈善机构（包括医院），积极"促进人民教育的发展"。②

---

① *Щепкин М. П.* Опыты изучения общественного хозяйства и управления городов. Ч. Ⅱ. М. , 1884. С. 288.

② Материалы, относящимся до нового общественного устройства в городах империи. Т. Ⅲ . СПб. , 1877. С. 397.

人们普遍认为，1870 年城市自治改革颇具资产阶级性质，因为"城市自治机构的成员均是基于资产阶级财产资格由全民选举产生的"。[1] 但是，所谓的"全民选举"在实践中却受到了极大的限制。最初，城市法规的第 17 条宣布了一项原则：……所有具有独立财产的市民都拥有代表选举权。但是最终，选举资格标准却被定义为："……俄国居民；年满 25 周岁；在城市中拥有不动产或工商企业，缴纳城市规定的税款并有相关证明（税款资格）；不得拖欠税款"。很多小市民因此丧失了选举权，选举条件大大受限。

城市管理机构选举体系巩固了已存在的等级不平等现象。这种从普鲁士法律中借鉴而来的选举方式被称作"三级（选民类别）选举体系"，实际上颠覆了已宣称的全民性。商人、大型工商企业家缴纳的税款颇多，他们理所当然地进入了第一、二级选民组；这一等级的代表也在城市杜马中占据了大部分议席。[2]

因此，1870 年城市法规所宣称的"全民性"选举最终演变成了"等级性"选举。В. И. 皮切塔在对改革进行评价时写道："1870 年推出了新的城市法规，其中规定，选举体系采用全民性原则，但该原则无限收缩，最终又恢复了古老的等级原则……"[3] М. П. 谢普金也给予了类似的评价，他指出，政府"根据财产资格采用了普鲁士的三级选举体系，实际上，杜马中

---

① Местное самоуправление в России. XⅡ—XX века. М.，1998. C. 158. 1870 年，这种财产资格是通过纳税多寡来决定的。

② 三级体系：根据选民缴纳给城市的税额将其划分为三个选民类别。因此，每个选民组的市民数量不同。但是，每个选民组所选出的城市杜马代表人数是相同的——各占 1/3。就其本质而言，这种原则是反民主的，因为这使得城市中占大多数的小市民丧失了城市管理机构的选举权。虽然他们平均缴纳给城市的税款只有 1.5~2 卢布，但是他们人数众多。根据 В. А. 纳拉多娃援引的 40 个城市的数据来看，商人和荣誉市民在前 2 个选民组中占 79.9% 和 69.9%，他们推举的代表占代表总数的 53.7%。贵族和神甫（В. А. 纳拉多娃将平民知识分子划入了该选民组）推举的代表占代表总数的 33.2%，小市民和农民推举的代表仅占代表总数的 13.1%（See.：Нардова В. А. Городское самоуправление в России в 60 - x—начале 90 - x годов XIX в. C. 79. 计算结果以百分比计）。

③ Пичета В. И. Городская реформа 1870 г. // Три века：Ист. Сб. Т. 6. М.，1913. C. 176.

占优势的等级只有一个——具有最高财产资格的工商业等级"。①

　　值得注意的是，1870 年城市法规还保留了"等级机构"（小市民、手工业者的协会），他们享有推举法律代表的权利（第 6、7 款）。小市民协会解决了众多十分重要的问题：他们在会议上决定，将其他城市的小市民、农民、士兵纳入协会，选举产生了管理局；不过，最后经省长"裁决"才得通过。值得注意的是，管理局会为因商务活动离开城市的小市民发放通行证。②

　　总之应该指出，城市法规宣扬的原则与现实之间存在"差异"。М. П. 谢普金在杂志《自治权》中刊行了一篇札记——《自治与省长监督》，其中指出："基于当时的改革③规定，地方社会应独立管理自身事务，但在实践过程中却并非如此。"④

　　那么，何故出现法规规定与实践不对应的情况？要回答这一问题，便不能不考虑当时俄国社会的客观情况。19 世纪 70 年代，俄国的资本主义经济发展并不成熟，因而无法完全遵循资本主义的全民选举原则。1907 年，一份政府文件指出："1861 年改革要求整个地方体系都要随之改变。在此期间，司法改革与城市改革积极推进，为地方体系带来了新的精神和原则……但是，人民并不适应新体系（从 1861 年至 1907 年）中过度的自由，他们还未改变被政府管理和监督的习惯。"⑤

　　当时的改革者并不熟悉"自治"的概念。М. П. 谢普金指出："'自治'

---

① *Щепкин М. П.* Общественное самоуправление в Москве. С. 15.

② Городовое положение…Приложение. С. 130 – 132；Подробнее см.：*Кошман Л. В.* Город и городская жизнь в России XIX столетия. М.，2008. С. 203 – 219.

③ 指 1870 年城市自治改革。

④ Самоуправление. 1907. № 16. С. 3.

⑤ ГАРФ. Ф. 434. Оп. 1. Д. 144. Л. 3；Д. 146. Л. 70. 当时的一位研究者指出："1861 年改革形成的新的社会关系体系并未贯彻始终——1917 年至 1920 年的事件中断了它的发展。"（Модель общественного переустройства России. XX век / Отв. Ред. В. В. Шелохаев. М.，2004. С. 5）

一词十分危险；它无法列入新的法规。"① 但是19世纪60年代，一些官方文件就已经开始使用"自治"这一术语，这与当时"社会经济自治理论"的推广有关。根据这个理论，社会管理机构应被赋予独立解决地方事务的权力。②

值得注意的是，俄国的城市一直受限于政府的行政管理。19世纪政府对城市的"监督"具备一定的客观条件：新时期城市形成与发展中政治因素的重要性、城市的行政职能。不过，本文仅能言及这种"监督"的程度。

1870年城市法规也体现了"适度自由主义"特色：法规授予了城市杜马、城市管理局独立活动的权力，但仅限于"一个城市内部"的经济和公共设施领域。19世纪60~70年代，在政府大规模推行宗教改革时期，城市已经丧失了参与社会政治生活的权力。最终，根据1870年法规，城市首领（城市杜马和管理局的主席）一人独揽了领导权和执行权。这与资产阶级的分权原则、法治国家的典型特征背道而驰。

值得注意的是，1870年城市法规是逐渐推广的，直至19世纪80年代中期，这部法规才在欧俄城市生效。③

二 1870年、1892年城市法规的相关讨论

19世纪80年代前期，权力与城市的关系、城市在地方自治体系中的地位、政府授予地方自治体系的权限等问题都成为社会关注、讨论的焦点。在沙皇亚历山大二世的支持下，内务部大臣洛里斯-梅利科夫（具有自由主义倾向）积极推行地方自治机关和城市社会管理机构改革。内务部专门为此设立了参议院委员会，用以搜集改革资料、研究改革方案。

1881年3月1日，沙皇亚历山大二世遇刺身亡，俄国的社会政治生活因此发生了翻天覆地的变化。新任沙皇亚历山大三世对地方自治并不热衷，

---

① *Щепкин М. П.* Общественное самоуправление в Москве. С. 6. （Имеется в виду Городовое положение 1870 г. ）
② 本文中，"社会管理"与"自治"两个概念是相同的。
③ Статистический временник Российской империи. Сер. Ⅲ. Вып. 22. СПб. , 1887. С. 2.

他在给省长报告的批复中如此写道，"令人郁闷的自治""臭名昭著的自治""政府早已意识到了城市自治的荒诞"。① 1884 年，内务部向各地分发了一项通报，大部分省长几乎口径统一地回复道："城市社会机构拥有太多的独立权，已有独立于地方政府之势。"②

19 世纪 80 年代，一些人认为必须限制城市某些"不必要"的独立权。《莫斯科公报》的编辑 M. H. 卡特科夫就是此类观点的忠实维护者。他曾在一封信中写道："一些人产生了某种错误的认知。他们认为，在沙皇亚历山大二世的急速改革中，俄国产生了一些独立的权力机构——地方自治机关、城市自治机构……这些机构广泛存在，站在了政府的对立面。"然而，事实是政府"将权力转交给了这些机构且为其组织创建给予补贴……如此，才导致国内出现了无政府的混乱状态"。③

在这种社会政治形势下，御前部大臣 M. C. 卡汉诺夫主席的地方管理改革文件起草专门委员会 [广为人知的"卡汉诺夫委员会"，运行时间长达四年（1881 ~ 1885 年）] 成立了。内务部大臣 Д. А. 托尔斯泰对此"臆想"嗤之以鼻。

值得注意的是，卡汉诺夫委员会主要关注的是地方自治机关问题，城市自治问题则居于次要地位。委员会成员认为，根据 1870 年城市法规，城市的权力发生了根本性的变化且获得了"详细的定义"，因此不必废除"不久前赐予城市的自治权"。此外，他们表示，"1870 年城市法规的原则亦适用于其他地方管理机构（主要指的是地方自治机关）"。④

卡汉诺夫委员会形成于政府体系，因此因袭了一些政府传统。委员会在

---

① См. : *Нардова В. А.* Городское самоуправление в России в 60 – х—начале 90 – х годов XIX в. … С. 253.

② См. : *Нардова В. А.* Городское самоуправление в России в 60 – х—начале 90 – х годов XIX в. … С. 212 – 213.

③ Цит. по: *Шрейдер Г. И.* Городская контрреформа 11 июня 1892 г. // История России в XIX веке. Т. 5. СПб. , 1907. С. 186 – 187.

④ См. : *Нардова В. А.* Городское самоуправление в России в 60 – х—начале 90 – х годов XIX в. … С. 192 – 195.

讨论已颁行法律文件时并未广泛征集社会意见（也未征求城市管理机构领导的意见）。卡汉诺夫委员会的会议参与者有圣彼得堡的城市首领（П. Л. 科尔夫及其继任者 И. И. 格拉祖诺夫）、卡汉诺夫委员会的成员（参政员、内务部经济厅负责人、内务部官员）。此外，还有若干省的省首席贵族。

城市法规的主要问题（城市的权力和财政）仍是卡汉诺夫委员会关注的"根本"问题。与此同时，委员会也讨论了其他问题：选举体系改革、选举权扩大、城市与"沙皇政府"的关系（А. А. 基泽韦捷尔的讲法）、城市预算的独立程度、"必要性开支项目"（国家需求）与"非必要性开支项目"（城市直接需求）的关系变化。

选举体系原则以及选举资格特点能够决定市民的选举，因此在地方自治发展中具有举足轻重的意义。政府认为选举权是一个重要的杠杆，能够在地方自治机关的形成过程中起重要的调节作用。当时，社会积极呼吁，希望法律能够赋予更多的人选举权。

当时，选举体系中最重要的民主因素便是自由职业者（他们参与了选举和城市管理机构的工作）——医生、教师、律师、艺术家（即知识分子），他们是"理性与道德的代言人"。这些知识分子同工人一样，也是城市的租户。他们是改革后才在城市（尤其是在首都和省城）出现的社会阶层。

早在19世纪60年代，已经研究了赋予租户（与房主和企业家一样）选举权的问题。委员会（政府专为研讨1870年城市法规而设）的一些成员认为，应该给予租户选举权，认为"知识分子能够促进城市的社会活动发展，可以改善诸多省、县城市的不发达状况"。不过，大部分成员否认这种观点。因此，委员会采用"双重原则"界定城市社会构成：改革后，帝俄城市社会应保留工商企业主、不动产拥有者（早在18世纪，他们已被纳入了城市社会）；此外，委员会也允许将租户纳入城市社会，"希望他们能够在城市法规全新原则的基础上参与城市事务管理"。[①] 19世纪下半期，俄国

---

① Материалы, относящимся до нового общественного устройства в городах империи. Т. Ⅲ. СПб., 1877. С. 43－44.

已步入了资本主义发展道路，但委员会拒绝因此改革城市社会结构。

当时的人和俄国城市自治研究者都认为"选举体系是 1870 年改革中最弱的一环"，因此引起了"城市年轻群体的不信任"。不过，政府认为，财产（纳税）资格合乎情理，因为"这将各式各样的租户群体排除在了城市自治选举体系之外，尤其是无产阶级和大量的知识分子"。[①] 政府希望能够在城市管理体系中避免"不必要的极端社会影响"。[②] 因此，政府极力阻挠知识分子代表参与城市管理工作，尤其是具有反政府倾向的平民知识分子。直至 20 世纪初，政府依旧持有这种观念。

"第三势力"相关刊物：阿恰耶夫（Ф. 丹尼洛夫）的著作——《第三势力（城市与地方自治机关中的雇员）：重要性及组织》（莫斯科，1906年）；《第三势力》杂志海报（1917年）

---

① *Михайловский А. Г.* Реформа городского самоуправления в России. М., 1908. С. 9, 13; *Шрейдер Г. И.* Город и городовое положение 1870 г. // История России в XIX веке. Т. 4. Ч. 2. СПб., 1909. С. 20.

② Материалы, относящимся до нового общественного устройства в городах империи. Т. Ⅲ. СПб., 1877. С. 42.

卡汉诺夫委员会讨论了选举体系改革、赋予租户选举与被选举权的问题。1885 年 4 月，在最后会议上，卡汉诺夫委员会围绕着城市代表制问题（最重要的是租户选民）展开了讨论，不过，讨论中又出现了一个更为普遍的问题——"城市社会"概念本身。委员会的大部分成员表示，租户不属于"基本"市民等级，他们是城市中的"非常态因素"；"基本"市民等级仍是 1785 年御赐文书中规定的"城市社会居民"。[1] 不过，卡汉诺夫委员会最终认定，租户可望获取选举权。但是，大部分租户仍未获得选举权——无力缴纳要求的高昂住房税。此外，最低财产资格的引入（1892 年城市法规正式确立）则将大部分市民（财产未达选举要求）排除在了选举体系之外。

此外，卡汉诺夫委员会还在会议上首次讨论了选举的教育资格问题。1870 年城市法规并未规定参与选举要具备一定的教育资格。卡汉诺夫委员会在讨论 1870 年法规时表示，"鉴于当下人民的教育状况，要求选民必须接受过教育"还为时尚早。不过，委员会的成员认为，代表必须具备一定的教育资格。城市首领、城市管理局成员都必须具有相应的教育资格要求；此外，也有一些成员认为，确立教育资格"对大部分市民而言，是十分不公的行为"。这种看法也不无道理。19 世纪末，尽管市民的识字率有所上升，但依旧不足市民总数的一半，仅有 2.5% 的市民接受过中等教育。[2] 例如，1900 年，在莫斯科选民（不动产拥有者）中，受过高等教育的选民占总数的 12.6%，受过中等教育的占 15.0%，受过初等教育的占 18.4%，受过家庭教育的占 43.5%，文盲占 4.0%。[3]

鉴于这种状况，委员会也放弃了对代表采取教育资格限制的提案。但

---

[1] 20 世纪初，俄国法规并未清晰界定城市社会成员的"市民等级"。这个概念本身就是"中等出身等级"或"城市居民"的另一种说法，其中包括荣誉市民、商人、小市民或城关工商区居民、手工业者或行会会员（Свод законов Российской империи. Т. 9. Закон о состояниях. Разд. Ⅲ. СПб.，1899. Ст. 503）。《法学与政治学词典》（刊行于 1901 年）对此有相关定义（Т. 2. Вып. 6. С. 255）。

[2] См.：*Кошман Л. В.* Город и городская жизнь в России XIX столетия. М.，2008. С. 122 - 124.

[3] См.：*Писарькова Л. Ф.* Городские реформы в России и Московская дума. С. 203.

是，至 19 世纪 90 年代，该问题仍在持续酝酿、讨论。初、中等教育程度被视作城市杜马代表竞选的"重要条件之一"。[①] 内务部经济厅的数据显示，当时，城市杜马代表中有 17% 接受过中高等教育，27% 接受过初等教育，将近一半（49%）接受过家庭教育，4% 未获得任何教育。[②]

总之，卡汉诺夫委员会关于 1870 年城市法规的讨论引起了各省长的共鸣，表明了政府对此十分关注，但讨论显然缺乏广泛的代表性。值得注意的是，卡汉诺夫委员会的"提案"并不具备法律效力，其相关资料也被归入了内务部的档案馆。[③] 此外，委员会的讨论具有愿望的性质，而且主要是围绕 1870 年法规的"基本原则"展开的，明确甚至加强了法规中已存在的"反资本主义"倾向。讨论期间，与会者并未提出彻底改革选举体系的要求；代表参选的教育资格并未获准；与会者不仅承认了政府对城市杜马采取行政监控的必要性，而且强调要酌情加强此种监控——省长要求扩大政府的市政事务管理权；城市首领既是国家公务人员，同时兼任了城市杜马和城市管理局的主席职务。最终，城市预算的制度及来源、预算收支状况、"必要"与"非必要"开支比例，都未受到严厉批评。

*　　　　*　　　　*

1892 年，政府以某些社会"愿望"为基础，推出了新的城市法规。但是，新法规反映了政府而非社会的利益：提高财产资格、限制地方管理机构选举、对地方管理工作加强行政监控。

政府对 1870 年法规的选举体系十分不满，因为工商业资产阶级在城市杜马中占据了优势。内务部的一则通告指出："城市社会管理应体现无等级

---

① См.：*Фесенко И. О.* К вопросу о реформе городских общественных управлений. Ч. Ⅱ. Харьков, 1890. C. 11, 12. 1872 年法规要求，代表的受教育程度不得低于城市中等专科学校学历。不过，仅圣彼得堡在 1903 年的法规中引入了这项规定（Петербургская городская дума. 1846－1918. СПб., 2005. C. 148）。

② См.：*Нардова В. А.* Самодержавие и городские думы в России в конец ⅩⅨ—начале ⅩⅩ века. C. 44.

③ Городское дело. 1909. № 3. C. 95.

差别原则，但商人显然占据了更多优势。"① 显而易见，商人与地方社会管理机构的协调行动是地方权力顺利行使的重要保障。

此外，1870 年法规对于贵族在城市杜马中的地位并未给予足够的保障，这让政府更为忧心。② 这也是 1892 年选举体系改革的原因之一。1892 年城市法规保留了选举中的财产资格限制（选举权的唯一获得方式），此外给予了不动产拥有者更多特权。③

贵族是不动产拥有者中的主力军，如此一来便提高了贵族在城市社会管理中的地位。法学家 B. M. 盖森指出："1870 年改革宣称的所谓'全民性'并不值得信赖，反而在城市社会管理中提升了贵族的领导地位。"④ 法学家 H. M. 科尔库诺夫也指出，尽管现实生活中已经存在"等级分裂"，但"1870 年法规巩固并加强了此种分裂"。他认为，"1892 年法规中保留的等级框架"完全不符合"城市社会生活的实际需求"。⑤

19 世纪 90 年代，城市杜马举行了选举，结果显示，贵族代表的比例略有增长（从 30.4% 增至 33.4%），商人与荣誉市民的比例有所下降（从 58.8% 降至 56.6%），小市民和农民的比例（最低）也有所下滑（从 10.8% 降至 9.9%）。⑥

尽管政府采取了一系列措施，但是城市杜马代表的社会构成并未发生根

---

① *Нардова В. А.* Городское самоуправление в России в 60 – х—начале 90 – х городов XIX в. Правительственная политика. Л. , 1984. С. 227 – 228.

② 1884 年，莫斯科城市杜马共 180 名代表。其中，贵族和官员占 23.9%，荣誉市民和商人占 45.0%，小市民和农民占 31.1%（См. : *Писарькова Л. Ф.* Московская городская дума. 1863 – 1917. М. , 1998. С. 125）。

③ B. A. 纳拉多娃的统计数据显示，根据 1892 年法规，欧俄 40 个省份的城市杜马代表中，将近 86% 以不动产拥有者的身份获取了选举权；仅有 9% 以商人身份获得了选举权，他们没有任何不动产（см. : *Нардова В. А.* Самоуправление и городские думы в России в конец XIX—начале XX в. СПб. , 1994. С. 33）。

④ *Гессен В. М.* Вопросы местного управления. С. 115.

⑤ *Коркунов Н. М.* Русское государственное право. Т. 1. СПб. , 1901. С. 395，396.

⑥ См. : *Нардова В. А.* Самоуправление и городские думы в России в конец XIX—начале XX в. СПб. , 1994. С. 37 – 38. 其中，表格 6 中有 19 个省城的数据。1896 年，莫斯科城市杜马代表中，贵族占 24.2%，荣誉市民占 54.2%，商人占 14.1%，小市民和农民占 7.5%（см. : *Писарькова Л. Ф.* Московская городская дума. 1863 – 1917. М. , 1998. С. 212）。

检阅消防队的代表：H. И. 古奇科夫（1）、市长 A. A. 阿德里阿诺夫（2）、现任城市首领 B. Д. 布良斯基（3）、消防总队长 H. A. 马特维耶夫（4）等——照片摄于1914年

本变化：与贵族相比，荣誉市民、商人依旧占据优势。随着俄国社会经济现代化进程的推动，更多的工商业资本家（尤其是大资本家）参与到了城市杜马的活动中。

为了重塑行政机关与城市的关系，政府采取了诸多举措，其中之一便是限制选举权、压缩选民数量。1892年城市法规在选举中采用了财产资格（基于不动产值），取代了1870年的纳税资格。首都的财产资格要求达到3000卢布，省城要达到1000卢布，县城要达到300卢布；低于此财产的市民便丧失了选举权。[①]

政府引入了最低财产资格，使得选举体系的民主性大大受损；城市中的众多小资产阶级，尤其是小商人丧失了选举权。与1870年城市法规相比，

① 1892年，城市法规中保留了选举的纳税资格：根据个人不动产的价值来征税。1898年，政府通过了《国家手工业税收法》，其中才确定了财产资格。税收法指出，"任何企业的职员都要纳税"。1898年法规增加了财政体系中的资本主义因素，确立了累进税制；新的经济领域也开始征取赋税——木材工业、金属加工业、粮食贸易业（см.：*Захаров В. Н.，Петров Ю. А.，Шацилло М. К.* История налогов в России. IX - начало X X века. М.，2006. CЮ 212 - 213）。

1892 年城市法规严重限制了选民数量。例如，1870 年，圣彼得堡和莫斯科的选民人数为 2.1 万人，而 1892 年则仅有 0.7 万 ~0.8 万人。① 帕日特诺夫指出："从未听闻文明国家存在政府对市民选举权的此等干涉。"②

除了过高的财产资格限制，政府也极力反对将租户纳入选举体系。1892 年，租户依旧没有获得选举权。国家议会在研讨相关法案时，拒绝了卡汉诺夫委员会的建议，议会认为"如果将租户纳入城市杜马，这些机构的经济活动、政治活动都会误入歧途"。③ 不过，政府也对城市"第三势力"④ 做了一些让步。根据 1892 年法规，租户能够以一些机构或社团（掌握不动产）的名义参与代表选举，换言之，参与选举时，城市知识分子可被归入不动产拥有者的行列。

城市社会管理体系缺乏民主，限制了市民的社会活动，无益于公民积极性的发展；这尤其表现在市民（拥有投票权）参与选举活动的积极性上。知名的金融法学家 И. Х. 奥泽罗夫就此写道："为了适度满足大部分人的需要，城市管理应建立在广泛自治原则的基础上，同时应配有良好的选举机构……我们的选举体系将管理权交到了少数人手上……自然，市民的选举兴趣就降低了。"1900 年，莫斯科参与选举的选民占选民总数的 26.2%，1904

---

① См.：*Озеров И. Х.* Большие города，их задачи и средства управления. М.，1905. С. 19. 根据 1892 年城市法规，圣彼得堡拥有选举权的市民只占市民总数的 0.6%（1870 年占 1.9%）；莫斯科拥有选举权的市民占市民总数的 0.7%（1870 年占 4.4%）；萨拉托夫拥有选举权的市民占市民总数的 0.9%（1870 年占 5.0%）；图拉拥有选举权的市民占市民总数的 1.2%（1870 年占 4.9%）；雅罗斯拉夫尔拥有选举权的市民占市民总数的 0.9%（1870 年占 8.0%）；奥廖尔拥有选举权的市民占市民总数的 1.1%（1870 年占 4.6%）；梁赞拥有选举权的市民占市民总数的 1.3%（1870 年占 5.0%）。1892 年，俄国省城中，拥有选举权的市民比例平均降低了 4/5 多（См.：*Нардова В. А.* Самоуправление и городские думы в России в конец XIX—начале XX в. СПб.，1994. С. 20 - 21；*Пажитнов К. А.* Городское и земское самоуправление. СПб.，1913. С. 36）。
② *Пажитнов К. А.* Городское и земское самоуправление. СПб.，1913. С. 37，42. 1900 年，德累斯顿（德国）拥有选举权的市民占市民总数的 69.5%（см.：*Озеров И. Х.* Большие города，их задачи и средства управления. М.，1905. С. 18）。
③ *Пажитнов К. А.* Городское и земское самоуправление. СПб.，1913. С. 34.
④ 城市知识分子，即租户。——译者按

年只占 20.8%。①

1892 年法规的研讨过程中，政府也改革了对城市管理机构的监督体系。内务部认为："授予城市社会机构广泛的活动自由无法产生预期利益；这些机构反而经常出现各种失误，因此需要对其批评指正。"1892 年法规中的一项条款规定，大臣有权"取缔城市杜马的所有决议（被认定为'非法'或'不适当'）"。尽管国家议会认为"1870 年法规没有合理的政府监控，这是它的一个巨大缺陷"，但仍然觉得"1892 年法规采取的措施无助于问题的解决"。②

城市管理体系创建于 19 世纪 70 年代，至 90 年代并无多少变化。但是，城市管理机构的活动被置于行政监控下，限制了它们独立活动的可能性。1892 年城市法规甚至没有提及独立性问题。③ 例如，城市管理机构无法独立决定"街道或广场上的电车线路"。在第四届全俄电力代表大会上，与会者发出了扩建城市照明设施的倡议，但一些城市的管理机构表示："没有省长的首肯，我们无法做出回应。"④

90 年代，政府又推行了另一项对城市自治体系的监督措施。省长不仅保留了审判城市管理机构活动的权力，而且扩大了对它们行动的干预范围。省长以往只能监督城市杜马决议的执行情况，而现在，他们还有权判断这些决议是否"正确""合理"。若地方政府代表认为杜马决议不符合"国家的利益与需求"，⑤ 他们有权中止这些决议。同时，对于这些决议"违法"（指 1870 年法规）的原因，他们也并无合理的解释。值得注意的是，省长

① *Озеров И. Х.* Большие города, их задачи и средства управления. М.，1905. С. 18. 当时，慕尼黑参与选举的选民占选民总数的 68%，维也纳占 60.5%（*Озеров И. Х.* Большие города, их задачи и средства управления. М.，1905. С. 17）。

② *Гессен В. М.* Городское самоуправление. С. 23，24.

③ 1892 年城市法规第一条规定了社会管理的功能——"地方利益与需求的事务管理"。1870 年法规则规定："……城市机构在某些领域内（城市经济和公共设施的监督、领导）享有独立行动的权力。"（第一条、第五条）

④ Городское дело. 1909. № 19. С. 1015；1911. № 5. С. 455.

⑤ Городовое положение 11 июня 1892 г. С относящимися к нему узаконениями / Сост. М. И. Мыш. СПб.，1893. Ст. 83；*Шрейдер Г. И.* Городская контрреформа 11 июня 1892 г. С. 196.

对城市管理机构工作的干预（判断其正确与否）并不是依靠法律，而是基于个人主观感受。

1892 年城市改革主要并不是城市经济需求的原因，而是政府（沙皇亚历山大三世时期）地方管理体系改革（1889 年颁布了《地方自治领导法》，1890 年推行了地方自治机关改革）的一部分。为了监督城市管理机构的活动，城市事务机关（创立于 1870 年）被省级地方自治与城市事务机关取代。政府将"地方自治与城市事务"集中到一个机构，表现了政府希望满足这类机构的需要，放松对其活动的监控。

城市法规的改变在很大程度上仰赖于当时的法学水平（关于"地方自治"）。19 世纪 60~70 年代，根据社会经济自治理论（上文已提及），城市管理机构、地方自治机关与政府社会机构并无本质区别，不过它们只能负责管理地方事务。1870 年城市法规规定，城市管理机构和地方自治机关只能解决地方经济事务，不过也授予了它们独立权。不过，政府认为，选举产生的城市管理机构无权参与国家事务的管理。因此，诸多省长、内务部官员纷纷抱怨，认为法规给予了城市管理机构过多的独立权。

19 世纪 80 年代，除了社会经济自治理论，俄国又兴起了国家自治理论。根据国家自治理论，城市管理机构是在地方上处理国家事务的社会机构。因此，地方自治机关成为地方行政机构的有机组成部分。

根据 1892 年法规，城市管理机构丧失了社会机构属性，成为行政机构。城市首领、管理局成员均成了"国家公务人员"。政府也希望将城市管理局的工作纳入其职权范围：管理局委员会只有"经省长批准后，才可以开始自己的工作"，此外，政府也有权"对管理局与其他社会管理执行机构进行检查"。①

根据 1892 年城市法规，城市首领兼任城市杜马和管理局的主席，这就表明，城市的领导权与执行权并未分离。1915 年，俄国颁布了城市社会管

① Городовое положение 11 июня 1892 г. С относящимися к нему узаконениями / Сост. М. И. Мыш. СПб. , 1893. Ст. 7, 101, 121; Гессен В. М. Городское самоуправление. С. 92.

理法规，这实际上是 1892 年城市法规的再现，城市首领的职能依旧未变。①

20 世纪初，仅圣彼得堡的领导权与执行权实现了法律上的分离。根据 1903 年圣彼得堡社会管理规章，除城市管理局主席，城市杜马主席不得担任城市社会管理的任何职务，换言之，城市杜马主席不得担任城市首领。②

在 1892 年法规中，"城市社会"的概念消失了，代之以"城市居民"的说法，也就是说，城市被作为一个行政单位，而非固定的公民群体。

国家自治理论（在西欧广受好评）适用于高度发达的公民社会。Г. И. 施雷捷尔指出："国家自治理论从西欧移植到了俄国的土地上，但是二者的历史背景迥然不同。国家自治理论……反而导致了俄国自治的衰亡。"③ 19 世纪 90 年代，这些状况层出不穷。

1892 年城市法规推出后，城市社会管理机构转变为国家机关，实际上排除了城市权力反对政府的可能性，但社会上也出现了消极怠惰现象。К. А. 帕日特诺夫忧心地指出："1892 年改革后，自治思想已经荡然无存。"④

К. А. 帕日特诺夫的观点几乎成为社会共识，法学家也持有同样的看法。1912 年，В. М. 盖森指出："新的城市法规已经实施了近十年……在其影响下，城市自治并无任何改善。选民依旧具有狭隘的等级性，因此市民对城市事务越来越淡漠。城市自治工作的人才纷纷流失。"⑤

А. А. 基泽韦捷尔评价道："1892 年城市自治改革改善了城市杜马的选举制度。但是，与地方自治机关一样，城市自治机构的独立性大大受损。代

---

① Свод законов Российской империи. Т. Ⅱ. Разд. Ⅰ. Ст. 56 и 90 《Положения》. СПб. , 1915.
② Свод законов Российской империи. Т. Ⅱ. Разд. Ⅱ. Ст. 49 《Положения》. .
③ *Шрейдер Г. И.* Городская контрреформа 11 июня 1892. // История России в ⅩⅨ в. Т. 5. С. 190 – 192. Г. И. 施雷捷尔是社会活动家、社会革命党成员、1917 年 9 月～10 月彼得格勒的城市首领。
④ *Пажитнов К. А.* Городское и земское самоуправление. СПб. , 1913. С. 40.
⑤ *Гессен В. М.* Городское самоуправление. С. 26.

表数量大幅下降，更重要的是，城市管理局几乎成了沙皇政府的直属机构。"①

三 城市社会自组织

20 世纪最初十年，俄国的社会力量十分活跃——俄国社会政治与文化生活的主要特点，出现了社会独立性的新形式；这是 1905 年前后俄国社会飞速发展的典型例证。当时，俄国兴起了工会运动，吸引了大批知识分子；此外，也创建了一些联盟——将知识分子、自由职业者、工程技术知识分子代表联合在了一起。工会联盟创建于 1905 年 5 月，其中纳入了首都、某些省城的 14 种职业联盟。1905 年 5 月，工会联盟召开了第一届全俄职业联盟代表大会；出席这次会议的有律师联盟、编辑与作家联盟、农学家与统计学家联盟、兽医联盟、工程师联盟、教师联盟、药剂师联盟，还有来自妇女平权联盟、犹太平权联盟的代表。②

这些职业联盟的纲领都表明了强烈的社会政治倾向。工会联盟宣布，其基本目标是"在民主原则的基础上，为俄国的政治解放而斗争"。工会联盟在其规章中指出，"当前③，我们要与政府斗争，实现言论、出版、集会、结社、罢工的自由；争取不分地域、民族、信仰，在全民、平等、直接、无记名选举的基础上，召开立宪会议"，这是工会联盟的主要任务。④ 由此可知，早在 1905 年春，俄国社会上已经存在此种认知："理应在立宪大会上仔细研讨决定国家体制的宪法文件。"⑤

10 月 17 日诏书中也涉及一些社会规划提纲，不过不似工会联盟的文件中那般激进。沙皇颁布诏书的当日（1905 年 10 月 17 日），工会联盟就公布

---

① *Кизеветтер А. А.* На рубеже двух столетий: Воспоминания. 1881 – 1914. М., 1997. С. 111.
② 根据警察局的密报，"拟议于 5 月 21 日或 22 日，在玛加丽塔·莫罗佐娃的家中举行联盟代表大会"（ГАРФ. Ф. 102. Оп. 233а. Д. 999. Л. 35）。
③ 1905 年 5 月，即截止到 10 月 17 日诏书颁布。
④ ГАРФ. Ф. 518. Оп. 1. Д. 1. Л. 31，34.
⑤ ГАРФ. Ф. 518. Оп. 1. Д. 28. Л. 3 об. 出自 1905 年 2 月第三届律师代表大会的决议案。

了这份宣言。宣言强烈批评了政府的诏书，认为诏书"只不过对人民运动做了稍许让步，并未满足人民最迫切的需要"。值得注意的是：立宪会议（基于全民选举）一经召开，便会立即实现公民自由，废除限制民族、语言、宗教的法律。①

但是，与很多社会组织一样，工会联盟的存在时间也不长。1906 年，当革命运动处于最低谷时，工会联盟实际上已不再发挥作用。

当时，社会环境对城市生活某些领域产生了重要的影响。在城市生活问题的讨论中，城市与政府的"对话"变得十分坦诚且方式多样。改革后最初十年，官僚制度解决了城市生活中的诸多问题，但之后逐渐发生了变化。一些刊物认为，城市生活问题包括：基础设施建设、市政经济、财政、预算、社会慈善事业；此外，需探索城市联合的形式，以便解决共同的问题。不过，这些刊物的存在时间也不长——只有 1~2 年。值得注意的是，城市社会文化生活中又出现了一种新生事物——市属刊物。②

《城市事务》是长期存在的杂志，诸多立宪民主党党员与其进行过合作。立宪民主党党员在《城市事务》中的努力方向符合该党政纲——"实现地方自治的广泛民主，扩大地方自治的职权范围，给予其应有的独立权"。他们将文章编辑工作视作地方自治改革和发展的必要手段；此外，"编辑们认为，城市自治的重大问题都源自行政监控和城市杜马的等级（资格）代表制"。③

各式各样的协会也是社会自组织的形式之一。当时，这类协会数量众多。城市中存各种不同类型的社会组织：等级协会、职业协会、社会保障协

---

① ГАРФ. Ф. 518. Оп. 1. Д. 6. Л. 1.

② 这类刊物包括：《自治》（1906~1907 年）、《地方自治消息报》（1912 年）、《城市与全俄城市联盟消息报》（1917~1918 年）、《第三势力》（1917 年）。市属刊物中唯一的"长寿者"是《城市事务》，在圣彼得堡（彼得格勒）刊行了 9 年（1909~1917 年）。《城市事务》的编辑出版者有 Л. А. 韦利霍夫、М. П. 费多罗夫，他们也是圣彼得堡城市杜马的代表。《城市事务》的投稿者中有很多知名的社会活动家、国务活动家、学者、医生、工程师、技师、建筑师；《城市事务》刊行过 Д. Д. 普罗托波波夫、К. К. 阿尔谢尼耶夫、И. Х. 奥泽罗夫、К. А. 帕日特诺夫、Б. Б. 韦谢洛夫斯基、П. Б. 司徒卢威等人的文章。

③ Городское дело. 1909. № 1.

会、城市公共设施协会、慈善协会、互助（信贷机构、"救济金"、书籍出版者、人民教师、医生）协会、火险协会、消防协会；城市知识分子也参与了体育俱乐部、艺术爱好者协会、档案与学术协会。19 世纪末至 20 世纪，戒酒协会（创建于 19 世纪 50 年代）发展势头强劲。①

这些社会组织展现了城市的理性与精神道德生活，可以在一定程度上促进社会主动性以及公民责任意识的发展。但是，因为政府层层设限，很多社会组织并未发挥如此大的作用。

居民与选民协会（出现于第一次俄国革命社会高速发展时期）虽存在时间不久，但其历史也十分值得关注。

10 月 17 日诏书虽设置了重重限制，但依旧促进了社会积极性的发展。诏书发布后，又持续颁布了一些法令，其中就包括协会和联盟法（1906 年 3 月）。② 根据协会和联盟法，这类组织在创建时无须经过政府同意，但其活动要受内务部监督；根据此法，居民与选民协会在圣彼得堡和某些省城积极开展工作（处理公共设施、慈善事业、教育活动等问题），取得了丰硕的成果。

1906 年末，城市杜马代表 Г. А. 法尔博尔科在圣彼得堡纳尔瓦区创建了第一个居民与选民协会。1907 年至 1908 年，圣彼得堡共创建了 15 个居民与选民协会。值得注意的是，这类协会的创立体现了社会对城市杜马工作的不满。③

居民与选民协会的成员不仅关注公共设施建设，他们对技术和城市经济体系也十分了解；此外，杜马代表及其选民也于此交流意见。值得一提的是，无选举权的市民（妇女、犹太人、达不到法定财产条件的人士）都可

---

① 戒酒协会的成员不包括"酿酒业者以及酒精饮品销售者"（Очерки городского быта дореволюционного Поволжья. Ульяновск，2000. С. 417，427；*Туманова А. С.* Общественные организации и русская публика в начале XX в. М.，2008. С. 300 – 306）。

② 1906 年 3 月 4 日，参议院发布的最高指令——《协会与联盟临时条例》// ПСЗ – Ⅲ. Т. 26. № 27479。

③ "杜马管理不善，忽视居民的需求……因此，居民不得不思考如何维护自身利益"（Петербургская городская дума. 1846 – 1918. СПб.，2005. С. 191）。

1901 年《火花》杂志上的讽刺画——莫斯科城市杜马方案

以参与此类社会组织的工作。

许多著名活动家（知识分子）都参加了圣彼得堡的居民和选民协会，其中包括 Д. Д. 普罗托波波夫——出版家、编辑、作家（城市园林书籍）、第一届国家杜马代表；А. Ф. 科尼——知名律师；Л. А. 韦利霍夫——《城市事务》杂志的编辑；Н. А. 列兹佐夫、И. И. 托尔斯泰——圣彼得堡的城市首领（不同时期）。除圣彼得堡之外，斯摩棱斯克、梁赞、图拉、萨拉托夫、鄂木斯克、伊尔库茨克、克拉斯诺亚尔斯克、敖德萨也存在类似的协会。①

最初，政府将居民和选民协会视作"立宪民主党的臆想"，担忧"这些协会将在关键时刻充当政治宣传工具，扮演反政府的角色"。1909 年 12 月，内务部要求省长获取相关情报（"城市中存在的此类协会及其成员，尤其是协会的党团属性"）。大部分省长声讨此类协会，反对他们独立于城市体系外的状况。1910 年 7 月，内务部（斯托雷平担任大臣期间）向各省长发布了一项通令，其中在允许伊丽莎白格勒建立居民和选民社团②的部分中指出："我们注意到，很多地方都积极追求创立此类组织……然而，协会的某些活动已经侵入了城市管理机构和地方自治机关的活动领域，我们诚挚地发出请求……不要允许类似协会

---

① Петербургская городская дума. 1846 – 1918. СПб. , 2005. С. 192 – 195；*Туманова А. С.* Общественные организации и русская публика в начале XX в. М. , 2008. С. 82.

② 当地省长并未执行。

出现。"① 1910 年 8 月，根据政府的决定，所有居民和选民协会都被迫关闭。

在这种情况下，政府限制了社会组织的活动空间。Л. А. 韦利霍夫就此写道："禁止建设儿童广场、廉价食堂的政策简直惨无人道。20 世纪初，哪怕是忠君人士（秘密的谋士、房主、杜马代表）建立的协会，也无权用自己的资金开办廉价食堂!"②

但是，社会希望保留这些组织（居民和选民协会）。国家杜马就内务部大臣关闭此类组织的通令展开了质询，但杜马委员会则擅自决定撤销质询，因为他们认为"内务部此则通令十分合理"。③ 社会原本希望探索新的有效工作形式，但如此一来，社会与政府的对抗就此宣告终结。

此外，圣彼得堡社会活动家俱乐部（1904 年 10 月 14 日正式成立）的历史也受到了同样的关注。圣彼得堡社会活动家俱乐部由圣彼得堡城市杜马代表所创，创建初衷正如俱乐部条例指出的那样："将社会活动家联合在一起，通过成员的努力，积极讨论并解决国家生活中的问题，同时要兼顾社会的需求与利益。"④

圣彼得堡社会活动家俱乐部是无党派社会组织，不允许"党员、希望运用暴力手段改变他人观点之人"参加；俱乐部的成员"绝不允许通过暴力方式施压于别人的良知与信仰"。⑤ 最初，俱乐部组织了一些座谈会、报告讲演会等，促进了社会独立性与积极性的发展。此外，俱乐部为"国家杜马、行政机关、地方自治机关、城市"等单位的工作也做出了突出的贡献。

---

① Городское дело. 1910. № 18. С. 1262 – 1264. См. Также: *Сухорукова А. С.* Общества обывателей и избирателей Петербурга（1906 – 1910）// России в конце XIX—XX вв. : Сб. Ст. К 70 – летию Р. Ш. Ганелина. СПб. , 1998. С. 270 – 276.

② Городское дело. 1910. № 8. С. 521，522.

③ Городское дело. 1911. № 5. С. 472.

④ ГАРФ. Ф. 1820. Оп. 1. Д. 1. Л. 3. См. : также: *Красовский М.* , *Дементьев Е* Краткий исторический очерк возникновения и деятельности Клуба // Отчет о деятельности С. - Петербургского Клуба общественных деятелей с 1 ноября 1905 г. По 1 мая 1906 г. СПб. , 1906.

⑤ ГАРФ. Ф. 1820. Оп. 1. Д. 10. Л. 1.

社会活动家俱乐部在圣彼得堡及其他地方都广受欢迎。1905 年末，俱乐部的成员已经达到 350 人，访客也超过了 150 人。通过俱乐部成员的邀请，其他地方的地方自治机关成员与城市议会代表可以到圣彼得堡参访俱乐部会议。假以时日，这些访客就可以成为俱乐部的正式成员。①

俱乐部成立伊始，其工作就受到了城市行政机关的监督。"在任何情况下"，俱乐部的公开会议都要"提前获得政府批准"；此外，还要"提前将讨论的问题清单知会市长"；如果会议上有"任何违反国家制度、社会安全和道德的言论、行为"，市长就可以勒令俱乐部关闭。② 社会活动家俱乐部的一位成员指出："协会与联盟能否存在，完全取决于地方高层政府的决断。"③

俱乐部成员对地方自治改革的前途问题颇为关注。1892 年城市自治改革过程中，包括政府官员在内的诸多人士对此问题进行过广泛的讨论。1907 年 5 月，俱乐部"领袖委员会"的主席 M. B. 克拉索夫斯基发表了一项报告——《地方自治改革基础》，决定了改革的原则。报告中还指出，应取消社会等级制，使地方和城市的纳税者、"在当地拥有住所或不动产的人"参与地方自治，扩大地方自治的职权和管辖范围（不过，也指出要确保地方经济和城市公共设施领域的优先权），取消"不必要的行政监督"。④

俱乐部的成员认为，改革必须"使地方管理机构适应新的国家体制，在人民生活中巩固公民自由的原则，提高人民的政治素养，改善人民福利"。不过，这种主张的主旨是"适应"：改革不是毁坏地方和城市机构的

---

① ГАРФ. Ф. 1820. Оп. 1. Д. 1. Л. 4；Д. 9. Л. 1. ，2；Д. 10. Л. 1.

② ГАРФ. Ф. 1820. Оп. 1. Д. 1. Л. 3，5，7. 例如，1906 年 3 月 14 日，俱乐部讲演会中一些报告被禁：M. E. 阿卡扎罗夫的《当前的诉讼程序及其改进措施》、B. П. 李特维诺夫 - 福明斯基的《俄国工人及其保险条件状况》、B. M. 格拉博夫斯基的《社会与联盟新法》。档案资料中可以找到这些报告的提纲。

③ ГАРФ. Ф. 1820. Оп. 1. Д. 7. Л. 3. B. M. 格拉博夫斯基在一份论据不足的报告中指出了这一结论。

④ ГАРФ. Ф. 1820. Оп. 1. Д. 14. Л. 1.

新体制，而应该是完善并巩固现存的社会体制。① 由此看来，现存的选举体系有一些局限性。M. B. 克拉索夫斯基认为，首先应该保留财产—纳税原则："……地方自治机关的选举权只能属于纳税人。"② 值得注意的是，M. B. 克拉索夫斯基在报告中根本未曾考虑全民普选权的问题。

当时，地方代表大会、城市活动家代表大会成为社会文化生活中的重要组成部分，促进了社会团结。工会联盟在其代表大会的决议案中反复强调，必须与这些代表大会的活动相互配合。③

1891 年，乌法的城市首领首次提出了召开城市代表大会的问题，这一想法获得了各城市代表的支持。召开城市代表大会有其必要性。当时，俄国的城市经济结构失衡、成长缓慢，城市杜马各自为政、交流困难，这些都严重阻碍了城市的发展。但是，1892 年城市法规推行后，城市独立活动领域收缩，此类代表大会难以召开。

政府认为，这些代表大会属于一种自治机构，有别于学术集会且"潜藏着危机"。值得注意的是，最初，一些城市活动家（包括圣彼得堡的城市活动家）也不支持召开此类代表大会。

1905 年，俄国社会飞速发展，举办城市代表大会的问题重新被提上了议事日程。总之，当时很多人都感受到"俄国城市生活迎来了新的开端，市民也都满怀迫切求成的心态"。莫斯科大学开设了地方自治课程，学生对"自治问题、城市经济问题"产生了浓厚的兴趣；莫斯科商业学院成立了地方自治与地方经济研究所，"针对地方社会、历史、经济、科技（涉及不多）等领域进行研究"。此外，市属刊物问世了，城市中也开始举办城市公共设施展览会。④

1905 年至 1907 年，俄国社会动荡不安，在这种情况下，选民在城市杜

---

① ГАРФ. Ф. 1820. Оп. 1. Д. 14. Л. 1.

② ГАРФ. Ф. 1820. Оп. 1. Д. 14. Л. 1 об.

③ ГАРФ. Ф. 518. Оп. 1. Д. 36. Л. 25.

④ См. : *Протопопов Д. Д.* Городские съезды в России // Городское дело. 1913. № 23. С. 1554
－1555；Городское дело. 1909. № 22. С. 1203.

马选举中表现出了极大的积极性。① 这并非城市社会生活中的一项巨大进步，但是，即使在当时的"文化作品"中也能够感知到"城市自治的发展成果"。

城市活动家代表大会（或称城市公共事业代表大会）是社会积极性的一种表现形式。城市活动家认为，城市活动家代表大会是"研究俄国城市发展的必要手段"。② 此外，大会也讨论了1892年城市法规的修订问题。

1910年9月，经内务部批准，敖德萨召开了第一届城市活动家代表大会。代表大会由俄国技术协会敖德萨分会成员组织，特意安排在工艺展览会期间举行。《城市事务》杂志对此次代表大会格外关注。《城市事务》刊登的一篇文章指出："敖德萨代表大会是俄国城市活动家联盟的开端，为代表大会的定期召开奠定了基础。"③ 代表大会的组织委员会成员包括：圣彼得堡城市首领 И. И. 格拉祖诺夫、莫斯科城市首领 Н. И. 古奇科夫（未出席代表大会）、莫斯科城市杜马代表 М. П. 费多罗夫（亦是《城市事务》杂志的编辑）。组织委员会的任务是筹备第二届代表大会（原本预计于1911年在圣彼得堡召开）。但是，政府并未承认组织委员会拥有相关合法权利。

值得注意的是，第一届城市活动家代表大会规模并不大，共有代表24个城市（包括圣彼得堡，不包括莫斯科）的89位与会者（其中50位是俄国技术协会敖德萨分会的成员）。④

政府对敖德萨代表大会的兴趣不大，不过也从中加以阻挠；在这种状况下，敖德萨代表大会仍在筹备第二届代表大会。敖德萨代表大会决定，预计于1913年春（全俄城市经济和公共事业展览会期间）在圣彼得堡举办第二届城市活动家代表大会。但是根据内务部的决议，这届代表大会最终定于

---

① 我们可以对1904年和1908年某些城市的投票情况（参与选举的市民占选民总数的比重）进行对比：维亚特卡——20.8%与39.7%；辛比尔斯克——29.0%与40.0%；1908年，塞兹兰和奥廖尔的参选人数所占比例超过了50%（Городское дело. 1909. № 12. С. 582）。

② Петербургская городская дума. С. 161.

③ Городское дело. 1913. № 23. С. 1558.

④ Городское дело. 1910. № 17. С. 1187；1913. № 23. С. 1554 – 1558.

1912 年 12 月召开。圣彼得堡城市活动家代表大会更具代表性：超过 100 个城市希望参与此次代表大会；与会者累计超过 300 人，其中包括城市杜马代表、城市管理局成员、学者、教育协会成员、学校教师、地方自治工作者、国家杜马和国家议会的代表。[1] 1913 年 9 月（一战爆发前夕），城市活动家代表大会在基辅召开。下一届代表大会预计于 1915 年在莫斯科召开，由于一战爆发，最终并未成行。

城市活动家代表大会主要致力于研究公共事业问题，改善城市经济（供水设施、排水系统、澡堂等）的发展状况。此外，大会亦十分关注城市发展中的薄弱环节：住房问题，市场上物价昂贵、产品质量低下[2]等问题。

1905 年 7 月 6 日至 8 日，在莫斯科召开的城市活动家与地方自治活动家代表大会

除此之外，与会者也在城市活动家代表大会上讨论了城市自治中更普遍、更重要的问题。敖德萨代表大会提出了扩大选举范围、限制行政监控的

---

① Городское дело. 1912. № 10. С. 661；№ 17. С. 1087.
② 对 15 个试点城市的低质食品进行抽样检查，结果显示，39% 的食品不符合卫生标准。莫斯科和圣彼得堡的食品不合格率要相对低一些：分别为 35% 和 32%。不过，在此状况下也引起了人们的不安（Городское дело. 1913. № 13 – 14. С. 951）。

问题，也指出，城市理应享有独立决定预算收入来源的权力，也应获得独立发布决议的权力（无须省长批准）。尽管"内务部大臣不希望代表大会讨论城市法规的修订问题"，但大会仍然将此"迫在眉睫"的问题纳入了讨论。圣彼得堡城市活动家代表大会召开前夕，Л. А. 韦利霍夫就此谈道，对于俄国城市而言，这届代表大会"像粮食一般重要。圣彼得堡城市活动家代表大会人数众多，议事纲领涉及方方面面；因此，可以提出捍卫城市文化（饱受监控）的问题，也可以反思陷入窘境的城市财政状况和陈旧不堪的城市经济机构"。①

就与会者的构成状况来看，基辅代表大会最具代表性。200 位与会者中，一半以上是城市首领、杜马代表、城市管理局成员（分别代表 27 个省城和 63 个县城）。② 值得注意的是，在此之前，小城市并无如此积极参与代表大会工作的先例。与会者都在一定程度上反对政府的工作，并且提出了足够令人信服的理由。在代表大会召开的最后几日，警察局勒令其关闭。但是主席 И. Н. 季亚科夫（基辅的城市首领）拒绝提前结束代表大会，并将主席职位授予了大会的积极拥护者——А. И. 古奇科夫（国家杜马代表、圣彼得堡城市杜马代表）。А. И. 古奇科夫认为，代表大会应解决城市的"经济金融危机"；认为"城市法规必须进行彻底修改"并将其列入决议案；"А. И. 古奇科夫在大会上指出：'……若继续拖延改革，拒绝 10 月 17 日诏书宣布的原则，国家将陷入剧烈的震荡，最终会产生致命的后果'……会议上掌声雷动……警察局代表屡次妄图打断古奇科夫的发言，封闭会议；但古奇科夫主席并未屈服。不过，最终却并未组织决议案的投票活动……或许是因为会议大厅中传出了'可以接受这项决议案'的声音"。③ 总之，代表大会的最终决定没有体现甚至违背了古奇科夫的演讲内容。

---

① Городское дело. 1910. No 19. C. 1350；1912. No 6. C. 390；No 10. C. 661.

② Городское дело. 1913. No 19. C. 1264.

③ 这是《城市事务》杂志关于基辅城市活动家代表大会的一则札记中所记述的信息（1913. No 19. C. 1287 – 1288）。А. И. 古奇科夫是十月党的领袖，属于"革新派"人士，也是地方自治体系改革的拥护者。

基辅代表大会的意义在于，它的纲领中重新纳入了地方自治机关和城市之间的关系问题（从政府层面加以讨论）。

1905 年 9 月和 10 月，莫斯科召开了城市活动家和地方自治活动家代表大会。大部分与会者是中间派人士。他们否认召开立宪大会的提案，宣称支持 С. Ю. 维特政府。这成为城市和地方自治代表最后一届联合代表大会。①

20 世纪初，从事地方自治事务的社会组织之间关系复杂，有时甚至会爆发冲突。它们之间的矛盾主要涉及预算编制问题，尤其是预算开支；此外，还涉及地方自治机关和城市在城市居民医疗救助方面的职责界限问题。当时，杂志上的一篇报道指出："最近，地方自治机关和城市的关系已经恶化到了最严重的地步。"国家杜马中的各党团也对这个问题进行了讨论；因此，就此问题提出了一项法案，其中建议将某些大城市划为特殊的地方自治单位。②

城市社会希望能够恢复召开城市活动家和地方自治活动家代表大会，因为这些大会可以研究地方和城市自治的问题，但是最终希望落空了。内务部大臣表示"未规定地方自治机关和城市可以联合召开此类代表大会"，因此加以拒绝。Л. А. 韦利霍夫是《城市事务》杂志中"市政评论"专栏（刊登新闻分析文章）的常驻作家，他认为，政府反对的"动机"是不希望"社会力量（主要是地方自治机关和城市）存在一丝联合"。③ 后来移居国外的 Н. И. 阿斯特罗夫（社会活动家、莫斯科城市杜马代表、立宪民主党党员）分析了"杜马时期"俄国的社会政治环境，他写道："……政府反对地方自治就是反对社会自治。在此状况下……俄国所有的政治活动都趋向于压制社会独立性。"④

---

① См.：*Астров Н. И.* Воспоминания. Т. 1. Париж，1941. С. 328－329.
② Городское дело. 1913. № 5. С. 327.
③ Городское дело. 1913. № 5. С. 312.
④ *Астров Н. И.* Воспоминания. Т. 1. Париж，1941. С. 272－273.

四 1892年城市法规与社会

随着社会积极性新形式的出现，1892年城市法规便成为政府与城市管理部门之间"对话"的常态性议题。直至1917年，这部法规都决定了"沙皇政府"与城市管理部门之间的相互关系。但是在当时，社会上对这部法律的尖锐批评从未停息。

早在1896年，乌斯季—瑟索拉的小市民协会就已提出了修订该法规的申请，其中包括降低财产资格要求，"以此增加小市民代表数量"。1898年，沃利斯克的小市民协会也提出了同样的申请；1901年，赫瓦伦斯克和瑟索兰（萨拉托夫省）的城市杜马也提出了类似的申请。但是，它们都被"弃之如敝屣"。值得注意的是，法规中某些条款的修订倡议来自小市民协会。

Г. Е. 李沃夫、Л. Л. 卡图阿尔、С. А. 恰普霍金分别连续当选（经莫斯科城市杜马选举产生）为莫斯科的城市首领，但是他们的候选人资格并未获得政府批准——照片摄于1913年

1905年，市民对1892年城市法规的批评力度加大，出现了众多的申请书。科斯特罗马、卡梅申的城市杜马支持扩大选举权，拒绝将财产资格作为

市民（不分性别）获取选举权的基本条件。值得注意的是，当时妇女并不能担任城市管理部门的职务。内务部对所有这类请求的回答都如出一辙："不满意""不尊重""拒绝"。但是，城市管理部门的批评声浪渐高，最终政府不得不对1892年城市法规中的"缺陷进行修正"。

城市管理机构需要扩大权力、增加资金。政府与城市管理机构一致认为，"1892年城市法规不符合"城市生活状况。但是，如同对地方自治体系的理解不同一样，他们对现行法规的修订问题也存在不同的理解。内务部大臣 H. A. 马克拉柯夫认为："城市自治不得脱离政府的监督，因为这不符合政府与社会机构的关系本质。"① 不过，他承认，扩大选民范围合乎情理；他也表示，"城市经济的主导权必须握在更为坚定且拥护沙皇制度的人手中"。②

尽管从1903年开始，圣彼得堡依法授予了租户（同房主、企业主一样）选举权与被选举权（参选城市代表），但是政府并未改变对城市知识分子的负面态度，依旧不允许他们参与选举。即便在圣彼得堡，这些"知识分子"的选举权仍然受到诸多限制。根据1903年6月3日的《圣彼得堡社会管理法》，只有年均缴纳房屋税33卢布（换言之，年均房租要达到1000~1200卢布）的租户才能获得选举权。如此高的纳税标准就将民主知识分子和工人排除在了选举体系之外（不动产拥有者的最低年均税款只有24卢布③）。

直至1917年，1892年城市法规的修订问题实际上一直盘旋在议事日程中，没有实际进展。1913年一战爆发前夕，对这个问题的讨论日益激烈，终于有了新的进展。社会上也格外关注城市改革问题。圣彼得堡的企业主和工厂主协会（似乎与城市自治毫无瓜葛）也向贸易和工业部提出了一项申请，希望能够授予股份制公司和信托公司职员选举权。④

---

① 源自国家自治理论的原则。
② Городское дело. 1913. № 11 – 12. С. 824.
③ Свод законов Российской империи. Т. Ⅱ. Разд. Ⅱ. Ст. 17.《Положения》；Петербургская городская дума… С. 148.
④ Городское дело. 1914. № 2. С. 104.

城市法规是地方自治发展的基础。同以往一样，城市法规改革涉及选举法的变更、城市管理机构财政独立权的扩大、行政监督的废除。《城市事务》杂志指出："这是三个主要的秘密之门，然而只有时间可以打开它们的锁眼，这三扇门开启后，俄国才能进入期待良久的新社会。"①

杂志上一篇札记的作者曾谈道，这是进步社会的必由之路，"也是社会本身的追求"。毫无疑问，社会上亦存在同样的观点。

社会积极性还存在另一种重要形式——城市管理机构（关于扩大自身影响以及参与城市生活）的创举。例如，萨马拉城市管理局成立了"人民教育与文化专门处"，其管理主要集中于"地方学校、剧院、报刊出版社、博物馆、图书馆"。喀山城市管理局创立了男子中学（前身是男子中等专科学校，由喀山中等教育推广协会提供办学资金）并为其制定了规章。沃罗涅日城市杜马提出了一项开办农学院的申请；此外，也表示城市要负责300俄里范围内的建设，并保证每年发放津贴。阿克塔尔城市杜马也向政府提出了一项申请，希望用官方资金开办附有手工班的四年制女子中学。彼尔姆城市杜马代表团则前往圣彼得堡请愿，希望在彼尔姆开办一所综合中高等技术学校。②

此外，城市杜马会议上也提出了更为普遍的问题，其中包括城市法规状况以及扩大社会管理机构权力等问题。圣彼得堡城市杜马对1892年城市法规提出了多次批评。一些城市杜马代表（Г. А. 法尔博尔科、М. М. 科瓦列夫斯基）在发言中谈道，1892年城市法规具有"反社会"性质；同时，也提出了扩大城市管理机构（其工作关注的是"地方的利益与需求"）职权的要求。1915年，普斯科夫城市杜马发出了"立即进行城市改革"的倡议，指出了"发展教育和广泛吸引各等级参与地方自治"的必要性。1916年，图拉城市杜马代表 B. 切尔诺维托夫在《城市事务》杂志上发表了一篇文

---

① Городское дело. 1916. № 4. С. 159.
② Домовладение и городское хозяйство. 1911. № 1. С. 10；№ 2. С. 10；№ 3. С. 12；№ 4 - 5. С. 16. 这些信息由《房产与城市经济》杂志的"时事"专栏刊出，其中也有城市管理机构的工作资料。该杂志仅刊行于 1911 年。

章，其中指出："只有将自治同人民群众紧密结合，积极筹划，城市管理改革才能完成自己的历史任务。"①

然而，政府并不支持这种观点；不仅如此，政府的行为还经常招致国内"热血男儿"的强烈反对。内务部大臣 H. A. 马克拉柯夫在与圣彼得堡城市首领 И. И. 托尔斯泰的谈话中表示："城市杜马只是一个经济机构，不得涉足政治与社会事务。城市管理应关注喷泉、运河、水渠的污染问题，应聚焦于城市糟糕的道路状况，应关注拥挤不堪、杂乱的电车车厢，应关注供水、排水系统。"② И. И. 托尔斯泰则在日记中提到，城市杜马在探讨城市法规改革的会议上被迫听完了内务部大臣愤怒的发言，"与此同时，他也发表了一番群众集会式的言论，我们仿佛重回 1904 年和 1905 年的那段岁月"。他还指出："……政府部门对'自治'采取敌视态度并希望其垮台。"③

当时，政府"仓促"结束了地方自治和城市改革法案的研究工作。法案授予了租户选举权，但是保留了"选民类别"的选举体系；城市管理局的权力扩大了，但是根据 1892 年法规，它实际上已经成为一种国家机构。内务部大臣与一位国家杜马代表在座谈会上已谈论过这些内容。

国家杜马中的不同党派代表（代表）对选举权持有不同的态度，三级选民体系则成为他们之间的妥协结果。进步党和立宪民主党倡议授予租户选举权，并要求采用比圣彼得堡更低的房屋税（作为财产资格）：年均最低房屋税应维持在 120～720 卢布。

十月党认为，房屋税的所有缴纳者都应获得选举权。但是，他们保留了选民类别的选举体系，对于不同的社会等级也提出了不同的条件。

政府部门的方案要更为保守，他们认为，与不动产税具有同等规模的房

---

① Городское дело. 1913. № 24. С. 1683，1684；1915. № 8. С. 163；1916. № 5. С. 215 – 216.

② *Толстой И. И.* Записки городского головы // Звезда. 1994. № 9. С. 180. И. И. И. И. 托尔斯泰是 1913 年至 1915 年圣彼得堡（彼得格勒）的城市首领。

③ *Толстой И. И.* Дневник 1906 – 1916. СПб.，1997. С. 469，673. 这段内容出自 1913 年 12 月 21 日 И. И. 托尔斯泰的日记。谈话期间，H. A. 马克拉柯夫还表示，根据"沙皇旨意"，不得组织任何关于地方自治机关成立 50 周年的示威游行活动。他表示："即使是小规模的示威游行，对于某些人士、所有地方自治和城市管理机构而言，都有致命的后果。"

圣彼得堡城市杜马会议——照片摄于 1914 年

屋税缴纳者才可以获得选举权。换言之，政府并未降低 1892 年城市法规中颇高的财产资格标准，选民类别的选举体系（社会进步人士十分反对）也得以保留。《城市事务》刊出的一篇文章特别分析了辩论过程，其中指出，"对于杜马期待的激进改革而言"，所有方案"都不会有多大的前景"。①

一些人认为，必须降低选举的财产资格要求（首先应在城市中废除现行的选举体系）。但是与此同时，社会上也存在另一种观点，他们认为"考虑到当前的社会现实"②（写于 1915 年），哪怕是最民主的方案（所有年满 21 周岁的公民均可参与选举），也无法在俄国实现全民选举。

总之，城市法规的修订问题历经了多年讨论，但社会与政府并未达成理

---

① Городское дело. 1917. № 1. С. 4，5.

② Городское дело. 1915. № 15 – 16. С. 803. 欧洲与俄国城市中拥有选举权的市民比例情况如下：法国，25%；保加利亚，24%；西班牙，23%；英国，20%；巴伐利亚，6% ~ 7%；萨克森，将近 5%；俄国，0.9%。俄国不同城市拥有选举权的市民比例也存在差异：莫斯科，0.6%；彼得格勒，0.3%；萨拉托夫，1.4%；科斯特罗马，1.8%；斯摩棱斯克，1.6%（Городское дело. 1915. № 15 – 16. С. 804）。

智的妥协，未找到1892年城市法规改革（彻底改革地方管理体系，包括扩大城市管理机构的独立权）的途径。

立宪民主党提出了一项以选举权为特色的改革草案，他们希望立法机构能够在"没有激烈交锋"的情况下，通过此项草案。[①]

1917年1月，国家议会提出了一项草案（其中没有关于选举权的条款）。草案决定，扩大城市杜马与城市管理局的职权，成立市属警察局（耗时良久），"城市可自行决定各种预算来源"。[②] 在这项城市改革草案中，甚至没有提到保留或废除对地方自治机关的行政监督；值得注意的是，若要肃清行政监督，城市任重道远。

莫斯科城市杜马选举期间，特维尔大街上悬挂着标语的汽车——"6月25日，请为选举清单上的1号人民自由党投上一票"

在结束选举权的讨论前，我们还必须提到另一项城市改革草案。该草案由全俄城市联盟主委会编写，预计授予房屋税（或类似税款）的所有缴纳者选举权。这项草案充分反映了"广大人民群众的期望"，不过"半途而废"，也未决定宣布全民普选。[③]

---

① Городское дело. 1917. № 1. C. 33.

② Городское дело. 1916. № 17. C. 785，786.

③ 《第三势力》（1917年前两期）杂志刊登了这项城市改革计划。《第三势力》由地方、城市自治机构的职员创办，仅于1917年刊行了五期。俄罗斯联邦国家档案馆在"城市选举权基本资料"中收录了该项改革草案。值得注意的是，该草案由全俄城市联盟经济委员会编写（不早于1915年）。实际上，它与1917年的《临时条例》并无本质差异：规定了定居资格（在城市中居住半年以上，拥有住房或在该市就业），在城市选举中也未提及全民普选问题（ГАРФ. Ф. 518. Оп. 1. Д. 194. Л. 1）。

临时政府也未能肃清 1892 年城市法规的影响。1917 年 4 月，临时政府通过了《临时条例》，其中对 1892 年法规仅做了一些改动，但并未触及基本原则（城市与政府的活动关系基础）问题。不过，《临时条例》确实在一定程度上扩大了城市管理机构的权力和活动领域。除了"地方管理、经济事务"，城市管理机构还能够设立信贷机构，开展统计调查，也可以组织城市活动家代表大会（须与地方自治机关等机构进行协商）。但是与以往一样，《临时条例》规定，"城市需要满足军用、民用的管理要求"；城市社会管理工作仍被限制在城市和规定范围内；政府部门对城市杜马活动的监控得以保留：若内务部大臣否决城市杜马决议，则该决议无效。①

临时政府一上台就颁行了一项法规——《临时条例》，要求"基于全民、直接、平等、无记名的投票原则，组织地方自治机关选举"；此外，妇女也获得了代表选举权。但是，以往的选举限制依旧存在。条例规定，年满21 周岁的公民（无论男女）可参与代表选举，但存在一些前提条件："必须在该市居住 3 个月以上""在该市拥有一些私人财产或在该市工作""或从事与该市相关的某些职业"。此外，"警察局官员与行政机关代表"不得参与代表选举。② 总之，资产阶级临时政府也未能在俄国实现全民普选的构想。

五　全俄城市联盟

1914 年 8 月，全俄城市联盟在一战的炮火中宣告成立；这在很大程度上仰赖社会各方的共同努力，尤其是城市活动家代表大会。联盟的创建构思诞生于莫斯科——35 个省城的城市首领召开了一次会议，会上决定采纳 Н. И. 阿斯特罗夫的建议，成立全俄城市联盟。1914 年 9 月，全俄城市联盟于莫斯科城市杜马大楼召开了成立代表大会，与会者有近 40 个省城的城市首领、7 位县城代表（以个人形式参与），还有地方联盟、红十字会、莫斯

---

① ГАРФ. Ф. 1789. Оп. 2. Д. 5. Л. 4, 9. 文件发行于 1917 年 5 月。

② ГАРФ. Ф. 1789. Оп. 2. Д. 1. Л. 4；Д. 2. Л. 5. 实际上，这些条款均引自"城市选举权基本资料"收录的草案。

科军事委员会的成员。① 至第二届全俄城市联盟代表大会，与会者有知识分子、企业主、城市杜马代表、国家杜马代表，其中包括 Н. И. 阿斯特罗夫、С. В. 巴赫鲁申、Л. Л. 卡图阿尔、Г. И. 施雷捷尔等人。② 早在联盟成立初期，沙皇尼古拉二世就在克里姆林宫正式接见了城市首领代表团（其中包括莫斯科城市首领 В. Д. 布良斯基）。在此次会面中，В. Д. 布良斯基的发言紧扣社会与政府的"团结一致"精神（一战初期，俄国社会的主流趋势），他谈道："俄国各省城的当选者③聚集于此，我们可以证明，我们无私的爱与忠诚可以战胜一切，在艰难时刻我们可以用胸膛捍卫荣誉、捍卫沙皇、捍卫伟大的俄国。……俄国的城市要组成统一的联盟，对我们的军人施以援手。"④

联盟创始人认为，全俄城市联盟的首要任务是为伤病军人提供帮助；同时，他们也认为这项工作十分重要。1914 年 9 月，Н. И. 阿斯特罗夫在成立代表大会上进行了发言，他表示"城市之间要保持联络"，"这将为满足城市共同需求提供必要的解决手段"，其中包括解决"城市持续攀升的高昂物价问题"。此外，他还指出了全俄城市联盟与全俄地方自治联盟合作的必要性。他表示："两个庞大组织的联合将会产生巨大的威力，可以为处在历史考验关键时刻的祖国效力。"⑤ 在 1917 年城市联盟代表大会上，Н. И. 阿斯特罗夫又表示："联盟⑥是一种政治生活现象，难以与君主专制体制兼容。"⑦

当时，社会上已经形成了一个共识："俄国必须彻底改革城市与地方自治体系。"政论作品中（尤其是与城市生活问题相关的政论作品）经常表露

---

① Известия Всероссийского союза городов помощи больным и раненым воинам. 1914. № 1. С. 7. 《全俄城市联盟伤病军人救助消息报》的编辑是 С. В. 巴赫鲁申：历史学家、莫斯科大学教授。

② Город. Вестник Всероссийского союза городов. 1917. № 1.

③ 城市首领。——译者按

④ Известия Всероссийского союза городов. 1914. № 1. С. 6.

⑤ Известия Всероссийского союза городов. 1914. № 1. С. 8 – 9.

⑥ 城市联盟和地方自治联盟。

⑦ *Астров Н. И.* Доклад Главного комитета Всероссийского союза городов об организации Союза на 7 съезде 14 – 16 октября 1917 г. М., 1917. С. 1.

Н. И. 阿斯特罗夫：全俄城市联盟的创始人和主席、立宪民主党中央委员会成员、莫斯科城市首领（1917 年 3 月 28 日至 7 月 7 日）

这种观点。圣彼得堡城市首领 И. И. 托尔斯泰在《证券公报》上发表了一则札记，其中指出："一些西欧国家已实现了城市联合构思，俄国社会也希冀如此。一些活动家早已怀揣城市联合的梦想，他们自然清楚，城市联合的诸多任务远远超出了目前（战争年代）创立的城市联盟所提出的问题。"①

政府对城市联盟持怀疑态度，最初就不似社会上那般积极组织城市联盟的活动。И. И. 托尔斯泰在日记中写道："政府怀有尝试的心态，允许成立城市联盟"，这主要是因为红十字会对"超出预期、为数众多的伤员"准备不足。他写道："政府希望，城市联盟应以 adhoc② 性质存在（为当时而设），战后再商讨、决定其是否应继续存在。城市首领则一致表示，必须将城市联盟视作一种常态性机构；因此他们齐聚莫斯科，反对政府的观点。"③ 在 1917 年 4 月第四届城市联盟代表大会上，Н. И. 阿斯特罗夫在报告中指出："政府无力单独胜任战争任务，因而被迫靠社会组织来解决这些问题。"④ 早在城市联盟的第一届代表大会上，内务部大臣就表示，"关于帮助预备役军人家庭、城市粮食需求及其解决措施等问题的申请，无法予以满足"，因为城市联盟"只能讨论、解决伤员救助问题"。⑤

---

① Цит. по: *Ананьич Б. В.* И. И. Толстой и петербургское общество накануне революции. СПб. , 2007. С. 141 – 142.
② "临时的"。——译者按
③ *Толстой И. И.* Дневник. 1906 – 1916. С. 535 – 536；см. : также: *Шевырин В. М.* Земские и Городской союзы（1914 – 1917）. М. , 2000. С. 22.
④ Город. Вестник Всероссийского союза городов. 1917. № 1. С. 9.
⑤ Городское дело. 1914. № 19. С. 1145.

因此，伤病军人救助成了城市联盟的主要工作。城市联盟在首都与省城都开办了军队诊疗所、军医院，建立了传染病隔离病房、疗养院，设立了双向的军队救护车和运输车队，为前线供应必需的食品和物资。此外，还在前线附近设置了给养站、茶餐厅、衣物与药品仓库。

维涅夫斯克宗教学校中的伤病军人诊疗所（隶属于全俄城市联盟）——照片摄于 1915 年

值得注意的是，地方自治联盟也从事类似的工作（为此提供资金、创立了各种组织），而且他们的参与更具重要性。[①]

城市联盟的城市数量增长迅速。1914 年 8 月，城市联盟共包括 140 个城市，一个月后，联盟城市数量达到 196 个，到 11 月则上涨至 272 个（71 个省城和 201 个县城）。至 1915 年初，城市联盟共有近 400 个城市；1917

---

① 1915 年至 1916 年，地方自治联盟的资金周转额达到 9.65 万卢布，城市联盟的资金周转额仅为 1.4 万多卢布。1916 年，政府开始对这些社会组织的资金支出进行监督（ГАРФ. Ф. 102. Оп. 246. Д. 343－3－с. Л. 95）。

年8月，联盟城市数量达到630个。[1] 值得注意的是，大城市是参与城市联盟事务的主力军。社会上认为，城市参与联盟事务，可以提高市民的主动性，培养他们的公民意识；与此同时，战争中的某些因素也具有同样的作用。《消息报》的记者写道："震惊世界的战争带给了人民巨大的灾难……但从另一个角度而言，也促使俄国国内的整个生活体系产生了巨大的变化"，成为"社会运动"的"引擎"。[2] 一些人认为，战争产生了"无形的作用"，提高了公民主动性，促使公民积极参与社会活动，"孕育了新生活的萌芽"。

尽管城市联盟的活动遭到了政府的限制，但是它的工作仍触及了很多城市生活的内部问题。

联盟在城市设有劳动力市场、卫生执行委员会（对难民、预备役军人家庭实施医疗救助）。此外，一些代表（包括 Н. И. 阿斯特罗夫）在联盟代表大会的报告中指出，应对市民实施法律援助，"关注人民身体健康的同时，也要向他们开展文化道德教育工作"，还要解决"犹太人自由迁移（从其定居区）"的问题。[3]

慈善事业是公民社会主动性的一种形式，主要表现为给城市联盟捐献物资。各等级均有慈善家代表，比如企业主、莫斯科艺术小组成员、电影演员、餐厅工作人员、基督救世主教堂合唱团的歌唱家、里亚布申斯基纺纱厂和巴拉基列夫家具厂的工人、高等女校学生、农民；捐款渠道未知。捐献的主力主要是家境一般的市民，捐款金额一般不超过50卢布（通常是1卢布、3卢布、5卢布）；不过，也有一些例外（个别现象），例如 Т. 莫罗佐夫曾为联盟捐款200卢布，农民 Т. А. 列季娜也捐献了100卢布。[4]

---

① Известия Всероссийского союза городов. 1914. № 1. C. 15, 64; 1915. № 8. C. 3; *Астров Н. И.* Доклад Главного комитета Всероссийского союза городов об организации Союза на 7 съезде 14 – 16 октября 1917 г. C. 5.

② Известия Всероссийского союза городов. 1915. № 10. C. 2; Городское дело. 1915. № 22. C. 1169.

③ Городское дело. 1915. № 10. C. 4, 11 – 12.

④ Известия Всероссийского союза городов. 1914. № 1. C. 15, 64; 1915. № 8. C. 3.

城市联盟也积极开展教育工作。城市联盟创建了"战争与文化"委员会（由 E. H. 特鲁别茨科伊领导），委员会积极组织讲座、音乐会，其中获取的捐款则用于前线需要；Π. H. 米留可夫和 Π. Б. 司徒卢威都曾主持讲座。1914 年 10 月，知名宗教哲学家 И. A. 伊林也在讲座中发表了一份报告——《战争的宗教思想》。11 月，城市联盟又在莫斯科音乐学院大厅举办了一场有音乐会，其中邀请了 A. B. 涅日丹诺娃[①]，共筹集资金近 2000 卢布。相对而言，讲座筹集的资金较少：И. A. 伊林的讲座筹集了近 400 卢布，Π. Б. 司徒卢威的讲座仅筹集了 50 卢布。[②]

＊　　　　＊　　　　＊

1870 年和 1892 年的城市法规基本确立了政府与社会管理机构之间的关系，如此也就大体决定了城市经济、公共事业、城市生活现代化等发展的可能性。政府对城市进行行政监督，限制了城市管理机构的独立性，制约了城市社会的独立性与公民的主动性。然而，地方自治体系最终仰赖公民社会的发展水平；而上述因素（城市管理机构的独立性、城市社会的独立性与公民的主动性）正是公民社会发展的关键因素。因而，俄国的自治体系并无发展前景。

当时，俄国国内外的人文科学工作者（包括社会学家、政治家）都特别关注当时与革命前的俄国公民社会问题。他们认为，20 世纪初，俄国并没有公民社会（作为一种社会制度）形成的必要前提条件；但是，这并不意味着俄国社会缺乏公民意识以及公民积极性——20 世纪初，各种形式的社会活动便是最有力的佐证。

公民社会的形成是一个漫长的过程，取决于多种因素（发达的资本主义社会才存在）；但是直至 19 世纪末，俄国社会并不具备这些因素。值得注意的是，社会联合是公民社会形成最重要的指标，不过不只与此有关。总

---

① 花腔女高音歌唱家、艺术家。——译者按
② Известия Всероссийского союза городов. 1914. № 2. C. 45；1915. № 4. C. 38.

体而言，公民社会作为一种社会制度，它的形成与所有权形式、社会教育水平存在很大的关系，但与个别等级及其法律文化程度没有太大的关联。

公民社会的前提是较小的社会"差异"、足够成熟的中等文化等级或中产等级。19 世纪末 20 世纪初，在政府的支持下，俄国社会结构中保留了社会等级制，严重影响了公民社会的发展。

19 世纪末 20 世纪初，沙皇政府的政策阻碍了公民社会的发展进程。И. С. 罗森塔尔指出，20 世纪初，俄国"为实现公民利益成立了自组织"（可视作公民社会的一种雏形）；他表示，这些自组织向政府求得的自治权都极其有限，它们在俄国社会生活中的作用也不大，"政府只是佯装支持公民社会的发展"。①

农民改革后，尤其是在 19 世纪 90 年代和 20 世纪最初十年，俄国成立了数量众多的各种联盟，举办了各种代表大会；这些活动都是社会积极性的一种表现形式。不过，这些活动总是受到政府的各种限制；政府的限制措施最终还以法律形式确立了下来。此外，政府与知识分子"水火不容"，因为政府始终不希望城市与地方自治的知识分子参与社会管理机构的工作；"与他人（主要是房主和企业主）相比，知识分子与泛等级化是公民中更加'先进的势力'"。②

但是，社会上很多人（包括城市的社会管理活动家）对政府的行为听之任之。Н. И. 阿斯特罗夫指出，"杜马中的老顽固"（莫斯科杜马资深代表）不愿接受真正的"社会工作"理论，认为"只能在法律规定权限内开展社会工作"。③ 当时（尤其是一战期间），俄国的社会主动性确实提高了；但是，社会对应有权力的追求却不够积极。社会活动家、立宪民主党党员 В. А. 马克拉柯夫（当时已移居国外）对 20 世纪初俄国社会政治事件进行了总结，他写道："俄国的失败与悲剧并不能仅归咎于政府，社会也有很大

---

① *Розенталь И. С.* Москва на перепутье. Власть и общество в 1905 – 1914 гг. М., 2004. С. 204.

② Третий элемент. Журнал земских и городских служащих. 1917. № 3 – 4. С. 54.

③ *Астров Н. И.* Воспоминания. С. 269.

的责任——未意识到自身责任的重要性且准备不足。"① 1917 年二月革命发生之际，大多数社会活动家（包括立宪民主党党员）依旧乐观地指出，地方自治是自由俄国发展的"引擎"。1917 年 3 月，《城市事务》上刊出了一篇优秀的文章，其中指出："未来，城市管理机构和地方自治机关是自由的主要堡垒。因为，没有自治自由就没有政治自由。"②

　　地方自治体系的发展颇为重要，它是社会与政府关系的基石，但其发展最终却仅体现在了表达要求的规划上。在 1917 年 2 月及以后的岁月里，这些规划都未实现，成了一纸空文。

---

①　*Маклаков В. А.* Воспоминания. М. ，2006. C. 166 – 167. В. А. 马克拉柯夫（内务部大臣 Н. А. 马克拉柯夫的兄弟）是知名律师、立宪民主党党员。

②　Городское дело. 1917. № 5 – 6. C. 200.

家庭与社会中的妇女

B. B. 波诺马列娃　Л. Б. 霍罗希洛娃

千年以来，俄国妇女充当着妻子、母亲、女主人的角色，是传统家庭的支柱。传统社会①危机后，妇女地位也发生了变化。当时的人已清楚，这必将引起社会的深层改变。

20 世纪初，俄国建立起了女性教育体系（各个层级）；妇女也开始参与工作，成为社会生活的参与者。值得注意的是，社会文化变迁主要发生于受教育者的女性中，因此，她们是本文关注的重点。

一　家庭中的妇女

在传统社会，妇女只能与家庭联系在一起。直至 1917 年，家庭关系中

---

① 传统社会（农业社会）中，人们主要使用自然资源。那时，社会等级森严，出生率和死亡率很高，亲缘关系十分密切。

的矛盾和过失（婚姻不忠、不尊重父母、滥用父母权利等）仍被视作刑事犯罪，换言之，这属于反社会、反社会秩序的行为，并非私人事件。当时的研究者指出，俄国法律的此类特点"颇有古风"。[①] 但是，在帝俄人民的思维方式以及社会关系体系中，类似法规合情合理、理所当然，也符合时代要求。家庭被视作国家的基础，因此必须挖出潜藏于内的罪行。19 世纪 70 ~ 80 年代，法学家一直强调："家庭结构会影响整个国家体制；家庭状况与国家和社会事件存在直接关系……历史经验表明，家庭不和睦、堕落会导致国家的灾难。"[②] 因此，法学家和历史学家呼吁，应重拾古代家庭传统。根据《治家格言》[③]，俄国的家庭不仅是"巩固血缘关系的私人联盟"，也是"国家机构的一部分"。[④] 后来，家庭的此种定位逐渐固定了下来。家庭中，丈夫（或父亲）是为国家和教会负责的代表人。В. П. 别佐布拉佐夫在其著作《妇女权利》中指出："现行法律汇编中的第一部分只是复述了叶卡捷琳娜二世时期的法律，它明显受到了拜占庭思维和治家格言的强烈影响。"[⑤] 由此可见，家庭的相关法规经久未变，相当稳定。

除了抚养子女、赡养家庭成员、维系氏族，传统家庭的主要活动就是安排、管理家庭财产。例如，П. М. 特列季亚科夫（一等商人）极其反对女儿与其他等级联姻。若女子嫁于贵族，则意味着他们放弃了原有的等级身份，那么遗产继承也不再只涉及家庭，而会成为整个氏族的大事。

传统家庭的角色划分十分清晰：丈夫是保护者和扶养（赡养）人，掌握家庭权力；妻子充当女主人和家庭守护者；子女则要完全服从父母。众所周知，日常生活事务千头万绪，丈夫在此方面显得力不从心；因此，妻子实

---

① См. : *Гончаров Ю. М.* Социальное развитие семьи в России ⅩⅧ—начале ⅩⅩ в. // Семья в ракурсе социального знания: Сб. Барнаул, 2001. С. 29.

② *Способин А. Д.* О разводе в России. М. , 1881. С. 157.

③ 俄国 16 世纪一部要求家庭成员无条件服从家长的法典，后来泛指守旧家庭的生活习惯。——译者按

④ *Кизеветтер А. А.* Взгляды старой и новой России на общественное положение женщины // Журнал для всех. 1902. № 5. С. 587.

⑤ *Безобразов В. П.* О правах женщины. М. , 1895, С. 9.

际充当了家长的角色，这也比较符合实际生活需要。不过，这并未破坏森严的家庭等级制内核，每个人都清楚自己在家庭等级中的位置，扮演着自己的角色（例如，阿克萨科夫的《巴格罗夫孙子的童年》、萨尔蒂科夫－谢德林雪夫斯基的《波谢洪尼耶遗风》、沃多沃佐娃的《生活的吼叫》等作品中的主人公都是典型的传统家庭人物）。

帝俄主要的家庭法都规定：丈夫理应守护自己的家庭。帝俄法律会议上宣布，丈夫"应爱护妻子，包容妻子的缺点，为其提供保护……在能力范围内尽可能为妻子提供物质与生活费用"；妻子"要将丈夫视作家长，服从丈夫，给予丈夫爱与尊重，尽可能服从丈夫，尽力博得丈夫的欢心"。[①]

除了法律，宗教与社会习俗也站在丈夫的立场上，要求妻子完全服从丈夫的意志。妻子的所有要求（外出就业、乘坐火车、夫妻分居）都需获得丈夫的同意；没有丈夫的允诺，妻子甚至无法获取身份证。[②]

诚然，任何文化都有一定的限制，但俄国传统文化的限制已达极致——家庭和社会等级规则十分重要。当时，人们之间根本不存在完全意义上的平等，但也必须注重礼节，不得过于亲密，这具有十分重要的意义。礼仪准则十分严格，规定："妻子与丈夫、兄弟与姐妹、叔伯（舅父）与侄女（外甥女）、堂表兄弟与堂表姐妹之间都应在不同程度上保持距离：一方面，必须谦虚、和善；另一方面，要互相尊重、彼此客气……同性亲属之间可以不必拘束、关系亲密，但异性亲属之间则不被允许。"[③]在沙皇制度垮台前，这种规定显得十分正常；仅有一部分民主人士抗议，表示不服从这种规范。

---

① ПСЗ－Ⅱ. Т. Х. Ч. 1. Ст. 106，107.

② 20世纪初，一位丈夫在给妻子的信中写道："喂，笨狗。切勿忘记，你是我的妻子，我随时可以传唤警察逮捕你，也可以对你施行身体惩罚。"（1исьмо А. П. Чехова О. Л. Книппер-Чеховой от 1－2 февраля 1903 г. // Чехов А. П. Полн. Сбор. Соч. И писем: В 30 Т. Письма. Т. 11. М.，1982. С. 138）信中字里行间可以读到两种讽刺：夫妻关系以及与实际生活格格不入的法律准则。不过，19世纪末20世纪初，地方政府可在某些情况下自行决断，为已婚妇女发放身份证。

③ Жизнь в свете // Вестник моды. 1888. № 37. С. 395.

在私人关系中，妻子从属于丈夫；但在财产关系中，妻子则相对自由。一方面，根据法律，男女的继承权不同。法律规定："姐妹不得成为兄弟的继承人。"妇女只能根据遗嘱获取财产，或继承直系亲属的财产，无法继承祖父、叔伯和姑姨（婶等）的财产；若他们有兄弟，则要服从兄弟的优先继承权。①另一方面，从彼得时期起，俄国法律②就规定，夫妻财产要分离。妻子可以掌握某些财产（嫁妆、继承的财物、礼物、购置的田产）的所有权且能够自由支配。但实际上，妻子根本无法决定家庭生活开支，也无法支配私有财产——这可以保证其在家庭中的隶属地位。不过，"上层"法令又表现出诸多进步的社会意识：长期以来，俄国司法机关都无法接受这种事实——"女性拥有完全的所有权，如此一来，她们就可以独立完成售卖、抵押、购买的行为"。③然而，由于因循守旧的思想以及专制的妨碍，大部分女性难以实现自己的权利。不仅如此，生活中甚至会发生一些不可思议之事，比如，丈夫会把妻子的财产，甚至是女儿的嫁妆都花费在情妇身上。④

现实生活中，传统家庭模式各式各样：有人道、和睦的关系，也有仇视、愤恨的关系。家庭关系在很大程度上取决于家庭成员的性格、受教育程度、子女年龄（是否成年），最终取决于家庭所处的文化环境。通常，妇女在家庭中处于最艰难的处境。⑤但是，国家意在保留这样的家庭，甚至不惜牺牲某些家庭成员的利益。1908年，参政院将家庭法律的精神定义为："只要家庭关系建立在权利、从属关系、保护的原则上且不会改变家庭道德标

---

① См.：*Безобразов В. П.* О правах женщины. М.，1895，С. 6. 1912年的法律扩大了妇女的财产权：除了"土地财产""市郊财产"，妇女获得了与男性一样的继承权（См.：*Гойхбарг А. Г.* Закон о расширении прав наследования по закону лиц женского пола и права завещания родовых имений. СПб.，1914. С. 24）。

② 19世纪80年代，英国已婚妇女才获得私有财产支配权。

③ *Дмоховский А.* О правах женщины в России // Библиотека для чтения. 1862. Кн. 7. С. 75。

④ См.：*Труханова Н.* На сцене и за кулисами：Воспоминания. М.，2003. С. 43. 这是发生在М. 萨温娜身上的真实事件（см.：*Савина М.* Царица императорского театра. М.，2005. С. 10）。

⑤ 1845年开始，俄国法律规定，丈夫无权对妻子进行身体惩罚，但实际上，当时的家庭暴力规模呈扩张趋势。

准，哪怕这种关系对某些家庭成员不利，法律和国家权力不会进行干涉。但是，若极度滥用权利和忽略责任（已达否定家庭道德标准的程度），那么政府与法律便会发挥积极作用，为家庭的和谐惩罚破坏者。"①

在很多回忆录中，都可以读到一些"支配家庭的古代恐怖规则"（援引自 А. В. 特尔科娃－威廉斯②的说法）酿成的悲剧。Д. С. 利哈乔夫院士在回忆录中记述了一位早逝于肺痨的家人，他写道："她病重期间，家庭中笼罩着忧郁、悲伤的气氛，这是米哈伊尔·米哈雷切祖父遗留下的一项商人家庭传统。"Д. С. 利哈乔夫表示，家人无力改善沉重的气氛，每个人（尤其是年轻一代）都倍感压力。③

不过，不同等级人士，包括贵族（亚历山大·米哈伊洛维奇大公、E. Н. 特鲁别茨科伊公爵、С. Н. 特鲁别茨科伊公爵等）、商人（Е. А. 安德烈耶夫－巴尔蒙特、В. Н. 哈鲁津、В. П. 济洛季、М. В. 萨马什尼科夫等），他们在回忆录中将守旧家庭称为自己的"黄金时代"，因为这类家庭基于世纪之交俄国高水平文化，将传统生活方式与和谐家庭关系融为一体。

当时的研究者认为：传统家庭的妇女"无论何时也不向任何人索取，也没有太多期望"。④ 这种说法可谓荒谬至极。妇女提出了要求，也多次得到了满足，但是，这些都非她们实际所需。对于她们而言，真正重要的是找到一种价值标准（异于当时欧洲女性的价值标准）。

传统家庭模式下，丈夫对妻子、子女负有完全保护责任。婚后，丈夫在很大程度上丧失了独立性。幸福的家庭中，家庭成员需互相负责、互相依赖，夫妻二人亦是如此。托尔斯泰的作品中有很多相关情节。例如，他在一部作品中写道：结婚之前，列文随心所欲，无拘无束地消磨时间，但是自从娶了基佳，他讶异地发现，自己手脚都受到了拘束——现在，他已不属于自

---

① Михайлова В. Русские законы о женщине. М., 1913. С. 29.

② А. В. 特尔科娃－威廉斯（1869~1962 年）：社会活动家、立宪民主党中央委员会成员、作家。

③ Лихачев Д. С. Воспоминания. М., 2007. С. 24 - 25、29.

④ Кардапольцева В. Н. Женские лики России. Екатеринбург, 2000. С. 21.

己。同样，从一个姑娘转变为女主人、母亲也有颇多要求。妇女竭尽全力维系家庭，也在很大程度上放弃了自己：她们牺牲了自己的才能与天赋、兴趣与事业。托尔斯泰在《安娜·卡列尼娜》中写道："达里娅·亚历山德罗芙娜表示，若自己偶尔不必为孩子们准备早餐，便会想到应该清洁精巧、美丽的厨具。"[1] 为了家庭利益，妇女终日于家务中劳作，她们不得不放弃个人利益。因此，妇女也希望寻找属于自己的幸福以及自我实现的可能性。

道德标准指南规定了男性对妇女的应有态度，其中指出："……不应存在自私自利与漠不关心的状况……尽可能关心、帮助妇女。男性有责任帮助妇女摆脱困境。"传统文化中，妇女"不得随意向别人提出请求，应随时随地极力维护自己的声誉，注重良好的餐桌礼仪；妇女是服侍男性的奴隶"；[2] 与此同时，妇

A. T. 卡尔波娃（原姓：莫罗佐娃，俄国历史学家 Г. Ф. 卡尔波夫的遗孀，莫斯科大学俄国历史与文物协会的荣誉成员，15 位子女的母亲）同三位幼子的合照（丈夫去世后不久）——照片摄于 19 世纪 90 年代初

女应获得最佳物质条件（"家中最好的房间归妇女居住"）。此外，传统文化对男性也有颇多要求：男性有保护、赡养、抚养、提供衣物及物品等责任，与妇女握手时应先伸手，就座时应将较好的位置让于妇女。

众所周知，这只是国家宣布的理想典范。不过，这确实提供了一个标

① *Толстой Л. Н.* Анна Каренина. М. , 1994. С. 192.

② Жизнь в свете // Вестник моды. 1888. № 37. С. 396.

准——让人们清楚如何做一名合格的社会成员。妇女在生活中会遇到各种困难：家庭暴力、贫穷等。不过，"正派妇女"总是可以获得尊敬，例如"太太""母亲""婆婆""阿姨""保姆"，换言之，传统生活方式中的妇女可以获得尊重，不会引起别人的警觉、怀疑、侵犯，而违背传统的妇女（类似女性社会活动家）则不会受到尊重。[①]总之，新女性的产生需要经过社会长时间的不懈努力。

19世纪末20世纪初，妇女更为自由，其中一部分也可参与选举。彼得时期，父母被要求在子女的婚礼上宣誓，声明自己不会干预（或参与）子女的婚姻生活（1724年）；不过，父母有各种表明自己意志的机会。因此，法律规定，擅自参与婚姻生活的父母要受到剥夺遗产的惩罚。[②]很多回忆录记述到，父母最大的影响是"心理"杠杆——长者的道德权威。子女害怕的并非无法获得父母的祝福，而是来自父母的谴责。

传统社会，早婚十分盛行。随着成人生活准备期限（青少年）的延长，婚姻年龄也推迟了。18世纪初，俄国男性的法定婚龄是20岁，女性为17岁；但是实际上，人们经常违反婚姻法，女性一般在12～14岁就已嫁做人妇。19世纪末20世纪初，同其他欧洲国家一样，俄国的婚龄也延后了：男性婚龄一般为24岁，女性为21岁。18世纪，俄国未婚夫妻年龄差上限为80岁："上帝赋予的婚姻是为了人类种族的延续，如此大的年龄差距足以让人陷入绝望。"即便如此，这种年龄差依旧获得了公民法的批准。[③]

对于女性而言，婚姻意义重大。婚前，父母有责任帮助女儿适应妻子、女主人、母亲的角色。对于所有家庭而言，家庭成员的婚娶意味着新的家庭关系的产生，意味着家庭的社会地位的变化（提高或下降）。因此，家庭成员格外关注结婚对象的选择，他们会分析结婚对象是否符合氏族标准，分析

[①] Картина, характерная для Европы второй половины XIX в. (*Lynn A*. The making of Modern Woman: Europe. 1789 - 1918. Longman, 2002.)

[②] ПСЗ—II. Т. X. Ч. 1. Ст. 1566.

[③] См.: *Смирнов С. Н.*, *Ветошки Т. А.*, *Сергеев Г. С.* Брак и семья по российскому законодательству XVII—начале XX века: правовое регулирование заключения и расторжения брака и имущественных отношений членов семьи. Тверь, 2006. С. 19 - 20.

对方的家庭关系、财产状况、工作前景、教养程度以及某些外部因素。但是世纪之交，跨等级的婚姻（罕见之事）数量比以往增加了。

家庭关系延伸至社会生活的方方面面。П. А. 维亚泽姆斯基公爵指出："在仆役众多的贵族传统家庭中，并非仅有一种贵族生活方式，也存在家庭关系原则。父亲（贵族家庭的家长）执掌一个家庭，为仆役提供衣食；与此同时，这些仆役也会赡养自己的父亲，抚养、教育自己的孩子……这种状况并不存在什么坏处：古老的家庭准则亦有诸多可取之处。"[①] 值得一提的是，正是这样的家庭完成了工业时代国家和社会提出的任务。

若家长去世，女主人因子女年幼而孤立无援，那么家庭就面临两种选择：要么遗孀成为家长，像男性一样工作、行事，要么将该家庭置于富有亲属的庇护之下。在传统社会，人们无法独自面对困境，因此需要借助亲属的援助。贫困寡妇（携带子女）、孤儿、大龄未婚女子都会在富有亲属那里寻一处栖身之所。19 世纪末，一些回忆录写下了这样的结论："……根据当时的生活条件，年轻的寡妇无法独自生活，她们必须成为亲属家庭的成员。"[②] 他们找到栖身之所，受到亲属家庭的保护，也意味着要完全服从亲属家庭家长的命令。

传统社会中，家庭有一些基本的社会功能，可以为多人提供工作、饮食、栖身之所。随着农奴制瓦解、传统文化再生产体系垮台，各个层级——从国家领导到家庭家长——都出现了世俗化权力。当时，家庭内部矛盾逐渐凸显。在社会剧烈变迁的时代，家庭稳定的愿望注定难以实现。社会冲突常以代际冲突、"父子矛盾"的形式表现出来。值得注意的是，代际冲突主要是由于父辈的经验与社会脱节：以往，他们的经验基本足以完成年轻人的社会化，换言之，年轻一代基本重复了父辈的生活——社会变化缓慢，适应相对容易。但是农民改革后，情况完全不同了。俄国从未有过这种社会状况，很多看似稳定的准则，很快便不再适用了。如何应对这些状况、适应新的现

---

① *Вяземский П. А.* Московское семейство старого быта // Русский архив. 1877. Кн. 1. Вып. 3. С. 311.

② *Харузина В. Н.* Прошлое. М.，1999. С. 157.

实——父辈从未有过此类经验。一些虚无主义年轻人认为，生活已经展开了
"新的篇章"，他们不再需要父辈的规矩和传统，也不需要他们的知识和经
验。当时，老一辈还是社会上的主力军，但是随后，年轻一代将在社会上起
到越来重要的作用。

很多回忆录（涉及改革时期）都写道："当时，很多年轻人（尤其是
姑娘）都好似患了某种流行病，纷纷离开了父母。"[1] 很多人表示，主宰
传统家庭的习俗残酷无比，摧残了人们的个性和生活。年轻一代也对父
辈展开了猛烈的批评，希望与之分道扬镳。后来，人们回忆道："接受过
良好教育的贵族姑娘，身无分文地前往圣彼得堡、莫斯科、基辅等大城
市，他们希望学习免受父母压迫的技能，也希望提前培养不受丈夫剥削
的能力。"[2]

"不对等婚姻"概念出现之前，俄国已经出现了"跨等级""跨信仰"
婚姻。此外，还有"跨年龄"婚姻：人们对较大年龄差距（15~20岁或更
大差距）的婚姻已经习以为常。即使男子比女子年龄大很多，只要其他条
件符合女子家庭的要求，那么双方仍有很大希望能够走入婚姻的殿堂。后
来，这种情况被诸多作家、艺术家选为创作题材（B. B. 普基列夫的《不对等
婚姻》（1862年）、Ф. C. 茹拉夫廖夫的《婚礼之前》（1874年）、B. E. 马科夫
斯基的《婚礼前》（1894年）等）。此外，在婚姻中，夫妻之间更注重相互理
解以及观念的契合；世纪之交，这种婚姻观受到了文明社会的承认。

与此同时，形式婚姻在社会上大行其道，虽然"传统社会准则仍有
抵制形式婚姻的余力"，但是年轻人自有各种应对手段。形式婚姻下，妇
女可以保留改变的自由。索菲亚·柯尔文-克鲁科夫斯卡娅正是得益于
形式婚姻，才能在婚后出国留学。多年之后，她向姐妹坦言道："我需要
生活，我需要强烈的感受。"索菲亚·柯尔文-克鲁科夫斯卡娅取得了举
世公认的杰出学术成就，作为文艺小说家备受推崇，不过她也像普通妇

① *Ковалевская С. В.* Воспоминания. Повести. М. , 1974. C. 57.

② Кропоткин П. А. Записки революционера. М. , 1966. C. 270.

女一样，渴求女性幸福。她在《为幸福而战》这部戏剧中指出"大部分幸福家庭""……家庭成员完全彼此占有，他们分享所有的成果，追求同一个目标"。① 同很多人一样，克鲁科夫斯卡娅的形式婚姻最终变成了真正的婚姻。仅几年后，这位伟大的数学家（克鲁科夫斯卡娅）便成为一位幸福的妻子、母亲。

Л. Н. 托尔斯泰指出："不幸的家庭各有各的不幸"；不过，婚姻生活面临一个共同的困境：妇女必须协调家庭利益与个人利益，必须兼顾女主人的责任和自我实现的要求。年轻妇女总是希望找到摆脱家庭压力和限制的方法，能够独立生活。她们感受到了令人绝望的孤单和束缚，因此积极追求团结，希望将拥有类似观点、兴趣的人联合起来。但是，她们迟早会清楚，与家庭疏远要比与丈夫疏远更为凄惨。斯列普佐夫社团②的成员 Е. И. 茹科夫斯卡娅便是一个典型的例证。Е. И. 茹科夫斯卡娅的婚姻生活十分失败，加之婆媳关系带来的压力，她便开始了形式婚姻，这也为其带来了自由。加入公社并未带给她所期盼的生活乐趣，不过她却在此遇到了未来的丈夫；后来，她又成为传统的妻子、母亲和女主人。据此，我们便可以理解回忆录③中记载的各种此类事件。

德国知名哲学家、心理学家艾瑞克·弗洛姆④认为，"权威精神"和"人道精神"最初都是一种标准，但其实现动机⑤不同。最初，道德标准由权威精神（对上帝、父母、权力的恐惧心）决定，之后便不再听任权威的摆布，而是靠人们自身的责任心⑥。⑦ 法国社会学家 Э. 涂尔干⑧认为，传统

---

① Борьба за счастье. Сочинено бывш. Проф. Стокгольмского ун-та Софьею Ковалевской совместно с Алисою Карлоттою Леффлер. Киев，1908. С. 256.

② 斯列普佐夫社团蜚声俄国，它由民主青年创建，原型来自 Н. Г. 车尔尼雪夫斯基的长篇小说《怎么办》，社团名称源自其创始人、作家 В. А. 斯列普佐夫。

③ См. ：Жуковская Е. Н. Записки. М. ，2001.

④ 美籍德国犹太人，人本主义哲学家、精神分析心理学家。——译者按

⑤ 被动与主动。——译者按

⑥ 人道精神。——译者按

⑦ См. ：Фромм Э. Человек для себя. М. ，2006. С. 208 – 209.

⑧ 法国实证论社会学家。——译者按

道德标准崩坏而新的标准尚未建立之时，社会便会陷入混乱。

  Е. П. 迈科娃（И. А. 冈恰洛夫长篇小说《悬崖》和《奥勒洛莫夫》中薇拉和奥莉加·伊林斯卡娅的原型）成为当时一些俄国知识女性的缩影。Е. П. 迈科娃才貌双全，曾接受 В. А. 茹科夫斯基家庭的传统教育，是杰出的文学家、艺术家。最初，Е. П. 迈科娃嫁于 В. Н. 迈科夫，后来，她与一位平民知识分子私奔，抛下了丈夫与三个子女。与情夫同居一段时间后，В. Н. 迈科娃抛下他前往了南俄。当时，Е. П. 迈科娃终日不修边幅、烂醉如泥，最终她选择与 В. Н. 迈科夫离婚，也将自己的私生子送给了仅一面之缘的一位女性。后来，她又抛弃了一位爱人和一个孩子。最终，在康斯坦丁·康斯坦丁诺维奇大公的照顾下，她在黑海沿岸一带的一家图书馆找到了一份工作。И. А. 冈恰洛夫认为，她的行为"具有被压制的性质，也许可以认定为内心的不成熟"。И. А. 冈恰洛夫对她的行为表示厌恶，坦言她的未来"犹如走在悬崖峭壁上"。在长篇小说《悬崖》中，И. А. 冈恰洛夫从家庭的角度，运用历史学和心理学知识对薇拉展开了分析："薇拉（迈科娃）无处可去——正如您意识到的那样，她注定一事无成。"值得一提的是，俄国越来越多的妇女成了"走在悬崖峭壁上"的人。[①]

  早在 19 世纪 30 ~ 40 年代，家庭关系便开始变化，其形式与以往也大相径庭：夫妻冲突取代了"父子冲突"且更为严峻、更具深层意义。在新的因素——妇女受教育水平、就业率提高，换言之，随着家庭物质基础变化，妇女的物质独立性、心理独立性双双增强——的影响下，传统生活方式产生了新的特征。此外，宗教在人们精神生活中的作用降低了，对当时的家庭生活产生了很大的影响。

  大量法学文献[②]表明，当时的家庭关系产生了极大的改变。律师承接

---

① Цит. по: *Соколова Т. В.* Ненарушимая связь. К истории романа И. А. Гончарова《Обрыв》// Воспоминания о Е. П. Майковой. Письма. М.，2009. С. 34 – 35.

② См.：*Елагин Н. В.* О передаче брачных дел из духовного суда в светский. М.，1879；*Кушнер И. И.* Развод и положение женщины. СПб.，1896；*Розенштейн М. Л.* Практическое руководство для ведения бракоразводных дел. СПб.，1915；и др.

离婚案件的报酬增加了，报刊上也充斥着大量关于离婚事件的报道。尽管离婚手续相当繁复，但离婚率却持续攀升。值得注意的是，帝俄法律对离婚的要求十分严格。[①] 婚姻被认为是宗教圣礼，因此离婚案件也由宗教部门处理。

通奸、谋杀、失踪5年（非长期）、夫妻一方永久流放、夫妻一方无法适应同居生活——这些都是正当的离婚理由。宗教事务所相关条例规定："通奸者不得再婚，此外还要接受严厉的宗教制裁。"通奸需要三位人证加以证实，或者已有"私生子"事实，仅口头承认不得进行判罪。[②]

1867年至1876年，俄国1万宗婚姻中仅有18例离婚案（对比来看，德国有107例，英国有9例）；1877年至1886年，俄国离婚案达到了22例（德国有152例，英国有19例）。[③] 报刊上报道的离婚数量几乎微不足道，但这并非因为"社会上高尚的道德感"，而是由于离婚困难。[④]《女性事务》杂志的记者指出"至圣主教公会的离婚案件已堆积成山，每月新增离婚案件近千件"。[⑤]

当时，俄国关于离婚的统计数据十分稀少。除此之外，既有的统计数据也不具备足够的代表性：诸多夫妻已经分居，只保留了法律意义上的夫妻关系，由于离婚手续漫长、复杂，他们对此陷入了绝望；此外，很多夫妻为了家庭、为了抚养子女，被迫生活在一起，实际上，他们的婚姻已经丧失了实质意义。当时很多知名人士都维持着这种婚姻，例如 B. B. 罗扎诺夫、И. Ф. 斯特拉文斯基、И. А. 蒲宁、И. И. 亚辛斯基等。[⑥]

---

① 1910年，在伦敦国际法律会议上，离婚成为单独的讨论项目。英国的离婚手续最为烦琐，只有夫妻一方存在不忠行为时，才能申请离婚；此外，当丈夫存在不忠行为且已证明其对妻子态度恶劣或拒绝为妻子提供生活费之时，丈夫必须接受惩罚（Женское дело. 1910. № 33–34）。

② Жизнь и суд. 1911. № 4. С. 15.

③ Ежемесячный журнал. 1916. № 2. С. 176.

④ Всемирная иллюстрация. 1882. № 716. С. 210.

⑤ Женское дело. 1911. № 15. С. 18.

⑥ См. : *Пархоменко Т. А.* Вопросы веры и брака в кругах российской интеллигенции начала XX в. // Философские науки. 2005. № 6.

改革后，很多妇女的受教育程度提高了，工作机会也增加了，因此她们选择了独立的生活道路。与此同时，很多男性也未在新的社会现实中获得自我实现的机会，因此也不希望结婚。在城市化的浪潮中，俄国出现了很多小型家庭；此外，结婚率也有所下降。社会上形成了一个单身、独立的妇女等级，她们靠自己的工资过活。索菲亚·科瓦列夫斯卡娅深入研究了这一等级，她描述了一位单身女性的生活："她的父母早已过世，既无兄弟，也无姐妹；她独自居住，戏谑地自称为老大学生。8 年前，她孤身一人到了圣彼得堡，开始了大学生活。最初，她只是读书、上课、准备考试。而如今，她在一所女子中学教书，终日潜心于授课。回家后，她已饥肠辘辘、劳累万分；不过，一处温暖的房间、尚可的饭菜已使她心满意足，也不忧心未来的生活，每月的固定收入足以维持她的生计。""干净整洁的"公寓、舒适的单身生活，她认为"完全没有组成家庭的必要"。[①]晚间，她可以去看戏、拜访好友或接待访客。当时，过着类似生活的单身男女越来越多。

俄国家庭的研究者 H. A. 阿拉洛韦茨认为，19 世纪末，俄国的结婚率几乎是"全覆盖的"，单身的所占比例极低；但是，结婚率（尤其是在工业城市）呈持续下降趋势。[②] 25 年间，首都已婚妇女的人数下降了 4%，而未婚女性的数量则持续缓慢增加（每十年）；至 1890 年，已婚与未婚女性的人数大体持平（各占 40%）。值得注意的是，已婚妇女中还包括很多遗孀和离婚妇女。[③]

随着社会生活日益复杂化，受教育者中很多人开始对传统的标准和典范进行重新检视。家庭被视作"旧体系"的根基。很多"新新人类"毫无保

① *Ковалевская С. В.* Vaevictis // Ковалевская С. В. Воспоминания. Повести. С. 194.

② См. : *Араловец Н. А.* Российское городское население в 1897 – 1926 гг. : Брак и семья. Автореф. Дис. … докт. Ист. Наук. М. , 2004. С. 20 – 22; см. : *Араловец Н. А.* Городская семья в России 1897 – 1926 гг. Историко-демографический аспект. М. , 2003.

③ См. : *Щепкина Е.* Женское население Петербурга // Образование. 1897. № 5 – 6. С. 218 – 219.

留地探讨了传统家庭的夫妻关系，报刊也发起了一场反对传统家庭模式的运动。H. A. 别尔嘉耶夫表示："俄国传统家庭实行的是僭主制，这甚至比国家的僭主制更为可怕。传统家庭等级森严、异常专制，摧残、扼杀了人类的天性。"社会学的奠基人 П. 索罗金解释道，传统家庭影响了当代社会的发展，"……当下，家庭利益与社会利益时常发生矛盾，传统家庭也阻碍了利他主义热潮的发展"；他甚至预言，传统家庭会"掏空"社会，"它们会溶解、耗尽社会的利益"。①

诉讼程序中经常发生"罪大恶极之人"基于家庭为自己辩护的事件。当时的人指出："社会改变了；城市和农村改变了；古老的道德准则与新的现实产生了矛盾……这种矛盾甚至已成为司空见惯的现象。在俄国诉讼程序中，有罪之人的起誓辩解有时会得到无罪的判决，这足以表明，古老的道德标准已崩坏，而新的道德标准尚未形成。"②

当时，很多编辑（涉猎家庭问题）认为，婚姻与子女教育应是公开事件。大众文化时代已经来临：以往，家庭发生的事情被视作隐私，"木屋垃圾"③ 并未公之于众；世纪之交，家庭隐私事件成了报刊的热点内容，也成了人们在街头巷尾的公共谈资。例如，О. А. 托尔斯塔娅和 А. Л. 托尔斯泰的离婚事件就引起了轩然大波：人们讨论了 О. А. 托尔斯塔娅的公开背叛、同居问题，甚至提出要采用暴力手段击杀出轨者及通奸者，还要求 О. А. 托尔斯塔娅放弃子女的抚养权。

当时，世界上很多人都对伟大作家 Л. Н. 托尔斯泰的家庭产生了浓厚的兴趣，但他们的评价却曲解了真相：中年夫妇关系是一种社会财富，这也激发了 Л. Н. 托尔斯泰的创作兴趣。心理学家指出，秘密的缺乏会妨碍个性发展，引发心理破坏；对于儿童而言，影响尤甚。④ 诚然，任何时代都有愿意将私生活放到公共视野中检视之人；但是世纪之交，这种人越来越多——他

---

① *Сорокин П.* Кризис современной семьи // Ежемесячный журнал. 1916. № 3. С. 171.

② *Шкловский В. Б.* Лев Толстой // Собр. Соч. : В 3 т. Т. 2. М. , 1974. С. 388.

③ 家庭琐事。——译者按

④ *Levy-Soussan P.* Eloge du secret. Paris，2006.

们为大众信息提供了资源。

文化群体提供了一种"前沿"的关系模式：例如，在肆意炫耀物质财富的同时，季娜伊达·吉皮乌斯向公众公开了自己的 2 位"丈夫"——梅列日科夫斯基和菲洛索夫，而亚历山德拉·柯伦泰则为此特意换了情夫。[①]报刊上极力讴歌"自由人类的自由同居"，但之后却"将与之无关的事联系在了一起。离婚十分困难，一些情况下几乎难以实现，总归是一件丑闻。当不可控的问题（不再爱恋，只有依赖……感觉消失了）出现时，就应离婚，却失去了这样的自由"！——有何出路？——"爱情与自由均难舍弃，这样的婚姻[②]何来'非法'一说呢?"[③]

当时，世俗婚姻十分盛行，传统家庭产生了危机。1911 年，阿尔汉格尔斯克举办了一项调查（为期一日），结果表明："世俗婚姻比例颇高……'世俗'概念已深入未受教育者中。大多数人倾向选择'世俗婚姻'。"[④]

法学家从法律角度对婚姻进行了评价：婚姻是涉及夫妻双方及其子女权利的法规制度。从婚姻的角度而言，夫妻双方都是利己主义者，他们不仅关注自身，也忧心子女的处境。[⑤] 法学家也强调了合法婚姻及其对国家的重要性：婚姻是夫妻双方严肃考量的证明和结果，婚姻意味着夫妻应负责子女的培养和教育，保证子女走向社会；此外，夫妻也应关注家庭的财产状况。法学家和妇女协会一致认为，妇女及其子女在婚姻中的权利必须得到保障。因此，应订立公正的契约，在丈夫去世或离婚的情况下，确保妇女及其子女可以得到物质保障，要知道"真诚的誓言经常难以兑现，但是'形式上的保障'（契约）却万无一失"。[⑥]

---

① 现在的文献重新对柯伦泰的行为进行了评价："亚历山德拉·柯伦泰为社会关系注入了一种新观念，这种观念最终在社会主义社会得以确立。"（Айвазова C. Русские женщины в лабиринте равноправия: Очерки политической теории и истории. М., 1998, C. 67）

② 自由人类的自由同居。——译者按

③ Наболевшее // Новый журнал для хозяек. 1917. № 3 – 4. С. 2.

④ Городское дело. 1911. № 10. С. 819.

⑤ См. : Золотарев Л. А. Мимолетные связи и брак. М., 1898. С. 57.

⑥ О гражданском браке // Женский вестник. 1906. № 1. С. 2 – 5.

传统家庭一般是多子女家庭，这也获得了教会的认可。堕胎属于刑事犯罪。俄国很多妇女几乎每年生育一子，他们几乎将所有的青春年华都献于了怀孕、分娩、抚养子女的事业。除此之外，生育对妇女的身体要求（主要是生理功能要求）颇高，长期生育自然会对她们的身体健康状况造成影响。例如，C. A. 托尔斯塔娅将生育视作自己的使命，共育有 16 个子女；但是，她在日记中也对疾病（多次生育损害了她的健康）、无休止的家务充满了抱怨，更无法享有真正的私生活。

C. M. 戈利岑公爵（生于 1909 年）回忆道："……我的堂表兄弟姐妹中有 54 位都已成家，加之幼年夭折和未婚的共有 75 位。"[1] 一些社会学家指出，"过高的生育率直逼女性生理极限"。[2] 随着社会变迁，传统家庭发生了变化，子女数量也开始缩减。值得一提的是，高出生率在一定程度上抑制了攀升的死亡率——即使在 20 世纪初，俄国每 100 个周岁前的婴儿夭折 25~30 个。[3]

以往，俄国私生子数量一直不多，相关机制也对此处理得十分妥当。私生子通常被送往孤儿院，或寄养于亲属家。但随着社会发展，以往的"非法子女"逐渐获得了合法地位，取得了公民权。A. T. 马克洛娃（斯列普佐夫社团成员、《事务》杂志撰稿人）是最早接受教育的女性之一，她并未隐瞒自己的私生子，坦荡生活，也未陷入"颓废"，努力工作抚养幼子。马克洛娃甚至成了当时"大名鼎鼎的人物"，"社会各等级的人蜂拥而至，希望与其结识"。[4] 后来，类似情况则越来越多。

妇女刊物的编辑认为："妇女尤权根据自己的意愿生育"，"若法律仅承认已婚妇女所生子女，那么就很清楚，只有男性才能给予妇女生育权。若妇女未经过教会和社会的同意，根据自己的意愿生育，那么就会遭到公众的鄙视，陷入赤贫，有时甚至不得已靠卖淫维生"，因为"私生子的母

---

① *Голицын С. М.* Записки уцелевшего. М. , 2006. С. 27.

② *Морозов С. Д.* Демографическое поведение сельского населения Европейской России（конец XIX—начало XX в. ）// Социологические исследования. 1999. № 7. С. 99.

③ Городское дело. 1910. № 20. С. 1407.

④ *Жуковская Е. Н.* Записки. М. , 2001. С. 191.

亲被称为'恶劣品行之人'，即使在专为妇女而设的机构里也无法获取工作岗位"。[1] 当时，报刊上针对生育、非法生育等问题重点展开了公开、公正的讨论。

妇女申请招待会（为了将子女送往圣彼得堡教养院）——照片由 K. 布尔摄于 1913 年

19 世纪末，按照每 5 年进行统计，私生子占出生婴儿总数的 28%（基本属于"文盲"）。[2]

20 世纪初，妇女的权利逐渐、持续扩大。1902 年，俄国颁布了一部法律，规定私生子的母亲可以要求父亲为子女提供抚养费、为孩子命名，后来，"非法"一词也被"婚外"所取代。尽管法学家在这部法律中发现了诸多缺陷，但这仍是一项巨大的进步。[3] 1904 年，俄国又通过了一部法律，规

---

[1] Неомальтузианство и женский вопрос // Женское дело. 1910. № 27 – 28. C. 10 – 11.

[2] XX век. 1892. № 3. C. 225.

[3] См. : *Роговин М.* Об обеспечении средств на содержание и воспитание новых поколений （Закон от 3 июня 1902 года） // Женский вестник. 1914. № 1. C. 8.

定妇女无须丈夫同意，可以享有"独居权"。①

　　众所周知，儿童是社会的未来。随着家庭子女数量的缩减，社会也意识到了问题的重要性，开始积极关注儿童问题。当时，一些人提出了"保护母亲和孩子"的见解。时事评论员表示："……关注母亲和孩子，意义重大、深远。"② 与此同时，人民健康和社会救济处（隶属于内务部）向国家杜马提出了一项关于"保护母亲"的法案，其中计划在各地建设产房、托儿所、幼儿园等。此类问题也引起了社会上的积极讨论，例如为产妇安排分娩场所、优先喂养母乳③、设置托儿所和幼儿园等问题。出生率得到了控制，妇女有了更多的私人时间，她们可以消遣娱乐、阅读或从事创造活动。

二　妇女的教育与社会活动

　　19 世纪末 20 世纪初，妇女作为社会的一部分，意识到了自身的重要性，因此逐渐融入了社会。

　　20 世纪初，俄国社会上成立了一些慈善组织（数量不多），它们的成员均为贵族，受到了皇室的保护。后来，慈善组织数量逐年递增，④ 其成员更加多样化，活动领域也扩大了：除了穷人、伤残军人、孤儿，它们的救济对象还纳入了"年轻女子"、女工、破产女性、女囚、女学生。慈善组织的救济对象反映了俄国社会结构的变化。在传统社会危机下，妇女丧失了原有的保护，她们被迫前往陌生的环境，参加工作。

---

① Права замужних женщин // Женский вестник. 1914. № 4. C. 116. 这部法律遭到了丈夫、地方权力机关的抵制。

② Капля в море // Женская жизнь. 1914. № 6. C. 5.

③ 期刊上刊登了很多相关资料，см.：например：Практические советы при кормлении грудью // Новь. 1908. № 3；Хроника городской жизни // Городское дело. 1910. № 3；публикации журнала《На помощь матерям》и др.

④ 这个事实相当重要，因为开办此类组织十分困难（см.：*Пашенцева С. В.* Правовой статус и структура женских благотворительных обществ России конца XIX—начала XX в. М., 1999. C. 14.）。

例如，一些进城的农村女子便陷入了恐慌。以往，这些女子须对家庭和教会负责（根据传统道德的要求），但是现在，她们不得不离开熟悉的环境。19 世纪末的统计数据显示，圣彼得堡的女性性工作者中有 40% ~ 50% 来自农村，至 1914 年，这一比例高达 70%。[1] 鉴于这种状况，妇女组织竭尽所能地帮助了一些人，但是无法彻底解决这个问题。圣彼得堡年轻女子救济协会清晰地阐明了自己的目标："防止年轻女子（多为工人的后代）的道德因生活所迫受到毒害，提高她们的道德水平。"[2] 为此，救济协会组织年轻女子识字，教授她们手工活，组织讲演会、座谈会，也为其提供物质援助。

与此同时，俄国出现了新型的妇女组织，妇女劳动者们联合了起来，她们的目标并不在于帮助他人，而是寻求自我帮助。很多城市都成立了"妇女劳动者"互助协会、"女性知识分子"互助协会，还出现了一些职业协会——"女性医生互助协会""女性教师与教育者协会"等。在这类组织中，规模最大的当属俄国妇女慈善协会（近 2000 名成员），该协会积极为"独居知识分子女性"建设宿舍，此外，还提供信贷服务等；1900 年，为了表彰俄国妇女慈善协会的活动，巴黎世界博览会为其授予了金牌。

当时的人指出，妇女组织的活动严肃认真、针对性强。妇女组织的目的不在于娱乐消遣，而有其重要的社会目标。值得注意的是，妇女组织也竭尽所能地建设了一些学校和各类专科学校。例如，1911 年，基辅妇女俱乐部宣告成立。基辅妇女俱乐部的目标是"促进成员交流，为成员营造一处愉快、有益度过闲暇时间的场所，改善成员的物质生活条件和精神生活状况"；与此同时，俱乐部也认为，必须建设宿舍、开办廉价食堂，也要为孩

---

① См.: *Федоров А. И.* Очерк врачебно-полицейского надзора за проституцией. СПб., 1897. С. 7 - 8. 1910 年 4 月 21 日至 25 日，圣彼得堡召开了第一届关于反对妇女贸易及其原因的全俄代表大会，其中提出了最为尖锐的问题——卖淫（包括儿童卖淫）。

② Устав Общества попечения о молодых девицах. СПб., 1897. 圣彼得堡年轻女子救济协会在圣彼得堡各区都开设了分会；其他城市（莫斯科、敖德萨、顿河畔罗斯托夫等）也成立了类似的组织。

子建设学校、组织夏令营。① 由此可见，俄国妇女的社会活动极为重视教育原则。

莫斯科尼基塔林荫道上的建筑，其中分布着各种教育机构：受教育者妇女实用知识普及协会、叶卡捷琳娜·尼古拉耶夫娜·鸠拉私立女子中学、艺术刺绣班、裁缝学校——照片摄于 20 世纪初

但是在日常生活中，人们的生活侧重千差万别。对于很多妇女而言，她们的生活规划也各有不同；如何权衡家庭利益和个人利益、家庭生活和社会活动，她们的回答也不尽相同。作家 B. B. 魏烈萨耶夫的母亲是一位乐观、重情之人，热衷于挑战几乎不可能的任务，致力于极具社会意义的工作。B. B. 魏烈萨耶夫回忆道，"……在我六七岁的时候，母亲开了一家幼儿园……幼儿园入不敷出，父亲的工资也都折损其中；最终不得不关闭"

① Устав Киевского женского клуба. Киев, 1911.

（B. B. 魏烈萨耶夫的父亲是一名医生，终日工作维持家计，工资并不高）。不过，他的母亲仍旧满腔热情地致力于自己的事业："……母亲购买了一些田产；她竭尽全力地经营，将所有的心血都倾注其中……但是，大半年后，她不得不折价售掉。无论何时、何地，母亲总是不眠不休、废寝忘食地工作，她舍己为人的英雄式壮举透露出浓浓的圣徒意味。"比起料理家事、照顾丈夫、抚育子女，她显然对自己的事业更有兴趣。她总是表示，曾在家见过孩子，这与她对自己事业的重视形成了鲜明的对比。一次，B. B. 魏烈萨耶夫与其兄弟去地主家做客，他羞愧地谈道，他们笨拙、一无所知，也没有正确的餐桌礼仪，"……他们用手指捻住了刀叉的尾端，轻盈、优雅。而我们用拳头握住了刀叉，好似我们用的是脚掌。"回家后，他看了一眼自己的房子，说道："……我们的房子拥挤、肮脏、毫无品味，如同簇拥在一起的仆役般，令我生厌。"①

与 B. B. 魏烈萨耶夫的母亲一样，比起料理家事、照顾亲人，一些妇女对其他活动更感兴趣。在传统社会，这类妇女就会被视作怪人，认为他们是品行恶劣、不务正业的母亲、女主人；但是现在，她们常会受到他人的称赞和支持。T. A. 阿克萨科娃描述了著名社会活动家 B. 博布林斯卡娅的事迹："……她是希特罗夫市场的监督官，总是戴着一顶男式帽，是莫斯科知名的'无情先生'。她的工作卓有成效，但是对孩子的照顾却十分不周。米拉和布利亚经常把墨水洒到各处，加夫里卡（9 岁）的教养也令人担忧。"②

俄国社会剧烈变迁，但新的正面女性形象（无论是家庭女性，还是社会女性）的塑造还需时日。值得一提的是，妇女进入了男性主导的社会，则必须遵循他们制定的游戏规则；因此，对妇女的要求提高了，她们的生活也变得更加困难。众所周知，传统社会的"好女性"标准，但是"新女性"标准却无人得知。多年来，社会并未致力于制定新的女性标准，而只是停留在对旧标准的批评上。

---

① *Вересаев В. В.* Воспоминания. Т. 4. М. , 1948. C. 17，55 – 57，60.

② *Аксакова Т. А.* Семейная хроника. Кн. 1. Париж，1988. C. 87.

传统家庭模式动摇之际，涌现了诸多替代性方案：小家庭（仅由父母和子女组成）模式、世俗婚姻模式、形式婚姻模式、三人同居模式。在这个复杂、矛盾的时代，家庭生活受到了不同因素的影响：各种家庭模式的推广、家庭制度本身的覆灭。

不过，传统家庭并未销声匿迹。传统家庭吸收了新的因素，逐渐发生了变化，在自我保全的同时产生了极大的发展，还同时表现出了稳定性和动态性的特点；此外，传统家庭还呈现"人道化"的发展趋势。人道化是多种因素综合作用的结果，其中最重要的便是妇女地位的变化：妇女接受了教育，她们更加独立，一些妇女也开始参加工作。在夫妻共同利益中，受过教育的妇女起到越来越重要的作用；此外，她们也十分重视孩子的教育。家庭成员的感受得到了重视，父母更加重视子女，父母努力与成年子女建构新的关系；如此一来，传统家庭就具有了人道化特点。

俄国社会的传统家庭具有了新特点，不过也保持了一定的稳定性。值得注意的是，贵族、商人和知识分子家庭产生的变化最大，但即便如此，传统家庭在这些等级中也占有数量上的优势。19世纪末，大型家庭（除直系亲属外还包括其他人，有的甚至包括远房亲戚）占莫斯科家庭总数的33.3%（柏林大型家庭的比例则少一半——14.4%）；此外，有些大型家庭还包括"仆役和工人"。当时的一位评论员指出："这表示，莫斯科残存的传统家庭仍旧具备极强的生命力。"[1]

19世纪下半期至20世纪，俄国作家的家庭模式彰显了传统家庭的稳定性。很多作家的家庭都具有强有力的保障和母亲般的呵护，聚集了众多亲戚和食客，这些作家有：Л. Н. 托尔斯泰、Ф. М. 陀思妥耶夫斯基、А. П. 契诃夫、А. М. 高尔基、А. Н. 托尔斯泰、С. М. 米哈科夫等。新一代（生于20世纪初）中的一些人依旧保留了这项古老的传统；苏联时期，我们还能时常见到此类家庭。这种家庭纳入了侄子、外甥、堂表兄弟、祖母、单身女

---

[1] *Тарновский Е* Результаты московской переписи 1882 г. // Юридический вестник. 1887. Кн. 4. С. 666, 680.

性，还有年老的保姆、女佣；此外，他们也会对远方亲戚施以援手。尽管时代早已不同，此类家庭却留存至今。

当时，社会活动家、教育家和文学家都曾谈论家庭成员精神、心灵贴近的重要性，也谈过思想一致性——С. М. 沃尔孔斯基称之为家庭精神生活。[①]教育家、社会活动家 Д. Д. 谢苗诺夫指出："即使在不富裕的家庭，父母也会为孩子提供一间较好的房间，夏日会带孩子去农村避暑，为孩子的健康投入资金；现在，这都是司空见惯的现象……现在，很多家庭也常出现这种状况：丈夫是地主，妻子是医生；丈夫是官员，妻子是教师；丈夫是律师，妻子是慈善家；丈夫是达官显贵，妻子是慈善协会成员；丈夫是铁路工人，妻子是电报员；丈夫是技术员，妻子是作家；夫妻两人不在同一个工作领域，这也是常见的事情。"[②]

不过，若妇女与男性同处一个"竞技场"，于她们而言也实非易事。以往，一些女性与男性从事同一种工作，但是，她们却因能力超群、才能出众而无法寻得伴侣；现在，大量妇女开始涌入男性世界，不过，她们也需要为此做一些基本准备：需要接受良好的教育，与此同时也面临更激烈的竞争。若男女工作能力不相上下，劳动力市场更倾向于选择男性；因此，妇女只能积极强化自身的竞争能力。如此一来，同一岗位上的妇女会比男性更出色。

当时，"妇女问题"成了社会的严肃议题，公众对此展开了广泛、激烈的讨论。他们认为，妇女不仅是享有充分权利的社会成员，也是社会政治斗争中的积极参与者；实际上，讨论也涉及社会重要的变迁问题。当时的人指出："妇女问题是当代社会生活中最主要、最迫切的问题。"[③]

报刊上也就此问题展开了积极讨论，大量的学者、医生、法学家、社会

---

① См.: *Волконский С. М.* Высшее образование женщин в России. Речь кн. С. М. Волконского, делегата Министерства народного просвещения на Всемирном воспитательном конгрессе в Чикаго // Образование. 1893. № 11/12. С. 84.

② *Семенов Д. Д.* Кое-что о семейных идеалах // Образование. 1893. № 1. С. 26.

③ *Митропольский И. А.* Из записок врача // Русский архив. 1896. № 1. С. 79.

活动家都参与其中。一些新刊物积极响应国家改革，反映了社会运动的观点，为后来各党派观点的形成起了重要的铺垫作用。这些刊物刊载了辩论资料、事实论据、统计数据，也有严肃、认真的分析。这类期刊信息发布及时（比其他刊物早得多），发行量也十分可观。总而言之，这些发布的大量资料并非专家的兴趣所在，却是论战、思考、比较的对象；这些资料展示了国家的改革动态，实际上是一种社会反思的手段。值得注意的是，这些刊物展现了当时的时代动力，反映了妇女家庭和社会地位的变化状况。此外，通过刊物上的资料，我们可以清楚19世纪末20世纪初俄国社会的运作方式。

一些刊物（属于上述刊物）特别关注妇女的社会地位问题，比如，科普期刊《教育》（主编是历史学家、教育学家 В. Д. 西波夫斯基），其编者是 П. Ф. 卡普捷列夫（教育学家、社会活动家）和 Н. А. 鲁巴金（图书编目学专家、启蒙教育家）；《北方公报》的主编是 Н. К. 米哈伊洛夫斯基（时事评论家、社会活动家）；《上帝世界》的主编是 М. М. 科瓦列夫斯基教授（国家杜马和国家议会成员、圣彼得堡科学院院士）和 В. П. 奥斯特罗戈尔斯基（社会活动家、教育学家）；自由主义杂志《城市事务》的主编是 Л. А. 韦利霍夫（国家杜马代表、后来的临时政府委员）和 М. П. 费多罗夫（圣彼得堡城市杜马代表），其出版者是 Д. Д. 普罗托波波夫（地方自治活动家、立宪民主党领袖、国家杜马代表）；大众刊物《全民杂志》的主编是托尔斯泰主义者 В. С. 米罗柳博夫（社会活动家），А. А. 基泽韦捷尔教授（国家杜马代表、立宪民主党领袖、学者）和 Д. Н. 奥夫夏尼科－库利科夫斯基（圣彼得堡科学院荣誉院士、文艺学家、社会活动家）曾于此发表文章；《新世界》的主编是"俄国速记之父" П. М. 奥尔欣（文学家、启蒙教育家），他也于此开辟了"女性著作"专栏。

一些社会政治刊物是直接面向妇女的，它们在各类期刊中占有特殊的地位。这类社会政治刊物的编者和记者几乎都是俄国文化精英——教授、法学家、经济学家、地方自治活动家、作家。不过，这类刊物的主要工作还是由经过职业训练的知识女性来负责的。值得一提的是，这类刊物的特点基本处于变化中。19世纪60～70年代，这类刊物主要刊载历史杰出女性的事迹，运用华丽的辞藻描述她们的学习和工作能力；但是现在，这类刊物则更贴近现实生活。

这类刊物中，信息量最丰富的当属《妇女事务》（出版者是作家 A. H. 彼什科娃 - 托利韦罗娃）和《妇女公报》（主编是 M. И. 波克罗夫斯卡娅，她是圣彼得堡的医生、妇女进步党圣彼得堡俱乐部的主席）。值得注意的是，《妇女公报》在地方上有众多记者，能够与读者建立特别的联系。不过，这类刊物也有诸多不足，例如，无法更好地说明整个帝俄的妇女事务发展状况。

期刊特别关注妇女的教育问题。这也不难理解：因为妇女接受的教育在很大程度上决定了她们今后的命运。近期文献中有一些新的见解，他们认为"19 世纪末，俄国大量妇女参加了工作，而这要求她们提前进行职业准备，因此妇女的职业教育问题凸显"。① 但是，对具体资料的研究发现，这个结论存在问题。早在 18 世纪末，国家就已意识到，孤儿和贫困儿童的社会化必须借助于教育；国家为此还专门设立了官方助学金和慈善助学金。皇后玛丽亚·费多罗芙娜与当时的研究者都同意，教育是"潜在资产"，理应得到重视。例如，女子学院的学生在学校"学习以及为工作做准备"，为了能够"适应未来的状况，因为大部分学生都没有殷实的家境，他们应该靠自己的努力改变命运，未来甚至可以对父母施以援手"；② 毕业后，很多女子学院的学生成为教师或家庭教师。

阿夫多季娅·帕纳耶娃（曾在公立戏剧学校就读，希望成为一名演员）表示，即使在富足的家庭，教育也是"孩子应对意外生活的必要准备，在必要的情况下，他们也可靠自身努力获得成功。贫困家庭更是竭尽全力，希望孩子能够获得更好的教育"。③ 随着社会发展，父母为孩子通向成年生活

---

① См.: *Рослякова А. И.* Из истории женского профессионального образования // Российского женщины и европейская культура: Мат-лы V конференции, посвященной теории и истории женского движения. СПб., 2001. С. 149.

② *Шумигорский Е. С.* Императрица Мария Федоровна (1759 – 1828). СПб., 1892.

③ *Панаева (Головачева) А. Я.* Воспоминания. М., 1986. С. 320.

所做的准备越来越昂贵、困难。A. B. 特尔科娃－威廉斯回忆道，她的母亲为孩子选择了很好的学校，以至于父亲难以支付教育费用："我们在费用高昂的学校就读，除此之外，我们还要学习语言、音乐，有时候还要请补习教师和家庭教师……但是母亲坚信，教育比金钱更重要……为此，她甚至承受了父亲愤怒的巴掌。有一次，我们在整个公寓都可以听到父亲的怒吼：'从何处借钱？为了你们，我已经向所有人都借过钱了！'"①

越来越多的人意识到，女子学校改革是社会改革的必要组成部分。为了满足时代的要求，俄国开始建设新类型的学校——不分宗教、不分等级的女子中学。② 1858 年，第一所女子中学开始招生；20 年后，女子中学数量达到了 106 所。省属女子中学的荣誉督学由省长担任，这也提高了此类中学的地位。每所女子中学均设有监督委员会、家长委员会和俱乐部，在这些机构的帮助下，学校能够更好地运作。国家对女子中学和初级女子中学的拨款约占其总支出的 10% 左右（对男校的投入几乎占其总支出的 60%），剩余90% 由地方和等级社团、慈善家负担。显然，社会与家庭都意识到了中学教育对女性的重要性。

当时的人表示，女子中学的毕业生成为 19 世纪最后 30 年的俄国妇女"代表"。她们在学校获得了母亲、祖母从未接触过的、独一无二的社会经验。值得一提的是，女子中学接纳了来自不同等级的学生。例如，阿里阿德娜·特尔科娃在回忆录中列举了自己的学校女伴：出身贵族家庭的薇拉·切尔特科娃、来自演员家庭的利达·达维多娃，而娜佳·克鲁普斯卡娅则只能靠着微薄的抚恤金过活（与寡母相依为命）。③ 若她们不在一所学校，成为朋友的可能性则微乎其微。

俄国的女子中学是一种合法、新型的学校，出现于皇后玛丽亚管理机构。不过，当时的人认为，女子中学早已有之，皇后玛丽亚管理机构只是对

---

① *Тыркова-Вильямс А.* То，чего больше не будет. М.，1998. С. 68，91 – 92.

② Подробнее см.：*Хорошилова Л. Б.* Женское воспитание и образование // Очерки русской культуры XIX в. Т. 3. Культурный потенциал общества. М.，1997. С. 308.

③ См.：*Тыркова-Вильямс А.* То，чего больше не будет. М.，1998. С. 112 и др.

女子中学体系（已累积多年工作经验）进行了改革，促进了它的发展。早在 19 世纪 50 年代，贵族女子中学已开始改革。从那时起，内容丰富（涉及学生的学习、日常生活）的改革工作再未停止。值得一提的是，无论是从社会意义上，还是宗教意义上（贵族女子中学也有穆斯林和犹太人①，上帝戒律的学习与宗教职责的履行都可以根据自己的宗教准则决定），贵族女子中学的社会构成都越来越民主化。

贵族女子中学按照当时最先进的标准，积极组织学生的日常生活：首先引进了体操必修课，确立了医疗措施和卫生标准；后来，其他学校也争相模仿（净化日用水和饮用水、加强锻炼、保证宿舍通风、改善供排水系统等）。医生表示，贵族女子中学的"日常生活条件……环境、食物、医疗护理等都得到了改善"，就这些指标而言，贵族女子中学并不逊色于西欧的学校。②

此外，贵族女子中学的师资力量也得到了加强。例如，基辅女子贵族中学的教师有 H. И. 科斯托马罗夫、H. X. 本格、И. Я. 罗斯托夫采夫、B. C. 伊孔尼科夫、B. Я. 舒利金、A. Д. 布良采夫等；后来，拉多日斯基主教（圣彼得堡宗教研究院的校长）也曾于此任教。③

最终，玛丽亚管理机构和人民教育部达成了共识，同意贵族女子中学和女子中学的学生可以自由转学；不过，贵族女子中学的外语教育（其传统优势学科）不接受女子中学的转学生。

值得注意的是，女校和男校的学生经常使用同一种教科书和教学参考书。A. Д. 加拉霍夫推出的教科书曾多次再版，历时弥久；历史教科书主要使用的是 Π. Γ. 维诺格拉多夫、Д. И. 伊洛瓦伊斯基、A. C. 特拉切夫斯基的

---

① 在刻赤和敖德萨（根据贵族女子中学规章，仅在刻赤实行），"定居"的犹太学生可以进入贵族女子中学。

② См. : *Бобровников Н. А.* К вопросу о нормировке жизни воспитанников и воспитанниц закрытых учебных заведений // Русская школа. 1900. № 1. C. 172.

③ См. : *Захарченко М. М.* История Киевского института благородных девиц. Киев, 1889. C. 49; Празднование 50 - летнего юбилея в Киевском институте благородных девиц 1888 г. , 22 августа. Киев, 1888. C. 24.

版本；天文地理教科书——А. Ф. 马列宁的版本；物理教科书是 К. Д. 克拉耶维奇的版本；此外，数学家 А. П. 基谢廖夫的教科书堪称教育界的杰作，直至 20 世纪 60 年代，苏联时期的学校仍在使用。① 革命前，这些优质教科书的编者秉承"由易到难"的原则，用通俗易懂的语言分析令人费解的问题，因此赋予了这些教科书长久的生命力。

普通教育水平已不可或缺：毕业生或者选择继续深造，或者选择直接就业。宗教家庭的女性最先考虑的是教区学校，② 但是，无论是革命前还是现在的历史文献，都经常批判其教育水平落后。即使是保守的地方神甫也支持女性教育改革。除了师范学校，很多教区学校（19 世纪末共计 49 所）也有相应的实习小学。1907 年，教区学校开始改革。在此之前，教区学校的教学大纲逊色于普通中学；但是现在，学监 Н. А. 弗拉基米尔斯基自豪地宣布："七年制教区学校的教学大纲比普通中学的大纲更优秀，课程也更广博。"③ 他援引了两种学校的必修科目对比表作为证据（见表 1）。

① *Галахов А. Д.*：Русская хрестоматия（33 изд.）；Русская хрестоматия для детей（4 изд.）；Историческая хрестоматия нового периода русской словесности（16 изд.）；*Виноградов П. Г.* Учебник всеобщей истории：В 3 ч.：Древний мир. Средние века. Новое время. 2 - е изд. 1896 - 1898；*Иловайский Д. И.* Краткие очерки русской истории. Курс старшего возраста. 34 - е изд. 1904；Сокращенное руководство всеобщей русской истории. Курс младшего возраста. 8 - е изд. 1875；*Трачевский А. С.* Древняя история. 2 - езд. 1889；*Малинин Л. Ф.* Начала космографии. 1899；*Краевич К. Д.* Учебник физики. 1866；Сокращенный учебник физики（к 1922 г. —10 изд.）；Физика ежедневных явлений. 1897；*Киселев А. П.* Алгебра. 1888（к 1965 г. —42 изд.）；Арифметика. 1884（к 1955 г. 17 изд., переиздана в 2002 г.）；Систематический курс арифметики. 1912；Геометрия. 1893（к 1980 г. - 25 изд., переиздана в 2004 г.）；Краткая алгебра для женских гимназий и духовных семинарий. 1896；Элементарная геометрия. Для средних учебных заведений. С приложением большого количества упражнений. 1914. Начальное учение о производных для 7 класса реальных училищ. 1911.

② 宗教家庭的女子可以在教区学校免费就读，其他人则要支付学费，因为教区学校的财政来源于宗教部门（см.：*Попов О. Д.* В стенах конвикта：Очерки повседневной жизни женских епархиальных училищ. Рязань, 2006）。

③ *Владимирский Н. А.* Стоит ли учиться в седьмом классе епархиального женского училища, если этот дополнительный класс не дает учащимся никаких особых привилегий. Казань, 1908. С. 2 - 3.

表 1　必修科目对比

单位：节

科目名称	教区学校（七年制）课程数目	普通中学（七年制）课程数目
上帝戒律	21	14
教育心理学	3	无
教育学	3	2
俄语与教会斯拉夫语	20	14
文学理论与俄国文学史	10	9
世俗历史	15	12
数学	21	23
地理	11	10
物理	6	6
自然	8	4
卫生	2	无
绘画	7	非必修科目

　　总之，教区学校的教学大纲也适用于世俗女子中学。[①] 宗教家庭的女性大多没有嫁妆，不过她们可以靠在教区学校接受的教育参加工作，维持自己和亲人的生计。与女子中学或贵族女子中学的学生一样，教区女子学校的学生也可选择继续接受高等教育。

　　但是学校改革后，无论是继续深造还是参加工作，中学毕业证书的含金量都高于教区学校文凭。此外，俄国的社会意识并未改变：虽然贵族女子中学、教区女子学校都是典型意义上的现代学校，但仍被视作传统的性别[②]教育机构。

　　社会要求提高妇女的受教育水平。19 世纪 60 ~ 70 年代，大多数人认为，女性应准备成为母亲、教养者；但是到 20 世纪初，女性的社会角色几乎与男性无异。女性的受教育程度逐渐提高，女子学校的课程数量也增多了。例如，根据 1874 年和 1905 年学校的课程清单，贵族女子中学毕业生的

[①]　Подробнее см.：*Андреева Е. А.* Возникновение и развитие епархиальных женских училищ в России（середина XIX—начало XX века）：Дис. ···канд. Пед. Наук. М.，2000.

[②]　性别（源自英文 Gender，词源为拉丁文）是一个社会科学概念，表明了除生理差异外，男女因社会角色不同而产生的差异。1955 年，美国学者约翰·曼尼开始使用该术语。

每周课程数目从 26 节增至 30 节。① 此外，自然科学在学校课程中的比重也提高了。例如，女子中学的教学大纲规定："物理应成为女子中学自然科目中的主要学科，应尽力使其与男子中学维持同等规模。"② 1874 年至 1905年，女子中学高年级的自然课程数目从 9 节增至 13 节。

值得注意的是，学校的情况在很大程度上反映了俄国社会的变化：传统社会希望教授孩子祖辈获取的经验；而在工业社会，学校应该培养学生应对生活新要求的能力。即便如此，女子学校也并未彻底颠覆自身传统：改革进程具有平稳演进的特点。此外，女子学校还保留了一项主要传统——伦理道德精神。同以往一样，女子学校的基础学科仍是人文科学，主要就是"俄语语文"——用语言代码记录下来的民族意识。

中央统计委员会的数据（反映女子中学教育水平的颇有说服力的数据）显示，1880 年，"女子中学的毕业生数量略低于男子中学：3663∶4120"③（见表 2）。

表 2　1886 年俄国的中学

女子中学（广义）	男子中学（广义）
中学与初级中学——259 所	中学与初级中学——200 所
贵族女子中学——27 所	中等专科学校——69 所
教区学校——48 所	教区学校——53 所
私立寄宿学校——61 所	军校——18 所
	私立寄宿学校——26 所
总计∶395 所	总计∶366 所

См.：*Песковский М.* Образование женщин у нас и за границей // Русская мысль. 1886. № 7. С. 70.

---

① Медицинский отчет по Ведомству учреждений имп. Марии за 1896 – 1897 гг. СПб.，1899. С. 35；Учебные ведомости учреждений имп. Марии：Краткий очерк. СПб.，1906. С. 52.

② Правила и программы женских гимназий Министерства народного просвещения и Ведомства учреждений императрицы Марии. С приложением всех последних распоряжений и разъяснений программ и Устава гимназий. М.，1907. С. 7.

③ Подробнее см.：*Ольденбург С. Ф.* Разбор сочинения Е. И. Лихачевой《Материалы для истории женского образования в России…》СПб.，1904. 值得注意的是，统计数据中不包括接受传统家庭教育的女性（为数不多），因为她们并未参加过文凭考试。

20 世纪初，1000 名中学毕业生中就有 130 名女生。① 在极短的时间内，女性教育发生了引人注目的变化。

教育的职业化倾向是学校改革的方向之一。众所周知，男性教育存在社会动机（确保他们未来可以获取有保障的薪金）；同时，这也是政府为工业社会储备劳动力的重要手段。但是，很多教育家反对过早在男孩中开展职业教育，他们认为，职业准备是专门教育机构的任务。②

女性教育则出现了另一种情况。女性教育的动机具有鲜明的时代特色："老一辈"（无论是父母，还是教师）都将目标锁定在了孩子未来的工作上，对于未来的困境也毫不讳言。例如，库班的玛丽亚贵族女子中学引入了新的科目——教育学；此外，向学生坦言，教师职业或许是生存的唯一出路，但"未来可能面临贫困和诸多困境"。③ 1894 年，针对贫困、单亲儿童，沙皇亚历山大三世在圣彼得堡创建了克谢尼亚女子中学。④ 亚历山大三世认为，中学女生必须"在富有经验教师的指导下，获取实用知识，这可以使她们受益。当遇到不幸的家庭生活时，她们可以根据自身需求，依靠自己的劳动获得收入"。⑤ 克谢尼亚女子中学十分重视外语，还开设了商业系、应用艺术系。

喀山玛丽亚女子中学监督委员会决定，增设农商班。⑥ 喀山私立女子中学的传统职业班则开设了裁缝课、绣花课和"时兴职业"课，还教授会计学；15% 的贫困学生可以免费就学，近 5% 的贫困学生会获得慈善助学金

---

① См.: *Южаков С.* Женская-избирательница（К вопросу о реформе русского избирательного права）. М.，1906. С. 14. 值得注意的是，虽然习惯称之为"中等教育"，但其与现在的中等教育概念并不相同。当时的中等教育具有结业性（类似现在的高等教育），是一套完整的体系；毕业生可以直接担任小学教师或家庭教师。

② См. об этом: *Сысоева Е. К.* Сельская школа // Очерки русской культуры. Конец XIX—начало XX в. Т. 1. Общественно-культурная среда. М.，2011. С. 679.

③ 50 - летие Кубанского Мариинского женского института. 1863 - 1913. Екатеринодар，1913. С. 50.

④ 沙皇亚历山大三世为庆祝爱女克谢尼亚的婚礼而建。

⑤ Образование. 1894. № 7 - 8. С. 65.

⑥ См.: *Боратынский А. Н.* Доклад Попечительному совету Казанской Мариинской женской гимназии об организации сельскохозяйственного коммерческого класса. Казань，1900.

（1900 年）。[1]

维亚特卡女子初级中学监督委员会在第三期、第四期课程中开设了"脚蹬式纺车纺丝课"，不久后又开始在"自由时间"教授绘画，尔后又增设一门课程（希望不单单教授职业技能）；几年后，该校还开设了法语课和德语课（需支付专门费用）。[2] 语言技能的提高可以使学生在未来获取更高的工资，该初级中学的领导对此成就也深以为傲。此外，维亚特卡女子初级中学还增设了不少类似课程。

掌握一些专业技能（例如外语技能）可以增加学生获取工作的机会。在首都和地方，大量女子学校建立了起来，它们纳入了各等级的学生，为其提供所需的职业准备。监督委员会和家长委员会（隶属于学校）希望学生能够获取更多的生活准备。贵族女子中学、女子中学、初级女子中学都开设了"职业"培训班；除了教育学，培训班中还增加了会计学、速记术、裁缝技能等。

值得一提的是，女子中学、贵族女子中学和教区女子学校中都成立了一些社会组织，其目标是对学校及其学生进行帮助，尤其是对毕业生施以援助；这种活动明显表现出了女性的社会独立性。俄国各地——从大都市（圣彼得堡）到小县城，甚至偏远小镇——都出现了此类从事具体工作的小型组织。[3] 例如，妇女职业教育勉励协会便是其中之一；协会组织了展览会、短期培训班［手工艺、会计学、商品学、"意外非专业急救"（意外状况下，医生到达前的急救）等］。

---

① Казанская частная женская гимназия с профессиональным отделением Л. П. Шумковой. 1871 – 1910. Казань，1910.

② См.：*Куроптев М. И.* Материал для истории и статистики Слободской женской прогимназии. Вятка，1882. С. 58 – 60.

③ Краткий отчет Общества вспомоществования нуждающимся ученицам Боровской женской прогимназии. Боровск，1913；Отчет о деятельности Общества вспомоществования нуждающимся ученицам Тетюшской женской 4 – классной прогимназии. Тетюши，1909；отчет Общества вспомоществования недостаточным ученицам Раменской женской гимназии Общества распространения среднего образования в дачном районе Быково-Раменское. М.，1915 – 1916.

俄国最早的妇女慈善组织是圣彼得堡爱国协会（成立于 1812 年）和莫斯科爱国协会（成立于 1837 年）；创立之初，它们便积极投身于教育事业；女性慈善家也为此积极捐款。爱国协会根据自己的章程在城市不同区域都开办了女子学校；除了普通基础教育，此类学校还教授手工活。① 20 世纪初，圣彼得堡爱国协会在圣彼得堡开办了 5 所普通教育学校（附有职业培训班）、9 所全民学校（不分等级、不分宗教）、手工学校（培养学生手工技能）、保姆学校、妇女会计培训班、妇女人民艺术学校、皇后亚历山德拉·费奥多罗芙娜手工编织学校（附有师范部）、打字培训班、手工编织和应用艺术学校，还成立了针对往届毕业生的照管委员会。这类学校可以免费或以极低的费用入读；此外，"前线军人子女"② 依旧享有传统优待。

19 世纪初，救济活动（针对穷人、孤儿等）几乎是贵族的特权；但是到 19 世纪下半期，社会其他等级也投入了慈善事业中。19 世纪下半期，特列季亚科娃（商人 П. М. 特列季亚科夫之女）与奥莉加·尼古拉耶夫娜公主（沙皇尼古拉一世之女）的经历简直如出一辙。公主回忆道，童年时期，她与姐妹经常陪同母亲参访贵族女子中学，时常出席她们的节日活动、考试，也知道很多学生的名字。特列季亚科娃写道（写于 19 世纪 70 ~ 80 年代）："……所有贵妇都有机会选择附近的一所学校，开展救济活动。随着救济活动的深入，她们也逐渐对此学校心生眷恋。会面时，这些贵妇会探讨完善相关事务管理原则的方法……晨起饮过咖啡，母亲就步行前往附近的学校（每周 2 ~ 3 次）……盛装打扮、举止优雅的母亲便在那里继续自己的教育事业。"特里季亚科夫家的孩子也会"出席学校所有的考试。从孩提时代开始，他们每年都会和学生一起在枞树下玩耍；他们几乎认识所有学生，也清楚每个学生的状况"。③

城市的慈善组织也十分关注职业教育问题。例如，彼尔姆的贵妇救济机构十分关注孤儿、贫困儿童问题；机构收养流浪儿童，还为其开办了寄宿学

---

① См. : *Толстой М. В.* Воспоминания // Русский архив. 1881. Т. Ⅱ （1）. С. 100 – 115.

② Справочная книжка об учреждении Имп. Женского Патриотического общества. Пг. , 1915.

③ См. : *Зилоти В. П.* В доме Третьякова. М. , 1998. С. 54 – 56.

校（教他们识字和手工活）。贵妇救济机构的活动开展得十分顺利；此外，该慈善救济机构还为贫困儿童和彼尔姆市民援建了学校。① 实际上，妇女组织从事的活动并不仅限于自己的任务（慈善、职业、互助），它们一般也会建立各种学校；这种教育活动催生了人文主义思潮、启蒙思想、适度理性主义、理想主义和实用主义。例如，1899 年，莫斯科女性监狱委员会开办了狱警学校，妇女可以在此学习"囚犯监管和伤病患者护理的相关知识，还可以学习监狱学和卫生学"。布林扎韦塔·费多罗芙娜公爵夫人便是该校的第一届毕业生，后来她还成为莫斯科女性监狱委员会的荣誉主席。②

为了满足妇女日渐提升的知识需求，19 世纪末 20 世纪初，俄国大城市开设了一些职业培训班。期刊上多次宣传，"获得领导批准的会计培训班开始招生"；此外，还有书法培训班、事务员培训班、出纳培训班。这些培训班一般是短期培训，招生不分性别，培训内容虽不深入但会帮助学生适应现代生活。

妇女逐渐意识到，教育是他们获取外界与内心自由的一剂良方。此外，他们还提出了"解放"的口号（尽管每个人对此理解不同）。教育是解放的必要条件，为了实现自我教育或教育他人的目标，成百上千的妇女涌入了培训班。B. H. 哈鲁津娜写道："于我而言，教育万般重要且弥足珍贵，因为它可以引领内心的自由；这种自由（需自己培养）有助于获取独立和'解放'。"③ 当时，很多妇女十分赞同此番见解。E. Л. 施瓦茨在回忆录中记述了母亲的事迹；当时，她已身为人母，"但依然决定接受父亲的侮辱性'施舍'……那是因为她得知了短期按摩培训班（由放德萨医生所创）的消息，母亲便决定前往学习"。④ 女性的工资逐年递增，在这种情况下，她们意识到，工作不仅可以赚取一块面包，也意味着一种新的生活方式；她们可以获得各种机会，赢得自身的独立。尔后，这种动机在女性生活中起了十分重要

---

① Очерк 50 – летней деятельности Пермского дамского попечительства по убежищу детей бедных. Пермь, 1915. С. 8.

② Женское дело. 1900. № 3. С. 129.

③ *Харузина В. Н.* Прошлое. М., 1999. С. 52.

④ *Шварц Е. Л.* 《Живу беспокойно…》: Из дневников. Л., 1990. С. 66.

有时甚至是决定性的作用。

在极短的时间里，俄国妇女完成了蜕变。А. П. 契诃夫在短篇小说《未婚妻》中描述了三代俄国妇女：保守、爱发号施令的婆婆；意志薄弱、凡事顺从的儿媳；家庭的未来——孙女娜佳。为了展开新生活，娜佳拒绝了家庭富足、相貌堂堂但并不中意的未婚夫，孤身前往圣彼得堡的高等女子班学习。

莫斯科高等女子培训班的教师 А. Ф. 科茨及其学员与勘察藏品（主要由达尔文博物馆提供）合影——照片摄于 1913 年的莫斯科

接受过高等教育的妇女可以获得以往男性专属的职业，而且此类妇女越来越多；男女职业竞争达到了空前的规模。① 在创建高等女子培训班时，俄国妇女展现了良好的组织性和积极性（达到了史无前例的程度），获取的成果亦是举世无双的。19 世纪初，俄国诸多大城市（莫斯科、圣彼得堡、基

① См.：*Иванов А. Е.* Высшая школа России в конце XIX—начале XX в. М.，1991；*Вулисанова Г.* Высшие женские курсы // Высшее образование в Москве. 1998. № 2；*Веременко В. А.* Женщины в русских университетах（вторая половина XIX—начало XX в.）. СПб.，2004.

辅、哈尔科夫、托木斯克、萨拉托夫、叶卡捷琳诺斯拉夫、喀山、敖德萨）都出现了各种高等教育机构（高等女子教育机构的课程与男校类似，因此，未来二者的合并不可避免），[1] 允许各个等级、不同财产状况的女性在此就读。很多大学教授都在此免费演讲或授课，学术氛围十分浓厚。高等女子培训班（其中最大的是圣彼得堡的别斯图热夫培训班，最受欢迎的是莫斯科的格里耶培训班）[2] 和高等女子学校的学生数量都在快速增长，但是也受到了资金匮乏、场地狭小的限制。[3]

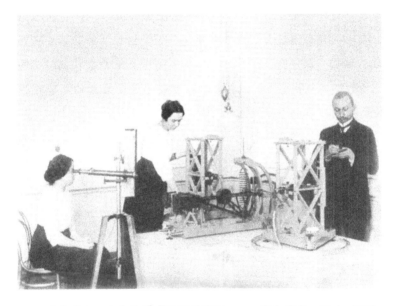

普尔科夫天文台地震观测局的职员 *M. L.* 奥尔洛娃、*T. A.* 伊万诺娃与主任 *И. И.* 维林在测定震源位置——照片由布尔摄于 **1911** 年

当时的人指出，以往的时代象征——女中学生已经被高等女校学生所取代，这是日新月异生活的一种体现，亦是一股不可阻挡的国内风潮。

---

① Россия. 1913 год: Статистика-документальный справочник. СПб.，1995. С. 347. Табл. 2.

② См.: *Хорошилова Л. Б.* Женское воспитание и образование // Очерки русской культуры XIX в. Т. 3. Культурный потенциал общества. М.，1997. С. 354–356.

③ Современная летопись // ЖМНП. 1898. Ч. 315. Январь. Отд. Ⅲ. С. 20.

很多组织都为高等女子培训班的建设提供了物质和资金支援，甚至"参与了女性高等教育工作"——在各地广泛开办此类学校，取得了令人瞩目的成就。例如，哈尔科夫的女性劳动者互助协会创建了拥有两个系（历史文学系和物理数学系）的高等女子培训班。此外，最具影响力的是为别斯图热夫培训班提供资金的协会；1896 年，该协会在下诺夫哥罗德全俄工业与艺术展览会上荣获一等奖。

随着高等女子培训班的发展，俄国的妇女教育取得了丰硕的成果，妇女的职业道路也更加多元。19 世纪末至 20 世纪初，俄国社会已经意识到，为适应新生活，妇女必须进行相应的准备；不过，这项任务的达成需要付出巨大的努力。当时，几乎所有人都认为，为了适应新的社会状况，女性必须参加工作。当时的人指出："……当前，对于大部分探索活动而言，教育问题便是至关重要的权利问题。"[1]

*   *   *

19 世纪末 20 世纪初，妇女教育的发展在很大程度上促进了自由的发展，同时，妇女对事物的理解程度加深、理解范围扩大。为了获得教育，妇女经常不得不离开家乡，前往圣彼得堡、莫斯科、基辅或者哈尔科夫等大城市。《净身周一》（И. А. 蒲宁的短篇小说）的主人公独自在莫斯科租了一套公寓，除了去高等培训班上课，平时还经常造访剧院、餐厅、修道院和博物馆，享受了所有的城市生活"特权"。值得注意的是，妇女在保留原有生活方式的同时也接受了新的生活方式，这种杂糅、混合的生活方式主宰了她们的日常。M. B. 别扎布拉佐娃回忆了父亲对自己深造梦想的摧残，父亲问她："你希望一个人走在街上吗？"M. B. 别扎布拉佐娃回答说："我已经 18 岁了，却从未孤身去过任何地方。请您想一下，母亲有多少次将我留给仆役而投入自己的事业。但是您却希望用一个不允分的理由让我去做家庭教

---

[1]   Северный вестник. 1894. № 2. C. 114.

师。"① 不过，即使在如此保守的家庭，M. B. 别扎布拉佐娃仍被培养成了一名出色的社会活动家、哲学家。

生活变得愈加困难、多样；相比以往，俄国新一代女性更难适应现实生活。当时的人指出，他们母亲的社会活动极其有限，不过是"忙于家务、一日三餐等日常家事，并不涉及工作、事业"；但是，女儿这一辈就不得不努力学习、工作。19 世纪末 20 世纪初，女性在中学或教区学校毕业后就去"参加医学、农学、会计培训班"，"回到家乡后……她们就在医院、某些机构或示范农场工作。她们是成长更好、更具生命力的一代"。②

这些女性独立完成了各异的生活轨迹。很多女性远离父母，独自生活；一些女性甚至还要养家糊口。离开熟悉的环境，没有父母的照顾，她们只能依靠自己。她们的视野扩大了，不过基本的道德价值观并未改变。这些女性具有很强的独立性，对她们而言（无论是自由的还是受到压迫的女性），教会、父母或社会的评价已无多大意义，重要的是自我评价；她们必须依靠强大的内心扛起新的责任。新一代女性面临前所未有的状况——革命、战争以及迁移。

新一代女性大多在中学或高等女子培训班接受了现代教育，她们已为改变做好了充分的准备。但是，与此同时也产生了另外一个重要问题：社会是否对此做好了准备？这其中包括，当时的人如何看待妇女追求传统的男性工作职位。妇女解放斗士号召俄国妇女通过工作寻求解放；但是对于妇女而言，脱离保护自己的家庭环境参加工作，到底会付出多少代价。妇女解放的思想斗士经常忽略一个问题——希望妇女维持传统生活模式的社会阻力十分强大，尽管社会已经改变，但其依旧会对破坏社会既有规则的行为进行反击。

妇女获得工作的方式各种各样：她们可以向熟人求助、借助于报刊上的广告或自主创业。为了寻求工作，很多妇女甚至会在报刊中刊登求职广告。③ 俄国革命先驱 E. K. 布列什柯 - 布列什柯夫斯卡娅回忆了年轻时期找

① *Безобразова М. В.* Розовое и черное из моей жизни. М. , 2009. C. 369.
② Волконский С. М. Мои воспоминания. Т. 2. М. , 1991. C. 190.
③ См. , например: *Дьяконова Е* Дневник русской женщины. М. , 2004. C. 57.

工作的经历，她"不仅在报刊中刊登了广告"，而且"希望将 8 页署名的证明文件分发给学生"。Е. К. 布列什柯－布列什柯夫斯卡娅写道，在那之后，"午后 2 时，在冯杜克烈耶夫中学放学之际，我就在人群中分发这些文件，请求女孩们能够将其转交给父母。我的方法大获成功——次日，便有学生的母亲来找我，希望我为他们的女儿补习语言课"。①

不过，在报刊上刊登面向陌生人的求职广告、在陌生人家里上课，有时会产生十分严重的后果。刊物上经常刊登一些令人不快，有时甚至十分悲惨的事件，其中一些就发生在寻找工作的年轻女性身上。② 1910 年，莫斯科城市杜马专门讨论了这个问题："……这些不幸、草率的姑娘需要工资糊口，因此在报刊上刊登了一些求职广告，希望做一名朗读者、女秘书等。"回应这些广告的通常是一些"色鬼、投机者"，这些姑娘难以忍受"他们粗鲁、侮辱性的言辞行径"，有时，她们甚至面临更糟的状况："贫困的姑娘走投无路，她们前往指定的地点，却会遭到威胁甚至粗鲁地对待；即便不然，她们也不得不听完对方的下流提议"。③

为了解决这些问题，各地都开办了有关工作安置的商业事务所。不过，世纪之交，此类事务所大多是社会开办的，而毕业生主要在学校相关组织的帮助下寻找工作。女子培训班都开设了工作安置事务所。莫斯科女子高等培训班就设立了劳动委员会，他们会给学生推荐一些工作——"教师、家庭女教师、办事员、校对员、药剂师"。诸多毕业生都面临就业困境。社会活动家指出："……1/3 的毕业生靠工资仅可养活自己；1/3 的毕业生报酬非常低（5 卢布、10 卢布、15 卢布），需要兼职赚取外快；仅有 1/3 的毕业生不需要从事副业，可以安稳地生活。"④ 女性刊物经常刊登招工、求职广告（其中包括创刊于 1912 年的《家庭女教师与保姆期刊》）。

---

① *Брешко-Брешковская Е.* Скрытые корни русской революции. М., 2006. С. 20.

② Будничная история // Женский вестник. 1905. № 6. С. 198 – 199；Хроника // Женский вестник. № 9. С. 283；и т. д. 陀思妥耶夫斯基在长篇小说《少年》中描述过类似事件。

③ Хроника городской жизни в России // Городское дело. 1910. № 2. С. 116 – 117.

④ Женское дело. 1910. № 33 – 34. С. 21.

在 А. Б. 涅斯列夫斯卡娅药店（俄国第一家女性药店）工作的女子制
药学校的学生——照片摄于 1909 年

　　妇女组织一致认为，自己的责任是根据每位妇女的能力、精力为其寻找
合适的工作。迫于生计，妇女劳动者联合成立了职业协会或互助组织。圣彼
得堡的俄国互助慈善协会（俄国最大的妇女组织）于 1896 年设立了"工作
安置委员会"。在地方上，妇女找工作更加困难；"妇女劳动互助协会"或
"女性知识分子职员协会"为她们提供了一定的帮助，基辅、托木斯克、哈
尔科夫等地都有相对大型的此类组织。[1] 相比于地方，大城市的妇女更容易
就业，因为地方上关于性别行为模式的传统观点更为稳定、保守。

　　对于妇女而言，获得一份合适的工作相当困难。一份关于工作职位的报
道指出，"叶利萨维特格勒共有两三个单位有女性职员，但希望进入这些单
位的女性应征者非常之多。就职一年后，女性职员的月薪维持在 20 ~ 25 卢
布。同时，一些更好的职位则专为城市学校的毕业生而设"，因为这些年轻
人更好驾驭——可以对他们无须顾忌地呼来喝去。[2] 值得注意的是，同样的

---

① Женское дело. 1899. № 4. С. 210.

② Женский труд // Женский вестник. 1905. № 6. С. 181.

职位对女性受教育程度的要求比对男性的要求更高。例如，小学的男性教师中，具有普通中等教育学历的将近 2%，具有中等宗教教育学历的将近 10%，低于中等教育学历的在 50% ~ 70%；而小学的女性教师中，具有普通中等教育学历的超过 30%，具有中等宗教教育学历的在 25% ~ 32%，低于中等教育学历的低于 30%。无论是在首都还是在地方，这种状况都十分普遍。①

女性药店的顾客——照片由 K. 布尔摄于 1908 年

此外，男女收入也存在严重不平等的状况。例如，在事务所的工作中，"男性一般是收入的既得利益者"。女性办事员每日工作 9 个小时，月薪在 35 ~ 75 卢布；同等状况下，男性办事员的月薪为 75 ~ 100 卢布。②

最初，妇女一般都从事教育行业。在受教育的妇女劳动者中，教师是最重要的等级：家庭女教师、保姆③、补习教师、学校（农村学校、城市学校、女子中学、寄宿学校）女教师、学校女性领导。诚然，并非每位女性

---

① Однодневная перепись начальных школ в империи, произведенная 18/Ⅰ 1911 г. СПб., 1913. Вып. 1. С. 19；Вып. 2. С. 20；Вып. 3. С. 16.

② Новый журнал для хозяек. 1917. № 1. С. 4.

③ 多半是外国人，兼教孩子学外语。——译者按

都有任教能力，但是多年以来，大部分知识女性除了教师岗位实际上并无其他选择。

直至 19 世纪下半期，随着女子中学和中等学校的开办，教师行业增加了一个新的工种——家庭女教师。一些孤儿、贫困儿童从小就被教育，他们注定要"为人们做出贡献"，他们以后要教育孩子，也要为此进行准备。很多妇女从始至终在担任家庭女教师的工作，除此之外，她们也没有其他的工作机会。但是，若家庭女教师相貌出众，那么她们便会陷入困境：在男主人看来，在家中工作的家庭女教师与仆役并无不同，都是"易得之物"。为了保护家庭女教师的人身安全，1866 年，俄国成立了第一个家庭女教师照管慈善协会，协会表明："……家庭女教师远离父母，生老病死毫无栖身之所，她们的处境十分艰难。"①

实际上，妇女教育都是为了培养具有任教能力的教育者。比如，在女子中学或寄宿学校就读的学生，他们在家能够教年幼的弟妹，之后可以教自己的孩子或成为一名家庭女教师；此外，某些出色的学生从低年级开始便会与能力较弱的教师一同备课，相互分担教学任务。值得注意的是，这些学校的学生一经毕业就可以担任"家庭教师"的工作。

1863 年，皇后玛丽亚管理机构开办了俄国第一所女子师范培训班（其中分为物理数学系和语言历史系）。早在 1846 年，俄国为了培养体育教师首次开办了实验创新班。② 作为一门科学，教育学历经了形成阶段、发展阶段（创建学校、培养专业教师），具有十分重要的意义。20 世纪初，师范中学的师范班开始进行改革；1917 年，体育学校开始改革，П. Ф. 列斯加夫特高等女子培训班开始专门培养体育教育的领导人。

1870 年，俄国最大的教师职业组织——教育者与教师协会——在莫斯

① Устав Общества попечительства о воспитательницах и учительницах в России. СПб. , 1897.
② См. : *Селезнев И.* 50 - летие Ⅳ Отделения Собственной Е. И. В. Канцелярии: Хроника Ведомства учреждений императрицы Марии. 1828 – 1878. СПб. , 1879. С. 157.

科成立，协会为高龄教师建造了救济所，为教师设立了退休金。[1] 1873 年，协会为 250 名教师发放了退休金。为了能让莫斯科市民免费就学，莫斯科城市杜马为协会提供了一笔不少的津贴。教育者与教师协会极其重视教育问题，积极开办讲座（至 1913 年，已有近千名学员听过 50 个学科的相关讲座）、组织学员准备大学入学考试。[2] 此外，为了满足培训班的实习课要求，协会还专门开办了免费小学、残疾儿童班、幼儿园。

一战前，圣彼得堡和基辅福禄培尔[3]协会的师范培训班（专门培养"幼儿教师"和"幼儿园领导人"）、莫斯科的新语言与音乐培训班、各城市的女子中等师范学校都开设了专业的高等师范教育课程。1901 年，高等女子培训班的毕业生开始在女子中学高年级任教，1906 年，这些毕业生获得了男子中学低年级的任教资格，1911 年，他们又获得了男子中学高年级的任教资格。

此外，很多教区女子学校的毕业生在农村学校任教。作家 H. 别尔别罗娃写道："……农村神甫家的七个女孩……从童年时期就坚信，他们以后将会成为农村教师，这让我倍感欣慰。"[4] 然而，农村教师的处境十分艰难。他们在农村艰难的生活条件下（人际关系冷漠、文化水平极低、生活极不便利）只能领取微薄的薪资，还要不时受到地方权力的刁难。《妇女事务》的一位记者写道："首都的人难以想象，农村学校的条件何其艰难。"他谈道，"学校的教学楼、教会孤儿院"只是几处门窗歪斜的破旧木屋，"在漫天风雪、酷寒无比的环境里，穿着毡靴、长大衣的教师和穿着短皮袄、戴着帽子的学生就在黑暗的教室中授课、学习"；而这份辛苦无比的工作，月薪只有 12 卢布 50 戈比。[5]

教师的薪资十分微薄。在俄国，雅罗斯拉夫尔的教师薪资最高——年薪

---

[1] Краткая записка о развитии и деятельности Московского общества воспитательниц и учительниц за первые 25 лет его существования（1870 - 1895）. М. , 1895.

[2] Сорокалетний юбилей женской инициативы // Женский вестник. 1912. № 4. С. 101 - 102.

[3] 德国著名的教育家，幼儿园运动的创始人。——译者按

[4] *Берберова Н.* Курсив мой. Автобиография. М. , 1996. С. 43.

[5] Женское дело. 1899. № 4. С. 112.

梁赞丹科夫学校的教师 B. 博鲁科娃与学生的合影——照片摄于 1913 年

300 卢布（在这种情况下，教师实际上最高可以获得 420 卢布的年薪）。歉收时期（俄国屡屡出现），教师与农民一样，处境更加艰难。当时，刊物上指出：食品涨价，而"教师的薪资却少得可怜……他们的收入甚至低于很多市民。当时，他们也没有其他工作机会"，不过这项工作有一项优势——退休金（虽然金额不多）。①

　　此外，教师经常遭到地方权力的刁难，这在刊物中也有所反映。《库班地方公报》报道了一则事件：一位哥萨克的阿塔曼②"十分厌恶一位女教师，决定用一种特殊方式折磨她：让她住在哥萨克军营中。新任阿塔曼上任

---

① Женский труд // Женский вестник. 1905. No 6. С. 181；Из быта сельских учительниц // Женское образование. 1878. No 8. С. 529.

② 俄国哥萨克军队和村镇的最高首领。——译者按

后，才取消了对她的惩罚"。①

很多文学作品中都反映了农村教师处境、崇高使命与屈辱地位的相关问题。A. П. 契诃夫在关于 И. 涅米罗维奇－丹钦科的回忆录中就认真思考了这些问题，写下了短篇讽刺小说《困境》；主人公玛丽亚·瓦西里耶夫娜便是一名农村教师。玛丽亚·瓦西里耶夫娜"每天下课后都头痛难忍，晚饭后经常心绞痛。学生们自发筹集金钱交给学监，请求这个大腹便便、蛮横无理的男人能够大发慈悲为他们老师购置木柴。玛丽亚在晚上还要组织考试或从事家务。她日益苍老，变得粗鲁、丑陋、笨拙，整日心情沉重、缩手缩脚。当管理局成员或学监在场时，她就毕恭毕敬地站着，不敢坐下……迫于生计，她选择成为一名教师，与此同时，她也丧失了所有志向；她也从未考虑过自己的使命和教育的意义。于她而言，学生、教育无关紧要，考试才是至关重要的头等大事。怎会考虑自己的使命与教育的意义？男性教师、贫困医生、医士在庞杂的工作中也从未产生过为人民服务的念头，因为他们终日所思都是一块面包、一截木柴、残破的道路、满身的疾病。生活艰辛、无趣，玛丽亚·瓦西里耶夫娜好似一匹不堪重负的马；哪怕是那些精力充沛、志向高远的人，他们也难以忍受长期空谈理想与抱负，最终便会筋疲力尽，放弃自己的事业"。②

与农村教师相比，城市教师的条件相对较好，但也不尽如人意。20 世纪初，城市杜马将教师最低月薪调到了 30 卢布，"教师满怀感激与愉悦之情"。但是，层层扣款后，教龄颇久的教师才只能领取 24 卢布，工资（本已十分微薄）的扣除比例甚至高达 20%。《城市事务》杂志谴责道："大臣的工资会有如此高的扣除比例吗？这甚至比从即将饿死的人那里抢面包更为恶劣。"③

---

① Русские отголоски // Женское дело. 1899. № 3. С. 84；Положение сельских учителей // Образование. 1899. № 1 – 3；и др.

② Чехов А. П. На подводе // Чехов А. П. Полн. Собр. Соч. И писем：В 30 т. Соч. Т. 9. М. ，1985. С. 338 – 339. 相关题材的作品还有 Н. 泰菲的短篇小说《农村教师》（см.：Тэффи Н. А. Ностальгия：Рассказы. Воспоминания. Л. ，1989. С. 75 – 79）。

③ Женское дело. 1899. № 11. С. 97.

值得注意的是，已婚妇女被"禁止就业"：地方权力机关经常发布已婚妇女的解职决议。例如，根据人民教育委员会的建议，圣彼得堡城市杜马决定，禁止已婚妇女在学校担任教师，禁止在职女教师结婚，已婚在职女教师应予开除。这种政策得到了教会的支持。教区委员会巴拉绍夫分会决定，开除辖区内的所有已婚女教师。① 叶戈里耶夫斯克（梁赞省）城市杜马决定，为了"防止女学生的道德堕落"，必须开除学校的已婚、怀孕女教师，因为"孕妇是堕落之源"；切尔登人民学校的学监表示，已婚妇女可以担任教职，但若其子女数量"超过规定标准"（2个以上），那么他们立即就会被解职。②

在地方，女性教师的工作环境更加艰难：地方的教师岗位有限，社会观点又十分保守。在首都，女性教师队伍的成长十分迅速（19世纪末，男性教师有5000名，女性教师有6500名）；在地方上，例如，梁赞的男性教师有1400名，但女性教师数量则少一半③（值得注意的是，该数据源自史料；但史料中并未纳入家庭女教师，因此女性教师的实际数量被严重低估了）。

教师的职业组织设立了互助信贷机构，开办了劳动安置事务所，此外还帮助成员寻找住所，为成员的子女组织学习活动。④ 19世纪末20世纪初，除了上述的教育者与教师协会，俄国大型的教师组织还有梁赞的男女教师互助协会（1890年）、圣彼得堡的教育互助协会（1893年）、教师互助协会（1901年）等。

莫斯科和圣彼得堡的戏剧学校（隶属于宫廷事务部）从18世纪就已开始进行专业的女演员职业教育。戏剧学校开设了芭蕾舞系和戏剧系，9~11

---

① Журнал для народного учителя. 1912. № 12. С. 33.
② Женское дело. 1911. № 9. С. 24, 29; и др.
③ Общий свод по империи результатов разработки данных Первой всеобщей переписи населения, произведенной 28 января 1897 г. Т. 1. СПб., 1905. См.: также: *Щепкина Е.* Женское население Петербурга // Образование. 1897. № 5 – 6. С. 224 – 227.
④ См., например: Устав Общества попечения о детях народных учителей и учительниц. М., 1913 (утв. 18 июня 1902 г.).

岁的儿童可以在此免费学习（国家拨款）。戏剧学校的公共课程与普通学校无异。直至 1917 年，戏剧学校才走出俄国的历史舞台；在此期间，它们几乎没有任何变化。圣彼得堡与莫斯科还开办了诸多音乐学院。文艺评论家在描述当时城市面貌时写道："手执乐谱的音乐学院学生匆匆行走在街上。"①值得一提的是，音乐学院也开设了戏剧培训班。

19 世纪末 20 世纪初，诸多妇女都希望在舞台上一朝扬名。为此，俄国成立了众多培训班，不过教学质量颇低。一位作家在札记中写道，戏剧培训班和演艺生涯不过是"烈火上飞舞的蝴蝶"，②而仓促成立的戏剧培训班几乎都是"江湖骗子"。戏剧培训班索价昂贵且教学质量低下，为了实现妇女的"演员梦"，很多演员、音乐家、歌唱家开设了私课。

妇女在寻找工作时，经常不考虑自己是否具备表演天赋，就盲目追求成为女演员，"……诸多妇女站到了舞台上……他们在家庭中、在与丈夫的相处中感受到了沉重的压力——如何摆脱这一切？在舞台上"！因此"很多妇女将摆脱现实的渴求寄托于自身，表演的愿望超过了表演本身的志向"。如此一来，他们便经常陷入失望，"神经兮兮，最终步入道德沉沦的状态，甚至是自杀"。③他们希望在舞台上表演，从事浪漫的职业，但仍继续着艰难、悲剧的现实生活；尼娜·扎列契娜正是一个典型的形象（А. П. 契诃夫诗篇《海鸥》中的人物）。

"很多群体"对演艺事业仍持有传统观念。当时，一部中篇小说描述了这种状况；女主人公的父亲"喋喋不休地教训她，一位出身官宦世家的聪慧知识女性绝不能从事演员行业，致使家族蒙羞"。④

与此同时，贵族、农民一致认为，护士、医士、产科医生等才是妇女的最佳职业选项。一位妇女在回忆录中谈道："一战期间，我在尼基塔大街上

---

① Петербургские силуэты // Петербургская жизнь. 1893. № 41. С. 401.

② Журнал для женщин. 1914. № 10. С. 7.

③ Щепкина-Куперник Т. Л. Труждающиеся и обремененные. М., 1903. С. 306 – 307.

④ Гарин С. Папаша // Журнал для женщин. 1914. № 5. С. 3.

的一家大学诊疗所担任护士，诸多同龄妇女也都从事此类工作。"①

1879 年，俄国伤病救济协会（成立于 1867 年）更名为俄国红十字协会，在各地开设了分支机构。协会设置了"十字护士"的专业技能评定，要求必须根据专业大纲接受理论与实践教育并通过相关考试。② 至 1914 年 1 月 1 日，俄国共成立了 49 个护士慈善组织，其中包括 1000 多名具有高等或中专学历的护士、744 名实习生和 1261 名"实习护士"。③ 在战争后方，他们的工作和生活条件甚至比在前线更为艰难，很多护士积劳成疾。值得注意的是，护士的退休金取决于其服务年限。实际上，国家医疗机构中并未录用多少护士：一位护士（经验丰富）的薪资比医院的助理护士、厨娘、洗衣女工的薪水高 3 倍。因此，若用护士取代助理护士，费用相当高昂，地方预算根本无力支撑。④

毫无疑问，社会十分支持女性从事护士行业：护士的职责是护理病人使之康复，这也符合人们关于妇女慈善心的传统认识。但是，女性医生则完全不同：医生代表一种权威，他们是医疗环境中的主导角色，需要控制、支配他人。因此，社会并不支持女性成为医生。《旧约》中指出：妇女只能成为乳母，男性才能成为医生。值得一提的是，这种对女性医生的传统偏见并不是俄国社会的独有现象。

考虑到实际需求，陆军部大力支持妇女高等医学教育的发展。1872 年，陆军部已允许妇女在军事医疗研究院就职；此外，军事医疗研究院还开办了女性医生培训班：为军队培养医生和经验丰富的护士。为了招徕未来的哥萨克医生，库班哥萨克部队的军事委员会专门为圣彼得堡的女子医学院设置了助学金⑤（众所周知，哥萨克的传统生活方式维持得颇久，观念相当传统、保守）。

---

① *Никитина В. Р.* Дом окнами на закат: Воспоминания. М. , 1996. C. 44.

② Подробнее см. : *Козловцева Е. Н.* Московские общины сестер милосердия в XIX—начале XX в. М. , 2010.

③ Женщины-крестоносицы // Мир женщины. 1914. № 15. C. 3.

④ См. : *Тевлина В. В.* Социальная работа в России в конце XIX—начале XX в. // Вопросы истории. 2002. № 1. C. 118.

⑤ Новый мир. 1899. № 2. C. 12.

斯摩棱斯克护士慈善协会——照片摄于 1902 年

　　1895 年，圣彼得堡女子医学院（隶属于人民教育部）成立；妇女可以在此接受教育，"学习妇幼疾病疗法与产科知识"。圣彼得堡女子医学院的毕业文凭具有相当高的含金量：在农村，毕业生可以进入私人医疗机构实习，可以在女子学校、妇幼医院等机构担任医生……总之，可以管理地方医疗区段、农村医院；在城市，毕业生则可以进入妇幼医院、综合医院的妇幼科室，也可以在妇幼医学司法证明中担任法医助理。1898 年，女性获得了担任国家公职的权利（但无法获得晋升、无权接受勋章）；1900 年起，女性医生可以开办私人研究室。如此一来，妇女在职场上逐渐获得了应有的地位。

　　1908 年，帝俄的医生共计有 2.4 万人，但女性医生占比不超过 6%——大约 0.15 万人。[①] 不过，女性医生的数量不断增长——每年获得医学学位的女性平均为 800 人，地方自治机关的医生中女性医生的比例超过 20%。[②]

　　此外，女性医生不得不在医疗实践中逐渐证明自己的能力。М. П. 波克

　　① Женский вестник. 1909. № 7 – 8. С. 160.

　　② Женщины-врачи в России // Женская жизнь. 1915. № 8. С. 6.

罗夫斯卡娅回忆了自己初入职场时的尴尬境地（后来，她成为一名优秀的医生）：院长对女性医生的评价相当差，时常表示"女性医生才智不足，无法胜任科学领域的工作"，"与最出色的女性医生相比，富有经验的医士反而拥有更好的治疗能力"。即使是受过教育的市民，他们支持女性解放，但是对女性医生的医术也持怀疑态度。[1]

1911 年，刊物上指出，"与男性医生相比，女性医生的理论能力不遑多让，但其实践能力却远远不及"。值得注意的是，女性医生还经常阻挠女性同行获得理想职位。此外，当时的杂志上还指出："……时至今日，没有一名女性医生成为医院的主任医师。截至目前，没有一位女性医生获得'圣彼得堡城市医生'的称号，因为根据传统，这个称号只能授予男性医生。不久前，圣彼得堡玛丽亚医院的医生一致决定，女性医生不得担任住院医师。"[2] 与此同时，女性医生也因工作认真、富有热情、踏实好学而获得了很高的评价。

与在教育领域一样，妇女在医学领域的活动也十分活跃。首都、省城都建立了各种委员会、小组和协会，例如"医院戈比募捐"委员会、"产妇照管"协会、"伤病军人"协会、"妇幼疗养所"（隶属于地方红十字会）等。战争期间（俄土战争、俄日战争、第一次世界大战），这些妇女组织起了十分重要的作用。

与此同时，还出现了一些对女性医务人员施以援助的组织：帝俄女性医务人员保护协会（1899 年）、圣彼得堡产婆互助协会（1899 年）、女性医生互助协会（19 世纪末），此外，还有各地出现的女性医生协会等。

缝纫是妇女传统的工作领域。但是，知识女性认为，缝纫工、裁缝工等职业属于低级工种。随着传统社会的瓦解，绝大多数家庭都无力雇用专属的工匠（其中包括缝纫工），其中也包括地主和富有的市民家庭。越来越多的裁缝工成为"自由工作者"（以"自由雇佣"的方式工作）。由于相应的需

---

① См. : *Покровская М. И.* Как я была городским врачом для бедных. СПб. , 1903.

② *Иванова.* Адвокатки // Женский вестник. 1911. № 12. C. 274.

求不断增大，贫穷的女性在慈善协会的孤儿院或学校、劳动院接受缝纫教育；优秀的学生还有望成为手工业教师。

В. Я. 列别什基娜（出生于商人家庭）是手工职业教育的拥护者；1887年，她在莫斯科皮亚特尼茨基大街上建立了一所手工女校（以早夭的女儿命名）。① В. Я. 列别什基娜表示，这所女校的目标是"为具备基础教育的女性提供未来的职业培训""引导她们走上职业道路"。这所女校的教育并不免费，但可减免贫困学生的学费。女校设有编织机部、缝纫部、艺术手工培训班、手工教师培训班。这所女校旨在培养妇女的良好工作作风，经常组织学生参访剧院、博物馆和动物园。女校毕业生可以获得城市手工艺管理部门授予的官方证明，她们便可据此从事相关工作。

俄国知识女性追求物质独立，也会将裁剪、刺绣工作与"古代妇女"挂钩，因此对此类职业不屑一顾。不过在某些情况下，这类工作确实有助于妇女改善自己的生活。例如，破落贵族家庭的妇女会有一些狐毛、皮制品，她们会"采下上面的毛，然后进行清洗、纺纱，最后会将其编织成头巾、披肩、围巾等，进行售卖……这些针织品的质量也几乎无可挑剔"。这些"精美的针织品"会使她们"赚得一杯茶钱，或以此收入购置大衣和温暖的长筒袜，或给儿孙购置礼物"。②

车尔尼雪夫斯基认为，妇女可以按照社会主义精神建立缝纫厂；因此，裁缝职业一度成为"先进人士"的关注焦点。但是同以往一样，当时的知识女性只是希望成为组织者，并不希望参与实际工作，因此不久后，"理论性的缝纫厂"便都纷纷倒闭了。缝纫厂的组织者有很多社会活动家（例如 Н. В. 斯塔索娃），"他们的活动提高了俄国妇女的地位"。为了帮助"劳动者"，他们开始开办缝纫厂。后来，В. В. 斯塔索夫（著名评论家，Н. В. 斯塔索娃的兄弟）谈道，"童装缝纫厂的工作量很大，却入不敷出"，"为了完成巨额工作量，这些职工只能制作质量低劣、款式老旧的服饰……这些妇女

---

① Исторический очерк к 25 - летию городского женского профессионального училища им. В. Лепешкиной. М. , 1912.

② *П. Д. Боборыкин.* Китай-город // Сбор. Соч. : В 3 т. Т. 2. М. , 1993. С. 180.

职工……在制作衣物方面根本不合格"。① 此外，组织者也认为自己的工作十分困难——"……非常麻烦！每位职工都需用身份证进行注册，否则就必须开除他们"；与此同时，他们还需为每位职工分配工作——给予职工所需衣料，还需据此推算所需储备，这些内容都要记录在册；此外，还需计算所用衣料，每周必须缴税。B. B. 斯塔索夫总结道："缝纫厂的现状与未来发展，无一不需组织者深思熟虑。"女性慈善家（组织者）发觉，缝纫厂管理工作相当困难且难以迅速盈利。她们认为，自己的工作难度并不亚于缝纫职工的实际工作。

虽然这项尝试并未成功，却改变了社会对缝纫职工的态度。《妇女劳动》杂志第一期就指出："在这个时代，只要妇女迈入工作领域，她们就具有了合法、不可剥夺的社会权利……从本质上讲，女性杂志编辑与缝纫职工的工作并无不同……"《妇女劳动》杂志声称，其目标是"尽力为贫穷妇女服务，尊重那些从事女红活动（在家庭生活中为自己的孩子、兄弟姐妹制作衣物）的妇女"。② 但是，《妇女劳动》杂志并未兑现自己的诺言；20 年后，《妇女劳动》的编辑们（已是其他刊物的编辑）抱怨道，现在刊行的 8 个妇女刊物"无一例外地把注意力投向了独立工作的女性、女性社会活动家，完全忽视了家庭妇女（将自己的一生奉献给了家庭）的需求"③（事实上，俄国的妇女期刊与其他国家不同，具有明显的社会政治特点）。

通常，普通的贫穷妇女也会努力开创自己的事业。商人孀妇 M. O. 马蒙托娃（抚养两名幼子）几近破产，依然开创了自己的事业。她前往巴黎"学习服装裁剪技术。回到莫斯科后，她最初帮旧相识制作服饰"，后来声名鹊起，甚至被人们尊称为"玛格丽特·奥托夫娜"（即 M. O. 马蒙托娃）：在当时的俄国，与她一样辛勤工作的妇女有很多，但受到如此尊重的妇女并

---

① *Стасов В. В.* Надежда Васильевна Стасова: Воспоминания и очерки. СПб. , 1899. С. 68 – 69, 72.

② Женский труд. 1880. № 1.

③ Журнал для хозяек. 1912. № 1. С. 1.

不常见。①

　　广义而言，缝纫职业有：裁缝师、缝纫工、刺绣工、花边女工、制帽女工、饰品女工、时装设计师、"女性模特"；长期以来，知识女性对这些职业不屑一顾，因为她们的追求完全不同。19 世纪的最后十年，虚无主义热潮渐退，缝纫领域涌现了一批女性艺术家。Н. П. 拉马诺娃（出身贵族）的经历便是一则典型的范例。中学毕业后，父亲早已破产，她在忧心就业的同时还要抚育三个幼妹。最终，她决定前往裁缝学校学习，毕业后成了一名裁缝师；1885 年，她开办了一家裁缝店；后来，与 М. О. 马蒙托娃一样，Н. П. 拉马诺娃也前往巴黎学习裁剪技术。1901 年，她开始在艺术剧院工作（长达 40 年）。拉马诺娃不得不养家糊口，但仍旧可以自由地选择职业。在与残酷现实斗争的同时，她还实现了自己的天赋。拉马诺娃是俄国第一位女性专业时装师——她为此职业赋予了新的内涵，成为现代妇女面貌的塑造者。

　　在莫斯科，"贵妇缝纫厂"开始招收高等女子培训班的学生（需要额外收入）。女性刊物大都对此事件嗤之以鼻，但也有一些刊物给予了正面评价："高等女校学生……突然成为女裁缝……呸……但是，这也是生活所迫，她们需要读书，但没有足够的资金。"这类工作机会颇多，若她们努力、认真工作，每月可获得 150 卢布的薪水。② 总之，类似事件表明，社会对"非智力"劳动的尊重十分困难。

　　值得一提的是，俄国妇女还在时尚界开启了一番事业，她们引领的这股风潮引起了社会共鸣、溢出了国界。20 世纪 20 年代，俄国的模特、服装工艺美术设计师、女裁缝、裁剪师都是欧洲业界翘楚。③ 凭借良好的品位、优秀的裁剪技能、独树一帜的风格，一些俄国上层移民在异国他乡开创了自己的事业，引领了当地的时尚风潮。

　　19 世纪末，妇女商业培训成为当时的迫切问题。根据 1896 年商业规

---

①　*Зилоти В. П.* В доме Третьякова. М., 1998. C. 40.

②　Курсистки-портнихи // Журнал для женщин. 1914. № 6. C. 7.

③　См.：*Васильев А.* Красота в изгнании. М., 2000.

章，财政部最初开设了 8 所女子商业学校（商业培训班和会计学校）；至 1905 年，财政部共开办了 34 所初级、中等女子商业学校（其中 14 所商业中等专科学校、10 所贸易学校、10 所商业和会计培训班）。除此之外，莫斯科开设了伊万诺娃社会女子商业培训班，圣彼得堡开设了女子商业中等专科学校（学校开在"A. 杰米多夫家中"）。1907 年，莫斯科商业教育普及协会将男子商业中等专科学校与女子商业中等专科学校合并，成立了商业学院（后来的 Г. В. 普列汉诺夫研究院），自此之后，学院招生便不限性别。[1] 此外，基辅也开办了商业学院。

当时，经济活动（尤其是对俄国格外重要的农村经济）引起了社会的重视。在传统社会，妇女主要负责管理家事、"务农"；现在，她们则需要更加专业地从事这些活动。俄国农村十分需要相关专家，很多农村妇女也希望学习相关知识。[2] 因此，农业学校应运而生。一般而言，农业学校开设在庄园中，也方便开展实践教育；对于妇女而言，优先选项是乳制品产业、家禽业、蔬菜栽培业、种植业。1871 年，H. В. 韦列夏金开办了著名的叶基莫诺夫乳制品产业学校，学校主要教授畜牧业、奶油制品、乳酪等领域的相关知识；学校可以免费就读，学生仅需支付住宿费用。30 年内，该校共培养了 300 多名女子学员，其中 100 多位成为"相关领域的工作能

《彼得罗夫娜·拉马诺娃的希望》——画家 B. A. 谢罗夫绘于 1911 年

---

① См.: *Бурышкин П. А.* Москва купеческая. М.，1990. С. 93.

② См.: *Клинген И. Н.* Роль женщины, как образованной сельской хозяйки в обновлении русской деревни: Доклад Обществу содействия женскому сельскохозяйственному образованию 20 ноября 1903 г. СПб.，1903.

手"，她们主要在"公立、私立的庄园或畜牧场"、大型私人乳酪工厂工作。1889 年，男爵夫人 A. И. 布特贝格在自家庄园开办了家务与家庭管理女子学校，其 103 名毕业生中共有 83 位从事相关工作。值得注意的是，国家并未对这类学校提供很多物质帮助。后来，H. H. 涅普柳耶娃开办了普列奥布拉任斯基农业学校，M. H. 格里耶娃 - 马里乌察在自家庄园开办了佐祖林斯基农村经济与家政学校；这些学校都广受欢迎。

农业学校的职业教育主要依靠农村教师，而非专家；因此，为了弥补这一缺陷，农业学校开办了众多短期培训班（关于园艺业、蔬菜栽培业、养蜂业等）。这类培训班主要招收教师与具有中等教育学历的妇女，其中开设实践课，也会组织参观活动。1888 年至 1896 年，农业学校共开办了 200 多个此类培训班。[①] 玛丽亚农业学校分别于 1902 年、1903 年夏开办了短期培训班；[②] 1902 年，根据 M. A. 乌鲁索娃（英国国际女性园艺联盟成员）的倡议，妇女园艺与蔬菜栽培援助协会也开办了为期三个月的培训班。在企业家（主要是女性企业家，也有一些熟识的男性企业家）的资助下，妇女园艺与蔬菜栽培援助协会在圣彼得堡设立了一个仓库。仓库收购原材料进行加工，也从事农作物种子贸易；仓库主要储备种子、农作物秧苗、农具。[③]

1900 年，莫斯科的彼得罗夫 - 拉祖莫夫斯基农学院（后来的 K. A. 季米里亚泽夫研究院）开办了女子农业培训班。女子农业培训班的学员年龄在 17 ~ 54 岁；其中有很多成年妇女，她们早已具备工作技能且十分清楚就学目的；此外，因培训班独具特色的实践培训，农村妇女也对其情有独钟。女子农业培训班开设的课程十分广泛，其中包括林木栽培、园艺业、养蚕业、气象学、植物学、有机化学、无机化学、动植物生理学、"蜜蜂自然史"、农业管埋（世界首例）。[④] 1901 年至 1902 年，基辅和哈尔科夫开办了

---

① Женское дело. 1899. № 1. С. 73, 83.

② Сборник статей по вопросам женского сельскохозяйственного образования. СПб., 1905. С. 10.

③ См.: *Урусова М. А.* Женское общество садоводства. М., 1902.

④ Женские сельскохозяйственные курсы // Журнал для всех. 1900. № 8. С. 977 – 980.

高等农业培训班（不限性别）。

1897 年，农业部与国家产业部决定，必须大力促进妇女农业教育的发展。以 И. А. 斯捷布特①为首的妇女农业教育援助协会（1899 年）决定，将不同人士、机构关于妇女农业教育问题的意见形成汇编。根据学者的倡议，1904 年，妇女农业教育援助协会与农业部合资开办了两年制的女子高等农业培训班（面向具有中等教育学历的妇女）。② 培训班毕业后，毕业生通过相关考试便可获得"农业技术员"的称号。③

一战前，莫斯科开办了一些戈利岑高等女子农业培训班（1908 年）；④顿河农业协会（1916 年）在新切尔卡斯克、基辅、哈尔科夫、萨拉托夫等地也开办了高等女子农业培训班；根据菲舍尔·冯·瓦尔德海姆（圣彼得堡植物园园长）的倡议，圣彼得堡植物园开办了农业培训班。

妇女在艺术领域开拓了一片天地。19 世纪中期，俄国出现了一些专为女性开设的艺术学校、中等专科艺术学校、手工艺学校和艺术培训班；其中很多是妇女开办的。例如，1869 年，艺术家 М. Д. 拉耶夫斯卡娅 - 伊万诺娃（圣彼得堡艺术研究院的"荣誉成员"）在哈尔科夫创办了中等专科艺术学校。这所私立中等专科学校在 30 年间培养了近 900 名毕业生；1896 年，该校移交给了哈尔科夫城市管理局。⑤ 早在 1854 年，艺术研究院将首枚金牌授予了一位女性——来此参观自然写生课的 С. В. 索霍夫 - 科比利娜；但直至 1873 年，艺术研究院才开始允许女性学生入读。⑥ 很多艺术学校已开始招收女性学生，例如，Н. С. 冈恰洛娃曾在莫斯科的写生画学校、雕塑学

---

① 俄国农学家。——译者按

② *Иванов А. Е.* Высшая школа России в конце XIX—начале XX в. М. , 1991.

③ Женский вестник. 1905. № 3. С. 95.

④ 1914 年，培训班共收到了来自 200 个地方的 700 多项申请（Мир женщины. 1914. № 15. С. 31）。

⑤ Юбилейный справочник имп. Академии художеств. 1764 – 1914 гг. / Сост. С. Н. Кондаков. СПб. , 1914. С. 238.

⑥ Сборник постановлений Совета имп. Академии художеств по художественной и учебной части. С 1859 по 1890 г. СПб. , 1890. С. 181.

校、建筑学校就读，В. Ф. 斯捷潘诺娃、О. В. 罗扎诺娃曾在工艺学校就读，① 很多女性听过艺术大师的课。20 世纪初，女性艺术家感觉到，自己是文化群体中享有充分权利的一员。

女性作家、散文家、诗人也是文学活动中享有充分权利的成员。② 没有女性工作者——评论家、杂文家、翻译家、校对员，报纸、杂志的工作难以开展。根据 20 世纪初的统计数据，当时的编辑、出版家中将近有 30 位是妇女。③

一战前夕，女性的职业领域已十分广泛，其中也包括当时的新兴职业。《妇女生活》杂志的编辑自豪地指出，1911 年，首都（圣彼得堡）女子工科学院的首批毕业生堪称"全球首例"④（该校的"首例"头衔并未维持多久：不久，莫斯科开办了女子工科学院；1917 年，哈尔科夫也开办了女子工科学院）。工科学院一般分设 4 个系——工程系、建筑系、电工系、化学系，毕业生均可获得"工程师"的称号。女子工科学院的大学生暑期必须前往"铁路、工厂、建筑工地、发电厂"⑤ 等地实习，不过毕业后也可获得"丰厚报酬的工作"。此外，Е. Ф. 巴加耶娃女子建筑培训班（圣彼得堡）、М. К. 普里奥罗娃女子建筑培训班（莫斯科）、莫斯科建筑培训班则为女性学生传授建筑、施工方面的相关知识与技能。⑥

---

① См.：*Трегулова З. И.，Турчин В. С.，Якимович А. К.* Амазонки авангарда. М.，2004.

② Подробнее см.：Женский вызов：русские писательницы XIX—начала XX в.：Сб. Статей. Тверь，2006.

③ Женщина.（Женщина-гражданка）. 1907. № 3. С. 6.

④ Женская жизнь. 1916. № 2. С. 8.

⑤ Женский вестник. 1911. № 5. С. 135；Женское дело. 1911. № 7 – 8. С. 21.

⑥ Все высшие женские учебные заведения России：Необходимый справочник для женщин，стремящихся к высшему образованию. М.，1916.類似的女子教育手册会定期发布，反映了俄国教育领域快速变迁的状况。教育手册会发布俄国不同地区新成立的学校，也会持续更新相关信息；学校数量、学制、入学要求、收费标准及其他信息（Новый сборник полных правил и программ для поступающих в женские учебные заведения на 1888 – 1889 уч. Г. / Сост. Д. К. Влахопулов. М.，1888；Справочник по среднему образованию. Ч. Ⅱ. Программы и правила общеобразовательных средних учебных заведений / Сост. Д. Марголин. СПб.；Киев，1912；и др.）。

妇女在高等教育领域的权利斗争大获全胜。1911 年，俄国通过了一部法律，其中宣称，高等培训班的毕业生及其教学大纲"与大学等同视之"，毕业生通过相关考试后可以进入"面向妇女的相关委员会"。实际上，法律承认了高等女子培训班与俄国其他高等学校享有同等的法律权利。与此同时，社会新开办的高等学校都向女性敞开了大门。例如，圣彼得堡的精神神经病学院（1907 年由 B. M. 别赫捷列夫创办）、莫斯科的尚沙尼亚夫斯基大学（1908 年由 A. Л. 尚沙尼亚夫斯基创办）。[①]

绘图课上，E. Ф. 巴加耶娃女子建筑培训班的学生——照片摄于 1916 年的圣彼得堡

1912 年末至 1913 年初，俄国妇女平权联盟（创建于 1905 年）在圣彼得堡召开了全俄妇女教育代表大会，大会讨论了妇女教育问题——初级、中

---

① См.：*Сперанский Н.* Возникновение Московского городского народного университета им. А. Л. Шанявского：Историческая справка. М.，1913.

等、高等教育，同时涉及了高等学校的现代教育问题。

19 世纪下半期，除"传统"职业，妇女的职业领域十分有限：她们还可以在国家机构中担任职员。1860 年，电报局开始雇用女职员；1864 年，妇女可以进入司法部工作；1869 年，消息部和国家监管部也开始招收女职员。[①] 19 世纪 70 年代，妇女开始在海关、统计委员会、内务部和农业部工作；19 世纪 80～90 年代，他们被允许进入财政部、海军部、宫廷事务部、商贸部工作，还可以在参政院和国家议会的办公厅就职[②]（通常情况下，妇女实际进入这些部门的时间更晚一些）。

1871 年，政府发布了一项"传统色彩浓厚"的决议，其中规定，妇女可以担任公职，除了教师与医学行业，她们只能担任"信号员与电报员"、皇后玛丽亚管理机构妇女机关的"计算统计职务"。[③] 此外，决议还规定，"所有政府机构、社会机构的职员（包括办事员）都需根据领导任命、选举两种方式产生，妇女不得担任（也不允许雇用女性）"。但实际上，决议的实施完全取决于地方领导的个人决断。值得注意的是，国家机构很多职位都需录用妇女，这也在所难免。1899 年法规指出，女性职员应为职务中的罪行和过失接受相应的惩罚；因此，政府表明，女性职员在国家机构的工作更为合适、稳定。

但是，妇女的工作仍旧受到诸多条件的限制。1904 年条例规定，年满 18 周岁、具备一定教育资格（至少具有四年制中学、教会学校文凭或接受过其他相应水平的教育）的妇女可以进入国家机构工作。妇女可以根据"自由雇佣"原则选择职务，但这也暗指其薪资水平较低，没有加薪机会，也没有退休金。不过，三年试用期满后，他们便可以成为国家的正式公务人员，享有职务应有的所有合法权利。值得一提的是，掌握外语技能的妇女具

---

① 国家监管部（1811～1917 年）是帝俄高等国家部门中唯一一个管理机构，主要负责对国家预算进行监督、检查（其中包括资金支出检查、资金滥用防范等）。国家监管部的地方机构是监督局。

② См. : *Покровская М. И.* Женщины на государственной службе // Женский вестник. 1909. № 10. С. 185.

③ См. : *Григорьев В. В.* Исторический очерк русской школы. М. , 1900. С. 561.

备一定的优势。例如，掌握法语和德语的女性入职便可担任五级国家官员，原则上有权任命邮政处的领导。不过，若妇女成为国家公务人员，也有更多的条件限制。例如，"为了保守电报机密"，话务员只能嫁给电报官员。

俄国的现代化需要大量的劳动力，需要各种各样精密、高效的工作。Н. Г. 加林·米哈伊洛夫斯基在长篇小说《工程师》中描绘了一幅千人热情工作的场景：随着现代化道路的修建、电报线的铺设，事务所的女电报员"不眠不休"，"夜以继日地工作"：查询数据、发送材料、发送指令、征求报告。[1]

1907 年，邮政电报管理局的报告指出，管理局职员共计 5.6 万人，其中 4.4 万多人是妇女。1915 年，莫斯科电报局的女性职员数量超过了职员总数的 60%。[2]

俄国铁路事务所也开始招收女性职员。[3] 至 1905 年，国有铁路女性职员数量共计 2.2 万人；其中，波罗的海沿岸和普斯科夫 – 里加的铁路线上有大量的女性职员——女性职员数量占到了职员总数的 15%。[4] 与此同时，在铁路上供职的女性职员数量呈现持续增长的态势。这种状况引起了相关领导的担忧；交通部大臣签署了一项通报，其中规定女性职员的比例不得超过 35%。

当时，"比例标准"成了很多机构限制女性职员数量的常用手段。例如，1900 年，彼尔姆国家产业管理局决定，女性职员数量不得超过职员总数的 1/3；此外，管理局还规定，官员之女、无救济金孀妇之女应被优先录用（总之，采用的是传统社会中的人道措施）。国家监管部要求，女性职员的比例不得超过 20%，月薪不得超过 50 卢布；但是当时，国家监管部的女性职员已经远超该比例，因此便停止招聘女性职员。[5] 1914 年，交通部表示，"在维持一定比例的条件下，非重要职位可以录用女性工程师"。[6]

① См.：*Гарин-Михайловский Н. Г.* Студенты. Инженеры. М.，1977. С. 76.
② Женщина и война. 1915. № 1. С. 12.
③ См.：*Глинка О. Ф.* Труженицы. Женский труд в железнодорожному деле. Киев，1889.
④ Женский вестник. 1905. № 4. С. 156.
⑤ Журнал для всех. 1900. № 12. С. 1526 – 1527.
⑥ Женский вестник. 1914. № 1. С. 29.

在省级地方管理局，妇女可以担任文书、打字员、司书、会计、计数员、记录员、校对员、制图员。例如，1914 年，圣彼得堡 14 名省级"土地规划"绘图工作者中有 4 名女性，绘图办公厅的 3 位职员中有 2 名是妇女。① 当时，出现了一种颇具时代特色的新状况：妇女的命运与其"工作岗位"产生了莫大的关系。安娜·格里戈里耶娃·斯尼特基娜的经历就是一则典型例证。速记培训班毕业后，她担任了 Ф. М. 陀思妥耶夫斯基的秘书，后来又成为他的妻子。

类似事件也成为小说等文学作品中司空见惯的题材。韦列日尼科夫在短篇小说《代理人》中描述了一位高等女校学生的经历：她成为一名秘书且钟情于自己的上司。上司濒死的妻子对她谈道，自己也曾做过"丈夫的秘书"。② 俄国艺术文学中产生了新的女性形象——受过教育的、工作的女性市民，她们经历了生活的种种磨难。在涅米罗维奇－丹钦科的短篇小说《排字工人》（1898 年）中，女主人公为了 20 卢布的月薪夜以继日地工作，她住在阴暗、潮湿的房间里，健康状况越来越差，也看不到任何未来。

战争期间，由于劳动力短缺，国家动员妇女参加工作。俄日战争期间，由于"诸多职员离职"，卡卢加城市管理局请求省长允许其招收女性职员；但是，省长表示反对："……没有任何法律允许，政府机构、社会机构可以招收女性职员。"然而，管理局的官员们十分坚持，他们表示：新的保险法刚刚通过，保险处面临诸多工作，理应增加人员编制。省长提出了一些条件（将女性职员排除在编制之外，只允许女性成为短期职员）后，最终被迫同意了这项请求。

刊物编辑联合授予了奥伦堡省长一个荣誉称号——"女性职员守护神"。他在递交给内务部的报告中指出："除了省、县机构的职位，其他所有职位都应向妇女开放。"省长倡议，与男性一样，妇女亦有权获取退休金。但他也表示，"起初，每个机构女性职员的数量不应超过职员总数的

---

① Памятная книжка С.-Петербургской губернии на 1914－1915 гг. СПб., 1914.
② *Вережников А.* Заместительница // Перед лицом жизни: Сб., М., 1913.

25％”。①

女性职员的头上始终悬挂着一柄达摩克利斯之剑。由于其他各种原因（并非因为她们工作失误、低效），女性职员时常遭到解雇；她们感觉到了自己的"次要地位"。因此，编辑时常呼吁，必须制定"捍卫妇女工作权利"的法律。在国家机构，女性职员也遇到了一些问题：拥有家庭、子女的女性职员只能获得形式上的平等，有时甚至会产生严重的问题。例如，在获得医生证明的前提下，女性职员最多可获得一个月的产假。② 但实际上，这项规定的实施完全取决于领导。刊物上曾报道了一则类似事件："不久前，电报局事务所的 P 女士觉得临盆在即，因此将近一周未曾工作。电报局事务所的领导通知 P 女士，要么选择工作、要么辞职待产。P 女士与丈夫的月薪只有 45 卢布，无法拿这份工作冒险；因此，她只得前往工作，直至最终被拖入产房，她才获得了无比珍贵的产假。"③

电报员需长期集中精力，因此身体会相当劳累。运用休斯式电报机④，电报员需要"每小时需增加 25 次重量为 4 普特⑤的砝码……高度超过 1 俄尺⑥"；同时，为了彻底发挥电报机的效用，电报员还应每小时"蹬脚踏板 15 次"。如此大的工作量、如此漫长的工作时间（每日 12 个小时），"电报员（尤其是女性电报员）的身体每况愈下"。⑦

在女性职员的监督下，男性领导人感到十分不适；他们认为，女性职员干扰了他们正常、合理的工作流程。因此，这些男性领导人总是"前进一步，后退两步"。此外，俄国还经常发生此类事件·相当自由的法律总是会被通报、说明、临时条例"稍加修正"，如此一来，妇女的权利被限缩，生

① Губернатор-защитник женского труда // Женский вестник. 1910. № 7. С. 15.
② См. : *Покровская М. И.* Указ. соч. Такая же норма существовала долгое время и в годы советской власти.
③ Хроника // Женское дело. 1910. № 29 – 30. С. 17.
④ 因发明人休斯得名。——译者按
⑤ 俄国重量单位，等于 16.38 公斤。——译者按
⑥ 俄国采用公制前的长度单位，等于 0.71 米。——译者按
⑦ *Щеголев В. Н.* Женщина-телеграфист в России и за границею. СПб. , 1894. С. 13 – 14.

活也愈加艰难。例如，1909 年，俄国通过了《邮局电报管理部门妇女职务条例》，严重损害了女性职员的权利。此外，一些废止的条例又重新上路，其中规定"仅有 18 岁至 30 岁的姑娘、寡妇"才可应征邮局与电报局的相关职务；30 岁以上的妇女若想应征，则必须获得邮局与电报局主管部门领导的特别许可。同时，这些条例还规定，邮局与电报局只会留下两类女性职员——丈夫在同部门工作的已婚妇女或只嫁于同部门同事的女性。这项规定使得很多女性职员身陷困境。电报局的领导希望辞退一位女性职员，原因是她的丈夫已不在该部门工作；这位贫困的女职员极力证明，她与丈夫早已分居且已向宗教事务所提交了离婚申请，"若失去这份工作，她将无以为生"。[1]

为了揭示女性职员比例的合理范围（维持在何种比例不会破坏国家公务），内务部开始派发问卷调查表。问卷调查涉及诸多问题，例如女性职员能否保守工作机密？对该问题的忧虑便解释了为何规定电报管理部门的女性职员必须"嫁给同事"，如此一来就能在一定程度上保证，即使是"多嘴多舌"的女性职员也不会泄露机密、破坏公务。

俄国西南边陲的将军特列波夫指出，省、县机构中的"女性职员比例过高"。波多利斯克的省长则辩护道，女性职员是优秀的执行者，"她们的工作效率比男性职员更高……她们无愧于任何嘉许"，若开除所有女性职员——那就意味着丧失了 60% 的职员，将会对机构的工作造成极大影响。特列波夫将军不得不"退而求其次"，他指出，未来工作部署"必须严格遵守相应规则：不得继续录用女性职员，所有职位空缺应由男性填补"。[2] 但是，一战爆发后，很多男性职员应征入伍；因此，越来越多的妇女填补了他们的职位空缺。

在男性掌握主导权的领域，妇女的处境更为艰难。Е. Ф. 科兹米娜（俄国首位女性律师）的经历就是一个典型的例证。[3] 中学毕业后，科兹米娜成

---

① Женский вестник. 1912. № 7 – 8. С. 168.

② Женский вестник. 1909. № 7 – 8. С. 159 – 160.

③ См. : *Свенцицкий Е.* Забота // Женское дело. 1911. № 16. С. 14.

电报员——照片摄于 20 世纪初

了一名俄语教师，之后前往喀山继续求学。但是，喀山的培训班已倒闭，因此她做了喀山检察官 A. Ф. 科恩的秘书。著名的法学家（A. Ф. 科恩）慧眼识珠，不久后便向仲裁法官（这位法官的妻子是一名医生，或许这使他更能接受女性职员）推荐了科兹米娜，因此她成了法官的文书。她准确执行命令，工作出色，获得了上司的嘉许，但她的女性身份使得领导有所顾忌，因此她只能在一处不易察觉的角落里（大厅一侧的屏风后面）工作。

科兹米娜的委托人有商人、工人、农民，她积累了丰富的经验，因此决定开创自己的事业。不久她便迎来了一个契机，司法部大臣颁布了一则新条例：若要从事律师事务，必须通过考试，获得相关证明（换言之，仅有律师才能从事这些事务）。科兹米娜成功通过了考试，获得了"荣誉律师"的称号。成为享有充分权利的律师后，科兹米娜在下诺夫哥罗德经手了几件大案，其中包括击败知名律师 Ф. Н. 普列瓦科的案例。但是，女性律师出席法庭经常会引起男性律师的不满。司法部大臣收到了一些相关报告，其中指出："女性律师统治了司法界。"司法部大臣立即向法院及其分支机构下发了通报，规定"从今以后，不得为妇女颁发民事事务管理的权利证书"。但是，参政院站到了妇女一方，他们表示，"妇女依法享有担任私人律师的权利"。1876 年 1 月 7 日，司法部大臣签署了最高指令，妇女因此丧失了担任私人律师的权利。后来，沙皇签署了一项指令，Е. Ф. 科兹米娜等女性律师重新走上了法律服务道路。但是，司法部大臣依旧固执己见：律师的工作应完全公开；女性律师只能处理刑事案件。此外，妇女在司法管理机构只能获得一些无足轻重的职位。

1911 年，立宪民主党向国家杜马提交了一份法律草案——《妇女担任律师之权利》。当时，俄国将近 100 位妇女接受过高等法律教育，其中 1/3 通过了国家考试。[①] 在莫斯科、圣彼得堡，俄国同盟的女性律师成立了自己的组织（附设分支机构，其中莫斯科的成员有 60 多人）。[②]

对于妇女而言，私人事务所的工作并没有如此严格的限制，主要取决于雇主的意愿。但是，妇女也不得不与男性同事展开激烈的竞争。与此同时，男女职员的薪水差异颇大。《城市事务》杂志刊出过相关信息：男性职员的年薪大约为 1500 卢布；女性职员的工资因地区有所差异，但年薪大致在 161~288 卢布。[③] 当时，男性职员辩护道："女性职员的工作量与男性相当，但工资颇低，原因在于女性的家庭负担远低于男性。"[④] 在此情况下，传统社会的理念再次显现：男性职员可能并非显要人物，但确实是一家之主。即使女性职员辛勤工作，他们依旧不被视作家庭的供养者（哪怕确实需要供养家庭）。因此，工资标准并非由工作量、专业能力及工作质量决定，传统

---

① См.：*Иванова.* Адвокатки // Женский вестник. 1911. № 12. C. 273.

② Женское дело. 1911. № 23. C. 18.

③ К вопросу о разработке общегородской пенсионной кассы // Городское дело. 1913. № 7. C. 422.

④ *Исаев А. А.* Начала политической экономии. СПб.，1894. C. 220；*Золотарев Л. А.* Семья и женский труд. М.，1899. C. 12.

性别角色才是工资标准制定中的主导因素。

这种工资标准十分怪异，却在社会上大行其道；对女性职员而言，这是赤裸裸的不公待遇。"1902 年，报刊新闻专栏发布了 5 项女性职员诉讼案，她们与男性职员工作量一样，因此希望获得同样的工资待遇。"①

19 世纪末 20 世纪初，城市地址簿中有一些妇女的名字，他们的名字后会附带各种头衔，表明其家庭出身，例如荣誉文官之女、商人之女、七等文官之女米塔瓦②市民之女；此外，一些妇女的头衔还会缀上其职业，如"女医士、官员之女""种痘员、贵族之女"。对于男性而言，地址簿中则仅指出他的官位。20 世纪的最初十年，刊物上指出，一些职业女性仅介绍自己的职业，不再介绍家庭出身。直至 1914 年，国家杜马才通过了一部法律——《夫妻分居法》，其中一项条款指出，女性就业时不必争取丈夫同意。③

总之，20 世纪初，俄国的女性教育体系存在各种分支。在中等专科学校（或中等职业培训班）和高等学校就读的学生有更多的就业机会。

外交官的妻子是一个特殊的群体，她们的生活常与丈夫的工作联系在一起。外交官的妻子是否受过良好的教育、行为举止是否得体，这些都是决定外交官升迁与否的重要考量因素。19 世纪末 20 世纪初，俄国外交使团著名人物（M. K. 伊兹沃利斯卡娅、A. П. 哈特维格、С. П. 本肯多夫）④ 的成功也有其妻子的一份功劳。

值得注意的是，很多职业女性（受过一定教育）选择了信息类等"新

---

① *Амфитеатров А. В.* Женщина в общественных движениях России. СПб. , 1907. C. 77.

② 现属拉脱维亚。——译者按

③ Журнал для женщин. 1914. No 6. C. 5. 法学家指出，这部法律存在"前后矛盾"。《夫妻分居法》仅适用于与丈夫分居的妇女；对于未与丈夫分居的妇女而言，她们就业时仍需取得丈夫的同意。该部法律在某种程度上挑起了夫妻之间的矛盾。此外，法律采用的是治标不治本的办法，带有明显的"过渡性特点"（见：*Быховский В. В.* Личные и имущественные отношения супругов между собою и к детям при раздельном жительстве по новому закону 12 марта 1914 г. M. , 1914）。

④ *Сорока М. Е.*《Дамское ведомство》Министерства иностранных дел России: жены и дочери российских дипломатов. 1906 – 1917 годы // Новая и новейшая история. 2009. No 2. C. 177 – 193.

兴"领域（电报局、电话局）的工作。1897 年全俄统计数据显示，首都
515 名摄影师中共有 43 名女性，而且她们就是以此为生的（主要收入来
源）。① 妇女对"新兴行业"青睐有加，因为相比于传统行业，她们在新兴
行业更能找到合适的职位、更有发展空间；此外，对于当时受过教育的妇女
而言，新兴行业本身就极具吸引力。

尽管妇女在教育和职业领域都获得了巨大的成功，但是同以往一样，她
们仍是众矢之的——依旧饱受性别偏见与观念成见的荼毒。例如，1917 年，
编辑 H. 阿尔达谢夫仍然宣称"大部分女性缺乏基本的工作训练，不具备任
何实践知识"；他写道："众所周知，直至 20 世纪，女子学校只是年轻姑娘
虚耗时光的场所，她们在那里学不到任何融入社会生活的实用知识。"②

在极短的时间内，俄国妇女的自我意识、行为举止、衣着妆容都发生了
极大的变化。与屠格涅夫、冈恰洛夫时期的俄国妇女相比，契诃夫、蒲宁时
期（后者仅比前者晚 20 ~ 30 年）妇女的自由程度明显更高。③ 但是，社会
对妇女态度的转变明显滞后于妇女本身的转变。妇女新的衣着妆容、行为举
止经常引起社会上的尖锐批评。若妇女破坏了传统社会规则，那么很多人就
会认为，她们并未按照"女性准则"行事。"新女性"将其行为置于与男性
相同的准则下，缩小了男女差距；不过与此同时，妇女选择的自由人格角色
仍是颇具特色的自由女性角色。

国家杜马代表 B. M. 普里什克维奇在给著名社会活动家 A. П. 菲洛索福娃
的信中极尽侮辱之能事，引起了巨大的社会反响。普里什克维奇的言辞侮辱
了以她为代表所有新女性；不过，这十分符合普里什克维奇的个人作风。他
宣称："妇女（尤其是姑娘），理应时时处处感到恐惧。"对于俄国妇女的巨大
改变，普里什克维奇深感恐惧，却无能为力，因此他便开始公开侮辱妇女。

① Первая всеобщая перепись населения Российской империи. 1897 г. Т. 1. СПб.，
1905. Табл. XX. Подсчеты авторов.
② Новый журнал для хозяек. 1917. № 1. С. 1.
③ A. B. 特尔科夫认为，就自由程度而言，俄国妇女并不亚于英国（号称"女性大本营"）妇
女（Тыркова-Вильямс А. В. На путях к свободе. Лондон，1990. С. 389 – 390）。

妇女协会、"前沿"杂志女性读者、女性编辑以及女性社会活动家都对这名反动分子的侮辱性言辞展开了猛烈的炮轰。她们在抗议的同时，还以演讲、信件、申请书等方式公开倡议，"希望今后采取措施，避免俄国妇女受到某些杜马代表无耻言辞的迫害"。① 当时，按照男性规则行事的新女性挣脱了传统框架的束缚，她们也因此获得了尊重。但是后来，在对"妇女问题"进行讨论时，右派代表仍经常就女性的能力、行为发表侮辱性的评价、声明。②

传统社会的人们认为，妇女的作用体现于家庭。用传统社会男性的观点来看，妇女的作用主要体现于"传宗接代"。妇女怀孕、妊娠、分娩、哺乳——这些与其身体机能息息相关，因此成为她们年轻时代最重要的事。在男性看来，这是不可思议却又不值一提之事。同时，妇女的观点并不会受到重视，正如一句谚语所述：女人的世界——房子，男人的房子——世界；"女人之路就是从灶台到家门"。工业时代的女性不希望也不能再忍受这些枷锁：她们对生活的要求不断增加，同样，生活对她们的要求也不断增加。

保守分子认为，妇女已经改变，无论如何这都不可接受。教会警告新女性，新的道路上危机四伏。喀琅施塔得的约安神父遗憾地谈道："……当今的妇女，特别是知识女性，关心的事情颇多，也能够侃侃而谈，但这并不合适；她们应该有所保留……她们依旧需要男性。"他问道："这些妇女是否会走向绝路，或引领他人走向毁灭呢？"③ 妇女是传统家庭的支柱，她们的改变致使传统社会秩序（社会制度）走向了灭亡。

19 世纪末 20 世纪初，由于社会发展需要，大量妇女走上了职业道路。当时，很多妇女参加工作并非为了基本生计，这使得保守人士颇为惊讶、费解。一些人就此问题展开了辩论。有人表示："这是何原因？一些女性有自身需要……或需要帮助父母。这并不难理解。她们的行为值得称赞。若她们

---

① *Иванова.* Наши депутаты // Женский вестник. 1909. № 3. С. 84 – 87.

② Женское дело. 1911. № 6. С. 2.

③ *Иоанн Кронштадтский.* Горькая правда о современных девушках и женщинах. СПб., 1903. С. 5 – 7; *Ключарев А.*, *прот.* Слово о назначении женщины. М., 1873. С. 11; см.: *Толстой Л. Н.* Правда о женщинах. Киев, 1911.

拥有财产、房产，那么……就不会去工作了。"一位妇女反驳道："这些妇女并非穷人！"一位商人则表示："一派胡言！不是穷人，难道都是富人？那她们为何参加工作？"[1]

男性职员经常以不友善的态度对待职业女性，他们并不认可那些决定自己命运、自我保障的妇女，对她们的独立性也持否定态度。例如，"为了实现信贷机构职员之间的互助，信贷机构职员联盟"在莫斯科成立了。联盟接纳成员不限等级、无关信仰，但同时宣称："妇女不得加入，也不得经常出席（作为访客）会议。妇女刊物指出，莫斯科信贷机构的男性职员抛弃了自己的女性同事"，因此，她们只得创立自己的联盟。[2] 布良斯克铁路联盟在成立大会上宣布，低级职员、学生、低阶军人、未成年、妇女不得成为联盟享有充分权利的成员。[3]

妇女（包括女性编辑）受到了不公正甚至残酷的对待："……按照当时的观点，哪怕是收入颇丰的职业女性，男性也以蔑视、怀疑甚至敌视的眼光看待她们……男性忽略了，那些他们不以为意的华丽服饰会使得年轻姑娘们……在狭小的办事处、电话局、电报局等机构从事数小时的工作。这些微薄的工资有时会支撑起一个家庭。"[4]

值得注意的是，妇女在生活中的内在改变远胜于外在改变，社会对此的态度十分保守。以往，妇女不会在街上独行（在剧院，妇女会坐在包厢里）；现今，新女性无须他人陪伴，她们外出时会步行或乘坐公共交通工具。

19世纪末20世纪初，人们的生活方式更趋民主，更加多元；在这种情况下，妇女的服装式样也更加复杂、多样。职业女性日常着装一般是浅色衬衫、深色外裙，此外还会搭配一件白领、白袖的深色大衣。与此同时，各个

---

① *Немирович-Данченко Вл. И.* С дипломом！（1892）// Немирович-Данченко Вл. И. Драматические произведения. М.，1969. С. 22.

② Женский вестник. 1905. № 3. С. 93.

③ Женский вестник. 1905. № 4. С. 159.

④ Женщины-служащие // Журнал для женщины. 1914. № 10. С. 18.

机关、单位的领导发布了女性职员的着装规定。例如，人民教育部要求女性教师穿着"无任何时兴样式"的大衣①（配有深色花纹最佳，这款大衣是女子学院流行十几年的经典款，因此人民教育部遵循传统，采用了此款大衣）。

为了与传统妇女有所区别，社会上的职业女性开始在着装上追求"标新立异"。当时，妇女自身从实用性的角度对女性时尚展开了深层次的讨论。皮罗戈夫妇女协会倡议矫正不当的时尚风气，协会表示："我们的健康处于危机"——于我们而言，"莫斯科的马车台柱、火车车厢入口都过高，十分危险。拥有"杂技技能"方可登上车厢"。② 与此同时，在公共交通上，衣着时髦的女性有时还会致使他人陷入危险，这类事件时有发生：帽子上的长别针刺入了"电车乘客的眼睛"。莫斯科甚至发布了一些禁令，要求妇女不得使用此类别针。一些编辑指出，杜马有义务禁止"衣帽饰品"进入公共交通工具；与此同时，"与危害安全的时尚风气做斗争，是所有人的责任"。③

在 Ф. М. 陀思妥耶夫斯基的长篇小说《少年》中，主人公对女士拖地长襟大衣颇有微词——她们"扫过"地面、人行道，在行人面前扬起灰尘："走在林荫道上，一位身穿拖地长襟大衣的女士走过，扬起了灰尘；必须疾驰跑到她的前面，或改道而行，否则你的口鼻内就会塞满沙子"。④ 某城市杜马代表描述了他们在会议上关于该问题的讨论：当身着拖地长襟大衣的女职员走在走廊或办公室时，就会扬起灰尘，这"相当不卫生"。医生、卫生学家发表了一些小册子，其中谈到了当时时尚风气的危害。卫生展览会也陈列了一些人体模型、图画，展示了妇女着装的"危害性"。此外，女式贴身背心的设计也引起了医生的强烈批评。职业女性着装应秉持卫生、舒适原则，同时不能对他人的安全构成威胁。

针对职业女性着装，妇女刊物提出了一些建议：一顶安全女帽、一款舒

---

① Женское дело. 1900. № 3. С. 123.

② Журнал для женщины. 1914. № 6. С. 10.

③ Городское дело. № 2. С. 115.

④ *Достоевский Ф. М.* Подросток. М. , 1989. С. 265.

适的"博叶尔"外套（这款外套深受妇女喜欢，此外，外套的式样也时常变化），搭配女式短上衣和柔软、宽松的外裙——这便可以作为一套职业女性制服（这套制服与男性制服类似，不过比男性制服多一些内衬——背心、女式短上衣）。20 世纪 10 年代，作为时尚、实用的新发明，手表成为搭配女式外套的一种象征性饰品，深受广大女性欢迎。①

骑自行车的妇女——照片摄于 19 世纪末

19 世纪末，女性开始参与体育运动。她们开始参与滑冰比赛；此外，网球、体操、滑行、自行车等运动也广为流行。一位时尚评论家指出："可以这样讲，自行车已经成为我们的日常交通工具。我收到了各地寄来的大量信件，其中大多是咨询体育运动的着装问题。"② 当时，热气球航行也备受热爱——"空中环游圣彼得堡"（H. A. 泰菲）；女式短上衣的袖口甚至设计成了"飞机"式样。俄国妇女不仅是新爱好的观察者，也是实际参与者：1911 年，俄国出现了首位女性飞行员。毫无疑问，上流社会是体育运动的首批参与者，不过，体育运动也逐渐推广到了广大的社会等级中。这是妇女自由的体现，她们获得了身体自由——可以自由散步，也可以自由参加体育运动。

*　　　*　　　*

俄国妇女也是政治活动的积极参与者，在当时政治氛围浓厚的社会上占

---

① См.：например：*Прокофьев С.* Дневник. 1907 – 1918. Париж，2002. С. 166.

② Вестник моды. 1891. № 21. С. 199.

有一席之地。19 世纪 80 年代，女性革命家数量占革命家总数的 20%；① 社会革命党中也有众多女性党员。值得注意的是，茶商 M. И. 托克马科夫之女（嫁给了沃多沃佐夫）创立了俄国第一家"马克思主义"出版社（出版了 B. И. 列宁的《俄国资本主义的发展》）；此外，金矿主 И. П. 奥库洛夫之女是布尔什维克的创始人之一。②

一战期间，俄国妇女运动开展得如火如荼。俄国妇女平权同盟宣告成立，还在各地设立了分支机构；同盟积极支持妇女为政治权、民权而斗争。1906 年，俄国妇女慈善协会专门成立了妇女选举权部门。当时，各种政党中都不乏妇女的身影。立宪民主党中，女性党员数量占总数的 12%，伯爵夫人 C. B. 帕尼娜进入了该党的中央委员会。在"10 月 17 日同盟"中，女性党员占比超过 1%，此外，"地方党组织中至少有 2 位女性领导人"。③ 中间派与右翼党团的女性党员数量不多，但必须指出，这只能说明这些党派内具有正式成员资格的女性较少，也有很多妇女积极活跃在这些党派的活动中——她们帮助了自己的丈夫、男性亲属、朋友等（党派内的正式成员）。例如，M. K. 莫罗佐娃援助出版了和平改革党的刊物《莫斯科周刊》（编辑为 E. H. 特鲁别茨科伊），B. A. 莫罗佐娃资助出版了自由主义刊物《俄国公报》（主编是其丈夫 B. M. 索博列夫斯基）。

君主立宪党的中央机构也有女性成员。米哈伊尔·阿尔汉格尔俄国人民联盟的领袖之一是艺术家 E. П. 萨莫基什 - 苏达科夫斯卡娅；E. A. 巴鲁博业里诺娃是联盟主委会的成员，同时，她还是联盟机关报——《俄国旗帜》——的出版者和主编。E. A. 巴鲁博亚里诺娃是地主、企业家，是传统文化价值的坚定捍卫者，为俄国人民联盟捐献了大笔财产；此外，A. 奥洛文尼科娃与丈夫则担任了联盟另一个机关报——《市民大会》——的出版

---

① *Павлюченко Э. А.* Женщины в русском освободительном движении: от Марии Волконской до Веры Фигнер. М., 1988. C. 235.

② *Лепешинский П. Н.* На повороте (от конца 80 - х годов к 1905 г.). Пг., 1922. C. 85.

③ *Павлов Д. Б.* 《Союз 17 октября》 в 1905 - 1907 гг.: численность и социальный состав // Отечественная история. 1993. № 6. C. 181 - 185.

Е. К. 布列什柯－布列什柯科夫斯卡娅：俄国革命运动活动家、"俄国革命先驱"、社会革命党的创始人与领袖；此外，她还成立了武装组织。

者和主编。与此同时，首都与地方城市都开办了妇女俱乐部，妇女也积极参与了各党派俱乐部的工作。例如，立宪民主党俱乐部中两个竞争党派——A. В. 特尔科伊（立宪民主党）和 A. M. 柯伦泰（社会民主工党）——的辩论就吸引了众人的注意。

立宪民主党属于极右派政党，其政纲中表明要追求妇女政治权利，但这绝非其首要任务。由于当时"没有积极致力于妇女问题"的政党，1905 年，妇女进步党宣告成立，其主要目标就是追求男女政治平等。妇女进步党的党员认为，"只有妇女解放，全人类才能解放"。[1] 妇女进步党在报告中清晰地指出，"绝大多数男性"都是"男女平权"的反对者；妇女进步党的创始人倡议：不论社会等级、财富、民族、政党，所有妇女应联合起来。妇女进步党的党员认为，妇女在社会运动中起了巨大的作用；她们表示："当前，男女合力斗争似乎是为了争取共同的权利"，但实际上，这只是为了男性的权利。[2] 妇女进步党也发表了自己的刊物——《妇女公报》（主编是该党领袖 M. И. 波克罗夫斯卡娅）。

第一届国家杜马收到了一份有 4000 多名妇女签字的请愿书（要求授予

---

[1] *Вахтина М.* Рефераты по женскому вопросу, читанные в клубы женской прогрессивной партии. СПб. , 1908. С. 5.

[2] См. : *Покровская М. И.* Задачи женской прогрессивной партии. СПб. , 1906. С. 1 – 2.

妇女选举权）；请愿书指出："妇女与男性都是一样的纳税人、工作者，应享有平等的法律权利。平心而论，妇女也应有权参与立法会议，决定与自身密切相关之事、捍卫自身利益。"①

但是，杜马代表并未讨论出该问题的解决方式。一部分无党派农民以传统为托词，坚决反对授予妇女选举权；"10 月 17 日同盟"的成员 П. А. 葛伊甸伯爵则认为，必须对帝俄法律的某些条款进行修改和删减（主要涉及家庭法、继承法，尤其是在农民等级中）。民主改革党党员 М. М. 科瓦列夫斯基强调，"平等的权利应以平等的义务为前提"，因此，根据他的观点便衍生了一个问题即"是否要增加妇女与军人的义务"。第二届国家杜马收到了一份 7000 名妇女签字的请愿书（要求授予妇女选举权）。一部分杜马代表支持妇女获得选举权，但大多数代表仍表示反对。葛伊甸伯爵表示："……我们早已习惯了仅有男性参与的会议，我们难以适应有女性代表参与的议会活动。"②

妇女希望有所行动，但并未召集起来。直至 1908 年 12 月，第一届全俄妇女代表大会在圣彼得堡召开，与会者有近千名，宣读了 150 份报告。③ 第一届全俄妇女代表大会筹备耗时三年，共提出了两项任务：促进妇女联合，追求民权；探讨俄国妇女的工作、生活条件。同时，报刊发布了代表大会的报告摘要，介绍了大会的相关工作。④ 第一届全俄妇女代表大会在促进妇女运动的发展上发挥了极大的作用。

1917 年 3 月 19 日，彼得格勒成千上万的妇女——工厂女工、教师、医生、服务人员、编辑、电报员、护士——组成队伍，走上了街头。两支妇女

---

① *Шабанова А. Н.* Очерк женского движения в России. СПб. , 1912. С. 17. 其他统计数据指出，签字人数实际上达到了 5000 人。

② Женский вопрос в Государственной думе. Из стенографических отчетов о заседаниях Государственной думы. СПб. , 1906.

③ Труды 1 - го Всероссийского женского съезда при Русском женском обществе в Петербурге 10 – 16 декабря 1908 г. СПб. , 1909.

④ См. : *Вахтина М.* Брачный вопрос на женском съезде // Женский вестник. 1909. № 3 ; *Кускова Е. Д.* Женский вопрос и женский съезд // Образование. 1909. № 1 ; Из мира женщин // Ночь. 1908. № 52 ; и др.

1908 年圣彼得堡召开的第一届全俄妇女代表大会——美术画片截取自 K. 布尔的照片

队伍还组织了声势浩大的游行，莫斯科妇女代表团也参与了此次游行。[1] 为了维持秩序，"民兵"与女骑手伴随着队伍行进。示威游行由汽车开路，65岁的薇拉·菲格涅尔与"别斯图热夫女子学院的学生"坐在布满鲜花的汽车内。后来，一些编辑统计指出，参加游行示威的妇女超过了 4 万人。游行队伍向塔夫里达宫行进，目的是向临时政府请愿：授予妇女选举权。但是，这个要求的实现只能寄予新政权。

*　　　*　　　*

第一次世界大战期间，俄国妇女的地位发生了极大的变化。战争前夕，职业女性的权利已经有所扩大，例如，妇女有权在国家监管机构的各个部门担任职务，此外，退休金等其他权利也与男性职员无异。[2] 战争伊始，俄国

---

① См.: *Гуревич Л.* Почему нужно дать женщинам такие же права, как мужчинам. Пг., 1917; *Закута О.* Как в революционное время Всероссийская лига равноправия женщин добивалась избирательных прав для русской женщины. Пг., 1917.

② Хроника // Женский вестник. 1914. № 9. С. 199.

城市出现了一些新现象："一些人在咖啡馆、食堂、茶餐厅会无缘无故地失踪"，贵族女性便接替了这些人的职位。① 在事务所和银行，女性职员比例在 50%～80%。战争期间，因社会需要，女性医生最终提高、巩固了自己的地位。后来，她们获得了与男性医生同样的权威和影响。杂志、报纸刊登了很多女性医生的工作故事。例如，刊物报道，女性医生 E. H. 巴枯尼娜每天必须"操刀 4～6 台手术"。② 与此同时，当时的一些资料还谈到了军人家庭农妇（家庭供养者已从军去往前线）赚钱养家的问题。一些研究者指出："战争促使妇女进入了原来男性的工作领域"，以往，她们对此"不敢奢求"。③

劳动力短缺必然促使更多的职位向妇女开放，俄国的劳动力市场产生了剧烈的变化。与此同时，妇女的自我意识及其地位都发生了转变："……在俄国生活所有领域中，战争对妇女地位的影响最为彻底。昔日，妇女是唯唯诺诺、对丈夫言听计从的奴隶；如今，她们不仅相当独立，甚至成为自己命运的主宰。"④

一战期间，俄国社会产生了严重的问题：成千上万的家庭丧失了一家之主、物价昂贵、前线伤员众多。很多妇女组织在战争期间积极活动，积累了很多工作经验。早在 19 世纪 70 年代，伤病军人救助协会和俄国红十字协会就在诸多城市成立了妇女委员会；俄日战争期间，俄国又成立了许多新的妇女组织。当时，皇后亚历山德拉·费奥多罗芙娜在冬宫成立了"大仓库"："只要愿意，任何人都可以在此工作。大厅靠窗的位置有一张圆桌，这便是亚历山德拉·费奥多罗芙娜做女红的地方。一小部分员工在缝纫机上工作，而大部分员工都是手工作业。"贵族认为，参与红十字会的工作十分光荣。公爵夫人 B. B. 克莱因米赫尔在回忆录中写道，自己曾担任了红十字会的专

---

① Женщина и хозяйка. 1916. № 4. С. 6.
② Женская жизнь. 1914. № 2. С. 6.
③ Женщина и война. 1915. № 1. С. 12.
④ *Анчарова М.* Женщины и выборы в Учредительное собрание. М.，1917. С. 3.

门办事员，但实际上她从事的是通信员的工作。[①]

一战期间，战争后方的事务千头万绪、无所不包。1914 年，基本所有受过教育的妇女都开始在不同程度上从事社会活动。1915 年 9 月 17 日，C. 普罗科菲耶夫在日记中写道："目前，与其为伤员赠送鲜花、糖果，倒不如捐献金钱更为有用。"[②] 全俄各地创办了各种协会、委员会、小组，这些机构主要负责开办诊疗所、为军队筹集必备物资、为军人家庭组织慈善救济活动。妇女组织早已参与了其中一项工作——为诸多贫困军人家庭提供救济。当时，一位研究者指出，"俄国妇女解放运动的领袖醉心于雄辩，无暇思考同胞的现实需求（具有重要性和必要性）"；不过，妇女组织的普通成员则考虑到了这点。她们"在慈善活动中扮演了重要的角色，积极帮助低级士兵家庭，为病人、伤员、残疾人组织了救济活动"。[③] 很多资料表明，妇女组织的自组织能力实际上已达到了颇高的水平。

俄国各地都成立了妇女组织，这些组织为红十字会的工作提供了莫大的帮助。1914 年，沃罗涅日的妇女创办了妇女委员会（隶属于红十字会），她们主要关注军人家庭的妇女、儿童问题："城市工人军人家庭失去了主要收入来源（来自父亲或丈夫），理应立即对他们施以物资援助。"因此，妇女委员会为军人家庭开办了廉价食堂（可容纳 300 人）。妇女委员会在三家新成立的军医院组织妇女日夜轮值，"招收了诸多志愿者"；开办了孤儿院，其中还为大龄孤儿组织学习活动；后来，委员会又为哺乳期的婴儿开办了一家孤儿院；为"西部边疆难民"提供衣物、住所，帮助难民子女就学。此外，妇女委员会还组织一些工厂生产防毒面具（在极短的时间内为前线供

---

① См.: *Клейнмихель В. В.* Воспоминания // Клейнмихель Е. П. В тени царской короны. Симферополь，2009. С. 228 – 229.

② *Прокофьев С. С.* Дневник. 1907 – 1918. Париж，2002. С. 499.

③ *Щербинии П. П.* Военный фактор в повседневной жизни русской женщины в XVII—начале XX в. Тамбов，2004. С. 460，467. 近年来，学者就战争期间慈善机构的活动展开了研究且取得了一定的成果（см.: *Писаренко И. С.*，*Вощенкова Н. С.* Благотворительные организации Калужской губернии в годы Первой мировой войны. Калуга，2001；*Семенова Е. Ю.* Благотворительные учреждения Самарской и Симбирской губерний в годы Первой мировой войны（1914—нач. 1918）. Самара，2004；и др.）.

第一届全俄妇女代表大会的纪念卡片——画家尼娜·茹克绘于 1908 年

应了 12.4 万副面具）；组织中学女生与 "教会女子学校学生" 为前线筹集物品（衣物、烟草、肥皂、茶、油、盐、酒）。值得注意的是，妇女委员会还通过彩票、戏剧、音乐会、演讲等方式筹集资金。[①]

家庭主妇从未接触过这些重要的日常工作："她们可能从未考虑过，有朝一日可以从事重要的社会事务；她们已 '脱胎换骨'。她们逐渐改变了以往的生活方式；她们如今的生活则伴随着线轴与 '唧唧' 的纺纱声。"[②]

帝俄的中学、教会学校、教会女子学校的女性教师都积极投入了女红工作，为士兵制作衣物。此外，一些学校还在工作中充分发挥了自身专业优势：女子农业培训班为伤员开办了 "果蔬烘干" 站点，圣彼得堡的 B. A. 波尔托尔茨卡娅培训班为预备役士兵子女开设了托儿所。

一些资助人（包括 M. C. 马蒙托娃）在自家庄园设立了 "士兵补给站"

---

① Общий годовой отчет Воронежского дамского комитета Красного Креста за время войны с германцами от 25/VII 14 г. По 1/VIII 15 г. Воронеж, 1916.

② Очерк организации Вологодского дамского комитета и деятельности его. С авг. 1914 по апр. 1915 г. Вологда, 1915. С. 4.

和诊疗所；很多妇女俱乐部（莫斯科第一妇女俱乐部的成员也在军医院担任护士）和职业联盟（例如，莫斯科化工厂工人联盟）也为这些补给站、诊疗所提供资金支持。沙皇亚历山大三世也在自家庄园的高雅艺术博物馆（如今的莫斯科 A.C. 普希金美术博物馆）中开办了一个诊疗所；馆长办公室成为手术室，昔日上流社会的名媛成为医生的手术助手。很多未曾工作的妇女成为护士，虽然为她们组织了紧急、短期培训，但并未达到理想的预期效果。当时，报刊上列出了一份"新护士"名单："芭蕾舞者巴拉绍娃"、"上流贵妇、杰出运动员 C.H. 孔希娜"、伯爵夫人 Φ.B. 别尼格森、公爵夫人 C.H. 加加林娜和 M.H. 加加林娜、公爵夫人 A.Π. 特鲁别茨卡娅……这份名单不过是"冰山一角"。

战争期间，俄国的粮食与燃料供应日渐不足。高等女校学生远在他乡、首当其冲，她们的状况十分悲惨。当时，仅有7%的毕业生可获得工作；电车站、廉价食堂……到处排起了长队。战争持续一年后，俄国饮食支出平均提升了1.5倍，但其质量却在下降（一些高等女校学生合伙凑钱，共用"友谊"午餐，如此一来，每人的消费也相对低廉）。当时，高等女校学生中仅有58%的人能够拥有温暖的冬衣以及"完好无损的鞋子"。[①]

1916年春季，俄国食品商店开始大排长龙；1917年3月1日之后，持有相关证明才可购买面包和面粉。女学生的处境"持续恶化"：编辑描述道，"女学生长期食不果腹，对于毫无价值的课程，也已心生倦意；她们生活在没有供暖设施、极其狭小的房间、地下室"。高等女校学生谈道："食品价格飞涨，但食量并未下降"，"每日只得一顿午餐，一直处于饥饿状态"，"为了节约，连茶水都成了奢侈品"；如此种种，不胜枚举。[②]

家庭主妇的处境更为艰难，除了自身，她们更加忧心子女的饮食问题。

---

① См.: *Кауфман А. А.* Слушательницы петроградских Высших женских（Бестужевских）курсов на втором году войны. Бюджет. Жилищные условия. Питание. Пг., 1916. С. 15, 17, 76. А. А. 考夫曼是俄国经济学家、统计学家、圣彼得堡高等女子培训班教授，曾于《俄国公报》《俄国思维》《法律消息报》等诸多刊物上发表文章。

② Из жизни учащихся женщин // Женская жизнь. 1916. № 2. С. 8.

以往，很多女性社会活动家积极帮助贫困家庭；但如今，哪怕她们全力以赴，也已自顾不暇。一位编辑谈道，叶卡捷琳诺斯拉夫的"母亲与主妇联盟"合力开办了"合作厨房"——对俄国而言极具借鉴意义。联盟将其成员分为四组家庭厨房，"每组家庭厨房可供应 100～200 人的饮食"；此外，联盟还设立了合作洗衣房、儿童游乐场，也为 70 个孩子开设了学校课程。当时的人写道："成员都要轮流值班，男性要帮助她们完成一些任务——他们会担任会计、秘书、主席等职务；此外，成员每月还需向厨房委员会缴纳资金。"[①] 当时，俄国还成立了一些消费者协会。例如，1916 年 9 月 16 日，彼得格勒成立了"职业女性互助协会"。为了有效利用时间，妇女们联合了起来：她们可以分别负责排队、照顾孩子，或在厨房工作。很多妇女（尤其是农村妇女）获得了极大的帮助，她们也有时间从事副业。战争末期，刊物上开始刊登一些实用知识：面向菜园主、养禽员发表了一些种植、养殖建议，刊登了猪、奶牛等动物的养殖方法；此外，还刊登了燃料节约方法、室内烤箱使用方法以及一些菜品的烹饪技巧（菜谱包括"芜菁羊肉""面包粥""胡萝卜布丁""芜菁土豆汤"等）。

妇女开始了勇敢的尝试，但前方之路遍布荆棘。

＊　　　＊　　　＊

俄国妇女在极短的时间里争取、捍卫了自己的权利，很多欧洲国家的妇女对此羡慕不已。在家庭、教育、职业方面，俄国新一代妇女都发生了翻天覆地的变化；因此，至 20 世纪初，俄国祖孙两代妇女之间存在极大的差异。

作为国家基层单位的家庭也发生了变化：除了传统家庭，俄国又出现了新的家庭模式，这也彻底改变了俄国整个社会的风貌。尽管这种改变首先发生于城市（从贵族公馆到工人公棚），但也逐渐溢出了城市，影响了农村居民的生活。

随着新时代的来临，俄国各个等级、不同文化程度的家庭都格外重视子

[①] *Дернова-Ярмоленко А.* Кооперативные кухни // Журнал для хозяек. 1918. № 1. C. 7.

女的教育，希望通过教育改变子女的命运。在急速变迁的时代，新一代必须通过现代教育才能融入社会。当时，俄国家庭已十分重视女性教育——如今看来，亦让人叹为观止：20 世纪初，具有中等教育学历的女性数量甚至已超过了男性。当时，俄国的女性教育体系成熟度已堪比男性教育体系。

在历史发展中，俄国形成了各种类型的女子学校——小学、初级中学、高级中学、寄宿学校、教会学校和封闭式贵族女子学校等。全俄各地的教育都有了显著的发展：普通教育得以发展，职业教育得以确立。俄国的学校都出现一种共同的趋势：学时延长了、自然科学课程增加了；这对于俄国工业革命和新经济领域的发展具有十分重要的意义。俄国男女教育的发展水平也逐渐趋近。

俄国中等学校开设了新的科目——卫生学和体操。值得注意的是，工业时代改变了人们的社会生活方式，与此同时也产生了一些的问题：城市人口密度过高、患病率大幅提高、居住环境恶化。为了解决这些问题，体育运动、健康课程得到了社会、学校的高度重视。

在国家反对、社会刻板印象和男性沙文主义的阻挠下，俄国妇女挣脱了传统的束缚，成功开办了高等女子培训班——教育水平不亚于男子学校。此外，妇女还取得了另一项成就：她们进入了新的领域（以往男性完全支配的领域，例如政治、艺术等领域）。女性官员、女性医生、女性飞行员也逐渐得到了社会的认可。

妇女的社会生活参与度以及自组织能力都达到了空前的水平。19 世纪末 20 世纪初，俄国妇女基本争取到了当今妇女所享有的权利。不过，尽管法律授予了妇女诸多权利，但仍未实现与男性平等的公民权利。

妇女获得了至关重要的自由——生活方式、择偶、职业与移民；她们受到的限制越来越小。不过与此同时，妇女的现实处境也变得更加艰难，社会与家庭生活对她们的要求越来越高。传统生活方式令人压抑，但也十分稳定；无论喜欢与否，这种生活已经彻底消失了。为了应对新的时代要求，俄国妇女不得不多次做出新的、困难的选择。

科学、文艺事业资助活动与慈善事业

М. Л. 加夫林

近 20 年来，学术界对俄国企业家历史的兴趣日渐浓厚，因此，俄国的科学、文艺事业资助活动（下文简称"资助活动"）与慈善事业的历史逐渐进入了史学家的研究视野。

这种兴趣的出现不仅与当代俄国社会结构变迁息息相关，更与俄国企业家等级的形成过程有关。近十年来，对十月革命前俄国企业家历史的研究表明，当时，企业家促进了俄国的经济、文化发展，唤醒了俄国的民族自觉。[①]

研究者经常将俄国的资助活动与慈善

---

① См.：*Петров Ю. А.* Династия Рябушинских. М. , 1997；Предпринимательство и предприниматели России от истоков до начала XX века. М. , 1997；*Морозова Т. П.* , *Поткина И. В.* Савва Морозов. М. , 1998；*Барышников М. Н.* Деловой мир дореволюционной России：индивиды，организации，институты. СПб. , 2006；и др.

事业作为一项独立的研究课题，① 认为它与其他问题存在千丝万缕的联系：
企业家活动史、俄国城市史、俄国文化史等。② 苏联时期，史学家并未对此
问题展开过相关研究，对贵族企业家、商人企业家相关活动的研究也微乎
其微。

俄国时期关于资助活动与慈善事业的史料相对不足，因此研究存在一定
的困难；绝大部分关于募捐、慈善事业的资料（尤其是资助活动的资料）
十分零散且残缺不全。此外，关于资助人、慈善家的相关资料（社会、民
族、宗教构成及其职业）也十分缺乏。③

资助活动与慈善事业在俄国史上占有重要的地位。资助活动与慈善事业
最初源于贵族等级，后来，商人（俄国最能意识到自身社会责任的等级）
也加入了这些活动。农民改革后，俄国的商人、企业家最先意识到，从事资

---

① См.： *Боханов А. Н.* Коллекционеры и меценаты в России. М.， 1989； *Думова
Н. Г.* Московские меценаты. М.， 1992； *Аронов А. А.* Золотой век русского
меценатства. М.， 1995； *Мешалкин П. Н.* Меценатство и благотворительность сибирских
купцов-предпринимателей： Вторая половина XIX—начало XX в. Красноярск， 1995；
Белоусов А. А. На алтарь Отечества： Из истории меценатства и благотворительности в
России. Владивосток， 1996； *Гавлин М. Л.* Российские Медичи. Портреты предпринимателей.
М.， 1996； *Полунина Н.， Фролов А.* Коллекционеры старой Москвы. М.， 1997； *Ульянова
Г. Н.* Благотворительность московских предпринимателей. 1860 – 1944 гг. М.， 1999；
Ульянова Г. Н. Благотворительность в Российской империи. XIX—начало XX века. М.，
2005； *Власов П. В.* Благотворительность и милосердие в России. М.， 2001； *Лопухина
Е. М.* Самые знаменитые меценаты России. М.， 2003； и др.
② История предпринимательства в России： В 2 кн. М.， 1999； *Кошман Л. В.* Город и
городская жизнь в России XIX столетия： социальные и культурные аспекты. М.， 2008；
Очерки русской культуры XIX в. Т. 1. Общества-культурная среда. М.， 1998； История
русской культуры IX—X X вв. / В. С. Шульгин, Л. В. Кошман, Е. К. Сысоева,
М. Р. Зезина. М.， 2004； и др.
③ Из опубликованных источников см.： Материалы для истории Московского купечества：
общественные приговоры： В 11 т. М.， 1892 – 1911； Финансовые деятели. Представители
международной промышленности. Именитое Российской империи купечество. М.， 1912；
Благотворительные учреждения Российской империи： В 3 т. СПб.， 1900； Городские
учреждения Москвы, основанные на пожертвования и капиталы, пожертвованные
Московскому городскому общественному управлению в течение 1863 – 1914 гг. М.， 1906；
и др.

助活动与慈善事业对于解决社会生活重大问题极具必要性：社会必要性（扶贫）与文化必要性（民族文化发展）。在资助活动与慈善事业发展中，社会上形成了基本的公民意识、自由思想、真正的爱国主义精神。

从国家角度而言，资助活动（涉及艺术文化、教育、科学领域）、慈善事业（对穷人的救济、照顾）可以促进俄国民族精神发展，加强民族国家、民族道德建设；从资助人、慈善家的角度而言，他们渴望名利，希望获得宫廷认可、青睐，也渴求奖赏、优待、特权。不过，资助活动、慈善事业主要源自捐献者的内心驱动力；他们的内心良知和思想、宗教背景、教育背景使其意识到了自己的社会责任。关于资助活动、慈善事业的精神根源，К. П. 波别多诺斯采夫谈道："只要有良好的精神，金钱总会再赚回来。精神具有强大的支配力，它是人们高效生产和理性慈善的有力工具。"[①] 19 世纪末 20 世纪初，这种极不寻常的内在驱动力促使俄国的资助活动与慈善事业达到了空前的规模。

一　资助活动与慈善事业：社会生活现象

研究者认为，资助活动是对艺术、科学的一种保护形式，有别于以各种形式救济穷人的慈善事业。资助活动包括藏品收集，艺术画廊、图书馆、剧院建设等相关工作，还包括对创造性群体的资助——总之，资助活动属于广义的文化概念。[②]

研究者针对资助活动有不同的理解，其定义存在一定的争议。[③] А. А. 格尔戈列夫主要将资助人划分为两类：资助组织者（例如 С. И. 马蒙托夫、

---

① Благотворительность в России: Исторические и социально-экономические исследования. СПб., 2003. C. 80.

② Большая советская энциклопедия. Т. 27. М., 1977. C. 388.

③ См.: Ефремова Т. Ф. Новый словарь русского языка: Толково-словообразовательный. М., 2000. C. 863 – 864; Жданова И. С. Меценатство как социальный феномен и проблемы его развития в современной России: Автореф. Дис. … канд. Ист. Наук. М., 1997. C. 17 – 18; и др.

С. Т. 莫罗佐夫）和资助收藏者（例如 П. М. 特列季亚科夫、И. Е. 茨韦特科夫、П. И. 史楚金）。此外，他还指出，资助活动的形式多种多样，不单表现为钱财资助，也表现为共同创作（例如 С. И. 马蒙托夫、М. К. 特尼谢娃、Е. Ф. 格涅西娜等）；有些资助者终身从事文化事业（例如 П. М. 特列季亚科夫、П. И. 史楚金、Н. Ф. 冯·梅克等），也有些资助者积极为文化发展创造条件、营造空间（例如 С. П. 佳吉列夫、С. И. 马蒙托夫等）。① 但是，О. Б. 波利亚科娃认为，除了资助组织者、资助收藏者，还有两类资助人：慈善资助者（例如 А. Л. 沙尼亚夫斯基）和多面手资助者（例如 С. И. 史楚金）。②

"慈善事业"的概念也是多种多样的，根据不同的理解会有不同的内容和范围。③ 根据最新的定义，慈善事业是"自愿对穷人、无力保障自身生活之人施以无私援助之行为"。慈善事业的形式不仅包括传统的私人捐助，还包括私人、协会、组织（依据法律和相关统计数据）开展的慈善活动。④ Г. Н. 乌里扬诺娃表示，国家慈善活动和私人慈善活动（对穷人施以援助）的主要区分标准在于其财政来源类型（国家预算或者私人捐款）以及援助性质（慈善机构、慈善活动、慈善行为的国家性质或民间性质）。⑤ 私人、国家、地方自治机关与教会共同参与了帝俄的慈善事业。值得注意的是，很多慈善机构具有政治背景，名义上隶属于国家体系，但其成立及日常所需资金都仰赖于私人捐款。

---

① См.: *Глаголев А. А.* Экономическая философия великих русских меценатов конца XIX—начала XX в. // Вопросы экономики. 1994. № 7. С. 109（13）.
② См.: *Полякова О. Б.* Музейные собрания московских купцов Щукиных в контексте российской культуры XX века: Автореф. Дис. … канд. Культурол. Наук. Наук. М., 2000. С. 11.
③ Энциклопедический словарь /Изд. Ф. – А. Брокгауз и И. А. Ефрон. Т. IV（7）. С. 55; *Ожегов С. И.* Словарь русского языка. М., 1990. С. 56; *Ефремова Т. Ф.* Новый словарь русского языка … С. 105; Большой словарь русского языка. Т. 2. М.; СПб., 2005. С. 36; и др.
④ См.: *Ульянова Г. Н.* Благотворительность // Большая российская энциклопедия. 4 – е изд. Т. 3. М., 2006. С. 584.
⑤ *Ульянова Г. Н.* Благотворительность в Российской империи… С. 19.

"行善"（仁爱、友爱）一词在很大程度上是资助活动、慈善事业的结合体；早在 19 世纪中期，这一概念在俄国几乎已是人尽皆知。"行善"（包括"资助活动""慈善事业"）的内容逐渐丰富，反映了各个时期相关活动的发展状态；值得注意的是，资助活动、慈善事业的发展方向主要是其内容和范围的扩展：从个人出于道德自发的慈善行动（施舍、捐款）到社会、国家的慈善援助（不仅针对个人，也针对机构、社会活动）。

资助活动与慈善事业经常呈现为对方的延续，资助人与慈善家基本也是同一批人，他们在意识领域和实践活动中并不会对二者加以区分；但是，资助活动和慈善事业的范围并不总是重合的（不过，在现实中确实难以划清二者的界限）。值得注意的是，在艺术文化、教育、科学、医学领域，私人的援助越广泛、越社会化，资助活动与慈善事业的概念就会越趋近。① 即便如此，也不应将俄国的资助活动和慈善事业视作相同的概念。资助活动是迟于慈善事业而出现的一种社会现象，它是针对艺术、科学、教育的援助、保护活动。因此在此意义上，资助活动是一种特殊的"教育慈善事业"。

对俄国资助活动和慈善事业发展阶段问题的研究具有十分重要的意义。值得注意的是，资助活动并非总是源自收藏家的收藏活动。彼得一世改革期间，欧洲启蒙思潮传到了俄国，艺术收藏便因之成为俄国贵族界的新风尚。18 世纪至 19 世纪上半期，贵族的收藏活动获得了极大的发展；此外，沙皇对亲信和宠臣大肆封赏，这些积累了大量财富的新贵开始建设宅第和庄园；总之，这为俄国资助活动的发展奠定了基础。在城市的宅第和郊外的庄园，名门望族历经几代收藏了大量的实用艺术装饰品——"大理石制品、文物、画作"，堪比藏品丰富的博物馆。② 俄国诸多贵族家族拥有丰富的藏品，例

---

① 鉴于此，O. Б. 波利亚科娃才提议增补两类资助人——"慈善资助者"和"多面手资助者"。例如，П. И. 古博宁不仅援建了莫斯科的综合技术博物馆，还开办了救济院、孤儿院。

② 见：*Карнович Е. П.* Замечательные богатства частных лиц в России. СПб., 1885. C. 55；*Боханов А. Н.* Коллекционеры и меценаты в России. М., 1989. C. 8 – 9.

如舍列梅捷夫、鲁缅采夫、别兹博罗德科、杰米多夫、斯特罗加诺夫、尤苏波夫、巴里亚京斯基等贵族家族；后来，这些高官显贵开设了众多著名的博物馆和美术馆，例如邮政部大臣 Ф. И. 普里亚尼什尼科夫、А. Д. 切尔特科夫；他们也因此蜚声全俄。

叶卡捷琳娜二世和亚历山大一世统治时期（"开明专制"时期），俄国的贵族资助活动达到了全盛。叶卡捷琳娜二世十分重视科学、艺术的发展且以身作则（例如，她从国外购买了大量藏品，开办了埃尔米塔日博物馆），促进了资助活动的发展，为俄国的科学、艺术、教育事业发展营造了十分极为有利的环境。例如，为了创建人民学校，П. А. 杰米多夫为莫斯科大学捐献了一笔巨额资金；他还出资创办了雅罗斯拉夫尔高等科学学校（1833 年），在基辅开办了大学（1834 年）；此外，他还援助创办了托博尔斯克大学和托木斯克大学。А. С. 斯特罗加诺夫公爵资助了一些诗人和作家——Г. Р. 杰尔查文、И. Ф. 波格丹诺维奇、Д. И. 丰维津、И. А. 克雷洛夫、Н. И. 格涅季奇；援助了一些艺术家——Д. Г. 列维茨基、О. А. 基普连斯基；此外，他也对雕刻家 И. П. 马尔杜斯、作曲家 Д. С. 博尔特尼扬斯基、建筑学家 А. Н. 沃罗尼欣进行了援助。1825年，С. Г. 斯特罗加诺夫在莫斯科开办了"艺术和手工艺免费绘画学校"（后来的斯特罗加诺夫学校）。А. А. 别兹博罗德科公爵（叶卡捷琳娜二世的近侍秘书）收集了大量画作，后来其继承人将这些画作赠予了艺术研究院，这为著名的库谢列夫画廊的成立奠定了基础。Н. П. 鲁缅采夫伯爵则资助了科学考察团和环球航行船队，还因此刊行了大量文献，创建了鲁缅采夫博物馆、书库（俄罗斯国家图书馆的前身）。1820 年，资助人 И. А. 加加林公爵、А. И. 德米特里耶夫－马蒙托夫伯爵、П. А. 基金少将在圣彼得堡创建了艺术家表彰协会；协会举办了展览会、青年人才大赛等相关活动。

19 世纪下半期，贵族的资助活动、慈善事业逐渐式微。农奴获得解放后，地主庄园加速裂解、衰弱；贵族的财富也随之流散。因此，诸多名门望族要么倾覆，要么大不如前。当时的人表示："……虽然贵族庄园还未典当出去，但贵族地主已不复存在。"① 19世纪80～90年代，欧俄地区过半的贵族土地、庄园都已被抵押、典当。因此，贵族的文化追求被遏制，他们的心理状态、生活价值都发生了巨大的转变。

相对于资助活动，慈善事业在俄国出现的时间较早。对于私人而言，其从事慈善事业的方式十分灵活，这在其发展初期表现得尤为明显；例如，私人的周济、施舍活动，或针对教堂和"慈善机构"的捐款（可多可少）行为。最初，慈善事业的受众主要是穷困人民，援助形式多种多样；至17世纪末，慈善事业受到了国家的控制。②

研究者分析了俄国私人慈善事业的发展阶段问题。18世纪初，俄国慈善事业针对的主要是教堂、修道院、养老院；至18世纪下半期，慈善事业关注的焦点则成了卫生保健、老幼救济、教育事业。值得注意的是，沙皇家族经常开办社会救济机构。例如，叶卡捷琳娜二世于1763年（在其执政初期）发起了照顾"弃婴与流浪儿童"的倡议并发布了相关计划指令，经过贝茨基的深入研究，在莫斯科、圣彼得堡等城市先后（分别于1764年和1770年）开办了教养（"孤儿养育"）院。叶卡捷琳娜二世及皇储帕维尔·彼德罗维奇都援建了众多的教养院。此外，П. А. 杰米多夫为教养院捐献了1.107亿卢布，还为产妇（针对穷人）医院（隶属于莫斯科教养院）捐献了2万卢布。直至19世纪上半期，城市慈善机构通常是由贵族慈善家所建的：1803年，Н. П. 舍列梅捷夫伯爵为莫斯科的"穷人和无家可归者"兴建了养老院；1809年，兹洛宾代表在萨拉托夫援助创办了纤夫医院；1829年，杰米多夫（圣彼得堡）在圣彼得堡创办了劳动救济院；19世纪30年代，П. Н. 杰米多夫、А. Н. 杰米多夫等人在圣彼得堡、莫斯科出资建设了儿童医院。

---

① *Слиозберг Г. Б.* Дела минувших дней: Записки русского еврея: В 3 т. Т. 2. Париж. 1934. С. 44 – 45. См. также: *Терпигорев（Атава）С. Н.* Оскудение // Терпигорев С. Н. Собр. Соч. Т. 2. СПб., 1899.

② См. об этом: *Козлова Н. В.* Люди дряхлые, больные, убогие в Москве XVIII века. М., 2010.

19世纪至20世纪初，"卫生保健、老幼救济、教育事业"是私人慈善事业的热门领域；后来，"文化和科学"也进入了慈善家的视野。① 因此，慈善事业的部分领域与资助活动极为相似。

随着俄国的社会发展，慈善事业、资助活动的目标、任务、动机都产生了变化。值得注意的是，行善②原则在俄国的发展与俄国富人等级（逐渐壮大）的自我意识（主要是企业家的道德感、社会责任感）息息相关。

伊万·波索什科夫③所生活的时期，"富人责任"思想（社会服务观点的基础）就已扩展至俄国整个企业家等级。④ "富人责任"思想源于俄国的宗教和传统，最初，其主要形式是向乞丐、残疾人进行施舍或为教会捐款。值得一提的是，商人逐渐清楚了自身的社会地位和社会责任。⑤ 他们意识到了等级的同一性，因此团体意识增强，社会责任感提升，这具有十分重要的意义。⑥ 正是在该时期，俄国成立了各种各样、数量繁多的慈善机构、资助组织；商人等级在其中扮演了主要角色。

农民改革后，在俄国经济、文化现代化的背景下，人们的社会积极性大幅提升；慈善事业和资助活动的发展正是这一趋势的鲜明表现。越来越多商人家庭出身的人获得了良好的教育，他们开始参与社会活动、科学工

---

① *Длуголенский Я. Н.* Заметки о частной благотворительности в дореволюционной России（1803 – 1916 гг.）// Благотворительность в России: Социальные и исторические исследования. СПб., 2001. С. 244.

② "行善（仁爱、友爱）是一种社会活动……归根结底，是一种社会利益活动。"慈善事业则有所不同，它只是以"个人利益"形式"进行的行善活动"（*Апресян Р. Г.* Функциональные особенности филантропии // Благотворительность в России: Социальные и исторические исследования. СПб., 2001. С. 42）。

③ 1652～1726年，俄国经济学家、政论家。——译者按

④ 学者针对俄国企业家的活动、思想进行了研究，涉及的企业家主要有：Н. А. 波列沃克、Т. В. 普罗霍罗夫、В. А. 科科列夫、К. Т. 索尔达坚科夫、П. М. 特列季亚科夫、С. Т. 莫罗佐夫、П. П. 里亚布申斯基等。

⑤ Руководство для молодых людей, назначающих себя к торговым делам. М., 1874. С. 3.

⑥ См.: *Гавлин М. Л.* Российское предпринимательство и его ответственность перед обществом // Буржуазия и рабочие России во второй половине XIX—начале XX века: Материалы XIX зональной межвузовской конференции Центрального промышленного района России. Иваново, 8 – 10 июня 1993 г. Иваново, 1994. С. 19 – 24.

作，成为文学、艺术等相关领域的鉴赏专家。他们并未将精力投入政治领域，因此活动并未受到权力机关的层层限制，发展相对自由、发展空间相对较大。

19 世纪末 20 世纪初，慈善活动的特征、规模都发生了巨大的变化。慈善事业成为群众性的活动，主导者也从显贵家族、大地主变成了商人、工厂主、知识分子。

法律、行政措施对慈善事业的发展产生了巨大的影响。1862 年，俄国对限制性条例——《最高财产》进行了修订（针对的是互助协会和慈善协会；1869 年后，这些协会均改为"机构"）。内务部接管了慈善事业、社会救济的相关管理工作。[①] 1904 年 3 月 22 日，俄国颁布了《社会救济条例》，其中规定，社会救济工作由内务部大臣管辖。[②] 1864 年，地方自治制度确立，自治省份将救济工作交托给了地方自治机关。1870 年城市规章规定：城市杜马、城市管理局负责城市的社会救济工作。地方自治机关获得了慈善捐款（社会救济预算外的主要资金来源）的支配权。包括《遗嘱捐献法》（1873 年颁布）、《大臣委员会规章》（1877 年 12 月 14 日颁布）在内的一些法规均促进了慈善事业和资助活动的发展。《大臣委员会规章》规定，根据捐献者意愿，可以以其名字命名其捐献的相关项目——"助学金、医院床位（医院或临时住所）或其他项目"。[③]

1897 年，内务部颁布了《穷人补贴模范条例》，基本满足了俄国创建慈善协会的需要，省长也因此获得了慈善协会开办的主导权。[④] 条例颁布后，慈善协会的创建程序得以简化，慈善事业得以迅速发展。1897 年的全俄人口普查数据显示，慈善机构的救济人数超过 10.8 万人；慈善补贴的受益人数超过了 31.4 万人。[⑤]

---

① ПСЗ－Ⅱ. Т. XXXVII. № 37852.
② ПСЗ－Ⅲ. XXIV. № 24253. Ст. 24，25，31.
③ ПСЗ－Ⅱ. Т. XLVII. № 50501.
④ См.：*Ульянова Г. Н.* Благотворительность в Российской империи… С. 179.
⑤ См.：*Ульянова Г. Н.* Благотворительность. С. 586.

20 世纪初，俄国共有 1.9 万个慈善协会、慈善机构，其中包括教会的教区慈善救济机构和人民戒酒监督机构。[1] 内务部的资料显示，1902 年，俄国共有 11040 个慈善组织（1762 个慈善协会、6279 个慈善机构）。除内务部，全俄慈善管理部门也开展救济工作，例如东正教管理部门（1697 个）、皇后玛丽亚管理部门（803 个）、人民教育部（439 个）、俄国红十字协会（305 个）、劳动援助慈善救济机关（308 个）等。[2] 这些组织的资金来自私人资金、不动产、捐款、津贴、成员费用等。[3] 值得注意的是，慈善事业预算的主要资金来源为捐款（累计捐款）。1902 年，慈善组织收到的捐款占其收入总额的 64.4%（近 2/3）。[4]

皇后玛丽亚管理部门的标志

20 世纪中期，慈善协会救济人数已近 55 万人，地方、城市慈善机构的救济人数共计 250 万人。在此期间，私人捐款的传统依旧存在。[5] 1910 年，全俄儿童救济代表大会指出，慈善事业的预算总额仅有 25% 来自国家、地方自治机关、城市和等级机构，75% 来自私人捐款。

以往，最高权力机关

---

① Благотворительные учреждения Российской империи: В 3 т. Т. 1. СПб. , 1900. С. 18; Благотворительность в России. Т. 1. СПб. , 1907. С. 26.

② См. : *Ульянова Г. Н.* Благотворительность в Российской империи… С. 258.

③ 1902 年，俄国慈善协会的资金总额高达 1.322 亿卢布，不动产价值超过了 0.505 亿卢布。其中，2246 家慈善协会的资金总额接近 1.2876 亿卢布（金额最多的有养老院——0.52 亿卢布、教养院——0.3 亿卢布、孤儿院——0.14 亿卢布）；1941 家协会的不动产价值约为 0.91 亿卢布，240 家协会的土地价值约为 0.047 亿卢布（Благотворительность в России. Т. 1. С. 39）。

④ Благотворительность в России. Т. 1. С. 33.

⑤ См. : *Ульянова Г. Н.* Благотворительность. С. 586.

（以罗曼诺夫家族为代表）在俄国的社会救济体系和慈善事业发展中扮演了主要角色。皇室成员是慈善事业诸多重要事务的组织者。至 1908 年，皇后玛丽亚管理部门共有 66 所教养学校、76 所养老院、36 所免费机构及经济适用公寓。至 1916 年，沙皇博爱协会共拥有 278 家慈善机构。[1] 此外，俄国的大公、公爵夫人几乎都加入了俄国红十字协会；19 世纪末 20 世纪初，玛丽亚·巴甫洛夫娜公爵夫人成为红十字协会的保护人。[2] 1881 年，俄国成立了玛丽亚·亚历山大罗芙娜失明者协会，协会的保护人便是皇后玛丽亚·费多罗芙娜本人。沙皇亚历山大二世为在圣彼得堡创办失明儿童学校，捐献了 100 万卢布。1895 年，亚历山德拉·费多罗芙娜出资创办了一所大型慈善管理机构——劳动救济机关（1906 年，机关更名为劳动援助救济机关）。1896 年，亚历山德拉·费多罗芙娜开始资助儿童救济与教育爱国协会；1914 年，她又资助创办了专门的慈善机构——全俄妇幼保障救济机关，投入资金高达 10 万卢布。19 世纪末 20 世纪初，皇室妇女对慈善事业拥有颇高的积极性且极具献身精神，为俄国慈善事业的发展做出了巨大的贡献。1907 年，大公小姐布林扎韦塔·费多罗芙娜创办了慈善姐妹会（莫斯科的玛尔法—玛丽亚修道院）。就研究者提供的数据来看，20 世纪初，皇室庇护下的慈善机构超过了 1500 家。[3]

在俄国慈善事业发展中，皇室成员的作用更多地表现为"倡议性和号召性"。因此，沙皇家族为自己塑造了一种良好的形象——成为"孤儿、残疾人等全民的保护神"，"促进了人民团结、捍卫了君主专制制度"。[4]

---

[1] См.: *Волков Н.* Краткий очерк Императорского человеколюбивого общества // Антология социальной работы. Т. 1. История социальной помощь в России. М., 1994. С. 163.

[2] См.: *Боцяновский В.* Исторический очерк деятельности Российского общества Красного Креста // Антология социальной работы. Т. 1. С. 176.

[3] См.: *Погунова О. Г.* Государственная власть и частная благотворительность в России на рубеже XIX—XX веков // Оппозиция и власть. СПб., 1998. С. 33.

[4] *Матвеева Н. Л.* Благотворительная деятельность и императорская семья в годы Первой мировой войны. М., 2004. С. 24.

1915 年彼得格勒沙皇博爱协会委员会召开的会议——照片由 K. 布尔摄影室提供

农民改革后的最初十年，商人宣称，他们不仅是慈善家，也从事科学、文艺事业资助活动。随着俄国资产阶级经济实力的增强，他们更加积极地参与各种社会机构：城市自治机构、地方自治机关、等级组织、行会组织；值得一提的是，资助活动也是他们参与社会生活的一种表现形式。

改革后，罗曼诺夫家族在慈善事业和资助活动发展中仍旧起着十分重要的作用。他们发起了各种计划、申请，热衷于奖励、表彰杰出的资助人、慈善家。皇室成员积极创办学校、博物馆、艺术画廊、剧院、人民宫，组织展览会，并将此视作至高无上的荣耀。罗曼诺夫家族的诸多成员（包括沙皇在内）也是著名的资助人、收藏家。众所周知，从 19 世纪 80 年代开始，沙皇亚历山大三世便一直在收集俄国艺术家的画作，此外他也搜集了俄国与欧洲众多的艺术藏品；1898 年成立的圣彼得堡俄国艺术博物馆便是以其藏品为基础建设的。在此方面，П. М. 特列季亚科夫足以与他相媲美。① 此外，亚历山大三世还资助了诸多音乐家，其中包括 П. И. 柴可夫斯基（他的作品备受推崇，获得了"国家终身津贴"的殊荣）。

弗拉基米尔·亚历山大罗维奇大公颇具艺术天赋，他绘制的芭蕾舞场景极其生动。他也积极参与科学、文艺事业资助活动（比如，他资助了 C. 佳吉列夫的国外巡回展览②）；此外，他也从事收藏活动。③ 他的妻子玛丽亚·巴甫洛夫娜对资助活动也十分热衷。弗拉基米尔·亚历山大罗维奇大公过世后，1909 年，玛丽亚·巴甫洛夫娜接任了艺术研究院的主席，在任期间极大促进了文化事业的发展。例如，她带头筹集资金，资助了 H. K. 列里赫团队在诺夫哥罗德内城的考古发掘项目。④ 此外，在她的努力下，伯努瓦家族将达·芬奇的《圣母像》捐给了埃尔米塔日博物馆。⑤ 值得一提的是，知名资助人尼古拉·巴甫洛维奇也资助了诸多艺术展览会。⑥

---

① 沙皇亚历山大三世与特列季亚科夫都经常造访巡回展览画派的展览会。亚历山大三世与其兄弟弗拉基米尔·亚历山大罗维奇大公（皇家艺术研究院主席）在参观展览会时看到了特列季亚科夫收藏的画作，二人颇为生气。不过，特列季亚科夫希望购入的一批画作也已被亚历山大三世（预备创建俄国博物馆）收入了囊中。这批画作包括：波列诺夫的《基督与罪犯》、列宾的《扎波罗热人》、苏里科夫的《叶尔马克征服西伯利亚》。艺术史学家 T. B. 尤登科娃指出，19 世纪 80 年代，艺术家们并不认为沙皇与莫斯科商人（特列季亚科夫）有何不同。M. B. 涅斯捷罗夫指出："特列季亚科夫同沙皇一样，总是如饥似渴地求购藏品。"通过对二人的对比，T. B. 尤登科娃看到了沙皇与特列季亚科夫"相同"的兴趣，这种兴趣极大促进了俄国艺术的发展（см.：*Юденкова Т.* Неустанное служение. К истории коллекции П. М. Третьякова // Наше наследие. 2006. № 78. С. 24）。

② См・*Бенуа А.* Мои воспоминания: В 5 кн. Кн. 4 – 5. 2 – е изд.，Доп. М.，1993. С. 448，479.

③ 在收藏活动中，弗拉基米尔·亚历山大罗维奇大公与特列季亚科夫也有冲突。有一则著名的事件：1880 年，弗拉基米尔·亚历山大罗维希望得到瓦斯涅佐夫的一幅画作——《激战过后……》，不过特列季亚科夫已先于大公从展览会上以较低的价格获得了该幅画；最终，他愿意将此画让给沙皇的兄弟——弗拉基米尔·亚历山大罗维奇大公（см.：*Юденкова Т.* Неустанное служение. К истории коллекции П. М. Третьякова // Наше наследие. 2006. № 78. С. 23）。

④ См.：*Величенко М. Н.，Миролюбова Г. А.* Дворец великого князя Владимира Александровича. СПб.，1997. С. 71，79.

⑤ См.：*Величенко М. Н.，Миролюбова Г. А.* Дворец великого князя Владимира Александровича. СПб.，1997. С. 169.

⑥ См.：*Филиппов А. В.* К истории петербургского и московского меценатства X Ⅷ—начале X Х в. СПб.，1996. С. 11.

沙皇家族的资助活动涉及领域颇广。叶连娜·巴甫洛夫娜（公爵小姐）是一位知名的资助人，其资助活动主要针对俄国的音乐发展。她资助创办了俄国音乐协会、圣彼得堡音乐学院；不过，她的资助活动有明显的个人目的。研究者指出，叶连娜·巴甫洛夫娜"打算将俄国音乐协会转变为自己专属的音乐沙龙晚会"，以便"在协会中获得更大的成功"，"使其置于关注的焦点"，但俄国音乐协会会长鲁宾斯坦严词拒绝了，因此二人的关系发展到水火不容的状态。为此，鲁宾斯坦辞去了俄国音乐协会圣彼得堡分部领导人的职务。①

同时，沙皇家族的诸多成员也成为艺术、科学协会的主席或荣誉成员；自然，他们也是这些组织的资助者。阿列克谢·亚历山大罗维奇大公（沙皇亚历山大二世之子）多次造访符拉迪沃斯托克（海参崴），提议创建远东博物馆；此外，他还为阿穆尔边疆研究协会（创建于 1884 年）捐献了 1000 卢布，成为该协会的荣誉成员。亚历山大·米哈伊洛维奇延续了这项传统；1888 年，他投入了符拉迪沃斯托克（海参崴）博物馆的筹备工作，为博物馆的建设捐献了 1000 卢布；1892 年，他又成为阿穆尔边疆研究协会的资助人（这项活动一直持续到 1917 年）。②

若要了解沙皇家族的资助活动规模，可以通过沙皇家族和宫廷事务部的国家收支清单进行分析：资助费用呈持续增长态势，累计资金超过百万卢布。③ 但遗憾的是，国家清单中并未披露开支项目的具体信息。可以推测，

---

① См.：*Мохначев М. П. Русское музыкальное общество. История создания и организационное устройство* // Актуальные проблемы истории русской культуры：Сб. Науч. Тр. М.，1991. С. 157－181.

② См.：*Белоусов А. А. На алтарь Отечества：Из истории меценатства и благотворительности в России.* Владивосток，1996. С. 145－146.

③ 例如，1898 年，资助活动预计支出金额共计 980 万卢布，实际上都耗尽了。1913 年，资助活动金额达 1280 万卢布，根据国家监督局的报告数据（1915 年国家清单附录）显示，这笔金额已严重超支（超支近百万卢布）。（Общая государственная роспись доходов и расходов на 1898 год. СПб.，1898. С. 9；то же на 1899 год. СПб.，1899. С. 7，65；Государственная роспись доходов и расходов на 1913 год. СПб.，1913. С. 7；Государственная роспись расходов на 1915 год，с указанием ассигнований на 1914 год и сумм действительно израсходованных в 1913 году по отчету Государственного контроля о государственных доходах и расходах… СПб.，1915. С. 3）.

资金支出用于了各种捐款、救济金和赏赐，其中便包括沙皇家族的资助活动支出。

财政预算审查委员会刊出了一些支出项目，更加佐证了上述内容。例如，1913 年，根据"宫廷事务部关于沙皇办公厅的开支计算"，"预计拨款"情况如下："慈善补助、慈善事业、医疗机构及各种公益机构"——将近 43 万卢布；"工资、年均补助金及各种付款"——76.5 万卢布。[①] 后来，艺术研究院也做了相关预算，其中指出，每年的"沙皇助学金"获得者共计 10 位。1913 年，助学金的金额达到了 3500 卢布。[②] 此外，沙皇家族成员也为艺术学校学生、"杰出艺术家"、艺术活动家及其家庭设置了助学金、津贴、赏赐等，金额相当可观；值得注意的是，这笔巨额费用主要由"沙皇陛下"及其家庭分担；1913 年，总金额共计超过了 100 万卢布。[③] 沙皇家族的所有成员几乎都参与了科学、艺术事业的资助活动。

皇室对资助活动和慈善事业的表彰无疑起到了示范作用；但是，俄国资助活动蓬勃发展的主要原因源自资助者自身的宗教、文化、教育的内在驱动力。

19 世纪末，商人的等级组织、行会组织在资助活动和慈善事业发展中起到了越来越大的作用。著名的莫斯科商业协会就是一个典型的范例。在莫斯科交易委员会主席 H. A. 奈焦诺夫的倡议下，刊物刊出了商业协会的相关资料，资料证明，它为俄国艺术及相关领域的发展提供了莫大的物质支持。

1872 年 1 月 18 日，莫斯科商业协会在选举会议上通过了一项"社会决议"，批准了莫斯科音乐学院和俄国音乐协会的申请，决定"为缓解音乐学院的财政拮据状况，每年为其拨款 1000 卢布（连续五年）"。[④] 这项决议获

---

① Журналы Комиссии по рассмотрению финансовых смет установлений Министерства императорского двора на 1913 г. СПб. , 1913. С. 159.

② Журналы Комиссии по рассмотрению финансовых смет установлений Министерства императорского двора на 1913 г. СПб. , 1913. С. 37.

③ Журналы Комиссии по рассмотрению финансовых смет установлений Министерства императорского двора на 1913 г. СПб. , 1913. С. 159, 161.

④ Материалы для истории московского купечества （общественные приговоры） . Т. 9 - 10. М. , 1909. С. 42.

得了慈善界的一致好评。俄国音乐协会还对 C. M. 特列季亚科夫的捐款表达了诚挚的谢意。① 公爵小姐叶连娜・巴甫洛夫娜也对此事件发布了《感谢敕令》并在 1872 年 3 月 23 日的选举会议上进行了宣读。②

后来，莫斯科商业协会持续对音乐学院进行援助。1874 年 4 月 30 日，选举会议上又宣读了康斯坦丁・尼古拉耶维奇大公的感谢敕令——大公对协会"每年向莫斯科音乐学院补助 500 卢布"的行为，向莫斯科写生画学校、雕塑学校和建筑学校提供约 500 卢布助学金的行为表达了由衷的感激之情。值得注意的是，补助资金源自商人 K. A. 波波夫的遗产。③

后来，莫斯科商业协会在选举会议上屡次通过了对音乐学院施以帮助的决定。④

商业组织对商业学校的资助活动更为活跃。⑤ 企业家积极致力于商业教育的推广，为此成立了各种协会。例如，莫斯科商业教育推广协会积极开展活动，创办了 2 所商业学校和 19 个贸易培训班。圣彼得堡、基辅、辛比尔斯克及其他城市都出现了类似的组织。一般而言，商业学校监督委员会的成员由杰出企业家代表担任。例如，莫斯科商业学院监督委员会的领导是 A. C. 维什尼亚科夫，共有 19 名成员，其中 7 位是世袭荣誉市民和商人，其中包括知名企业家 П. П. 里亚布申斯基、В. П. 里亚布申斯基、А. И. 科诺瓦洛夫、П. А. 布雷施

---

① Материалы для истории московского купечества（общественные приговоры）. Т. 9 – 10. М. , 1909. С. 43.

② 《感谢敕令》中写道："我衷心感谢对莫斯科音乐学院进行补贴的决议。这项决议再次证明，莫斯科社会对该机构的同情，彰显了他们对人民教育的重视。因莫斯科商业协会积极帮助了我所热衷的事业，请允许我通过选举会议向其表达我由衷的谢意。"（Материалы для истории московского купечества（общественные приговоры）. Т. 9 – 10. М. , 1909. С. 50 – 51）

③ Материалы для истории московского купечества（общественные приговоры）. Т. 9 – 10. М. , 1909. С. 127, 136.

④ Материалы для истории московского купечества（общественные приговоры）. Т. 9 – 10. М. , 1909. С. 452.

⑤ 根据 1896 年的《商业学校条例》，商业学校需组织监督委员会，其成员由社会代表（主要是商人代表和相关组织代表）构成。1914 年，俄国共计 8 所商业学院，最大的是莫斯科商业学院，学生总数超过 5000 人。

金；С. Ю. 维特也是委员会的荣誉成员。委员会成员主要负责监督学院建设，监督捐款的使用——投入学院的建筑和设备，还需缴纳一些费用。①

此外，监督委员会也积极帮助贫困学生。例如，莫斯科商业学院监督委员会为帮助贫困学生成立了一个协会，其成员共计 108 名。协会会分担贫困学生的部分学费。②

由此可见，商人组织热衷于商业教育的推广活动。他们认为，这是培养俄国企业家最重要的条件。

企业家在慈善事业中也起了很大的作用。改革后，商人的受教育程度大幅提升，他们对收藏活动和资助活动的兴趣也增强了。③ 19 世纪末，商人家庭几乎都十分注重教育，致力于提高自身及子女的受教育程度。诸多资料（包括档案文献）表明，19 世纪末 20 世纪初，俄国精英企业家都具有相当高的文化水平。1890 ~ 1915 年，莫斯科交易委员会的一份履历清单（其中涉及俄国诸多企业家）也印证了上述内容。④ 莫斯科交易委员会就 50 位企业家的受教育程度进行了统计：莫斯科交易委员会接受过高等教育的有 11名（占总数的 22%，其中 2 位是在国外接受的高等教育）；⑤ 接受过高等商

---

① 学院建筑物的建设（1906 ~ 1913 年）耗资 30 万卢布。在此期间，高等院校预算增长了 5 倍（达到了 37 万卢布）（см.：*Бессолицын А. А.* Обеспечение качества образования в Высшей коммерческой школе России в начале XX века // Экономическая политика. 2007. № 2. С. 200）。

② 仅在 1912 ~ 1913 学年，免除学费的学生就有 1186 名（约占学生总数的 30%）。食堂免费午餐的补助金额从 1.6 万卢布增至 3.1 万卢布。此外，通过捐款又增加了三十几个助学金的名额（Отчет Общества для пособия недостаточным слушателям Московского коммерческого института за 1913 г. М.，1914. С. 8 – 9）。

③ В. В. 斯塔索夫指出，"商人家庭出身的人"出现了一种新现象，无论财富多寡，他们"在生活中都有极大的精神需求，对科学和艺术事业无比热衷"（Цит. по：*Бурышкин П. А.* Москва и купеческая. М.，1990. С. 112）。

④ ЦИАМ. Ф. 143（Московский биржевой комитет）. Оп. 1. Ед. Хр. 672.

⑤ 莫斯科大学——И. А. 巴拉诺夫、Г. А. 克列斯托夫尼科夫、В. И. 马萨利斯基（也在杰米多夫法律学校接受过高等教育）、С. Т. 莫罗佐夫、А. А. 纳扎罗夫、Н. И. 普罗霍罗夫、С. М. 特列季亚科夫；圣彼得堡大学——В. В. 亚昆奇科夫；莫斯科帝国技术学校（工程与力学学校）——К. А. 亚休尼斯基；德国工业研究院——К. - Р. Б. 申；高等技术学校——Л. А. 拉别内克。

业教育的共有 6 人（12%）；① 接受过中等教育的有 8 人（16%）；② 接受过各种中等专科教育的有 3 人（6%）；③ 私立寄宿学校（圣彼得堡）毕业的有 1 人（2%）——К. К. 班扎；在国外留学（未指明学校）的有 1 人（2%）——С. И. 史楚金④；未指明接受过任何教育的有 1 人（2%）——Г. А. 奈焦诺夫；接受过家庭教育的有 19 人（38%）。⑤

数据显示，莫斯科交易委员会的大部分代表（俄国精英企业家庭出身）的受教育程度都比较高。莫斯科交易委员会将近 60% 的成员在俄国或国外接受过高等教育（其中包括大学和商业学校）或中等教育；其余成员接受过深厚的家庭教育，商人家庭经常仿效贵族，雇用家庭教师教育自己的孩子。家庭教育一般并不逊色于国家教育，甚至比国家教育的水平更高，因为这些家庭有能力聘请优秀的教授、教师、专家。

很多商人对历史、宗教、人文颇具兴趣，他们希望获得良好的审美品位，也追求社会宽容、行善。他们在日常生活中养成了文明人士（欧洲风格）的风度和习惯。

著名企业家 П. А. 布雷施金认为，精英企业家最重要的评判标准不在于资本多寡，而是受教育程度、名望以及是否积极参与社会活动、慈善事业和资助活动。⑥ 基于这些标准，布雷施金择出了莫斯科的商业精英（共计 25

---

① 莫斯科商业科学实践研究院——В. А. 戈尔布诺夫、А. Н. 奈焦诺夫、В. П. 里亚布申斯基、Н. В. 亚岑科夫、П. А. 布雷施金（也曾于莫斯科大学就读）、Н. В. 欣科夫。

② К. К. 阿尔诺、Л. В. 戈蒂埃 - 杜费耶、А. Л. 科诺普（国外）、Я. А. 科林、А. И. 科诺瓦洛夫（后来毕业于莫斯科大学）、П. Ф. 林杰尔、Г. М. 马克（国外）、С. И. 切特韦里科夫。

③ А. И. 瓦科林（莫斯科市民学校）、Н. А. 奈焦诺夫（福音派路德宗学校）、А. Д. 施莱辛格（莫斯科彼得罗巴甫洛夫学校）。

④ 巴伐利亚格拉市的高等商业研究院（см.：Думова Н. Г. Московские меценаты. М.，1992. С. 22）。

⑤ И. А. 阿伦斯、А. Е. 弗拉基米罗夫、Г. М. 冯·沃豪、Ю. П. 古容、И. Ц. 杰尔别涅夫、А. Л. 洛谢夫、В. А. 奈焦诺夫、А. Ф. 内尔科夫、Г. И. 霍赫洛夫、П. П. 索罗科乌莫夫斯基、В. Г. 萨博扎尼科夫、П. И. 萨宁、И. Г. 普罗斯佳科夫、С. А. 普罗托波波夫、И. В. 波波夫、И. А. 波尔特诺夫、А. Г. 波尔特诺夫、И. К. 波利亚科夫、Н. Е. 奥尔洛夫（ЦИАМ. Ф. 143. Оп. 1. Ед. Хр. 672）。

⑥ См.：Бурышкин П. А. Москва и купеческая. М.，1990. С. 109.

人），他们并不都是出类拔萃的商人或百万富豪，不过他们都极具社会、道德声望。他将五个商人家族划为第一类：莫罗佐夫家族、巴赫鲁申家族、奈焦诺夫家族、特列季亚科夫家族和史楚金家族。①

这些商业领域的名门望族积极参与社会活动，世世代代都是"资助者和慈善家"。布雷施金对莫斯科商人的分类方法有理有据，成为俄国商人分类方法的基础。值得一提的是，资助活动、慈善事业在此分类方法中占有重要的地位。

对于科学、文艺事业资助活动的发展而言，19 世纪末 20 世纪初是最为关键的时期，这是俄国资助活动发展的"黄金时代"——真正的繁荣期，这与商业领域名门望族的活动是分不开的。莫斯科商人的资助活动具有重要意义，他们为俄国文化的发展做出了巨大的贡献。著名资助者不仅在莫斯科声名远扬，有的甚至蜚声全俄——圣彼得堡、中部省份、欧俄边陲、乌拉尔、西伯利亚、远东。

商人的资助活动萌芽于 19 世纪中期，这与商人对民族艺术的支持息息相关。值得注意的是，大部分新兴企业家都是农民出身，也有一部分是传统商人家庭出身；他们基本都是旧礼仪派的忠实信徒。② 他们在资助活动中融入了新认识——艺术的人民性。这些富商大贾对俄国文化及其东正教根源甚感兴趣。为了抵制欧洲贵族品位对俄国的影响，很多企业家大力支持俄国传统艺术、文学的发展。

俄国商人自小处于祈祷文、圣像、壁画、宗教赞美歌的影响下，成长道路上处处离不开东正教的熏陶；相较于艺术文学和哲学，他们对古版书籍、写生画和音乐（尤其是宗教音乐）更感兴趣，因此这很可能是商人积极收藏圣像、古版宗教书籍、乐谱、诗歌集（拉赫马诺夫家族、E. E. 叶戈罗夫、

---

① 这些家族的影响并非仅在工业或贸易领域，他们"经常参与社会活动、职业贸易活动、城市活动，他们也经常从事慈善事业、创办文化教育机构，这些贡献使得他们家族的名声流芳百世"（см.: *Бурышкин П. А.* Москва и купеческая. М., 1990. С. 110 – 111）。

② *Лаверычев В. Я.* Крупная буржуазия в пореформенной России（1861 – 1900 г.）. М., 1973. С. 65, 67；*Гавлин М. Л.* Социальный состав крупной московской буржуазии во 2 – й половине XIX в. // Проблемы отечественной истории. Ч. 1. М., 1973. С. 187 – 188.

И. Н. 查理斯基、А. И. 赫鲁多夫等人的作品）的原因。后来，他们不仅大量收集国内外写生画作品，还积极创建、资助博物馆、剧院、私立歌剧院、音乐学院，也资助了俄国国内外的诸多艺术家、音乐家。

19 世纪 40～50 年代初，商人等级开始从事收藏活动。自此之后，莫斯科涌现了一批持有大量艺术藏品的商人，比如 В. А. 科科列夫、К. Т. 索尔达坚科夫、Г. И. 赫鲁多夫、С. А. 马祖林、И. И. 切特韦里科夫、С. Н. 莫索洛夫等。1856 年开始，П. М. 特列季亚科夫开始了自己的收藏生涯。

很多商人在收藏之路上都经历了一个复杂的演变过程，最初是盲目、无意识地收藏，最终则可能会收藏众多艺术性极高或具有民族价值的藏品。

著名艺术评论家 А. 埃夫罗斯对圣彼得堡和莫斯科的收藏活动进行了比较分析，反映了商人收藏活动发展过程中的一系列典型特征。[①] 他将注意力转向了商业资助活动的重要特点上：商业资助活动自力发展的深层次倾向与趋势；商业资助活动不能对艺术世界的新现象积极做出反应。不得不提的是，在我们看来，这些特点总体上是资助活动的典型特征。收藏家只是收藏那些已经得到艺术价值认可的藏品，对古董情有独钟；真正的资助者则有别于收藏家，他们本身就参与艺术创作，对艺术十分了解，他们会赞助新兴艺术品（尚未获得认可），有时也会资助具有先锋倾向的艺术品。实际上，这些资助者支持的是文化和艺术革命。这种对新事物的追求表明了他们的品位、个性、内心情感以及才学。И. Е. 列宾指出："一些资助者，例如特列季亚科夫，他们搜集的艺术品艺术价值越来越高，愈加优美、生动，他们在收藏活动中没有任何倾向，没有任何政治观点，仅凭自

---

① 埃夫罗斯写道，莫斯科的收藏家"与圣彼得堡的收藏家、贵族官员……商人社会活动家……不同。莫斯科的收藏家在 19 世纪 60 年代便开始了收藏活动"，而且"十分独立"。"最初，他们只是单纯满足自己的收藏爱好，购买少量藏品。后来，他们开始了倾向明确的收藏活动，有了目标。因此，他们具备了独立的品位，成为合格的收藏家"。埃夫罗斯指出，莫斯科的收藏家与圣彼得堡的收藏家不同，"他们的藏品更加现代……属于当下的艺术品……总之，若收藏家不合格，他就无异于一个名副其实的吝啬鬼；若收藏家合格，他就与艺术家一样，能够引领艺术的发展"（Эфрос А. Петербургское и московское собирательство（параллели）// Среди коллекционеров. 1921. № 4. С. 16 – 18）。

己对艺术的一腔热爱。"① 俄国越来越多的新一代资助者具备了这些特点，取代了因循守旧的老一辈资助者。

埃夫罗斯按照一般形式，将收藏家与资助人在美术领域的发展历史进行了分期；他也以此为根据评价艺术审美。② 自然，艺术偏爱的改变有其深层次原因：不同时期，社会倾向和社会需求不同。最终，艺术审美能够在反映社会希望及社会需求，而这意味着，艺术和资助活动的发展都是特定历史时期的现象。

改革后，俄国资助活动和收藏活动的历史基本可以分为两个阶段。第一阶段自改革前，大约终止于 19 世纪 90 年代末，商人收藏活动正是在此时期萌芽。在此过程中，一些知名的商人积累了知识，了解了艺术价值，提高了社会地位。最初，他们只是单纯爱好收藏（用埃夫罗斯的话来讲是"名副其实的吝啬鬼"）；后来，他们对艺术品有了更深层次的认识，成为资助活动的信徒。19 世纪 60 年代至 90 年代末，资助者和收藏家（例如 П. М. 特列季亚科夫、К. Т. 索尔达坚科夫；值得注意的是，这里指出的仅是一些代表人物，实际上其队伍非常庞大）的活动十分活跃，他们通过资助、拨款等方式，为俄国的艺术、文学发展做出了巨大的贡献。在巡回展览派艺术家的影响下，П. М. 特列季亚科夫培养了自己成熟的艺术审美，获得了崇高的地位。众所周知，在美学思想的发展过程中，大师之作不会过早出现；最初，П. М. 特列季亚科夫也未承认这些艺术杰作（例如 M. A. 弗鲁别利）。

斯拉夫派的思想对商人也产生了很大影响。В. А. 科科列夫、К. Т. 索尔

---

① *Репин И. Е.* Письма об искусстве（1893 - 1894）：Письмо шестое // Репин И. Е. Далекое близкое. 5 - езд. М.，1960. C. 399.

② 埃夫罗斯写道："俄国的收藏史也就是俄国的艺术审美史。19 世纪 80 年代，П. М. 特列季亚科夫确立了现实主义在审美中的统治地位，20 世纪的最初十年，С. И. 史楚金确立了印象主义和立体主义的审美统治地位；莫斯科的收藏活动有所差异，收藏家的倾向也各有不同，И. С. 奥斯特罗乌霍夫持有欧洲主义倾向，И. A. 莫罗佐夫是巴黎主义的代表，И. Е. 茨维特科夫是俄国巡回展览派的信徒，Д. И. 史楚金则是传统的西方派。"（*Эфрос А.* Петербургское и московское собирательство（параллели）// Среди коллекционеров. 1921. № 4. C. 18 - 19）

达坚科夫（尤其是在早期阶段）、赫鲁多夫兄弟、А. А. 波罗霍夫希科夫等人在收藏和资助活动、文化教育活动中都秉持着斯拉夫思想。

第二阶段始于 19 世纪 90 年代末，终于 1917 年。随着收藏活动和资助活动的发展，艺术中产生了新的艺术审美风格和倾向。新一代资助人逐渐提高了自身的社会地位。他们中的很多人都宣扬世界（尤其是欧洲）文化成就，积极收藏国外艺术品。当时的社会文化发展状态表明，俄国已经形成了新的社会等级、群体。因此可以这样讲，所谓的商人资助活动已然不再纯粹，而成为泛等级——企业家、富裕人士——的资助活动。

二 俄国的富商大贾：收藏家、资助者、慈善家

由于杰出资助者的努力与付出，俄国的科学、文艺事业资助活动在全俄乃至世界都有一定的名望。因此，俄国的资助活动史首先就是一部"资助者的历史"。

В. А. 科科列夫就是其中的杰出代表，他出身于旧科斯特尔的商人家庭，与斯拉夫派关系密切，是俄国独特论的忠实信徒。他认为必须将俄国文化重新植根于人民。19 世纪 40 年代末，他已开始收集年轻艺术家的画作；至 60 年代，"百万富翁"商人（В. А. 科科列夫）收集了大量的精美艺术品，开办了一个画作达 500 幅的画廊，其中超过一半都是俄国画家的作品（这些画家包括 В. 博罗维科夫斯基、Д. 列维茨基、Г. 乌格留莫夫、А. 马特维耶夫、О. 基普连斯基、К. 布留洛夫、А. 伊万诺夫、И. 艾瓦佐夫斯基、П. 费多托夫、Н. 斯韦勒奇科夫等）。

在收藏活动中，В. А. 科科列夫尽可能搜集更具民族和民间代表性的艺术品，希望可以收藏俄国艺术流派中更优秀、更经典的作品。[①] 科科列夫开办了免费、公开的美术馆，实现了自己教育人民的梦想。美术馆有全套文化设施：除展览厅外，还有配有合唱团的演讲大厅，据当时的人回忆，其中设

---

① См.：*Панова Т. Кокоревская галерея* // Художник. 1980. № 8. С. 56.

有"俄国座谈会"和小酒馆——莫斯科人自己的"俱乐部"。小酒馆和演讲大厅的内部装潢均采用了人民艺术形式。

科科列夫在临终前，他自费为年轻艺术家在姆斯塔河沿岸创建了弗拉基米尔·玛丽亚聚集站（后来更名为 И. Е. 列宾创造宫），他认为："较之罗马的坎帕尼亚①，特维尔的自然应该更能激发艺术家的灵感。"② 科科列夫积极援助聚集站的活动，还为皇家艺术研究院捐献了一笔巨款（近 5000 卢布），成为研究院的终身荣誉成员。直至 1916 年，科科列夫几乎每年都向聚集站捐款近 5000 卢布。③

科科列夫还积极参与慈善事业，主要是通过斯拉夫委员会进行的；19 世纪 70 年代，他为巴尔干的斯拉夫人捐款开办了一所女子中学（附属于莫斯科大学），在布拉格等地重新修建东正教堂。他向饥民援助委员会（创建于俄国 1867 年大饥荒期间）捐助了大笔金额，发挥了很大的作用；1876 年和 1880 年，以莫斯科商人的身份参与了工人问题委员会的工作。④

科科列夫的挚友 К. Т. 索尔达坚科夫是"旧礼仪派的中坚力量"，他以同样的思想开启了自己的活动。19 世纪 40 年代，他开始收集俄国艺术家的画作。1852 年前往意大利的旅程是他生命中的重大事件，经好友包特金的介绍，他结识了艺术家 А. А. 伊万诺夫，他请求伊万诺夫替他寻找、购买俄国艺术家的杰作。索尔达坚科夫逐渐成为一个彩色写生画的大收藏家。仅俄国艺术家的画作，他就收集了 230 幅。⑤ 索尔达坚科夫的审美倾向受到了世

---

① 现今位于意大利。——译者按
② 见：*Панова Т.* Кокоревская галерея // Художник. 1980. № 8. С. 168.
③ Смета доходов и расходов специальных средств Императорской Академии художеств // Журналы Комиссии по рассмотрению финансовых смет установлений Министерства Императорского двора на 1916 год. СПб. , 1916. С. 35.
④ См. : *Гавлин М. Л.* Российские Медичи. Портреты предпринимателей. М. , 1996. С. 43, 46.
⑤ 这些画家包括 А. А. 伊万诺夫（最大画稿《基督在人间复活》）、К. 布留洛夫（《拔书亚》）、Н. 格（画稿《秘密之夜》和《客西马尼园的耶稣》）、В. А. 特罗皮宁、В. Г. 佩罗夫、П. А. 费多托夫、В. В. 普基列夫，此外还有擅长风景画的 Ф. А. 瓦西里耶夫和 И. И. 希施金、擅长海景画的 И. К. 艾瓦佐夫斯基。

俗追求和宗教信仰、旧礼仪派生活传统以及商人习惯的深深影响。他的宅邸位于米亚尼茨基大街上，他和 C. T. 博尔沙科夫（教会古版书籍的收集者）经常身着奇特的长外衣，一起在附近图书馆旁的礼拜室祈祷。①

腰缠万贯的慈善家 K. T. 索尔达坚科夫——M. Φ. 鲁达尔采夫绘于 1902 年

与此同时，很多人也在俄国推广欧洲的文化及其教育成就。从 19 世纪 50 年代中期开始，索尔达坚科夫受其新友（T. H. 格拉诺夫斯基小组成员）的影响，开始大量刊行俄国、世界文学的经典作品。当时的人指出，就作品的出版数量之多、水平之高及涉及领域之广，俄国无人可与索尔达坚科夫比肩。没有索尔达坚科夫，很多书籍根本不会在俄国刊行。② 这些书籍的出版并未带来多少利益，但是索尔达坚科夫为俄国文化做出了巨大的贡献，用世界文明成果充实了俄国文化价值。与同时代的其他人相比，显然，他有更长远的眼光，认识到了此事的重要意义。

在遗嘱中，索尔达坚科夫将画廊和图书馆（"根据列出的清单，其中涉及所有画作、书目"）捐献给了鲁缅采夫博物馆。除此之外，他还将百万资产投入了俄国的教育、科学、文化事业，创办了工人手工艺学校和索尔达坚科夫医院（后来的莫斯科包特金医院）。当莫斯科城市社会管理机构陷入困

---

① Воспоминания П. И. Щукина. Ч. 3. М.，1912. С. 22.

② См. : *Пругавин А. С.* Московский иллюстрированный календарь-альманах на 1887 год. М. ，1887. С. 281. 这些哲学家、经济学家、历史学家包括 Д. 米勒、Д. 李嘉图、Д. 休谟、亚当·斯密、Т. 蒙森、Г. 维贝尔、Э. 拉维斯、А. 朗博；世界古典作家的作品包括荷马的《伊利亚特》、萨迪的《古利斯坦》、В. 莎士比亚的作品等。

境时，索尔达坚科夫慷慨解囊，捐款了近 250 万卢布；最终，他的捐款总额超过 370 万卢布。[①]

铁路大亨、建设承包人 П. И. 古波宁在资助活动和慈善事业中都投入了大笔资金，在俄国享有巨大的社会声望。古波宁是莫斯科贫困救济院阿尔伯特分院的财务主任，是救济院委员会的荣誉成员，还是伤病军人救济协会的成员和资助者。1869 年，他为尼古拉耶夫莫斯科商人孤寡救济院捐款 2.5 万卢布。此外，古波宁在圣彼得堡也捐出了大笔金额。1866 年，他在圣彼得堡出资兴办了彼得·古波宁孤儿院；他还当选为圣彼得堡孤儿院委员会的荣誉成员。从 19 世纪 80 年代开始，他成为圣彼得堡救济院委员会和贫困儿童手工艺教育委员会的成员。

为了推广工业知识和工业改革，П. И. 古波宁做了很多努力。他与 Х. Х. 迈因共同创办了莫斯科手工艺学校。他们还斥巨资开办了科米萨罗夫斯基工业学校，该校毕业生在莫斯科工业领域广受好评；古波宁还当选为该校的终身荣誉督学。根据古波宁的倡议，鲍里索格列布斯克也开办了工业学校。古波宁也积极参与科学、文艺事业资助活动。他采纳了莫斯科大学教授的建议，援建了综合技术博物馆大楼（建筑师为 И. 莫尼盖季），当选为综合技术博物馆委员会的终身委员。此外，他还是莫斯科 1872 年综合技术展览会的主要组织者和财政筹划人，担任了展览会铁路分会的主席，也筹办了 1882 年的全俄工艺展览会。[②]

对于古波宁而言，当务之急便是教堂的建造与复原工作。根据古波宁活动初期的一些资料来看，19 世纪 50 年代，他参与了圣彼得堡以撒人教堂的建设；60 年代至 80 年代，他参与了救世基督教堂的兴建，他还在莫斯科的克里门特小巷出资建造了帕拉斯凯夫·皮亚特尼茨神父教堂（隶属于科米萨罗夫斯基工业学校），成为该教堂的负责人。值得注意的是，这位铁路巨擘的活动区域远远超出了首都的范围。他参与了圣彼得堡彼得罗巴甫洛夫教

---

① См.: *Ульянова Г. Н.* Благотворительность московских предпринимателей. 1860 – 1944 гг. М., 1999. С. 448.

② См.: *Скальковский К. А.* Сатирические очерки и воспоминания. СПб., 1902.

堂的修复工作，在塞瓦斯托波尔临近地区修建了赫尔松涅斯教堂，在古尔祖夫兴建了圣母升天教堂（俄国最好的疗养地之一）。

А. А. 波罗霍夫希科夫（斯拉夫主义的忠实信徒）是知名企业家、社会活动家；19世纪下半叶至20世纪初，为将俄国传统建筑风格融入当时的建设，他做了很多努力。在将俄国风格融入莫斯科城市建设中，他扮演了重要的角色。根据他的要求，建筑学家 А. Л. 古恩在阿尔伯特大街上设计并建造了"俄国木屋"——原木结构、雕刻贴脸①、屋顶悬挂着壁灯，装有实木门。② 与此同时，在斯拉夫主义的启示下，他有了一些宏伟的构思并致力于将其变为现实——根据建筑学家 А. Е. 维贝尔的设计，他在尼科利斯克大街上建造了名为"斯拉夫集市"的宾馆。А. А. 波罗霍夫希科夫继承并发展了 В. А. 科科列夫的思想，希望将首都建造成国家的社会文化中心，"科科列夫会馆"（宾馆—库房综合体）的建造就是这种思想的具体体现。

宾馆建于1872年，一年后又增建了一个餐厅大楼（建筑学家 А. Е. 维贝尔设计建造）和"座谈会"音乐大厅（建筑学家 А. Л. 古恩和 П. Н. 库德里亚夫采夫设计建造）。按照波罗霍夫希科夫的要求，肖像装饰画由 И. Е. 列宾（当时，他仅是艺术研究院一位毫无名气的毕业生）提供。在宾馆建筑中，餐厅的内部装潢以及陈设（尤其是音乐大厅）都尽可能地运用了俄罗斯与斯拉夫的民族传统；音乐大厅"全部采用了俄国民族风格的窄花纹、雕刻式样"。③

波罗霍夫希科夫还资助了复活节广场上的一栋公寓（维贝尔设计建造），公寓同样采用了类似的设计。波罗霍夫希科夫的建造计划符合当时社会的主流思想，因此引起了广泛的社会反响。值得注意的是，"斯拉夫主义"艺术构思只有在人民艺术动机的辅助下，才能展现得淋漓尽致。波罗霍夫希科夫开风气之先，后来，俄国商人在建造房屋时都愿意采用"俄国

① 窗框、门框的木条或雕饰花纹，常见于15~18世纪的俄国建筑物。——译者按
② *Кириченко Е. И.* Москва на рубеже столетий. М., 1977. С. 57–58.
③ *Репин И. Е.* Далекое близкое. С. 215.

风格";这些"新贵"商人也强调自己对人民及人民艺术的钟爱。① A. A.
波罗霍夫希科夫极大改变了莫斯科的城市风貌，完善了莫斯科的公共设施。
他首次提出采用硬质岩石取代松软石灰岩（容易扬起尘埃，不利于莫斯科
市民的健康）铺设城市道路，为街道路面铺设柏油。但是，A. A. 波罗霍夫
希科夫并未支持建筑学家、建设者的创新设计，只一味弘扬建筑学的民族传
统；但总之，A. A. 波罗霍夫希科夫为俄国文化发展做出了巨大的贡献，他
的活动具有举足轻重的意义。

在俄国资助活动和慈善事业历史上，勇于献身的 П. М. 特列季亚科夫
占有特殊的位置。在俄国商人等级中，他在文化、教育领域的活动已经登峰
造极。

П. М. 特列季亚科夫的资助活动规模宏大，有极其重要的意义。他在资
助活动中的转变，对于商人等级而言，十分典型：最初，他只是单纯"为
自己"从事收藏活动；后来，他的活动转化为一种更高层次的活动——真
正意义的资助活动，他将注意力转向了社会，也意识到了自己的社会责任。

从特列季亚科夫的活动可以看出，首先，这是一种从个人形式到社会形
式的发展。俄国企业家意识到了个人财富与社会利益之间的关系，因此，他
们也逐渐意识到了社会利益的重要性。

П. М. 特列季亚科夫把自己的一生都贡献给了俄国的民族文化事业。用
布雷施金的话来讲，他看到了上帝赋予其家族的神圣使命。② 在特列季亚科
大画廊移交给莫斯科时，В. В. 斯塔索夫在文章中写道："他的画廊……是知
识、思想以及殚精竭虑的综合体，体现了他对这项事业深沉的爱……他从未
丧失自己的目标，从未停止对俄国的关心。"③

最初，П. М. 特列季亚科夫只是单纯收藏写生画，后来，他逐渐意识到
了艺术的社会价值，清楚艺术收藏是自己的公民责任；于是，他产生了创建

---

① *Кириченко Е. И.* Москва на рубеже столетий. М.，1977. С. 58 –59.

② См.：*Бурышкин П. А.* Москва и купеческая. М.，1990. С. 135.

③ *Стасов В. В.* Павел Михайлович Третьяков и его картинная галерея // Русская
старина. 1893. № 12. С. 281.

民族艺术画廊的想法；就此而言，特列季亚科夫无疑是先驱者，但他的构思并不完善。① П. М. 特列季亚科夫本人的生活与资助活动融为一体。他在收藏活动初期就希望开办一个可供众人参观的写生画画廊，使其成为民族艺术的中心；在收藏俄国艺术家作品的同时，他也认为，必须通过捐款、购买等方式获得国外的优秀作品。他创办了画廊，提高了俄国美术在世界上的威信和声望（之前几乎无人相信他）。很多艺术家在回忆录中强调，特列季亚科夫对他们作品的收集，证明了社会对他们作品的认可。列宾指出："……因为特列季亚科夫的个人贡献，我们俄国的艺术才有物质基础发展成重要的、民族性的艺术。"② 特列季亚科夫将大量财产都倾注在写生画上。艺术家 А. А. 里齐奥尼谈道，如果没有特列季亚科夫、索尔达坚科夫、普里亚尼什尼科夫这样的收藏家，俄国的艺术家哪怕把作品沉入涅瓦河，也不会出售给任何人。

1892 年 8 月 31 日，П. М. 特列季亚科夫将自己的藏品转交给了莫斯科，这些藏品包括 1276 幅油画、471 幅素描以及俄国大师的 9 个雕塑作品。藏品基本涉及了 18 世纪、19 世纪俄国美术的所有流派，在当时，这些作品都是无价之宝。在遗嘱中，П. М. 特列季亚科夫将不动产留给了其弟——谢尔盖·米哈伊洛维奇，当时的价值约为 200 万卢布，其中 150 万卢布属于私人艺术藏品——捐献给莫斯科的藏品总价值；1867～1898 年，特列季亚科夫仅在画作购买上就耗资 182.3155 万卢布。③ 当时的人认为，这些艺术品属于民族财富，是无价之宝。

П. М. 特列季亚科夫也是著名的大慈善家。1860 年，他开办了阿诺尔德—特列季亚科夫聋哑学校，后来一直是该校的资助者；1869 年，他成为

---

① 特列季亚科夫在给女儿亚历山德拉的信中写道："我的想法……我从少年时代就希望，既然我们从社会中获取，同时也要回报社会（人民）；我终身都不会放弃这种想法。"（цит. по: *Боткина А. П.* Павел Михайлович Третьяков в жизни и искусстве. М.，1953. С. 236）

② *Репин И. Е.* Далекое близкое. С. 399.

③ См.：*Ульянова Г. Н.，Шацилло М. К.* Примечания к кн.：*Бурышкин П. А.* Москва купеческая. С. 330；*Медведев Ю. В.* Роль московского купечества в социально-культурном развитии России. Сер. XIX—нач. XX в. М.，1996. С. 63.

莫斯科贫困慈善救济机关的成员。与此同时，他也成为莫斯科商业学校和亚历山大商业学校委员会的成员，他也对艺术家、莫斯科写生画、雕塑、建筑学校提供了物质帮助。П. М. 特列季亚科夫是莫斯科 11 个最大的慈善家之一，为莫斯科的慈善捐款每次都超过 100 万卢布。①

但是，对于很多富裕的收藏家和资助人而言，他们主要的活动目的并非宗教，而是对风潮、威望的追求，不过对于一些有远见的人来说，他们找到了新的投资方式。他们只是"为自己"收藏画作、古玩，与杰出收藏家和资助人（诸如，П. М. 特列季亚

П. М. 特列季亚科夫——画家
И. Н. 克拉姆斯柯依绘于 1876 年

科夫或 К. Т. 索尔达坚科夫）的收藏活动不可同日而语，他们的收藏活动不是完整、体系的收藏，也没有崇高的献身精神。即便如此，这些人的藏品中也不乏艺术精品。

"香水巨擘" Г. 布罗卡拉就是这种收藏家，他是法裔的俄国大企业家，笃信天主教。他的收藏活动并不专业，属于"杂食性收藏"。А. А. 巴赫鲁申在《收藏家笔记》中谈到了布罗卡拉，称其为"……破烂收集者"。除了大量收集圣像（375 幅），他还收藏骑兵马鞍、武器、家具、织物、古代服饰、皇室肖像画。值得注意的是，他主要收藏欧洲写生画（顾问是比利时艺术家马蒂阿斯），这些写生画中有一些艺术珍品：伦勃朗的《基督将钱商逐出圣殿》、П. 勃鲁盖尔的《争抢卡片的农民》、К. 斯特罗齐的《卖弄风

---

① См.： *Ульянова Г. Н.* Благотворительность московских предпринимателей. 1860 – 1944 гг. М.，1999. С. 255，258.

情的老女人》。Г. 布罗卡拉不仅将自己的房子做成了一所博物馆，也喜欢用画作布置自己的香水商店。他还在莫斯科顶级贸易商场的三楼建立了一个画廊，组织免费的慈善展览。①

П. М. 特列季亚科夫去世后，俄国资助活动发展的一个完整阶段落下了帷幕。商人等级的收藏爱好结出了硕果，使得很多商人都追求提高自身的受教育和文化水平，激起了他们对古代、民族往昔与人民艺术的兴趣。收藏爱好者中逐渐分离出一批数量较少、颇具威望的资助人，他们是艺术、文学的真正鉴赏家。没有他们的帮助，俄国本土派的写生画、雕塑作品、建筑、音乐未必能有市场，也不一定能够得到发展。他们为俄国艺术在国际舞台上的发展奠定了基础，使俄国艺术获得了国外的认可；此外，他们也为俄国社会吸纳优秀世界文化成就创造了有利的条件。如果没有这一代资助人的努力和积极参与，19 世纪末，俄国受教育等级并不会对艺术及艺术创作产生如此大的兴趣。

19 世纪 90 年代至 20 世纪的最初 10 年，艺术的社会影响增大了：俄国的博物馆、展览会、剧院、音乐厅的数量增长了，艺术杂志的刊行量骤增。可以这样讲，艺术文化增添了新的内容。

在社会经济现代化进程中，科技发展促使社会产生了新规则，人们产生了新的世界观，艺术文化领域面对的问题及其解决之道也发生了变化。对于人民大众而言，20 世纪最重要的艺术创作形式主要是印刷、影片制作、摄影、录音、新印刷艺术形式（美术画片、小册子、宣传画、海报等）。

新形势下，艺术领域与工业领域相互结合，资助活动的内容也发生了变化。企业开始运用大众艺术来获取利益。在这个新的艺术活动领域，资助人的收入相当可观。最初，他们投入资金，并未期待任何回报，只是出于单纯的"对艺术的热爱"；但是后来他们发现，这项事业有利可图；因此，传统意义上的资助人实际上变成了一种新型企业家：他们成了艺术产业的创始人

---

① См. : *Синова И. В.* Российские предприниматели, благотворители, меценаты. СПб. , 1999. С. 53.

和组织者、艺术外围的活动成员和"戏院老板"。如此一来，俄国"娱乐产业"的基础便已形成，大众文化开始萌芽。

皇家摄影师 A. 哈恩－亚格尔斯基也是摄影公司的资本家，他在俄国的艺术摄影和电影事业的发展中起了很大的作用；1908 年，A. 德兰科夫（编辑与摄影记者）拍摄了俄国第一部剧情电影——《底层人民》（又称《斯捷尼卡·拉辛》）。后来，戏服制作厂的厂长 A. 塔尔迪金创办了一家电影公司。[①] 革命前，俄国电影业的发展与 A. 汉容科夫有密不可分的关系。1912年，A. 汉容科夫创办了一家股份制公司，一战期间，他加入了莫斯科最大企业家资助人的行列：银行家维什尼亚科夫和里亚布申斯基、工厂主科诺瓦洛夫、出版家瑟京和萨巴什尼科夫。[②] 石油企业家、资助人曼塔舍夫和利安诺佐夫也创办了一家股份制电影公司——"生命圣殿"（又称"生命电影"）。[③] 1902 年，圣彼得堡工程师 В. И. 列比科夫与留声机公司合作创办了俄国第一家留声机和唱片公司；公司一年内就生产了 1 万张唱片和基于俄国剧目的 1000 张录音存盘。

艺术企业家开创了舞台剧目、剧目表演的新形式：卡巴莱剧目、小型文艺剧目和哑剧。例如，从 1908 年开始，Н. Ф. 巴利耶夫的卡巴莱剧目——《飞逝的思想》就受到了莫斯科的富人、浪荡派群体的欢迎，该剧目受到了年轻资助人 Н. А. 塔拉索夫（石油大亨、百万富豪）的赞助。《飞逝的思想》开创了新的流行戏剧形式，后来，莫斯科、圣彼得堡等地都出现了大量类似形式的戏剧；由于剧目中包含哑剧、杂技等因素，也配有滑稽表演和对抒情诗、浪漫诗的改编，因此观众群也包括平民百姓。

在新一代企业家资助人的努力下，艺术出现了新的种类和形式，与最新科技结合起来，获得了迅速发展（主要是在城市）。新一代的资助人和慈善家（主要来自商人等级）认为，人民教育（致力于缩小俄国社会各个等级的文化差异）事业是他们的文化和社会使命。但是，他们的活动影响的主要

① См.： *Лебедев Н. А.* Кинематограф в дореволюционной России. М.，1958. C. 17.
② См.： *Ханжонкова В. Д.* Русское кино：1908 – 1918. М.，1969. C. 18.
③ См.： *Лебедев Н. А.* Кинематограф в дореволюционной России. М.，1958. C. 26.

是大城市、各地中心城市的市民。与白银时代的高雅文化类似，在此期间，俄国的"戏剧"等艺术蓬勃发展，为未来大众文化的发展奠定了基础。①

19 世纪末 20 世纪初，在艺术创作的各个领域，新的原则、形式和方法的艺术价值都被严重高估了。在此期间，俄国艺术诞生了诸多新流派，这些流派与巡回展览画派（现实批判主义）、经典派分庭抗礼、势如水火。谢尔盖·佳吉列夫正是新流派的代表人物之一，他将莫斯科和圣彼得堡的年轻艺术家联合了起来，在俄国艺术界掀起了一场暴风骤雨。② 1898 年 1 月，圣彼得堡的巴龙·施蒂格利茨学校大厅中开办了俄国与芬兰艺术家展览会。诸多刊物都对其展开了猛烈抨击，称这次展览会为"谋反展览会"和"颓废主义展览会"，③ 不过这些抨击反而更加激励了佳吉列夫。他与 A. H. 伯努瓦一起研究了新兴艺术刊物的思想，创办了年度展览会。佳吉列夫把新流派的年轻艺术家和文学家团结在了一起，确立了一致的目标；他还获得了新一代资助人（取代了 19 世纪 60 年代出现的"进步社会活动家"）的支持。1898 年 3 月 23 日，《艺术世界》杂志向出版管理部门递交了申请书并获准可以"公开见刊、发表"；申请书由大公 M. K. 特尼谢夫和商贸官员 C. И. 马蒙托夫签署生效。④

新型期刊诞生了，这也成为俄国资助活动史上的重大事件。1898 年，艺术领域在思想上和组织上都出现了明显的变化，西欧的审美、风格在俄国站稳了脚跟，很多大资助人也对此表示绝对支持；因此，1898 年可以被视为俄国艺术发展中的分水岭。不过，资助人的变化并非凭空产生的。俄国资

---

① Подробнее о массовой культуре города начала XX в. См.: *Ульянова Г. Н.* Досуг и развлечения. Зарождение массовой культуры // Очерки русской культуры. Конец XIX—начало XX века. Т. 1. Общественно-культурная среда. М., 2011.

② 1897 年 5 月 20 日，佳吉列夫向展览会参与者派发了一份呼吁书——《俄国艺术追随者宣言》，其中指出："目前，正是我们本土艺术联合、团结为一个整体的最佳时刻，我们要在欧洲艺术中占据一席之地。" B. B. 斯塔索夫严厉谴责了这次展览会，他表示："颓废来临了，我们定会在欧洲颓废艺术中占据一席之地。"

③ B. B. 斯塔索夫称这次展览会为"颓废主义废物大会"和"疯狂、狂妄者的盛宴"（см.: *Стасов В. В.* Избранное. Т. 1. М.; Л., 1950. С. 332, 338）。

④ РГИА. Ф. 776. Оп. 8. Д. 1151. Л. 2–3（大公 M. K. 特尼谢夫和商贸官员 C. И. 马蒙托夫签署日期为 1898 年 3 月 23 日）。

助活动的土壤主义①倾向非常明显，但也深受西欧世界观的影响，这在文明贵族圈子中体现得尤为明显；商人资助者也竞相模仿。众所周知，西欧派自由党人 T. H. 格拉诺夫斯基（莫斯科大学教授）对索尔达坚科夫的观念产生了巨大的影响。不过，当俄国的工商业代表增加了对欧洲文化的直接了解后，他们的兴趣范围扩大了，受教育程度也提高了。

新一代商人资助者（例如 C. И. 马蒙托夫、史楚金兄弟、莫罗佐夫家族、里亚布申斯基家族、C. A. 波利亚科夫——他们都曾资助佳吉列夫的活动）在活动中加深了对欧洲文化的认识。与此同时，其他等级在新时代各项文化事业发展中也扮演了重要的角色：贵族和官员（特尼谢夫家族、Ю. C. 涅恰耶夫－马雷采夫、杰尔维兹家族）、技术界与艺术界知识分子（冯·梅克家族、C. 库谢维茨基）、少数民族（曼塔舍夫家族、塔拉采夫家族、吉尔什曼家族、波利亚科夫家族）。在地方上，"职业慈善家和资助人"也成长了起来。

"开明专制"时期，圣彼得堡首先出现了文化发展趋势的转折。随着艺术的高速发展，圣彼得堡的收藏活动和资助活动也如火如荼地发展起来。当时，圣彼得堡出现了众多大艺术收藏家，贵族收藏家，例如，阿尔古金斯基家族、弗谢沃洛施斯基家族、杜尔诺沃家族；商人收藏家包括 M. Π. 包特金、C. C. 包特金、И. И. 鲍林、M. 奥利夫、E. Π. 奥利夫、E. Г. 施瓦茨。1899 年，《艺术世界》杂志在巴龙·施蒂格利茨学校大厅举办了国际画作展览会。圣彼得堡艺术表彰协会的资助人也开始刊行新流派的月刊插图杂志——《艺术与艺术工业》（主编 H. Π. 索布科），还刊行了每月汇编——《俄国艺术瑰宝》（主编 A. H. 伯努瓦，后来 A. B. 普拉霍夫担任了主编）；这些刊物的资助人是企业家 Ю. C. 涅恰耶夫－马雷采夫。这些刊物沿袭了《艺术世界》的办刊路线。②

---

① 俄国斯拉夫主义社会思潮的一派，主张知识界应与人民"土壤"接近。——译者按
② 但是，阿萨菲耶夫认为，莫斯科引领了这个过程，他援引了马蒙托夫的活动作例，写道："俄国艺术复兴最早诞生于莫斯科，圣彼得堡《艺术世界》的活动难道就能表明艺术复兴?"（*Асафьев Б. В.* Русская живопись. Мысли и думы. Л. ; М. , 1966. C. 46）

19世纪末20世纪初，C. П. 佳吉列夫在俄国资助活动史上占有重要的位置。他对俄国艺术新流派给予了莫大的支持，他把新流派的艺术品售往国外，也将西欧的艺术杰作带给了俄国大众。佳吉列夫是俄国新型企业家资助人——"艺术企业家"，他们既有资助人的特点（佳吉列夫将私有财产投入艺术中），还有行政官员和企业家的特性；同时，也是艺术行家。1895年，佳吉列夫在事业开端时写道："我似乎找到了自己真正的目标——资助活动……"

A. 别努瓦认为，佳吉列夫与马蒙托夫都"视俄国艺术繁荣为己任"。不过，佳吉列夫对艺术的态度有时会陷入自相矛盾之中。他将俄国艺术视作高傲的贵族，但有时又认为俄国艺术土里土气、非常落伍。他不止一次地宣称："西欧主义是我的箴言。"相较于欧洲艺术，由于畸形爱国主义，俄国艺术长期处于"孤立"状态下发展，因此俄国艺术必须克服"孤立主义"；佳吉列夫的这种激烈言辞在很大程度上也是因其自相矛盾的观点。[①]

佳吉列夫与其年轻的挚友们强烈感受到，俄国艺术未来的发展必须"打开欧洲之窗"，唯有如此，俄国艺术才能在欧洲文化中占有一席之地。《艺术世界》展览会结束后，佳吉列夫立即着手带着俄国艺术"进军"西欧。A. 别努瓦认为，俄国艺术比西欧新兴艺术更具活力、更为健全，他提出了在巴黎举办"俄国季"展览的活动。佳吉列夫的很多想法在俄国受到了阻碍，因此他只能去国外践行自己的方案。1906年，巴黎"秋季沙龙"中，10个大厅中都举办了俄国艺术展览，这成为俄国文化走向西欧的第一步；展览会上主要展出了2个世纪以来俄国的彩色写生画和雕塑作品。巴黎展览会结束后，1906～1907年，柏林、蒙特卡洛、威尼斯举办了同样的活动。佳吉列夫在艺术展览会上获得了成功。此外，1907年春，他又在大歌

---

① C. 马科夫斯基在谈到佳吉列夫时指出："在纨绔子弟的面具下隐藏着他的真诚，他对艺术爱得真挚热烈，为艺术的魅力着迷……此外，他对俄国怀有真诚、温情，迷恋俄国文化，意识到了自己对俄国文化命运的责任。"（*МаковскийС. Неуемный // ПамятникиОтечества*. 1994. № 29. C. 51）

剧院举办了"从格林卡①到斯克里亚宾②"的俄国音乐会；后来，他又将Ф. И. 夏里亚宾③的歌剧搬到了巴黎观众的眼前。④巴黎观众都为之倾倒。作为组织者，佳吉列夫名声大噪。但是，这种成功并未遏止佳吉列夫的亏损，因此，佳吉列夫被迫把注意力转向了当初十分鄙视的芭蕾舞。⑤但是，他对芭蕾舞的感知良好，在 1909 ~ 1911 年的"俄国芭蕾舞季"上，他又获得了决定性的、全方位的成功。⑥

佳吉列夫成为世界知名的艺术企业家。需要特别指出的是，在"进军"欧洲的过程中，他获得了一些资助人的鼎力相助，例如：M. K. 特尼谢娃公爵夫人、M. K. 莫罗佐娃、И. A. 莫罗佐夫、

C. П. 佳吉列夫在纽约——照片摄于 1916 年

C. T. 莫罗佐夫、C. C. 包特金、A. П. 包特金、B. O. 吉尔什曼、Г. Л. 吉尔什曼、B. B. 冯·梅克等。在佳吉列夫的影响下，俄国很多企业家都为俄国

---

① 俄国作曲家，古典音乐创始人。——译者按
② 俄国作曲家、钢琴家。——译者按
③ 俄国男低音歌唱家、人民艺术家。——译者按
④ 1908 年，Ф. И. 夏里亚宾在巴黎参加了《波利斯·戈东诺夫》《霍万斯基叛乱》《普斯科夫人》的演出，舞台布景由 A. 别努瓦、A. 戈洛温、И. 比利宾负责。
⑤ См.：*Борисоглебский М. В.* Материалы по истории русского балета. Т. Ⅱ. Л.，1939. C. 135.
⑥ A. 别努瓦指出："……较之个人天赋，成功的外在条件似乎更为重要。""俄国文化、俄国艺术特色征服了"巴黎（*Бенуа А.* Русские спектакли в Париже // Речь. 1909. 19 июня）；卢那察尔斯基也指出："俄国艺术的某些领域已经走到了前列，成为欧洲的模仿对象。"他表示："1906 年巴黎举办的俄国展览会，不过只是向巴黎观众表现了一些俄国画家的独特与天赋，那么，俄国芭蕾舞则傲视了整个欧洲。"与此同时，在戏剧布景艺术领域，俄国大师"推动了真正的革命"（*Луначарский А. В.* Русские спектакли в Париже // Современник. 1914. Кн. 14，15. C. 20）。

艺术、俄国戏剧在欧洲、美洲的展览、表演给予了莫大的支持；此外，他们也举办音乐会、戏剧表演、展览会，购买写生画充实自己的收藏品。企业家的艺术品位变得更加欧化、更加多样。

当时的人注意到，社会对俄国文化和世界文化关系的理解发生了转变；与此同时，佳吉列夫的艺术审美更加多样化。① 值得注意的是，这并非佳吉列夫的个人转变，而是新一代俄国资助活动巨匠都在某种程度上发生了这种转变。例如，С. И. 马蒙托夫、М. К. 特尼谢娃、С. И. 史楚金、И. А. 莫罗佐夫、С. А. 波利亚科夫、М. П. 别利亚耶夫、С. А. 库谢维茨基等。他们都希望尽可能探索艺术世界的新领域。

当时，企业家对新流派艺术产生了浓厚的兴趣，先锋派正是这些新流派其中之一，该派对民族文化传统有了更为深入的理解；② 此外，还有俄国本土产生的欧洲古典主义。③ 圣彼得堡开办了一家古代圣彼得堡博物馆，举办了彼得大帝改革后俄国建筑风格的历史展览会，也出版了以文化为主题的杂志和丛刊——《俄国艺术瑰宝》《悠久岁月》《首都与庄园》，这些出版物分别由涅恰耶夫 - 马雷采夫、威内尔、特尼谢娃等资助刊发。莫斯科也组织了类似的活动。因此，老贵族（圣彼得堡）与新商人（莫斯科）文化的融合速度越来越快。④

文化融合的主要原因是企业活动逐渐丧失了等级属性。商业精英会与其他社会等级（主要是贵族）通婚，也会在很大程度上效仿他们的文化。商

---

① См.：*Маковский С.* Неуемный // Памятники Отечества. 1994. № 29. С. 53.
② Е. И. 基利琴科指出，时至 20 世纪中期，"古典主义才在俄国确立下来，彼得大帝改革后的俄国文化历史都成为艺术创作的素材"。具有世界审美的人，他们相信彼得大帝改革后的民族文化遗产，他们也是捍卫俄国本土"回溯主义"的主力军（*Кириченко Е. И.* Москва на рубеже столетий. М.，1977. С. 79）。
③ 这主要表现为学院派和经典派的复兴，他们追求模仿与象征性手法。美术领域有 Г. И. 谢米拉茨基、В. Е. 马科夫斯基、А. Н. 别努瓦；文学领域有 Д. С. 梅列日科夫斯基、И. Ф. 阿年斯基、А. А. 勃洛克。俄国诗歌迎来了一个高雅、经典的时代——这也是这一趋势的有力佐证。
④ Б. В. 阿萨菲耶夫指出："艺术文化改革存在两种趋势……不过，这是由于圣彼得堡和莫斯科对于改革内容的理解存在偏差。"（*Асафьев Б. В.* Русская живопись. Мысли и думы. Л.；М.，1966. С. 46）

人子女与贵族子女结合的数量增加了，其中也包括贵族出身的艺术知识分子——A. И. 济洛季与 B. П. 特列季亚科娃、K. Д. 巴尔蒙特与 E. A. 安德烈耶娃等（这也许隐藏了商人慷慨资助的另一原因）。贵族文化、贵族生活方式的影响通过婚姻散播到了商人家庭中。马蒙托夫家族、索尔达坚科夫家族、亚昆奇科夫家族、波利亚科夫家族在莫斯科近郊有一些私人庄园，比如，阿伯拉姆庄园、昆采沃庄园、韦坚斯基庄园、基列耶夫庄园、兹纳缅斯克 - 古拜洛夫庄园，这些庄园成为文化的发源地——这些发源地的主要目标不是吸收文化传统，而是在文化革新的过程中保留并发展俄国的新文化。①

一些商人家庭出身、受过良好教育的年轻人，他们与艺术知识分子、不同社会等级的创造性群体进行直接接触，这对于创造新的文化环境具有重要的意义。例如，经常造访亚昆奇科夫家族韦坚斯基庄园的访客中就有 A. П. 契诃夫、П. И. 柴可夫斯基、B. E. 鲍里斯 - 穆萨多夫、И. И. 列维坦、艺术家与政论家谢尔盖·格拉戈里（戈洛乌谢夫）和艺术界的诸多代表人物。②

由此可见，19 世纪末，商人等级积聚了文化潜力，进入了一个新的发展阶段。商人与贵族两个等级的文化发展路线也逐渐靠拢。新的文化联盟诞生了，它不受原有条件和偏见的束缚，形成了新的社会联合，为社会带来了诸多希望。20 世纪初，新的企业精英积极参与资助活动和教育活动，文化融合过程成为俄国资助活动和慈善事业历史上的主要发展方向。在此期间，各社会等级都对俄国文化产生了亲切的认同感。

C. И. 马蒙托夫出生在一个开明的商人家庭（名门望族），他的家族也是第一批资助活动的代表。П. A. 布雷施金写道："马蒙托夫家族与包特金家族一样，虽身在完全不同的领域：工业领域和艺术领域，但都驰名全

---

① Л. В. 伊万诺娃指出："19 世纪末 20 世纪初，俄国诞生了独特、活跃的文化庄园，这些庄园对资产阶级、商人、知识分子出身的新掌管者产生了深远的影响。"（Иванова Л. В. Предисловие // Мир русской усадьбы: Очерки / Отв. Ред. Л. В. Иванова. М., 1995. С. 5）

② Череда Ю. Звенигородский уезд（Чехов, Чайковский, Якунчикова）// Мир искусства. 1904. № 5. С. 103 – 104.

俄。"① 萨瓦·伊万诺维奇·马蒙托夫（С. И. 马蒙托夫）便是其中的代表人物，艺术家涅斯捷罗夫称其为"伟大的萨瓦"，后来人们便如此称呼他。

С. И. 马蒙托夫——画家 И. Е. 列宾绘于 1880 年

С. И. 马蒙托夫是个全才，并且他"总是能够成为艺术探索者们的中心",② 他具备了伟大却乌托邦式的、难以实现的追求：艺术应当引领生活。1888 年，他客居意大利时，站在佛罗伦萨"铺满神圣大理石"的广场上，陈述了自己内心深处的梦想（记录在其旅行笔记中）。③

19 世纪 80 年代中期，С. И. 马蒙托夫在获得政府许可（1882 年）后，在圣彼得堡和莫斯科创办了私立剧院，他创建了俄国第一家私立歌剧院——马蒙托夫歌剧院。К. С. 斯坦尼斯拉夫斯基特别强调，这家私立歌剧院对于

俄国文化具有重要的意义。④ Б. В. 阿萨菲利耶夫对马蒙托夫歌剧院的创新

① *Бурышкин П. А.* Москва и купеческая. М., 1990. С. 167.
② *Бурышкин П. А.* Москва и купеческая. М., 1990. С. 167. 特列季亚科夫的女儿薇拉·巴甫洛夫娜回忆道："萨瓦舅舅可以唱歌、写诗、作谱、绘画、雕刻、表演……"他"是个天才，是富有魅力的完美男人，能够立即吸引所有年轻人的注意，把他们聚集到身边"（Цит. по: *Зилоти В. П.* В доме Третьякова. М., 1992. С. 149 – 150）。
③ Встречи с прошлым. Вып. 4. М., 1982. С. 54.
④ "马蒙托夫资助了歌剧事业……对俄国歌剧事业的文化产生了强大的推动力：提拔了夏里亚宾和不得重用的专家穆索尔斯基，在他们的帮助下，里姆斯基 - 科尔萨科夫的《萨特阔》在剧院获得了极大的成功；这些又激起了马蒙托夫的活动激情……我们在马蒙托夫的剧院中可以看到，原来那种手工艺布景装饰被众多波列诺夫、瓦斯涅佐夫、谢罗夫、科罗温、列宾、安托科尔斯基等其他知名艺术家的画作所取代……与此同时，马蒙托夫家中也有众多列宾、安托科尔斯基等画家的名作。此外，没有马蒙托夫，伟大的弗鲁别利可能湮没在人群中，不会有任何荣誉可言。"（*Станиславский К. С.* Мое гражданское служение России. М., 1990）

及其在音乐艺术发展中的成就给予了高度评价。① 艺术家、资助人谢尔巴托夫大公将注意力转向了 C. И. 马蒙托夫自相矛盾的性格特点上。他写道："萨瓦·马蒙托夫在自己的私人生活、社会生活和资助活动中都满富激情。但他也是一个贪财的商人，刚愎自用，甚至是一个完全意义上的大盗。不过，他极富智慧与天赋……莫斯科近郊的阿伯拉姆庄园……一度成为俄国最活跃的艺术中心。马蒙托夫善于用自己的艺术激情感染年轻的艺术家，能够鼓励各种思想观点，使他们不至于丧失伟大的事业，此外，他还开办了自己的私立歌剧院（1885 年 1 月 10 日创办于莫斯科）……"②

著名作家 A. B. 阿姆菲捷阿特罗夫在长篇小说《第九十》中给了马蒙托夫一个有趣的评价，他写道："（他是）百万富翁、铁路大亨，艺术家。他赞助歌剧，擅于绘画、写诗、雕刻、歌唱、舞蹈……他提拔了夏里亚宾，鼓舞了瓦斯涅佐夫，为科斯塔·科罗温清扫了前进的道路，而如今又在为弗鲁别利忧心……无论从艺术的任何领域、任何方向来看，他都是当之无愧的行家。"③ A. B. 阿姆菲捷阿特罗夫一针见血地指出，堪称全才的马蒙托夫最为看重新一代的资助人——他们对艺术、艺术创作无比忠诚：他们是艺术中的"行家和工作者"、"艺术家"、创作者。

马蒙托夫在慈善事业领域也声名远扬。他在阿伯拉姆庄园建造了医院、学校、教堂和艺术家工作室。19 世纪 70 年代初期，他当选为莫斯科城市杜马的代表和商业知识爱好者协会的成员。马蒙托夫也是众多学校的创始人，其中包括科斯特罗马的 Ф. B. 奇若夫工业学校，他也成为该校的荣誉资助人；他还是莫斯科杰利维格铁路学校的校长。与此同时，马蒙托夫也资助了文化领域的事业，他为莫斯科的高雅艺术博物馆捐款 1 万卢布，成为该校建

① Б. B. 阿萨菲利耶夫写道，C. И. 马蒙托夫的歌剧院中"提拔了优秀的里姆斯基－科萨科夫，在歌剧的导演艺术中、在戏剧布景的新艺术文化中（B. M. 瓦斯涅佐夫和 M. A. 弗鲁别利），处处洋溢着现实主义的风采，还有伟大、生动的俄国歌唱艺术"（*Асафьев Б. B.* Русская живопись. Мысли и думы. Л.；М.，1966. C. 46）。
② *Щербатов C. A.* Художник в ушедшей России. Нью-Йорк, 1955. C. 51 –53.
③ *Амфитеатров A.* Девятидесятники. Т. 1. СПб.，1910. C. 134.

设委员会的创始成员。①

　　19 世纪末，特权等级（杰米多夫家族②、斯特罗加诺夫家族③等）继续从事资助活动和慈善事业。艺术表彰协会的成员（C. Ю. 维特、B. Б. 弗列杰里克斯、Ю. C. 涅恰耶夫－马雷采夫、银行家 A. Л. 施蒂格利茨和 Г. O. 金茨布尔格、出版家 P. P. 戈利科、建筑学家 П. Ю. 苏佐勒、艺术史学家 B. B. 斯塔索夫）也为协会杂志——《艺术与艺术工业》和《俄国艺术瑰宝》——提供帮助（其中包括物质援助）。④ 1871 年，在协会秘书 Д. B. 格里戈罗维奇的倡议下，协会在玛丽亚皇宫大厅开办了艺术工业博物馆；博物馆的展览品主要是由纳雷什金提供的西欧实用艺术品，这些艺术品主要由沙皇亚历山大二世捐赠或赏赐。此外，展品中还有皇后亚历山德拉·费奥多罗芙娜赏赐的皇家瓷器工厂的制品，还有协会会员的私人藏品。1915 年，廖里赫在协会绘画学校中创办了一家博物馆——俄国艺术博物馆，主要展出由画家本人赠予或收藏家提供的写生画和素描。

---

① Экономическая история России с древнейших времен до 1917 г. : Энциклопедия：B 2 – x т. T. 1. M. , 2008. C. 1276.

② 1876 年至 1885 年，П. П. 杰米多夫在俄国捐助的津贴与退休金（不包括个人工厂）共计 116.7840 万卢布，其中包括：每年向吉米多夫救济院捐款 1.5 万卢布，向尼古拉耶夫儿童医院捐款 0.25 万卢布，向基辅大学捐款 0.2 万卢布，向圣彼得堡大学捐款 0.3750 万卢布，向经济公寓协会捐款 0.5 万卢布等。他捐款的主要去向是下塔吉尔工厂附属的学校和慈善机构。他也是所有杰米多夫慈善机构的资助人和主席。杰米多夫也在国外进行资助活动和慈善事业，主要是在意大利和法国。他的儿子 Э. П. 杰米多夫是圣彼得堡杰米多夫劳动救济院的荣誉资助人，也是下塔吉尔实用学校（1896 年更名为矿业学校）的资助人。

③ П. C. 斯特罗加诺夫拥有 17 世纪欧洲大师的众多名画（将近 100 幅）。按照他的遗嘱，其中 8 幅（Ф. 利比、柯勒奇等名家画作）捐给了埃尔米塔日博物馆。他在圣彼得堡的住所洋溢着"景仰凡尔赛宫"的气息，一般认为，这为《艺术世界》杂志的创刊奠定了基础。Г. C. 斯特罗加诺夫在罗马拥有更多的收藏品（超过 150 幅画作）。按照他的遗嘱，将弗罗·安热利科、C. 马丁等名家作品捐给埃尔米塔日博物馆。他们家族一致认为，画作收藏是上流社会生活的基本配备。C. A. 斯特罗加诺夫在俄日战争期间向前线捐款 100 万卢布。他也以自己的名义向海军部捐款 12.5216 万卢布，作为表彰水手创作及其出版刊行的资金。他也承袭了家族的资助传统，1908 年，在斯特罗加诺夫宅第举办了名为"斯特凡诺斯花冠"的艺术展览会；1914 年，又在自己宅第设立了大众艺术史博物馆。战争伊始，他在自家宅第设立了红十字会机构。

④ Лапшин B. П. Художественная жизни Москвы и Петербурга в 1917 г. M. , 1983. C. 472.

圣彼得堡巴龙·施蒂格利茨中央绘画学校

俄国国家银行主管 А. Л. 施蒂格利茨为诊疗所、救济院、学校（工资支出）捐献了大笔资金。他积极向圣彼得堡商业学校进行捐款；1876 年，施蒂格利茨又为"国家工业艺术发展"和绘画学校建设捐助了 100 万卢布。后来，他还为艺术工业博物馆和图书馆的创办捐献了 500 万卢布。施蒂格利茨在遗嘱中为绘画学校捐助了 100 万卢布（作为其运营资金），也为博物馆购置藏品捐献了 550 万卢布。①

施蒂格利茨过世后，А. А. 波洛夫佐夫又为博物馆捐献了很多藏品。А. А. 波洛夫佐大山生在 个家境一般的贵族家庭，法学中等专科学校毕业后，1883 年，他开始担任国务秘书和沙皇亚历山大三世的文秘，也担任了国家议会的成员。与施蒂格利茨之女 Н. М. 尤涅娃结婚后，他承接了很多工厂，跻身俄国富人行列。波洛夫佐夫因资助活动和私人藏品的推广而名声大震。他是俄国历史协会的创办人之一，1879 年开始，他担任了协会的主席。在他多年的领导中，俄国历史协会出版了众多汇编，其中包括诸多珍

---

① См. : *Павлов И. Н.* Моя жизнь и встречи. М. , 1949；Данько Н. Д. Банкир, биржевик, меценат // Деньги и кредит. 1993. № 8. C. 66 – 68.

贵、极具价值的俄国历史文献。他主导出版了《俄国传记词典》——多卷
本的俄国活动家综述。

著名的国务和社会活动家、旅行家、地理学家 П. П. 谢苗诺夫－佳恩－
尚斯基也是著名的资助人和收藏家。他在半个世纪的岁月中收藏国外写生画
家的作品（主要是 17 世纪荷兰学派的作品）。他收藏的古代欧洲大师（Я.
雷斯达尔等）作品超过 700 件。1906 年，谢苗诺夫－佳恩－尚斯基担任了
荷兰写生画作品与收藏品（俄语、法语）目录专家。1910 年 6 月，他的收
藏品转售给了埃尔米塔日博物馆——专家表示，博物馆之前从未得到过
"如此精细分类和科学整理的藏品"。①

19 世纪末 20 世纪初，很多出身自大贵族地主家庭的企业家开始采用资
本主义生产方式经营企业。很多大资助人都是来自这种家庭的，比如 M. K.
特尼谢娃。特尼谢娃与俄国民族艺术复兴有着密不可分的关系。② 特尼谢娃
生于圣彼得堡，她有极好的声乐天赋，私立中学毕业后，她便前往巴黎学习
歌剧艺术。1892 年，她放弃了演艺生涯，嫁给了俄国富有的工厂主——
B. H. 特尼谢夫大公（资助人和慈善家，③ 是一位教养良好、文化素质极高的
绅士）。自此，她将诸多精力和时间投入了慈善事业。M. K. 特尼谢娃不再周
旋于贵族精英中，她了解到丈夫的工厂（位于布良斯克县的别任察）中严酷
的工作条件，也明白了"工人不满"的原因。于是，她开始资助工人学校，
出资建设了可以容纳 200 人的手工业学校大楼，创办了人民食堂。根据她的倡
议，别任察开办了 6 所小学，斯摩棱斯克也创办了一些教师培训班。④

---

① См.: *Соколова И. А.* Новое о коллекции Петра Петровича Семенова-Тян－Шанского //
Коллекционеры и меценаты в Петербурге: Тез. Докл. Конф. СПб., 1995. С. 29－31.

② С. А. 谢尔巴托夫大公写道："在我们这个时代，俄国民族艺术复兴运动的中心主要有两
个：一个是萨瓦·伊万诺维奇·马蒙托夫的阿伯拉姆庄园；另一个是玛丽亚·克拉夫季耶
夫娜·特尼谢娃在斯摩棱斯克的塔拉什基诺庄园。"（*Щербатов С. А.* Художник в
ушедшей России. Нью-Йорк, 1955. С. 48）

③ 1898 年，特尼谢夫在圣彼得堡创办了一所中学（特尼谢夫学校）和"民族学委员会"科研中心。

④ См.: *Тенишева М. К.* Впечатления моей жизни. Л., 1991. С. 93－100; Буржуазия и
рабочие России: Мат-лы XIX зональной межвузовской конференции Центрального
промышленного района России. Иваново, 1994. С. 49.

玛丽亚·克拉夫季耶夫娜·特尼谢娃——画家 *И. Е.* 列宾
绘于 **1895** 年

不过，特尼谢娃主要从事艺术和教育领域的资助活动、创造性活动。她的资助方向广泛化、多样化，她曾为诺夫哥罗德的考古发掘工作提供津贴，也为农业学校的优秀学生设置了奖学金。特尼谢娃在斯摩棱斯克和圣彼得堡都创办了绘画学校，资助了斯摩棱斯克的大型巡回展览画派友谊展览会；在《艺术世界》创刊初期，她与 *С. И.* 马蒙托夫一起为其提供资金；她也爱好收藏，不过并非单纯为自己收藏。为丰富圣彼得堡新成立的俄国博物馆的藏品，特尼谢娃为其捐献了 500 幅水彩画和素描。

从 19 世纪 90 年代下半期开始，特尼谢娃的艺术兴趣主要在一个小镇——塔拉施金（斯摩棱斯克东南方 18 公里）。她在自己的庄园中开办了艺术工作室和“俄国古代”人民艺术博物馆（其中陈列了各种艺术手工品：渔网、刺绣、木雕、圣像）。后来，塔拉施金的藏品进入了斯摩棱斯克博物馆（根据艺术家 *С. В.* 马柳京的倡议建立，他也专门为此修建了一栋大楼）。特尼谢娃还在塔拉施金的俄式木屋中成立了刺绣与裁缝工作室。众多杰出的大师都曾在塔拉施金的艺术工作室工作，他们从事木工、雕刻、陶瓷、着色、刺绣等艺术工作。*И. Е.* 列宾、*В. М.* 瓦斯涅佐夫、*В. А.* 谢罗夫、

М. А. 弗鲁别利、К. А. 科罗温、Н. К. 廖里赫、С. В. 马柳京、А. Я. 戈洛温等知名艺术家都曾在此久居、工作。特尼谢娃本人也积极参与了了艺术创作，制作珐琅制品。当时的人指出，在塔拉施金，特尼谢娃从民族传统中进行了创造性的探索，找到了反映人民性的艺术新道路。

为了销售塔拉施金工作室的制品，特尼谢娃在莫斯科专门开办了一个名为"家乡"的商店。1905 年，塔拉施金艺术工作室在艺术表彰协会举办了一次展览会。

М. К. 特尼谢娃的朋友以及当时的人都表示，她在各方面都是出类拔萃之人，难以找到像她那么优秀之人。С. А. 谢尔巴托夫写道："在我认识的女性中，她堪称最为杰出的一位。……她腹有诗书，学识渊博、热爱工作，毫无疑问，她对艺术怀有真挚的爱。她是一位杰出的资助人，资助了优秀的艺术杂志——《艺术世界》，收集了俄国国内外的名家画作，对艺术家慷慨解囊；与此同时，她也是一位伟大的社会活动家，还是一位十分专业的艺术家。"[1] 但是，С. А. 谢尔巴托夫毕竟是一位贵族绅士，是"高雅艺术"的崇拜者，因此，他对于塔拉施金艺术工作室将农民风格融入作品的尝试持怀疑态度。[2] Н. К. 廖里赫也是民族艺术传统复兴的支持者，他曾在给特尼谢娃的一封信中谈到了特尼谢娃的塔拉施金艺术工作室的重要性："在这种充满纯正艺术氛围的中心，我们可以研究俄国自古以来的艺术创作，通过精挑细选的艺术典范，我们可以发展俄国真正的民族艺术，在西方艺术世界获得我们应有的荣誉。"[3]

Ю. С. 涅恰耶夫 - 马雷采夫出身于资产阶级化的上层贵族家庭，也是一位资助人。他的母系一脉是古老的商人氏族——马雷采夫家族，该家族崛起于彼得大帝改革后，后来通过与贵族结亲承袭了贵族血脉。马雷采夫家族掌

---

① *Щербатов С. А.* Художник в ушедшей России. Нью-Йорк, 1955. С. 48 – 49.

② "公爵夫人特尼谢娃如果不是热爱所谓的俄国民族风格，那么她的心血就不会付诸东流，她本可以在艺术领域扮演更为重要的角色……"（*Щербатов С. А.* Художник в ушедшей России. Нью-Йорк, 1955. С. 51）

③ Встречи с прошлым. Вып. 2. М., 1976. С. 109.

握了大量土地和大型的钢铁工厂、机械制造厂、玻璃厂。Ю. С. 涅恰耶夫 –
马雷采夫的资助活动和文化活动，与特尼谢娃和其他资助人一样——这是他
们共同文化空间的证明，贵族资助人和商人资助人就在这个文化空间中逐渐
融合在了一起。

Ю. С. 涅恰耶夫 – 马雷采夫是学院派艺术的景仰者。他在古老贵族庄园
（库利科夫附近）中长大。他的父亲 С. Д. 涅恰耶夫热爱文学和科学，在年
轻时代曾与十二月党人接触，不过最终担任了至圣主教公会的东正教院事务
部大臣的官职。С. Д. 涅恰耶夫是俄国知名的古代专家、考古学家，退休后
致力于俄国法律史的研究。他热爱源自拜占庭和希腊的俄国东正教文化，后
来补修了大学课程，基本塑造了 Ю. С. 涅恰耶夫 – 马雷采夫的艺术审美及
其资助活动倾向。Ю. С. 涅恰耶夫 – 马雷采夫在青少年时期就获得了 С. И.
马雷采夫的巨额遗产，这也养成了他慷慨的作风。根据 В. М. 瓦斯涅佐夫的
描述，他在自己的工厂（位于古西赫鲁斯塔利内）中央建造了宏伟的圣徒
格奥尔吉教堂。此外，他也是知名的慈善家。他在莫斯科建造了贵族医院，
在弗拉基米尔开办了手工业学校。① Ю. С. 涅恰耶夫 – 马雷采夫也为很多文
化活动和科学活动提供了物质帮助，当选为艺术表彰协会的副主席。

在生命最后 15 年间，Ю. С. 涅恰耶夫 – 马雷采夫最杰出的成就便是在
莫斯科建立了高雅艺术博物馆。最初，高雅艺术博物馆是根据莫斯科大学教
授 И. В. 茨维塔耶夫的倡议开始建设的，正是经过马雷采夫坚持不懈的努
力，15 年内持续对博物馆进行援助，尽管困难重重，但是最后还是完美竣
工，得以开馆。博物馆的建设和藏品购置共计耗资 350 万卢布，马雷采夫个
人就分摊了 250 万卢布。② 年事已高、阅历丰富的马雷采夫对于博物馆的内
部装潢细节都亲力亲为。很多人指出，"主要捐献者"（马雷采夫）在这项
工作中做出了巨大的贡献。他坚持选择早已选定、早已熟识的写生画家，列
宾认为，这些画家十分优秀——"散发着古希腊画家的韵味"：Г. И. 谢米

---

① См. : *Власов П.* Обитель милосердия. М. , 1990. С. 120.

② См. : *Каган Ю. М.* И. В. Цветаев：Жизнь. Деятельность. Личность. М. , 1987. С. 104.

Ю. С. 涅恰耶夫 – 马雷采夫

拉茨基、И. К. 艾瓦佐夫斯基、В. Е. 马科夫斯基，[1] 还有 В. М. 瓦斯涅佐夫和 В. Д. 波列诺夫。根据 Ю. С. 涅恰耶夫 – 马雷采夫的决定，博物馆中央大厅建设成了"设有 36 根圆柱，带有古希腊罗马风格的宏伟建筑"。[2] 他对博物馆慷慨解囊，承担了博物馆主楼梯、古希腊伊奥尼亚式大理石圆柱的费用。此外，他不仅为博物馆的埃及厅捐款，还亲自前往埃及，为博物馆搜集了纸草、肖像画、古代重要文献的摹本。他还前往英国，在大不列颠博物馆购买了著名的帕耳忒农神庙的重要文物——102 座墓碑，这成为博物馆"帕耳忒农神庙"大厅的主要展品。[3]

博物馆动土 15 年后，1912 年 5 月 31 日，在沙皇家族出席的盛况下，举行了隆重的开馆仪式。当时的人对 Ю. С. 涅恰耶夫 – 马雷采夫的活动给予了高度评价。马雷采夫也因此获得了政府极少给予的荣誉——白鹰勋章。不过，或许仅有慈善家马林娜・茨维塔耶娃（皇室宫廷侍从长）对马雷采夫作用的评价最为精辟、深入。她写道，若说茨维塔耶夫是博物馆的精神之父，那么，Ю. С. 涅恰耶夫 – 马雷采夫便是博物馆的生身之父。[4]

20 世纪初，俄国出现了新型的多面资助人，他们既是收藏家、艺术创

① *Репин И. Е.* Далекое близкое. С. 409.

② См. : *Цветаев И.* Записка, читанная в годичном собрании Музея 25 января 1908 г. Проф. И. Цветаевым. М. , 1908. С. 14.

③ См. : *Демская А. А.* Смирнова Л. М. История музея в переписке проф. И. В. Цветаева // Памятники культуры : Ежегодник, 1978. Л. , 1979. С. 77.

④ 马林娜・茨维塔耶娃写道："莫斯科流行着'茨维塔耶夫 – 马雷采夫'的说法。"（*Цветаева М.* Об искусстве. М. , 1991. С. 245）

作者、出版家、政论家，又是音乐工作者、图书收藏家、档案历史学家；他们与出版、音乐、图书、档案等事业息息相关，也与戏剧、音乐、音乐会等活动密不可分。在圣彼得堡，此类资助人有 П. П. 维涅尔、М. П. 别利亚耶夫、А. Н. 伯努瓦、С. П. 亚列米奇；在莫斯科，此类资助人有 П. И. 史楚金和 С. И. 史楚金兄弟、Н. П. 里亚布申斯基、С. А. 波利亚科夫、С. А. 库谢维茨基等。

П. П. 维涅尔生于贵族家庭，他的兄弟 Н. 维涅尔是维涅尔啤酒酿造厂管理委员会的经理。维涅尔家族握有大笔资金。[①] 1898 年，П. П. 维涅尔从亚历山大学校毕业后便开始在国家办公厅工作。从 1901 年开始，他多次出国旅行，在意大利获得了 200 幅素描，还获得了建筑学家夸伦吉[②]的设计草图，1911 年，他将此设计草图转赠给了古代圣彼得堡博物馆。1907 年，维涅尔成为《悠久岁月》杂志的出版人，从 1908 年开始，他又成为该杂志的主编；《悠久岁月》杂志也是在他名下的"天狼星"印刷厂印刷的。

П. П. 维涅尔的主要活动方向是关注圣彼得堡的文物保护、保护俄国丰富的艺术品。当时，他是"首都艺术创造生活"的主要活动家之一，他就圣彼得堡和外国首都艺术生活写下了诸多文章和札记，其中还涉及国外的拍卖活动。他的大部分文章都是对多尔戈鲁科夫家族、舍列梅捷夫家族在奥斯坦基诺[③]艺术藏品的描述，也有对埃尔米塔日博物馆藏品历史的介绍。

为了吸引人们对资助人和收藏家活动的注意，维涅尔和他人共同于 1908 年在圣彼得堡组织了私人艺术藏品展览会。《悠久岁月》杂志刊出了关于这次展览会的相关照片。维涅尔本人作为大收藏家也参与了此次展览会。后来，他的艺术藏品中的诸多画作都成为埃尔米塔日博物馆和俄国博物馆大厅的展览品。П. П. 维涅尔也收藏青铜制品（包括艺术大师 П. Ф. 托米勒的作品）和稀有书籍。他的藏品中还有但丁《神曲》的稀有版本——1757 年

---

① См.：*Трубицына Н. А.* П. П. Вейнер и петербургское коллекционирование в начале ХХ века // Коллекционеры и меценаты в Петербурге… С. 32 – 34.

② 意大利裔的俄国建筑师，古典主义的代表。——译者按

③ 莫斯科历史上的艺术建筑群地区。——译者按

专为女皇伊丽莎白·彼得罗夫娜刊于威尼斯的一版。① 1910 年，他因自己的活动获得了科学院颁发的普希金金奖。1917 年后，П. П. 维涅尔正式成为艺术研究院的成员，成为一名真正的艺术工作者。

М. К. 特尼谢娃、Ю. С. 涅恰耶夫 - 马雷采夫、П. П. 维涅尔和其他贵族资助人、慈善家的事迹表明，19 世纪末 20 世纪初，贵族并未停止对俄国艺术发展、艺术创作活动的支持，同时，他们还开辟了俄国文化和教育发展的新道路。不过在此期间，俄国商人资助人（主要是莫斯科商业领域的名门望族），他们在创建统一文化空间、文化与慈善事业发展中仍然起着主导作用。值得注意的是，莫斯科这些名门望族的奠基者大部分出身于旧礼仪派的农民家庭。

蜚声俄国内外的史楚金家族几乎代代都是商人资助人。史楚金家族的奠基人是彼得·史楚金，他生于卡卢加省博罗夫斯克的一个旧礼仪派的商人家庭。在他孙子 И. В. 史楚金的努力下，他们的家族企业——大型棉纺织公司——成为莫斯科工商业领域中第一批最为成功的公司之一。И. В. 史楚金迎娶了茶商家庭出身的叶卡捷琳娜·巴特金娜，叶卡捷琳娜的家族不仅腰缠万贯，而且有教育和资助活动的优良传统。史楚金家族与叶卡捷琳娜家族结亲后，又与当时诸多知名商人家族结合，其中就包括特里季亚科夫家族。这些家族影响了史楚金家族的文化氛围，他们家族后代就在这种文化氛围中形成了自身的艺术兴趣和审美倾向。И. В. 史楚金的子女都获得了良好的教育，具有很高的文化水平。

П. И. 史楚金是知名的资助人和收藏家，也是《商业莫斯科回忆录》的作者。他不仅从事收藏工作，也将自己的藏品进行推广——为此专门设立了一个藏品丰富的家庭博物馆，《史楚金汇编》是记载其藏品的最为重要的文献。至 19 世纪末，П. И. 史楚金拥有颇为丰富的古代艺术品、手工艺品、古文献手稿、俄国史相关文献书籍（涉及 1812 年的俄国战争）；藏品总量

---

① См. : *Трубицына Н. А.* П. П. Вейнер и петербургское коллекционирование в начале XX века // Коллекционеры и меценаты в Петербурге… С. 32 – 34.

近 1.5 万件。1905 年，他将自己的藏品转赠给了历史博物馆。知名收藏家 А. П. 巴赫鲁申认为，П. И. 史楚金是一位严肃的艺术鉴赏家，在他之前"无人按照书刊分类原则搜集书籍，也无人对书刊分类进行过研究"。[1] 当时的研究者认为，史楚金的主要功绩在于，他扩大了博物馆的藏品种类，是首次收集"俄国日常生活物品"的人士之一，这些藏品包括贵族、商人、农民的生活物品。[2]

П. И. 史楚金

П. И. 史楚金的兄弟谢尔盖·伊万诺维奇（С. И. 史楚金）也是一位著名的收藏家和资助人。他的商业成就十分卓越，素有"商业谋士"的称号，是俄国贴现银行委员会的成员，还是"Э. 秦德尔"和"丹尼洛夫"纺织公司的合伙人、经理，也是史楚金家族企业的管理者；[3] 他在莫斯科商业圈声名远扬——他是莫斯科商业管理局的负责人、莫斯科交易委员会成员、纺织品贸易委员会莫斯科分会成员、莫斯科商人缙绅协会成员；此外，他也是孤儿院的荣誉负责人。他资助援建了莫斯科大学的心理学院：以纪念亡妻名义为心理学院的建设捐助了 20 万卢布。

当时，С. И. 史楚金广泛收集最新的欧洲写生画。他慧眼识珠，最先发现了一些法国新流派艺术家的天赋，这些艺术家包括：К. 莫奈、Э. 德加、О. 雷诺阿、П. 塞尚、П. 高更、А. 马蒂斯、П. 毕加索。在印象派、后印象派还未获得承认的时期，С. И. 史楚金就开始购置他们的作品了。他也使

---

① 　Из записной книжки А. П. Бахрушина: Кто что собирает? М., 1916. С. 35.

② 　См.: *Полякова О. Б.* Музейные собрания московских купцов Щукиных в контексте российской культуры ХХ века: Автореф. Дис. … канд. Культурол. Наук. Наук. М., 2000. С. 13.

③ 　См.: *Думова Н. Г.* Московские меценаты. М., 1992. С. 62.

С. И. 史楚金

得俄国民众熟悉了当时法国艺术家的优秀作品。值得一提的是，他与马蒂斯是好友，曾聘请马蒂斯前往俄国，负责自己在莫斯科公馆的装潢工作。

С. А. 谢尔巴托夫大公在回忆录中表示，С. И. 史楚金的法国写生画藏品"在莫斯科公开展览，这是莫斯科艺术生活中令人难以忘怀的事件之一"。他还指出："（С. И. 史楚金的）艺术收藏活动无疑起到了很大的正面作用，吸引了众多新一代进步商人都参与到这个行列中来；但是也需指出，其中有一些附庸风雅和土里土气之人，还有对巴黎艺术幼稚的景仰者……"这也使得俄国收藏家受到了巴黎商人不少"粗制滥造作品的剥削"。但 С. А. 谢尔巴托夫承认，С. И. 史楚金的藏品"极为重要；他的藏品与 И. А. 莫罗佐夫的藏品都为莫斯科的艺术生活添加了一笔浓墨重彩"。[1] 1909 年春季后，С. И. 史楚金的藏品开始在兹纳缅斯克小巷公开进行展览。[2]

当时的研究者公正地指出，С. И. 史楚金收集的藏品"不只是单纯的最新世界艺术品，主要是创新性、探索性的作品"。他甚至为"最新艺术流派的推广和宣传充当了先驱者的角色，他的分析透彻、独到，正如艺术理论家对异常感兴趣的经典派分析得那么专业"。[3]

---

① *Щербатов С. А.* Художник в ушедшей России. Нью-Йорк，1955. С. 36.

② 每周日早晨 10 点，С. И. 史楚金就会把自己的房子变成公共博物馆，他会亲自在公馆前厅迎接参观者，他用"自己作为收藏家的激情和热爱"感染了所有人，"他的激情真挚无比，博得了参观者的好感"（*Щербатов С. А.* Художник в ушедшей России. Нью-Йорк，1955. С. 35）。

③ См.：*Полякова О. Б.* Музейные собрания московских купцов Щукиных в контексте российской культуры XX века：Автореф. Дис. ⋯ канд. Культурол. Наук. Наук. М.，2000. С. 16，17.

很多艺术家表明，С. И. 史楚金收藏的画作对俄国艺术青年产生了革命性的影响，最终形成了俄国独特的先锋派。不过，对先锋派颇感兴趣的 С. И. 史楚金对其极端的形式也不予承认，例如抽象派（引起了 В. В. 康定斯基激烈的批评）。此外，С. И. 史楚金也是俄国古代圣像画的行家、鉴赏人。

С. И. 史楚金收藏的画作共计 250 幅。据 П. А. 布雷施金回忆，革命后，С. И. 史楚金已移居国外，他并未带走自己的藏品，他曾公开表明，他"不仅是为自己收藏，也是为祖国和人民收藏。我们的土地上不能空空荡荡，我的藏品理应留在俄国的热土上"。①

С. И. 史楚金的幼弟伊万·伊万诺维奇（И. И. 史楚金）也是一位著名的收藏家和资助人。他爱好收集俄国书籍，主要是有关俄国哲学史和俄国宗教思想史方面的书籍；他还收藏埃尔·格列柯、戈雅等其他古代大师的画作。И. И. 史楚金通晓欧洲艺术，他在巴黎生活多年，也经常从那里给莫斯科的杂志投稿，他的文章大多是关于艺术展览会主题的，后来汇总在了《巴黎水彩画艺术》一书中。他在卢浮宫任职期间还获得了荣誉勋章。

史楚金家族的德米特里·伊万诺维奇（Д. И. 史楚金）也是一位知名的收藏家和资助人。他收集了大量的书籍、画册和艺术杂志，也收藏极为珍贵的珐琅制品和古代写生画。他收集的写生画主要是高兰派和 16 世纪至 18 世纪西欧艺术家的作品。他收集的画作共计 604 幅，革命后，这些画作成为 А. С. 普希金高雅艺术博物馆展品的主要来源之一。

莫罗佐夫家族在也是资助活动和慈善事业领域的佼佼者。莫罗佐夫家族主要经营纺织工厂，奠基人是出身农奴的旧礼仪派教徒萨瓦·瓦西里耶奇。季莫费·萨维奇（Т. С. 莫罗佐夫）是莫罗佐夫家族在尼科利斯克纺织工厂的负责人，他为各项文化事业投入了大笔资金，其中包括对出版事业的资助活动（受到了女婿 Г. Ф. 卡尔波夫的帮助）。季莫费·萨维奇是古文献爱好者协会的成员（在他的资助下，协会出版了 1073 年俄国古代文学手抄

---

① *Бурышкин П. А.* Москва и купеческая. М.，1990. С. 142.

文选），也是应用知识博物馆（综合技术博物馆）附属的莫斯科建设委员会的成员；是艺术工业博物馆的资助人，也是莫斯科亚历山大商业学校的创立者和资助人。T. C. 莫罗佐夫于 1889 年为莫斯科大学医学系附属的妇科医院建设捐献了 8 万卢布，为医院职员薪水捐助了 5 万卢布。作为资助人，他为普列奥布拉任斯基医院的扩建工程捐献了 10 万卢布，为阿列克谢耶夫精神病医院的建设捐款了 10 万卢布；与此同时，他还为莫斯科劳动者表彰协会、弗拉基米尔收容所以及其他收容所进行了捐款。T. C. 莫罗佐夫的妻子玛丽亚・费多罗芙娜在遗嘱中以他的名义向养老院捐助慈善金 80 万卢布，将 30 万卢布捐给了莫斯科一些大型慈善机构；等等。①

T. C. 莫罗佐夫也是著名的艺术资助人（尤其是在戏剧艺术领域），他的儿子萨瓦・季莫费耶维奇・莫罗佐夫（C. T. 莫罗佐夫）兴趣广泛，对艺术创作格外钟情。K. C. 斯坦尼斯拉夫斯基关于写道："萨瓦・季莫费耶维奇・莫罗佐夫是一位出色的资助人，在我们的戏剧发展中扮演了极为重要的角色，他不仅提供物质帮助，而且没有任何自负感、没有任何利益企图，全身心地为艺术服务。"②

1898 年，萨瓦与兄弟谢尔盖都成为莫斯科大众剧院管理机构的股东。C. T. 莫罗佐夫的资助逐渐成为艺术剧院的主要财政来源之一。他在剧院动土之际，就捐助了将近 6 万卢布；C. T. 莫罗佐夫实际上承担了剧院大楼的建设支出，仅利安诺佐夫剧院的租赁费用就耗费了他 30 多万卢布。③ 1898 ~ 1903 年，他为艺术剧院的捐款总额高达 50 万卢布。④ C. T. 莫罗佐夫压低了

---

① Экономическая история России с древнейших времен до 1917 г. … Т. 1. С. 1403；Петров Ю. А. Московская буржуазия в начале XX века: предпринимательство и политика. М. , 2002. С. 381.

② Станиславский К. С. Мое гражданское служение России. М. , 1990. С. 97.

③ Новости дня. 1902. 18 марта // 《Газетные старости》—http: // starosti. ru.

④ Экономическая история России с древнейших времен до 1917 г. … Т. 1. С. 1401. С. Т. 莫罗佐夫斥巨资为剧院配备了发电站，金额高达 5. 9 万卢布（国外进口设备）（см. : Орлов Ю. М. Московский Художественный театр. Легенды и факты（опыт хозяйствования: 1898－1917）. М. , 1994. С. 72）。

剧院的票价，因此，年轻的学生和低收入等级都有机会前往剧院欣赏戏剧。① 作为一名睿智的企业家，C. T. 莫罗佐夫也努力改善了尼科利斯克纺织工厂（位于弗拉基米尔省的奥列霍夫 – 祖耶沃）的劳动条件，提高了管理水平。此外，尼科利斯克纺织工厂附属的还有三家医院、三所学校、产房、养老院、图书馆，以及工人、职员的图书馆、剧院。

C. T. 莫罗佐夫视察莫斯科艺术剧院大楼的建设情况——照片摄于 1900 年

C. T. 莫罗佐夫在艺术剧院的资助事业上发挥了重大的作用；除此之外，莫罗佐大家族在资助活动和慈善事业上还进行了各种活动。C. T. 莫罗佐夫的兄弟谢尔盖为莫斯科手工业博物馆的建设进行了资助，资助了《艺术世界》杂志、援助了 И. И. 列维坦。此外，他还是莫斯科高雅艺术博物馆建设委员会的成员、斯特罗加诺夫学校委员会的成员，还是劳动表彰协会斯特列卡洛夫学校的资助人。谢尔盖为叶卡捷琳娜医院捐款，建设了莫斯科最大

---

① 根据 C. T. 莫罗佐夫的倡议，剧院规章列出了一些重要的活动规则："剧院票价要比其他大部分剧院低，这样才能保证剧院的大众性。""剧院的剧目应来自具有社会意义的剧本。"（Московский Художественный театр в иллюстрациях и документах，1898 – 1938 гг. М.，1938. С. 708）

的产科收容所（超过 100 个床位）。①

因资助活动、收藏活动和慈善事业，"特维尔"的莫罗佐夫家族也享有很高的知名度。这一支脉的奠基人是 C. B. 莫罗佐夫的儿子阿布拉姆·萨维奇。这一支莫罗佐夫家族有两位知名女性——瓦拉瓦拉·阿列克谢耶夫娜（娘家姓为赫鲁多娃）和玛加丽塔·基里洛夫娜（前者的儿媳，娘家姓为马蒙托娃），她们"不仅在莫斯科，甚至在全俄的文化生活中都起了很大的作用"。② B. A. 莫罗佐娃（瓦拉瓦拉·阿列克谢耶夫娜）为教育事业耗资良多，其中包括对女子培训班、大学生、图书馆的援助。1885 年，她出资超过 5 万卢布，在莫斯科援建了俄国第一家免费的 И. C. 屠格涅夫图书馆。她还为莫斯科大学医学系捐献了 50 万卢布，援建了精神病科研实习医院；为莫斯科的 A. Л. 沙尼亚夫斯基民间大学捐助了 7 万多卢布，设立了物理实验室。她的主要活动之一就是创建了普列奇斯托耶工人培训班，其成为"工人教育的重要中心"。③

B. A. 莫罗佐娃资助的另一项重要成就是对自由刊物、政论作品的援助，促进了社会思想的发展。与此同时，这项活动也加深了她与著名社会活动家 B. M. 索博列夫斯基的友谊。1882 年，她成为《俄国公报》（主编是 B. M. 索博列夫斯基）的股东。在这个严肃刊物中工作的有诸多著名作家、学者、文化活动家和社会活动家：Н. Г. 车尔尼雪夫斯基、M. E. 萨尔蒂科夫、Л. H. 托尔斯泰、B. Г. 柯罗连科、A. П. 契诃夫、M. 高尔基、К. A. 季米里亚泽夫、И. И. 梅奇尼科夫等。她还援助出版了民粹派政论家米哈伊洛夫斯基主编的杂志——《俄国财富》，当时，该杂志在俄国社会政治生活中占有重要的地位。B. A. 莫罗佐娃还与索尔达坚科夫共同资助了当时非常受欢迎的杂志——《俄国思维》。值得注意的是，B. A. 莫罗佐娃对自由言论的支

---

① Экономическая история России с древнейших времен до 1917 г. … Т. 1. С. 1401.

② *Бурышкин П. А.* Москва и купеческая. М. , 1990. С. 122.

③ *Бурышкин П. А.* Москва и купеческая. М. , 1990. С. 122.

持引起了至圣主教公会东正教院事务部大臣 K. П. 波别多诺斯采夫的特别注意。[1] B. A. 莫罗佐娃投入慈善事业和文化教育事业上的资金总额超过了 100 万卢布。[2]

B. A. 莫罗佐娃和 M. K. 莫罗佐娃与客人在家中（位于莫斯科斯摩棱斯克林荫街道）的花园——照片摄于 1903 年之前

玛加丽塔·基里洛夫娜（M. K. 莫罗佐娃）延续了"特维尔"莫罗佐夫家族的资助活动传统。她十分支持新流派的社会思想、哲学思想和宗教思想，因此对其展开了资助。丈夫离世后，她在家中举办了很多宗教哲学会议和相关辩论会。很多俄国杰出的哲学家都参加了这种会议，M. K. 莫罗佐娃总是会成为会议的核心人物。1906 年，为了纪念弗拉基米尔·索洛维约夫（曾对其进行过援助），M. K. 莫罗佐娃与 E. H. 特鲁别茨科伊大公、C. H. 布尔加科夫共同创办了宗教哲学协会。协会将 20 世纪初俄国的思想家（例

---

[1] 1891 年 11 月，K. П. 波别多诺斯采夫在给沙皇亚历山大三世的信中指出，要特别注意 B. A. 莫罗佐娃的活动，他写道："如今，莫斯科出现了大量的自由主义商人，他们资助、建立了一些精神解放机构（类似女子培训班）和败坏风气的杂志。例如，一位女商（B. A. 莫罗佐娃——译者按）资助的《俄国思维》，遗憾的是，该杂志是所有刊物中流行最广的一种；《俄国思维》吸引了所有的年轻人，很多领导被他们的观点折磨得焦头烂额。"（Письма К. П. Победоносцева. 1883 – 1894 гг. : В 2. Т. Т. 2. М. , 1926. C. 306）

[2] Экономическая история России с древнейших времен до 1917 г. ⋯ T. 1. C. 1404.

如 Н. А. 别尔嘉耶夫、П. А. 弗洛连斯基、С. Н. 布尔加科夫、В. В. 罗扎诺夫、С. Л. 弗兰克、В. Ф. 埃恩等）联合成了一个统一的整体。

М. К. 莫罗佐娃在出版和音乐领域也贡献良多。1910 年，《道路》杂志在她的援助下创刊，该杂志也刊载了宗教哲学协会成员的一些著作。她是俄国音乐和音乐爱好者协会莫斯科分会的成员，对很多俄国作曲家提供过物质援助，其中包括她高度认可的 А. Н. 斯克里亚宾。М. К. 莫罗佐娃也将俄国音乐艺术推广至国外。1907 年，她成为巴黎音乐会（С. П. 佳吉列夫主办）的主要资助人之一。1905 年，为了纪念亡夫，她以丈夫的名字援建了一所救济院，其中还设有一所能容纳 100 名学生的手工业学校。М. К. 莫罗佐娃是女性应用知识推广协会委员会的荣誉成员，是罗戈日斯基小学、Н. Л. 赫沃斯托娃女子中学的资助人，还出资援建了贝尔金斯基人民宫。

М. К. 莫罗佐娃的两个儿子——米哈伊尔·阿布拉姆维奇·莫罗佐夫（М. А. 莫罗佐夫）和伊万·阿布拉姆维奇·莫罗佐夫（И. А. 莫罗佐夫）——都是著名的艺术鉴赏家、收藏家和慈善家。М. А. 莫罗佐夫曾在小剧院上演的 А. И. 苏穆巴托夫 - 尤任的戏剧——《绅士》中担任主角，因此声名大噪。М. А. 莫罗佐夫是一位学识渊博、修养良好的绅士；23 岁时，他从莫斯科大学历史文学系毕业，留校任教一年后，开始就历史题材执笔写作（笔名为米哈伊尔·尤里耶夫），他也多次出国旅行，在旅途中写下了很多旅行日记。

早在 20 多岁时，М. А. 莫罗佐夫就已开始收集画作，主要是其好友（艺术家 К. А. 科罗温、И. И. 列维坦、М. А. 弗鲁别利、В. А. 谢罗夫）的作品。后来，他在巴黎收集了一些印象派和后印象派艺术家的当代写生画。他也是最早搜集 О. 雷诺阿、Э. 德加、П. 高更等艺术家作品的收藏家之一。最初，他在法国收集的是巴比松派①的风景画，之后又开始收集 А. 土鲁斯 - 劳特累克、Э. 德加、К. 莫奈的作品；他还获得了雷诺阿的名作——演员然娜·萨马林的肖像画。不过，他收藏的一些作品受到了非议，比如别

---

① 1830~1840 年在法国兴起的乡村风景画派。——译者按

纳尔的画作——《躺在炎热柱台上的裸女》。C. A. 谢尔巴托夫大公回忆道："我们去欣赏这幅所谓的'杰作'，不过现在想来仍觉得难为情。"[1] 即便如此，M. A. 莫罗佐夫的藏品基本都是杰作。他收藏的画作共计近 100 幅，其中包括当时法国写生画家的作品，此外还有 10 个雕塑作品和 60 幅圣像。他去世后，母亲 M. K. 莫罗佐娃按照他的遗愿，把他的大部分藏品都转赠给了特列季亚科夫画廊。

M. A. 莫罗佐夫对莫斯科艺术爱好者协会、俄国音乐协会（他也是这两个协会的成员）都提供过物质援助。他还为莫斯科音乐学院、斯特罗加诺夫学校捐献了大笔金额，也为高雅艺术博物馆的建设（古希腊艺术厅）、莫斯科大学肿瘤治疗学院的建设提供了一大笔经费；还为皇后玛丽亚管理机构捐助了一笔巨资。

И. А. 莫罗佐夫继承了早逝亡兄的事业。他曾在瑞士的苏黎世综合高等技术学校接受良好的教育；他在该校建筑系读书时，曾学习素描和写生画，后来也学习过 K. A. 科罗温的写生画课程。他与兄长一样都钟情于印象派和后印象派艺术家的作品。不过，他对西欧写生画的收藏更为体系化、完整化。最初，他在巴黎收集的是 A. 西斯莱、K. 皮萨罗的作品。与此同时，他也开始收集俄国艺术家的作品——主要是风景画、静物画，也收集了 K. A. 科罗温的戏剧草稿和 И. И. 列维坦的风景画。除此之外，他也经常购买 M. A. 弗鲁别利、A. Я. 戈洛温、K. A. 索莫夫、M. Ф. 拉里奥诺夫、Н. С. 冈恰洛娃、Н. Н. 萨普诺夫、Ф. A. 马利亚温、И. Э. 格拉巴里、С. A. 维诺格拉多夫等人的作品。И. А. 莫罗佐夫收集当时鲜为人知的马克·沙加拉的艺术作品，也对其进行了资助。1906 年，他对 С. П. 佳吉列夫在巴黎组织的俄国艺术展览会进行了资助；展览会结束后，他与 С. С. 包特金、B. O. 吉尔什曼一起当选为"秋季沙龙"的荣誉成员。

当时，И. А. 莫罗佐夫开始在特维尔为工人建设剧院和茶馆，成为莫斯科商业学院照管委员会的成员。兄长离世后，他为自己提出了一项任务——

---

[1]　*Щербатов С. А.* Художник в ушедшей России. Нью-Йорк, 1955. С. 36.

И. А. 莫罗佐夫——艺术家 В. А. 谢罗夫绘于 1910 年

更加努力、全面地收集欧洲最新的写生画作品。他的勇气与收藏的规模深深地折服了当时的人。艺术史学家 Б. Н. 捷尔诺维茨认为："由于 1914 年世界大战爆发，当时没有任何人以如此精力、如此速度收集欧洲新的艺术品，他用自己的藏品充实了西方博物馆。"① 至 1917 年，И. А. 莫罗佐夫的普列奇斯托耶家中所用的装饰品有 М. 德尼、А. 马约尔、П. 勃纳尔等人的作品，共计 100 多幅俄国艺术家的作品和 250 多幅欧洲最新的写生画作品，其中包括雷诺阿、毕加索、高更、勃纳尔、塞尚、马蒂斯等人的一流作品。但是，И. А. 莫罗佐夫的藏品与史楚金的藏品不同，直至革命前，他的藏品并不对公众开放。没有资料表明，他希望把这些藏品公之于众，使它们成为一种社会财富。不过，М. А. 莫罗佐夫、И. А. 莫罗佐夫兄弟与 С. И. 史楚金的共同努力，对于俄国而言都是一项伟大的贡献；他们收集了法国最新的写生画作品，这些作品在世界各国都极其难得；他们在俄国新艺术的发展中居功至伟。

不得不提的是，巴赫鲁申家族对俄国文化、慈善救济机关的巨大贡献。他们的活动并不逊色于史楚金家族和莫罗佐夫家族，他们的文化兴趣十分广泛，体现了俄国企业家资助活动和慈善事业多领域、多方面的特征。

巴赫鲁申家族源起于梁赞省扎赖斯克的商人家庭。1835 年，巴赫鲁申家族在莫斯科商人中已小有名气。П. А. 布雷施金指出，巴赫鲁申家族的资助活动和慈善事业具有两个特点。在莫斯科，巴赫鲁申家族有时被称作"职业慈善家"。他们经常扣除收入的一部分用于慈善事业和文化活动。例如，巴赫鲁申家族建设了一个 200 个床位的免费医院并担负了职员的薪金

① *Терновец Б. Н.* Письма. Дневники. Статьи. М., 1977. С. 113.

（共投入了 45 万卢布）；之后，又出资 35 万多卢布，在救济院中开设了一家医院，主要收纳无法医治的病人；此外，他们还设立了可以容纳 68 名产妇的产房；出资 60 万卢布建立了免费的男童孤儿院；将众多免费公寓（1898 年出资建成）转交给莫斯科，提供给多子女的寡妇和高等女校学生居住，后来又增拨了 20 万卢布扩建这些公寓。总之，他们捐款的项目难以计数。1880～1904 年，巴赫鲁申家族在莫斯科的慈善捐款金额共计达到 300 万卢布。① 值得一提的是，巴赫鲁申家族最知名的收藏家是阿列克谢·彼德罗维奇·巴赫鲁申（А. П. 巴赫鲁申）和阿列克谢·亚历山大罗维奇·巴赫鲁申（А. А. 巴赫鲁申）。

巴赫鲁申家族在索科尔尼基建设的兄弟养老院——20 世纪初的美术画片

А. П. 巴赫鲁申酷爱图书收藏，也积极收集俄国的文物和艺术作品。他收集的艺术作品涵盖领域十分广泛，其中包括十分优秀的作品：油画、素描、版画、古代青铜制品、瓷器（主要是俄国产）、俄国古代刺绣品、金属制品、圣像。他是所有收藏家和文物爱好者中最早开始收集人物照片的人之

---

① Городские учреждения Москвы, основанные на капиталы, пожертвованные Московскому городскому общественному управлению в течение 1863 – 1904 гг. М., 1906. С. 446 – 447.

一，他也收集了俄国国务活动家和社会活动家的肖像画。巴赫鲁申图书馆的书目共计 3 万卷，其中有历史、考古学、民族学、俄国地理等相关著作，也有众多图书索引手册和便览，还有莫斯科刊物合集以及博物馆事务的相关书籍。1901 年，根据 А. П. 巴赫鲁申的遗嘱，图书馆移交给了鲁缅采夫博物馆，而他的油画、素描、青铜制品、瓷器、微型画、鼻烟壶等文物（共计 2.5 万件藏品）都转赠给了历史博物馆。

А. П. 巴赫鲁申的堂兄 А. А. 巴赫鲁申是纺织工厂的企业主、莫斯科城市杜马代表；他因在莫斯科兴建戏剧博物馆而声名大噪。从 19 世纪 90 年代初，他开始从事收藏活动，至 1894 年，他的藏品已向大众公开展览。他的藏品中有海报、戏剧节目单、演员照片、服装设计图和其他与戏剧相关的珍品。А. А. 巴赫鲁申的目标是创建一家俄国戏剧博物馆。建筑学家 И. Е. 邦达连科在回忆录中称他为"目标明确、一往无前的收藏家，在俄国文化中留下了清晰的足迹"，建造了"俄国唯一的、价值连城的戏剧博物馆"。① П. А. 布雷施金就其藏品谈道："他的藏品是世界上唯一全部与戏剧相关的，只有对戏剧无限的热爱，才能长期从事此种收藏活动。"②

А. П. 巴赫鲁申的藏品屡次在戏剧艺术的权威展览会上展出，例如雅罗斯拉夫尔俄国戏剧 150 周年展览会（1899 年）、巴黎世界博览会（1900 年）、圣彼得堡俄国首届戏剧展览会（1909 年）。1913 年 11 月 25 日，А. П. 巴赫鲁申将自己公馆中安置的珍贵藏品转交给了俄国科学院。很多杰出的演员、戏剧活动家、作家、学者、资助人都是戏剧博物馆委员会的成员，А. П. 巴赫鲁申则是博物馆的"荣誉资助人"及委员会主席。当时他的藏品总量共计 1.2 万件，都是价值连城的社会财富。

里亚布申斯基家族是典型的工商业家族，著名的里亚布申斯基兄弟是他们家族第三代的代表。他们是积极的资助人，在俄国的经济、文化发展中做出了巨大的贡献。里亚布申斯基兄弟为了俄国民族文化传统的发展贡献良

① *Бондаренко И. Е.* Записки коллекционера // Памятники Отечества. 1993. № 1 – 2（29）. С. 31 – 32.

② См. : *Бурышкин П. А.* Москва и купеческая. М. , 1990. С. 135. С. 127.

多。兄弟二人对艺术十分热衷。兄长帕维尔·巴甫洛维奇资助了众多建筑学家，其中包括 Ф.О. 舍赫捷利（为里亚布申斯基家族设计了众多建筑）。Ф.О. 舍赫捷利为里亚布申斯基家族设计的建筑中，最为杰出的就是 1900 年在莫斯科竣工的 M. 尼基茨基街道和斯皮里多诺夫卡街道交汇处的公馆（属于斯捷潘·巴甫洛维奇·里亚布申斯基）。帕维尔·巴甫洛维奇住在普列奇斯托耶街心花园的一处漂亮公馆里，里面陈设着 19 世纪初英国优美的肖像画。作为一家之主，帕维尔·巴甫洛维奇是人民食堂 П. M. 里亚布申斯基收容所（由父亲创建）的资助人；他也是莫斯科商业学院委员会的成员，还是莫斯科罗戈日斯基墓地的旧礼仪派协会主席。[1]

从左到右依次为：德里特里·巴甫洛维奇·里亚布申斯基、谢尔盖·巴甫洛维奇·里亚布申斯基、斯捷潘·巴甫洛维奇·里亚布申斯基、帕维尔·巴甫洛维奇·里亚布申斯基

米哈伊尔·巴甫洛维奇是帕维尔·巴甫洛维奇的幼弟，他在斯皮里多诺夫卡拥有一所著名的公馆，公馆由 Ф.О. 舍赫捷利设计建造，早先属于 C. T. 莫罗佐夫的妻子 З. Г. 莫罗佐娃。米哈伊尔·巴甫洛维奇在公馆中安置了俄国国内外丰富的藏品（包括弗鲁别利、别努瓦、德加、皮萨罗、雷诺阿等人的作品）。此外，米哈伊尔·巴甫洛维奇是莫斯科知名的芭蕾舞资助人，他的妻子是莫斯科公认的美女芭蕾舞者——塔季扬娜·普里马科娃。

---

① *Петров Ю. А. Династия Рябушинских.* C. 124.

　　谢尔盖·巴甫洛维奇·里亚布申斯基管理着上沃洛乔克的家族纺织工厂；他与擅长动物雕刻的雕塑家交好，收集了俄国大师的雕刻品、画作、古代家具。斯捷潘·巴甫洛维奇·里亚布申斯基主要收藏圣像，他的藏品在莫斯科十分知名。他是著名的旧礼仪派活动家，[①] 还出版了众多作品。1913年，为庆祝罗曼诺夫家族执掌俄国300周年，谢尔盖·巴甫洛维奇组织了古代俄国艺术展览会。当时的一位研究者认为，谢尔盖·巴甫洛维奇与另一位商人资助人和艺术家——奥斯特罗乌霍夫都是"最大的收藏家"，也是"古代俄国写生画首批真正的鉴赏家"。[②] 谢尔盖·巴甫洛维奇的其他兄弟也对圣像画感兴趣。当时，已移居国外的弗拉基米尔·巴甫洛维奇·里亚布申斯基创建了"圣像"协会并他长期担任主席，他在这项事业上留下了难以磨灭的印记。[③] "圣像"协会为俄国圣像及圣像画术在国外的推广贡献良多。[④]

　　德里特里·巴甫洛维奇·里亚布申斯基和费奥多尔·巴甫洛维奇·里亚布申斯基兄弟则对科学情有独钟。德里特里·巴甫洛维奇是一位极具天赋的物理学家。1904年，他在莫斯科近郊父母的庄园——库奇诺——中建立了俄国第一个空气动力学实验室，后来，他又在大学进修并担任了母校的校长。他在学术界也十分知名，是一位资深教授，后来又担任了法国科学院的成员。费奥多尔·巴甫洛维奇（因结核病早逝于27岁）拥有巨额财产，作为一名开明商人声名远扬；他也是一位科学资助人。1908年，俄国地理协

----

①　他是奥斯托热斯基的旧礼仪派协会主席，是罗戈日斯基墓地旧礼仪派协会古代教堂保护委员会和旧礼仪派学院委员会的主席（*Петров Ю. А.* Династия Рябушинских. С. 129）。

②　"他们没有用鲜艳的颜色修缮收藏的圣像画，就将他们公之于世。"（*Федотов А. С.* Древнерусская культура, староверческая традиция и русское зарубежье // Труды Первых Морозовских чтений. Ногинск（Богородск），1995. С. 167）

③　См.：*Бурышкин П. А.* Москва и купеческая. М.，1990. С. 135. С. 192.

④　弗拉基米尔·巴甫洛维奇·里亚布申斯基于1925年在巴黎创建了"圣像"协会，他担任主席直至去世。协会创建者还有谢尔盖·巴甫洛维奇和一系列艺术家、建筑学家、艺术史学家，比如 П. П. 穆拉托夫、С. К. 马科夫斯基、И. Я. 比利宾、С. А. 谢尔巴托夫、Д. С. 斯捷列茨基、阿尔贝特·别努瓦、Н. И. 伊斯采连诺夫；还有一些圣像画家：Г. 科鲁格、Л. А. 乌斯宾斯基、Ю. Н. 列伊特林格纳、Е. С. 利沃娃、В. В. 谢尔盖耶夫、Ф. А. 费多罗夫等（*Федотов А. С.* Древнерусская культура, староверческая традиция и русское зарубежье // Труды Первых Морозовских чтений. Ногинск（Богородск），1995. С. 172）。

会在他的倡议、资助下组织了大型的勘察加科研考察团；费奥多尔·巴甫洛维奇为这次活动资助了 20 万卢布。考察团的工作提供了极为丰富的科学资料。他去世后，妻子 Т. К. 里亚布申斯卡娅按照他的遗愿，继续资助考察团的资料整理和出版工作。①

　　Н. П. 里亚布申斯基是位特立独行之人。他是商人中"黄金青年"一代极其典型的人物，他们不遵循父母的意愿，追求浪荡派演员的生活方式，探索自己的艺术和文学创作之路；他们本身也是资助人，为很多年轻演员提供帮助。当时，他与佳吉列夫一样，开始将资助活动转变成俄国商业生活的一种新形式，这也是当时高雅艺术向"消遣艺术"转变的大势所趋。与 Н. П. 里亚布申斯基合作的很多艺术家和文学家感受到了这种趋势，对这种趋势十分不满、大肆批判。А. Н. 别努瓦就不愿接受此类资助，但是他对年轻的 Н. П. 里亚布申斯基、对他的资助追求都充满了好感。很多人指出，Н. П. 里亚布申斯基的性格具有双重性，但是不可否认，他极具天赋。②

　　Н. П. 里亚布申斯基创作了众多中短篇小说、剧本、诗歌（笔名为 Н. 申斯基），他也绘制彩色写生画。不过，他的名声主要源自文学艺术刊物——《金鱼》，该杂志把诸多新流派的作家和艺术家联合在了他的周围。他不仅资助了《金鱼》杂志，还是该杂志的出版人，也在其中刊登自己的素描和文学作品。最初，象征主义作家 В. 勃留索夫、А. 别雷、К. 巴尔蒙特参与了该杂志的工作，后来，作家 А. 勃洛克，艺术家 В. 谢罗夫、А. 别努瓦、Е. 兰谢列、Л. 巴克斯特、И. 比利宾、К. 索莫夫、Н. 米利奥季、Н. 费奥菲拉克托夫等也参与其中。

　　与 С. И. 史楚金和莫罗佐夫兄弟不同，Н. П. 里亚布申斯基并未优先关注法国的先锋派，而是注重俄国本土的美术新流派。他继承了 С. П. 佳吉列

---

① 见：Петров Ю. А. Династия Рябушинских. С. 128.
② Письмо А. Н. Бенуа К. А. Сомову（июнь-июль 1906 г.）// Константин Андреевич Сомов. Письма. Дневники. Суждения современников. М.，1979. С. 452；Щербатов С. А. Художник в ушедшей России. Нью-Йорк，1955. С. 40 – 41；Ровесник《Серебряного века》：《Записки》 Б. А. Садовского // Встречи с прошлым：Сб. Мат-лов ЦГАЛИ СССР. Вып. 6. М.，1988. С. 125 – 126.

Н. П. 里亚布申斯基

夫等具有世界艺术品位之人的传统，通过刊物（《金鱼》）组织了极其精美的画作展览，其中包括知名画作《蓝玫瑰》；加入其中的有 16 名新流派的艺术家：П. В. 库兹涅佐夫、П. С. 乌特金、С. Ю. 苏捷依金、Н. Н. 萨普诺夫、М. С. 萨里扬、Н. Д. 米利奥季、В. Д. 米利奥季、Н. П. 克雷莫夫、А. А. 阿拉波夫、Н. Н. 费奥菲拉克托夫、А. В. 丰维津、В. П. 德里杰恩普列伊斯、И. А. 克纳别、Н. П. 里亚布申斯基，此外还有雕塑家 А. Т. 马特维耶夫和 П. И. 布罗米尔斯基。后来，在 Н. П. 里亚布申斯基的资助下，还组织了一系列新流派艺术家的作品展览，其中包括法国后印象派画家的作品。这些展览"清晰、充分地展现了俄国艺术的过渡阶段——该阶段与西方文化密不可分，西方文化中的先锋派为俄国艺术未来在国内外的发展做出了重大的贡献"。①

　　莫斯科城市首领 Н. И. 古奇科夫出生于一个著名的商人家庭（奠基人是旧礼仪派教徒），他也是一位收藏家。妻子 В. П. 包特金娜家族有很多著名的资助人、收藏家、艺术家，Н. И. 古奇科夫深受影响，开始从事收藏活动。他的姻亲 И. С. 奥斯特罗乌霍夫是一位文雅的艺术家和收藏家，他与古奇科夫结成了深厚的友谊，对他的艺术兴趣产生了很大的影响。Н. И. 古奇科夫经常与 И. С. 奥斯特罗乌霍夫一起参观展览会、艺术画廊，参加沙龙；在收集俄国国内外艺术品时，Н. И. 古奇科夫也经常向 И. С. 奥斯特罗乌霍

---

① *Думова Н. Г.* Московские меценаты. М. , 1992. С. 254.

夫寻求建议。①

　　至1917年，Н. И. 古奇科夫收集了几百幅俄国艺术家的油画、水彩画和素描作品（19世纪末20世纪初）。在他的藏品中，有将近20幅他极其欣赏的 В. А. 特罗皮宁的作品，也有 А. Г. 魏涅济安诺夫、О. А. 基普连斯基、К. П. 布留洛夫、А. А. 伊万诺夫、С. К. 扎良科、И. К. 艾瓦佐夫斯基、П. А. 费多托夫、И. И. 希施金、А. И. 库因吉、А. К. 萨夫拉索夫的作品，还有新一代艺术家——В. Д. 波列诺夫、И. И. 列维坦、В. А. 谢罗夫、В. М. 瓦斯涅佐夫、А. М. 瓦斯涅佐夫、В. Е. 马科夫斯基、К. А. 科罗温、И. С. 奥斯特罗乌霍夫、М. П. 包特金等——的作品。从保留下来的藏品清单来看，能够发现，他收藏的画作具有极大的价值。因此，他的大部分藏品后来都被特列季亚科夫画廊、俄国博物馆或其他地方大型博物馆收藏。Н. И. 古奇科夫的收藏品中也有圣像、古代武器、瓷器、青铜制品、铜具、珍珠制品，这些藏品后来转交给了历史博物馆。②

　　作为城市首领，Н. И. 古奇科夫致力于促进莫斯科文化、教育事业的发展。在他任内，莫斯科所有市民都享受了免费的初级教育。他是彼得罗夫斯克—巴斯曼城市学校和列福尔托夫穷人学校的监护人。需要特别指出的是，他在 А. Л. 沙尼亚夫斯基民间大学的建设和发展中做出了巨大的贡献。1905年担任城市首领后，Н. И. 古奇科夫就十分关注、支持特列季亚科夫画廊的发展。Н. И. 古奇科夫与 И. С. 奥斯特罗乌霍夫、В. А. 谢罗夫、А. П. 包特金娜等人持有同样的观点，他们认为，特列季亚科夫画廊应该为俄国艺术发展服务，因此画廊必须获得俄国写生画所有流派的作品。因此，Н. И. 古奇科夫格外重视特列季亚科夫画廊的发展，也给予了它很多物质支持。③

　　19世纪末，资助活动队伍中涌现了越来越多的新兴资产阶级家庭：哈

---

① См. : *Воробьева Н. С.* Николай Гучков—московский городской голова. М. , 2009. С. 34 – 35.

② См. : *Воробьева Н. С.* Николай Гучков—московский городской голова. М. , 2009. С. 37, 150 – 158.

③ См. : *Воробьева Н. С.* Николай Гучков—московский городской голова. М. , 2009. С. 95, 97 – 99.

Н. И. 古奇科夫

里托年科家族、捷列先科家族、奥利弗家族、塔拉索夫家族、吉尔什曼家族、杰尔维兹家族、冯·梅克家族等。C. A. 波利亚科夫正是出身于这种家庭，他是一位企业家，组织出版了《天蝎座》和文艺杂志——《春》。他的父亲 А. Я. 波利亚科夫是兹纳缅斯克纺织工厂的管理者之一，20 世纪初，他的资产已经达到 300 万 ~ 400 万卢布。

C. A. 波利亚科夫在从事文艺资助活动的同时，也追求独立创作。C. A. 波利亚科夫接受过良好的教育，文化素养颇高，对待事业严肃认真。他在俄国象征主义发展史上扮演了重要的角色。没有波利亚科夫的积极支持和个人参与，象征主义作家和诗人的作品难以见刊、发表。

1893 年，C. A. 波利亚科夫以优异的成绩从中学毕业，进入莫斯科大学的物理数学系就读。不过，他的主要兴趣是当代欧洲文学。他经常旁听文学和语言学的课程，学习欧洲语言，翻译了很多欧洲作家的最新作品。C. A. 波利亚科夫大学毕业时，尽管父亲坚决要求他做出纳的工作，但是他毅然决然地投入了文学的怀抱。他的大学同学——诗人尤勒西斯·巴特鲁沙伊蒂斯十分支持他的文学追求。在朋友 В. Я. 勃留索夫、К. Д. 巴尔蒙特的介绍下，尤勒西斯·巴特鲁沙伊蒂斯得以与 C. A. 波利亚科夫结识。1899 年 8 月末，C. A. 波利亚科夫及好友在莫斯科近郊的"狐山"庄园（C. A. 波利亚科夫的私人庄园）聚会时，他们考虑到，由于俄国对欧洲当代作家作品的兴趣增长，因此希望刊行这类作品。① 此外，他们也打算刊行俄国新艺术流派作家的作品。1900 年 3 月，《天蝎座》创刊，最初便刊出了 Г. 易卜生②的

---

① См.: *Нинов А.* Так жили поэти …: Документальное повествование // Нева. 1978. № 6. С. 120.

② 挪威剧作家。——译者按

《起死回生》（由 C. A. 波利亚科夫和尤勒西斯·巴特鲁沙伊蒂斯共同译出）。《天蝎座》的目标是发行欧洲作家最新的文学作品（作家包括 K. 汉姆生、Π. 魏尔伦、Э. 维尔哈伦、C. 普日贝谢夫斯基等）和俄国象征主义作家（B. 勃留索夫、K. 巴尔蒙特、A. 别雷、A. 勃洛克、3. 吉皮乌斯、Φ. 梭罗古勃、B. 伊万诺夫等）的书籍。出版策划工作由 B. 勃留索夫负责，编辑工作则由尤勒西斯·巴特鲁沙伊蒂斯承担。

最初，《天蝎座》发行量一般，但比较稳定。获得成功的出版经验后，C. A. 波利亚科夫及好友又开始发行新的文艺刊物：《北极星》丛刊与《春》杂志。这些刊物联合了莫斯科、圣彼得堡的年轻文学家、艺术家。《春》不仅是一个艺术杂志，而且是俄国象征主义流派的思想大本营。尽管刊物中的艺术家天赋异禀，但由于他们的主要发行对象是文化程度极高的群体，因此发行量并不大。1905 年，杂志《春》的订阅量为 815 人。① 值得注意的是，《天蝎座》一直持续存在到 1916 年。

资助活动经常是从收藏活动中衍生、发展而来的。吉尔什曼夫妇（B. O. 吉尔什曼和 Г. Л. 吉尔什曼）的活动就是一个典型的例证。吉尔什曼的家族公司从事贸易行业，在莫斯科威名远扬。② 作为吉尔什曼家族的代表，夫妻二人广泛参与慈善事业和资助活动，尤其注重对犹太慈善机构的援助。

工厂主 B. O. 吉尔什曼属于一等商人，继承了家族的荣誉市民称号；他是一位精力充沛、文化程度极高的人，毕业于莫斯科实用商业科学院。他的妻子 Г. Л. 吉尔什曼生于圣彼得堡的粮贸家族——利奥波德·列昂家族，收藏活动是他们家族的一项悠久传统。Г. Л. 吉尔什曼学习过写生画，在艺术

---

① История Москвы. Т. 5. М., 1955. С. 521.
② 18 世纪末，吉尔什曼家族在西伯利亚从事粮食出口贸易（см.：*Савинов А. Н.* Русские художники в альбоме Г. Л. Гиршман. Книга и графика. М., 1972. С. 248）。后来迁居莫斯科，吉尔什曼家族开始从事日用百货生产、针织品的生产和贸易。19 世纪 90 年代，他们在鲁扎县的科柳巴金镇购置了一处工厂、庄园（История церкви Рождества Богородицы в селе Колюбакине. М., 1894）。

界备受推崇。①

　　B. O. 吉尔什曼作为一名画作和古董家具的收藏家，在莫斯科小有名气。他收藏的俄国写生画，无论是从代表性还是从规模（共 159 幅作品②）上来讲，都是当时最为出色的一批作品。③ 20 世纪初，莫斯科艺术画廊的参观手册就已列明了他的藏品。B. O. 吉尔什曼也收藏俄国的家具与古董：瓷器、鼻烟壶、微型插画（主要是 18 世纪和 19 世纪初）——当时的人指出，"就完整性和审美价值而言，他的藏品独一无二"。④ 此外，吉尔什曼图书馆的美术作品和舞台艺术作品也是独一无二的，具有极大的价值（某些作品如今藏于俄罗斯国家图书馆）。

　　B. O. 吉尔什曼的社会活动、资助活动在莫斯科享有极高的知名度。最大的成就当属他组织的"自由美学"协会，协会联合了知识分子代表：艺术家、演员、音乐家、"新艺术"追随者。B. O. 吉尔什曼是"自由美学"协会的创始人之一，他也对协会进行了资助并担任了协会的财务主任。"自由美学"协会在联合莫斯科艺术人才的过程中发挥了重要的作用。⑤ 俄国艺术联盟和《艺术世界》的代表也参与其中，他们经常在吉尔什曼的家中

---

① *Гиршман Г. Л.* Мои воспоминания о О. А. Серове // Валентин Серов в воспоминаниях, дневниках и переписке современников. Т. 2. Л. ，1971. С. 330 – 339.

② *Жуков Ю. Н.* Сохраненные революцией. М. ，1985. С. 68.

③ 他的藏品中有很多当时俄国艺术家的代表作，其中包括：М. А. 弗鲁别利的《被推翻的恶魔》、亚历山大·别努瓦的《国王的散步》、В. Э. 鲍里索夫－穆萨托夫的《花毯》。谢罗夫、多布津斯基、索莫夫的作品在其藏品中占有很大的比例（将近 80 幅作品）。他的藏品中还有 18 世纪肖像画家（例如 Д. Г. 列维茨基）的作品、古代圣像作品。

④ *Лазаревский И. И.* Коллекционерства и подделка // Столица и усадьба. 1914. № 7. С. 90.

⑤ "自由美学"协会的正式成员有 В. Я. 勃留索夫、К. С. 斯坦尼斯拉夫斯基、И. И. 特罗亚诺夫斯基、В. В. 佩列普列特奇科夫、Н. Р. 科切托夫、В. И. 卡恰洛夫、Ф. И. 夏里亚宾、А. 别雷、В. А. 谢罗夫、И. Э. 格拉巴里、Н. П. 克雷莫夫、П. В. 库兹涅佐夫、Е. Е. 兰谢列、И. С. 奥斯特罗乌霍夫、Н. 梅谢林、Н. Д. 米利奥季、Л. О. 帕斯捷尔纳克、Н. Н. 萨普诺夫、С. Ю. 苏捷依金、Н. П. 乌里扬诺夫、К. Ф. 尤翁、И. А. 莫罗佐夫、С. И. 史楚金等。协会组织了文学家见面会、艺术展览会、音乐和戏剧比赛、晚会、诗歌辩论会、座谈会，不过参与者并不涉及现实的"棘手问题"。А. 别雷、В. 勃留索夫、埃利斯经常在报告会和讲演会中公开宣读自己的作品（См.：*Чулков Г. С.* Годы странствий. М. ，1999. С. 114，698 – 699）。

集会，这成为当时莫斯科艺术生活的中心之一。沙龙的女主人亨里维塔·里奥波多夫娜能够把形形色色的艺术家联合在一起。参与她的晚会的有 A. H. 伯努瓦、И. Э. 格拉巴里、С. П. 佳吉列夫、К. А. 索莫夫、В. Я. 布留索夫、М. 高尔基、В. И. 卡恰洛夫、К. С. 斯坦尼斯拉夫斯基。斯坦尼斯拉夫斯基正是在此与伯努瓦、多布津斯基、库斯托季耶夫结识，后来，他们在戏剧艺术领域多有合作。

吉尔什曼家族积极资助艺术事业发展，参与了艺术联合工作，资助了很多剧院。他们给予了莫斯科艺术剧院莫大的帮助：组织戏剧伴奏，安排演员国外巡演，采用当时最新的布景道具、招收艺术家等。

В. О. 吉尔什曼和 Г. Л. 吉尔什曼

В. О. 吉尔什曼为很多杰出艺术家提供过帮助，其中包括 М. 弗鲁别利，他也获得了弗鲁别利的很多作品，包括《三十三勇士》的两幅画稿。① 他在新兴绘画艺术推广之路上也做出了极大的贡献。他与很多知名资助人都资助了俄国新流派艺术家的画作展览会，С. 佳吉列夫就在这些艺术家之列。② К. С. 斯坦尼斯拉夫斯基对 В. О. 吉尔什曼和 Г. Л. 吉尔什曼夫妇的资助活动给予了很高的评价，他在 1922 年 12 月 23 日给 Г. Л. 吉尔什曼的信中写道："对俄国艺术而言，您的家族影响深远。艺术繁荣不仅需要艺术家，也需要

---

① Врубель М. А. Переписка. Воспоминания о художнике. Л. ; М. , 1963. С. 124, 129, 183, 185.

② 吉尔什曼夫妇当选为俄国"巴黎秋季沙龙"的终身荣誉会员（см. *Думова Н. Г.* Московские меценаты. М. , 1992. С. 115）。

资助者。您同您丈夫多年来任重道远，在资助事业道路上坚持不懈。感谢你们二位的付出。你们二位的贡献必将彪炳史册。"①

谈到新一代资助人，就不得不提"铁路大亨"代表——冯・梅克家族、М. П. 别利亚耶夫和 С. А. 库谢维茨基，他们的活动为俄国艺术发展提供了莫大的支持。

冯・梅克家族的很多成员都是俄国顶级的铁路企业家，也是慷慨的资助人和慈善家。Н. Ф. 冯・梅克是一位腰缠万贯的遗孀，她本人也是一位优秀的钢琴家和音乐爱好者，她为莫斯科音乐学院、莫斯科音乐协会提供了很多资助，也帮助了一些青年音乐家。Н. Ф. 冯・梅克刚毅、独立，正因如此，她与音乐学院的校长 Н. Г. 鲁宾斯坦发生了冲突，鲁宾斯坦"对她没有任何好感，却不得不重视她"，因为她的帮助意义非凡。② 在 Н. Ф. 冯・梅克的支出簿中，也能看到她对贫困音乐家的频繁援助。应 Н. Г. 鲁宾斯坦的请求，她在家中收留了油尽灯枯的杰出波兰音乐家——亨里希・维尼亚夫斯基。

众所周知，П. И. 柴可夫斯基与 Н. Ф. 冯・梅克及其家族的很多成员都结成了深厚的友谊。Н. Ф. 冯・梅克经常为 П. И. 柴可夫斯基提供诸多帮助（包括物质援助），她的帮助显得弥足珍贵；当时，П. И. 柴可夫斯基在莫斯科音乐学院任教之时薪资颇低，知名度也不高，在这段最为艰难的岁月中，Н. Ф. 冯・梅克的援助为其自由创作提供了可能。在长达 13 年的岁月中，Н. Ф. 冯・梅克为 П. И. 柴可夫斯基提供的援助共计将近 8.5 万卢布。只有在 19 世纪 90 年代，当冯・梅克家族的财政陷入危机时，Н. Ф. 冯・梅克才临时中止了对 П. И. 柴可夫斯基的援助。③

---

① Из альбома Г. Л. Гиршман // Новый журнал（Нью-Йорк）. 1963. Кн. 71（LXXI）. С. 260.

② *Чайковский П. И.* Переписка с Н. Ф. фон Мекк. Т. 1. М. ; Л. , 1934 – 1936. С. 21.

③ Письмо Н. К. фон Мекк Н. Д. Кашкину от 3 февраля 1903 // ГЦММК им. М. И. Глинки. Ф. 35. Н. Д. Кашкин. Д. 215. Л. 1 – 2. Письмо впервые опубликовано: *Гавлин М. Л.* Семья предпринимателей и меценатов и фон Мекк и П. И. Чайковский. Приложение // Конференции. Дискуссии. Материалы. 2004; Сб. Науч. Тр. Кафедры истории России РУДН. М. , 2004. С. 14 – 15.

Н. Ф. 冯·梅克和 К. Ф. 冯·梅克夫妇的儿子都对资助活动和慈善事业产生了极大的兴趣。Н. К. 冯·梅克继承了父亲的铁路建设事业，担任了莫斯科—喀山铁路协会的领导。他对社会活动格外关注，也是良书推广协会的成员。为了培训铁路建设的后备干将，他开办了技术学校和电报学校。他与兄长弗拉基米尔一起为莫斯科贵族女子中学捐献了大笔金额：以冯·梅克家族的名义设立了三项助学金。Н. К. 冯·梅克兴趣广泛，开办了养马场，专门饲养比利时良种役马；此外，他对汽车也十分痴迷。

Н. К. 冯·梅克迎娶了 П. И. 柴可夫斯基的外甥女、出身著名的十二月党人家庭的 А. Л. 达维多娃，这对年轻夫妇与柴可夫斯基结成了深厚的友谊。Н. К. 冯·梅克本人也会演奏小提琴，他是教会歌唱学校（隶属于至圣主教公会）管理监察委员会的成员，也是莫斯科至圣主教公会事务所合唱团的成员，而且他对这两所机构也进行了资助。①

Н. К. 冯·梅克热衷于收藏俄国写生画，这也成为他们家族艺术收藏的开端。Н. К. 冯·梅克对弗鲁别利的天赋青睐有加。1902 年，弗鲁别利的一幅油画——《被推翻的恶魔》被特列季亚科夫画廊拒之门外，他便收藏了这幅作品。② 1908 年，Н. К. 冯·梅克又将此画转售给了特列季亚科夫画廊。他的藏品中也有弗鲁别利的另一幅知名油画——《丁香花》。后来，Н. К. 冯·梅克对弗鲁别利进行了资助，积极推广他的作品。③

А. К. 冯·梅克是 П. К. 冯·梅克的兄弟，他是一位特立独行之人。他

① См. : *Палтусова И. Н.* Династия фон Мекк // Тр. Гос. Ист. Музея. Вып. 98. М. , 1977. С. 158.
② 画家弗鲁别利因这幅画而获得了物质保障。1902 年 9 月 7 日，他在给妻子 Н. А. 扎别拉 - 弗鲁别利的信中写道："我的画作《被推翻的恶魔》售给了梅克，获得了 3000 卢布——我的生活因此得到了充分的保障。"（ВрубельМ. А. Переписка. Воспоминанияохудожнике. Л. , 1976. С. 117）
③ 例如，1904 年 10 月 8 日，Н. К. 冯·梅克在给弗鲁别利的信中写道："我打算在莫斯科举办一个私人收藏画作展览，希望以您的作品为主要展品，因此希望您能告知，哪些画作可以列入展览……"（Врубель М. А. Переписка. Воспоминания о художнике. Л. , 1976. С. 133）

Н. К. 冯·梅克——画家 Б. М. 库斯托季耶夫绘于 1912 年

从事的活动、履行的社会义务十分广泛。А. К. 冯·梅克是俄国航海贸易合作协会的主席，是诸多慈善组织的主席，例如莫斯科高等女子班及学员住宿费用提供协会、莫斯科皇家仁爱协会救济委员会、教会救济协会、穆哈诺夫养老院、物理合作发展协会。

А. К. 冯·梅克也是著名的旅行家，他记述了自己在阿尔卑斯山、比利牛斯山脉、巴尔干山脉、达尔马提亚山等地的登山旅行运动。他也是俄国地理协会和莫斯科大学自然科学、人类学、民族学爱好者协会的成员。А. К. 冯·梅克是一位严肃的登山爱好者，他完成了很多困难的登山挑战；在欧洲登山运动界，他的大名可谓无人不晓。А. К. 冯·梅克是瑞士、德国、奥地利登山俱乐部的成员，曾参加登山运动员代表大会。[1] 为了在俄国推广登山运动，他付出了极大的努力；他创办了俄国登山协会并担任主席直至去世，他开办相关展览会，编辑出版了《登山年鉴》，向俄国介绍世界各地登山运动的发展情况。[2] А. К. 冯·梅克是俄国登山运动的鼻祖，为俄国登山运动的发展奠定了坚实的基础。

在俄国图书收藏家和档案专家的圈子中，А. К. 冯·梅克的名字也广为人知；他曾担任莫斯科图书爱好者协会的主席。此外，他还承担了俄国古文

---

[1] См.：*Мекк А. К. фон.* Альпинизм: Очерки истории его развития // Земледелие. Кн. 2 – 3. М.，1900；Альпинизм на Всемирной Парижской выставке 1900 г. // Врубель М. А. Переписка. Воспоминания о художнике. Л.，1976. С. 133.

[2] Ежегодники Русского горного общества. М.，1903 – 1916.

献学和档案事务机构的相关工作。他以 20 年间收藏的书籍为基础，创立了一所图书馆——俄国最好的私立图书馆之一。19 世纪 90 年代，他又为其图书馆聘请了 И. К. 巴布斯特教授（莫斯科大学）和 Э. Р. 弗列坚教授（圣彼得堡大学）。至 1900 年，根据图书馆的图书清单来看，А. К. 冯·梅克的藏书总量累计超过了 6000 册。此外，图书馆的藏书量仍在逐渐增加，每年都在发布新的图书清单。А. К. 冯·梅克临终之际，图书馆书目类型齐全，藏书总量共计 9000 册。①

В. В. 冯·梅克是"铁路大亨"家族的第三代代表。他也是一位著名的科学、文艺事业资助人，为俄国白银时代的艺术发展贡献了一份力量；此外，他还是收藏家、服装艺术家、工艺美术设计师。

他的父亲 В. К. 冯·梅克是梅克家族奠基人的长子；母亲 Е. М. 波波娃出身于一个酒厂主家庭。В. В. 冯·梅克最初在法政学校接受教育，后来在法律学校获得了法学学士学位。② 但是，他对法学之路和家族事业都缺乏兴趣，反而将大量的时间和资金都花费在了资助事业和艺术事业上。

就美学观点而言，В. В. 冯·梅克与《艺术世界》成员更为接近。从 1902 年开始，他便积极参与《艺术世界》的相关工作并资助其出版、展览，他还参与了"36 名艺术家"和"俄国艺术家联盟"展览会的组织工作，资助了佳吉列夫的活动。1902 年，他负责组织了《艺术世界》在莫斯科的展览会；1905 年，他又安排了 С. И. 史楚金藏品中关于当代艺术家作品的展览。

年轻的 В. В. 冯·梅克还资助了 1906 年巴黎的"俄国秋季沙龙"——

---

① 图书馆的主要书籍是俄国、英国、德国、法国的作家关于俄国和西欧经济的著作；还有经济理论史、工业领域、国内外贸易、工业联盟和协会、交通、工业法律、国家资产、土地与城市经济等相关方面的书籍；也有很多俄国历史、法学等方面的相关书籍（см.：*Мекк А. К. фон.* Список книг, принадлежащих А. К. фон Мекку по 1 января 1900 года. М.，1900；*Мекк А. К. фон.* Список книг… Первое дополнение… по 1 января 1901 года. М.，1901；и т. д.）。

② См.：*Смирнов М. И.* Компьютерный поиск потомков Карла и Надежды фон Мекк // Тр. Гос. Ист. Музея. Вып. 98. М.，1977. С. 169.

А. К. 冯·梅克

佳吉列夫组织的俄国季活动的开端。[1] 20世纪初，В. В. 冯·梅克积极参与了"当代艺术"联盟的组织工作；"当代艺术"联盟的艺术领导是 И. Э. 格拉巴里，成员包括 А. Я. 戈洛温、Е. Е. 兰谢列、К. А. 索莫夫、Л. С. 巴克斯特、С. А. 谢尔巴托夫公爵等。В. В. 冯·梅克不单资助了这项艺术事业，还亲自负责了"当代艺术"展览会的内部布置工作。为了 1903 年 1 月 26 日的首次展览，他设计了一系列华丽的连衣裙。1903 年秋，В. В. 冯·梅克与 С. А. 谢尔巴托夫组织了索莫夫、廖里赫的作品展览以及古代日本版画展览，他们也出资印刷、刊行了附有精美插图的《康斯坦丁·索莫夫画册》。此外，В. В. 冯·梅克还直接资助了列维坦作品的出版。[2] 他与 М. А. 弗鲁别利的结识也是他人生中的一个重要事件，后来，他也成为弗鲁别利的好友以及资助者。

В. В. 冯·梅克继承了家族传统，收藏了大量的俄国艺术杰作。除此之外，他还收藏了日本版画、木版画、插画、古代青铜制品、花毯、叶卡捷琳娜时代以及后古典主义风格的家具。1907 年至 1908 年，В. В. 冯·梅克陷入了经济困境，他被迫变卖了自己的艺术藏品。在他的藏品中，众多俄国写

---

[1] См. : *Приймак Н. П.* Письма С. П. Дягилева В. В. фон Мекку（Новые поступления о отдел рукописей Третьяковской галереи）// Сергей Дягилев и художественная культура XIX—XX вв. Пермь, 1989. С. 128, 132, 135.

[2] См. : *Приймак Н. П.* Письма С. П. Дягилева В. В. фон Мекку（Новые поступления о отдел рукописей Третьяковской галереи）// Сергей Дягилев и художественная культура XIX—XX вв. Пермь, 1989. С. 128.

生画珍品被特列季亚科夫画廊①、圣彼得堡亚历山大三世博物馆（俄国博物馆）② 收购；还有很多画作被当时的大收藏家收藏，例如 И. С. 奥斯特罗乌霍夫、А. П. 包特金、С. С. 包特金、М. П. 里亚布申斯基；还有一部分进入了其他的大型博物馆。③ В. В. 冯·梅克因其艺术活动、收藏活动赢得了俄国文化活动家的信任和尊重。1913 年，И. С. 奥斯特罗乌霍夫辞去了特列季亚科夫画廊监护人的职位，在 А. П. 包特金的推荐下，他将此职位传给了В. В. 冯·梅克。④

    В. В. 冯·梅克也积极从事慈善事业。他是伊丽莎白·费多罗芙娜慈善机构的主管并在多年内兼任了秘书一职。В. В. 冯·梅克出资修建了马尔法—马林斯克修道院，根据他的建议，修道院建设聘请了建筑学家 А. В. 休谢夫。第一次世界大战期间，他与 П. А. 布雷施金、П. А. 罗日杰斯特文斯基、Н. И. 舒斯托夫参与了军人家庭救济委员会的工作，帮助前线军人的父母、子女。十月革命后，20 世纪 20 年代直至去世，他都在小剧院工作；在此期间，他绘制了大量的布景草稿，设计了很多服装；后来，他对相识的诸人表达了由衷的感激之情。

    科学、文艺事业资助人也为俄国音乐的发展做出了巨大的贡献。他们在俄国音乐教育、俄国作曲与演唱学校的成立及发展过程中提供了莫大的帮助。没有资助人的帮助，圣彼得堡与莫斯科的音乐学院、大型交响乐队、歌

---

① М. А. 弗鲁别利的《黑夜之前》 Н. К. 廖里赫的《红帆——弗拉基米尔前往科尔孙的旅行》、И. И. 列维坦的《最后一缕日光》和《白夜》、В. М. 瓦斯涅佐夫的《阿列努什卡》、К. А. 科罗温的《夏季》、В. А. 谢罗夫的《农村——婆婆与马匹》、К. А. 索莫夫的《爱之岛》。

② В. И. 苏里科夫的《积雪覆盖的城市》、А. Е. 阿尔希波夫的《穷人祭祀日》、В. М. 瓦斯涅佐夫的《西伯利亚》、И. И. 列维坦的《乡村金秋》、М. А. 弗鲁别利的《威尼斯》。

③ См. : *Приймак Н. П.* Письма С. П. Дягилева В. В. фон Мекку（Новые поступления о отдел рукописей Третьяковской галереи）// Сергей Дягилев и художественная культура XIX—XX вв. Пермь, 1989. С. 129；Врубель М. А. Переписка. Воспоминания о художнике（1976）. С. 287.

④ См. : *Приймак Н. П.* Письма С. П. Дягилева В. В. фон Мекку（Новые поступления о отдел рукописей Третьяковской галереи）// Сергей Дягилев и художественная культура XIX—XX вв. Пермь, 1989. С. 129.

剧院、音乐戏剧学校、音乐会与音乐宣传机构都不可能得以成立、组织。例如，С. И. 济明娜继 С. И. 马蒙托夫后开办了自己的歌剧院（1904 年），莫斯科糕点工厂的厂长 А. И. 阿布里科索娃担任了俄国音乐协会建设委员会的管理者。阿布里科索娃家族与莫罗佐夫家族、Г. Г. 索洛多夫尼科夫、К. Т. 索尔达坚科夫共同为莫斯科音乐学院的建设捐献了 60 万卢布，沙皇家族也为此捐献了 40 万卢布。没有这些资助人的帮助，当时最伟大的作曲家（柴可夫斯基、"强力集团"作曲家①、斯克里亚宾、格拉祖诺夫等）无法成为俄国的骄傲，他们的名字亦不会如此如雷贯耳。

Н. Ф. 冯·梅克与 М. П. 别利亚耶夫、С. А. 库谢维茨基为当时俄国音乐创作的发展提供了莫大的帮助。

М. П. 别利亚耶夫生于圣彼得堡富有的木材企业主家庭。② 他的母亲出生于俄国化的瑞典裔家庭。他接受了良好的教育，从 9 岁起开始学习小提琴并自学了钢琴，后来又接受了系统、专业的钢琴教育。14 岁时，他迷上了室内音乐，在德国学校学习了四重奏音乐，毕业后曾在圣彼得堡的德国俱乐部交响乐队进行演出。父亲曾建议他开创自己的音乐事业，但是年轻的 М. П. 别利亚耶夫决定继承父亲的事业。1851 年后，别利亚耶夫和堂兄合资在奥洛涅茨省、阿尔汉格尔斯克省（凯姆县）开办了木材工厂。

М. П. 别利亚耶夫还在阿尔汉格尔斯克省创办了四重奏音乐爱好者小组，他自己也创作了一系列的小提琴协奏曲。最初，他对德国音乐情有独钟；19 世纪 80 年代初，他在圣彼得堡音乐爱好小组演奏（当时的指挥家是 А. К. 利亚多夫）时，又接触了俄国作曲家的作品。与利亚多夫相识后，1882 年，他又结识了年仅 16 岁但已小有名气的 А. К. 格拉祖诺夫。与这些音乐人的接触，使得 М. П. 别利亚耶夫疯狂地迷上了俄国音乐，对 А. К. 格拉祖诺夫的作品也心生景仰。

1882 年开始，М. П. 别利亚耶夫在圣彼得堡家中设立了室内音乐晚会

---

① 代表人物：М. А. 巴拉基列夫、М. П. 穆索尔斯基等。——译者按
② Новый энциклопедический словарь / Изд. Ф. – А. Брокгауз и И. А. Ефрон. Т. IX. СПб., 1912. С. 46.

（每周举行一次），这成为俄国杰出音乐活动家联盟的开端，后来又成立了著名的别利亚耶夫小组。① 别利亚耶夫小组经常演奏圣彼得堡室内音乐协会年度竞赛作品，很多简短的乐曲是专门为"别利亚耶夫周五小组"而创作的，后来，别利亚耶夫将这些音乐作品以《周五小组》的名称刊行了 2 卷汇编。②

1884 年，M. П. 别利亚耶夫弃商从艺。他构思了两个音乐启蒙方案：组织俄国作曲家作品的音乐会；时常发行这些作曲家的作品。同一年，他又组织了 A. K. 格拉祖诺夫作品的首个交响曲音乐会，同时资助了格拉祖诺夫的欧洲之行（德国、法国、西班牙）。1885 年，他又开办了俄国别利亚耶夫交响乐音乐会（每年一次）。1889 年，别利亚耶夫在巴黎世界博览会上组织了两个音乐会，但并未受到多大重视，其价值被严重低估了。实际上，这是早在佳吉列夫创办"俄国季"活动之前，俄国音乐界向西欧介绍俄国新音乐的首次尝试。③ 音乐晚会逐渐吸引了越来越多人的注意。在别利亚耶夫的帮助下，巴拉基列夫、鲍罗廷、里姆斯基 – 科萨科夫、格拉祖诺夫、斯克里亚宾以及其他作曲家相继举办了音乐会，他们有机会听到乐队演奏自己的作品，可以认识到大众对自己作品的印象与评价。

M. П. 别利亚耶夫积极投身于出版事业，为俄国音乐文化的发展做出了巨大的贡献。他的出版事业始于 1885 年在德国莱比锡创办的"M. П. 贝莱夫·莱比锡"公司；选择莱比锡这个城市并非出于偶然，当时，莱比锡的印刷业（包括雷德尔的乐谱印刷）是世界上最权威、最有影响力的行业标杆。除此之外，别利亚耶夫在德国创办的公司保障了俄国作曲家在世界各国

---

① "别利亚耶夫周五小组"的访客有 H. A. 里姆斯基 – 科萨科夫、A. K. 格拉祖诺夫、A. K. 利亚多夫、A. П. 鲍罗廷、П. И. 柴可夫斯基、ц. A. 居伊、音乐学家 A. 奥索夫斯基，此外，还有一些音乐家，例如著名的指挥家尼基什。

② Вестник самообразования. 1904. № 6.

③ 其中一部分有：格拉祖诺夫的第二交响曲，里姆斯基 – 科萨科夫的钢琴音乐会和《西班牙随想曲》，格林卡的《卡马林斯卡亚舞曲》，鲍罗廷歌剧《伊戈尔大公》中的《马祖卡舞曲》，穆索尔斯基的《雷瑟山上的夜晚》，布卢门菲尔德的《练习曲》和利亚多夫的《谐谑曲》。

的所有权。尤尔根松①公司打开了在俄国的出版、销售道路,首次刊行的是格拉祖诺夫的作品。②

1885 年至 1910 年,尤尔根松公司共出版了近 3000 期作品,其中包括里姆斯基 – 科萨科夫、鲍罗廷、格拉祖诺夫、利亚多夫、索科洛夫、塔涅耶夫、斯克里亚宾、格列恰尼诺夫、布卢门菲尔德兄弟、谢尔巴乔夫、维托尔等诸多音乐家的作品,作品也涉及浪漫曲、交响乐、歌剧等诸多形式。1902年,别利亚耶夫向皇家公共图书馆捐献了 582 卷自己的刊物,这些刊物装帧极具艺术性且价格相对低廉:作为一名资助人,别利亚耶夫在这项事业上完全没有考虑商业因素,他无私奉献,全身心致力于音乐的推广事业。此外,在别利亚耶夫出版公司出版作品的作曲家总能得到更高的报酬。

М. П. 别利亚耶夫为年轻的 А. Н. 斯克里亚宾提供了很多帮助。1895年至 1896 年,别利亚耶夫资助并亲自陪伴斯克里亚宾出国举办音乐会。

1884 年,М. П. 别利亚耶夫设立了 М. И. 格林卡奖,该奖项一直颁发至 1917 年。他一生(于 1903 年去世)共设立了 130 个奖项,总金额达到 6万卢布。格林卡奖的首批获奖者共有 10 位作曲家,其中包括 П. И. 柴可夫斯基。1898 年,别利亚耶夫当选为室内音乐协会的主席,他经常在该协会举办室内音乐优秀作品竞赛并颁发奖金。

为了继续推广未竟的音乐事业,他在遗嘱中拿出了巨额资金,保障了诸多音乐奖项(包括格林卡奖)的资金来源。③ А. К. 格拉祖诺夫写道:"这位资助人几乎将自己的所有资产都用于了俄国音乐艺术的发展,他的奉献精神

---

① 俄国乐谱出版商,音乐社会活动家。——译者按
② 格拉祖诺夫本人回忆道:"我是首个获此殊荣的人。尽管一些权威音乐活动家向我寻求版权,但我还是义无反顾地授权给了 М. П. 别利亚耶夫,让其出版了我的'希腊题材第一序曲',后来又出版了第一交响曲等其他作品。"(*Глазунов А. К. Письма, статьи, воспоминания. Избранное. М., 1958. С. 487*)
③ 别利亚耶夫去世后,《俄国音乐报》上刊出的一篇文章写道:"……我们都是 М. П. 别利亚耶夫的遗嘱证人,包括 Н. А. 里姆斯基 – 科萨科夫、А. К. 利亚多夫、А. К. 格拉祖诺夫。我们都获得了这样的消息,已故的 М. П. 别利亚耶夫将 7.5 万卢布捐献了出来,每年为创作出优秀作品的俄国作曲家颁发奖金。奖金的颁发定在每年的 11 月 27 日——М. И. 格林卡两部歌剧的首映日。"(*Русская музыкальная газета. 1904. № 1. Стб. 13*)

和伟大贡献可谓前无古人，后无来者。"① B. B. 斯塔索夫对 M. П. 别利亚耶夫在俄国音乐事业上的贡献给予了极高的评价，他表示，M. П. 别利亚耶夫对俄国音乐的贡献，足以与特列季亚科夫对俄国绘画的贡献媲美。②

20 世纪初，杰出的音乐家、指挥家 C. A. 库谢维茨基对俄国民族音乐艺术的发展做出了巨大的贡献。他出生于上沃洛乔克一个贫穷的随军音乐人家庭。20 世纪初，C. A. 库谢维茨基成为著名的低音提琴大师，后来在莫斯科音乐学院低音提琴班担任教授，还曾在大剧院乐队进行演奏。年轻的 C. A. 库谢维茨基极具天赋，他梦想成为杰出的指挥家，希望通过自由创作实现自己的艺术

M. П. 别利亚耶夫——画家 И. E. 列宾绘于 1886 年

理想。1905 年，他与音乐戏剧学校（隶属于音乐爱好者协会）的学生 H. K. 乌什科娃（出身于化工厂企业主家庭）结婚。H. K. 乌什科娃的父亲十分富有，对戏剧等艺术颇感兴趣；他热衷于音乐，是音乐爱好者协会的荣誉会长（学生时代，C. A. 库谢维茨基获得过他提供的助学金）。在 H. K. 乌什科娃父亲的支持下，C. A. 库谢维茨基靠妻子的资产开展了广泛的音乐

---

① *Глазунов А. К.* Письма, статьи, воспоминания. Избранное. М. , 1958. C. 491.
② 用 B. B. 斯塔索夫的话来讲，音乐与绘画都是"俄国真正的民族事业"，不是"官方所宣扬的爱国主义精神，并不基于大公无私的奉献"，这是感受主导的事业。他写道："这两位商人绝非沽名钓誉之辈，他们的活动植根于俄国集体主义精神，是一项伟大的社会事业。"见：статьи B. B. Стасова в 《Русской музыкальной газете》（1895，№ 2，1904，№ 1 и 48）；в журнале 《Нива》（1904，№ 2，C. 38）；*Стасов В. В.* Избранные сочинения. Т. 3. М. , 1952. C. 249.

启蒙活动。①

1909 年，库谢维茨基在莫斯科举办了交响曲音乐会，音乐会的票价十分低廉；此外他也主办了俄国音乐协会圣彼得堡分会的交响曲音乐会。同一年，他还在莫斯科、圣彼得堡相继创办了音乐出版社、音乐商店。出版社的创办是为了让作曲家摆脱出版商的剥削，作曲家出版协会最终转变成了俄国音乐出版社，启动资金为 30 万 ~ 50 万卢布。俄国音乐出版社的所有权隶属于库谢维茨基夫妇；出版社的组织与当时的音乐出版社有很大的差异，它以一种全新的理念经营。② 俄国音乐出版社注册于柏林，保护了俄国作曲家在西欧和美国的版权。

在音乐出版事业上，C. A. 库谢维茨基与别利亚耶夫一样继续支持俄国本土作曲家；此外，作为一名杰出的音乐家，他对俄国音乐文化的发展及其与欧洲、世界音乐文化关系的理解更加深刻。

库谢维茨基夫妇负责出版社（"家族企业"）的管理、组织与财政工作，而关于音乐艺术问题，尤其是出版作品的评价与选择，则由俄国音乐出版社委员会独立决定。委员会的成员有 C. A. 库谢维茨基，还有当时著名的作曲家和音乐活动家：C. B. 拉赫曼尼诺夫、A. H. 斯克里亚宾、H. K. 梅特纳、A. Φ. 格季克、A. B. 奥索夫斯基、H. Г. 斯特鲁维等；委员会的主席是 C. A. 库谢维茨基，会议也在其家中举行。③

俄国音乐出版社出版了众多优秀作曲家的作品，例如斯克里亚宾、塔涅耶夫、梅特纳、拉赫曼尼诺夫等人，也出版了 C. 普罗科菲耶夫的作品《西

---

① Русское зарубежье. Золотая книга эмиграции. Первая треть XX века：Энциклопедический биографический словарь. М.，1997. C. 329 – 330.

② См.：*Астров А. В.* Деятель русской музыкальной культуры С. А. Кусевицкий. М.，1981. C. 145；*Оссовский А. В.* С. В. Рахманинов // Воспоминания о Рахманинове. Т. 1. М.，1957. C. 380.

③ 根据回忆录上的记载，库谢维茨基"召开的会议简单、有效。他彬彬有礼，总是认真倾听委员会成员的意见。他并不觉得高人一等，也不把自己的意见强加于人"。拉赫曼尼诺夫是委员会最重要的成员，他"强烈反对现代主义和颓废主义，他在会议上的谈话简明扼要，严肃认真；他的结论也绝不含糊其词，立场十分坚定"（*Оссовский А. В.* С. В. Рахманинов // Воспоминания о Рахманинове. Т. 1. М.，1957. C. 384 – 385）。

徐亚交响曲》。1911 年开始，出版社出版了 И. Ф. 斯特拉文斯基的作品：总谱、曲调，还有芭蕾舞曲《彼得鲁什卡》《神圣之春》和歌剧《夜莺》等的钢琴改编曲。[①]

1915 年 7 月，库谢维茨基投入 20 万卢布创办了乐谱出版公司和 К. А. 古特海利音乐商店。[②] 这家乐谱公司并不属于俄国音乐出版社，库谢维茨基在此公司刊行了众多自己喜爱的作品。[③]

А. Н. 斯克里亚宾与 С. А. 库谢维茨基在音乐会上演奏钢琴协奏曲——画家 Р. 施杰尔绘于 1910 年

---

① См.: *Астров А. В.* Деятель русской музыкальной культуры С. А. Кусевицкий. М., 1981. С. 151; *Нехамкин Э.* Три ипостаси Сержа Кусевицкого // Вестник-online. 2002. № 13 (298).

② 该乐谱出版公司出版了诸多俄国古典音乐家（格林卡、达尔戈梅斯基、谢罗夫、巴拉基列夫、拉赫曼尼诺夫、阿伦斯基、格列恰尼诺夫）的作品，也出版了韦尔斯托夫斯基的歌剧、俄国民歌汇编，还有阿里亚比耶夫、古里廖夫、瓦尔拉莫夫、布拉霍夫等人的浪漫曲汇编。这些作品都十分重要，成为俄国音乐教育的范本。

③ См.: *Оссовский А. В.* С. В. Рахманинов // Воспоминания о Рахманинове. Т. 1. М., 1957. С. 391 – 392.

库谢维茨基为 A. H. 斯克里亚宾提供了很大的帮助。斯克里亚宾的作品得以出版，改善了他的物质条件。作为一名优秀的音乐家和指挥家，C. A. 库谢维茨基成为斯克里亚宾作品的最好诠释者之一。1910 年春，库谢维茨基在伏尔加河附近地区举办了巡回音乐会，斯克里亚宾在演出中弹奏了自己的钢琴协奏曲（第二十章）。① 德国艺术家罗伯特·施杰尔也参与了此次巡演，绘制、创作了斯克里亚宾的肖像画和诸多素描作品。根据库谢维茨基的倡议，雕塑家 C. 苏季宾尼为斯克里亚宾塑造了一个上半身青铜雕像。1911 年 3 月 2 日，斯克里亚宾的《普罗米修斯》在莫斯科演出（库谢维茨基担任指挥），作曲家 H. Я. 米亚斯科夫斯基评价道，"这是震撼人心的作品"，这部作品是斯克里亚宾的创作巅峰，是音乐史上的新声。除了斯克里亚宾的作品之外，库谢维茨基还在音乐会上指挥演出了一系列钢琴协奏曲，包括 A. K. 格拉祖诺夫、A. K. 利亚多夫、C. И. 塔涅耶夫的作品。一些年轻的作曲家，例如 И. Ф. 斯特拉文斯基、C. C. 普罗科菲耶夫、P. M. 格里爱尔，在库谢维茨基的帮助下，逐渐功成名就。此外，库谢维茨基的音乐会组织费用和乐队薪水费用都是俄国顶尖的水平，总共耗资超过 52 万卢布。②

此外，C. A. 库谢维茨基还希望把世界交响乐杰作带给俄国民众。从 1910 年开始，除了音乐晚会，他又在莫斯科开办了"人民交响音乐会"（每周周日），票价相当亲民，学生和年轻工人经常造访。库谢维茨基认真、负责地组织这些音乐会。③ 在音乐启蒙理想的指引下，库谢维茨基也在俄国其他城市举办了夏季交响乐晚会。1912 年，库谢维茨基开始在圣彼得堡创办免费的音乐图书馆，希望能够收集"所有优秀

---

① См.：*Нехамкин Э.* Три ипостаси Сержа Кусевицкого // Вестник-online. 2002. № 13（298）.

② Русское зарубежье. Золотая книга эмиграции. Первая треть XX века: Энциклопедический биографический словарь. М.，1997. C. 330.

③ 库谢维茨基写道："优秀的音乐理应尽早深入到人民中间……我的主要追求是，大众不仅要对这些音乐感兴趣，更应该理解它们。"（цит. по：*Астров А. В.* Деятель русской музыкальной культуры C. A. Кусевицкий. М.，1981. C. 143）

的文学作品（包括与音乐相关的文学作品）"。① 与此同时，他还打算在俄国创办教学质量不输国外的音乐研究院。② 为此还设计了相当现代化的大楼——"艺术殿堂"。但是十月革命后，库谢维茨基举家迁往美国，他的构想最终在美国得以实现。总之，他参与的社会组织难以计数。③

三　俄国地方的资助活动与慈善事业

19 世纪末 20 世纪初，首都的资助活动和慈善事业发展得如火如荼，地方的相关活动也随之发展起来。莫斯科、圣彼得堡的资助人与慈善家的活动鼓舞了地方上的相关活动家；他们希望振兴家乡的文化事业，因此也开始收集藏品、建设博物馆、发展教育和医学，他们的一些活动甚至不亚于首都的活动。收藏活动也成为帝俄边远地区文化生活的一部分，文艺、科学事业资助人也在此纷纷涌现。

俄国大型纺织中心伊万诺沃-沃兹涅先斯克是收藏活动和资助活动非常集中的地区，主要的活动家来自加列林家族和布雷林家族。Я. П. 加列林是印花厂的厂长、知名企业家；19 世纪 70 年代后半期至 80 年代初，他担任了伊万诺沃-沃兹涅先斯克的城市首领（在此期间，他首次制定了城市规划——中心街道用石块修砌，安装了煤油路灯）。在 Я. П. 加列林的倡议和资助下，伊万诺沃-沃兹涅先斯克为工匠、工人开办了医院（1861 年）和学校（1866 年）。在他的努力下，伊万诺沃设立了一家公共图书馆，他为

① См.: *Астров А. В. Деятель русской музыкальной культуры С. А. Кусевицкий.* М., 1981. С. 143.
② 原本预计聘请古典派大师在这所研究院执教，例如小提琴家 Ф. 克莱斯勒、大提琴家 П. 卡扎利斯，还有俄国本土的作曲家 А. Н. 斯克里亚宾、С. И. 塔涅耶夫、Н. К. 梅特纳等。库谢维茨基本人也希望教授低音提琴和音乐指挥。
③ 库谢维茨基是高龄演员照管协会理事会的主席、莫斯科乐队音乐家协会的荣誉成员、圣彼得堡 Л. С. 奥埃尔小提琴比赛评委会的成员，此外，还参与了《阿波罗》与《工作室》杂志的出版工作，是"莫斯科大众剧院"股份公司的创立人之一（此外还包括 С. И. 马蒙托夫、К. С. 斯坦尼斯拉夫斯基、В. И. 涅米罗维奇-丹钦科等），等等。

此捐出了 1500 册珍本书籍。此外，他也是一位著名的收藏家。Я. П. 加列林酷爱伊万诺沃的历史。他有一些珍贵的古代文献藏品，主要是伊万诺沃 17~19 世纪初的相关历史文献。他的藏品中也有各种呈文、商业文件等。暮年时期，Я. П. 加列林将一部分文献捐给了鲁缅采夫博物馆，也有一部分留在了伊万诺沃 – 沃兹涅先斯克。他资助出版了《古代文件》汇编，还资助了伊万诺沃周边的考古发掘工作。他还基于考古学、民族学、宗谱学、地名录对当地传统与习俗进行了研究，研究结论最终于 1884 年和 1885 年分两辑书籍（《伊万诺沃 – 沃兹涅先斯克》）刊行于世。[1]

为了振兴伊万诺沃的文化，纺织厂企业家 Д. Г. 布雷林也贡献良多。他一生希望创建一家关于伊万诺沃历史和自然的博物馆。他坦承道："博物馆及其相关工作是我的灵魂，工厂不过是维生手段。"与此同时，Д. Г. 布雷林也逐渐成为拥有丰富藏品的收藏家，其中有刻赤出土的古代文物、动物标本（从知名驯兽师 А. Л. 杜罗夫手中购入）、工艺精品；此外还有不同国家共济会的会徽、相关文献和书籍，也有戏服、武器、钥匙以及骑士的相关物品。不过，他的主要藏品是精挑细选的伊万诺沃生产的印花布，这在当今仍具有重要意义。他还收藏了 17~18 世纪伊万诺沃古代印花布样品、19 世纪伊万诺沃艺术家绘制的印花布图案；还收藏了俄国其他地方、西欧、波斯、日本等地的织造样品，共计将近 100 万件。

Д. Г. 布雷林也收藏了俄国和西欧的众多写生画珍品，这些都是俄国艺术研究院颇为感兴趣的作品。他的写生画藏品将近 500 件，其中包括诸多杰出艺术家（例如艾瓦佐夫斯基、希施金、韦列夏金、弗鲁别利、涅斯捷罗夫、戈洛温、别努瓦、克列韦尔）的油画。他还收藏了一些精美的瓷器和陶器，有的是加德纳、波波夫、库兹涅佐夫的工厂生产，有的则来自英国、法国、意大利、中国、日本。当时的人对他收藏的古代书籍和古文献手稿都

---

① Я. П. 加列林使用了自己企业（波克罗夫斯克纺织工厂）的文件、城市杜马档案，也运用了自己家族和亲戚家族留存的回忆录和一些传说（Буржуазия и рабочие России во второй половине XIX – начале XX века: Материалы XIX зональной межвузовской конференции Центрального промышленного района России. С. 33 – 34）。

给予了极高的评价。1914 年，Д. Г.
布雷林基于自己的藏品，在伊万诺沃
开办了一家免费的私立博物馆，其中
还附设了以 Л. Н. 托尔斯泰（Д. Г. 布
雷林与其相识，两人经常往来通信）
命名的阅览室。Д. Г. 布雷林的藏书
有大约 6 万册，对于一家公共图书馆
而言，如此规模的藏书实属罕见。[①]
他还在伊万诺沃其他工厂主的协助下
开办了一所绘画学校，诸多印花工厂
的雕刻工、配色师、艺术大师都曾是
该校的学生。

Д. Г. 布雷林

A. A. 季托夫是俄国古文化专家，
他出身于罗斯托夫一个历史悠久的商
人家族。他主要从事纺织品、呢绒、
毛皮等商品的贸易，是 И. A. 瓦赫罗梅耶夫股份制银行理事会的主席。他毕
生所求就是复原古代罗斯托夫的内城堡建筑群。[②] 1885 年，A. A. 季托夫创
建了罗斯托夫教会文物博物馆，为此，他不仅投入了巨额资金，还捐献了珍
藏的一些古代教会用具、画作。在他的倡议下，博物馆还开设了斯拉夫 – 俄
国古文献档案馆，其中收藏了 4500 多件古文献手稿和书籍，也有一些"圣
物"，比如 13 ~ 14 世纪用羊皮纸记载的福音书、古代《旧约圣经》、希腊
语—古斯拉夫语词典。[③] A. A. 季托夫接受过良好的教育，逐渐走向了专业
化的研究道路，他对其藏品进行了系统的整理、分类并编写了目录，这些工

---

① Каталог библиотеки Музея Д. Г. Бурылина в г. Иваново-Вознесенске. Иваново-Вознесенск，
1915.

② 他把相关的研究和复原工作都记载在了出版于 1905 年的《罗斯托夫内城堡》一书中。

③ Описание славяно-русских рукописей, находящихся в собрании чл.-корр. Общества
любителей древней письменности А. А. Титова. Т. 1. Ч. 1. СПб. ，1893.

作使其收藏活动更具科学价值。最终，他把所有的藏品都捐献给了皇家公共图书馆。[①] А. А. 季托夫是莫斯科考古协会的会员、古文献爱好者协会的通讯员。

19 世纪末 20 世纪初，很多省城成了当地的文化中心，城市设有学校、图书馆、博物馆、剧院，除此之外，还有各种慈善救济协会、等级和职业组织、娱乐性的俱乐部、文艺爱好者协会、科学教育基地。[②] 商人在其中扮演了重要的角色。一些商人极具献身精神，怀有无限热忱，在他们的努力下，欧俄边疆、乌拉尔、西伯利亚、远东甚至都出现了越来越多的文化中心。

顿河畔罗斯托夫是南俄大型工商业中心，被称作"俄国芝加哥""亚速海利物浦"，[③] 其慈善事业和资助活动规模空前庞大。1890 年至 1892 年，商人慈善家援建了罗斯托夫城市医院，一些企业家和大型公司都参与了医院的建设工作。城市首领 И. С. 列瓦尼多夫向罗斯托夫商人发出号召，请求援助。第一个响应的是 М. Ф. 米罗什尼钦科，他为医院建造了一栋两层的楼房；后来，商人叶尔莫拉耶夫、伊林、马克西莫夫兄弟、特卡切夫、德拉金等人继续了这项事业。П. М. 特罗亚金为医院建设了米哈伊尔圣徒教堂，马克西莫夫兄弟建设了两处病房，К. И. 叶尔莫拉耶夫捐助了 1.25 万卢布，为医院建设了一所厢房；城市杜马对信贷互助协会及其会员（里德尔、约恩先、贝尔曼、布赫海姆）的捐助表达了诚挚的谢意。这家医院的成立提高了当地的医疗服务水平。

罗斯托夫的商人为满足市民文化需求做出了巨大的努力。商人亚辛将私家园林捐献出来，作为城市的花园。著名企业家帕拉莫诺夫、库什纳廖夫、马克西莫夫援建了很多学校：商业学校、航海学校、艺术学校，他们出资建设了纪念碑、祭祀大楼。П. Р. 马克西莫夫捐助了数千卢布，建设了劳动

①　См. ：*Рудаков Н.* Титов А. А. Некролог // ЖМНП. 1912. Ч. 37. С. 178.

②　См. ：*Кошман Л. В.* Город и городская жизнь в России XIX столетия：социальные и культурные аспекты. М. ，2008. С. 164.

③　См. ：*Сущенко В. А.* Прагматическая сторона благотворительной деятельности на примере предпринимателей города Ростова-на-Дону. Ростов н/Д. ，2007.

宫，还设立了五项助学金。

B. И. 阿斯莫罗夫（烟草公司的股东）称得上是真正为资助活动献身之人，他认为，城市理应修复文化生活缺口。由于他的努力，1883 年罗斯托夫成立了 B. И. 阿斯莫罗夫音乐剧院，罗斯托夫的市民得以在此欣赏俄国国内外的音乐杰作。除此之外，B. И. 阿斯莫罗夫还为博物馆和图书馆建设了大楼，为医院建设了病房。在其社会慈善活动中，他也获得了他人的帮助。1910 年，为了表彰他对顿河边疆地区的贡献，B. И. 阿斯莫罗夫被授予了"顿河哥萨克荣誉军人"的称号。

为了实验科学及其实际应用互助协会（隶属于莫斯科大学和莫斯科技术学校）的创建和发展，沃洛格达的商人 X. C. 列德恩佐夫捐助了 10 万卢布，后来协会更名为 X. C. 列德恩佐夫协会。[①] 彼尔姆的企业家 H. B. 梅什科夫为当地的科学和教育发展做出了巨大的贡献。他长期资助彼尔姆的科学工业博物馆，1916 年又为尤里耶夫大学彼尔姆校区的建设投入了巨额资金（50 万卢布），后来又资助了圣彼得堡大学彼尔姆分校（如今的彼尔姆国立大学）的建设。1887 年，企业家 A. C. 古布金为昆古尔技术学校（位于伊丽莎白时代儿童救济院原址）的建设和发展投入了 23 万卢布。

涅尔琴斯克（尼布楚）的金矿主 M. Д. 布京是一位充满献身精神的商人，他极大地促进了西伯利亚的文化发展。他曾屡次外出旅行，19 世纪 60 年代中期，他因商造访过北美，组织了前往中国的商业考察团，他也努力建立南贝加尔、阿穆尔河（黑龙江）与滨海地区的商业联系。考察期间，他还进行了科学研究；为了能够更快地开发俄国边疆地区，他出版了关于这些地区更加精确的地图和更加详细的信息。[②] 俄国地理协会对 M. Д. 布京的努力做出了极高的评价。

M. Д. 布京和 H. Д. 布京兄弟为文化教育事业的发展投入了巨额资金。M. Д. 布京出资建设了女子学校、音乐学校、印刷厂、图书馆、公共博物

① Летопись Московского университета: В 3 т. Т. 1. М. ，2004. C. 242.
② Администрация по торговым делам Торгового дома нерчинских купцов братьев Бутиных. Ч. 1. М. ，1892.

馆，对俄国地理协会的阿穆尔分会和东西伯利亚分会进行了援助。М. Д. 布京的住宅是富丽堂皇的摩尔风格建筑，其中陈列着丰富的写生画藏品（包括出自 В. Е. 马科夫斯基笔下的布京家族肖像画画廊）、古钱币、书籍。[①]1875 年夏，Д. М. 列昂诺娃（马林斯克剧院的演员）曾在涅尔琴斯克（尼布楚）巡演，后来她在回忆录中写道："涅尔琴斯克（尼布楚）有布京资助的俄国音乐协会分会，有文艺爱好者协会。我在那里停留了两周，出演了四场音乐会，哪怕是极小的音乐学院，乐队也极其出色，他们几乎能够伴奏所有的剧目，例如《为沙皇而生》《罗格涅达》《先知》。"[②]

М. Д. 布京不仅对艺术进行资助，他对艺术本身也有深刻的理解；与此同时，他还有很多关于西伯利亚经济的著作，他还是俄国国内外很多科学和文化协会的会员。暮年时代，布京家族盛势已去，家族资产大幅缩水。但是，即便在如此困难的时期，他依旧坚定不移地从事资助活动。他留出家庭所需，将所剩资产的大部分留给了儿童机构［50 万卢布捐给了女童孤儿院，150 万卢布捐给了涅尔琴斯克（尼布楚）周边的学校］。根据他的遗嘱，其住宅和藏品都捐给了涅尔琴斯克（尼布楚），用于学校建设。

伊尔库茨克的收藏家、资助人 В. П. 苏卡乔夫对西伯利亚文化事业的发展也做出了相当大的贡献。В. П. 苏卡乔夫的父亲是圣彼得堡贵族，母亲来自一个古老的商人家族。他从少年时代就对植物学颇感兴趣。В. П. 苏卡乔夫曾在基辅大学的自然系读书，后来又转到了圣彼得堡大学的法律系。毕业后，他返回伊尔库茨克从事社会活动。他曾三次当选为伊尔库茨克的城市首领，极大改善了当地的商业和文化状况。苏卡乔夫将大量的精力和资金都投入了小学、教师公寓、城市公共事业的建设。他是男子中学和某些教会学校

---

① 19 世纪 80 年代中期，美国记者乔治·凯南写道："谁会想到在偏僻的东西伯利亚隐藏着这样一处富丽堂皇的住所——住宅宽敞、丝质帷幔、柔软的波斯地毯、镀金家具、古代佛拉芒风格的绘画、家族肖像画画廊、温暖的内室……甚少见到如此精美且富丽堂皇的住所。"（Кеннан ДЖ. Сибири и ссылка（Очерки из жизни политических ссыльных）. Ч. 1. СПб., 1906. С. 152）

② Леонова Д. М. Воспоминания артистки императорских театров // Исторический вестник. 1891. Т. 43. С. 63.

的学监，也是伊尔库茨克监狱照管委员会的主任。担任城市首领期间，他组织了剧院建筑方案竞赛并为剧院建设进行了捐款（1万卢布）。此外，他还为地方博物馆建设、城市美化进行了捐助。①

后来，В. П. 苏卡乔夫接管了俄国地理协会伊尔库茨克分会。他参与并资助了伊尔库茨克历史书籍的相关出版工作，并以地方要闻的形式出版了一系列美术画片。不过，他最主要的事业是创建城市艺术博物馆。在 П. М. 特列季亚科夫、В. В. 斯塔索夫的影响下，他产生了一个构思：以自己的藏品为基础，创建一所艺术画廊。他的藏品主要来自本土画家，其中不乏一些大师，例如 И. Е. 列宾、И. К. 艾瓦佐夫斯基、В. В. 韦列夏金、В. Е. 马科夫斯基、Г. И. 谢米拉茨基，还有一些风俗画、巡回展览画派的代表作品。19 世纪 90 年代，他的藏品总量约有 100 件。② 后来，苏卡乔夫了解到必须为参观者提供国外艺术杰作，他又开始订购欧洲著名博物馆经典画作的临摹作品。这是西伯利亚的第一所画廊，藏品陈列于苏卡乔夫自家庄园大厅。1897 年夏，一位莫斯科大学的教授曾造访该画廊，对其给予了高度评价，称其为"西伯利亚艺术宝库"。③ 苏卡乔夫城市艺术博物馆存在至今。

商人 Г. В. 尤金为克拉斯诺亚尔斯克做了诸多有益之事。Г. В. 尤金拥有一家酿酒厂，从事酒水贸易；除此之外，他在当地还拥有金矿等产业。他是一位出类拔萃的商人，也是著名的慈善家，还出版了众多书籍。他资助了很多知名作家（作品涉及西伯利亚），例如 В. И. 梅若夫、Н. Н. 奥格洛博林等，还就图书编目给予了他们诸多建议。他不仅是一位成功的企业家，也是一位成功的图书收藏家；他收集了众多书籍并在市郊建立了

① *Белоусов А. А.* На алтарь Отечества: Из истории меценатства и благотворительности в России. Владивосток，1996. С. 98；*Старцев А. В.* Благотворительность и меценатство предпринимателей Сибири во 2 - ой пол. XIX - нач. XX в. // Благотворительность в России：Исторические и социально-экономические исследования. СПб.，2003. С. 92 - 93.

② См.：*Мешалкин П. Н.* Меценатство и благотворительность сибирских купцов-предпринимателей：Вторая половина XIX - начало XX в. Красноярск，1995. С. 63.

③ 他写道："这所画廊让我惊喜，画廊几乎清一色是俄国画家的作品：这与我极其珍视的爱国主义精神颇为契合。"（цит. по：*Белоусов А. А.* На алтарь Отечества：Из истории меценатства и благотворительности в России. Владивосток，1996. С. 99）

座两层楼的图书馆。图书专家认为，他的图书馆是一座独一无二的书库、档案库。在私人图书馆中，这家图书馆的藏书量不仅在西伯利亚，乃至在整个俄国都是最为丰富的：有俄语、英语、德语、法语、拉丁语、希腊语的相关书籍共计 10 万册；还有大约 5 万册珍贵的古文献手稿和文件，主要涉及西伯利亚历史、经济、文化、居民日常生活。仅在 1878～1890 年，尤金为收购书籍就耗资近 6 万卢布。1907 年，这家图书馆在美国的一次会议上进行售卖。Г. В. 尤金收藏的近 8000 册书籍均被当地科学图书馆收购。①

西比里亚科夫家族在西伯利亚拥有一些企业、金矿，他们在资助活动和慈善事业领域也十分活跃，享有一定的知名度。他们家族有藏书量丰富的图书馆，也有画作藏品；Г. И. 乌斯宾斯基、Л. Н. 托尔斯泰也是他们家族的常客。К. М. 西比里亚科夫常与一些大作家通信；他自己出资（每月寄出），希望托尔斯泰"将其著作"分发给穷人，也同其商议了出版插图杂志的构想，希望"促进人民教育的发展，激起人民的阅读兴趣，让人民过上理性、智慧的生活……"；托尔斯泰对他的创举称赞有加。② 1893 年，为了替贫困移民救济协会筹集资金，他在圣彼得堡出版了一部科学－文学汇编——《道路》。③

И. М. 西比里亚科夫与其兄长 К. М. 西比里亚科夫一起参与了阿钦斯克、伊尔库茨克、克拉斯诺亚尔斯克、米努辛斯克、塔拉、托木斯克等西伯利亚城市的博物馆、图书馆的建设工作。1885 年，И. М. 西比里

---

① См.: *Мешалкин П. Н.* Меценатство и благотворительность сибирских купцов-предпринимателей: Вторая половина XIX － начало XX в. Красноярск, 1995. С. 32 － 33; *Старцев А. В.* Благотворительность и меценатство предпринимателей Сибири во 2 － ой пол. XIX － нач. XX в. // Благотворительность в России: Исторические и социально-экономические исследования. СПб., 2003. С. 91 － 92.

② См.: *Мешалкин П. Н.* Меценатство и благотворительность сибирских купцов-предпринимателей: Вторая половина XIX － начало XX в. Красноярск, 1995. С. 64.

③ 该协会的参与者有：Л. Н. 托尔斯泰、Н. С. 列斯科夫、Я. П. 波隆斯基、В. М. 加尔洵、А. П. 契诃夫、Д. Н. 马申－西比里亚科、Д. С. 梅列日科夫斯基、З. Н. 吉皮乌斯、К. Д. 巴尔蒙特、И. Е. 列宾、Н. Н. 格、В. Д. 波列诺夫等。

亚科夫捐助了 9000 多卢布用于米努辛斯克城市博物馆的建设（建设共耗资 1.8 万卢布），并将 H. B. 多布罗沃利斯基的名画（《贝加尔的夜晚》）赠予了这家博物馆。后来，他又资助了博物馆的科学考察活动，还将一些考古文物、民族学藏品、书籍赠给了博物馆。1887 年，И. М. 西比里亚科夫将已故西伯利亚文学家、政论家、历史学家 C. C. 沙什科夫的作品（共 300 部以俄语、英语、德语、法语出版的书籍，总价值达 1500 卢布）赠予了伊尔库茨克城市图书馆，这些作品主要是历史、文学和法律方面的相关书籍。① 1890 年，伊尔库茨克剧院的木质建筑毁于一场大火，И. М. 西比里亚科夫捐献了大笔资金（3 万卢布），为剧院修建了新的石质大楼。1897 年，剧院建筑竣工，重新对公众开放。此外，И. М. 西比里亚科夫还为诸多俄国作家、学者（历史学家、民族学家）的作品出版提供了莫大的帮助。②

A. M. 西比里亚科夫是家庭的第三子，他比两位兄长更为知名，他是金矿主、轮船制造大亨、资助人、社会活动家、极地考察团组织者。他为西伯利亚、北极地区、远东的水陆交通研究和开发做出了巨大的贡献。为了资助、表彰学者对西伯利亚历史等的相关科学研究，他拿出了 1 万卢布，设立了 A. M. 西比里亚科夫奖金，因此获得了更高的声望；1883 年 2 月，这项奖金开始设立、颁发，直至一战初期，奖金授予活动才宣告终止。③

A. M. 西比里亚科夫在西伯利亚的慈善活动达到了前所未有的规模。他

---

① См.: *Мешалкин П. Н.* Меценатство и благотворительность сибирских купцов-предпринимателей: Вторая половина XIX – начало XX в. Красноярск, 1995. С. 35.

② См.: *Мешалкин П. Н.* Меценатство и благотворительность сибирских купцов-предпринимателей: Вторая половина XIX – начало XX в. Красноярск, 1995. С. 60, 64; *Старцев А. В.* Благотворительность и меценатство предпринимателей Сибири во 2 – ой пол. XIX – нач. XX в. // Благотворительность в России: Исторические и социально-экономические исследования. СПб., 2003. С. 90 – 91.

③ См.: *Мешалкин П. Н.* Меценатство и благотворительность сибирских купцов-предпринимателей: Вторая половина XIX – начало XX в. Красноярск, 1995. С. 103 – 104; *Старцев А. В.* Благотворительность и меценатство предпринимателей Сибири во 2 – ой пол. XIX – нач. XX в. // Благотворительность в России: Исторические и социально-экономические исследования. СПб., 2003. С. 90.

为伊尔库茨克的公共设施、教堂、养老院、学校（包括伊尔库茨克技术学校）捐款将近 100 万卢布；建立、资助了伊尔库茨克、连斯克金矿的诸多学校，也为托木斯克大学的建设捐献了巨额资金。①

А. М. 西比里亚科夫——画家科尔祖欣绘于 1894 年之前

西伯利亚金矿主家族——库兹涅佐夫家族资助了诸多艺术家、作家、学者。著名的卡尔·布留洛夫曾描述该家族的奠基者 И. К. 库兹涅佐夫。И. К. 库兹涅佐夫的儿子 П. И. 库兹涅佐夫是 В. И. 苏里科夫艺术研究院的毕业生。П. И. 库兹涅佐夫家中（位于克拉斯诺亚尔斯克）拥有众多精美的艺术藏品，其中包括苏里科夫的画作。② 库兹涅佐夫家族成员都受到了良好的教育，他们对艺术无限钟爱。П. И. 库兹涅佐夫在圣彼得堡剧院享有专属包厢，他的子女自小便对戏剧十分热爱。他是克拉斯诺亚尔斯克戏剧艺术爱好者协会（创建于 1883 年）

的主席，他还在当地积极参与筹建了音乐协会（1883 年）、音乐与文学爱好者协会（1886 年）。他的子女也受到了他的影响，积极从事资助活动和慈善事业。与 И. М. 西比里亚科夫一样，库兹涅佐夫家族也为剧院（焚毁于 1898 年）重建进行了捐助，捐款总额高达 2 万卢布。1902 年，亚历山大·库兹涅佐夫（П. И. 库兹涅佐夫之子）被克拉斯诺亚尔斯克城市杜马

---

① Экономическая история России с древнейших времен до 1917 г.: Энциклопедия: В 2 т. Т. 2. М., 2009. С. 707.

② 乔治·凯南如此描绘库兹涅佐夫的住所："墙上挂着众多出自俄国名家、法国和英国艺术家手笔的油画，名贵木材制成的格架和柜子上放置着稀有的瓷器、象牙雕塑、青铜佛像……门口右侧有一架三角钢琴，旁边巨大格架上堆满了书籍和乐谱……"（Кеннан ДЖ. Сибирь и ссылка（Очерки из жизни политических ссыльных）. Ч. 1. СПб., 1906. С. 268）

推举为"普希金"剧院人民宫的负责人。①

П. И. 库兹涅佐夫的另一个儿子因诺肯季·库兹涅佐夫也是戏剧专家、鉴赏家，他十分钦佩 А. П. 契诃夫的才华，对其戏剧尤为欣赏。②

П. И. 库兹涅佐夫的第三子 Л. П. 库兹涅佐夫早逝于肺结核，早年在圣彼得堡大学的物理数学系获得学士学位，他为慈善事业也贡献良多。1884年，他被选为西伯利亚学生互助协会（位于圣彼得堡）委员会的委员。在他的资助下，米努辛斯克博物馆获得了考古发掘出土的一批文物。Л. П. 库兹涅佐夫在遗嘱中将 2.44 万卢布捐给了托木斯克大学，以此作为嘉奖关于西伯利亚优秀作品的奖金。这一奖项在学术界意义重大、享有巨大声望；根据他的遗嘱，奖金每两年发放一次，金额为 1500 卢布；奖励对象为关于西伯利亚历史、人类学、社会学的俄文作品。③

П. И. 库兹涅佐夫的女儿 Ю. П. 库兹涅佐娃也秉承了家族传统。她与丈夫 И. А. 马特维耶夫（企业家、城市首领）倡议在克拉斯诺亚尔斯克建立博物馆。她为博物馆建设捐出了 4500 卢布，并为其赠予了一些珍贵画作（其中包括苏里科夫的作品——《善良的撒玛利亚人》，还有英国艺术家 Т. У. 阿特金松绘就的两幅西伯利亚水彩风景画）。④ Е. П. 库兹涅佐娃也是

---

① См.: *Мешалкин П. Н.* Меценатство и благотворительность сибирских купцов-предпринимателей: Вторая половина XIX – начало XX в. Красноярск, 1995. С. 50 – 61.

② 1902 年 4 月 18 日，在克拉斯诺亚尔斯克因诺肯季的家中上演了一部家庭戏剧——《戴耳环的姐妹》，该剧节选自契诃夫的剧本，吸引了大批观众（см.: *Мешалкин П. Н.* Меценатство и благотворительность сибирских купцов-предпринимателей: Вторая половина XIX – начало XX в. Красноярск, 1995. С. 56 – 57）。

③ 1903 年，西伯利亚知名历史学家 Н. Н. 奥格洛博林（Обозрение столбцов и книг Сибирского приказа. Ч. IV. М., 1901）和 П. Н. 戈洛瓦乔夫（Первое столетие Иркутска. СПб., 1902）获得了这项奖金（см.: *Мешалкин П. Н.* Меценатство и благотворительность сибирских купцов-предпринимателей: Вторая половина XIX – начало XX в. Красноярск, 1995. С. 52）。

④ 她的兄弟 А. П. 库兹涅佐夫为这家博物馆捐出了乌拉尔与涅尔琴斯克（尼布楚）的一些矿物（237 种）、7 件民俗物品、7 件考古文物、18 件动物学相关物品，还有丰富的古钱币，这些都来自马特维耶夫、库兹涅佐夫、克罗托夫斯基的家族藏品（см.: *Мешалкин П. Н.* Меценатство и благотворительность сибирских купцов-предпринимателей: Вторая половина XIX – начало XX в. Красноярск, 1995. С. 52）。

П. И. 库兹涅佐夫的女儿，她为米努辛斯克博物馆捐献了巨额资金。1890年，为了交流经验和购置藏品，E. П. 库兹涅佐娃又资助了米努辛斯克博物馆馆长的旅行——欧俄地区、国外。[①]

М. И. 苏沃洛夫促进了远东地区的文化和教育发展。1882 年，他前往符拉迪沃斯托克（海参崴），建立了火柴厂、木材厂、铸材与机械修理厂，后来又从事建筑承包事业。М. И. 苏沃洛夫对学校建设格外关注。他投资兴建了东方学院、女子中学、人民宫，这些建筑至今仍是当地一道亮丽的风景线。此外，他还参与了海军上将涅维尔斯科伊纪念碑的修建，为此捐助了大笔资金。作为阿穆尔边疆研究协会的成员，М. И. 苏沃洛夫用私人资金为博物馆增建了一幢两层建筑，协会图书馆就设于这幢大楼。他是符拉迪沃斯托克（海参崴）商业学校监督委员会的成员，为该校捐献了大笔资金。他去世后，1912 年，符拉迪沃斯托克（海参崴）城市杜马通过了一项决议，在阿列克谢耶夫女子中学设立一项以苏沃洛夫命名的助学金；沿岸街道（他曾在此居住）上的一所男子小学也更名为苏沃洛夫小学。1915 年，М. И. 苏沃洛夫的图书馆移交给了阿穆尔边疆研究协会。[②]

皮扬科夫兄弟也因慈善事业和资助活动而扬名边疆。М. П. 皮扬科夫在阿穆尔河畔的尼古拉耶夫斯克享有诸多专营权。他的酒厂运营得相当成功，或许是为了"提高自己的声望"（他的人格因贸易问题备受质疑），他积极致力于当地的慈善事业。仅在 5 年时间内，他就为当地教育和文化事业发展捐献了 10 万卢布，成为尼古拉耶夫斯克城市学校的首位荣誉监督员。1893年，他迁居至尼科利斯克并开办了大型酿酒厂，后来，他也在此地继续推广他的慈善事业。[③] 因诺肯季·皮扬科夫是家庭长子，年轻时期，曾因参与战斗组织而被捕、流放。刑满之后，他定居于布拉戈维申斯克（海兰泡），后

---

① См.： *Мешалкин П. Н.* Меценатство и благотворительность сибирских купцов-предпринимателей：Вторая половина XIX － начало XX в. Красноярск，1995. C. 47.

② См.： *Белоусов А. А.* На алтарь Отечества：Из истории меценатства и благотворительности в России. Владивосток，1996. C. 102 － 107.

③ См.： *Белоусов А. А.* На алтарь Отечества：Из истории меценатства и благотворительности в России. Владивосток，1996. C. 108.

来又搬到了哈巴罗夫斯克（伯力）；他成功打开了哈巴罗夫斯克（伯力）的酒水贸易市场，也为教堂、图书馆提供了一些物质援助。因其慈善事业，这位"酒水大亨"（因诺肯季·皮扬科夫）当选为哈巴罗夫斯克（伯力）的荣誉市民。1908 年，他又从哈巴罗夫斯克（伯力）迁至符拉迪沃斯托克（海参崴），为了回报哈巴罗夫斯克（伯力）赐予他的美好记忆，他为该地的综合技术学院捐助了 10 万卢布。此外，他也为符拉迪沃斯托克（海参崴）捐献了大笔金额，几乎成为该地所有学校的督学，也为这些学校提供了很多物质帮助。当符拉迪沃斯托克（海参崴）城市杜马决定修建电车网络时，他又为城市杜马提供了 10 万卢布的贷款；1907 年，因诺肯季·皮扬科夫为城市医院建设捐献了大笔金额，成为医院监督委员会的一员。他的兄弟弗拉基米尔·皮扬科夫是符拉迪沃斯托克（海参崴）商社的主管。他不仅为阿穆尔边疆研究协会的活动提供资金，还成为协会的财务主任。因诺肯季·皮扬科夫和弗拉基米尔·皮扬科夫（后来也成为一名资助人）都参与了阿穆尔边疆研究协会的工作。①

А. А. 马斯连尼科夫也是远东著名的慈善家，还是符拉迪沃斯托克（海参崴）交易所的主席。他的慈善事业主要是在当地建设了一所商业学校，1911 年 12 月又成为该校照管委员会的主席。А. А. 马斯连尼科夫推动了符拉迪沃斯托克（海参崴）的学校建设进程，与此同时还号召了当地的诸多大商人为学校进行捐款，例如 М. И. 苏沃洛夫、И. П. 皮扬科夫、А. В. 巴彬采夫、А. Г. 斯维捷尔斯基、显克维奇兄弟等。他也是东方学院理事会的成员、阿穆尔边疆研究协会的成员。②

А. Д. 斯塔尔采夫也是著名的资助人和慈善家，他出身于一等商人家庭，被称为远东的蒙特－克里斯托。据传，他是十二月党人尼古拉·别斯图热夫的私生子，保有父亲遗留下来的金手环。1891 年 6 月，А. Д. 斯塔尔采

---

① См.: *Белоусов А. А.* На алтарь Отечества: Из истории меценатства и благотворительности в России. Владивосток，1996. С. 108－111.

② См.: *Белоусов А. А.* На алтарь Отечества: Из истории меценатства и благотворительности в России. Владивосток，1996. С. 114－115.

夫在普梯雅廷孤林［符拉迪沃斯托克（海参崴）附近］开办了养马场、养猪场，从事葡萄和蔬菜种植产业，还开办了制砖厂和瓷器厂。他生产的瓷器赢得了符拉迪沃斯托克（海参崴）的一致好评，甚至成为中国、日本瓷器的有力竞争对手。А. Д. 斯塔尔采夫为医院、学校的建设与发展提供了极大的支持，还为学生捐助了大笔助学金。值得一提的是，他将恰克图一处房产赠予了俄国地理协会的当地分会。他也是阿穆尔边疆研究协会的成员，无偿为协会建设提供建筑材料（砖块），还为其博物馆建设捐助了大笔资金。此外，А. Д. 斯塔尔采夫在天津有40处房产，但在1900年轰炸期间毁于一旦，其佛教藏品和图书馆也随之葬身火海。巴黎卢浮宫曾希望以300万法郎的价格购入他的藏品、图书馆，但他拒绝了："无论多少金钱，我都不会售掉自己的藏品。"①

19世纪末20世纪初，俄国地方的资助活动和慈善事业蓬勃发展并达到了前所未有的规模，这与各地精英企业家有着密不可分的关系——地方企业家的受教育程度、文化素养提高了，社会责任感也普遍增强。与此同时，新的法律放松了对地方活动的监控；此外，地方与首都之间的铁路建设及其他交通方式发展迅速，促进了双方的交流，地方能够学习首都的先进文化成就，仿效首都的成功经验。因此，地方的慈善事业、资助活动发展了起来。

四　民族、宗教团体的资助活动与慈善事业

19世纪末20世纪初，民族、宗教团体代表在俄国企业界起着越来越大的作用。很多富人因各种原因（宗教、利他主义、荣誉、官位、声望和影响力）积极从事慈善事业和资助活动。他们从事慈善事业和资助活动的平台主要是宗教、民族团体，希望为同宗教或同民族的人们提供社会帮助和支

---

① 得知藏品和图书馆被毁的消息后，А. Д. 斯塔尔采夫极度震惊，随后死于脑梗。他的图书馆有一部分保存完好，转交给了普梯雅廷，国内战争和革命期间则被售往了国外（см.：*Белоусов А. А. На алтарь Отечества: Из истории меценатства и благотворительности в России. Владивосток*，1996. C. 120 – 123）。

援，提高他们的文化、教育和医疗水平。穆斯林团体和犹太团体是帝俄民族团体从事慈善事业的典型代表。①

　　穆斯林商人的慈善事业和资助活动具备一些重要史料，主要来源于穆斯林聚居区报刊的相关报道。不过即使在这些地区，报刊也"极少报道非俄罗斯人（包括鞑靼人）的慈善活动"②，因此相关史料相当缺乏。喀山商人的社会成分多种多样，其中就包括鞑靼商人；革命前夕，鞑靼商人的工厂资产在喀山占据第三位。③ 富有的鞑靼企业家理所当然地成为荣誉市民、一等商人，他们积极参与慈善事业，不过其活动相当传统，颇具古代特色。在喀山鞑靼商人中，最为知名的是尤努索夫家族、赛达舍夫家族、乌斯曼诺夫家族、阿拉富佐夫家族、阿帕科夫家族、阿帕纳耶夫家族、托依基奇家族。④

　　尤努索夫家族主要从事茶叶、皮革、盐、蜡烛、肥皂等商品的贸易，贸易营收颇丰，因此有条件从事慈善事业。例如，易卜拉欣·尤努索夫和伊斯哈克·尤努索夫兄弟为皇后玛丽亚管理机构的孤儿院进行捐款（主要以奖励形式进行）。1884 年，尤努索夫家族为教友捐献了 1000 卢布，还为养老院修建了两条石制长凳。作为穆斯林，尤努索夫家族希望自己的慈善事业能够惠及同胞。因此，他们建立了尤努索夫穆斯林孤儿院；1887 年开始，荣誉市民 M. P. 尤努索夫担任了这家孤儿院的院长。

　　喀山穆斯林企业家 И. П. 凯特罗夫拥有一家慈善机构——喀山手工业管理局养老院。总体而言，鞑靼商人愿意为喀山的孤儿院建设进行捐款；当地报刊上报道过一些捐助者，例如喀山一等商人 A. X. 巴卡罗夫、阿帕

---

① 这些问题的研究存在极大的困难。时至今日，这些问题无法独立进行研究，主要是因为史料残缺不全。既有史料中，总是缺乏捐献者的民族、宗教、职业信息，甚至很难确定他们的名字、父称。

② *Хайруллина А. Д.* 《 Казанские губернские ведомости 》 как источник изучения благотворительной деятельности в пореформенный период. Казань，1991. С. 25.

③ *Хайруллина А. Д.* Благотворительная деятельность казанского купечества в освещении местной прессы пореформенного периода. Казань，1992. С. 5.

④ *Хайруллина А. Д.* Благотворительная деятельность казанского купечества в освещении местной прессы пореформенного периода. Казань，1992. С. 5.

科夫，喀山二等商人 А. Я. 赛达舍夫。① 知名喀山企业家、酒水包税人 И. И. 阿拉富佐夫为慈善事业投入了大笔资金。1884 年，为支付养老院 5 位工作人员的工资，他捐出了 7000 卢布。1891 年（И. И. 阿拉富佐夫已过世），喀山的报刊刊登了他的遗嘱，其中将 20 万卢布用来在城市海军区建设一家拥有 50 个病房、附带教堂的医院；还为病人发放 2000 卢布的安抚费。此外，他还免除了麻纺工厂所有工人的债务和罚款，总金额共计 6000 卢布。②

值得一提的是，喀山穆斯林商人的集体捐款事件。例如，1884 年，喀山穆斯林商人为"穷苦同胞的养老院"③ 进行了捐款；1891 年，俄国 17 个省份（包括喀山）爆发了大饥荒，在如此严峻的形势下，穆斯林商人积极投身于慈善事业。鞑靼商人出资开办了"全民免费清真食堂"。诸多著名商人都参与了捐款，他们拥有一流、大型的工厂、企业，年收入超过 2 万卢布，例如 С. С. 古拜杜林、Г. И. 乌佳梅舍夫、阿季莫夫、卡扎科夫，还有喀山知名贸易机构的"Б. 苏巴耶夫、М. 赛达利耶夫"等。④

穆斯林商人参与了众多慈善活动，其中对喀山社会造成极大影响且报刊大幅报道的慈善活动有：乌斯曼诺夫捐款修建了一座石质清真寺；1891 年，根据百万富豪穆罕默德·瓦利·鲍博科维奇·托依基奇的遗嘱，从其资金中捐出 5 万卢布建设 25 座清真寺，捐出 1 万卢布建设 20 所穆斯林学校，捐出 0.5 万卢布用于（中高级）穆斯林学校建设；此外，他还为穷人捐出了一笔巨资。⑤ 总之，地方民族企业家为满足社会需求、促进民族文化和教育发展

---

① *Хайруллина А. Д.* Благотворительная деятельность казанского купечества в освещении местной прессы пореформенного периода. Казань，1992. C. 20 – 21.
② *Хайруллина А. Д.* Благотворительная деятельность казанского купечества в освещении местной прессы пореформенного периода. Казань，1992. C. 15.
③ *Хайруллина А. Д.* 《Казанские губернские ведомости》как источник изучения благотворительной деятельности в пореформенный период. Казань，1991. C. 25.
④ См.：*Хайруллина А. Д.* Благотворительная деятельность казанского купечества в освещении местной прессы пореформенного периода. Казань，1992. C. 21.
⑤ См.：*Хайруллина А. Д.* Благотворительная деятельность казанского купечества в освещении местной прессы пореформенного периода. Казань，1992. C. 21 – 22.

捐献了相当大的一笔金额。

19 世纪末，俄国犹太民族团体的慈善事业和资助活动呈蓬勃发展之势。① 在此领域，莫斯科犹太社团影响最大。犹太企业家主要参与了莫斯科传统的慈善救济机构；② 此外，犹太企业家主要参与的另一慈善领域（莫斯科）——为精神病患者的治疗、生活进行捐款。③ 值得注意的是，一些犹太艺术大师也以礼物、馈赠等形式进行了捐赠。④

19 世纪末，随着莫斯科犹太人数量的增加及其商业活动的日益活跃，莫斯科犹太社团对穷人的援助力度增加了。莫斯科犹太人的慈善活动平台主要是莫斯科犹太协会；莫斯科犹太协会慈善出纳科会定期举办报告会，提供慈善捐款的相关信息。⑤ 参与出纳科捐款的一般是莫斯科最富裕的犹太等级。⑥ 值得注意的是，犹太慈善活动的传统领域是病患救济。犹太慈善协会慈善出

---

① Еврейская благотворительность на территории бывшего СССР. Страницы истории: Сб. Науч. Тр. СПб.，1998.

② 1899 年，И. С. 海金每年向城市杜马进行捐款，提供了 53385 卢布 28 戈比用于穷人养老院的建设，还在城市慈善救济机构中为穷人分发补助金。1896 年至 1902 年，Е. К. 温特尔费尔德为莫斯科一家慈善机构捐献了大笔资金——每年超过 1500 卢布。1903 年，А. С. 沙伊克维奇为穷人捐献了 4600 卢布（Городские учреждения Москвы, основанные на пожертвования… С. 375，447，448，449，469；Городские попечительства о бедных в Москве в 1910 г. М.，1913. С. 7）。

③ 1899 年，А. Л. 贝伦施塔姆为精神病照管机构捐献了 1000 卢布，Ф. И. 温特尔费尔德为此捐献了 1000 卢布（Городские учреждения Москвы, основанные на пожертвования… С. 325，447，326，448）。

④ 1894 年，И. М. 特列季亚科夫将自己的画作捐给了城市画廊，И. И. 列维坦也捐出了自己价值 1000 卢布的作品，艺术家 С. С. 沙伊克维奇捐出了自己价值 110 卢布的油画和素描，艺术家 Я. Ф. 加尔图恩格也捐出了自己的素描作品（Городские учреждения Москвы, основанные на пожертвования… С. 355，456）。

⑤ 1884 年 12 月 2 日至 1891 年 1 月 1 日，协会出纳科的进款为 28165 卢布 64 戈比，这些资金足够支付 1687 人和 294 个家庭的补助；此外，协会购买了国家重要的基金文件，还为出纳科人员发放薪金（Отчет благотворительной кассы при МЕО за 1890 г. М.，1891. С. 6）。

⑥ 1890 年，共有 393 位成员为出纳科进行了捐款。其中捐款最多的是银行家 Л. С. 波利亚科夫（出纳科领导人），捐款金额较高的还有犹太社团的著名人士和企业家：А. И. 阿尔什万格和 Я. И. 阿尔什万格兄弟、Р. Н. 布罗多、А. Г. 霍夫曼、希申、Н. М. 舍列谢夫斯基、Т. С. 蔡特林、М. И. 蔡特林等（Отчет благотворительной кассы при МЕО за 1890 г. М.，1891. С. 15 - 19）。

纳科的收支报告提供了对莫斯科贫穷犹太病患资助的相关信息。① 出纳科收到的捐款会用来购买食物、药品，免费或以 5 折价格售给贫穷犹太病患。

此外，莫斯科犹太人还格外关注贫穷犹太儿童的教育问题；他们经常为犹太慈善协会孤儿学校组织捐款活动；② 值得一提的是，共有 199 位犹太慈善协会的成员为这所学校筹资并进行了专门捐款。在资金充足的情况下，孤儿学校共招收了 20 位儿童。③

为纪念亚历山大二世登基 25 周年，1880 年，犹太慈善协会的犹太手工业学校获准更名为"亚历山大手工业学校"。④ 1884 年末，学校出纳科的账面资金共计超过 4.35 万卢布，此外还有成员捐款、一次性捐款等累计超过 5.5 万卢布。⑤ 参与学校教育基金捐款的共计 268 人。⑥

---

① 1889 年，出纳科获得的捐款共计 2904 卢布 82 戈比，一次性捐款金额为 520 卢布 62 戈比，募捐箱收入为 1400 卢布（Отчет прихода и расхода благотворительной кассы в пользу бедных евреев в Москве при МЕО с 1 октября 1889 по 1 октября 1890 г. М.，1891. С. 3）。1889 年 10 月 1 日至 1890 年 10 月 1 日，为出纳科捐款的成员共计 371 人（Отчет прихода и расхода благотворительной кассы в пользу бедных евреев в Москве при МЕО с 1 октября 1889 по 1 октября 1890 г. М.，1891. С. 5 – 30）。

② 1878 年至 1879 年，该校的荣誉督学是荣誉市民米纳·马尔基耶里和罗扎利亚·波利亚科娃。该校委员会成员都是莫斯科著名的犹太人士：О. С. 吉尔什曼、В. С. 莱维、Г. О. 鲁宾斯坦、Е. А. 埃夫罗斯、Г. О. 加尔卡维、В. И. 罗森布柳姆等（Отчет прихода и расхода благотворительной кассы в пользу бедных евреев в Москве при МЕО с 1 октября 1889 по 1 октября 1890 г. М.，1891. С. 10 – 14）。

③ Отчет прихода и расхода благотворительной кассы в пользу бедных евреев в Москве при МЕО с 1 октября 1889 по 1 октября 1890 г. М.，1891. С. 4 – 5。

④ 手工业学校委员会的主席是 Л. С. 波利亚科夫，其代理人是 Э. О. 赫尔岑贝格，委员会的成员有 В. Я. 维索茨基、В. О. 加尔卡维、О. С. 吉尔什曼、А. Г. 吉列维奇、Г. 古尔良德、В. С. 莱维、М. 弗赖坚贝格、И. М. 西克、Е. А. 埃夫罗斯等（Отчет о состоянии Александровского ремесленного училища и училища-приюта МЕО с 1 октября 1884 по 1 октября 1885 г. М.，1886. С. 4）。

⑤ Отчет о состоянии Александровского ремесленного училища и училища-приюта МЕО с 1 октября 1884 по 1 октября 1885 г. М.，1886. С. 3.

⑥ 捐款最多的有：Л. С. 波利亚科夫、С. М. 马尔基耶里——各捐款 3000 卢布；Э. О. 赫尔岑贝格捐款 1000 卢布；马斯捐款 600 卢布；О. С. 吉尔什曼、科列茨、А. 莱维、埃夫罗斯兄弟——各捐款 500 卢布。俄国捐款者有：И. 史楚金、里亚波夫兄弟、П. И. 哈里托罗科、Ф. К. 谢尔巴科夫，还有丹尼洛夫纺织厂（Отчет о состоянии Александровского ремесленного училища и училища-приюта МЕО с 1 октября 1884 по 1 октября 1885 г. М.，1886. С. 24 – 26，28 – 30）。

俄国犹太教育推广协会（尤其是协会的莫斯科分会）为教育事业投入了大笔资金。① 莫斯科分会的预算分配呈现一定的趋势：资金主要集中在城市、市镇的居民教育上。莫斯科分会还兼顾了莫吉廖夫省的犹太社团，协助了当地学校和图书馆的工作。此外，俄国犹太教育推广协会还积极为学生提供帮助。② 俄国犹太教育推广协会的捐款主要流向教育领域；协会对就业问题格外关注，也十分清楚教育对提高人民生活水平、保障人民生活权利的重要意义。总之，19世纪末20世纪初，莫斯科犹太慈善家（主要是犹太企业家）创立的慈善组织（在莫斯科有200~300位成员）及其相关活动格外引人注目。③

＊　　　＊　　　＊

19世纪末20世纪初，俄国资助活动获得了飞速发展，总体而言，这与资助人对俄国艺术、文化新流派的支持有莫大的关系。

资助人和慈善家的努力，极大促进了俄国民族文化、教育事业的发展。无论是在大城市，还是在边疆、民族宗教聚居区，慈善救济机关都如雨后春

① 1894年至1901年，莫斯科分会的成员从100名增长至722名，年度预算也从3000卢布增至14000卢布，其中"犹太定居区"的教育投入预算也从1000卢布增至7000卢布（см.: *Вермель С. С.* Краткий исторический очерк деятельности Московского отделения Общества для распространения просвещения между евреями в России. М., 1917. С. 17）。1913年，俄国犹太教育推广协会莫斯科分会共有1064名成员，年度预算达到34106卢布96戈比［см.: *Лобовская Р.* Уроки милосердия（Фрагменты истории еврейской общины в Москве）// Еврейская благотворительность на территории бывшего СССР. С. 63］。

② 1913年，莫斯科14%的犹太大学生和16%的犹太高等女校学生获得了协会的津贴（см.: *Иванов А. Е.* Еврейское студенчество в Российской империи начала XX века. Каким оно было? Опыт социокультурного портретирования. М., 2007. С. 346）。例如，协会于1913年对莫斯科很多学生提供了帮助，其中包括102名大学生、43名技术学校的学生、3名商业学校的学生、75名高等女子培训班的学生、9名女子师范培训班的学生、4名女子医学院的学生，还有1名绘画、雕塑、建筑学校的学生［см.: *Лобовская Р.* Уроки милосердия（Фрагменты истории еврейской общины в Москве）// Еврейская благотворительность на территории бывшего СССР. С. 63］。

③ 一些犹太慈善家，例如波利亚科夫家族、维索茨基家族、吉尔什曼家族、马尔基耶里家族、蔡特林家族等，他们声名大噪（Еврейская благотворительность на территории бывшего СССР… и др.）。

笋般建立了起来。人民（主要是工厂主和企业家）积极参与社会文化生活，更加积极地参与科学、文艺事业资助活动。在他们的努力下，俄国的文化空间逐渐得以形成。值得注意的是，无论是在首都还是在地方，很多公共博物馆、图书馆、学术机构都是以资助人的藏品为基础建立起来的。①

---

① 1917 年之后，很多藏品的命运发生了戏剧性的转折。部分藏品保留了下来，继续为文化教育事业服务，但丧失了最初的某些意义，以不完全的形式存在。不少藏品被外国人收购，成为私人或图书馆、大学的藏品。实际上，在战争与革命动荡时期，无法确定到底有多少藏品了无痕迹地消失了。

图书在版编目（CIP）数据

权力·社会·文化：19世纪末20世纪初俄国文化发展概论：全二册 /（俄罗斯）利季娅·瓦西里耶夫娜·科什曼，（俄罗斯）柳德米拉·德米特里耶娃·杰尔加乔娃主编；张广翔，高腾译. -- 北京：社会科学文献出版社，2021.1（2022.4重印）

（俄国史译丛）
ISBN 978 - 7 - 5201 - 7637 - 8

Ⅰ.①权… Ⅱ.①利… ②柳… ③张… ④高… Ⅲ.①文化史 - 研究 - 俄国 - 19世纪 - 20世纪 Ⅳ.①K512.4

中国版本图书馆CIP数据核字（2020）第232865号

·俄国史译丛·

权力·社会·文化（全二册）
——19世纪末20世纪初俄国文化发展概论

主　　编／〔俄〕利季娅·瓦西里耶夫娜·科什曼
　　　　　 〔俄〕柳德米拉·德米特里耶娃·杰尔加乔娃
译　　者／张广翔　高腾

出 版 人／王利民
组稿编辑／恽　薇
责任编辑／冯咏梅
文稿编辑／杨鑫磊
责任印制／王京美

出　　版／社会科学文献出版社（010）59367226
　　　　　地址：北京市北三环中路甲29号院华龙大厦　邮编：100029
　　　　　网址：www.ssap.com.cn
发　　行／社会科学文献出版社（010）59367028
印　　装／北京虎彩文化传播有限公司

规　　格／开本：787mm×1092mm　1/16
　　　　　印张：42　字数：639千字
版　　次／2021年1月第1版　2022年4月第2次印刷
书　　号／ISBN 978 - 7 - 5201 - 7637 - 8
著作权合同
登 记 号　／图字01 - 2020 - 6541号
定　　价／198.00元（全二册）

读者服务电话：4008918866